dtv

Die Literaturpolitik der Nationalsozialisten setzte den Karrieren vieler deutschsprachiger Schriftstellerinnen ein jähes Ende. Sie wurden verfolgt, ihre Werke standen auf ›Schwarzen Listen‹: wegen ihrer jüdischen Wurzeln, ihrer politischen Überzeugung, ihrer Art zu schreiben oder ihrem Frauenbild. Für viele Autorinnen begann damit ein Kampf – sowohl um die literarische Existenz als auch um das nackte Überleben.
In diesem umfassenden Werk berichtet Edda Ziegler von den Wegen der Schriftstellerinnen ins Exil, von ihrem Leben, Schreiben und Publizieren in fremden Ländern oder im fremd gewordenen eigenen Land. Zahlreiche Porträts, unter anderem zu Mascha Kaléko, Anna Seghers, Hilde Domin und Else Lasker-Schüler, beleuchten die Schicksale der Literatinnen und ihrer Bücher und zeigen deren schwieriges Verhältnis zur alten und neuen Heimat.

Edda Ziegler ist Dozentin für Neuere Deutsche Literatur und Buchwissenschaft, Autorin literaturwissenschaftlicher Sachbücher und Publizistin. Bis 2006 lehrte sie am Institut für Deutsche Philologie der Universität München und leitete das Projekt MANUSKRIPTUM (Münchener Kurse für Kreatives Schreiben). Sie lebt und arbeitet in München.

Edda Ziegler

Verboten – verfemt – vertrieben

Schriftstellerinnen im Widerstand
gegen den Nationalsozialismus

Deutscher Taschenbuch Verlag

Ausführliche Informationen über
unsere Autoren und Bücher
finden Sie auf unserer Website
www.dtv.de

Revidierte und erweiterte Neuausgabe 2010
© Deutscher Taschenbuch Verlag GmbH & Co. KG,
München
Umschlagkonzept: Balk & Brumshagen
Umschlagfotos: Deutsches Literaturarchiv
Marbach (Mascha Kaléko, oben links) und ullstein bild (von oben
nach unten: Anna Seghers, Else Lasker-Schüler, Marieluise Fleißer)
Gesetzt aus der Garamond 10/12,5·
Gesamtherstellung: Druckerei C. H. Beck, Nördlingen
Gedruckt auf säurefreiem, chlorfrei gebleichtem Papier
Printed in Germany · ISBN 978-3-423-34611-5

Inhaltsverzeichnis

EINLEITUNG

»Das war ein Vorspiel nur, dort wo man Bücher verbrennt, verbrennt man auch am Ende Menschen.« Diese Sentenz aus Heines Tragödie *Almansor* (1821) wird im Zusammenhang mit den Bücherverbrennungen der Nazis gern und oft zitiert. Heine legt die Worte Hassan, dem Diener seines maurischen Titelhelden, in den Mund. Es ist eine vielschichtige historische Anspielung: auf die Verbrennung des Korans um 1500 während der Eroberung Granadas durch christliche Ritter, auf Luthers Verbrennung der päpstlichen Bannandrohungsbulle 1520 in Wittenberg, aber auch auf die Bücherverbrennung durch die Burschenschaften beim Wartburgfest von 1817. Diese Ereignisse haben eines gemeinsam: die Bücherverbrennung als religiös oder ideologisch motiviertes Fanal.

Bekanntlich beließen es die christlichen Eiferer seinerzeit nicht bei der Verbrennung des Korans. Etwa einhundert Jahre später folgten die religiös begründeten Hexenverbrennungen. Drei Viertel der dabei ermordeten Menschen waren Frauen, vorwiegend ältere und sozial benachteiligte. Und rund ein Jahrhundert nach Heine wird seine Prophezeiung mit den Bücher- und Menschenverbrennungen durch die Nationalsozialisten erneut Realität.

Von der politisch-ideologischen Ausgrenzung und Verfolgung von Frauen handelt auch dieses Buch. Es nimmt gezielt die deutschsprachigen Schriftstellerinnen in den Blick, die wegen ihrer Herkunft und ihrer politischen Überzeugung von den Nazis verfemt und vertrieben, deren Werke verboten wurden. Es handelt von Autorinnen, die das Deutsche Reich verließen und ins Exil gingen, wie von denen, die, obwohl regimekritisch, im Lande blieben und damit zum Rückzug gezwungen wurden, von seinerzeit literarisch etablierten wie von unbekannten; von professionellen Schreiberinnen wie von Gelegenheitsautorinnen; von solchen, die im Exil literarisch erfolgreich waren, wie von denen, die dort erst zu schreiben begannen oder – was häufiger geschah – ganz verstummten, weil ihre Karriere an den gesellschaftlichen Verhältnissen zerbrochen war.

Dass am Anfang des Buches das Zitat eines männlichen Autors steht, verwundert nicht angesichts der lückenhaften Tradition weiblichen Schreibens, die erst Ende des 18. Jahrhunderts, mit dem Aufstieg des Bürgertums, einsetzte. Das Selbstverständnis der Schriftstellerinnen blieb lange fragil, aufgrund mangelnder Vorbilder und aufgrund eines Frauenbildes, das diese noch immer auf Haus, Hof und Herd beschränkte und weder Berufstätigkeit noch künstlerische Originalität und öffentliche Präsenz für sie vorsah. Erst um 1900 konnten sich Schriftstellerinnen in der Literaturszene etablieren – wenn auch nur für kurze Zeit. Denn die Bücherverbrennungen vom Mai 1933 wurden zum Signal, auch für das abrupte Ende der noch jungen weiblichen Moderne.

Das nationalsozialistische Weltbild reduzierte Frauen erneut auf die klassische Rolle der Hausfrau, Gebärerin und Mutter. Dichterinnen waren darin in aller Regel nicht vorgesehen. Ihre Werke wurden bei der Bücherverbrennung nicht zerstört, ja bezeichnenderweise nicht einmal genannt. Verboten aber wurden sie in den darauffolgenden Jahren. Das belegen die ›Listen des schädlichen und unerwünschten Schrifttums‹, die ab 1936 im Umlauf waren. Und auch das Schicksal der persönlichen Vertreibung und der Auslöschung aus der offiziellen Literaturgeschichtsschreibung hatten Schriftstellerinnen ebenso zu erleiden wie ihre männlichen Kollegen.

»Was wiegt der Anteil der Frau (…)?«, fragt Anna Seghers in ihrem Aufsatz über *Frauen und Kinder in der Emigration*.[1] Ihre Antwort bleibt relativ konventionell und lässt das Problem

offen. Die Frage, ob und inwieweit für Frauen eine geschlechts-
spezifisch definier- und beschreibbare Situation auszumachen
ist, ist naheliegend, aber schwer zu beantworten. Die Grund-
voraussetzungen der rassischen und politischen Verfolgung gelten für beide Geschlechter. Gleich waren die Wege von Frauen
und Männern ins Exil und die politischen und gesetzlichen
Bedingungen, unter denen sie in den Gastländern lebten.

Dennoch lassen sich geschlechtsspezifische Unterschiede
feststellen, in der Haltung, die Schriftstellerinnen zu Verbot,
Verfemung und Verfolgung einnahmen, in ihrer Reaktion auf
die radikal veränderten Bedingungen ihres Lebens, Schreibens,
Publizierens und den Konsequenzen, die sie daraus zogen.
Auch das zeigt dieses Buch.

Die Geschichte der Frauen (und der Frauenliteratur) im Exil
ist noch zu schreiben.[2] Diese Feststellung der Exilforscherin
Eva Maria Siegel von 1993 gilt nach wie vor – auch wenn das
Forschungsdefizit gerade in den letzten Jahren durch umfassende, meist biografisch orientierte Grundlagenarbeiten erheblich reduziert worden ist.[3] Doch die meisten Schriftstellerinnen
stehen auch heute noch im Schatten der berühmten männlichen Kollegen aus jener Autorengeneration, die seinerzeit das
›bessere Deutschland‹ verkörperte, damit auf dem internationalen Buchmarkt erfolgreich war und in die Literaturgeschichte einging – all das, was ihren Kolleginnen nur in Ausnahmefällen gelang.

Die öffentliche Missachtung der Schriftstellerinnen in der
Emigration hat Tradition. Unter den Mitgliedern des deutschen PEN-Clubs im Exil mit Sitz in London waren die Frau-
en seinerzeit mit nur 8,1 Prozent vertreten: Das waren acht
Autorinnen. Dies sagt wenig über ihre reale schriftstellerische
Existenz und Produktivität aus, viel jedoch darüber, wo sie in
der Wahrnehmung und Wertschätzung der Kollegen angesiedelt waren. Denn die Mitgliedschaft im PEN erwirbt man
nicht durch Eigeninitiative. Man wird vielmehr vorgeschlagen
und gewählt. Frauen waren in den Standesorganisationen der

Schriftsteller ebenso unterrepräsentiert wie in allen traditionell
männlich strukturierten großen Organisationen und politischen Parteien der damaligen Zeit.

Was es im Exil bedeutete, eine Frau zu sein, diese Frage
wurde in der Forschung erst spät gestellt.[4] Nicht nur die Le-
benswege der Schriftstellerinnen sind im Dunkeln geblieben,
auch ihre Werke wurden lange Zeit randständig behandelt und
werden es teilweise bis heute – wenige literarische Leitfiguren
wie Anna Seghers, Else Lasker-Schüler, Irmgard Keun oder
Nelly Sachs ausgenommen.

Geändert hat sich das erst nach und nach: mit den Nachwirkungen der Studentenbewegung von 1968 und den Fragen
nach den Biografien der Väter, was die Mütter, zeitlich ver-
zögert, mit einschloss. Auch das ab den Siebzigerjahren wachsende Interesse an Sozial- und Alltagsgeschichte hat das seine
dazu beigetragen; und nicht zuletzt das Plädoyer der Neuen
Frauenbewegung gegen die vermeintliche ›Geschichtslosigkeit
der Frauen‹.

Dieses Buch will einen Überblick geben über die Schicksale der
im Nationalsozialismus verfolgten Autorinnen, ihr Schreiben
und ihr Werk. Die sieben Kapitel setzen, chronologisch geordnet, mit einem Vorspiel ein: dem Aufbruch der Schriftstellerinnen in der literarischen Moderne der Zwanzigerjahre, der
Geburtsstunde der von den Nazis bald diffamierten ›Asphaltliteratur‹. Die anschließenden Kapitel handeln von der spezifischen Situation der Autorinnen in der literaturpolitischen
Ausgrenzung durch die Nazis, verfolgen ihre Wege in die Emigration, schildern den weiblichen Alltag im Exil, vor allem das
Schreiben im Exil und vom Exil. Ein Exkurs befasst sich mit
der sogenannten Inneren Emigration, einer Form latenten,
meist konservativ begründeten Widerstands; ein Nachspiel reflektiert die Haltung zur Rückkehr in die alte Heimat nach
1945. Jedes Kapitel wird ergänzt und veranschaulicht durch
Porträts der Autorinnen, deren Vita und Werk das jeweilige

Thema repräsentieren. Sie zeigen, dass sich die Schicksale der Schriftstellerinnen und ihrer Bücher – trotz gleicher politischer Ausgangsbedingungen – von denen der männlichen Kollegen ganz wesentlich unterscheiden.

Die hier vorgestellten Autorinnen stammen aus verschiedenen Generationen. Die ältesten gehören zur Gruppe der zwischen 1860 und 1870 Geborenen. Sie standen bei Hitlers Machtübernahme auf dem Höhepunkt ihres literarischen Ruhmes oder hatten ihn sogar schon überschritten, wie z. B. Ricarda Huch, geb. 1864, Else Lasker-Schüler, geb. 1869, und Annette Kolb, geb. 1870. Das Hauptaugenmerk gilt jenen Autorinnen, deren literarischer Aufstieg mit dem künstlerischen Aufbruch der Zwanzigerjahre zusammenfiel und deren Karrieren durch die Nazizeit unmittelbar unterbrochen wurden. Dazu gehört Anna Seghers ebenso wie die Repräsentantinnen der ›Asphaltliteratur‹: Vicki Baum, Mascha Kaléko, Gina Kaus und Irmgard Keun, die Dramatikerin Marieluise Fleißer, die Publizistinnen Erika Mann und Hilde Spiel; außerdem Autorinnen, deren literarische Anfänge im Dritten Reich ganz untergingen und die erst mehr als eine Generation später öffentlich wahrgenommen wurden, wie Veza Canetti und Gertrud Kolmar. Eine letzte Gruppe schließlich umfasst Autorinnen, die erst nach dem Ende der NS-Zeit, aus den Erfahrungen mit Verbot und Vertreibung, zu schreiben anfingen, wie Rose Ausländer, Hilde Domin, Nelly Sachs und Grete Weil.

Die meisten der hier repräsentierten Autorinnen lebten ursprünglich – prototypisch für die literarische Kultur ihrer Zeit – in Berlin und Wien, den Hauptstädten des Deutschen Reiches, der Weimarer Republik und der Habsburger Monarchie. Viele von ihnen waren jüdischer Herkunft; einige kamen direkt aus den Zentren ostjüdischen Lebens, wie der Bukowina (Czernowitz). Die jüngeren entstammten häufig dem assimilierten jüdischen Bürgertum, das die deutsche Kunst und Kultur seit der Jahrhundertwende prägte. Dieses Bürgertum strebte – gegen die tradierten jüdischen Geschlechterbilder – für seine Töchter ebenso wie für die Söhne Integration durch Bildung an. Dem entsprachen der gesteigerte Aufstiegs- und Leistungswille dieser jungen Frauen und ihr Wunsch, die ihre individuelle Entfaltung hemmenden überkommenen Verhältnisse hinter sich zu lassen. Damit standen die Autorinnen unter ihnen in der Tradition der Jüdinnen der Zeit nach den napoleonischen Reformen. Diese Jüdinnen hatten damit angefangen, ihre Integration in die bürgerliche Gesellschaft durch das Medium Literatur, durch rege Briefwechsel und mehr noch durch die Kultur ihrer Salons aktiv voranzubringen.

Relativ wenige der Schriftstellerinnen waren oder wurden politisch aktiv, wie z. B. Anna Seghers, Erika Mann, Hilde Spiel, Gabriele Tergit und Hermynia Zur Mühlen.

Die von den Autorinnen bevorzugten Gattungen, Genres und Schreibweisen waren breit gefächert; sie nutzten die Möglichkeiten, die der sich weitende literarische Markt der Zwanzigerjahre gerade den Frauen bot. Das tradierte Spektrum wurde um innovativ-unkonventionelle Textsorten und Medien erweitert. In der Prosa entwickelte sich neben dem konventionellen historischen Roman der auf ein speziell weibliches Lesepublikum zugeschnittene Unterhaltungsroman mit seinen Starautorinnen, wie Vicki Baum und Irmgard Keun; zur konventionellen Naturlyrik kam das neue Genre der Großstadtlyrik mit seiner Meisterin Mascha Kaléko. Medial verbreitet wurde diese neue Literatur über das Buch hinaus im Fortsetzungsroman in Zeitung und Zeitschrift, durch neue Formen des Theaters, wie Marieluise Fleißer sie nutzte, im politischen Kabarett einer Erika Mann und – nicht zuletzt – im Film.

Erfolg hatte die Schriftstellerin der Moderne – das ist aus der Frauen-Literaturgeschichte bekannt – besonders mit zwei Gattungen: dem modernen Unterhaltungsroman und der Lyrik. Ersterer wurde aus kommerziellen Gründen gezielt für die ›Neue Frau‹ – sei sie nun Leserin oder Autorin – kreiert; Letztere galt als stark gefühlsbetontes Medium der ›inneren Stimme‹ mit relativ geringer Nachfrage und entsprechend wenig Anspruch auf kommerziellen Erfolg.

Autorinnen der älteren Generation wie Annette Kolb und Ricarda Huch pflegten eher tradierte Genres wie den historischen Roman. Neu in der Szene war der Erfolg von Theaterautorinnen wie Marieluise Fleißer und Christa Winsloe sowie Publizistinnen wie Erika Mann und Hilde Spiel. Sie profitierten oft von ihren persönlichen Kontakten zu männlichen Szenegrößen, so etwa Fleißer von der Verbindung zu Brecht, Erika Mann von ihrer berühmten Familie, Hilde Spiel von ihrem Mann, dem bekannten Publizisten Peter de Mendelssohn.

Nach dem Ende des Dritten Reichs kehrten – anders als bei den männlichen Kollegen – nur weniger als 50 Prozent der Autorinnen nach Deutschland zurück. Dieser Befund stützt die These, dass Frauen in den Gastländern überdurchschnittlich gut integriert waren und dort tragfähige neue Lebensentwürfe entwickelt hatten. Im Ausland blieben diejenigen, die dort literarisch erfolgreich waren oder ganz neue Berufswege eingeschlagen hatten. Andere blieben neuer familiärer Bindungen wegen oder – nicht zuletzt – wegen ihrer anhaltenden politischen Distanz zum Nachkriegsdeutschland.

Allerdings kehrten Schriftstellerinnen – unabhängig von Alter und literarischem Erfolg – häufiger zurück als andere Emigrantinnen, denn sie waren der sprachlichen Inspiration und der Publikationsmöglichkeiten wegen auf ihr »Mutterland Wort«[5] angewiesen.

Erläuterungsbedürftig erscheinen die Begriffe Exil und Emigration. Mit ›Deutscher Emigration‹ meint die Forschung generell die Menschen, die Deutschland zwischen Hitlers Machtübernahme und dem Beginn des Zweiten Weltkriegs verlassen haben. Wobei zwischen ›rassischen‹ und politischen Flüchtlingen unterschieden wird. Bei Künstlern und Intellektuellen überschnitt sich oft beides.

Der Begriff Exilliteratur wird hier so verwendet, wie es unter den Zeitgenossen üblich war, nämlich ohne strikte Trennung zwischen Exil und Emigration. Der Begriff steht für jegliche Literatur, die in der Emigration entstanden ist und das Exil im weitesten Sinn zum Thema hat. Zu bedenken bleibt, was Brecht in den *Svendborger Gedichten* – im Hinblick auf die spätere Begriffsdefinition – hellsichtig angemerkt hat:

Über die Bezeichnung Emigranten

Immer fand ich den Namen falsch, den man uns gab:
    Emigranten.
Das heißt doch Auswanderer. Aber wir
Wanderten doch nicht aus, nach freiem Entschluß
Wählend ein anderes Land. Wanderten wir doch auch
    nicht
Ein in ein Land, dort zu bleiben, womöglich für immer.
Sondern wir flohen. Vertriebene sind wir, Verbannte.
Und kein Heim, ein Exil soll das Land sein, das uns
    aufnahm.
Unruhig sitzen wir so, möglichst nahe den Grenzen
Wartend des Tags der Rückkehr (...)[6]

ERSTES KAPITEL
Asphaltliteratur – weiblich

Der literarische Markt vor 1933

›Asphaltliteratur‹ – mit diesem Schlagwort werteten die Nationalsozialisten die Literatur der literarischen Moderne ab und stellten sie in Gegensatz zu ihrem eigenen ästhetischen Ideal, der national und völkisch orientierten Heimatkunst. Und als ›Asphaltliteratur‹ wurden auch die Werke vieler in diesem Buch versammelter Schriftstellerinnen verboten und verfemt.

Das Schlagwort bot Vorwand und pseudoliterarische Begründung für ›rassische‹ wie politische Verfolgung und umfasste auch eine große Spannweite weiblichen Schreibens: von den Unterhaltungsromanen einer Vicki Baum oder Irmgard Keun, die ein neues weibliches Weltbild transportieren, bis zu den sozialistischen Botschaften einer Anna Seghers; von den weltfernen Gedichten der Else Lasker-Schüler bis zu den alltagsbezogenen ironischen Versen der Mascha Kaléko; von den in der literarischen Tradition verwurzelten Romanen Annette Kolbs bis zum gesellschaftskritischen Kabarett der Erika Mann.

1919, mit Beginn der Weimarer Republik, hatte die Frauenbewegung – rein formalrechtlich gesehen – einige ihrer wichtigsten Ziele erreicht. Die Frauen hatten endlich das Wahlrecht, Mädchen waren zu Abitur und Studium zugelassen und konnten berufstätig sein – wichtige Voraussetzungen und Signale für den Anbruch einer neuen Zeit.

Die Schriftstellerinnen jedoch erlebten die »Weltwende« nicht als Aufbruch, sondern als Zwiespalt »zwischen Tradition und Moderne«.[7] Erst in den Zwanzigerjahren trat an die Stelle dieser inneren Ambivalenz – auch literarisch – das Bild der

›Neuen Frau‹. Sie ist jung, attraktiv, trägt Bubikopf und kurzen Rock und lebt – berufstätig, finanziell unabhängig, selbstständig und oft unverheiratet – in der Großstadt. Es ist ein Typus, den die erfolgreichen Autorinnen tendenziell auch selbst verkörperten; seien es Erika Mann, Irmgard Keun, Mascha Kaléko oder Vicki Baum. Diese ›Neue Frau‹ wird den einen zum Inbegriff der Moderne, den anderen zum Feindbild als weibliche Ausprägung des ›wurzellosen Großstadtmenschen‹, wie ihn die umstrittene ›Asphaltliteratur‹ präsentiert.

Schriftstellerinnen in der Literaturszene der Zwanziger- und Dreißigerjahre

Die neuen Autorinnen hatten es nicht leicht, sich und ihr Werk auf dem Buchmarkt der Weimarer Republik zu etablieren. Denn wie die gesamte Wirtschaft, so schwächelte auch der Buchhandel. Das Schlagwort ›Bücherkrise‹ machte die Runde. Sie galt als Zeichen eines allgemeinen Kulturverfalls und beschrieb jene Mischung aus wirtschaftlichen und kulturellen Verhältnissen, die dem Buchmarkt seit Beginn der Zwanzigerjahre zu schaffen machte: wirtschaftliche Depression und Inflation, Auflösungserscheinungen in der bürgerlichen Gesellschaft, die das traditionelle Lesepublikum stellte, und die zahlreichen Verlockungen durch neue Medien, die sich dem potenziellen Leser aus dem Angestelltenmilieu boten. Das Buch gehöre jetzt, klagte der berühmte Verleger S. Fischer, »zu den entbehrlichsten Gegenständen des täglichen Lebens (…). Man treibt Sport, man tanzt, man verbringt die Abendstunden am Radioapparat, im Kino, man ist neben der Berufsarbeit vollkommen in Anspruch genommen und findet keine Zeit, ein Buch zu lesen.«[8]
Schriftstellerinnen hatten sich in den etablierten literarischen Gattungen und Genres noch immer keine unangefochtene Position erobern können, weder im bürgerlichen Roman klassischer Tradition noch in der traditionellen Lyrik und schon gar

nicht auf der Bühne. Es fehlte eine durchgängige weibliche Schreibtradition mit entsprechenden Vorbildern. Jahrhundertelang hatten Schriftstellerinnen in der Literaturgeschichte eine marginale Rolle gespielt, denn die tradierte Geschlechterideologie sah für Frauen weder Berufstätigkeit vor noch gestand sie ihnen Genialität zu. Damit waren Autorinnen vom literarischen Markt seit dessen Entstehungszeit um 1800 ausgegrenzt. Die Chancen, unter diesen Bedingungen sprachliche Kreativität auszubilden, standen schlecht. Wer dennoch versuchte, sich eine eigenständige berufliche Existenz als Schriftstellerin aufzubauen, geriet darüber häufig in Konflikt mit der eigenen Geschlechtsidentität. Denn wie sollten Schriftstellerinnen ihre Weiblichkeit im Privaten wahren, wenn sie zugleich gezwungen waren, sie beruflich, oft unter männlichen Pseudonymen, zu verleugnen? Mit diesem Konflikt hatte sich die Generation der um 1900 geborenen Autorinnen noch explizit auseinanderzusetzen. Auch aus ihm entstand – als Gegenentwurf – das Bild der ›Neuen Frau‹.

Noch immer ließ der Machismo einer kraftmeiernden Avantgarde von Brecht über Kästner bis Tucholsky den Frauen literarisch wenig Raum. Autorinnen fanden nur in den wenig frequentierten, weil unattraktiven Nischen außer- und vor allem unterhalb der klassischen Literaturgattungen Platz. Oder dort, wo bestenfalls Ruhm, aber kaum Geld zu verdienen war, wie in der Lyrik. Diese Gattung drückt subjektives Gefühl unmittelbar aus; die Grenzen zwischen dem lyrischem Subjekt und seinem Autor sind fließend. Dem entspricht, dass Frauen schon immer Gedichte schrieben, jedoch für sich selbst, ohne sich deshalb als professionelle Schriftstellerinnen mit Anspruch auf Veröffentlichung zu verstehen. Ein drastisches Beispiel für dieses fragile Selbstverständnis ist Gertrud Kolmar. Sie sah sich zwar insgeheim als Dichterin, wollte ihre Lyrik aber nicht veröffentlicht sehen. Ihr Werk wurde – von ihrem Vater – ohne ihr Wissen publiziert und zu Lebzeiten der Autorin kaum beachtet.

Nur wenige Lyrikerinnen machten sich schon auf dem literarischen Markt der Zwanzigerjahre einen Namen, wie die Ex-
pressionistin Else Lasker-Schüler und ihre heimliche Verehre-
rin, die Großstadtlyrikerin Mascha Kaléko. Erst die extremen
Existenzbedingungen des Exils und deren nachträgliche Verarbeitung motivierten viele Autorinnen zum Schreiben, bevorzugt zum Schreiben von Gedichten. Das gilt für alle drei großen
Exillyrikerinnen: Rose Ausländer, Hilde Domin und Nelly
Sachs.

Ein vom großen Publikum, nicht aber von der Kritik ge-
schätztes Betätigungsfeld erfolgreicher Berufsschriftstellerin-
nen war die konventionelle Unterhaltungsliteratur. Sie reüssierte seit den Anfängen des Massenbuchmarkts in der Gründerzeit
und der boomenden Familienzeitschriften, hatte jedoch ihrer
konventionellen Liebes- und Alltagsthemen wegen den Ruf des
›Herz-Schmerz‹-Klischees und versprach wenig Anerkennung.
Auch deshalb stand sie Frauen offen. Hedwig Courths Mahler
gilt – neben Ludwig Ganghofer – rein quantitativ als erfolgreichste Bestsellerautorin der Zwanzigerjahre. Mit 40 000 000
verkauften Exemplaren ihrer zweihundert Romane hielt sie den
absoluten deutschen Auflagenrekord bei Buchausgaben.

Ambitionierte ›neue Autorinnen‹ dagegen waren auf literarische Nischen angewiesen: Diese boten sich beispielsweise im
Kabarett mit seinem sozialkritischen Chanson, mit dem Erika
Mann Erfolg hatte, in der Reportage, wie sie Gabriele Tergit
vertrat, oder in der politisch engagierten pazifistischen und
sozialistischen Literatur einer Clara Viebig, Hermynia Zur
Mühlen oder Berta Zuckerkandl.

Zur Hauptdomäne der ›Neuen Frau‹ aber wurde das »mittlere Genre« des Zeitromans, jener vielgeschmähte literarische
Ort, wo »die beklagenswerte Sensationsliteratur um tobende
Exzesse, leere Ambitionen und tote Eitelkeiten von Sportama-
teurinnen, Flugheldinnen, Tennisspielerinnen oder Titaniden
und Abenteuerinnen der Kioskliteratur« zu Hause war, wie die
katholische Zeitschrift *Hochland* 1930 entrüstet feststellte.[9]

Gemeinsam ist all diesen literarischen Genres, dass sie neben dem Buch auch andere Medien benutzten und bedienten: den Auftritt auf der Bühne, die Zeitung und die Zeitschrift. Das galt sowohl für die Agitationsliteratur als auch für den gerade bei den Leserinnen sehr beliebten Fortsetzungsroman – im besten Falle samt Verfilmung. Die Vorlagen dafür lieferte seit eh und je der konventionelle Unterhaltungsroman.

Unberührt von den Niederungen solcher Massenproduktion schrieben und publizierten – schon seit der Jahrhundertwende – einige wenige etablierte Autorinnen. Die renommiertesten unter ihnen waren Annette Kolb, Ricarda Huch und Isolde Kurz. Die Entwicklung ihres Œuvres war in den Zwanzigerjahren weitgehend abgeschlossen. Zu den damals namhaften Autorinnen gehörten außerdem Enrica von Handel-Mazzetti, Ina Seidel, Gertrud von Le Fort, Elisabeth Langgässer und Rahel Sanzara. Die Bücher von Handel-Mazzetti und Seidel wurden – mit Zustimmung oder zumindest mit stiller Duldung der Autorinnen – von der NS-Propaganda weiter gefördert, die Werke von Langgässer und Sanzara dagegen verboten.

Der Name Rahel Sanzara nimmt sich fremd aus im nationalen Kontext. Er ist ein Pseudonym, das sich die Jenaer Stadtmusikertochter Johanna Bleschke als junge Tänzerin und Schauspielerin zulegte. Mit dem jüdisch-exotischen Anklang dieses Künstlernamens schrieb sie sich dem antibürgerlichen, weltläufigen Berliner Milieu zu, in dem sie lebte. Rahel Sanzara war mit Ernst Weiß und Franz Kafka befreundet und als Schauspielerin in Stücken von Weiß, Wedekind, Sternheim und Hauptmann erfolgreich, bevor sie sich von der Bühne zurückzog und zu schreiben begann. Ihr Roman *Das verlorene Kind* (1926) wurde ein Sensationserfolg und führte zum Eklat in der Literaturkritik. Die konservativen Kritiker warfen der Autorin Rohheit, Brutalität und Gewalttätigkeit vor, in der Wahl ihres Stoffs und in seiner Behandlung. Das Thema, die Geschichte eines Sexualmordes an einem 4-jährigen Mädchen und die Aus-

wirkungen der Tat, verletze die Grenzen dessen, was sich für
eine Schriftstellerin schicke. Höchstes Lob dagegen erntete
Sanzara bei den berühmten Kollegen, den Vorreitern der literarischen Moderne, wie Carl Zuckmayer, Gottfried Benn und
Vicki Baum. Der Ausgang des Romans, die Aussöhnung mit
dem geistesgestörten Kindsmörder samt Resozialisierungshilfe
durch die Opfer, und die holzschnittartige Schwarz-Weiß-
Zeichnung der Figuren machen es verständlich, dass das Buch
auch als trivial, als Heimatroman in der Nähe der Blut-und-
Boden-Ideologie gelesen wurde. Im Dritten Reich, das sich die
gnadenlose Bekämpfung von »Sittlichkeitsverbrechern« zum
Ziel setzte, wurde es jedoch als »zersetzend« verboten, ein
Urteil, das vom jüdisch assoziierten Pseudonym der Autorin
sicher nicht unbeeinflusst war. Mit ihren weiteren literarischen
Versuchen hatte Sanzara keinen Erfolg mehr. Sie starb 1936 in
Berlin an einem Krebsleiden.[10]

Außerhalb literaturpolitischer Debatten stand in den Zwanzigerjahren das Werk der drei »alten Damen der Frauenliteratur« aus der Emanzipationskampfzeit vor dem Ersten Weltkrieg: Gabriele Reuter, Clara Viebig, Helene Böhlau.[11] In der
Weimarer Zeit stellte es keine Provokation mehr dar. Die Autorinnen folgten, bewusst parteilich, dem politischen Programm
der gemäßigten bürgerlichen Frauenbewegung. Im Mittelpunkt
ihrer Romane stehen tapfere Mädchen, treusorgende Mütter
oder tugendhafte Berufstätige, die in ihrer Arbeit aufgehen und
ihr Privatleben dem Allgemeinwohl opfern.

Zum hochgelobten und vielgelesenen Buch wurde Ina Seidels
Wunschkind (1930). Es erfüllte – nach Thema und Tendenz, und
auch mit der Gattungswahl, dem politisch entschärften historischen Roman – alle Kriterien eines zugleich konservativen und
nationalen Weltbilds. Die Handlung spielt während der napoleonischen Kriege. Im Mittelpunkt steht Cornelie, eine junge
Mutter, die soeben ihr einziges Kind, einen Sohn, verloren hat.
Noch in der Nacht seines Todes verführt sie ihren Mann, der am
nächsten Morgen in den Krieg zieht, zur Zeugung eines

Wunschkinds. Der Vater fällt, und Cornelie widmet ihr Leben nun ganz ihrem nachgeborenen Kind, wiederum einem Sohn. Dieser allumfassenden Mutterliebe opfert sie alle anderen Lebensinhalte – eine Form von Übermutterschaft, die auch als Machtausübung, als Dominanz mit den entsprechenden Abhängigkeiten les- und interpretierbar ist. Mutterliebe wird hier idealisiert und politisiert, die Familie zum politischen Instrument umfunktionalisiert. Die Frau mutiert zur »autonomen Heldin, die den Mann höchstens noch zum Kinderzeugen braucht«.

Mutterschaft galt im Nationalsozialismus als Zeichen der »Gesundung des weiblichen Typus«.[12] Dementsprechend wurde die Mutter in der nationalsozialistischer Ideologie nahestehenden Literatur zur obersten Repräsentantin des Weiblichen. Dass Frauen im Nationalsozialismus nur als Mütter akzeptiert gewesen seien, ist jedoch ein weitverbreiteter Irrtum. Das Leben der Frauen wurde durch Rassenideologie, staatlichen Zwang und physische Gewalt viel umfassender bestimmt.

Im Kanon der nationalsozialistischen Literatur, auf die hier ein knapper Seitenblick geworfen sei, waren etwa vierzig Autorinnen offiziell anerkannt; ihre Werke wurden publiziert, besprochen und weiterempfohlen. Darunter waren beispielsweise Agnes Miegel, Lulu von Strauß und Torney und die bereits erwähnte Ina Seidel. Insgesamt war die nationalsozialistische Propaganda bemüht, jegliche Literatur mit nur halbwegs konservativer Tendenz zu vereinnahmen. Das zeigt das Beispiel Ricarda Huch. Sie galt einerseits als konservative Nazi-Gegnerin, deren Werk teilweise verboten war und die sich in eine Form von Innerer Emigration flüchtete. Andererseits gehörte ihr Werk zum literarischen Kanon der NS-Zeit und ihre Bücher fanden sich auch im Bestand von SS-Bibliotheken. Ähnlich ambivalent verhält es sich mit Clara Viebig. Sie wurde einerseits als verspätete Naturalistin mit nationalem Einschlag geschätzt, andererseits jedoch wegen ihrer Ehe mit dem jüdischen Verleger Friedrich Theodor Cohn verfolgt; ihr Werk wurde verboten.

Generell waren Schriftstellerinnen in der nationalsozialistischen Literatur hauptsächlich für diejenigen Themen zuständig, auf die weibliche Existenz auch im realen Leben reduziert
wurde: Familie und Alltag. Diese Literatur bestätigte das nationalsozialistische Wertesystem. Für Zweifel, Mehrdeutigkeit
oder sprachliche Experimente war darin kein Platz. Die Grenzen zwischen faschistischer und allgemein autoritär-antiaufklä-
rerischer Literatur waren fließend. Das ermöglichte vielen Autorinnen, nach 1945 in dem scheinbar ideologiefreien Raum
der Unterhaltungs- und der Jugendliteratur weiter zu publizieren. Ina Seidels *Wunschkind* zum Beispiel erlebte eine Wieder-
geburt in mehreren Neuausgaben; die letzte erschien noch 1984
bei der Deutschen Buchgemeinschaft.

Neue Frau und Neue Sachlichkeit

Als zeitgemäße Form künstlerischen Ausdrucks wurde zu Beginn der Zwanzigerjahre die ›Neue Sachlichkeit‹ gefeiert.[13] Sie
galt als modern, sowohl ihrer avantgardistischen Schreibweisen
und Stilformen wegen als auch aufgrund der »Oberflächenphä-
nomene des großstädtischen Lebensstils«, den sie darstellte:
dem Warendesign und der Einbauküche, der neuen Mode, der
Sportkultur und der Kameradschaftsehe. Der Begriff lässt sich
auf die gesamte Kultur der Weimarer Republik und ihrer Metropolen ausweiten: auf das neue Medium Film, auf Theater
und Museen, auf die Café- und Revueszene, die neuen Verlage,
Zeitungen und Zeitschriften – und auf das neue Publikum, das
all das rezipierte. Dieses Publikum bestand vor allem aus Frau-
en. Sie profitierten von der kulturellen Popularisierung, denn
die neuen Printmedien waren völlig auf eine weibliche Ziel-
gruppe zugeschnitten.
    Anfangs hatte die ›Neue Sachlichkeit‹ als eine spezifisch
männliche Kultur gegolten, geprägt von demokratischen Freiheiten, von Kapitalkonzentration, Arbeitslosigkeit und Inflati-

on, aber auch von politischer Polarisierung und Gewalt. Doch
daneben entwickelte sich eine spezifisch weiblich geprägte Le-
benskultur mit Anspruch auf »Eigensinn«[14]. Die ›Neue Frau‹
war geboren. Und mit ihr – darin sind historische und kultur-
soziologische Forschung sich einig – ein zentrales Phänomen
der Weimarer Moderne. Auch wenn dies dazu führte, dass sich
die männliche Avantgarde, die diese Entwicklung ins Populäre
mit Skepsis verfolgte, Anfang der Dreißigerjahre von der ›Neu-
en Sachlichkeit‹ distanzierte.

In der Kultur der ›Neuen Frau‹ aber standen weibliche Lebensentwürfe und Verhaltensweisen im Mittelpunkt. Die
Schriftstellerinnen reagierten rasch auf die neue Zeit und nahmen ihre gesellschaftlichen Debatten auf. Sie thematisierten
weibliche Berufstätigkeit, die Alternative Ehe/Beruf und die
›neue Moral‹ der außerehelichen Liebe und Sexualität. So Irmgard Keun in ihren Romanen *Gilgi – eine von uns* und *Das
kunstseidene Mädchen*; Vicki Baum in *stud. chem. Helene
Willfüer*; Marieluise Fleißer in den frühen Erzählungen aus
der Zeit vor ihrem Erfolg als Dramatikerin und in ihrem
Roman *Mehlreisende Frieda Geier* sowie Gabriele Tergit in
ihren Gerichtsreportagen und dem Roman *Käsebier erobert
den Kurfürstendamm*, der ausnahmsweise einen männlichen
Protagonisten hat. Diese Bücher waren typisch für die neue
»mittlere Sphäre«[15] zwischen Unterhaltungsliteratur und hoher Literatur, die sich speziell am Roman der ›Neuen Frau‹
herausbildete.[16]

Die Heldinnen dieser Romane sind berufstätige Frauen:
»Lehrerinnen, Ärztinnen, Krankenschwestern, Angestellte,
Studentinnen, Apothekerinnen, Wissenschaftlerinnen und
Künstlerinnen (...). Und allen Frauenfiguren gemeinsam ist:
Sie sind erfolgreich und tüchtig und machen deutlich, dass
Frauen genauso gute Arbeit leisten wie Männer.

Auffällig ist jedoch, dass die dargestellten berufstätigen
Frauen oft ohne Vater aufgewachsen sind.«[17] Das erscheint
plausibel, weil es die historische Situation nach dem Ersten

Weltkrieg und ihre ›vaterlose Gesellschaft‹ samt den zugehöri-
gen familiären Krisen abbildet. Die literarische Handlung wird
durchweg so konstelliert, dass allein die materielle Notwendigkeit die Frauen dazu bringt, berufstätig zu werden, nicht ihr
Wunsch nach Selbstständigkeit und finanzieller Unabhängigkeit. Sie alle sind durch die äußeren Verhältnisse gezwungen,
sich allein zu versorgen und durchzusetzen – ohne die Unterstützung einer väterlichen Figur, aber auch ohne deren Widerspruch. Innerlich aber bleiben sie durchweg auf den Vater
fixiert. Sie ergreifen den Beruf, den er für sie ausgewählt oder
den er selbst ausgeübt hatte, und übernehmen seine Rolle auch
in der Fürsorge für Mutter und Geschwister. Trotz dieser
äußeren Selbstständigkeit bleiben die Protagonistinnen den
»traditionellen Weiblichkeitsmustern von Liebe, Aufopferung
und Fürsorge verhaftet«. Und so erscheint es nur konsequent,
dass alle diese lebenstüchtigen jungen Frauen ihren Beruf bald
wieder aufgeben, um zu heiraten. Das literarische Gegen-
modell dazu erscheint auch wenig attraktiv: ein Leben nur für
den Beruf, ohne Liebe und private Bindung.[18]
   Diese polarisierenden Lebensentwürfe entsprechen den damaligen realen Verhältnissen. Diskriminierende Maßnahmen,
die sich primär gegen verheiratete berufstätige Frauen richteten,
wie die Entlassungsverordnungen nach dem Ersten Weltkrieg,
die 1926 erlassenen Aufrufe gegen das Doppelverdienertum und
das Berufsverbot für verheiratete Lehrerinnen an öffentlichen
Schulen, zwangen die Frauen, sich zwischen Ehe und Beruf zu
entscheiden. Dementsprechend handeln auch die ›Neuen Frau-
en‹ in den Romanen einer Irmgard Keun oder Vicki Baum.[19]
   Gesellschaftliche Tabus, wie außerehelicher Sex, waren in
dieser neuen literarischen Welt jedoch aufgehoben. Doch so,
wie dort das Familienleben letztlich über die Berufstätigkeit
siegte, so siegte auch die Tugend über die neue Freiheit. Außerehelichen Liebesverhältnissen war meist kein Glück beschieden. Und auch alle anderen, nicht der Konvention folgenden
Lebensentwürfe waren zum Scheitern verurteilt.[20]

So gesehen, trug auch die Literatur der ›Neuen Frau‹ dazu bei, dass die traditionellen gesellschaftlichen Vorstellungen ihre prägende Kraft behielten. Denn sie vermittelte ihren Leserinnen als zentrale Botschaft letztlich das, was in der nationalsozialistischen Ideologie dann erneut Konjunktur haben sollte: »Die Frau gehört ins Haus.«[21] Dieser simplen Aussage entspricht die Einfachheit der schriftstellerischen Mittel. Es dominiert die »Schwarz-Weiß-Malerei«. Die meisten Autorinnen verwendeten weiterhin konventionelle Erzählmuster, obwohl diese längst zum »Klischee« aus dem Geist der Fortsetzungsromane »geronnen« waren. Das wirkte in der »neusachlichen« Welt der Weimarer Republik altmodisch, verbraucht und nicht mehr überzeugend.[22]

Und dennoch: Im Bewusstsein der literarischen Öffentlichkeit der Weimarer Republik machten diese Angestellten und Studentinnen in all ihrer Unentschiedenheit eine steile Karriere. Sie avancierten zum Bild der ›Neuen Frau‹ schlechthin.

Der Erfolg dieser Literatur bei den Leserinnen hatte verschiedene Gründe.[23] Deren erster: Diese Romane wirkten kommunikativ, denn sie nahmen eine Wechselbeziehung zur Leserin auf. Erst im Austausch zwischen Autorin, Text, Leserin und Gesellschaft konnte der neue Romantypus sich konstituieren. Es ging hier – mehr und unmittelbarer als jemals zuvor in der Literatur – um die Leserin als handelndes Subjekt. Als souveräne Käuferin formulierte sie selbstbewusst ihren Anspruch auf eine eigene Literatur, etwa indem sie deren Gebrauchswert für ihr Leben prüfte. Ein zweiter Grund lag darin, dass die Romane der ›Neuen Frau‹ ihre Leserinnen in eine neue literarische Öffentlichkeit einbanden, in der die alte Grenze zwischen Unterhaltungsroman und ›hoher‹ Literatur aufgehoben war. Als Letztes ist der »komplexe Zusammenhang zwischen Literaturmarkt, Kulturkritik und Leseverhalten«[24] zu nennen, der im Zeitroman der ›Neuen Frau‹ verhandelt wurde. An ihm zeigten sich die grundlegenden Veränderungen, die der Buchmarkt während der Weimarer Republik durchlaufen hatte. Sie wurden

sichtbar an den quantitativen und qualitativen Verschiebungen
zwischen ›hoher‹ und populärer Kultur und an der fortschreitenden Kommerzialisierung der Literatur, die von den neuen
Verlagskonzernen wie Ullstein, Mosse oder Hugenberg aus-
ging: an den neuen Buchformaten, vor allem dem Taschenbuch als Massenbuch, am Aufstieg kommerzieller Leihbiblio-
theken, an Leserumfragen – lauter Maßnahmen, mit deren Hilfe
sich eine massenkompatible Unterhaltungsliteratur etablieren
konnte.

Der Erfolg der Romane der ›Neuen Frau‹ provozierte eine
Kontroverse über zeitgenössische Frauenbilder und »›weibliche‹ Kultur«[25] – nicht nur in der Literaturkritik, sondern auch
unter den Leserinnen selbst, den Angestellten, Studentinnen,
Frauenrechtlerinnen. Das Bild der ›Neuen Frau‹ erschien nicht
nur in der Literatur, sondern auch in Filmen, Schlagertexten
und Fotoreportagen, auf der Bühne und auf Reklametafeln.

Diese öffentlichen Debatten – entzündet an den Romanfiguren einer Vicki Baum und Irmgard Keun, an den Reportagen
einer Gabriele Tergit und den Stücken der Marieluise Fleißer –
zeigen beispielhaft, dass die Frauenrollen und -bilder – trotz
aller volksbildnerischen und ideologischen Anpassungsbemü-
hungen – offen blieben. Das Gedicht *Kollektivklage junger
Mädchen* aus der Zeitschrift *Uhu* vom Mai 1931 bringt das
vorherrschende Lebensgefühl auf den Punkt:

Wir passieren Stationen vom Sportgirl bis Gretchen
Studentin Helene bis Lesbosmädchen
Und bei welchem Typ wir bleiben
Ist schwer zu entscheiden – wir lassen uns treiben.[26]

Diese »transitorische Natur« war das wirklich Neue an der
›Neuen Frau‹. Sie war ein »Übergangsgeschöpf«.[27]

Wohin die Reise gehen würde, das wussten zu Beginn der
Dreißigerjahre die literarischen Heldinnen ebenso wenig wie

ihre Schöpferinnen. Vicki Baum nutzte die Chancen, die ihr mit der Verfilmung ihres Romans *Menschen im Hotel* in den USA offenstanden, und ging schon 1932 mit Mann und Kindern nach Hollywood. Die Jüdin Gabriele Tergit verließ Deutschland 1933, nach Angriffen der SS auf ihre Familie, und floh über die Tschechoslowakei nach Palästina. Irmgard Keun ging erst 1936, als ihr jede Veröffentlichungsmöglichkeit verwehrt war, und kehrte noch während des Krieges in ihre Heimatstadt Köln zurück. Marieluise Fleißer blieb. Doch sie kehrte aus der Metropole Berlin, dem Ort ihres literarischen Erfolgs, zurück in die bayerische Provinz, in die Hölle, der ihre Heldinnen hatten entfliehen wollen.

Von Berlin
nach Hollywood

Vicki Baum
(1888–1960)

Glaubt man Vicki Baums Erinnerungen *Es war alles ganz
anders*, so hatte es die kleine Hedwig, die sich später Vicki
nannte, mit ihren Eltern und ihrem Elternhaus im gutbürgerlichen jüdischen Wiener Milieu nicht leicht. Die Mutter war
chronisch depressiv und selbstmordgefährdet, verbrachte die
meiste Zeit in psychiatrischen Einrichtungen und starb früh an
einem Krebsleiden. Der notorisch geizige Vater floh vor den
familiären Problemen. Vicki Baum nannte ihn später »den einzigen Feind, den ich je hatte«[28]. Hedwig, ein Einzelkind, war
früh ganz auf sich gestellt. Den Tag der Rückkehr der Mutter
aus der Psychiatrie als eine fremde, ganz in ihre Innenwelt
zurückgezogene Frau erlebte das 8-jährige Mädchen als Ende
seiner Kindheit. In den nun folgenden zwölf Jahren bis zum
Tod der Mutter fungierte die Tochter als Betreuerin und Pflegerin.

Auf Wunsch der Mutter wurde Vicki zur Harfenistin ausgebildet. Als 19-Jährige erhielt sie – als einzige Frau – eine
Anstellung im hochrenommierten Wiener Concertvereins-
Orchester, gab erfolgreich Solokonzerte und spielte ab 1914,
vermittelt durch ihren späteren Mann Richard Lert, im Orchester des Darmstädter Hoftheaters. Die erste Ehe mit dem Literaten Max Prels verschaffte ihr Zugang zur Wiener literarischen

Szene. Als Max Prels sich von seinen publizistischen Verpflichtungen für die verschiedenen Zeitschriften, für die er schrieb, überfordert zeigte, sprang seine junge Frau immer öfter für ihn ein und verfasste die Texte an seiner statt. Die von Prels 1910 gegründete Kulturzeitschrift *Ton und Wort* füllte sie schließlich allein, mit eigenen, unter verschiedenen Pseudonymen laufenden Beiträgen. So erwarb Vicki Baum sich nebenbei die praktischen Schreib- und Redaktionserfahrungen, die ihr später bei der Tätigkeit für den Ullstein Verlag zugutekommen sollten. Und sie schrieb an einem ersten Roman. *Eingang zur Bühne* (1920) spielt im Theatermilieu, das der Harfenistin vertraut war. Prels vermittelte das Manuskript an den Ullstein Verlag. So startete Vicki Baum ihre literarische Karriere im Berlin der Zwanzigerjahre – und wurde mit ihren guten Honoraren in Zeiten der Wirtschaftskrise zugleich zur Familienernährerin. Sie war inzwischen in zweiter Ehe mit dem Dirigenten Richard Lert verheiratet und Mutter zweier Söhne.

Ab 1926 band sich Baum exklusiv an den Ullstein Pressekonzern, ein expandierendes Unternehmen mit bis zu 8000 Angestellten. Es war ganz nach amerikanischem Vorbild aufgebaut, mit seiner auf Synergieeffekte abzielenden Werbestrategie und dem breiten Produktangebot von Periodika und Buchreihen, die alle ein Ziel hatten: die Unterhaltung einer möglichst breiten Leserschaft. Vicki Baum arbeitete als Redakteurin und Autorin der beliebten Ullsteinschen Lifestyle-Magazine: für *Uhu* und *Die Dame*, vor allem aber für das Flaggschiff, die *Berliner Illustrierte Zeitung*. Hier erschienen ihre Romane in Fortsetzungen, bevor sie als hochpreisige Buchausgaben auf den Markt kamen. Ein neuer Vicki Baum-Roman soll dem Verlag regelmäßig einen sprunghaften Anstieg der Zeitschriftenauflage beschert haben.

Die Bestsellerautorin wurde Ullsteins Markenzeichen und stieg zum ersten Medienstar der neuen deutschen Literaturszene auf: jung, attraktiv, selbstständig, sportlich, mit modischem Bubikopf, beruflich erfolgreich und zugleich Mutter;

eine Frau, die sich und ihren Erfolg vermarktete, indem sie ihn öffentlich ausstellte. Die brünette Wienerin mit eher konservativer Ausstrahlung wandelte sich in ihrem ersten Jahr bei Ullstein zur perfekt aufgemachten, mondänen Blondine. Passend zum aufkommenden Körperkult ließ sie sich beim Training am Punchingball im Studio der Boxlegende Sabri Mahir abbilden, posierte fürs Pressefoto als unabhängige Mutter mit ihren beiden Söhnen (ohne den Ehemann) und als moderne Hausfrau in der Einbauküche. Und ihre literarischen Heldinnen entsprachen ganz dem Erfolgstypus der ›Neuen Frau‹, den die Autorin selbst verkörperte.

Markenzeichen Neue Frau: stud. chem. Helene Willfüer

»Wer sind die Helden des Romanteiles illustrierter Zeitungen? Boxer, Abenteurer, Film- und Bühnengrößen, Verbrecher, Kapitalisten, Hochadel, Erfinder, Dirnen. Und nun kommt eine Studentin Helene Willfuer (sic) in zweimillionenfacher Auflage (...) Kein Kreis, in dem man den Wandel dieses ›jungen Mädchens unserer Zeit‹ nicht diskutiert hätte. Woher kommt die Wirkung dieses Buches?«[29], so fragte Emmy Wolff, die Geschäftsführerin der Berliner Zentrale des Bundes Deutscher Frauenvereine in der Zeitschrift *Die Frau*, als der Roman *stud. chem. Helene Willfüer*, Vicki Baums erster großer Erfolg, 1929 den deutschen Buchmarkt aufmischte.

Helene Willfüer ist die Tochter eines berühmten Chemikers. Der Roman setzt mit dem Tod und Begräbnis des Vaters ein. Die Tochter bricht auf in eine ungewisse Zukunft. Sie entscheidet sich für ein Chemiestudium, eine für das damalige Deutschland, wo Frauen erst seit zwanzig Jahren zum Studium zugelassen waren, noch außergewöhnlichere Wahl als heute. Für Helene allerdings liegt sie nahe, denn es ist das Fach und der Beruf des Vaters, auf den sie innerlich fixiert ist und bleibt. Und auf seinen Spuren gelingt ihre Karriere. Doch diese ist massiven

Hindernissen abgerungen: materieller Not, einer ungewollten Schwanger- und Mutterschaft samt einschlägiger Diskriminierung, dem Selbstmord des Geliebten und Vaters des noch ungeborenen Kindes sowie einer Anklage samt Gefängnisaufenthalt wegen des Verdachts, den Geliebten getötet zu haben, sowie materieller Not. Helene bleibt nichts erspart, bevor ihre wissenschaftliche Arbeit schließlich zum Erfolg führt: Die Entwicklung des Verjüngungsmittels Testinucleose, vermarktet als Vitalin, basiert auf ihren Forschungen. Im Hintergrund agiert – als immer präsente väterliche Instanz – der bewunderte Doktorvater, Chemieprofessor Valentin Ambrosius. Auf dem Höhepunkt ihres Erfolgs nimmt Helene seinen Heiratsantrag an. Dank des von ihr gefundenen Wirkstoffes kommt der gealterte und halb erblindete Ambrosius wieder zu Kräften und der Roman zum Happy End.

Das Buch nimmt Themen auf, die damals heiß diskutiert wurden: die Abtreibungsfrage, die Lebensideologie und die Hormondiskussion. Die Entscheidung für oder gegen ein Kind war für die Identität der ›Neuen Frau‹ in den Zwanzigerjahren von entscheidender Bedeutung. Abtreibung war nach § 218 StGB streng verboten. Der Ärztetag von 1925 schätzte die Zahl der jährlichen Schwangerschaftsabbrüche auf 800 000, die der dadurch erlittenen Todesfälle auf immerhin 20 000. Das Thema war so brisant wie aktuell, in der Wirklichkeit wie in der Fiktion, sei es im Roman, im Film oder auf der Bühne.[30]

Dass bei Baum eine ungewollte Schwangerschaft und mit ihr das Tabuthema Sexualität zum zentralen Motiv wird, trug zur Brisanz der zeitgenössischen Diskussion um den Roman und zu seinem Erfolg wesentlich bei. Baum individualisiert und personifiziert den politischen Diskurs. Er gipfelt in dem Statement, das auch Helene für ihre eigene Situation – orientiert am Verhaltenskodex neu-sachlicher Weiblichkeit – formuliert: »Man bekommt kein Kind.«[31] Das zweite große Thema des Romans ist die sogenannte »Lebensideologie«,[32] die immerwährende, in den Zwanzigerjahren neu diskutierte Frage nach dem Sinn von

Leben und Tod. Die Protagonistin setzt sich mit der Lebens-
bejahung, die auch ihren Namen, Willfüer, prägt, letztlich
durch, als uneheliche Mutter und erfolgreiche Chemikerin, gegen professorale Vorbehalte wider das Frauenstudium, gegen
die gerichtliche Anklage, gegen Verleumdungen und Armut.

Eng mit der Lebensideologie verknüpft ist ein weiterer damals aktueller öffentlicher Diskurs, der um den Wunsch nach
immerwährender Jugend. Vicki Baum hatte das Thema selbst
schon vor Erscheinen ihres Romans in Zeitschriftenartikeln
aufgegriffen und so das Leserinteresse geweckt und angesta-
chelt. Nicht zufällig steht im Mittelpunkt von Helenes Forschungen ein »Lebenssaft«, das Verjüngungsmittel Vitalin. Das
Engagement für die noch junge, zukunftsträchtige Wissenschaft der Hormonforschung weist Helene als Forscherin am
Puls der Zeit aus. Die Lebensfreude der Protagonistin trägt
auch ihre Verbindung mit dem Ersatzvater Ambrosius. Die
junge Frau wirkt – nach altem Muster, wenn auch überführt in
das Zeitalter moderner Naturwissenschaft – verjüngend auf
den alten Mann. Helene wächst sich zur neuen deutschen
›Überfrau‹ aus, die mit ihrer Vitalität und ihrem Intellekt alle
Maßstäbe des bisher für eine Frau Vorstellbaren sprengt.

Der Roman verhandelt die familiären, geschlechtsspezifischen und gesellschaftlichen Rollenkonflikte, die auch den
Alltag der Leserinnen prägten. Der spielerische, unterhaltsame
Umgang mit den zeitgenössischen Diskursen, Ideologien und
Genrekonventionen und die von Handlung und Hauptfigur
ausgehenden Botschaften wirkten anregend auf das Lesepublikum. Es ließ sich mit Vergnügen auf diese literarische Welt ein.
Zumal die Botschaften widersprüchlich bleiben und der Roman in den gesellschaftlich brisanten Streitfragen keine eindeutige Stellung bezieht.

Beispielhaft für diese Ambivalenz ist der Schluss. Vom Genre
des Liebesromans aus betrachtet, ist die Verbindung der jungen
Wissenschaftlerin mit einem väterlichen Mann, der noch dazu
der eigene Doktorvater ist, ein durch und durch konventionel-

les Happy End. Die Professorenehe entsprach ganz der gesellschaftlichen Norm, nach der eine Frau, auch wenn sie erfolgreich berufstätig war, ihr Glück letztlich nur in einer patriarchalisch geprägten Ehe zu finden hatte. Doch dieses Happy End wird zurückgenommen oder zumindest eingeschränkt durch den Satz, mit dem Helene Ambrosius' Heiratsantrag annimmt: »Es ist ein Experiment. Ich will es versuchen.« Das Experiment, ein Begriff aus der Naturwissenschaft, steht für den transitorischen Charakter auch dieser Ehe. Ob dieses kleine Schlupfloch ins Ungewisse allerdings genügt, um eine so traditionelle Beziehungskonstellation wie diese wirklich zu öffnen, sei dahingestellt.[33]

Stud. chem. Helene Willfüer entfachte eine leidenschaftliche öffentliche Diskussion über das zeitgenössische Frauen- und Studentinnenbild, zu deren Forum sich die Presse, vor allem die Frauenzeitschriften, machte. Dass der Roman brisant wirken würde, hatten Verleger Hermann Ullstein und Kurt Korff, der Chefredakteur der *Berliner Illustrierten Zeitung*, erwartet und befürchtet. Aus Angst vor den Reaktionen der Leserinnen zögerte der Verlag das Erscheinen um zwei Jahre hinaus. Doch die moralische Entrüstung, die der Roman dann tatsächlich provozierte, wirkte sich auf die Auflage nur positiv aus. Sie stieg, solange die Fortsetzungen liefen, um 200 000 Exemplare auf singuläre zwei Millionen. Die Buchausgabe erreichte im ersten Jahr eine Auflage von 105 000 Exemplaren.[34] Das lässt keinen Verleger kalt.

Für die Autorin brachte dieser Erfolg den Durchbruch auf dem internationalen Literaturmarkt. Die Unruhestifterin *stud. chem. Helene Willfüer* machte ihre Erfinderin zur damals populärsten deutschen Schriftstellerin. »Die Marke ›Vicki Baum‹ hatte«, schreibt ihre Biografin Nicole Nottelmann, »den Bekanntheitsgrad von Produkten wie ›Leibnizkekse‹ oder ›Klosterfrau Melissengeist‹. Sogar eine Hochstaplerin in Berlin gab sich damals als Vicki Baum aus, um die Brieftaschen alleinreisender, einsamer Männer zu plündern.«[35]

Gleichzeitig mit *stud. chem. Helene Willfüer* erschien das Buch, das Baums größter Erfolg werden und ihr Leben von Grund auf ändern sollte: *Menschen im Hotel*. Der amerikanische Verleger Nelson Doubleday machte den Roman mit der englischen Übersetzung, der Vermarktung als Bühnenstück und als Film (*Grand Hotel* 1932 mit Greta Garbo) zum Welterfolg. Der Autorin brachte der Verkauf der Bühnen- und Filmrechte zwar wenig finanziellen Ertrag ein, weil sie mit den Gepflogenheiten des anglo-amerikanischen Buchmarkts noch nicht vertraut war, sie erhielt jedoch eine Einladung in die USA – und damit nahm ihr Leben eine entscheidende Wende. Im April 1931 reiste Vicki Baum für sieben Monate nach New York und Hollywood, um für ihr Buch und ihr am Broadway erfolgreiches Theaterstück zu werben und weitere Projekte zu besprechen – mit Aussicht auf Filmverträge in Hollywood. Die PR-Tour, während der ihr Buch als einziges einer Nicht-Amerikanerin die vorderen Plätze der US-Bestsellerlisten erklomm, machte Vicki Baum selbst zum Star, als dritter weiblicher Europa-Import nach Greta Garbo und Marlene Dietrich.

Die neuen Lebensperspektiven in Übersee ließen Baum die politische Entwicklung in Europa schärfer wahrnehmen, als sie sie bisher in deren Epizentrum, in Berlin, gesehen hatte. Sie entschloss sich, ganz in die USA zu gehen. Im Juni 1932 traf sie mit Mann und Kindern in Santa Monica/Kalifornien ein.

Als Erfolgsautorin nach Hollywood

Der Entschluss zur Emigration war wohl primär individuell, durch die in Hollywood lockenden Chancen motiviert und nur in zweiter Linie von politischen Gründen bestimmt. Baum revidierte ihn nie. Sie kehrte nie dauerhaft nach Europa zurück. Bis zu ihrem Tod 1960 lebte sie mit ihrer Familie, seit 1938 als amerikanische Staatsbürgerin, in Kalifornien. Sie war Mitglied der deutschen Gruppe des PEN in den USA. In den kalifor-

nischen Emigrantenzirkeln um die Familie Thomas Mann, um
Ernst Lubitsch, Salka Viertel, Fritz Lang, William Dieterle,
Arnold Schönberg, Walter Slezak und Gina Kaus, Baums enge-
rem Bekanntenkreis, soll sie akzeptiert und wohlgelitten gewesen sein. Vielleicht auch wegen der außergewöhnlichen Hilfsbereitschaft, mit der sie, die finanziell Erfolgreiche, in Not
geratene Kollegen immer wieder unterstützte.

Sie selbst lässt darüber in ihren 1960 veröffentlichten Erinnerungen wenig verlauten; ebenso wenig wie über ihr Emigrantenleben in Hollywood. Gegen die Depressionen, die Krankheit ihrer Mutter, die Vicki Baum im Alter einholten, versuchte
sie nimmermüde anzuschreiben. In ihren Memoiren inszeniert
sie sich als die gänzlich unpolitische Naive, die ihre Lebens-
entscheidungen nur aus dem Gefühl heraus trifft und Distanz
zu den politischen und auch gesellschaftlichen Entwicklungen
der Nachkriegszeit hält. Die Memoiren blieben Fragment. Sie
enden im Wesentlichen mit der freiwilligen Emigration 1932.
Im Mittelpunkt steht die Lebensphase, durch die Vicki Baum
ihr Leben definiert sah: die Berliner Anfänge, Zeit ihrer größten Erfolge. Die Jahre zwischen 1926 und 1932 galten ihr als
die besten ihres Lebens.

Zu ergänzen bleibt, dass Vicki Baum etwas gelungen ist, was
nur den wenigsten Exilautoren gelang. Sie konnte ihre literarische Karriere in der Emigration ungebrochen fortsetzen. In
den neunundzwanzig amerikanischen Jahren schrieb sie ebenso viele Bücher, gleichmäßig verteilt auf die Zeit vor und nach
dem Zweiten Weltkrieg. Die deutschen Ausgaben erschienen
beim Querido Verlag oder bei Bermann Fischer, die amerikanischen bei Doubleday – alle mit außergewöhnlich hohen Auflagen. Ab 1937 schrieb Vicki Baum nur noch auf Englisch.
Nach den Statistiken des vom Völkerbund herausgegebenen
Index translationum stand sie von 1933 bis 1938 mit 87 Übersetzungen auf Platz zwei der meistübersetzten Autoren der
Emigration nach Stefan Zweig, vor Feuchtwanger und dem
weit abgeschlagen, auf hinteren Plätzen rangierenden Thomas

Mann. Vicki Baum war die einzige Frau unter den sieben meistübersetzten Schriftstellern des Exils. Neben den Romanen verfasste sie, vor allem in den ersten zehn Exiljahren, Theaterstücke und Filmdrehbücher für Hollywood. Wobei sie stets betonte, dies ungern und nur der hohen Honorare wegen getan zu haben. Immerhin gehörte sie zu den bestdotierten Drehbuchautoren Hollywoods.

Baums literarische Sujets folgen dem immer gleichen Muster. Dargestellt werden zeitlos melodramatische Einzelschicksale und individuelle menschliche Verwicklungen vor der Folie wechselnder zeithistorischer Ereignisse: seien es die Wirtschaftskrise der USA in den Dreißigerjahren, das Hollywoodmilieu und seine Schwächen, der Bombenangriff auf ein Berliner Hotel am Ende des Zweiten Weltkriegs oder die Geschichte des Kautschukgewinns. Als Thema ausgespart aber blieb das Leben im Exil. Denn es gehörte nicht zu den Erfolgsstorys, nach denen die Medien verlangten.

Die Hoffnung, sich später einmal literarisch von den Zwängen der Unterhaltungsindustrie befreien zu können, hielt Vicki Baum lange aufrecht, doch vergeblich. Und so schrieb sie, bestärkt durch verlegerische Erwartungen und Leserresonanz, weiter an der Unterhaltungsliteratur, auf der ihr Erfolg beruhte. Der vage Geist der Freiheit aber, der in ihren frühen Büchern wehte, verflüchtigte sich mit den veränderten Verhältnissen. Denn in den langen Jahren des Exils sah sich Vicki Baum, wie so viele mit ihr, von der politischen und vor allem von der gesellschaftlichen Entwicklung abgekoppelt: »Es ist zu viel, einfach zu viel (…), zu viel Fortschritt für den Zeitraum eines einzigen Menschenlebens. (…) Diese Welt ist nicht mehr der gleiche Planet, auf dem ich geboren wurde«, schreibt sie in ihren Erinnerungen.[36]

Die Schöpferin der ›Neuen Frau‹ hatte resigniert. Und mit der Autorin resignierten auch die auf Identifikation angelegten Figuren ihrer literarischen Welt. Anstelle der Auseinandersetzung mit den Unvollkommenheiten dieser Welt, die eine Hele-

ne Willfüer einst auf sich genommen hatte, trat – relativ unre-
flektiert – die Flucht in den Tagtraum, im Leben wie in den
Romanen. Sie erscheint gekoppelt an eine so alte wie fatale
Hoffnung: die auf einen Erlöser und Führer. »Meiner Meinung
nach«, schrieb Vicki Baum 1948 in einem Brief an ihren Lektor
über die USA, »liegt die wirkliche Tragödie unsrer Zeit darin,
daß ein Land von 140 Millionen Menschen nicht im Stande ist,
eine Hand voll großer Männer hervorzubringen, die es leiten
und regieren könnte.«[37] Vicki Baum schrieb in ihrer neuen
Heimat nach 1945 weiter so, als ob die Welt durch den Nationalsozialismus und seine Folgen nicht eine andere geworden
wäre.

Die paar leuchtenden Jahre

Mascha Kaléko
(1907–1975)

Zwei schmale Gedichtbände, *Das lyrische Stenogrammheft* und *Kleines Lesebuch für Große*; das ist alles, was übrig geblieben ist von der steilen, aber kurzen Karriere der Großstadtlyrikerin Mascha Kaléko im Berlin der Zwanziger- und frühen Dreißigerjahre, bevor sie Deutschland 1938 verließ.

Das sechste Leben

Eine Katze hat neun
Ich brachte es auf fünf
Das erste war keines
Aber das zählt fast doppelt.
Angst, Hunger, Dunkel
Dann kam die Liebe
Und der Tag schien wieder möglich

Leben Nummer zwei
Bootfahrt auf dem Wasser
Der Jugend.

Nummer drei begann, da hörte
Nummer zwei auf.

Sturm rüttelte am Dach
Die Seidendecke zerriß
Und wir lagen im Gras
Deckten uns zu mit der weißen Wolke
Auf blauem Grund.

Nummer vier begann damit, daß
Aus Zweien Drei wurden
Es war ein Märchen
Wunder schon zum Frühstück
Und Zauber am Abend
Wir ritten über das Weltmeer
Trockenen Fußes
Pfeile trafen dicht daneben
Die Glut versengte uns nicht
Wir flogen im Schatten der
Schutzengel-Schwingen

Alle drei die Gott liebte.
Dann nahm er uns das Kind
Schon war es ein Mann geworden
Ein Gott …

Wieder allein, doch nicht
Wie zuvor, da zwei zu sein genügte …[38]

Mascha Kaléko hat ihre eigene Biografie nach den neun Leben, die der Volksmund der Katze zuschreibt, in sechs Phasen chiffriert: »Das erste Leben: Mascha allein. Das zweite Leben: Mascha und ihr erster Mann, S. Kaléko. Das dritte Leben: Mascha und ihr zweiter Mann, Chemjo Vinaver. Das vierte Leben: Mascha, Chemjo Vinaver und Steven, der Sohn. Das fünfte Leben: Mascha und Chemjo ohne Steven. Das sechste Leben: Mascha allein.«[39] Es sind die Stationen einer rein privaten Existenz. Kalékos literarisches Leben, »die paar leuchten-

den Jahre«[40] der auf Anhieb erfolgreichen Lyrikerin, kommt
darin nicht vor.

Mascha Kaléko soll, so berichtet ihre Biografin Gisela Zoch-
Westphal, mit Mitteilungen über ihr Privatleben sehr zurückhaltend gewesen sein. Sie verwies Neugierige gern auf die
literarisierte, für die Öffentlichkeit freigegebene Form ihrer
Biografie, wie sie in ihren Gedichten sichtbar werde, und verlangte ansonsten Diskretion: »Anstatt der üblichen Statistik/
Gönnt der Autorin etwas Mystik.«[41]

Besonders verschwiegen gab sie sich in Bezug auf ihre Kindheit. Denn Mascha Kaléko, geboren als Golda Malka Aufen,
entstammte einer jüdischen Familie aus Galizien. Auch wenn
sie diesen vermeintlichen Makel mit vielen Künstlern und Intellektuellen ihrer Zeit, wie Joseph Roth, Sigmund Freud und
Samuel Fischer, teilte. Aus Galizien, so ihre Biografin, »stammte man nicht«[42]. Jedenfalls nicht, wenn man dazugehören wollte im Berlin der Zwanzigerjahre. Und nichts wollte Mascha
Kaléko mehr als das: dazugehören.

Der Ort Schidlow, wo sie 1907 als erstes von vier Kindern
einer russisch-österreichischen Familie in unsichere Verhältnisse geboren wurde, gehörte zu den polnischen Provinzen der
Donaumonarchie. Mascha Kalékos Familie kam 1914, da war
sie 7 Jahre alt, auf der Flucht vor gewalttätigen Ausschreitun-
gen, denen sich die jüdische Bevölkerung ausgesetzt sah, nach
Deutschland, lebte zunächst in Frankfurt am Main, dann in
Marburg an der Lahn und schließlich, ab 1918, in Berlin. Der
Zustand innerer Heimatlosigkeit, den sie schon als Kind gekannt haben muss, wurde genährt durch die äußere Situation:
unerwünscht zu sein, als armes jüdisches Flüchtlingskind, doppelt ungeschützt und ausgeliefert durch die ständige Abwesenheit des Vaters. Er wurde seiner russischen Herkunft wegen im
Ersten Weltkrieg interniert und war anschließend wohl häufig
unterwegs. Ein unglücklicher Mann, dem es trotz aller Anstrengungen nicht gelang, seine Familie zu versorgen und zu
sichern. In dieser Kindheitssituation und nicht erst durch die

Emigration entstand wohl Kalékos Grundgefühl existenzieller Verlorenheit. Und sie perpetuierte es, indem sie ihre eigene Herkunft verleugnete.

Hätte ich einen Vater gehabt ...

Hätte ich einen Vater gehabt
Oder gar eine Mutter!
Von einem großen Bruder nicht zu reden ...
Jeden sah ich von ferne an
Und wünschte ihn mir.

Vier waren in der Familie
Aber vier waren es beinahe nie.
Vater beständig auf Reisen
Und Mutter bei Tante Li. (...)

Hätte ich ein Heim gehabt
Oder gar eine Heimat
Ich fremder Niemand aus Niemandsland.

Mit sieben spielte ich mit meinem Kummer
Verstecken.[43]

Dichterin der Großstadt

Der ungeliebten Lehrzeit in einem Büro entkam Mascha durch die Ehe. 1928 heiratete sie den Hebraisten und Journalisten Saul Kaléko. Er wurde später bekannt als Verfasser des Lehrbuchs *Hebräisch für Jedermann* (1935), mit dem die Palästina-Auswanderer der kommenden Jahre sich auf die Sprache der neuen Heimat vorbereiteten.

Das literarische Talent der Mascha Kaléko wurde 1929 von

Monty Jacobs, dem Feuilletonchef der berühmten *Vossischen Zeitung*, entdeckt. Er las die Gedichte der völlig unbekannten Lyrikerin in der Zeitschrift *Querschnitt* und bat Kaléko um regelmäßige Beiträge für das Feuilleton seiner Zeitung. Veröffentlichungen im *Berliner Tageblatt*, im *Simplicissimus* und der *Weltbühne* folgten. So entwickelte sich das unglückliche ostjüdische Flüchtlingskind zum »literarischen Glücks- und Wunderkind«[44]. Alles, was Kaléko schrieb, wurde ihr aus den Händen gerissen und gedruckt. Ihre Gedichte galten den Lesern als Stenogramme vom Alltag für den Alltag, so, wie es der Titel ihres Erstlings *Das lyrische Stenogrammheft* vorgab. Den berühmten Blättern dienten diese leichtfüßigen Verse als subjektives Gegengewicht zum Tiefsinn des Feuilletons und zur realitätslastigen Berichterstattung aus Wirtschaft und Politik. Die junge Lyrikerin avancierte zur Expertin für das »Zeitungsgedicht«[45]. Es setzte, was schon ihrem ersten prominenten Rezensenten, Hermann Hesse, auffiel, Heines Zeitgedichte fort, in der pointensicheren Verbindung von Emotion und Satire, von großem Gefühl und seiner ironischen Brechung, von Berliner Witz gepaart mit jüdischer Melancholie. »In diesen Versen erscheint ein zwar junger, aber seltsam erfahrener, Gefühlen gegenüber nüchterner, fast skeptischer Mensch, mit einem scharfen Blick für das Leben der arbeitenden Massen in der Großstadt« – und großer Distanz zu sich selbst.[46]
     Zu ihrem schnellen Erfolg soll – nach Kalékos eigenen Aussagen – ihre mädchenhafte Erscheinung nicht wenig beigetragen haben. Wo immer sie zum ersten Mal auftrat, bei Kollegen, Zeitungsredakteuren oder Publikum, erzielte sie denselben Effekt: Überraschung und ungläubiges Staunen ob ihrer Jugend. Kaléko selbst berichtet von ihrer ersten Begegnung mit dem für die Schärfe seiner Bonmots gefürchteten Wiener Schriftsteller Anton Kuh in der Redaktion der Zeitschrift *Querschnitt*:
     »Jo sagens, (...)«, soll Kuh in seinem breitesten Wienerisch ausgerufen haben, »das soll die Mascha Kaléko sein! Machens

uns nix weis. Nextens werdens die Kinderwagen ausrau-
ben ...«[47]

Kaléko entsprach dem verbreiteten Typ der naiv-raffinierten
Kindfrau. Die Tatsache, dass sie sich zudem gern als fünf Jahre
jünger ausgab und ihre Gedichte, wie Tonaufnahmen belegen,
mit kindlich lispelnder Stimme vortrug, legt die Vermutung
nahe, dass sie sich in dieser Rolle auch wirksam zu inszenieren
wusste. So gelang es ihr, das Bild der ›Neuen Frau‹, die literarisch bis dahin vor allem durch den Roman vertreten war, nun
für das noch vakante lyrische Genre zu besetzen. Für wenige
Jahre, die sie selbst später »die paar leuchtenden Jahre« nannte,
gehörte Kaléko dazu, fand endlich eine Heimat in der literarischen Gesellschaft Berlins mit ihren Leitfiguren Erich Kästner,
Kurt Tucholsky, Klabund und Ringelnatz, in ihren Cafés und
Kabaretts, ihren Zeitungen, Zeitschriften und Verlagen.

Kalékos erster Gedichtband *Das lyrische Stenogrammheft*
erschien 1933 im renommierten Rowohlt Verlag, der die literarische Moderne repräsentierte. Zwei Jahre danach folgte *Kleines Lesebuch für Große*. Die beiden Bändchen trugen Kalékos
Erfolg als »großstädtische Dichterin«[48] über die Berliner Szene
hinaus und begründeten ihren Ruhm. Doch er kam zu spät.

Am 8. August 1935 wurde Mascha Kaléko aus der Reichsschrifttumskammer ausgeschlossen. *Das lyrische Stenogrammheft* wurde Anfang 1937 in den ›Listen des schädlichen und
unerwünschten Schrifttums‹ explizit verboten, die Nachauflage
ihres zweiten Buches wurde noch in der Druckerei konfisziert.
Damit war die kurze Karriere der jungen Großstadtlyrikerin
beendet.

Persönliche Krisen und Karrierebruch

Mascha Kaléko befand sich zu diesem Zeitpunkt auch in einer
persönlichen Krisensituation. 1935 war sie dem Musikwissenschaftler Chemjo Vinaver begegnet. Er wurde ihre große (wenn

auch schwierige) Liebe. Mascha war offensichtlich fasziniert
von der künstlerischen und wissenschaftlichen Unbedingtheit,
mit der Vinaver sein Lebensziel verfolgte: die Erforschung,
Aufführung und Bewahrung der chassidischen Synagogal-
Musik, die er durch seinen Großvater, Rabbi Isaac von Vorki,
kennengelernt hatte. Eine gesicherte Existenz hatte Vinaver
seiner Geliebten nicht zu bieten. Wie wenig er dem Alltag
gewachsen war, zeigte sich erst in der Emigration.

Mascha stand zwischen zwei Männern. Ihr Ehemann Saul
Kaléko beschwor sie, bei ihm zu bleiben, auch als sie von ihrem
Geliebten ein Kind erwartete, den 1936 geborenen einzigen
Sohn Steven. Die psychische Belastung setzte Mascha gesundheitlich zu. Sie reagierte mit Ohnmachtsanfällen, Magen- und
Gallenerkrankungen. Im Herbst 1937 zog sie mit ihrem Kind zu
Vinaver, in ungesicherte, kärgliche Verhältnisse. Die Beziehung
gestaltete sich – folgt man Kalékos Tagebuchnotizen – äußerst
schwierig. Heftige Auseinandersetzungen waren an der Tagesordnung. Sie hinterließen ihre Spuren, auch wenn das Paar sich
immer wieder versöhnte. Anfang Februar 1938 notierte sie:

»Ich gehe langsam aber sicher zugrunde. Ich weiß nicht,
warum wir uns gegenseitig das Leben verbittern. Entweder er
liebt mich nicht mehr – er schwört, daß das nicht stimmt –,
oder er ist ein Mensch, der für das Zusammenleben im Alltag
nicht geschaffen ist. Es vergeht keine Woche, in der wir uns
nicht bis zur Verzweiflung quälen. Er ist sehr jähzornig, und
wenn er in Erregung kommt, kennt er keine Grenze. (…)
Unser Streit kommt aus kleinen Lächerlichkeiten, aber er endet
mit großen Weinerlichkeiten. Heute wieder. Vorgestern haben
wir uns geschworen, daß derartiges nicht mehr passieren darf
und schon …«[49]

Als sie dies schrieb, waren die beiden, wenige Tage nach
Maschas Scheidung, eben frisch verheiratet. Sie blieben zusammen bis zu Vinavers Tod 1973. Den Namen Kaléko, der mit
ihrem literarischen Debüt verbunden war, behielt Mascha als
Künstlernamen bei.

Festzustellen bleibt, dass ihre literarische Produktivität mit Beginn des komplizierten Familienlebens ins Stocken geriet; ein Prozess, der zeitlich mit den Anfängen des Nazi-Regimes zusammenfiel. In letzter Minute, im September 1938, gelang es den Vinavers, nach New York zu emigrieren. Die schwierige persönliche Situation und enge berufliche und emotionale Bindung an Berlin, die Angst vor dem Verlust der künstlerischen Heimat und möglicherweise auch vor dem Karrierebruch mögen dazu beigetragen haben, den schweren Gang ins Exil hinauszuzögern bis die Situation lebensbedrohlich geworden war.

Ihr Leben konnte Mascha Kaléko durch die Emigration retten; ihre literarische Karriere aber nahm Schaden. Der durch die Auswanderung entstandene Bruch erwies sich als irreparabel. Denn ihr Erfolg war mit dem Berliner Großstadtmilieu der Zwanzigerjahre verflochten, das ihre Lyrik repräsentierte. Mit dem Ende dieser Großstadtkultur war dem nun die Grundlage entzogen. Kaléko war weniger produktiv und veröffentlichte nur gelegentlich in der Emigrantenpresse. Ein einziges Mal trat sie im Exil mit einer Lesung auf, im New Yorker German-Jewish-Club.

Die Dichterin lebte nun vorrangig für Mann und Kind. Vinaver ordnete seinem Ziel, der Erforschung der chassidischen Musik, nicht nur sein eigenes Leben unter, sondern auch das seiner Familie. Nach New York war er auch deswegen gegangen, weil er sich von den Juden in den USA mehr Resonanz und Unterstützung für sein Forschungsprojekt erhoffte als in Palästina. In New York gründete er den Vinaver Chorus und die Vinaver Symphonic Voices. Englisch lernte er nie und musste es offenbar auch nicht. Denn seine Frau fungierte für ihn als Übersetzerin und Vermittlerin in allen beruflichen Belangen. Sie begleitete ihn zu allen Besprechungen, zu den Chorproben und zu jedem Konzert. Vinaver umschrieb diese umfassenden Aufgaben mit dem Begriff der »Karrierehelferin«[50]. Ihre eigene geriet dadurch ins Stocken. Kaléko versuchte sich als Übersetzerin und Werbetexterin und schrieb auch weiter im typi-

schen Kaléko-Ton; ihre Gedichte erschienen in der Emigran-
tenzeitschrift *Aufbau*.

Doch auch Vinaver war in den USA auf Dauer nicht der
erhoffte Erfolg beschieden. Und so entschloss er sich 1959
schließlich zur Auswanderung nach Israel. Kaléko folgte ihm,
wenn auch zögernd. Sie behielt – anders als ihr Mann – dort
stets den »tourist status«[51] bei, Zeichen ihrer Vorbehalte gegen
Israel als neue Heimat. Sie lernte nur wenig Hebräisch. Die
sprachliche Isolation ließ sie in allen Lebensbereichen ins Abseits geraten. Sie blieb in der neuen Heimat fremd bis an ihr
Lebensende: sprachlos und ohne jede literarische Resonanz.

Ein kurzes Comeback

Diese Resonanz fand sie – zumindest für ein paar Jahre – noch
einmal im Nachkriegsdeutschland. Noch im New Yorker Exil
war 1945 ihr drittes Buch *Verse für Zeitgenossen* im Schoenhof-
Verlag in Cambridge/Massachusetts erschienen. In der bekannten ironisch-distanzierten, knappen Kaléko-Manier werden hier die Exilerfahrungen des Ich notiert und kommentiert,
darunter auch das Dauerthema allen Emigrantenlebens, das
Heimweh.

Heimweh, statistisch erfaßt

Jene Sehnsucht nach der alten Heimat
Ist (wer hätte das nicht schon erfahren!)
Nur ein Drittel Heimweh nach dem Lande
Und zwo Drittel nach vergangnen Jahren.[52]

Neue literarische Versuche schlossen sich an. Chansontexte, die
an den erfolgreichen früheren Stil anzuknüpfen suchten, sowie
heitere Kindergedichte, wie in *Der Papagei, die Mamagei und*

andere komische Tiere (1961). Die beiden Gedichtsammlungen *Verse in Dur und Moll* (1967) und *Das himmelgraue Poesie-album* (1968) bestehen zum Großteil aus schon früher entstandenen Texten. Die vergangene Zeit wird mit den alten literarischen Mitteln neu beschworen; die Kinderbücher entfernen sich ins Reich der Fantasie.

1956 erschien bei Rowohlt eine Neuausgabe des Erstlings *Das lyrische Stenogrammheft*. Sie wurde zum Bestseller und leitete Kalékos kurzes Comeback ein. 1958 folgte eine erweiterte Neuausgabe der *Verse für Zeitgenossen*. Noch einmal fand die Großstadtlyrikerin von einst den Kontakt zu ihrem alten Publikum, das – wie sie – auf der Suche nach der verlorenen Zeit und ihren tradierten literarischen Formen war.

Glänzende Kritiken und volle Säle machten Kalékos Wiederbegegnung mit ihren deutschen Lesern zum Triumph, wenn auch in einem zerstörten Land. Das Comeback endete mit einem Eklat. Die Vergangenheit holte die Dichterin ein.

1959 sollte der mit 4000 DM dotierte Fontane-Preis der Akademie der Künste in Berlin an Mascha Kaléko verliehen werden. Doch sie lehnte ihn ab, aus politischen Gründen. Es erschien ihr, als emigrierter Autorin, unmöglich, von einer Jury geehrt zu werden, der ein ehemaliges SS-Mitglied angehörte, der Direktor der Sektion Dichtkunst und gefeierte Lyriker Hans Egon Holthusen: »Überall im Ausland«, so begründete Kaléko ihre Haltung, »hat man sich dagegen zu verteidigen, daß man sich wieder mit dem deutschen Schrifttum identifiziert. Daß man in einem Lande wirkt, das noch immer an exponierter Stelle einstige Nazis fördert. Wie soll ich nach dieser Erfahrung hier solchen Vorwürfen entgegentreten?«[53]

Ihre Absage wurde zum Rezeptionswendepunkt, zum Ende der Kaléko-Renaissance. Diese lebte, typisch für die Nachkriegszeit, auch von der Rückbesinnung auf die Vorkriegstradition. Mit Beginn der Sechzigerjahre aber war es damit endgültig vorbei. Zwar erschienen in den folgenden Jahren noch mehrere Gedichtbände Kalékos in verschiedenen Verlagen, doch 1959, im Jahr ihrer Emigration nach Israel, endete die Verbindung zur deutschen Literaturszene.

Die Jahre in Israel waren einsam; Mascha Kalékos literarische Produktivität wurde durch zahlreiche Schicksalsschläge behindert. Besonders hart traf die Familie der Verlust des einzigen Sohnes Steven, der 1968 mit nur 31 Jahren überraschend starb. Die Eltern Chemjo Vinaver, der zu diesem Zeitpunkt bereits schwer krank und pflegebedürftig war, und Mascha Kaléko erholten sich zeitlebens nicht von dem Tod ihres Kindes. Als 1973 auch Chemjo seinen Leiden erlag, blieb die Dichterin ohne familiären Halt zurück. Am 21. Januar 1975 starb sie auf der letzten Station einer Europareise in Zürich an Magenkrebs. Wie sie selbst ihr Leben sah, zeigen die Verse, die sie für ihr Epitaph entwarf. Man könnte es, mit Adorno, ein durch die Emigration beschädigtes nennen.

Mein Epitaph

MEIN EPITAPH:
VERGEBENS.
SIE STARB
AN DEN FOLGEN
DES LEBENS.[54]

Zwischen Anpassung und Widerstand

Irmgard Keun
(1905–1982)

Irmgard Keuns literarische Anfänge fielen – wie die Vicki Baums und Mascha Kalékos – zeitlich unmittelbar mit dem Aufstieg des Nationalsozialismus zusammen. Und sie reagierte mit ihrer schriftstellerischen Arbeit direkt darauf. Irmgard Keun war keine ›rassisch‹ Verfolgte und auch keine Parteigängerin der Linken. Sie und ihr Werk wurden verboten allein wegen dem, was sie schrieb und wie sie schrieb, nämlich ›Asphaltliteratur‹. Keuns Bücher standen schon 1933 auf der ersten inoffiziellen ›Schwarzen Liste‹ der Nazi-Zensoren. Anders als Vicki Baum folgte Keun keiner klaren Linie, was ihr Schreiben und Publizieren im Dritten Reich betraf. Sie war in vielerlei Abhängigkeiten verstrickt, von Menschen, Beziehungen, Publikationsmöglichkeiten und nicht zuletzt vom Alkohol, ihre Haltung – politisch wie privat – entsprechend orientierungslos. Mit der Ausgrenzung aus dem Literaturbetrieb und ihren Folgen verlor Keun die äußere Stabilität, die ihrem Leben hätte Halt und Ziel geben können. Bis 1936 suchte sie in Deutschland zu überdauern, ging dann zögerlich und notgedrungen auf kürzestem Weg ins Exil, um sich am ersten passenden Ort hinter der Grenze, in Ostende, niederzulassen. Die Chance, die sich ihr bot – in die USA zu emigrieren –, nutzte sie nicht, sondern kehrte, als sich die Emigrantenkreise in Ost-

ende und Amsterdam der politischen Entwicklung wegen auf-
lösten, 1940 zurück ins heimische Köln, in die Innere Emigration, und verstummte.

Im belgischen Exil aber war es Irmgard Keun gelungen, ihre
literarische Karriere fortzusetzen. Mit vier Romanen, die vom
Leben vor dem und im Dritten Reich und in der Emigration
handeln und allesamt Frauen oder Mädchen zur Hauptfigur
haben, schrieb sie sich ein in die Reihe der bekanntesten Exilautorinnen.

Irmgard Keun kam 1913, als 8-jähriges Mädchen, mit ihrer
Familie von Berlin nach Köln, wo der Vater Teilhaber und Geschäftsführer einer neu gegründeten Benzinraffinerie geworden
war. Hier arbeitete sie später als Stenotypistin, dem typischen
neuen Frauenberuf der Zwanzigerjahre, und erfüllte sich dann
mit einer Ausbildung zur Schauspielerin den Traum aller jungen
Angestellten, ein Star zu werden. Diesem Traum folgt auch
Doris, das *kunstseidene Mädchen* aus Keuns gleichnamigem
Roman. 1927 bis 1929 war sie in Köln, Hamburg und Greifswald
engagiert. In dieser Zeit lernte sie den Schauspieler und Regisseur Johannes Tralow, ihren späteren Mann, kennen.

Ermuntert von keinem Geringeren als Alfred Döblin, schrieb
Keun ihren ersten Roman *Gilgi – eine von uns*, der 1931
erschien. Er wurde ein Sensationserfolg, der die junge Autorin
über Nacht berühmt machte. Und ebenso erfolgreich war ihr
nächstes Buch *Das kunstseidene Mädchen* (1932). Beide Romane wurden in mehrere Sprachen übersetzt. Sie gelten als Schlüs-
seltexte des Zeitromans der ›Neuen Sachlichkeit‹.

… eine von uns. Irmgard Keun und die Neue Frau

Schon mit ihren Titeln, mehr noch mit ihren Themen setzen
beide Romane auf Identifikation. Die Grenze zwischen literarischer Fiktion und Realität wird bewusst verwischt. Beim Erscheinen ihres ersten Romans *Gilgi* trat Keun als Jungautorin

von 21 Jahren auf, genauso alt wie die Heldin ihres Romans – und machte sich dafür (auf Dauer) fünf Jahre jünger. Keun gab sich als »eine von uns«, als ›Neue Frau‹ mit besonderer Nähe zu ihrer literarischen Figur aus. Mit dem ersten Satz des Romans – »Sie hält es fest in der Hand, ihr kleines Leben, das Mädchen Gilgi« – schrieb sie sich ein in den »literarischen Diskurs« um die ›Neue Frau‹, der damals seinen Höhepunkt erlebte.[55] Keuns Heldinnen sind Frauen ›wie ich und du‹ und die potenziellen Leserinnen: Stenotypistinnen, typische Vertreterinnen der neuen Angestelltenkultur auf der Suche nach sich selbst und ihrem Glück – der Frauentypus, der im Film und den illustrierten Zeitungen propagiert und für ungezählte junge Mädchen und Frauen zum Vorbild wurde.

Am Anfang des Romans erfährt Gilgi, dass sie ein adoptiertes Kind ist, also – anders, als der Titel suggeriert – nicht dazugehört, »keine von uns«[56] ist. Vergeblich sucht sie nach ihrer Mutter; sich selbst findet sie erst, als sie ihrerseits Mutter wird – allerdings ohne verheiratet zu sein, wie auch Vicki Baums *Helene Willfüer*. Für Gilgi allerdings steht kein väterlicher Mann als rettendes Lebensziel bereit. Doch auch sie vollzieht schließlich die Wende, die Anfang der Dreißigerjahre angebracht schien: die Rückkehr zur konventionellen Mutterrolle, wie es *Helene Willfüer* und Ina Seidels 1930 erschienener Erfolgsroman *Wunschkind* vorgemacht hatten.

Keun nahm dieselben zeitgenössisch relevanten Themen auf wie Vicki Baum: Berufsalltag und Arbeitslosigkeit, ungewollte Schwangerschaft und uneheliche Mutterschaft, Abtreibungsfrage und Selbstmord. Damit und vor allem durch ihre Schreibweise suggerierte sie Authentizität. Das kam an, bei den Leserinnen ebenso wie bei der Literaturkritik. Das Buch erlebte innerhalb weniger Monate sechs Auflagen. Es wurde in den einflussreichsten literarischen Blättern besprochen, in *Weltbühne*, *Literarischer Welt* und *Querschnitt*, wenn auch höchst kontrovers. Die kritischen Stimmen warfen Keuns Heldin Strebertum, Anpassung und politische Indifferenz vor.[57]

Die SPD nutzte den Erfolg der Buchausgabe und der anschließenden Verfilmung durch Paramount für eine Werbekampagne in eigener Sache. Die Parteizeitung *Vorwärts* brachte den Roman zeitgleich in Fortsetzungen. Mit Gilgi als Identifikationsfigur sollten junge Frauen als potenzielle Leserinnen und auch als Wählerinnen gewonnen werden. Der Fortsetzungsabdruck endete unmittelbar vor den Wahlen vom 6. November 1932 – im Vorfeld der nationalsozialistischen Machtübernahme.

Ein Preisausschreiben des *Vorwärts* regte die Leserinnen dazu an, ihre eigenen Lebenserfahrungen zu beschreiben. Das Ergebnis zeigte, dass sie Gilgi nur bedingt als »eine von uns« ansahen. Ihr fehle – so die überwiegende Reaktion – der klare politische Standpunkt. Sie sei zu sehr im engen Horizont individueller Nöte gefangen, eine Kleinbürgerin, unfähig, sich zum sozialistischen Kollektiv zu bekennen. Wobei – wie von den Initiatoren des Preisausschreibens suggeriert – zwischen der literarisch-fiktiven Lebenswelt des Romans und der Realität der Angestellten in der Weimarer Zeit nicht unterschieden wurde. Der Vorwurf der politischen Indifferenz richtete sich auch gegen die Autorin.

Keuns zweiter Roman *Das kunstseidene Mädchen* erschien bereits neun Monate nach dem ersten. Seine Heldin Doris ist eine »junge Angestellte und Lebenskünstlerin«, die es aus ihrer Heimatstadt Köln nach Berlin verschlagen hat. Ihr Ziel ist es, ein »Glanz« zu werden, ein Star der so glamourösen wie realitätsfernen Filmwelt.[58] Dies gelingt ihr jedoch nicht. Doris hat viele Männerbeziehungen, in denen sie, emotional gänzlich unbeteiligt, parasitär agiert. Sie lebt selbstbezogen, ist politisch indifferent und desinteressiert, ihre sentimental und melodramatisch zugespitzten Gefühle wirken unrealistisch, wie aus einem schlechten Film. Am Ende sitzt sie, nicht nur glanz-, sondern auch arbeits- und mittellos in einem Berliner Bahnhofs-Wartesaal und weiß nicht, was aus ihr werden soll. Als letzter Ausweg bleibt ihr nichts als die Rückkehr in eine klein-

bürgerliche Normalität. Sie sehnt sich – wie könnte es anders
sein – nach einem ganz gewöhnlichen Mann und nach der Ehe.
Auch diese zweite Heldin aus der neuen Angestelltenwelt
brachte Keun Glück. »*Das kunstseidene Mädchen* gehört zu
den meistverkauften Büchern des Jahres 1932.«[59]
Doch ihr Erfolg war nur von kurzer Dauer. Schon acht
Monate nach dem Erscheinen ihres zweiten Romans, am
11. Mai 1933, wendete sich das Blatt. Beide Bücher wurden in
den ersten in Umlauf gebrachten Listen missliebiger Literatur
verboten, als »Asphaltliteratur mit antideutscher Tendenz«[60].
Diese Listen hatten zwar offiziell nur empfehlenden Charakter,
wurden aber nicht nur zur Lenkung von Literatur eingesetzt,
sondern führten mittelbar auch zum Verbot. Keuns Romane
wurden nicht mehr verkauft, die Bestände im Universitas Verlag beschlagnahmt, die Zahlungen an die Autorin ab Ende 1933
eingestellt. Alle Exemplare ihrer Bücher sollten umgehend aus
den Volksbüchereien entfernt werden; was noch im Handel
verfügbar war, wurde beschlagnahmt und vernichtet.

Zu diesen Maßnahmen trug das Programm des Verlags, in
dem Keuns Bücher erschienen waren, das seine bei. Universitas in Berlin verlegte nämlich auch die Schriften der Sexual-
wissenschaftler Max Hodann und Magnus Hirschfeld, die von
den Nazis als Verbreiter von ›Schmutz- und Schundliteratur‹
erbittert bekämpft wurden. So auch der Roman *Das kunstseidene Mädchen*, gebrandmarkt mit dem großen P für Porno-
grafie.[61]

Das endgültige Aus kam für Keun mit ihrem nächsten Romanprojekt *Der hungrige Ernährer*. Die Reichsschrifttumskammer
(RSK) verlangte inhaltliche Änderungen, was die Autorin verweigerte. Das Buch konnte nicht erscheinen. In einem Schreiben der RSK vom 1. November 1935 heißt es:
»Sie haben sich s. Zt. (…) ostentativ geweigert, Änderungen
in dem Manuskript Ihres Romans *Der hungrige Ernährer*, der
den Verfall einer Familie zum Hauptthema hatte, vorzuneh-
men, trotzdem Ihnen Herr Richter sagte, daß ein derartiges

Thema mit den nationalsozialistischen Aufbautendenzen nicht zu vereinbaren wäre.«[62]

Die Folgen für Keuns literarische Produktivität waren unübersehbar. An ihren Freund Arnold Strauss schrieb sie:

»Und das Buch war überhaupt schwerer als die beiden anderen Bücher; aber dafür hatte es ja auch die Chance, besser zu werden. Es wurde alles schon sehr lebendig – dann ist es totgemacht worden – weißt du, Abtreibung im 6. Monat – man hätt' das Kind liebend gern gekriegt, aber – na, und nun setz' ich dem armen kleinen Embryo Glasaugen ein, zerr' ihm die Glieder lang bis zur Normallänge, kleb' ihm ein paar Haare an, bis es dann fertig ist. Ein trauriges Geschäft.«[63] Irmgard Keuns Buch erschien nie, der Verbleib des Manuskripts ist unklar.

Am 9. Januar 1936 war sie bereit, klein beizugeben. Sie stellte den Antrag auf Mitgliedschaft in der RSK. Doch inzwischen war es schwierig geworden, dort überhaupt noch aufgenommen zu werden; vielmehr drohte allen missliebigen Literaten der Ausschluss. Keuns Aufnahmeantrag wurde drei Monate lang nicht bearbeitet und am 1. April schließlich abgelehnt. Am 11. April schloss sie einen Vertrag mit dem Exilverlag Allert de Lange und ging, mit dem fertigen Manuskript ihres Erzählungsbandes *Das Mädchen, mit dem die Kinder nicht verkehren durften* in der Tasche, außer Landes.

In Emigrantenkreisen

»Ich fuhr zuerst einmal nach Ostende. Ohne besonderen Grund. Irgendwohin mußte ich ja fahren. Mein Emigranten-Verlag in Amsterdam würde mir Vorschuß schicken, und davon konnte ich in Belgien billiger leben als zum Beispiel in Holland.«[64] So beschrieb Keun später ihren Weg ins Exil. Dieser war lang und schwierig – die Schriftstellerin schwankte zwischen Anpassungswillen und Widerstand. Unversehens stieß Keun zu der Emigrantenszene, die sich in Belgien und Holland um die deutschen Abteilungen der holländischen Verlage Allert de Lange und Querido gebildet hatte:

»Ich habe einen Vertrag mit dem Verlag Allert de Lange in Amsterdam«, schrieb sie an Arnold Strauss. »Er bringt meine Bücher *Gilgi* und *Das kunstseidene Mädchen* neu heraus in Deutsch, außerdem die Kindergeschichten, und ich bin verpflichtet, den neuen Roman bis Oktober 36 abzuliefern. (…) In dem Verlag sind nur fabelhafte Leute: Egon Erwin Kisch, Plivier, Alfred Neumann, Theodor Wolff, Georg Bernhard, Georg Hermann, Schalom Asch, Joseph Roth usw. Hoffentlich bricht keine Christenverfolgung aus – außer mir konnt' ich da keinen Arier entdecken.«[65]

Hermann Kesten hat die ambivalenten Eindrücke festgehalten, die der Neuzugang in der Emigrantenszene hinterließ:

»In der Halle des Hotels Métropole fand ich ein hübsches junges Mädchen, blond und blauäugig, in einer weißen Bluse, das lieb lächelte und wie ein Fräulein aussah, mit dem man gleich tanzen gehen möchte.« Doch dieses Mädchen zeigte im – von Alkohol angetriebenen – Gespräch schnell die andere Seite der Irmgard Keun: »Sie war naiv und brillant, witzig und verzweifelt, volkstümlich und feurig, und kein Fräulein mehr, mit dem man tanzen gehen wollte, sondern eine Tochter, die sich ihrer Väter und Brüder schämt, eine Prophetin, die anklagt, ein Prediger, der schilt, ein politischer Mensch, der eine ganze Zivilisation sich verschlämmen sah. Alles an ihr sprach und lachte und höhnte und trauerte. Sie war ganz Schmerz, ganz Empörung, ganz Leidenschaft, ganz Humor.«[66]

Hier, in den Emigrantenzirkeln von Ostende und Amsterdam, politisierte sich Keuns Denken:

»(…) ich betrachte es als heilige Aufgabe mitzuhelfen in meiner Art im Kampf gegen Nazitum, menschliche Sturheit, Schlappheit und Barbarei. So viele, die rausgegangen sind, sind lasch und zufrieden geworden, wenn sie nur ihr persönliches Auskommen hatten. Sozusagen von der Parkettloge verfolgen sie noch hier und da ein Schauspiel, das ihnen allmählich schon

gleichgültig und langweilig ist. Vergessen sind die Abertausen-
de, die täglich, stündlich in den Konzentrationslagern zugrunde gehen. Vergessen sind die zu Tode Gequälten, deren Art zu
denken einem vertraut war. Was in Deutschland geschieht, geht
die ganze Menschheit an. Man darf da nicht bequem werden
und die Augen schließen«, [67] schrieb sie an Strauss.

Unterstützt von den Schriftstellerkollegen, arbeitete Keun
weiter. Sie wollte sich ihren literarischen Ruf unter den Bedingungen des Exils neu erwerben. Vier Bücher entstanden zwischen 1936 und 1938: *Das Mädchen, mit dem die Kinder nicht
verkehren durften* (1936), *Nach Mitternacht* (1937), *D-Zug
dritter Klasse* (1938) und *Kind aller Länder* (1938). Immer steht
eine naive weibliche Figur im Mittelpunkt.

Das Mädchen, mit dem die Kinder nicht verkehren durften,
Keuns erstes Exilbuch, ist eine Sammlung von Kindergeschichten, die fast alle noch in Deutschland entstanden waren und am
Ende des Ersten Weltkriegs spielen. Sie waren für die Veröffentlichung in Deutschland gedacht und vermieden deshalb alle
politisch aktuellen und gesellschaftlich brisanten Themen. Es
sind »Lausmädelgeschichten«,[68] frech und amüsant. Doch sie
erreichten den Erfolg der ersten beiden Romane nicht; sicher
auch, weil der Schriftstellerin nun, in der Emigration, das breite
Publikum fehlte. Der Absatz stellte sich erst verspätet, nach
dem Zweiten Weltkrieg ein, als das Buch – sehr zum Missfallen
der Autorin – als leichte, humorvolle Unterhaltungslektüre gelesen wurde.

Keuns erster im Exil entstandener Roman ist *Nach Mitternacht*. Er erschien ab Oktober 1936 als Vorabdruck in der
Pariser Tageszeitung. Am 5. November kam es zur Auseinandersetzung mit Philip van Alfen, dem Geschäftsführer des
Verlags Allert de Lange; Keuns Vertrag wurde widerrufen. Die
Verlagsleitung befürchte, so Lektor Landauer, »daß der Verlag
durch die politische Aggressivität dieses Buches zu sehr expo-
niert« würde.[69] Der Vorfall zeigt, unter welchem politischen
Druck durch die Nazis auch die Exilverlage standen und wie

bereitwillig sich die Nachbarländer diesem Druck beugten. Es kam zum Bruch zwischen Autorin und Verlag; sie wechselte zu Querido, dessen Programm politischer war, und blieb dort auch mit ihren folgenden Büchern.

Nach Mitternacht spielt im nationalsozialistischen Deutschland, in der Zeit vor Keuns Emigration. Das Buch schildert zwei Tage im Frühjahr 1936 in Frankfurt, mit dem ganz alltäglichen Wahnsinn des Lebens im Dritten Reich samt ›Führerbesuch‹, jüdischen Mischehen, Flucht von Juden in die Emigration, Selbstmord und plötzlichem Tod – so wie die Heldin, die 19-jährige Susanne Moder, genannt Sanna, von Temperament und Haltung eine Seelenverwandte von Gilgi und Doris, den Frauen aus Keuns ersten Erfolgsromanen, sie erlebt. Zentrales Thema des Romans ist die Denunziation als Tat und die Denunziation am Wort, der »Missbrauch der Sprache« und die Schwierigkeiten, die die Figuren des Romans, Literaten wie Nichtliteraten, damit haben.[70] Auch Sannas Alltagssprache wird überlagert vom Propagandavokabular des Dritten Reichs. Der Effekt, der durch diese Vermischung entsteht, übertrifft den jeder Satire.

Die literarische Kritik zeigte sich – quer durch alle politischen Lager – beeindruckt von Keuns neuem Roman und seinem Blick ins Innere des Dritten Reichs, aus der Perspektive einer »Spezialistin für den Zeitroman«[71]. Gelobt wurde vor allem die leichte Hand, mit der das schwierige und komplexe Thema vergegenwärtigt sei. Das Buch wurde schnell ins Englische, Niederländische, Norwegische und Russische übersetzt. So kehrte Irmgard Keun in die internationale Literaturszene zurück. Ihr aktueller Erfolg überstieg den etablierter Autoren wie Brecht oder Döblin bei Weitem.[72]

In Keuns nächstem Roman, *D-Zug dritter Klasse*, befindet sich Lenchen, die 23-jährige Protagonistin, eine stellungslose Schauspielerin mit starker Bindung an das Elternhaus (wie die Autorin selbst), auf der Reise ins Ausland. Die Fahrt über die Grenze hat mit Emigration und politischen Zielen zunächst nichts zu tun. Lenchen flieht, wie ihre Mitreisenden, vor dem Gesetz: sie alle sind straffällig geworden.

In Lenchen personifizieren sich drei unterschiedliche Lebenserfahrungen, die alle – auch wenn die Handlung explizit unpolitisch bleibt – als Reaktion auf den Nationalsozialismus zu lesen sind: Innere Emigration, Mitläufertum und Exil. Gezeigt werden sie anhand der verdichteten Lebenssituation einer jungen Frau, die immer wieder der Versuchung erliegt, einem starken Mann zu folgen. So wie es als charakteristisch für die Mehrheit der deutschen Frauen im Nationalsozialismus und ihr irrationales Verhältnis zu Hitler, dem ›Führer‹, gilt. Dieser Attraktivität kann sich auch Lenchen nicht entziehen. Ins Ausland führt sie nur ein Zufall, keine bewusste politische Entscheidung. Doch ihr Leiden an der Heimatlosigkeit ist stärker als der Wunsch nach Freiheit. Diese so banale wie wirklichkeitsnahe Grundkonstellation, die wohl Leben und Handeln vieler Emigrantinnen bestimmte, macht Lenchen zu einer für die Situation der Frauen im Exil prototypischen Figur – auch wenn *D-Zug dritter Klasse* allgemein als wenig gelungen galt.

Zu einem weit größeren Erfolg wurde der Roman *Kind aller Länder*, der am Schicksal einer Emigrantenfamilie im Zustand des Transit durch Länder, Sprachen und Lebensverhältnisse das Exil selbst zum Thema macht. Erzählt wird aus der Perspektive der 10-jährigen Kully, die mit ihren Eltern, dem Schriftsteller Peter und seiner Frau, dem schönen Annchen, ruhelos zwischen Orten und Ländern umherwandert, den typischen Exil-Schauplätzen zwischen Ostende und Lemberg, Salzburg, Paris und Nizza, Brüssel und Bordighera, Amsterdam, New York und Virginia Beach. Eigentlicher innerer Ort aber ist das Reisen, das Unterwegssein an sich:

»Wir sind aus Deutschland fortgefahren«, schreibt Kully, »weil mein Vater es nicht mehr ausgehalten hat, denn er schreibt Bücher und für Zeitungen. Wir sind in die allgemeine Freiheit gewandert, und nach Deutschland gehen wir nie mehr zurück. Das brauchen wir auch nicht, denn die Welt ist sehr

groß.«[73] Und: »Glücklich sind wir eigentlich immer nur, wenn
wir im Zug sitzen. Kaum, daß wir in einer neuen Stadt angekommen sind, bekommen wir auch schon schreckliche Angst,
daß wir nie wieder fortkommen werden. Und weil wir nie Geld
haben, sind wir jedes Mal in jedem Hotel und in jeder Stadt
wieder gefangen und müssen gleich am ersten Tag anfangen, an
unsere Befreiung zu denken.«[74]

Kullys Vater, der immer unterwegs, immer voller Pläne und
fantastischer Geschäftsideen ist, auch wenn sie nur selten verwirklicht werden, lässt Frau und Kind in den Hotels als Pfand
zurück. Das Emigrantenleben, die ständige Geldnot mit unbe-
zahlten Hotelzimmern, die Suche nach einer neuen Existenzgrundlage, wird zum Dauerzustand.

Kully zahlt dafür einen hohen Preis: Die Emigration bringt
sie um ihre Kindheit. Zu oft muss das kleine Mädchen erwachsen und vernünftig reagieren, während seine Eltern, Vater wie
Mutter, ihre kindlichen Seiten ausleben. Die Mutter in der
Fixierung auf ihren Mann und in der Hilflosigkeit, mit der sie
auf seine Abwesenheit reagiert, sodass die Tochter sich um ihr
Wohl kümmern muss. Der Vater, indem er sich treiben lässt
und den harten Tatsachen der Emigration möglichst nicht ins
Auge blicken will. Kully sieht sich statt seiner in der Verantwortung; statt seiner möchte sie die Rolle des Ernährers übernehmen, durch den kindlichen Plan einer Kaninchenzucht,
und für ihn den unfertigen Roman zu Ende schreiben.

Von der Suche nach einem inneren Zuhause, einer Ausgegli-
chenheit in sich selbst, die Keuns Frauenfiguren bisher aus-
zeichnete, ist in *Kind aller Länder* nicht viel übrig geblieben.
Die intelligente, sensible Frau voller Widersprüche hat aus-
gespielt; ein Kind, das ums Überleben kämpft, ist an die Stelle
der weiblichen Hauptfigur getreten; die Mutter dagegen bleibt
infantil und passiv.

Hinter der für Keun typischen, begrenzten Perspektive und
individuellen Wahrnehmung des Kindes wird eine konflikthaf-
te, zu vielen Kompromissen zwingende Realität sichtbar, die

viele Emigrantenschicksale kennzeichnete. Der melancholische
Optimismus des Romans wirkte, auch auf dem schwierigen
Buchmarkt des Exils. Als es im Dezember 1938 erschien, etwa
gleichzeitig mit Erika Manns *Zehn Millionen Kinder*, lobte die
zeitgenössische Kritik vor allem diesen Optimismus; auch
wenn der Preis, den die Romanfiguren dafür zu zahlen haben,
hoch ist. Denn das Beste, was sie haben, ihre starke Individualität und kritische Distanz, geht unter.

Beziehungs- und Lebenskrisen

In den Emigrantenkreisen von Ostende und Amsterdam lernte
Irmgard Keun durch Stefan Zweig den ebenfalls emigrierten
österreichischen Schriftstellerkollegen Joseph Roth kennen. Ab
Juni 1936 lebte sie für eineinhalb Jahre mit ihm zusammen, in
einem Hotel in Ostende. Keun war für den patriarchalisch
geprägten Roth wohl nur eine bunte Zutat in seinem ansonsten
von Trauer verhüllten Leben. Keun hingegen bewunderte Roth,
schätzte seinen Geist und seine Klugheit. Er arbeitete mit ihr
und brachte sie, zumindest in ihren Augen, beruflich weiter.[75]
Außerdem ließ sich die Einsamkeit des Exils gemeinsam leichter ertragen. Das in den Emigrantencafés schreibende und trin-
kende Paar wurde zum Synonym für den gefährlichen und
selbstzerstörerischen Zustand Exil.

Mit dieser Partnerschaft erreichten Keuns ohnehin nicht einfache Männerbeziehungen ein neues Komplikationsstadium. In
der Wirrnis dieser Verbindungen bildete sich ihre wachsende
Labilität ab; zugleich spiegelten sie ihre politische Unentschiedenheit. Wie sonst hätte sie sich gleichzeitig auf so unterschiedliche intime Beziehungen einlassen können: zu einem Opportu-
nisten des Nazi-Regimes wie ihrem Ehemann Johannes Tralow,
einem wegen seiner jüdischen Herkunft verfolgten Arzt wie
ihrem fernen Geliebten Arnold Strauss und einem emigrierten
jüdischen Schriftsteller wie ihrem Exil-Gefährten Joseph Roth.

Der 23 Jahre ältere Schauspieler und Regisseur Tralow war entschlossen, sich mit dem nationalsozialistischen Regime zu arrangieren. Die Emigration seiner Frau war für ihn gleichbedeutend mit einer Trennung. Denn die Ehe mit einer verfemten Schriftstellerin war seiner Karriere nicht förderlich. Im Juni 1937 wurde das Paar – auch auf Betreiben Keuns – geschieden. Nach der Scheidung verbot Tralow ihr, seinen Familiennamen zu behalten. Beide blieben dennoch bis in die Kriegsjahre in Verbindung.[76]

Bereits ein halbes Jahr nach ihrer Hochzeit, im Mai 1933, zum Zeitpunkt der Bücherverbrennungen, hatte Keun in Berlin Arnold Strauss kennengelernt. Sie hatte ihn, der als Assistenzarzt an der Berliner Charité arbeitete, auf Vermittlung einer Freundin wegen ihrer zunehmenden Alkoholabhängigkeit konsultiert und er, der potenzielle Retter, hatte sich umgehend in die junge Frau verliebt. Strauss war damals bereits aus ›rassischen‹ Gründen gekündigt und führte in den nächsten Jahren ein unfreiwillig unstetes Leben zwischen Berlin, dem Elternhaus in Barmen, Verwandtenbesuchen in Den Haag und vorübergehender Tätigkeit in Florenz. Für die Liebesbeziehung blieben nur wenige Monate: ein paar gemeinsame Wochen in Berlin, einige wenige heimliche Besuche bei Irmgard Keun. Für Strauss war die Beziehung zu Keun Ziel seines Lebens. Sieben Jahre lang, bis 1940, hielt er daran fest, auch als er 1935 in die USA emigriert war. Irmgard Keun dagegen, die verheiratet war und das damals auch nicht zu ändern gedachte, verhielt sich höchst ambivalent. Die Briefe an den Geliebten, die 1988 unter dem Titel *Ich lebe in einem wilden Wirbel* veröffentlicht wurden, sind ein erschütterndes Dokument ihrer krisenhaften Exilerfahrungen, ihrer inneren wie äußeren Gefährdung. Was das Verhältnis zu Strauss angeht, so enthielt es viele Versprechungen, aber ebenso viele Hinhaltemanöver, Täuschungen, Lügen sowie Zeichen offener Ablehnung; außerdem Erwartungen, vor allem bezüglich finanzieller Unterstützung. Das Thema Geld bzw. Geldmangel durchzieht die Briefe wie ein roter Faden.

Die Beziehung der beiden ungleichen Partner war vielfach belastet. Zum einen durch Strauss' jüdische Herkunft, die für eine ohnehin bereits öffentlich verfemte Autorin nicht ungefährlich war; zum anderen durch die Ablehnung der als emanzipiert und bohemehaft diskreditierten Schriftstellerin durch Strauss' Eltern, denen er ebenso eng verbunden war wie Keun den ihren; zum Dritten und am stärksten aber durch Keuns anhaltende Ambivalenz, auch als sie in die Emigration gegangen war. Keun schwankte zwischen den vielfachen Beteuerungen, dem Geliebten in die USA folgen zu wollen und dem festen Entschluss, ihre literarische Karriere in Deutschland, später dann im europäischen Exil fortzusetzen; sie schwankte zwischen der Option auf ein neues bürgerliches Leben mit Strauss in den USA und dem bohemehaften Emigrantenleben mit Joseph Roth. Zweimal war sie fast entschlossen, in die Vereinigten Staaten zu emigrieren, was immerhin Rettung vor den sich verschärfenden Verfolgungsmaßnahmen des Nazi-Regimes bedeutet hätte. Zweimal schreckte sie – depressiv und weitgehend handlungsunfähig – davor zurück, weil sie die Isolierung und Abhängigkeit einer Existenz als amerikanische Hausfrau fern jedes ihr vertrauten literarischen Milieus fürchtete. Vom einzigen Besuch bei Strauss in seiner neuen Heimat Virginia Beach im Mai 1938, nach der Trennung von Roth, kehrte Keun zurück ins belgische Exil, obwohl die nationalsozialistische Expansionspolitik die Situation der Emigranten dort von Tag zu Tag schwieriger werden ließ.

In der Zeit zwischen der Trennung von Roth Anfang 1938 und dem Kriegsbeginn im September 1939 verlor Keun offenbar jeden Halt. Sie drohte zu versinken in Krankheit, Armut, Depression und Einsamkeit. Die Freunde waren nach Übersee weitergezogen; die niederländischen Exilverlage lösten sich auf. Keuns Bücher waren nun auch in Frankreich und den Niederlanden verboten. Und die dortigen Behörden und Verlage erwiesen sich gegenüber den Besatzern als höchst kooperativ. Holland war für die Emigranten zur Falle geworden. Die

Angst, nicht mehr wegzukommen, wuchs. Als die deutschen Truppen im Mai 1940 die Beneluxländer besetzten, tauchte Keun unter. Die Rückkehr nach Köln ins Elternhaus erschien ihr als einziger Ausweg in dieser existenziellen Krisensituation. Am 16. August erschien im *Daily Telegraph* die Meldung von Keuns Selbstmord. Wie es zu dieser Falschmeldung kam, ist unklar.

Mit der Rückkehr nach Nazi-Deutschland endete Keuns zweite Schriftstellerinnen-Karriere. Sie dauerte fünf Jahre, ebenso lange wie die Innere Emigration, in die sie sich nun begeben hatte. Unter dem Namen Charlotte Tralow lebte sie in Köln in einer eigenen kleinen Wohnung, versteckt und finanziert von den Eltern. Ihre Rückkehr blieb – trotz gefälschter Papiere – den Behörden nicht unbekannt. Ihre Schriften wurden 1941 auch unter dem bürgerlichen Namen Irmgard Tralow in den ›Schwarzen Listen‹ geführt.

1946, nachdem die Jahre der Inneren Emigration überstanden waren, brach Irmgard Keun zusammen. Wegen Alkoholmissbrauchs wurde sie in die Psychiatrie Bonn eingeliefert; die Aufenthalte häuften sich in den Jahren zwischen 1966 und 1972. 1947 erschien ihr einziger autobiografischer Text, das schmale Bändchen *Bilder und Gedichte aus der Emigration*, in dem sie ihren Schlingerkurs durch die Jahre des Dritten Reichs verschleiernd zu rechtfertigen sucht. 1950 folgte der Heimkehrerroman *Ferdinand, der Mann mit dem freundlichen Herzen*. Damit startete Keun eine dritte literarische Karriere. Seit Kriegsende schon schrieb sie satirische Texte für den Kölner Rundfunk. Ihr zentrales Thema war noch immer der kritische Blick auf die Gegenwart, jetzt der auf die schnell gewendete, opportunistische Mentalität der Nachkriegsdeutschen.

1977 wurden Irmgard Keun und ihr Werk durch Jürgen Serkes Artikelreihe über *Die verbrannten Dichter* einem großen Publikum wieder zugänglich gemacht. Neuauflagen bestätigten noch einmal Keuns literarischen Rang und Erfolg. 1982 starb sie in Köln an einem Lungentumor.

ZWEITES KAPITEL
Sie haben meine Seele verbrannt

Schriftstellerinnen in der Bücherverbrennung

»Sie haben meine Seele verbrannt, mein Leben zerstört, meine Jugend, meinen Frohsinn, mein ganzes Ich ausgelöscht wie der Sturm ein brennendes Licht.«[77] So beschreibt die Ärztin, Psychotherapeutin und Publizistin Hertha Nathorff am Ende des Dritten Reichs die Auswirkungen, die das nationalsozialistische Regime auf ihr Leben hatte. Im Mai 1933, drei Monate nach der Machtergreifung, brannten in Deutschland die Bücher; landauf, landab, in fünfunddreißig Universitätsstädten. Ob darunter auch die Bücher von Schriftstellerinnen waren, ist bis heute ungewiss. Gewiss hingegen ist, dass ihre Werke verboten und beschlagnahmt, die Autorinnen selbst diffamiert, ausgegrenzt und verfemt wurden – mit einschneidenden Folgen für ihr Schreiben und ihre ganze Existenz.

Angezündet wurden die Scheiterhaufen von willfährigen Jung-Nazis aus der ›Deutschen Studentenschaft‹, dem Dachverband aller (männlichen) Studierenden. Sie nahmen damit Planspiele aus der Berliner Machtzentrale der NSDAP auf, dem Hauptamt für Presse und Propaganda unter Joseph Goebbels. Die Idee einer ›Aktion wider den undeutschen Geist‹ war dort in jener noch chaotischen Form entstanden, die charakteristisch ist für die Anfangsphase des Dritten Reichs. Die Studenten setzten diese Pläne, unterstützt von einer mehrheitlich opportunistischen Professorenschaft, als freiwillige Helfershelfer in vorauseilendem Gehorsam in die Tat um. Als unmittelbares historisches Vorbild galten den Akteuren die Bücherver-

brennungen Luthers von 1520 und des studentischen Wart-
burgfests von 1817; obwohl der historische Kontext beider Ereignisse dem der sich etablierenden nationalsozialistischen
Diktatur in nichts vergleichbar ist.

Die Aktionen um den 10. Mai 1933 selbst, ob in Danzig oder
Freiburg, Göttingen oder Köln, auf dem Opernplatz in Berlin
oder auf dem Königsplatz in München, sollen recht unspektakulär verlaufen sein, auch wenn neben den Parteigrößen die
Amts- und Würdenträger der örtlichen Universitäten durchweg mit von der Partie waren und das Schauspiel durch ihre
Anwesenheit legitimierten. Das ›Volk‹, die applaudierenden
›Massen‹, soll – jedenfalls in Berlin – sehr überschaubar, ja zum
Teil sogar eigens einbestellt gewesen sein. Und die Scheiterhaufen wollten nicht so recht lodern, denn Bücher brennen bekanntlich schlecht.

Ob auf den Scheiterhaufen auch Bücher von Schriftstellerinnen verbrannt wurden, ist, wie bereits erwähnt, ungewiss. Die
österreichische Autorin Gina Kaus berichtet in ihren Memoiren zwar, dass ihre Bücher in Berlin den Flammen übergeben worden seien, doch sie selbst war nicht dabei, sondern hielt
sich damals in Wien auf. *Bei Verbrennung meiner Bücher* – so
der Titel von Erich Kästners berühmt gewordener Erinnerung
an den Abend des 10. Mai 1933 in Berlin – ist zum eingängigen
literarischen Topos geworden; ein Topos mit hohem literatur-
politischem Legitimationswert. Wie weit er auf Autopsie beruht, sei dahingestellt.

Erich Kästner gehört jedenfalls zu den fünfzehn Autoren,
die in den ›Feuersprüchen‹, die bei den Bücherverbrennungen
rezitiert wurden, namentlich genannt sind. Eine Autorin ist
auch hier nicht dabei. Der Grund dafür ist einfach: Den
Schriftstellerinnen fehlte es im Dritten Reich, mehr noch als in
den Jahren der Weimarer Republik, an der nötigen literarischen Prominenz. Als die NS-Behörden 1933 Annette Kolbs
Weigerung, in die Reichsschrifttumskammer einzutreten, einfach ignorierten, interpretierte sie das ganz in diesem Sinne:

»Meine Chance besteht in der Verachtung der Nazis für Frauengehirne.«[78]

Bei allem Symbolwert und Signalcharakter der Bücherverbrennungen sollte nicht übersehen werden, dass sich hinter dieser willkürlich erscheinenden Aktion eine grundsätzliche kulturpolitische Intention verbarg: der entschiedene Wille, die deutsche Literatur systematisch zu ›säubern‹ und zu lenken, und zwar durch eine nicht öffentliche Schrifttumspolitik. Sie sollte unauffällig, über bürokratische Maßnahmen wirken und nach außen möglichst wenig in Erscheinung treten. Ihre Umrisse zeichneten sich schon seit Jahren in der Hetze der NSDAP-nahen Presse ab, besonders des *Völkischen Beobachters.* Hier tauchte schon Mitte der Zwanzigerjahre das ganze Begriffs-Instrumentarium auf, das sich dann in den sogenannten ›Auswahl- und Wertprinzipien‹ der offiziellen NS-Schrifttumspolitik wiederfand: in Begriffen wie ›Asphaltliteratur‹, ›zersetzend‹ und ›intellektueller Nihilismus‹, ›jüdisch‹ und ›Kulturbolschewismus‹. Sie kehrten in den 1933 einsetzenden, ab 1935 und noch einmal 1938 verschärften gesetzlichen Regelungen zur systematischen Kontrolle und ›Gleichschaltung‹ des gesamten literarischen Systems wieder; von den Autoren über die literaturvermittelnden Instanzen wie Verlagen, Druckereien, papierverarbeitenden Betrieben und Buchhandlungen bis zur Rezeption durch Literaturkritik, Buchkäufer und Leser. Die Maßnahmen für Verbot, Verfemung und Verfolgung wurden einerseits ›rassisch‹, andererseits politisch begründet.

Am 22. September 1933 trat das Reichskulturkammer-Gesetz in Kraft, erlassen vom neu gegründeten Reichsministerium für Volksaufklärung und Propaganda unter Joseph Goebbels. Die ihm unterstellten Kulturkammern, darunter die Reichsschrifttumskammer und die Reichspressekammer, wurden zu Rechtsnachfolgern der ab sofort aufgelösten schriftstellerischen und buchhändlerischen Berufsverbände, wie z. B. dem Schutzverband deutscher Schriftsteller und dem Börsenverein des Deutschen Buchhandels. Die Mitgliedschaft in der

Reichsschrifttumskammer war obligatorisch. Wer ihr nicht angehörte, der konnte, gleich, ob Autor, Verleger oder Buchhändler, in seinem Beruf nicht mehr tätig sein, unterlag also
praktisch einem Berufsverbot. Auf diese bürokratische Weise –
durch Ausschluss – entledigte sich die RSK 1935 aller jüdischen
Verleger und Buchhändler und 1937 auch ihrer 1500 jüdischen
Autorinnen und Autoren. Sie alle hatten damit jede Publika-
tions- und Verbreitungsmöglichkeit innerhalb des Deutschen
Reichs verloren.

Neben das Berufsverbot trat als zweites Steuerungsinstru-
ment das Buchverbot. Insgesamt wurden von den NS-Behörden 12 700 Buchtitel indiziert. Es begann schon 1933 mit ersten, noch vorläufigen ›Schwarzen Listen‹ zur ›Säuberung der
öffentlichen Büchereien‹. Ihnen folgten – neben umfassenden
Konzessionsdirektiven und ›Informellen Anweisungen‹ für
den Buchhandel – ab 1936 die vereinheitlichten offiziellen
›Listen des schädlichen und unerwünschten Schrifttums‹. Sie
kursierten – in verschiedenen Fassungen – in den öffentlichen
Büchereien, aber auch im Buchhandel und dienten nicht nur
zur Ausgrenzung missliebiger Autoren und Werke, sondern
zusätzlich auch zur Verunsicherung und Einschüchterung der
Literaturvermittler. Man wollte den Verlegern die Verantwortung für ihre Neuerscheinungen nicht abnehmen und den
Buchhändlern nicht die Auswahl ihres Sortiments. Ein gut
nationalsozialistisch gesinnter Verleger oder Sortimenter müsse – so der Anspruch – von sich aus wissen, was ›weltanschau-
lich‹ richtig sei und was unerwünscht. Wer es nicht wusste oder
beachtete, dem halfen umfangreiche Beschlagnahmungsaktio-
nen der Politischen Polizei und Säuberungsmaßnahmen der
Volksbüchereien auf den rechten Weg.

Schon die erste inoffizielle ›Schwarze Liste‹ von 1933 enthielt die Namen mehrerer Autorinnen: solcher, die wegen ihrer
politischen Haltung aufgefallen waren, wie die Kommunistin
Anna Seghers, die Pazifistin Bertha von Suttner, die sozialistische Kinderbuchautorin Lisa Tetzner und die pazifistische

Erfolgsautorin Adrienne Thomas, die zu diesem Zeitpunkt schon in der Schweiz lebte. Die Liste enthielt aber auch den Namen von Rahel Sanzara alias Johanna Bleschke, die wegen ihres jüdisch anmutenden Pseudonyms fälschlicherweise aus ›rassischen‹ Gründen in Verdacht geriet.

Das Drama *Die Sardinenfischer* der in Berlin lebenden Publizistin und Literatin Elisabeth Castonier wurde 1933 kurz nach seiner Uraufführung an der Freien Volksbühne verboten, ein weiteres Stück von ihr nicht mehr angenommen. Castonier ging ins Exil nach Wien und flüchtete nach dem ›Anschluss‹ Österreichs über Italien nach England.

Die ›Liste des schädlichen und unerwünschten Schrifttums‹ aus dem Krisenjahr 1938, mit dem die zweite Phase der Verfolgung einsetzte, enthielt dann insgesamt 237 Namen von Autorinnen, davon 27 von literarischem Rang und Erfolg. Es waren, außer den schon genannten: Vicki Baum, Marieluise Fleißer, Claire Goll, Mascha Kaléko, Gina Kaus, Irmgard Keun, Lenka von Körber, Lili Körber, Annette Kolb, Else Lasker-Schüler, Erika Mann, Hertha Pauli, Anna Reiner, Alice Rühle-Gerstel, Anna Siemsen, Gabriele Tergit, Adrienne Thomas, Christa Winsloe, Hedda Zinner und Hermynia Zur Mühlen. Der weitaus größte Teil aber waren Autorinnen von heute vergessener Unterhaltungsliteratur, von politischen Schriften und vor allem von Sachbüchern zu gesellschaftlich brisanten Themen wie Sexualaufklärung, Sittenlehre oder Psychotherapie. Unter ihnen ragen die Namen von Anna Freud, Gertrud Bäumer, Rosa Luxemburg und Clara Viebig hervor.

Nicht in den Listen aufgeführt, also nicht offiziell verboten, waren die Schriften von Anna Gmeyner, Gertrud Isolani, Gertrud Kolmar, Ruth Rewald, Nelly Sachs und Hilde Spiel. Sie alle wurden dennoch verfolgt, in die Emigration gezwungen oder – im Fall Gertrud Kolmars und Ruth Rewalds – aus ›rassischen‹ Gründen im KZ ermordet.

204 Namen führt das *Lexikon deutschsprachiger Schriftstel-*

lerinnen im Exil insgesamt auf – ohne Anspruch auf Vollständigkeit. Das sind ca. 12 Prozent der im Dritten Reich verbotenen Autoren. Wie groß die Zahl der verbotenen, verfemten und verfolgten Schriftstellerinnen wirklich gewesen sei, das lasse sich – so die Herausgeberin Renate Wall – nicht sagen.

Dankbar und unglücklich

Annette Kolb
(1870–1967)

Glaubt man den Erinnerungen Alma Mahler-Werfels, so soll Annette Kolb auf die Frage, wie sie sich denn im rettenden amerikanischen Exil fühle, geantwortet haben: »Dankbar und unglücklich«.[79] Damit ist die ambivalente emotionale Grundsituation der Emigranten zwischen Rettung und Verlust auf die knappste Formel gebracht. Die Münchener Schriftstellerin, Publizistin, Essayistin und Übersetzerin Annette Kolb ist allerdings ein Sonderfall. Zum einen, weil sie 1933 schon zum zweiten Mal aus Deutschland emigrierte: halb freiwillig, aus Protest gegen die politische Entwicklung, halb aus einer zumindest latenten persönlichen Gefahrensituation heraus. Zum anderen, weil sie zu Beginn ihrer zweiten Emigration bereits 63 Jahre alt war, eine Generation älter als die meisten der emigrierten Autorinnen. Daran änderte auch die Tatsache nichts, dass Annette Kolb, genau wie Irmgard Keun, sich konsequent als fünf Jahre jünger ausgab.

Das erste Mal ging Annette Kolb während des Ersten Weltkriegs ins Exil, gefährdet durch den Verdacht des Landesverrats. 1917 bis 1919 lebte sie in der Schweiz. Ihr pazifistisches Engagement brachte sie hier wie dort in Misskredit, doch die Schweiz war auch 1933 ihre erste Anlaufstelle. Diesmal hatte sich Kolb durch ihre unbedachten politischen Äußerungen im

Westdeutschen Rundfunk gefährdet, die ihr wiederum als Landesverrat hätten ausgelegt werden können. Der Schriftstellerkollege Manfred Hausmann hatte sie nachdrücklich gewarnt:

»Sehr verehrtes, liebes Fräulein Kolb,

(…) Sie haben sich dort sehr freimütig, wie es so Ihre Art ist, über den Zerfall Deutschlands geäußert, der durch die Harlekinaden des slowakischen Parteibuchdeutschen – gegenwärtig Reichskanzler – ja tatsächlich in ziemliche Nähe gerückt ist. Sie haben diesen Zerfall sogar als wünschenswert hingestellt. Unter leidlich normalen Menschen läßt sich darüber gewiß reden. Wer in Deutschland ist aber noch leidlich normal? Außerdem wird ja ein ziemlich exakt arbeitendes Spitzelsystem von Staats wegen herangezüchtet. Mit anderen Worten: Überall haben Wände Ohren. (…)

Meine inständige Bitte geht nun dahin, daß Sie doch um Gotteswillen mit solchen Äußerungen ganz, ganz vorsichtig sein sollen. Sie können die entsetzlichsten Ungelegenheiten bekommen. (…) was Sie da so leichten Herzens tun, ist ja schließlich nicht irgendwie tapfer gemeint. Es ist eben Ihre Ansicht. Bloß man darf heute eben Ansichten allenfalls haben, aber sie nicht äußern. (…)«[80]

Annette Kolb hatte nach Hitlers Machtergreifung ohnehin geplant, einige Wochen bei Freunden in der Schweiz zuzubringen, um dort die politische Entwicklung abzuwarten. Nun packte sie nur das Nötigste, um ja nicht aufzufallen, und verließ am 21. Februar 1933 im Morgengrauen ihr Haus in Badenweiler, überstürzt und chaotisch, wie es ihre Art war. Selbst ihren geliebten Hund ließ sie zurück:

»Annette Kolb reist in voller Panik durch Deutschland. (…) Ich möchte, sie wäre schon über die Grenze!«, notierte ihr Freund René Schickele in seinem Tagebuch. »Die Nazis unterscheiden nicht zwischen dem Flattern eines verängstigten Huhns und dem Gebaren eines Landesverräters.«[81]

Mit dem Taxi überquerte sie schließlich die Grenze, im letzten Moment, wie sie im Nachhinein erfuhr. Denn am nächsten

Tag wurde der Übergang geschlossen. Annette Kolb fuhr nach
Basel und stieg dort im Hotel Les Trois Rois ab, mit zwei
Handkoffern und einer Hutschachtel. So begann ihr zweites
Exil, das zwölf Jahre dauern und sie über die Schweiz nach
Paris und schließlich in die USA führen sollte.

Annette Kolbs erster großer literarischer Erfolg, der autobiografisch gefärbte Roman *Das Exemplar*, lag zu diesem Zeitpunkt schon zwanzig Jahre zurück. In den Jahren nach dem
Ersten Weltkrieg hatte sie sich vor allem kulturpolitisch engagiert: für den Gedanken eines vereinten Europa, der ihr schon
von ihrer deutsch-französischen Herkunft, Erziehung und
Bildung her am Herzen lag und den sie auf ausgedehnten Eu-
ropareisen vertiefte. Ein zweiter Roman, *Daphne Herbst*, erschien 1928.

Das Schreiben fiel der musisch vielfach begabten Annette
Kolb nicht leicht. Es flog ihr nicht zu, wie es ihrer Meinung
nach bei einer professionellen Schriftstellerin hätte sein müssen. Das beklagte sie vielfach. Und es brachte sie, der unsicheren Einnahmen und begrenzten Honorare wegen, immer wieder in finanzielle Schwierigkeiten. Die Großzügigkeit ihrer
vielen Freunde hatte ihr dies bisher erträglich gemacht. Nun,
in ihrem zweiten Exil, belastete die finanzielle Not ihre Existenz massiv und dauerhaft. Und verlangte ihr gleich zu Beginn
auch politische Kompromisse ab.

Die Europäerin auf der Flucht

Das erste Exiljahr verbrachte Annette Kolb unstet, bei verschiedenen ihrer begüterten, etablierten Freunde in Luxemburg, der Schweiz, in Südfrankreich und bei der Schwester
Germaine Stockley in Irland. Anfang 1934 ging sie nach Paris.
Nach Monaten in Hotelzimmern bezog sie im Herbst 1934
endlich eine eigene Wohnung im 6. Stock eines Hauses in der

Rue Casimir-Périer im 7. Arrondissement. Hier organisierte sie, nach dem Vorbild des Münchener Salons ihrer Mutter, bald einen Jour fixe, jeweils freitags und samstags um 18 Uhr, den sogenannten ›Lautenschlag'schen Tee‹ – so benannt nach dem literarischen Vorbild der Familie Lautenschlag im Roman *Die Schaukel*, der gleichzeitig erschien. Hier trafen sich Annette Kolbs Bekannte aus der französischen Kultur- und der Emigrantenszene – und zwar immer nur sechs Personen, weil sie nicht mehr als sechs Stühle hatte. Mit dabei waren unter anderem Harry Graf Kessler, Jean Giraudoux und Siegfried Kracauer. Diese Tee-Einladungen erinnern an ein großes gesellschaftliches Vorbild, nämlich die Tees in der Dachstube der jüdischen Salonière Rahel Varnhagen im Berlin der vornapoleonischen Zeit. Damals war es die einzige Möglichkeit der aus der Öffentlichkeit ausgegrenzten Frauen, selbst gesellschaftlich aktiv zu werden gegen Isolation und Einsamkeit. Doch Kolb konnte sich selbst diese einfache Form der Geselligkeit kaum leisten. Ihrem langjährigen, zuverlässigen Freund und Helfer, dem Schriftsteller René Schickele, berichtete sie: »Aber René, auch Tees kosten Geld. Es ist ein Irrtum, zu glauben, sie kosten nichts.«[82] Aufgegeben aber hat sie ihre Jours fixes letztlich nicht aus Kostengründen, sondern wegen der ihr unerträglichen Auseinandersetzungen unter den Emigranten, in die sie selbst verwickelt war, ohne es zu wollen.

Im Juni 1936 erhielt sie, deren Mutter Französin war, die französische Staatsbürgerschaft, die sie schon 1933 beantragt hatte. Dass der Antrag von den französischen Behörden so lange nicht bearbeitet wurde, dass sie gezwungen war, drei Jahre lang zwischen den beiden Nationen zu leben, kam Annette Kolb letztlich zugute. Die noch bestehende deutsche Staatsbürgerschaft ermöglichte es ihr, ungehindert zu reisen; die neue französische verhinderte, dass ihr Besitz in Deutschland enteignet werden konnte.

Als die deutschen Truppen im Mai 1940 Frankreich besetzten, blieb sie zunächst in Paris, unschlüssig, wohin sie sich wenden sollte. Anfang Juni floh sie, wieder überstürzt, zunächst nach Vichy, dann – in letzter Minute – nach Genf, zu Carl Jacob Burckhardt. In ihren Erinnerungen *Memento* hat sie die für sie so typische Situation beschrieben:

»Waren es die letzten Tage des Mai oder Anfang Juni, daß mein ältester Pariser Freund, Fauchier Magnan, mich eines Morgens besuchte und mir sagte:

›Sie sind vielleicht nicht im Bilde. Die Deutschen rücken vor, sie sind nicht weit von Paris. Ich möchte Sie warnen.‹ Dann ging er. Er war die Rettung. Aber mit diesen Worten stürzte, wie vor sieben Jahren mein Haus im Schwarzwald, meine Pariser Wohnung, mein dortiges Leben zusammen.«

Kolb floh mit einem der letzten freien Züge nach Vichy, konnte aber auch dort nicht bleiben:

»Einer der Herren sagte zu mir: ›Nous ne pouvons pas vous protéger.‹ War ich denn nicht Französin? Auch andere unheimliche Bureaux hatten sich dort aufgetan – von ihnen erging da ein Verbot an alle französischen Staatsangehörigen, das Land zu verlassen. Der Schweizer Gesandte, Herr Stucki, den ich zum Glück, wenn auch nur flüchtig kannte, erklärte mir: ›Sie müssen fort, Sie dürfen sich einer eventuellen Wiederkehr der Deutschen nicht aussetzen.‹ Mit scheinbar leichter Hand, unter Umgehung der Bureaux und mithilfe von Giraudoux erwirkte er mir die Erlaubnis, einer Aufforderung aus der Schweiz folgen und nach Genf fahren zu können.«[83]

Der Entschluss, Europa zu verlassen und in die USA zu gehen, fiel Annette Kolb schwer. Monatelang kämpfte sie in zunehmender Panik um Visa und Tickets für die Bahn-, Schiffs- und Flugreisen. Ihre Geldnöte wurden immer drängender. In einem Brief wandte sie sich am 14. Februar 1941 hilfesuchend an den Freund Hermann Kesten, der das rettende New York schon erreicht hatte:

»Ich weiß nicht, wann und ob ich von diesen Gestaden fortkomme. Schiffe alle überfüllt, Clippers die immerzu ausfallen oder für die Post reserviert sind. (…) Vor dem 20. komme ich

kaum fort vielleicht nicht vor Ende und so lange habe ich kein
Geld natürlich. Denn für einen so langen Aufenthalt war ich
nicht gewappnet, da mir versichert wurde, daß ich vor dem
1. März bestimmt nach N. Y. fahren könne. Ich habe an Katia
Mann geschrieben, höre aber nun, Manns seien nicht mehr in
Princeton. Das Leben ist im Großen so furchtbar im Kleinen so
aufreibend geworden, daß einem der Mut manchmal verzagt
mit zu tun. Meine Reise durch Spanien ganz allein war etwas
schreckliches, das erzähle ich Ihnen lieber mündlich. Hoffentlich kommt es dazu! (...) Aber leider kann ich jetzt meine Reise,
die ich bisher allein bestritt, nicht länger finanzieren. Schreiben
Sie mir doch gleich wie es eigentlich um mich steht lieber
Kesten.«[84]

Literarische Erfolge und Emigrantenstreit

Die finanziellen Nöte, die Annette Kolb hier so dezent andeu-
tet, waren jedoch nicht die einzigen. Hinzu kamen Probleme
mit ihrem Verleger Bermann Fischer und vor allem die per-
manente Angst, an die Gestapo verraten oder interniert zu
werden.

Und dennoch: Die acht Jahre des europäischen Exils, das sie
nun aufzugeben gezwungen war, waren für Annette Kolb, im
Gegensatz zu den bevorstehenden Jahren in Amerika, eine erfüllte, literarisch sehr produktive Zeit. Die französische Staatsbürgerschaft, perfekte Sprachkenntnisse, die Vertrautheit mit
der Kultur, vielfältige Beziehungen zu Land und Leuten, die
eigene Wohnung in Paris und die Unterstützung durch Freunde
erleichterten ihr die Integration. Außerdem konnte sie auf etablierte Publikationsmöglichkeiten in einem erstrangigen Verlag
zurückgreifen.

Kolb veröffentlichte im Exil ihre damals und nach 1945
populärsten, erfolgreichsten Bücher. 1934 erschien ihr dritter
großer Roman, *Die Schaukel*, bei S. Fischer in Berlin, 1937 die

Biografie *Mozart. Sein Leben* beim Exilverlag Bermann Fischer in Wien und Stockholm, S. Fischers Nachfolger. Außerdem 1937 *Festspieltage in Salzburg,* 1940 *Glückliche Reise* und 1941 *Schubert. Sein Leben.* Des Weiteren *Vorabend eines Krieges,* der erste Akt eines Dramas, das vor dem Ersten Weltkrieg spielt und 1938 in der von Thomas Mann herausgegebenen Exilzeitschrift *Maß und Wert* veröffentlicht wurde sowie 1939 *Vernichtete Existenzen,* ein Aufsatz in der Zeitschrift *Sozialistische Warte,* der aus dem Emigrantenalltag in Paris, aber auch schon von Konzentrationslagern berichtet.

Dass Annette Kolb im Exil so außergewöhnlich viel schrieb und veröffentlichte, war möglicherweise auch durch den finanziellen Druck bedingt, unter dem sie stand. Ihre materielle Situation verschlechterte sich durch die Emigration massiv. Sie war jetzt ganz auf den Ertrag ihrer Publikationen angewiesen. Ihre Finanznot trug maßgeblich dazu bei, dass sie sich politisch so ambivalent verhielt, in den Auseinandersetzungen unter den Emigranten ebenso wie gegenüber den Maßnahmen der nationalsozialistischen Schrifttumspolitik.

Annette Kolb hatte vor 1933, wie die meisten professionellen Autoren, dem Schutzverband deutscher Schriftsteller angehört, der Ende Juli 1933 mit dem neu gegründeten Reichsverband deutscher Schriftsteller ›gleichgeschaltet‹ wurde. Im Dezember 1933 wurde Kolb offiziell aufgefordert, ihren Beitritt zum Reichsverband zu erklären. Dem verweigerte sie sich mit einer Ausrede. In einem Brief an René Schickele vom 20. Dezember 1933 berichtet sie, sie habe dem ›Reichsverband Deutscher Schriftsteller‹ mitgeteilt, dass sie »die schriftstellerische Laufbahn« schon seit zwei Jahren »aufgegeben« habe, wegen eines »Kopfleidens«, von dem sie seit längerem befallen sei. Sie arbeite nun als Pianistin.[85]

So wenig plausibel dieser Vorwand auch klang, er tat seine Wirkung. Die vor 1933 vielfach ausgezeichnete Schriftstellerin Annette Kolb wurde nie Mitglied der Reichsschrifttumskammer, ihr Werk wurde im Dritten Reich dennoch nicht verboten,

sie selbst nicht ausgebürgert. Ungehindert publizierte sie in
Deutschland weiter bis zur Emigration ihres Verlags 1936 und
danach an seinen verschiedenen Exilstandorten, in Wien, Stockholm und New York. Sie hatte zu Recht auf die »Verachtung
der Nazis für Frauengehirne« und ihre »Kopfleiden« gesetzt.

So war Annette Kolbs Situation als Autorin gesicherter als
die der meisten Schriftstellerinnen im Exil. Sie blieb Teil eines
trotz mancher Auseinandersetzung auch im Exil weiterhin
funktionierenden literarischen Netzwerks, ihre Produktivität
war ungebrochen. Ihre Haupteinnahmequelle aber, die Publikationen in deutschsprachigen Zeitungen und Zeitschriften,
hatte sie eingebüßt. Und die Präsenz auf dem deutschen Buchmarkt, auf die sie der Honorare wegen dringend angewiesen
war, hatte sie sich – betrachtet man die Situation rückblickend –
mit dem Verzicht auf jede direkte politische Auseinandersetzung mit dem Faschismus erkauft.

Das zeigte sich schon 1934, als Kolbs neues Buch *Die Schaukel* erschien. Der Roman greift – wie schon seine Vorgänger – auf
autobiografisches Material zurück, nämlich auf Kolbs Elternhaus im München des ausgehenden 19. Jahrhunderts. Er handelt
von Kindheit und Jugend der knabenhaften und daher Mat-
hias genannten Tochter einer deutsch-französischen Familie
zwischen bayerischem Katholizismus und preußischem Pro-
testantentum, zwischen bajuwarisch-französischem Laissez-
faire und »neudeutscher Großmannssucht«, zwischen »alt-
deutschem Patriziertum und neureicher Bourgeoisie«.[86] Die
Handlung endet mit dem Brand des Münchener Glaspalasts im
Juni 1931. Er nimmt den Brand des Berliner Reichtags vom
Januar 1933 metaphorisch vorweg und wird so zum Signal für
das Ende der liberalen Weimarer Republik. Die scheinbar unpolitische Handlung wird damit in einen politisch hochaktuel-
len Bezugsrahmen gestellt.

Der Zeitpunkt des Erscheinens, kurz nach Hitlers Machtübernahme, unter der Zensur einer schon weitgehend ›gleichgeschalteten‹ Buchkritik, war politisch extrem ungünstig. Dass

Die Schaukel einmal Kolbs populärstes Werk werden sollte, war damals nicht abzusehen, obwohl ihr die deutschen Leser treu blieben, das Buch im Erscheinungsjahr immerhin zwei Auflagen erreichte und die emigrierten Kollegen Joseph Roth und René Schickele zu begeisterten Kritiken hinriss. Doch das war – unter den Publikationsbedingungen im Dritten Reich – Beifall von der falschen Seite. Annette Kolb war zu diesem Zeitpunkt bereits tief in die Auseinandersetzungen zwischen dem Verleger Gottfried Bermann Fischer und der Emigrantenpresse verstrickt. Diese prangerte Bermann Fischers Verlagspolitik und die Versuche, seine Autoren von Stellungnahmen gegen das NS-Regime abzuhalten, als opportunistisch an und warf dem Verleger vor, seine Autoren ideologisch unter Druck zu setzen, indem er ihnen mit dem Verlust der Verlagsbeziehungen drohe.

Angefangen hatte die Auseinandersetzung im Frühjahr 1933 mit einem Aufruf Klaus Manns, der in die Literaturgeschichte des Exils eingegangen ist. Klaus Mann wollte renommierte emigrierte Schriftsteller, darunter mehrere Autoren des S. Fischer Verlags und auch Annette Kolb, als künftige Mitarbeiter für seine Zeitschrift *Die Sammlung* gewinnen. Diese sollte beim Exilverlag Querido in Amsterdam erscheinen. Die Autoren sollten in der Ankündigung des Projekts als literarische Zugpferde und Protagonisten des politischen Exils namentlich genannt werden. Annette Kolb verweigerte ihre Zustimmung, ebenso wie Thomas Mann und René Schickele, und geriet damit in eine exilpolitische Zwickmühle. Sie begründete ihre Zurückhaltung gegenüber Schickele ausschließlich mit ihrer finanziellen Notlage. Wäre der ›Emigrantenparagraph‹, das Gesetz über Widerruf von Einbürgerungen und Aberkennung der deutschen Staatsbürgerschaft vom Juni 1933, auf sie angewendet worden, so hätte Annette Kolb sowohl Besitz und Ersparnisse in Deutschland als auch die Publikationsmöglichkeit bei S. Fischer und damit jegliche materielle Existenzgrundlage verloren.

Die nächste Auseinandersetzung folgte mit Erscheinen der
Schaukel. So unpolitisch der Inhalt des Romans an sich auch
sein mochte, die ihm beigefügte Fußnote war es nicht. Denn
sie formulierte Kolbs Respekt und die christliche »Dankes-
schuld« vor den geistigen Leistungen der deutschen Juden.[87]
Die Autorin riskierte damit einen kleinen politischen Skandal und das Verbot ihres Romans. Das wurde von der Bayerischen Staatspolizei dann auch gefordert. Um ihr Buch auf dem
Markt zu retten, stimmte Kolb schließlich einem Kompromiss
zu. Die Fußnote sollte ab der nächsten, der sechsten Auflage
entfallen. Als die Emigrantenpresse, allen voran Leopold
Schwarzschild in seiner Zeitschrift *Das Neue Tage-Buch*, ihr
Verhalten und das ihres Verlegers angriff, da fühlte sich Annette Kolb auch noch in ihren guten Absichten verletzt – ein
weiterer Beweis ihrer politischen Unbedarftheit.

Die Autorin unterstützte ihren Verleger auch gegen die weiteren publizistischen Angriffe Leopold Schwarzschilds. Dieser
ging immer offensiver gegen Bermann Fischers Verlagspolitik
vor. Und jener suchte weiter die öffentliche Unterstützung
derjenigen seiner Autoren, die politisch nicht links standen,
Deutschland nicht aus ›rassischen‹ Gründen verlassen hatten
und ihm zudem besonders verpflichtet waren. Das traf neben
Thomas Mann und Hermann Hesse nur auf Annette Kolb zu.
Die gemeinsame Ehrenrettung der drei Autoren für Bermann
Fischer erschien am 18. Januar 1936 in der *Neuen Zürcher
Zeitung*. Annette Kolb gab später – wiederum in einem Brief
an Schickele – an, von Thomas Mann zur Unterschrift »moralisch gezwungen« worden zu sein, weil sie als Schriftstellerin
im Exil von der Verbindung zu den Manns abhängig gewesen
sei.[88]

Annette Kolb suchte die geschilderten öffentlichen Konflikte nicht von sich aus. Sie wurden ihr durch die Lebens- und
Publikationsbedingungen des Exils aufgezwungen. Sie versuchte, sich aus der Affäre zu ziehen und ihrer vermeintlichen
inneren Verpflichtung, die sie als existenzielle Abhängigkeit

gegenüber den Akteuren empfand, nachzukommen, ohne direkt politisch Stellung zu beziehen.

Wie verhasst ihr die Streitigkeiten und Querelen innerhalb der verschiedenen politischen Lager der Emigrantenszene waren und wie hilflos sie sich ihnen ausgeliefert fühlte, zeigen ihre Distanzierungsversuche aus der Pariser Zeit. Sogar ihren geliebten Jour fixe stellte sie deswegen ein: »*Eins* weiß ich:«, schrieb sie an René Schickele, »mit Emigranten hab *ich* nichts mehr zu tun«.[89]

Fremd, arm und einsam. Annette Kolb in New York

Im März 1941 landete Annette Kolb in New York und lebte hier vier Jahre lang, bis zum Kriegsende. Es war ihr zweiter Aufenthalt dort. Sie hatte die Stadt bereits 1939 auf einer längeren Reise kennengelernt. Dorothy Thompson, damals Präsidentin des Internationalen PEN-Clubs, die als einflussreiche Journalistin die europäischen Emigranten aktiv unterstützte, hatte sie zu einer Tagung eingeladen. Sie half ihr auch jetzt, Kontakte zu knüpfen und sich ins amerikanische literarische Leben einzubinden. Bei offiziellen Anlässen und auf privaten Einladungen traf Kolb unter anderem mit Präsident Roosevelt und Thomas Mann zusammen, jedoch ohne Erfolg. New York war und blieb für die kultivierte Europäerin eine gänzlich fremde Welt. Im Alter von über 70 Jahren sah sie sich hier bitteren Erfahrungen ausgesetzt: fremd zu sein, arm und sehr einsam. Oder, wie sie selbst es formuliert haben soll: »Dankbar und unglücklich.«

Wovon Annette Kolb in den USA lebte, ist letztlich unklar. Sie erhielt kleine Honorare von Bermann Fischer, gewann eine gewisse Summe aus dem Verkauf eines wertvollen Gemäldes und wurde, wie schon im französischen Exil, weiter von der American Guild for German Cultural Freedom unterstützt. Über die nähere Umgebung von New York kam Kolb nicht hinaus. Sie wohnte zunächst im Hotel Bedford, das literarisch als Lieblingsaufenthaltsort von Klaus Mann bekannt wurde, und später, als sie sich das Hotelleben nicht mehr leisten konnte, in verschiedenen möblierten Zimmern – mit dem Hotel Bedford als ständiger Postadresse.

Annette Kolbs literarisches Werk war auf dem amerikanischen Buchmarkt ohne jede Chance. »Ich bin zu alt, um anderswo Wurzeln zu schlagen«, schrieb sie 1944, als sich das Ende des Exils abzeichnete, an eine Freundin, »obwohl ich dies Land bewundere, je mehr ich es kennenlerne und ich weiß, obwohl es mir hier persönlich sehr schlecht ging, weil ich mit meiner Arbeit keinen Erfolg hatte, werde ich nach vielem hier Heimweh haben, wenn ich weggegangen sein werde.«[90]

Publikationsmöglichkeiten hatte Kolb kaum noch. Der Verleger Kurt Wolff, der sich in den USA mit Pantheon Books neu etabliert hatte, mutete ihr die ganze Wahrheit zu, als er 1945 über ein Buchprojekt, das sie ihm angeboten hatte, schrieb:

»Als Verleger an sich und als Europäer Kurt Wolff würde ich glücklich sein, dürfte ich dies Buch hier verlegen. Aber als verantwortlicher Pantheon publisher muß ich mir sagen: es ist out of question. Was wir Europäer da assoziieren, genießen, zwischen den Zeilen lesen, bleibt taub und tot, was übrig bleibt ist das bißchen plot, das allein so wenig besagt.«[91]

Wolffs Einschätzung galt, was Annette Kolb damals noch nicht wissen konnte, auch für ihre Zukunft auf dem deutschen Buchmarkt der Nachkriegszeit. Als sie 1945 nach Europa zurückkehrte, hatten sich die Verhältnisse auch hier grundlegend verändert. Die fortschreitende Amerikanisierung setzte anstelle der bürgerlichen Leserelite auf einen am Unterhaltungswert orientierten Massenmarkt, auf dem für Kolbs »assoziativen, feuilletonistischen« Schreibstil kein Platz mehr blieb.[92]

Trotz vieler Warnungen vor den Veränderungen, die sie erwarten würden, glaubte und hoffte Annette Kolb, in die ihr vertrauten Verhältnisse der Vorkriegszeit zurückkehren und dort an die alten Erfolge anknüpfen zu können. Bei der ersten sich bietenden Gelegenheit reiste sie heim nach Europa. Am 25. Dezember 1945 landete sie in Irland, bei der Schwester, und versuchte dann, als 75-Jährige, ihr altes Leben zwischen München, Badenweiler und Paris wieder aufzunehmen. Sie wurde für ihr politisches Engagement und ihr literarisches Werk hochgeehrt und vielfach preisgekrönt. Dennoch kehrte sie zurück in ein ›Exil nach dem Exil‹.

Turbulente Einsamkeit

Erika Mann

(1905–1969)

Erika Mann, die Älteste in der Reihe der sechs Geschwister, war dem berühmten Vater, aus dessen mächtigem Schatten sich keines der Kinder je ganz zu lösen vermochte, als sein Liebling besonders eng verbunden. Die Exilsituation trug zu dieser, ein eigenständiges Leben auch behindernden Bindung sicherlich das ihre bei. Die einzige feste Adresse, die Erika Mann je hatte, war und blieb lebenslang die bei den Eltern.

Sie trat im Lauf ihres Lebens in vielen verschiedenen Rollen öffentlich in Erscheinung: als Schauspielerin und Journalistin, als Kabarettistin, Schriftstellerin und Vortragsreisende, als Herausgeberin und literarische Mitarbeiterin ihres Vaters. Sie wurde eine der erfolgreichsten unter den schreibenden Frauen im Exil.[93] Die klassischen literarischen Genres, Roman, Erzählprosa, Drama und Lyrik, die in ihrer Familie von Männern mehrfach besetzt waren, verstand sie zu umgehen. Sie entfaltete ihre Talente in Nischen und betrat Neuland: im Kabarett, im politischen Essay, in Vorträgen, Reportagen, Berichten und im Kinderbuch – Formen, die Fakten mit Fiktion mischen und bei Erika Mann alle eine antifaschistische Botschaft haben. Ihre Schriften standen sämtlich auf den Verbotslisten der NS-Schrifttumspolitik. Erika Mann wirkte im Exil – wie ihr berühmter Vater – als Vertreterin des ›anderen

Deutschland‹. Der Situation und Funktion von Frauen im Nationalsozialismus und im Exil galt ihr besonderes Interesse und Augenmerk.

Von der gesellschaftlichen auf die politische Bühne

Der Weg, den Erika Mann bis zu solch politisch motiviertem Schreiben und Handeln zurücklegte, war weit. In den Anfängen ihres öffentlichen Lebens in der Weimarer Republik hatte sie ein demonstratives, programmatisches Desinteresse an Politik gepflegt – eine weitverbreitete Haltung, die sie später, geläutert durch Hitlers Machtantritt und die Erfahrungen der Emigration, als mitverantwortlich dafür ansah, dass die Nationalsozialisten aufsteigen konnten. In den ›Goldenen Zwanzigerjahren‹ aber gehörte Erika Mann, privilegiert durch ihre Herkunft aus gutem, bürgerlich-liberalem, begütertem Haus, privilegiert auch durch ihre vielfältigen Begabungen und Fähigkeiten, zunächst zur verwöhnten Jeunesse dorée der Republik. Und sie benahm sich auch so. Sie führte, eng verbunden mit ihrem Bruder Klaus, ein ungewöhnlich freies und mobiles Leben, ausgerichtet ganz auf ihre individuellen Bedürfnisse. Dass sie damit provokativ an die Grenzen dessen stieß, was für ein traditionelles bürgerliches Frauenleben als schicklich galt, nahm sie billigend und wohl nicht ohne Lustgewinn in Kauf. Den verschwenderischen Lebensstil, mit extravaganten Reisen, schnellen Autos, First-Class-Hotels und Designerkleidung, dessen Tempo und Anforderungen sie wohl nur mithilfe von Drogen gewachsen war, behielt sie lebenslang bei.

Zunächst aber interessierte sich Erika Mann vor allem für das Theater, die Kunst und – mehr noch – für die Boheme. 1924 begann sie eine Ausbildung zur Schauspielerin bei Max Reinhardt in Berlin, der ersten Adresse im deutschsprachigen Raum, und spielte dann – meist in klassischen Rollen – an verschiede-

nen Theatern. 1926 heiratete sie den Starschauspieler Gustav
Gründgens und tourte 1927 mit der *Revue zu Vieren* unter
seiner Regie, gemeinsam mit dem Bruder Klaus und Pamela
Wedekind durch Deutschland. Mit dieser Tournee machten die
prominenten ›Dichterkinder‹ Furore, weil sie sich herausnah-
men, mit ihren gesellschaftlichen und sexuellen Rollen zu spielen. Und die Mann-Geschwister setzten diesen Erfolg im selben
Jahr mit einer Vortragstournee durch die USA fort, wo sie als
»The Literary Mann-twins« reüssierten – abenteuerlich, weltoffen, extravagant.

Literarischer Ertrag dieser Reise waren erste Buchveröffent-
lichungen: 1929 erschien von Erika Mann *Rundherum. Ein
heiteres Reisebuch* bei S. Fischer, dem bekanntesten deutschen
Literaturverlag, dessen berühmtester, damals eben mit dem
Literaturnobelpreis ausgezeichneter Autor ihr Vater war. 1931
folgte, gemeinsam mit Klaus Mann verfasst, der alternative
Reiseführer *Das Buch von der Riviera. Was nicht im Baedeker
steht* im Piper Verlag, im Jahr darauf Erika Manns erstes Kinderbuch *Stoffel fliegt übers Meer*.

1932, noch vor der Machtübernahme der Nationalsozialis-
ten, wechselte Erika Mann von der gesellschaftlichen auf die
politische Bühne. Sie gründete, gemeinsam mit dem Musiker
Magnus Henning, *Die Pfeffermühle*, ein politisches Kabarett.
Beteiligt waren unter anderem die Schauspielerin Therese
Giehse und Klaus Mann. Das Kabarett bezog in Sketchen und
Songs Stellung zur Arbeitslosigkeit und zur gesellschaftlichen
Gleichgültigkeit, zur Dummheit und politischen Ignoranz.
Die meisten Texte stammten von Erika Mann selbst, andere
von Erich Mühsam, Walter Mehring und Klaus Mann. Die
Premiere fand an Neujahrstag 1933 in München statt, vier
Wochen bevor Hitler die Macht übernahm. Das Ende der
Pfeffermühle – zumindest in Deutschland – kam schon nach
wenigen Wochen, mit dem Reichstagsbrand. Es kam nicht un-
erwartet. Die Emigration war – das wussten alle Beteiligten –
nur eine Frage der Zeit, auch wenn ihr Kabarett oft als zu

wenig politisch kritisiert wurde. Thomas Mann bezeichnete *Die Pfeffermühle* später als »Schwanengesang der deutschen Republik«.[94]

Erfolgreich im Exil: Die Pfeffermühle

Mitte März 1933 ging Erika Mann ins Exil in die Schweiz, nach Arosa zu den Eltern, die sich dort urlaubshalber aufhielten. Sie ging mit kleinem Gepäck, wie viele Emigranten der ersten Phase, in der sicheren Annahme, dass der nationalsozialistische ›Spuk‹ in wenigen Wochen vorbei sein würde. Dass es anders kommen würde, sah Erika Mann früher und klarer als viele andere, auch als ihr Vater. Und sie war es, die Thomas Mann zu deutlicher Stellungnahme gegen den Nationalsozialismus aufforderte, was das Risiko von Ausbürgerung und Emigration und, damit verbunden, des literarischen Wirkungsverlusts miteinschloss. Dafür setzte sich Erika sogar der Gefahr aus, beim geliebten ›Zauberer‹ in Ungnade zu fallen.

In Zürich bereitete Erika Mann das Comeback der *Pfeffermühle* vor. Es war das erste deutsche Kabarett, das ins Exil ging und eine der wenigen literarischen Exil-Unternehmungen, die publizistisch und ökonomisch reüssierten, zumindest in den europäischen Gastländern. Am 1. Oktober wurde *Die Pfeffermühle* im Hotel Hirschen in Zürich wiedereröffnet. Tourneen durch die Schweiz, Luxemburg, die Niederlande, Belgien und die Tschechoslowakei folgten. Doch schon im Jahr darauf, ab November 1934, wurde das Kabarett auch in der Schweiz politisch unter Druck gesetzt, zuerst durch Krawalle, die von ortsansässigen Nazis organisiert worden waren, später durch die Interventionen der deutschen Botschaften und verschärfte Zensur sowie bürokratische Schikanen bei der Erteilung der Spielgenehmigungen in Amsterdam und Prag. Im Juni 1935 drohte Erika Mann die Aberkennung der deutschen Staatsbürgerschaft; ihr Name stand auf der sogenannten ›4. Ausbürgerungs-

liste‹. Sie wich aus in eine Passehe mit dem Schriftsteller
W. H. Auden, die ihr die britische Staatsbürgerschaft sicherte.
Von Gustav Gründgens war sie mittlerweile geschieden. Das
Ende der *Pfeffermühle* in Europa kam im Mai 1936 in Luxem-
burg. Nach 1034 Vorstellungen gab das politische Kabarett auf.
Das erfolgreichste Theaterunternehmen der deutschsprachigen
Emigration war tot.

Klaus und Erika Mann versuchten zwar, gegen die Mehr-
heitsmeinung im Team, das Kabarett 1937 in New York noch
einmal wiederzubeleben, doch die Skepsis der Kollegen erwies
sich als nur allzu begründet. Der Versuch misslang. »Duktus
und Diktion eines europäisch-deutschen Kabaretts« mit seinen
literarischen Anspielungen, dem »Doppelsinn der Pointen«,[95]
den vielfachen Bezügen zur kulturellen europäischen Tradition
wurden in den USA von Publikum und Kritikern nicht verstanden. Die Manns waren nach wenigen Vorstellungen gezwungen, auch hier aufzugeben.

Public speaker number 1

Erika Mann, die sich mittlerweile zur Humanistin und Demo-
kratin gewandelt hatte, blieb in den USA. Sie versuchte, den
Nationalsozialismus anderweitig öffentlich zu bekämpfen: als
Schriftstellerin, Journalistin, Kriegskorrespondentin und – vor
allem – als Vortragsreisende, auf amerikanisch: ›Lecturer‹.

In ihrer Fragment gebliebenen Autobiografie *Ausgerechnet
Ich* beschreibt Erika Mann ihre Intention:

»Dies war mein einziger Ehrgeiz und meine einzige Beschäftigung während der letzten zehn Jahre: Auf meine eigene be-
scheidene Weise die Mächte des Bösen zu bekämpfen – am
krassesten verkörpert vom finsteren Phänomen des Nazismus.
Dies war meine Arbeit und mein Abenteuer, den Erzfeind zu
demaskieren, lächerlich zu machen, anzuklagen und zu verwir-
ren. Die Botschaft, die ich vermitteln wollte, war immer ein

direkter, ungeschminkter Appell an die menschliche Solidarität
gegen die unmenschlichen Mächte der Dunkelheit und der Zerstörung. Das ist es, was ich in all meinen Schriften und Reden
ausdrücken wollte, in meinen Büchern und Zeitungsartikeln,
meinen Geschichten für Kinder, meinen Vorträgen und Radio-
ansprachen. Ich sagte es von hundert Theaterbühnen in Europa,
als ich den Kontinent mit meinem kleinen Kabarett *Die Pfeffermühle* bereiste, und ich sagte es von Hunderten von Redner-
pulten in den Vereinigten Staaten.«[96]

Als ›Lecturer‹ war Erika Mann außergewöhnlich erfolgreich;
bald gehörte sie zu den begehrtesten Vertretern dieses typisch
amerikanischen Berufs. Der Einstieg in die neue Karriere war
gut vorbereitet. Zum einen durch die Tour der »Literary Mann-
twins« von 1927, zum anderen durch den internationalen Ruhm
ihres Vaters, der mittlerweile als bekanntester literarischer Emigrant in Santa Monica/Kalifornien lebte. Ihren ersten großen
Auftritt hatte Erika Mann bei der öffentlichen Massenkund-
gebung Amerikas gegen Hitler, der Peace and Democracy Rally
am 15. März 1937 im New Yorker Madison Square Garden vor
rund 23 000 Menschen.[97]

»Zunächst sprach ich auf einer Massenversammlung in
Madison Square Garden, zusammen mit Mayor La Guardia,
General Johnson, John L. Lewis (dem damals mächtigsten
Gewerkschaftsführer) etc.. Es war die Massendemonstration
gegen das Nazitum, eine Veranstaltung, die im ganzen Land
größte Beachtung fand. Zusammengerufen vom American Je-
wish Congress, wurde sie geleitet von Chairman Rabbi Ste-
phen Wise. Aus wiederum unwägbaren Gründen fiel ich besonders auf, mein Bild erschien in *Time Magazine,* und schon
war ich als ›lecturer‹ gemacht. Wenig später erschien mein
erstes englisches Buch *School for Barbarians,* ein genauer Dokumentarbericht über Erziehung im Hitlerstaat. Der Band, ein
Bestseller, führte mich weiterhin ein.«[98]

Die Reisen, später gemanagt durch die renommierte Agentur
Feakins Inc., führten die Rednerin quer durch Amerika, zu

Vorträgen in Colleges, Wohltätigkeitsvereinen, Kirchen und Women's Clubs. Zehn Jahre lang war Erika Mann so unterwegs. Bis 1950 fuhr sie, unterbrochen von Reisen ins krisengeschüttelte Europa, vier bis fünf Monate jährlich durch die USA und hielt mehrere Vorträge wöchentlich vor 200 bis 2000 Zuhörern.

Die Themen, über die sie sprach, waren aktuell und politisch. Im Mittelpunkt standen die Politik der Nationalsozialisten und die Situation der Hitlerflüchtlinge in aller Welt. Zusätzlich griff Erika Mann für Europa noch außergewöhnliche, in den USA dagegen schon populäre Themen zur spezifischen Situation von Frauen auf. Ihre Grundthese zur Lage der Frauen im Nationalsozialismus lautete: Hitlers Erfolg und Machtergreifung gehe auch auf seinen emotionalen Erfolg bei den Wählerinnen zurück. Doch inzwischen seien die deutschen Frauen von seiner Politik enttäuscht. Denn die nationalsozialistische Ideologie dränge sie zurück in die traditionellen Rollen der Gebärerin und Versorgerin. Obwohl die NSDAP sich als Retterin und Hüterin der Familie aufspiele, wirke sie zugleich zerstörerisch, weil sie die Frauen durch Arbeitsdienst und andere außerhäusliche Pflichten den Familien entziehe.[99]

Hellsichtig äußerte sich Erika Mann zur Realität weiblichen Lebens im Exil, auch wenn die wenigsten ihrer Erkenntnisse aus eigener Erfahrung stammten. Sie bezog in ihren Vorträgen deutlich politische Position, z. B. für einen Handelsboykott gegen das Dritte Reich und für den Kriegseintritt der USA aufseiten der Alliierten. Diese Haltung wurde von vielen Emigranten als deutschfeindlich kritisiert und auch vom FBI argwöhnisch beobachtet. Schon ab 1940 wurde Erika Mann als ›sexuell pervers‹ veranlagte, kommunistische Agentin verdächtigt und überwacht.[100]

Beim Publikum jedoch war die Wirkung ihrer Vorträge überwältigend:

»(…) meine Erfolge als public speaker number 1 häufen sich«, schrieb Erika Mann schon 1937 nach ihrem ersten ›Lecturer‹-Auftritt in Cleveland an ihre Mutter. »Meine etwas kindische Art, Geschichten zu erzählen, und, nur an Hand ihrer, Schlüsse zu ziehen, die ungeheuer allgemeinverständlich sind, nimmt die schlichten Amerikaner für mich ein, und wenn es mich nicht ein wenig zu sehr *langweilen* möchte, in diesen öden Städten umherzufahren, allein – als tapfere kleine Frau, – ich könnte gewiß davon leben und dürfte wohl auch das Gefühl haben, es nicht völlig nutzlos zu tun.«[101]

Das rhetorische und argumentative Erfolgsrezept von Erika Manns Vorträgen war dem Kabarett entlehnt. Sie zielte – mit den Mitteln der plakativen Antithese – auf »satirische Entlarvung« durch »Selbstkarikatur des Systems« und machte so die nationalsozialistische Politik als Propaganda ohne realen Gegenwert durchschaubar. Mit aufklärerischer Absicht: Sie warnte das amerikanische Publikum dringlich vor der von Hitler ausgehenden Kriegsgefahr.[102]

Buchpublikationen

Den Wechsel zur neuen Sprache, der für so viele emigrierte Schriftstellerinnen und Schriftsteller ein unüberwindliches Hindernis darstellte, bewältigte Erika Mann, anders als Bruder und Vater, zwar mühsam, doch letztlich mit Bravour. Auch ihre Bücher veröffentlichte sie während der Jahre im amerikanischen Exil auf Englisch.[103] Ihre Schreibstrategie beruhte auf einer attraktiven Mischung aus »Mündlichkeit und Schriftlichkeit, Fiktion und Faktizität, Authentizität und Objektivität«.[104] Diese Mischung ist charakteristisch für alle ihre Texte. Auch die theatralische Form des Schreibens übernahm Erika Mann aus dem Kabarett, ihrer ursprünglichen literarischen Ausdrucksform.

Insgesamt veröffentlichte sie im Exil einige literarische Dokumentationen und ein Kinderbuch; drei weitere Buchprojekte, eins gemeinsam mit Klaus Mann, wurden nicht ausgeführt.

*Zehn Millionen Kinder. Die Erziehung der Jugend im Dritten
Reich*, Erika Manns erstes Buch, erschien 1938 zunächst auf
Englisch unter dem Titel *School for Barbarians. Education
under the Nazis* mit einem Vorwort von Thomas Mann bei
Modern Age Books in New York, dann im selben Jahr auf
Deutsch bei Querido. Von der englischen Erstausgabe wurden
innerhalb weniger Monate 40 000 Exemplare verkauft.[105] Das
Buch befasst sich mit der Situation der Kinder im Nationalsozialismus, einem in der Exilliteratur sehr beliebten Thema.
Anders als z. B. Ödön von Horváth in *Jugend ohne Gott*
(1937), Anna Gmeyner in *Manja* (1938) sowie Lisa Tetzner
und Kurt Held in ihren Kinderbüchern behandelt Erika Mann
das Thema nicht fiktional. Sie selbst bezeichnete *Zehn Millionen Kinder* als »politisches Lehrbuch«[106]. Genauer besehen
aber ist es jene für Erika Manns Schreibart typische und beim
amerikanischen Publikum höchst wirksame Mischung aus Tatsachenbericht und Kindergeschichte, in der Selbsterlebtes und
authentisch Erfahrenes in dokumentarischer Form erzählt
wird. Das Buch handelt von der Jugenderziehung im bereits
etablierten NS-Staat und setzt sich mit den drei Institutionen
Familie, Schule und Jugendorganisationen auseinander. Dazu
werden unterschiedliche Quellen verwendet, von offiziellen
staatlichen Verlautbarungen über Zitate aus Hitlers *Mein
Kampf* bis zu Erlebnisberichten von Kindern selbst. Ergänzt
wird das dokumentarische Material durch fiktive Szenen mit
Sketch- und Kabarettcharakter, die zwischen den einzelnen
Informationssequenzen vermitteln sollen. Die Mischung wirkt
jedoch wenig überzeugend und transportiert nichts von der ihr
von Thomas Mann im Vorwort attestierten »Lauterkeit der
Kritik«. Es gelingt Erika Mann nicht, die Wirkungskraft der
NS-Erziehungsideologie glaubhaft zu machen.

1942 ließ Erika Mann diesem Bericht ein fiktionales Kinderbuch folgen, *A Gang of Ten* (deutsch 1989 unter dem Titel
Zehn jagen Mr. X). Es schildert den antifaschistischen Kampf
von Kindern aus zehn verschiedenen Nationen in einer Bande

und greift damit ein beliebtes Sujet und Erzählmuster der Kinderliteratur des Exils auf. 1940 erschien *The Lights go Down*, ein Zyklus von zehn Geschichten, ebenfalls Innenansichten aus dem Dritten Reich. Das Buch wurde in den USA außerordentlich populär. Eine deutsche Ausgabe erschien erst 2005.[107]

Von den beiden gemeinsam mit Klaus Mann konzipierten und geschriebenen Büchern wurde *Escape to Life* (1939) Erika Manns erfolgreichstes Buch. Es galt in den USA als ›Who is Who in Exile‹ und führte den Amerikanern vor, welche bedeutenden Persönlichkeiten der europäischen Kultur nun – als Emigranten – unter ihnen lebten. Mit aufgenommen sind auch die Bestsellerautorinnen der Weimarer Republik, Vicki Baum, Gina Kaus und Adrienne Thomas, die erst durch das Exil einem internationalen Lesepublikum bekannt wurden.[108]

Im Jahr danach erschien das thematisch sehr ähnliche Buch *The Other Germany*. Sein Titel ist programmatisch. Denn die öffentliche Auseinandersetzung mit dem ›anderen Deutschland‹ prägte das literarische Exil von Anfang an. Die Autoren nutzten die alten Klischees von der fatalen »Mischung aus Kunstliebe und Politikferne« dazu, den Aufstieg Hitlers zu erklären. Ganz so, wie es dem Meinungstrend unter Emigranten entsprach.[109] Ebenfalls im Trend lag der von den beiden Autoren verwendete Topos vom Nationalsozialismus als Rückfall in die Barbarei, als Prozess des Verfalls und der Deklassierung, Verlust an Kultur und Zivilisation.[110] Der Erfolg des Buches blieb hinter dem von *Escape to Life* weit zurück.

Weitere Projekte aus der amerikanischen Zeit sind Fragment geblieben: die Autobiografie *Ausgerechnet Ich* (1943) ebenso wie *Alien Homeland* (1945/46), ein Buch, das Eindrücke und Erlebnisse aus den Jahren 1944/45 wiedergibt, als Erika Mann als amerikanische Kriegskorrespondentin vorübergehend nach Deutschland zurückgekehrt war. Auch *Sphinx without Secret*, ein gemeinsam mit Klaus Mann geplantes Buch, sollte von der Lage im Nachkriegsdeutschland handeln.

Dass so viele Buchpläne nicht realisiert wurden, hat mehrere

Gründe. Sie liegen in Erika Manns Persönlichkeit. Denn sie sah ihre Lebensaufgabe – anders als der Vater – nicht primär im Schreiben, sondern in der politischen Aktivität. Diesem Anspruch aber konnte die aktuelle journalistische Arbeit eher genügen. Außerdem waren ihr die dauerhafte Unruhe der Flucht- und Exilsituation, das Reisen und ständige Unterwegssein zur unabdingbaren Lebensform geworden, was sich mit größeren Buchprojekten weniger gut vertrug als mit der schnellen, pointierten Publizistik.[111]

Unterwegs als Kriegsberichterstatterin

Journalistische Arbeiten begleiteten Erika Manns Karriere von Anfang an. In den Vordergrund traten sie erst mit der Emigration und dem Beginn des Zweiten Weltkriegs. Der Wunsch nach effizienter politischer Einflussnahme und Wirkung wurde ihr nun immer dringlicher. Und so stieg sie ins journalistische Tagesgeschäft ein. 1938 hielt sie sich, zusammen mit dem Bruder Klaus, in Spanien auf und schrieb über den Bürgerkrieg. 1941 berichtete sie für amerikanische Rundfunkanstalten und Zeitungen sowie für die deutschen Sendungen der BBC aus London über den ›Blitzkrieg‹ Hitlers gegen England. Dass sie damit auch in Deutschland nicht ungehört blieb, beweist nicht zuletzt ein Artikel des *Völkischen Beobachters* vom 8. Oktober 1940, der Erika Mann als »politische Gebrauchsdirne aus dem Hause Mann« diffamiert.[112]

1943 ging Erika Mann als Kriegsberichterstatterin mit der US-Army in den Vorderen Orient, nach Kairo, Marokko, Algier, Teheran und Palästina. Sie führte Interviews, schrieb Kriegsberichte und Geschichten für amerikanische Zeitungen und Magazine. 1944 war sie als Korrespondentin beim ›D-Day‹ und auch bei der Befreiung von Paris dabei. Und als Reporterin kehrte sie 1944, nach elf Jahren, auch vorübergehend nach Deutschland zurück. Als einzige Frau besuchte sie die Hauptangeklagten der Nürnberger Prozesse in Bad Mondorf/Luxemburg. Die Haltung der Kriegsverbrecher erschien ihr – und nicht nur ihr – niederschmetternd in ihrer Selbstgerechtigkeit, im unverstellten Hass auf die Flüchtlinge und dem trotzigen Schweigen über die NS-Zeit. Kompromisslos verurteilte Erika Mann die Entwicklung in der Nachkriegszeit – in Deutschland, aber auch bei den Siegermächten.

Das brachte ihr heftige Angriffe von beiden Seiten ein. Höhepunkt war ein Leitartikel in der Münchener Zeitschrift *Echo der Woche*, der sie und ihren Bruder Klaus als »Salonbolschewisten« und »Stalins Fünfte Kolonne« denunzierte. Dies war in den USA während des Kalten Krieges gleichbedeutend mit einem Berufsverbot. Eineinhalb Jahre lang versuchte Erika Mann eine Gegendarstellung in der deutschen Presse oder einen Prozess gegen die Zeitschrift zu erreichen – vergeblich. Dass sie nun in den USA ebenso kaltgestellt und mundtot gemacht worden war wie in Nazi-Deutschland, wenn auch mit anderen, weniger direkten Mitteln, erlebte Erika Mann als Schock.[113]

Im Dienst des väterlichen Werks

Am 11. Dezember 1950 zog sie den schon 1947 gestellten Antrag auf amerikanische Staatsbürgerschaft zurück. 1952 kehrte sie mit den Eltern nach Europa zurück, in die neutrale Schweiz – und resignierte bei der Vorstellung, sich angesichts der zu erwartenden Schwierigkeiten ein viertes Mal eine berufliche Existenz als Publizistin aufbauen zu müssen. Sie nahm ihre eigene literarische Kreativität zurück und stellte Intellekt und Arbeitskraft ganz in den Dienst am Werk des Vaters. Der kannte seine Tochter gut. Als »turbulente Einsamkeit«[114] bezeichnete er die Haltung, mit der sich Erika bei allem Kommunikationstalent und aller Lust an Provokation und öffentlicher Selbstdarstellung von ihrer Umgebung abschottete. Zu

dieser Einsamkeit trug sicher auch die Intoleranz bei, mit der
Erika Mann auftrat und argumentierte. 1969 starb sie an den
Folgen einer Gehirntumor-Operation.

Eine Mit-Emigrantin, Elisabeth Hauptmann, eine der Frauen
um Bertolt Brecht, setzte Erika Mann noch während des amerikanischen Exils ein kleines literarisches Denkmal. Sie zeichnete sie – ganz im Ton des Meisters – als engagierte Antifaschis-
tin und Friedenskämpferin, als eine Frau, die ihr ein Vorbild
war:

»Tag für Tag, Nacht für Nacht, wird sie weiterschreiben und
Reden halten, manchmal heiser, aber durchaus verständlich,
manchmal müde, aber unermüdlich, oft wütend, aber voll des
Mitleids, immer kämpferisch, aber für den Frieden; denn, wie
der deutsche Dichter Brecht – auch er im Exil – sagt:

›What times are these
Where talking about trees is nigh a crime
For it implies not talking about crimes …
In ancient books we read of what is wise:
To stay away from fights and live
Our short lives without fear
And manage without force:
All that I cannot do: for
I live in times too sinister, too dark …‹«[115]

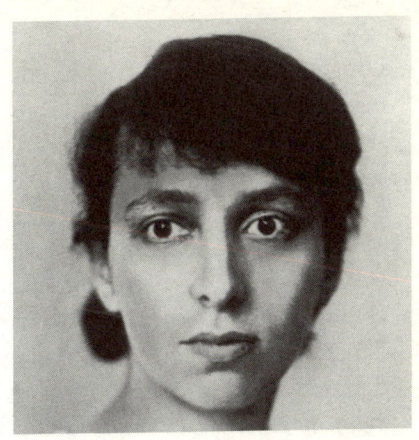

Das Wort der Stummen

Gertrud Kolmar
(1894–1943 nach Auschwitz deportiert)

Als 1955 *Das lyrische Werk*, ein Sammelband mit Gedichten von Gertrud Kolmar, auf den Markt kam, da schien es, als würde postum eine gänzlich unbekannte Lyrikerin entdeckt. Doch zu Kolmars Lebzeiten waren bereits drei Lyrikbände veröffentlicht worden: *Gedichte* (1917), *Preußische Wappen* (1934) und *Die Frau und die Tiere* (1938). Dennoch war sie zeit ihres Lebens so gut wie unbekannt. Im Dritten Reich wurde sie als Autorin nicht wahrgenommen; ihre Bücher erschienen nicht einmal auf den ›Schwarzen Listen‹. Verfemt und ermordet wurde sie allein aus ›rassischen‹ Gründen, nicht aufgrund dessen, was sie schrieb. Ihr Schicksal zeigt prototypisch den Prozess zunehmender Ausgrenzung, dem speziell jüdische Frauen ausgesetzt waren, die Deutschland aus Familienrücksichten nicht verlassen konnten und wollten.

Gertrud Kolmar kam 1894 als Gertrud Käthe Chodziesner in Berlin zur Welt und wuchs dort, im Westend, als ältestes von vier Kindern in einer großbürgerlichen Familie des assimilierten Judentums auf. Ihr Vater war ein angesehener Rechtsanwalt, Walter Benjamin ihr Cousin mütterlicherseits. Die junge Frau wurde zur Lehrerin ausgebildet, erwarb ein Diplom als Sprachlehrerin für Englisch und Französisch und unterrichtete später in Privathäusern. Besonderes Geschick zeigte sie im

Umgang mit behinderten Kindern. Zeitzeugen und Biografen beschrieben Gertrud Kolmar als eine gänzlich unpolitische, in sich zurückgezogene Frau, der es nie gelang, sich von ihrer Familie, deren Normen und Ansprüchen zu lösen. So ließ sie sich etwa 1917 von den Eltern zu einer Abtreibung drängen.

Ab 1928 lebte Kolmar – nach vorübergehender Trennung von den Eltern – wieder in deren Haus in Finkenkrug, pflegte als älteste Tochter die kranke Mutter bis zu deren Tod, betreute danach den kranken Vater. Auf eine frühzeitige Emigration, zu der sich ihre Geschwister entschlossen hatten, verzichtete sie. 1939, nach dem Zwangsverkauf des Familienhauses, lebte sie mit dem Vater im Berliner ›Judenhaus‹ an der Speyerer Straße. Ab Juli 1941 wurde sie zur Zwangsarbeit verpflichtet. Die späten Auswanderungspläne nach England und Palästina scheiterten. Im Februar 1943 wurde Gertrud Kolmar deportiert und wahrscheinlich in Auschwitz ermordet.

Geschrieben hat Kolmar ihr Leben lang; vor allem Lyrik, aber auch Erzählungen, einen Roman und ein Schauspiel. Zur Veröffentlichung ihrer Texte soll sie jedoch ein sehr ambivalentes Verhältnis gehabt, sie aus Scheu und Scham ganz für sich behalten haben. Kontakte in die literarische Szene von Berlin, die ihr durch ihr weltoffenes Elternhaus leicht möglich gewesen wären, mied sie. Dennoch verstand sie sich explizit als ›Dichterin‹. Den moderneren Begriff der ›Schriftstellerin‹ lehnte sie für sich ab; möglicherweise auch wegen dessen Diffamierung durch die NS-Ideologie, die jüdische und auch linke Autoren gegenüber den als Originalgenies verstandenen deutschen Dichtern grundsätzlich mit dem Begriff des ›Literaten‹ abwertete.[116] Kolmars erster Lyrikband *Gedichte* erschien 1917 auf Wunsch und Initiative des Vaters im Berliner Verlag E. Fleischel, der in jüdischem Besitz war. Auf den Vater geht wohl auch das Pseudonym Gertrud Kolmar zurück. Kolmar ist die Eindeutschung des polnischen Ortsnamens Chodziesn, wo die Familie ihre Ursprünge hatte. Die nächste Publikation, der Gedichtband *Preußische Wappen*, erschien 1934 beim Berliner Verlag Die Rabenpresse, vermittelt von Ina Seidel. Beide Schriftstellerinnen lernten sich 1932/33 kennen. Die durch ihren Roman *Das Wunschkind* berühmte Bestsellerautorin setzte sich daraufhin für die unbekannte jüdische Lyrikerin ein. Nach 1933 aber zog sie sich aus Gründen politischer Anpassung wieder aus der Beziehung zurück.

Die Frau und die Tiere erschien 1938 im Jüdischen Buchverlag Erwin Löwe unter Kolmars bürgerlichem Namen Gertrud Chodziesner; ihr Pseudonym durfte sie jetzt nicht mehr benutzen. Der Verlag gehörte zur ›Jüdischen Buchvereinigung‹ und wurde 1938 Teil der staatlichen Zwangsorganisation ›Jüdischer Kulturbund‹. Nach den Pogromen vom November 1938 wurde Kolmars Buch eingestampft.

Ob sie zu den Autorinnen der Inneren Emigration zu zählen ist, bleibt fraglich. Denn ihre Entscheidung, trotz der rassischen Diskriminierung in Deutschland zu bleiben, hatte keine politischen, sondern ausschließlich familiäre und psychosoziale Gründe. Doch Gertrud Kolmars Haltung, ein ganz nach innen gewandtes Leben in sozialer Isolierung zu führen, nahezu ohne Kontakte außerhalb der Familie, entspricht dem Rückzug nach innen, mit dem die Inneren Emigranten dem Nationalsozialismus begegneten.[117] Ebenso Thematik und Ton von Kolmars Gedichten und deren Nähe zur Naturlyrik. Das zentrale Thema dieser Gedichte – und möglicherweise auch ein Grund für die Zurückhaltung der Autorin bei deren Veröffentlichung – sind erotische Beziehungen, meist eine schwierige, unerfüllte Liebe, auch die nicht gelebte Liebe zu ihrem ungeborenen Kind. Nur der 1933 entstandene Gedichtzyklus *Wort der Stummen* reagiert erkennbar auf die politische Realität bei Hitlers Machtübernahme. Viele von Kolmars Texten, Gedichten, vor allem aber die Erzählungen und Dramen, die sie 1930 bis 1935 schrieb, blieben zu Lebzeiten unveröffentlicht, manche bis heute. Kolmars literarischer Nachlass wurde nach 1945 von ihren Verwandten gerettet – unter ihnen auch Hilde Benjamin, die Schwägerin von Walter Benjamin und spätere Justizministerin der DDR.

DRITTES KAPITEL
Und draußen weht ein fremder Wind

Wege ins Exil

»In dem Flüchtlingsmeer, das sich, aus den Diktaturländern kommend, über die Erde ergießt, finden sich viele Frauen. Es sind mehr Frauen unter den Flüchtlingen, als dem Prozentsatz entspräche. Denn nimmt man an, daß außer den aus Rassengründen in Deutschland (und nun auch in Italien) Verfolgten, in der Hauptsache die politisch Aktiven es sind, die von den Diktatoren die Kerker- oder Todesstrafe zu fürchten haben, und bedenkt man ferner, wie wenige Frauen (wiederum prozentual) offiziell aktiv politisch tätig waren, dann überrascht die Zahl der weiblichen Exilierten durch ihre Größe. Überdies gibt es unter den exilierten Männern viele, die auf Zureden ihrer Frauen die Heimat verließen. Und fast scheint es, als ob die Frauen im allgemeinen schneller und gründlicher als die Männer zu der Erkenntnis gekommen seien, daß in der faschistischen Diktatur zu leben qualvoll und schändlich sei. Man hat gesagt, Frauen seien wie Kinder, – viele von ihnen seien ›verspielt‹ –, sie steckten voller ›Phantasien‹ und entbehrten häufig einer starken und bindenden Beziehung zur Realität. Daran mag Wahres sein. Vielleicht aber ist es gerade dies, dies niemals völlig Gebundensein an das Jetzt und den Augenblick, das den Frauen die Möglichkeit gegeben hat, sich eine Zukunft vorzustellen, die so völlig anders, so gänzlich verschieden von dem war, was sich augenblicklich Realität nannte.«[118]

So beschreibt Erika Mann in ihrem Vortrag über *Business and Professional Women in Exile* die Situation der aus Nazi-

Deutschland flüchtenden Frauen. Unter ihnen sind viele diskriminierte und verfolgte Schriftstellerinnen.

Der Gang ins Exil verlief in zwei Phasen, denen geografisch zwei konzentrische Kreise entsprechen.[119] In der ersten Phase, von der ›Machtergreifung‹ der Nationalsozialisten bis zu den Novemberpogromen von 1938, versuchten die Emigranten, vor allem im deutschsprachigen Ausland, in Österreich, der Schweiz und der Tschechoslowakei, oder – sprachnah – in den Niederlanden Zuflucht zu finden und von hier aus den publizistischen Kampf gegen das NS-Regime fortzusetzen.

Die Anpassungspolitik der Schweizer Regierung gegenüber dem Deutschen Reich wurde von der schweizerischen Bevölkerung nicht mitgetragen. Diese zeigte den Emigranten gegenüber ungewöhnlich große Solidarität und Hilfsbereitschaft. Eine ganze Reihe von Organisationen, die sich im Juni 1936 in der Schweizerischen Zentralstelle für Flüchtlingshilfe zusammenschlossen, nahm sich der Flüchtlinge an. Sie agierte vor allem als Interessenvertretung gegenüber der flüchtlingsfeindlichen Politik der Behörden. Die Regierung selbst tat sich bis zum Kriegsbeginn kaum mit Hilfsleistungen hervor. So blieb die Schweiz für die meisten Emigranten ein Durchgangsland ohne dauerndes Aufenthaltsrecht.

Das meistfrequentierte Transitland war die Tschechoslowakei. Ihre Außenpolitik war grundsätzlich flüchtlingsfreundlich – mehr als in jedem anderen europäischen Land. Zur Einreise brauchte man nicht mehr als einen gültigen Reisepass. Die Arbeitserlaubnis war nicht eingeschränkt. Die besonders vom liberalen Bürgertum und der Arbeiterschaft unterstützten Hilfsorganisationen unterhielten viele Heime zur Aufnahme mittelloser Flüchtlinge. Diese Hilfskomitees arbeiteten allerdings unter erschwerten wirtschaftlichen und politischen Bedingungen, denn die Tschechoslowakei war von der Wirtschaftskrise schwer betroffen und der Lebensstandard lag unter dem deutschen Niveau. Auch die Tschechoslowakei blieb, angesichts der zunehmenden Bedrohung durch das Dritte Reich, für die Emigranten nur eine Zwischenstation, die sie nach 1939 wieder verlassen mussten.

Das galt auch für Österreich. »Die Ratten betreten das sinkende Schiff«; das viel zitierte Bonmot, das Karl Kraus oder auch Alfred Polgar zugeschrieben wird, charakterisiert die dortige Situation in drastischer Schärfe. Vor allem Wien, das traditionsreiche Zentrum der Donaumonarchie, erschien vielen Autorinnen, Autoren und Machern der literarischen Szene als attraktives Ziel. Schon unmittelbar nach Hitlers Machtübernahme strömten 1000 Emigranten ins Land; 1935 stand es an siebter Stelle der europäischen Asylländer. Doch auch Österreich blieb Durchgangsstation.

Denn der Austrofaschismus der Regierungen Dollfuß und Schuschnigg tendierte schon seit Anfang 1933 zur Diktatur und die Emigranten aus Nazideutschland waren hier nicht unbedingt erwünscht. Die Presse- und Versammlungsfreiheit war seit 1933 eingeschränkt, das Parlament wurde 1934 entmachtet, der Antisemitismus grassierte. Im März 1938 wurde Österreich schließlich durch Annexion dem Deutschen Reich angeschlossen.

Unter diesen politischen Bedingungen konnte sich hier – trotz der langen deutschsprachigen Literaturtradition – keine Exilkultur entwickeln. Nach dem ›Anschluss‹ an Nazideutschland waren nicht nur die Emigranten gezwungen weiterzuziehen – unter ihnen der Verleger Gottfried Bermann Fischer, der mit einem Teil des S. Fischer Verlags 1936 nach Wien ausgereist war –, sondern auch österreichische Autorinnen wie Maria Berl-Lee, Veza Canetti, Elisabeth Freundlich, Anna Gmeyner, Gina Kaus, Hertha Pauli, Hilde Spiel, Berta Zuckerkandl und Hermynia Zur Mühlen. Die berühmteste von allen, Vicki Baum, war, wie schon erwähnt, bereits 1932 in die USA emigriert.

In der ersten Phase, von 1933 bis 1938/39, überwog die Emigration aus politischen Gründen. Und fast alle Auswanderer waren der Überzeugung, dass die Naziherrschaft nach wenigen Monaten scheitern würde. Die Flucht- und Ausreisebedingungen in den ersten Monaten des NS-Regimes, zwischen Machtübernahme und Reichstagsbrand, unterschieden sich noch wenig von den normalen Reisebedingungen. Zu entrichten war allerdings schon zu diesem Zeitpunkt die seit dem 8. Dezember 1931 eingeführte ›Reichsfluchtsteuer‹. Bei Verlegung des Wohnsitzes ins Ausland wurde für alle deutschen Staatsbürger eine Abgabe in Höhe von 25 Prozent des Gesamtvermögens fällig. Der Freibetrag – 200 000 Reichsmark für Vermögen und 20 000 Reichsmark für Einkommen – überstieg die Einkommensverhältnisse der meisten Schriftstellerinnen allerdings weit, sodass die Steuer bei ihnen entfiel.

Zum Aufbruchssignal für die Massenflucht wurde vielen Autorinnen und Autoren der Reichstagsbrand vom 27. Februar 1933 und die daraufhin erlassene ›Notverordnung‹. Nicht primär die Gefährdung durch den politischen Gegner, sondern die ideologische ›Gleichschaltung‹, besonders unter Intellektuellen, erlebte die Philosophin Hannah Arendt als Schock, der 1933 ihr Leben als deutsche Jüdin auf immer veränderte:

»Man denkt heute oft, daß der Schock der deutschen Juden 1933 sich damit erklärt, daß Hitler die Macht ergriff. Nun, was mich und Menschen meiner Generation betrifft, kann ich sagen, daß das ein kurioses Mißverständnis ist. Das war natürlich sehr schlimm. Aber es war politisch. Es war nicht persönlich. Daß die Nazis unsere Feinde sind – mein Gott, wir brauchten doch, bitte schön, nicht Hitlers Machtergreifung, um das zu wissen! Das war doch mindestens seit vier Jahren jedem Menschen, der nicht schwachsinnig war, völlig evident. Daß ein großer Teil des deutschen Volkes dahinter stand, das wußten wir auch. Davon konnten wir doch nicht 33 schockartig überrascht sein. (…) Erstens wurde das allgemein politische ja ein persönliches Schicksal, sofern man herausging. Zweitens aber wissen Sie ja, was Gleichschaltung bedeutet. Und das hieß, daß die Freunde sich gleichschalteten! Das (...) persönliche Problem war doch nicht etwa, was unsere Feinde taten, sondern was unsere Freunde taten. Was damals in der Welle von Gleichschaltung, die ja ziemlich freiwillig war, jedenfalls noch nicht unter dem Druck des Terrors vorging: das war, als ob sich ein leerer Raum um einen bildete. Ich lebte in einem intellektuellen Milieu, ich kannte aber auch andere Menschen. Und ich konnte feststellen, daß unter den Intellektuellen die Gleichschaltung sozusagen die Regel war. Aber unter den andern nicht. Und das hab' ich nie vergessen.«[120]

Wie viele andere auch verließ Hannah Arendt Deutschland bereits im März 1933, nachdem sie, wohl wegen ihrer Tätigkeit für die Zionistische Vereinigung, verhaftet worden war. Sie ging über Prag nach Paris, wurde im Mai 1940 im Frauenlager Gurs inhaftiert und entkam im Mai 1941 in die USA.

In der zweiten Phase der Emigration, die mit den Novemberpogromen von 1938, der Besetzung Österreichs und der Tschechoslowakei, dem Sieg der Franquisten im Spanischen Bürgerkrieg und dem Beginn des Zweiten Weltkriegs einsetzte, verloren die politischen Flüchtlinge mit Prag und Wien ihre Hauptstützpunkte und mussten in unbesetzten Ländern Asyl suchen. Viele flohen jetzt, wenn möglich in die USA. Die sozialistisch oder kommunistisch orientierten Autoren, die dort nicht willkommen waren oder sich die Einreise nicht leisten konnten, wanderten weiter nach Lateinamerika oder gingen – sofern sie Kommunisten waren – in seltenen Fällen auch nach Moskau.

Jetzt überwog die ›rassische‹ Emigration. Die Maßnahmen des NS-Regimes zielten in den ersten Jahren nach der Machtergreifung darauf ab, die Juden durch wirtschaftlichen Druck, gesetzliche Diskriminierung und gesellschaftliche Ausgrenzung zur Emigration zu zwingen. Mit den 1935 in Kraft getretenen Nürnberger Gesetzen begann eine neue Phase der Entrechtung und Diskriminierung der deutschen Juden. Der

Pogrom der sogenannten ›Reichskristallnacht‹ vom November 1938 machte unmissverständlich klar, dass nun nicht mehr nur ihre materielle Existenz bedroht war. Jetzt setzte die völlige Entrechtung und physische Vernichtung der Juden ein. Ab 1941 begannen die Deportationen, zunächst in Gettos wie Theresienstadt, später auch direkt in die Vernichtungslager im Osten. Sie trafen nahezu alle Juden, die nicht rechtzeitig ausgewandert waren.

Diejenigen, die sich dazu noch vor 1935 entschlossen hatten, konnten einen Teil ihres Vermögens mitnehmen und erleichterten damit ihre Existenzgründung in den Exilländern. Wer das Deutsche Reich nach 1938 verließ, der wurde durch staatliche Maßnahmen wie die ›Schmuckabgabe‹, die ›Arisierung‹ und die ›Sühneleistung‹ ausgeplündert, wurde – da rechtlos – erpresst und bestohlen, auch von Nachbarn und Bekannten. Wer sich jetzt noch retten konnte, war meist völlig verarmt. Ab Oktober 1941 nahm die Auswanderungssperre den Juden jede weitere Fluchtmöglichkeit.

Dass nur vergleichsweise wenige Juden Deutschland schon vor 1938 verlassen hatten, lag nicht nur an ihrer Verbundenheit mit der Heimat, sondern auch an den immer restriktiver werdenden Einreisebestimmungen vieler Zufluchtsländer. Viele Juden tauchten ab in ein Leben im Untergrund, ca. 5000 von ihnen allein in Berlin. Unter kläglichsten Lebensbedingungen erwarteten sie hier das Ende der Nazi-Herrschaft, ohne Personalausweis, Lebensmittelkarten und andere Beweise bürgerlicher Existenz, angewiesen auf nichtjüdische Helfer, in ständiger Furcht vor Denunziation, Entdeckung, Deportation und Tod.

Erst in letzter Minute, kurz vor dem Novemberpogrom, entschied sich die in der Zeit vor 1933 einflussreiche Publizistin Bella Fromm für eine Emigration in die USA. Sie ist der Nachwelt vor allem durch ihre Tagebuchaufzeichnungen aus der Zeit des Dritten Reichs bekannt geworden. *Blood and Banquets. A Berlin Social Diary* (London/New York 1943) wurde in den

USA ein Bestseller. In Deutschland erschien das Buch erst fünfzig Jahre später bei Ullstein, dem Verlag, mit dessen Blättern Fromm als Gesellschaftskolumnistin berühmt geworden war. Es trägt den für eine emigrierte Jüdin provokanten, aber realistischen Titel *Als Hitler mir die Hand küsste*. Denn ›Frau Bella‹, wie sie allgemein genannt wurde, gehörte zur besseren Gesellschaft des Dritten Reichs. Hitler hatte ihr, als er noch nicht wusste, wer sie war und für welches Blatt sie schrieb, auf einer Party im Berliner Palais Prinz Friedrich Karl an der Wilhelmstraße tatsächlich die Hand geküsst.

Bella Fromms unkonventionelle Karriere als Autorin zwischen Schriftstellerei und Journalismus, als Frau zwischen politischer Anpassung und einer von Zivilcourage getragenen Form konservativen Inneren Widerstands ist ohne Beispiel. Die Ambivalenzen, die darin enthalten sind, ließen die erfolgsverwöhnte Publizistin, allen Warnungen zum Trotz, bis zum letztmöglichen Moment in Deutschland verharren. Und auch den hätte sie beinahe verpasst.

Bella Fromm wurde 1890 in Nürnberg in eine alteingesessene, vermögende jüdische Familie geboren und wuchs als deren einziges Kind im mainfränkischen Kitzingen auf einem Weingut wohlbehütet auf. Die Familie war bereits im 17. Jahrhundert aus Spanien eingewandert und lebte seit sieben Generationen in der Gegend, hoch angesehen und gut integriert. Mit antisemitischen Ressentiments war das Kind nie konfrontiert. Bella verlor ihre Eltern früh; sie starben während des Ersten Weltkriegs.

Nach der Scheidung von dem Berliner Kaufmann Max Israel, von dem sie eine Tochter hatte, studierte die junge Frau Musik und Geschichte in Frankfurt, Würzburg und Berlin und heiratete ein zweites Mal: den Unternehmer Karl Friedrich Steuermann. Während der Weltwirtschaftskrise brach das Unternehmen ihres Mannes zusammen und Bella Fromms eigenes Erbe zerrann. Sie verlor den Gutshof, die Weinberge und den international bekannten Weinhandel der Familie und musste nun

selbst für ihren und ihrer Tochter Unterhalt sorgen. Sie tat es –
mit Erfolg.

Ab 1928 machte Fromm Karriere als Gesellschaftskolumnis-
tin der Zeitungen und Zeitschriften des berühmten jüdischen
Ullstein Verlags, wie der *BZ am Mittag* und der *Vossischen
Zeitung*, wo man ihr – damals eine große Ausnahme – eine
eigene Kolumne mit dem Titel *Berliner Diplomaten* einräumte.
Fromm schrieb als Insiderin über die bessere Gesellschaft der
Weimarer Republik und später auch des Dritten Reichs.

Ihr journalistisches Talent entwickelte sie durch ›learning by
doing‹. Dabei galt es vor allem, sich den damals noch unge-
schriebenen Regeln des Gesellschaftsjournalismus anzupassen,
einschließlich der dafür nötigen Kompromisse. Ihr Lehrmeis-
ter Dr. Carl Misch, Herausgeber bei Ullstein, formulierte die
Gebrauchsanweisung so:

»Ein Gesellschaftsberichterstatter darf nicht immer ganz die
Wahrheit schreiben. Merken Sie sich für immer: Jede Frau eines
Botschafters ist eine Schönheit, jeder Gesandte ist ein ausgezeichneter Politiker – der beste in der Welt. Wer im diploma-
tischen Corps neu auftaucht, ist stets ein leuchtender Stern aus
dem Auswärtigen Amt seines Landes. Wenn Sie sich diese
Dinge merken, können Sie niemals Fehler machen.«[121]

Nach Hitlers Machtergreifung brauchte Fromm lange, bis
sie – nach vielen, immer gravierender werdenden antisemitischen Erfahrungen – bereit war, zur Kenntnis zu nehmen, dass
auch sie, trotz ihrer privilegierten, durch Beziehungen in die
höchste politische Ebene abgesicherten Situation, mit Leib und
Leben gefährdet war. Über diese fünf Jahre im Dritten Reich
führte Fromm minutiös Tagebuch. Dies waren die Aufzeichnungen, die sie später unter dem Titel *Als Hitler mir die Hand
küsste* so erfolgreich veröffentlichte.

Vorerst aber nutzte Fromm ihre Kontakte dazu, Verfolgten
des NS-Regimes zu helfen – und ihren eigenen Platz in der
Heimat zu sichern. Noch immer vertraute sie darauf, was ihr
ihre Freunde, wie zum Beispiel der französische Botschafter

André François-Poncet, auf dem politischen und gesellschaftlichen Berliner Parkett, beim Neujahrsempfang, auf dem Presseball, beim Tee in ihrer Villa am Berliner Zoo, zuflüsterten: »Niemand wird unserer Bella etwas tun.«[122] Besonders unterstützt wurde sie dabei von ihrem Geliebten Herbert Mumm von Schwarzenstein, Diplomat im Auswärtigen Amt, der sie stets frühzeitig über alle politischen Entwicklungen und Trends informierte.

Das funktionierte jahrelang, wenngleich es immer gefährlicher wurde. Fromm nahm in Kauf, dass ihre einzige Tochter Gonny sich 1934 entschloss, Deutschland ohne die Mutter zu verlassen. Sie nahm in Kauf, dass sie im selben Jahr, wie alle jüdischen Autorinnen und Autoren, Berufsverbot erhielt und dass die *Vossische Zeitung*, für die sie vor allem schrieb, ihr Erscheinen einstellen musste. Und sie nahm in Kauf, dass sie bis 1938 nur noch als Korrespondentin der Agentur Associated Press unter dem speziellen Schutz des amerikanischen Botschafters weiter veröffentlichen konnte.

Angebote befreundeter Diplomaten, ihr mit einem Visum und Arbeitsmöglichkeiten in den USA den Weg in die Emigration zu erleichtern, lehnte Fromm ab. Und sie kehrte auch nach einem Besuch bei der Tochter in Nordamerika wieder nach Deutschland zurück.

Erst im September 1938 – wenige Wochen vor der Reichspogromnacht, in Kenntnis des unmittelbar bevorstehenden Kriegsbeginns – verließ Bella Fromm ihre Heimat; nach monatelangem Papierkrieg und Zahlung horrender Abgaben und Bestechungsgelder. Mit allen Habseligkeiten eines gutbürgerlichen Haushalts in einem Schiffscontainer von viereinhalb Metern Länge und acht Koffern fuhr sie im Nachtexpress nach Paris, später auf einem Schiff, der Normandie, in die USA zu ihrer Tochter Gonny.

Der späte Entschluss zur Ausreise hatte alle Arbeitsangebote, die ihr früher zur Verfügung gestanden hätten, obsolet gemacht. Fromm musste sich zunächst mit den üblichen Emigrantinnen-

Jobs durchschlagen: als Kellnerin, Typistin und Hilfsagentin des FBI.[123]

Schließlich aber gelang es ihr, wieder als Journalistin zu arbeiten, unter anderem für verschiedene Exilzeitschriften. Ihr Tagebuch *Blood and Banquets* wurde, wie bereits erwähnt, zum Bestseller. Nach 1945 schrieb Fromm auch wieder für deutsche Zeitungen und tourte auf Vortragsreisen durch die USA, Lateinamerika und Nachkriegsdeutschland. 1961 erschien ihr Roman *Die Engel weinen*, in dem sie die schweren ersten Jahre des Exils verarbeitete.

Bella Fromm, der es so schwer gefallen war, die Heimat zu verlassen, kehrte nicht zurück. Sie starb 1972 in New York.

Die Emigration war für die jüdischen Autorinnen, wie für alle anderen Betroffenen, angesichts dessen, was sie im NS-Staat erwartete, ein Schritt ohne Alternative. Er rettete denen, die sich rechtzeitig dazu entschlossen, zumindest die nackte Existenz und ermöglichte ihnen ein Leben in Freiheit. Das aber wurde von den Emigranten selbst selten so gesehen. Sie überblickten die existenzielle Gefahr, in der sie im NS-Staat lebten, meist nicht in vollem Ausmaß und betrachteten die Emigration – im besten Fall – als die kleinere Katastrophe. Im Vordergrund standen für sie der Verlust von Heimat und Muttersprache und die Belastungen eines Lebens in Armut. Die Sprachbarriere erschwerte die Integration ins kulturelle Leben und bedeutete das Aus für die meisten literarischen Karrieren. Die Startbedingungen in der Fremde waren – gerade für Schriftstellerinnen – oft sehr schwierig. Viele der emigrierten Autorinnen und Autoren, vor allem die jungen, die noch am Anfang ihrer Karriere standen, waren im Ausland unbekannt und hatten deshalb auf dem internationalen Buchmarkt keine Chance. All das machte das Leben im Exil, jene spezifische Mischung aus Verlust, Kränkung, Heimweh und Zweifeln an der eigenen Identität, bitter. Viele zerbrachen daran.

Frauenwege in die Emigration?

Die Frage, ob es geschlechtsspezifische Gründe und Formen der Emigration gab, lässt sich nicht eindeutig beantworten. Spezielle ›Frauenwege‹ ins Exil scheint es nicht gegeben zu haben, aber, wie Erika Manns Thesen zeigen, sehr wohl unterschiedliche Einstellungen zur Frage der Emigration. Fest steht zunächst einmal, dass Männer in der Regel von nationalsozialistischer Verfolgung stärker betroffen waren, weil sie wichtigere Positionen in der politischen und literarischen Öffentlichkeit einnahmen. Die zunehmende Diskriminierung wirkte bei Männern und Frauen unterschiedlich. Besonders jungen Frauen wurde die Entscheidung, Deutschland zu verlassen, schwer gemacht. Sie waren stärker vom familiären Kontext abhängig und in den Familien für Versorgungs- und Betreuungsleistungen zuständig. Viele junge Frauen verzichteten auf die eigene Rettung, um bei den Eltern bleiben zu können, und wurden deshalb schließlich deportiert und ermordet.[124]

Zugleich schätzten Frauen – wie schon Erika Mann anmerkte – die politische Lage und das Ausmaß der Diskriminierung meist realistischer ein als Männer. Denn Frauen waren, ihrer starken familiären Bindung wegen, mit den alltäglichen Formen der Diskriminierung unmittelbarer konfrontiert – ob im Schulleben der Kinder oder im eigenen Alltag. Sie erhofften sich von der Emigration die Befreiung von diesen Belastungen und trafen entsprechende Entschlüsse deshalb schneller als ihre Partner, Väter oder Brüder. Männer dagegen, die sich oft der deutschen Nation enger verbunden fühlten, manche auch durch den Dienst im Ersten Weltkrieg, fürchteten den Verlust ihrer beruflichen wie gesellschaftlichen Position und der darauf gründenden Identität und zögerten zunächst, zu emigrieren:

»Ein Mann, der – nehmen wir an – seit 30 Jahren an ein und derselben Universität tätig ist«, bemerkt dazu Erika Mann, »kann sich nicht vorstellen, seinen Platz zu verlassen; er kann es sich auch dann häufig noch nicht vorstellen, wenn ein hoher

›Führer‹ plötzlich von ihm, dem Mathematiker, verlangt, er
solle vor aller Öffentlichkeit bekunden, daß 2 und 2 gleich 5
sei.«[125]

Mit dem Novemberpogrom von 1938 veränderte sich die
Situation schlagartig. »Rund 30 000 Männer wurden in Konzentrationslager gesperrt. Ihre Befreiung war von gültigen
Ausreisepapieren abhängig, welche die Frauen auf ›entwürdigenden Behördengängen‹ und in ›demütigenden Auseinandersetzungen‹ mit den Bürokraten der ›Arisierung‹ oft mit dem
ganzen Vermögen erkaufen mussten.« [126]

Die Berliner Ärztin Hertha Nathorff berichtet darüber in
ihrem Tagebuch:

»Unzählige Menschen standen mit mir an dem kalten, dunklen Novembermorgen in dem feuchten Vorgarten des amerikanischen Konsulats. Frauen, blaß, vergrämt, Frauen aus Berlin,
Leipzig, Breslau, alle tragen das gleiche Leid, und sie schweigen, handeln schweigend für ihre Männer und weinen im
Herzen – Frauenkreuzzug.«[127]

Heute ist bekannt, dass zu Beginn der zweiten Emigrationsphase in die USA mehr ledige als verheiratete Frauen ein-
wanderten. Das änderte sich erst in der Zeit zwischen dem
Kriegsbeginn und 1941, als die Letzten der Verfolgten aus dem
Deutschen Reich entkommen konnten. Es war die Phase der
Familienemigration, in der sich auch alte Menschen notgedrungen und in letzter Minute dazu entschlossen, Deutschland zu
verlassen. Den jungen Frauen wurde in dieser neuen Situation
wesentlich mehr Eigenständigkeit abverlangt und auch mehr
Handlungsspielraum eingeräumt als in den tradierten heimischen Lebens- und Familienverhältnissen.[128] Das zeigt eindrucksvoll das Beispiel von Gina Kaus.

Wenig weiß man bisher darüber, wie die Erfahrung von
Flucht und das Leben im Exil auf Intimität und Psyche von
Frauen wirkten. So ist noch zu klären, welche Folgen damals
gängige Rettungsversuche wie die Passehe, die beispielsweise
Erika Mann einging, oder die Scheintaufe von Juden für die

betroffenen Frauen hatten. Wenig weiß man auch von der psychischen Reaktion der Frauen auf Flucht, Verfolgung und Internierung, Situationen, in denen sie häufig zum Opfer sexueller Gewalt wurden oder sich zum »Fluchthilfekapital«[129] degradiert sahen. Wie erlebten Frauen die schwierigen Situationen von Schwangerschaft und Geburt auf der Flucht und in Internierungslagern? Wie die Verletzung des Intimbereichs durch die Leibesvisitationen und die hygienischen Verhältnisse in den Lagern? Es ist bekannt, dass die Anzahl der alleinstehenden Frauen im Exil, gleich ob ledig, geschieden, verwitwet oder vorübergehend von ihren Männern getrennt, die der alleinstehenden Männer überwog. Wie belastend muss es für Emigrantinnen wie Anna Seghers oder Gina Kaus gewesen sein, lange Fluchtphasen allein mit ihren Kindern bewältigen zu müssen? Eines jedenfalls steht fest: Die Emigration griff in die biologisch terminierte Lebensplanung von Frauen zusätzlich massiv ein.

Anders als verklärte Erinnerungen es vorgeben, brachte die Emigration den Frauen durchweg den Bruch mit den tradierten Rollenbildern, gleich, ob sie dies positiv als Befreiung aus festgelegten gesellschaftlichen Mustern erlebten oder negativ als Zusammenbruch einer gesicherten Welt. Und es spricht vieles dafür, dass Frauen mit dieser Ausnahmesituation besser zurechtkamen als Männer. Denn jetzt war der Pragmatismus gefragt, auf den die Sozialisation von Mädchen traditionell angelegt war.

Ob Frauen im Exil tatsächlich weniger selbstmordgefährdet waren als Männer, ist umstritten. Tatsache jedoch ist, dass die Emigration viele Männer in den Selbstmord trieb, darunter nicht wenige prominente Autoren wie Walter Benjamin, Kurt Tucholsky, Ernst Toller, Ernst Weiß sowie Stefan Zweig.[130] Es sind hingegen nur wenige Autorinnen bekannt, die ihrem Leben im Exil ein Ende setzten wie Hildegard Johanna Kaeser, Maria Lazard, Alice Rühle-Gerstel und möglicherweise Veza Canetti.[131] Und auch die von Autorinnen geschaffenen literari-

schen Heldinnen nehmen sich im Exil nicht das Leben. In von
Männern geschriebenen Exilromanen dagegen erscheinen
Frauen häufig selbstmordgefährdet: Die weibliche Protagonistin Anna in Lion Feuchtwangers Roman *Exil* verzweifelt, trotz
aller vermeintlichen Lebenstüchtigkeit, am Emigrantendasein.
Sie dreht den Gashahn auf. Joan Madou, die haltlose Heldin in
Erich Maria Remarques *Arc de Triomphe*, lernt der Leser
schon in der Eingangsszene als potenzielle Selbstmörderin
kennen, beim knapp verhinderten Sprung in die Seine; sie endet
als Opfer eines von ihr selbst provozierten Mordes aus Eifersucht. Die Schwester Tilly von Kammerers, eine der Hauptfiguren in Klaus Manns Roman *Der Vulkan*, nimmt sich das
Leben wegen einer ungewollten Schwangerschaft.

Boulevards und Internierungslager – Exilland Frankreich

Das bevorzugte Exilland der Deutschen war – wie schon einmal, in der ersten Hälfte des 19. Jahrhunderts – Frankreich.[132]
Hierher zog es schon Ende 1933 etwa die Hälfte der rund 65 000
Flüchtlinge; insgesamt nahm das Land rund 100 000 Verfolgte
auf. Wieder wurde Paris zum Zentrum der deutschsprachigen
Emigration, wegen seiner demografischen Struktur, seiner wirtschaftlichen und kulturellen Bedeutung und vor allem wegen
der freiheitlichen Tradition des Landes, die verfolgten Autoren
wie Heine, Börne und Büchner sowie den Gründungsvätern
des Kommunismus, Marx und Engels, schon hundert Jahre
zuvor Zuflucht geboten hatte. Viele vor der Nazidiktatur geflo-
hene Emigranten setzten große politische Erwartungen in die
dort seit 1936 regierende Volksfront.
    Frauen, die ein selbstbestimmtes Leben außerhalb der bür-
gerlichen Normen leben wollten, galt Paris schon in den
Zwanzigerjahren als Ort individueller Freiheit, obwohl sie in
Frankreich formal weniger Rechte hatten als in Deutschland.
Schon vor 1933 lebten hier Künstlerinnen oder Publizistinnen

aus Deutschland, wie die Malerin und Rilke-Freundin Lou Albert-Lasard, die Dramatikerin Thea Sternheim und die Avantgardistin Helen Hessel. Und nach Frankreich zog es auch die meisten emigrierten Schriftstellerinnen: Annette Kolb und Adrienne Thomas, Anna Seghers und Gina Kaus, Hannah Arendt, Berta Zuckerkandl und viele andere. Ob Geschäftsleute, Intellektuelle, Künstler oder politisch verfolgte Arbeiter; sie alle versuchten, hier Arbeit und Integrationsmöglichkeiten zu finden.

In Paris befanden sich wichtige kulturelle Institutionen des Exils, wie die Deutsche Freiheitsbibliothek und der Schutzverband Deutscher Schriftsteller im Exil, die Freie Deutsche Hochschule und der Freie Künstlerbund. Hier erschienen Exilzeitungen und -zeitschriften wie das *Pariser Tageblatt*, das *Neue Tage-Buch*, *Die Zukunft*, hier arbeitete Willi Münzenbergs Exilverlag éditions du Carrefour. Außerdem war Paris – neben Prag – das Zentrum der politischen Emigration mit Sitz der internationalen Hilfsorganisationen. Die in Paris gesetzten Hoffnungen erwiesen sich jedoch bald als unrealistisch. Die Stadt war schnell überfüllt, das Leben dort teuer.

Die französische Flüchtlingspolitik wurde infolge einer destabilisierten innenpolitischen Situation immer restriktiver. Frankreich erteilte den Emigranten zwar eine großzügige Aufenthalts-, aber keine Arbeitserlaubnis. Die Appeasement-Neigungen der offiziellen französischen Politik und auch der Bevölkerung waren stärker als das antifaschistische Engagement. Nur den wenigsten Emigranten gelang es, sich wirtschaftlich und gesellschaftlich zu integrieren. Rund 3000 Hilfsbedürftige lebten 1935 allein in Paris. Und das Elend erfasste – nach den Angaben der verschiedenen Hilfsorganisationen – nahezu alle Schichten: Arbeiter und Akademiker, Vertreter und Hausierer, Handwerker und Künstler, Publizisten und Schriftsteller, bis hin zu den Obdachlosen des jüdischen Asyls in der Rue de Lamarck.

Zu einem weiteren Emigrantenzentrum entwickelte sich die

Mittelmeerküste, vor allem der Badeort Sanary-sur-Mer bei
Toulon. Hier lebten zwischen 1933 und 1940 viele emigrierte
Schriftsteller; neben Exilgrößen wie Heinrich und Thomas
Mann, den Feuchtwangers, Franz Blei, den Werfels, Ludwig
Marcuse, Joseph Roth, Arnold Zweig, Friedrich Wolf, dem
Verleger Kurt Wolff und dem Kunsthistoriker Julius Meier-
Graefe auch einige Schriftstellerinnen: z. B. Erika Mann, Thea
Sternheim und Annette Kolb.

Sanary war schon seit den Zwanzigerjahren ein bei deutschen
Schriftstellern und Künstlern beliebter Ferienort. »Diese Sanary-
Sommer«, schrieben Klaus und Erika Mann 1930 in ihrem
alternativen Reiseführer *Buch von der Riviera*, noch ganz aus
der Haltung der Jeunesse dorée, »werden in die Kunstgeschichte eingehen (und vielleicht auch in die Chronique scandaleuse
der großen europäischen Bohème)«.[133] Dass dieselbe Boheme
sich hier schon wenige Jahre später auf der Flucht wiedertref-
fen würde, das lag damals wohl außerhalb der Vorstellungs-
kraft der beiden Vergnügungsreisenden. Und so wurde denn
das Flüchtlingsleben an der Riviera von den Daheimgebliebenen, Regimetreuen, wie z. B. Gottfried Benn, auch als südlich-
dekadentes ›dolce far niente‹ diskriminiert, wo die Emigranten
es sich wohl sein ließen, während in Deutschland das Vaterland
verteidigt wurde. Zu Unrecht, denn de facto lebten die Flüchtlinge in Sanary bescheiden, ja asketisch, und sie blieben vor
allem deshalb, weil der Aufenthalt billig war. Jede bohemehafte
Verklärung des Emigrantendaseins an der Côte d'Azur war
durchaus unangemessen.

Frankreichs Kriegserklärung ans Deutsche Reich am 3. September 1939 wurde von umfangreichen Maßnahmen gegen die
nunmehr ›feindlichen und unerwünschten Ausländer‹ begleitet.[134] Die Regierung erließ Internierungsbefehle gegen alle
männlichen ›feindlichen Ausländer‹ im Alter von 17 bis 70,
später bis 65 Jahren, die vor allem die Antifaschisten trafen.
Eine zweite Internierungsaktion im Mai 1940 erfasste erstmals
auch alle aus Deutschland stammenden Frauen, die jünger als 55

waren. Die ›ressortissants ennemis‹ wurden – nach Geschlecht getrennt – in 400 Lagern eingesperrt. Das Internierungslager Rieucros wurde zum einzigen Frauenstraflager Frankreichs; in Gurs in den Pyrenäen wurden ab 1940 neben wenigen verbliebenen politischen Häftlingen 12 000 Frauen festgehalten, darunter viele Schriftstellerinnen. Am 14. Juni 1940 wurde Paris von den deutschen Truppen besetzt. Nach dem Waffenstillstandsvertrag zwischen Deutschland und Frankreich vom 22. Juni hob Frankreich das Asylrecht auf; alle Personen deutscher Abstammung wurden, sobald die deutschen Behörden dies anordneten, an die Gestapo ausgeliefert. Die Emigranten mussten das Land sofort verlassen, wollten sie nicht ins KZ oder ins Internierungslager deportiert werden.

Die Okkupation löste eine Fluchtwelle nach Süden aus, in die unbesetzten Teile des Landes und die Hafenstädte am Mittelmeer, von wo aus die Flüchtlinge nach Übersee zu entkommen hofften. Ab März 1942 brachten Deportationszüge 76 000 Juden in die osteuropäischen Vernichtungslager. Das geliebte freiheitliche Frankreich war für viele Emigranten zur tödlichen Falle geworden.

Einer der letzten Auswege, die sich boten, war der Fußmarsch über die Pyrenäen nach Spanien und von dort weiter nach Lissabon, in der Hoffnung, hier, gleich, ob mit Schiff oder Flugzeug, einen Platz nach Übersee ergattern zu können. Doch dies war ohne fremde Hilfe nicht machbar. Die Flüchtlinge brauchten Unterstützung, um eines der so begehrten wie raren Visa für die USA zu bekommen und sie brauchten konkrete Fluchthilfe vor Ort, für den Weg über die Pyrenäen.

Zum ›Schutzengel‹ für die Visabeschaffung wurde den Emigranten der amerikanische Journalist und Europa-Fan Varian Fry. Der Schriftsteller Hans Sahl, der Frys Mitarbeiter wurde, beschreibt ihre erste Begegnung:

»Sie müssen sich vorstellen, die Grenzen waren gesperrt, man saß in der Falle, jeden Augenblick konnte man von neuem verhaftet werden, das Leben war zu Ende – und nun steht da plötzlich ein junger Amerikaner in Hemdsärmeln, stopft dir die Taschen voll Geld, legt den Arm um dich und zischelt mit schlecht gespielter Verschwörermiene: ›Oh, es gibt Wege, Sie herauszubringen‹, während dir, verdammt noch mal, die Tränen über die Backen laufen, ja, scheußliche, richtige, dicke Tränen, und der Kerl, der gemeine, übrigens ein ehemaliger Harvard-Student, nimmt nun auch wirklich sein seidenes Taschentuch aus der Jacke, die über dem Stuhl hängt, und sagt: ›Hier, nehmen Sie. Es ist nicht ganz sauber. Sie müssen schon entschuldigen.‹«[135]

Fry agierte ab Herbst 1940 in Frankreich als Abgesandter des Emergency Rescue Committee (ERC), eines der internationalen Hilfskomitees. Es war im Juni 1940 in New York mit dem Ziel gegründet worden, speziell die Intellektuellen, Künstler, Schriftsteller, Wissenschaftler und Politiker unter den europäischen Emigranten bei der Flucht und der Einreise in die USA zu unterstützen. Anhand von Listen verfolgter Intellektueller wurden die amerikanischen Konsulate in Europa davon unterrichtet, wer für Sondervisa bevorzugt infrage käme. Deutsche Emigranten waren an der Zusammenstellung der Listen beteiligt. Erika Mann hatte sich dabei, zusammen mit ihrem Vater, besonders engagiert. Der Journalist Varian Fry, der 1935 bei einer Deutschlandreise selbst Zeuge antisemitischer Diskriminierung geworden war, wurde als Kontaktmann des ERC vor Ort nach Marseille geschickt. Vom Hotel Splendide aus ging er seiner konspirativen Tätigkeit nach.

Eine der Ersten, der er zur Flucht verhelfen konnte, war die Wiener Schriftstellerin Hertha Pauli. Auch sie suchte, wie Hunderte nach ihr, den Amerikaner mit den für Europäer gewöhnungsbedürftigen Manieren in seinem zum Büro umfunktionierten Hotelzimmer auf:

»(…) ein junger Mann in Hemdsärmeln, der vor einem leeren Tisch saß, studierte ein Blatt Papier in seiner Hand, statt mich zu beachten. Ich wartete verlegen und fragte mich, ob ich wohl am rechten Ort sei. Da hob der junge Mann wie zerstreut den Kopf, warf mir durch seine Hornbrille einen flüchtigen Blick zu. ›Miss Pauli‹, sagte er trocken, ›well – Sie stehen auf meiner Liste.‹ (…) Mein Name stand ganz oben, gleich zwischen ›Hans Natonek, a Czech humorist‹ und ›Ernst Weiß, a Czech novelist‹. Natonek habe er schon gefunden, erklärte mir Fry. ›Was ist mit Ernst Weiß?‹, wollte er wissen.

Ich gab Bescheid. Fry nahm einen Bleistift zur Hand und strich ihn von der Liste (…). Gleich unter dem Strich durch Ernst Weiß stand ›Walter Mehring, a German poet‹.

›Bar Mistral‹ notierte Fry an den Rand. Dann wandte sich das Buster-Keaton-Face abschließend an mich: ›Bringen Sie Mehring morgen mit. Au revoir.‹«[136]

Für Anna Seghers wurde Weiß zum Vorbild für den verschollenen, untoten Schriftsteller Weidel in ihrem Roman *Transit*. Auch sie verdankte ihre Ausreise nach Mexiko der Hilfe Varian Frys. In den USA wurde sein Einsatz, der Hunderten das Leben rettete, wenig geschätzt; seine Erinnerungen *Auslieferung auf Verlangen* (1945) fanden dort kaum Anerkennung. Fry starb enttäuscht und vergessen 1967. Hertha Pauli hat seiner in ihrer Autobiografie, die drei Jahre nach seinem Tod erschien, nachdrücklich gedacht:

»Wir gedenken Deiner, Varian Fry. Wir gehören zusammen für immer. Denn Du hast uns über die Brücke geführt.«[137]

Die konkrete Unterstützung beim Gang »über die Brücke«, der Flucht übers Gebirge an der französisch-spanischen Grenze von Port Vendres aus, hatten sich die Antifaschisten Lisa und Hans Fittko, die seit fünfzehn Jahren im Widerstand lebten, zur Aufgabe gemacht. Sie hatten den nur unter Einheimischen bekannten Schmugglerpfad, den die Emigranten später zu Ehren der Fittkos F-Weg nannten, ursprünglich als letzte Rettung für sich selbst ausgekundschaftet und nutzten ihr Wissen, unterstützt von Einheimischen, nun für mehr als hundert Flüchtlinge. Ihre berühmtesten Schützlinge waren wohl Heinrich Mann und Walter Benjamin – beide Schreibtisch-

und Caféhaus-Existenzen in fortgeschrittenem Alter, denen der vielstündige, beschwerliche Weg übers Gebirge die letzten Kräfte abverlangte. Von den flüchtenden Schriftstellerinnen begleitete Lisa Fittko außer Hertha Pauli auch Inge Walter, eine ehemalige Mitarbeiterin der *Weltbühne*, die Bestsellerautorin Adrienne Thomas und die Philosophin Hannah Arendt.

Lisa Fittko (1909–2005), die sich selbst vor allem als politische Emigrantin verstand, hat ihr außergewöhnliches Fluchtunternehmen in dem 1985 veröffentlichten Erinnerungsbuch *Mein Weg über die Pyrenäen* ganz unsentimental, nüchtern und präzise beschrieben. Einschließlich des tragischen Endes, das der Gang übers Gebirge für Walter Benjamin hatte. Er nahm sich das Leben, als er, nach zehnstündigen Strapazen und am Ende seiner Kräfte, von den spanischen Grenzern zurückgewiesen worden war. Lisa Fittkos Pyrenäenbuch traf mit dem Boom der Exilforschung zusammen und fand – sicher auch seines prominenten Personals wegen – breite Resonanz. Es wurde vielfach ausgezeichnet, die Autorin hochgeehrt.

Als verschärfte politische Anweisungen die Rettungsaktionen der Fittkos vereitelten, gingen sie Ende 1941 selbst den F-Weg und fanden, auf Vermittlung Varian Frys, Zuflucht in Kuba.

Wartesäle der Poesie – Metaphorische Orte des Exils

In Frankreich entwickelte sich aus den realen Schauplätzen des Emigrantenalltags eine spezifische Metaphorik des Exils. Sie soll am Beispiel von zwei durchgängig verwendeten Metaphern, der der Stadt Paris und der des Cafés, kurz angerissen werden.

Die Stadt Paris bildet, als beliebtester Ort der Exilliteratur, den metaphorischen Mittelpunkt auch im Werk der emigrierten Autorinnen.

Paris ist einer der Hauptschauplätze in Anna Seghers' Roman *Transit*; Anna Gmeyners *Café du Dôme* spielt dort eben-

so wie *Zauberkreis Paris* von Louise Straus-Ernst.[138] Dieser
Fortsetzungsroman erschien 1934/35 in der Exilzeitung *Pariser
Tageblatt*. Das Blatt hatte es sich zur Aufgabe gemacht, seinen
Leserinnen und Lesern Überlebenshilfe im Pariser Alltag zu
geben, etwa mit »konkreten Hinweisen auf Wohn- und Arbeitsmöglichkeiten, der Schilderung des französischen Alltags
und Erläuterungen zur Arbeitsweise französischer Behörden«
sowie mit einem Veranstaltungskalender. Dazu passte der Roman, der – mit durchaus trivialen Versatzstücken – vom Leben
der deutschen Emigranten in Paris handelt. Das weitverbreitete Phänomen des Heimat- und Identitätsverlusts wird zum
»Ausgangspunkt der Sozio-Pathologie des deutschen Exils, die
in ausführlichen und mehrschichtig angelegten Paris-Tableaus
entwickelt wird«.[139] Politische und kulturelle Aspekte des
Emigrantenlebens bleiben weitgehend ausgeschlossen. Im Zentrum steht die realitätsnahe, allen Klischees abholde Darstellung des inoffiziellen, privaten Paris der deutschen Emigranten. Besonders dicht erscheint der Roman dort, wo er die
Exilsituation der Frauen schildert.

Allgemein konzentriert sich das literarische Paris in drei
Bildinhalten. Es erscheint als Mythos Heimat, der die Wirklichkeit des Exilalltags verdrängt, ist – als geistiges Zentrum –
das Gegenbild zur Wirklichkeit des faschistischen Deutschland
und schließlich der zentrale Ort der Revolution, Traumbild
einer aus dem kollektiven Unbewussten gespeisten utopischen
Erwartung.

Als die deutschen Truppen auf Paris vorrückten, zeigte aber
auch dieser mit Hoffnungen beladene metaphorische Ort ein
anderes, weniger utopisch verklärtes Gesicht. Gina Kaus berichtete über ihre letzten Tage im Pariser Exil:

»Wir verbrachten den letzten Abend in Paris in dem völlig
verdunkelten Café ›Les deux Magots‹. Viele Emigranten waren
hier, die uns um unsere Visa für Amerika und unsere Schiffspassage beneideten. Egon Erwin Kisch war hier, der Journalist
Joe Lederer (sic!), Ferdinand Bruckner, den ich seit vielen Jah-

ren nicht gesehen hatte, die Polgars. (...) Ich glaube mich zu erinnern, daß an diesem Abend, und wohl auch an den folgenden Abenden, selbst auf dem Montmartre, vor dem Moulin Rouge und den Folies Bergères, keine Lichter brannten. Paris hatte aufgehört, eine Touristenstadt zu sein. Paris war eine Stadt der Angst.«[140]

In der Beschreibung dieses Abschieds tritt ein weiterer metaphorischer Ort des Exils in Erscheinung: das Café. Es steht zum einen für den Zustand der Unbehaustheit, des Transit, zum anderen für die »transnationale Heimat«[141] aller Schriftsteller im Exil. Ein Pariser Emigrantencafé, geführt von den Brüdern Mann, frequentiert von der Creme der literarischen Moderne – von Alfred Döblin bis Ernst Toller –, hatte Erich Kästner schon 1932 zum Schauplatz eines fiktiven, auf 1935 vordatierten Briefs aus dem Exil gemacht. Der Brief, erschienen in der *Weltbühne*, nahm auf visionäre Weise vorweg, welche Bedeutung das Café für die Flüchtlinge schon kurz darauf haben sollte. Vorbild waren zweifellos die Cafés am Berliner Kurfürstendamm, allen voran das Romanische Café, und die Wiener Kaffeehäuser, wie das Café Herrenhof und das Café Central – Inbegriff jenes Lebensgefühls der Großstadt der Zwanzigerjahre, dem die meisten der emigrierten Intellektuellen nachhingen. Else Lasker-Schüler, deren Lebensmittelpunkt über Jahrzehnte das Berliner Café des Westens war, lebte extensiv vor, was das Kaffeehaus im literarischen Leben der Moderne bedeutete: Es galt als zentraler Ort für die Produktion, Rezeption und Vermarktung von Literatur, war Büro, Kontaktbörse und Heimatersatz zugleich und wurde dies alles im Exil mehr denn je.»Im Kaffeehaus«, schrieb Hertha Pauli, die zur Wiener Szene gehörte, in ihren Erinnerungen, »spiegelte sich wie auf einem kleinen Welttheater der Wandel der Zeiten.«[142]

Die Nachfolger des Kaffeehauses, die Cafés im Pariser Quartier Latin und auf dem Montparnasse, das Café Central in Zürich und die Hafencafés in Marseille und Lissabon, entwickelten sich zu Treffpunkten der literarischen Emigration. Als solche wurden sie auch zu zentralen Schauplätzen der Exilliteratur und – nach einer Formulierung Hermann Kestens – zum »Wartesaal der Poesie«. Denn nur sie schienen noch jene vermeintliche Kontinuität zu garantieren, die in den unsicheren Verhältnissen des Exils allein das Schreiben ermöglichte. Wenn die deutsche Sprache den emigrierten Autorinnen und Autoren zur »portativen« Heimat wurde, so wurde das Café zum international verfügbaren Ort des Schreibens.[143]

Zugleich aber ist es, ebenso wie das ›kleine Hotel‹, die Eisenbahn, das Automatenrestaurant aus Brechts *Flüchtlingsgesprächen* und das Schiff, auch Sinnbild des Transit, wie in Anna Seghers' gleichnamigem Roman: Ort des Übergangs zwischen dem alten, gewohnten Leben und dem neuen, noch unbekannten. Erika Mann beschreibt es am Beispiel eines Cafés in Lissabon:

»Kurz vor fünf betrat ich das kleine Café auf dem Hauptplatz. Ich musste auf den wichtigen und allmächtigen Konsul warten. Das Café war zum Bersten voll. Um genau zu sein, war hier alles überlaufen. Diejenigen, die hier saßen und den bitteren, scharf gerösteten Kaffee tranken, wie er nur in Südfrankreich, Spanien und in Portugal zubereitet wird, legten oftmals ihren letzten Escudo auf die verschmutzten Marmortische. Einen Besuch dieses Lokals konnten sie sich gar nicht leisten. Trotzdem kamen sie immer wieder; lieber würden sie sich ein warmes Abendessen oder eine Übernachtung im Hotel entgehen lassen, als ihre Schicksalsgenossen zu verpassen, die sie mit Sicherheit hier treffen würden. Menschen, die dieselbe Sprache sprachen, saßen zusammen, die Franzosen mit den Belgiern, die Deutschen mit den Österreichern und Tschechen; die Norweger und Holländer, von denen die meisten Französisch und Deutsch neben ihrer Muttersprache konnten, sprachen miteinander in einer anderen, nicht der eigenen Sprache. Die Luft war rauchverhangen und abgestanden vom Atem der vielen Menschen. Die meisten Flüchtlinge trugen dieselbe Kleidung, in der sie ihr

Land verlassen hatten oder das Land, das ihnen Aufnahme
gewährt hatte: ihre Kleidung war abgetragen und schmutzig, oft
zerrissen. Der Geruch schmutziger Lumpen hing in der Luft.
Ich saß allein und hörte all den Unterhaltungen zu, die an den
Tischen in jeder denkbaren Sprache geführt wurden. Bruchstü-
cke dieser Unterhaltungen schwebten im Raum und machten
die Luft noch schwerer; man konnte sie kaum atmen, diese Luft
in dem kleinen, schrecklich ›internationalen‹ Café in Lissabon.

›Meine Aufenthaltsgenehmigung ist abgelaufen‹, sagte jemand am Nachbartisch auf Französisch, ›sie läuft morgen ab,
ich darf nicht länger als bis übermorgen bleiben. Aber wohin
soll ich gehen? Werden sie mich nach Spanien deportieren?
Dort werden sie mich einsperren, und wenn Hitler es verordnet, werden sie mich an ihn ausliefern. Wohin soll ich gehen?‹
wiederholte er, wohl wissend, daß es auf diese Frage keine
Antwort gab. ›Ich habe für *kein* Land ein Visum, und übermorgen muß ich weggehen …‹«[144]

Nah und fast vertraut – Exil in den Niederlanden

Zu den am meisten frequentierten Asylländern der ersten Emigrationsphase gehörten die Niederlande. Das kleine Land mit
den großen Welthäfen war geradezu sprichwörtlich für seine
über Jahrhunderte gewachsene religiöse und ethnische Tole-
ranz. Holland war schnell erreichbar, die Verständigungspro-
bleme waren gering und vor allem: Die Flüchtlingspolitik der
niederländischen Regierung war liberal. Die unkomplizierten
Einreise- und Aufenthaltsbedingungen lösten einen ständig
steigenden Flüchtlingsstrom aus. Die Niederlande wurden zur
beliebten Zwischenstation, zunächst für die Rückkehr nach
Deutschland, später, als sich diese Rückkehr als unmöglich
erwies, für die Weiterreise nach Übersee. Als die Einreisebedin-
gungen nach Nordamerika sich mehr und mehr verschärften,
wurde es auch in Holland und im benachbarten Belgien eng für

die Emigranten. Schon ab 1934 wurden die Vorschriften strikter gehandhabt. Ab 1935 sollen die Flüchtlinge in den Massenunterkünften wie Kriminelle behandelt worden sein. Doch schon seit Anfang 1934 gab es in den Niederlanden vier Hilfsorganisationen, die sich der Flüchtlinge annahmen. Eine davon, das Neutral Vrouwecomité voor Vluchtelingen, kümmerte sich speziell um die Unterstützung von Frauen.

Generell wurde die Asylpraxis in den Niederlanden und in Belgien human gehandhabt. Und so siedelten sich denn auch viele Autoren um Amsterdam und das Seebad Ostende an; darunter neben Hermann Kesten, Egon Erwin Kisch, Joseph Roth und Stefan Zweig die Exilverleger Fritz Landshoff und Walter Landauer, die für die Häuser Querido und Allert de Lange tätig waren, und die Autorinnen Elisabeth Augustin, Irmgard Keun und Grete Weil. Liberal wurde auch mit der Arbeitserlaubnis für Emigranten umgegangen. Kulturschaffende aller Sparten behandelte man bevorzugt. Das ermöglichte es den Amsterdamer Verlagen Querido und Allert de Lange, ihren Unternehmen spezielle Imprint-Verlage für die deutschsprachige Literatur des Exils anzugliedern. Sie wurden für die geflohenen Autorinnen und Autoren zu wichtigen Publikationsorten. Bei Allert de Lange publizierten unter anderen Gina Kaus, Irmgard Keun und Adrienne Thomas; bei Querido Vicki Baum, Irmgard Keun, Else Lasker-Schüler und Erika Mann. Sie erlebte die Großzügigkeit der niederländischen Behörden, als sie dort zwischen 1934 und 1936 um eine Genehmigung für die Gastspiele ihres Kabaretts nachsuchte.

Ein Ende fand diese liberale Haltung 1938 im Vorfeld des Zweiten Weltkriegs und – durch die weitere politische Entwicklung verschärft – mit der Kapitulation der Niederlande im Mai 1940. Ab 1941 begannen auch hier die Deportationen von Juden in die Vernichtungslager; unter ihnen der Verleger Emmanuel Querido, der sich um die deutschsprachige Literatur des Exils so verdient gemacht hatte. Deportiert wurde auch Anne Frank mit ihrer Familie. Durch das Tagebuch, das das

13-jährige Mädchen in seinem Versteck in einem Amsterdamer Hinterhaus im Juni 1942 zu schreiben begann und bis zur Deportation nach Bergen-Belsen im August 1944 führte, wurde das Leid der Juden im Nationalsozialismus erstmals einer breiten internationalen Öffentlichkeit bewusst. *Das Tagebuch der Anne Frank*, ein erschütterndes Dokument vom Leiden und Sterben der Verfolgten des Hitler-Regimes, wurde schon 1945 in den Niederlanden, 1950 erstmals in Deutschland veröffentlicht und seither in mehr als fünfzig Sprachen übersetzt.

Sicher, aber abweisend – Exilland Großbritannien

In der fast ausweglosen Situation am Ende der ersten Emigrationsphase galt vielen Flüchtlingen England als letzte Bastion Europas. Doch die englische Politik war traditionell isolationistisch. Die britischen Behörden misstrauten den deutschen Emigranten und ließen nur wenige Flüchtlinge ins Land, mit Ausnahme von Wissenschaftlern und Hausangestellten. Man fürchtete die Entstehung eines Spionagenetzes, einer ›Fünften Kolonne‹. Die englischen Zeitungen verlangten vehement die Internierung aller deutschen Flüchtlinge. Diese strenge Asylpolitik wurde bis 1938 verfolgt. Erst nach dem Novemberpogrom öffnete sich das Land unter dem Druck der öffentlichen Meinung. In den zehn Monaten bis zum Kriegsbeginn nahm es 75 000 Flüchtlinge auf, davon 10 000 Kinder und Jugendliche, die mit den sogenannten ›Kindertransporten‹ ins Land gekommen waren. Nach Kriegsbeginn wurden die Emigranten bis Juli 1940 als ›feindliche Ausländer‹ interniert. Gleichzeitig wurde ein zentraler Fonds gegründet, der Central British Fund. Er unterstützte vor allem ›konstruktive‹ Lösungen im Ausland, die Flüchtlinge von England fernhielten. Es waren die Maßnahmen, die für die Verselbstständigung des britischen Mandatsgebiets Palästina erarbeitet worden waren. Nennenswerte Hilfe für Emigranten im Land gab es erst nach dem Münche-

ner Abkommen. Erst jetzt lockerten die britischen Behörden
die Einreisebestimmungen und holten in einer gezielten Aktion einen Teil der besonders Gefährdeten ins Land.

Dieser isolationistischen Politik wegen gelang es nur wenigen privilegierten Schriftstellerinnen, Asyl in England zu finden, unter ihnen Hilde Spiel (1911–1990).

Bereits 1936 ging die Schriftstellerin und Publizistin nach
London. Der Frau des renommierten Publizisten Peter de
Mendelssohn standen die britischen Grenzen auch in der Früh-
phase vor 1938 offen. Hilde Spiel stammte aus großbürgerlichen jüdisch-katholischen Wiener Verhältnissen. Sie hatte Philosophie und Psychologie studiert, 1936 promoviert und ihre
ersten literarischen Arbeiten, Erzählungen, Gedichte und zwei
Romane, erfolgreich am Markt platziert. Schon ihr erster Roman, *Kati auf der Brücke*, die Entwicklungsgeschichte einer
jungen Frau im Wiener Presse- und Literatenmilieu, gewann
einen begehrten Nachwuchspreis.

Als Mitglied der Sozialdemokratischen Arbeiterpartei erlebte Spiel 1934 die Niederschlagung des Wiener Arbeiterauf-
stands durch die reaktionäre Dollfuß-Regierung. Sie nutzte ihre
privilegierte Situation und ging mit ihrem Mann außer Landes,
nach London. Ab 1941 war sie britische Staatsbürgerin.

Trotz dieser für deutsch-österreichische Emigranten ungewöhnlich günstigen sozialen Ausgangssituation beendete das
Exil auch Hilde Spiels literarische Karriere. Sie konnte sich in
London zwar als Journalistin etablieren, erledigte nebenher
Schreib- und Übersetzungsarbeiten und fand im PEN-Club
literarische Heimat und ein Netzwerk, in dem sie sich aufgehoben fühlte. Doch an ihre frühen Erfolge konnte sie nicht mehr
anknüpfen, obwohl sie die neue Landessprache so gut beherrschte, dass sie ab 1939 sogar in dieser publizieren konnte.
Die Romane *Flute and Drums* (1939 bzw. 1947) und *Lisas
Zimmer* (1961 bzw. 1965) erschienen zunächst auf Englisch und
erst später auf Deutsch, blieben jedoch ohne größere Resonanz.
Nach Kriegsende setzte Hilde Spiel ihre journalistische Kar-

riere fort. Sie ging zunächst für zwei Monate als Korrespondentin der Londoner Wochenzeitung *New Statesman* zurück nach Wien, dann mit Mann und den beiden Kindern nach Berlin, wo Peter de Mendelssohn Presseoffizier bei den US-Besatzern wurde. Hilde Spiel schrieb hier Theaterkritiken für die *Welt* und wurde 1948 Kulturkorrespondentin der *Neuen Zeitung* in London. Erst 1963, nach der Trennung von ihrem Mann, kehrte sie endgültig heim nach Wien und stieg zur »Grande Dame der deutschsprachigen Literatur« auf, so Marcel Reich-Ranicki. Sie war bekannt als Publizistin, die für renommierte Blätter wie die *Neue Zürcher Zeitung*, die *Welt* und die *Süddeutsche Zeitung* schrieb: stilbewusst, distanziert und scharfsinnig. Für diese politisch-publizistischen Verdienste wurde sie hochgeehrt.

In ihrem literarischen Werk setzt sich Hilde Spiel immer von Neuem mit der Erfahrung des Exils auseinander. Das Erinnerungsbuch *Rückkehr nach Wien* (1946) schildert die zwiespältigen Gefühle beim ersten Wiedersehen mit der Heimatstadt. Auch der Roman *Lisas Zimmer* greift den Zwiespalt zwischen Exil und Heimkehr auf, am Beispiel deutscher und österreichischer Flüchtlinge in New York, die nicht nach Europa heimkehren wollen oder können. Die Erinnerungsbücher *Die hellen und die finsteren Zeiten* (1989) und *Welche Welt ist meine Welt?* (1990) zeigen ein aufregendes, spannungsgeladenes, vor allem aber ein aufrechtes Leben. Und doch hat Hilde Spiel es – so der Herausgeber ihrer Korrespondenz – offenbar als enttäuschend erlebt, dass es ihr im Exil und nach dem Exil nicht gelungen war, an ihre frühen Erfolge als Schriftstellerin anzuknüpfen.[145]

Heimstatt der Hoffnung? – Exilland Palästina

Palästina, als Erez Israel Zukunftshoffnung vieler gläubiger Juden auf einen eigenen Staat, war von 1917 bis 1948 britisches Mandatsgebiet, verwaltet im Auftrag des Völkerbunds. Zwischen 1933 und 1940 fanden hier etwa 60000 deutsche Juden Zuflucht. Sie wurden nicht als Flüchtlinge betrachtet, sondern als zukünftige Bürger des neuen jüdischen Nationalstaats. Palästina war – nach den USA – das wichtigste Aufnahmeland für die emigrierten Juden. Ab Mai 1939, nachdem sich seit 1936 der Protest der arabischen Bevölkerung gegen die europäischen Einwanderer in bewaffneten Aufständen entladen hatte, beschränkte die englische Regierung den Zuzug; ab 1940 bestand de facto ein Aufnahmestopp.

Die deutschsprachigen Emigranten, die hier Zuflucht suchten, sahen sich mit gravierenden Umstellungs- und Integrationsproblemen konfrontiert. Sie betrafen zum einen die Erwartungen, die die jüdische Gemeinschaft in den harten Jahren des Aufbaus an den Arbeitswillen und die Einordnungsbereitschaft der deutschen Zuwanderer stellte; zum anderen betrafen sie die Kultur- und Sprachhürden, die in Palästina noch höher waren als anderswo.[146] Kaum einer der Einwanderer aus Zentral- und Westeuropa sprach oder verstand Hebräisch, die neue Landessprache, die zugleich die Sprache der jüdischen Religion ist – anders als die damaligen Einwanderer aus Osteuropa, denen sie aus ihrer traditionell religiösen Erziehung vertraut war. Die fremde Sprache wurde zum Zeichen dafür, wie viel die deutschen Emigranten von der Kultur und dem geistigen Leben der neuen Heimat trennte.

Hinzu kam ein mindestens ebenso gravierendes emotionales Handicap. Deutsch, die Muttersprache, in der die emigrierten Schriftsteller schrieben, war in Palästina sehr umstritten, ja halboffiziell verboten. Denn es war zugleich die Sprache der Nationalsozialisten, die Sprache des Feindes – »Lingua Tertii Imperii«, wie Victor Klemperer es später formulierte. Die deutschsprachigen Autoren schrieben hier – mehr als in jedem anderen Exilland – ins Leere, in der falschen Sprache, für ein nicht-existentes und kaum vorstellbares Publikum; eine höchst ambivalente Situation, die der literarischen Kreativität nicht zuträglich sein konnte.

Die deutschsprachigen Emigranten versuchten, Abhilfe zu
schaffen, indem sie sich in Jerusalem ein eigenes kulturelles
Milieu aufbauten. Sie gründeten deutschsprachige Zeitungen
und Zeitschriften, von denen jedoch nur wenige überlebten. Sie
erreichten zu wenige Leser, waren unterfinanziert und politisch
inopportun. »Sprich hebräisch oder stirb!«, schrieb Arnold
Zweig polemisch in einer der letzten Ausgaben der von ihm
herausgegebenen Zeitschrift *Orient*, die 1943 eingestellt werden musste.

Mit dieser eigenen Kultur versuchten die deutschen Juden,
das Gebot der Einordnung, der Integration in den neuen Staat
zu umgehen. Sie führten, sprachlich und kulturell, eine Art
Doppelleben. Und so blieben denn auch viele von ihnen fremd
in Erez Israel, ihrer biblischen Heimat; fremd wegen des
schlechten Hebräisch, das sie nie ohne deutschen Akzent zu
sprechen lernten, wegen ihrer Sehnsucht nach Deutschland, der
kulturellen Heimat, und zurückgewiesen vom zionistischen
Establishment. Die deutschen Intellektuellen fanden sich, hier
wie in anderen Zentren der Emigration, in eigenen kulturellen
Zirkeln und Gruppen zusammen, nach dem Vorbild der west-
europäischen Boheme- und Großstadtkultur, aus der sie kamen.
Berühmt wurde der gesellige Kreis, den Max Brod im Haus
seiner Schwägerin Nadja Taussig schuf und der noch zwanzig
Jahre nach Brods Tod fortbestand, und Else Lasker-Schülers
›Kraal‹, eine Art literarischer Gesellschaft, in der Schriftsteller
und Wissenschaftler mit Vorträgen und Lesungen auftraten.

Insgesamt war die Lebenssituation in Palästina für die
schriftstellerische Arbeit nicht günstig. Die Anforderungen an
den Arbeitseinsatz für den neuen Staat waren hoch und banden
viele Kräfte. Nur wenigen Autoren gelang es, in Palästina zu
publizieren. Auch Dokumente ihres Lebens und Schreibens
sind kaum erhalten; die emigrierten Autoren waren auch hier
Außenseiter und blieben es für lange Zeit. Das änderte sich erst
1985, mit der Gründung des allgemeinen Schriftstellerverbands
in Israel.

Nach Palästina emigrierten – soweit bekannt – etwa zwanzig Autorinnen, die meisten von ihnen aus dem Umkreis der zionistischen Bewegung. Verschiedene Facetten palästinensischer Emigrationsschicksale zeigen die Biografien von Else Lasker-Schüler und Mascha Kaléko sowie von Gabriele Tergit und Lola Landau.

Gabriele Tergit (1894–1982) machte sich seit 1925 als Redakteurin des *Berliner Tageblatts*, für das auch Alfred Kerr, Walter Kiaulehn und Balder Olden schrieben, mit ihren Gerichtsreportagen und Feuilletons einen Namen. Ihre Reportagen aus dem Zentrum der sozialen Auseinandersetzungen, aus Moabit, kommentierten den Alltag der Weimarer Republik: die kleinen Katastrophen im Leben von Arbeitslosen, streitenden Mietern, verlassenen und entehrten Frauen, meineidigen Huren und ungeschickten Gaunern. Zum Bestseller wurde *Käsebier erobert den Kurfürstendamm* (1931), ein Zeitroman, der Tergit schlagartig berühmt machte. Er zeigt am Schicksal des unbekannten Volkssängers Käsebier aus der Hasenheide, der von den Medien zum Publikumsliebling des Ku'damms hochgejubelt und dann wieder fallen gelassen wird, den Untergang der Weimarer Republik.

1933, nach einem Anschlag der SA auf ihren Mann und ihren Sohn, emigrierte Tergit über die Tschechoslowakei nach Palästina, kehrte jedoch schon 1938 nach Europa zurück und lebte danach in London.

Zu den wenigen Ausnahmen einer auch literarisch gelungenen Integration zählt die Schriftstellerin Lola Landau (1892–1990). Ihr zweiter Mann Armin T. Wegner wurde 1933 als Kriegsgegner und wegen seines öffentlichen Protests gegen die Judenverfolgung im KZ Oranienburg inhaftiert. Lola Landau, die Wegner schon 1933 mit ihren Kindern in Dänemark in Sicherheit gebracht hatte, entschloss sich, nach vorübergehender Rückkehr nach Berlin, 1936 nach Palästina auszuwandern, wo sie wieder mit ihrem Mann zusammentreffen wollte. Sie hatte sich auf diesen als endgültig verstandenen Gang ins Exil gut vorbereitet, zum Beispiel indem sie Hebräisch gelernt hatte. In Palästina schlug sie sich zunächst mit verschiedenen Jobs durch, unter anderem als Kindermädchen, Krankenschwester und Lehrerin. Schließlich gelang ihr die Integration auch als Publizistin. Sie schrieb für deutsche Zeitungen und Zeitschriften und später, nach der Staatsgründung im Jahr 1948, auch für den israelischen Rundfunk. Ihr Mann hingegen wurde in Palästina nicht heimisch. Er ging zurück nach Europa und lebte künftig in Italien. Lola Landau sah die Gründe für diese Trennung folgerichtig in den politischen Verhältnissen: »Ich konnte in Deutschland nicht bleiben, er nicht in Palästina. So sind wir auseinandergeschwommen. Im Sturm. Es war Sturmflut.«[147]

Im Heimatland aller Werktätigen – Exilland Sowjetunion

Über die Emigration nach Sowjetrussland ist wenig Gesichertes bekannt. Die Archive sind nach wie vor nicht zugänglich, die Informationen der Betroffenen höchst subjektiv und widersprüchlich, je nachdem, welchem der untereinander oft zerstrittenen politischen Lager sie angehörten. Die Lebensbedingungen in der Sowjetunion lassen sich mit denen in anderen Exilländern wegen der unterschiedlichen Gesellschaftsordnungen nur schwer vergleichen; der Lebensstandard lag weit unter dem der westlichen Länder. Sicher ist, dass die Sowjetunion eine sehr restriktive Asylpolitik betrieb und ihre Grenzen nur einer kleinen, politisch homogenen Gruppe von parteitreuen Kommunisten öffnete. Generell galt der Grundsatz, dass es für die Sowjetunion nicht primär darum gehe, Flüchtlingen selbst Asyl zu geben, sondern darum, ihnen dieses Recht in den kapitalistischen Ländern zu erkämpfen.

Rund 3000 deutschsprachige Emigranten nahm die Sowjetunion selbst auf, darunter 130 ›Kulturschaffende‹. Die Emigranten wurden sozial weitgehend integriert und je nach Bedarf im politischen und kulturellen Apparat eingesetzt. Sie lebten meist besser als die einheimische Bevölkerung. Die Hoffnung, von der Partei im antifaschistischen Widerstand und in ihrer literarischen Arbeit unterstützt zu werden, erwies sich jedoch – vor allem nach dem Abschluss des Hitler-Stalin-Pakts im August 1939 – als trügerisch. Hunderte deutscher Antifaschisten fielen dem stalinistischen Terror zum Opfer. Unter diesen Umständen ist es nicht verwunderlich, dass die bekannteste kommunistische Schriftstellerin, Anna Seghers, eine Übersiedlung in die Sowjetunion offenbar ebenso wenig in Erwägung zog wie Bert Brecht, als beide in der zweiten Emigrationsphase gezwungen waren, ihre Zufluchtsorte in Frankreich, Dänemark und Schweden zu verlassen.

Von den parteitreuen Genossinnen unter den Schriftstellerinnen gingen in der ersten Emigrationsphase unter anderem in die Sowjetunion: die Berliner Dramatikerin und Publizistin Berta Lask, die als Jüdin und Kommunistin doppelt gefährdet war, Waltraud Nicolas, die dem Brecht-Kreis nahestehende Fotografin, Publizistin und Frau des kommunistischen Schriftstellers Ernst Ottwalt und die ebenfalls dem Brecht-Kreis angehörende, für die Kommunistische Partei (KP) international operierende Journalistin Maria Osten. Sie lebte schon ab 1932 in Russland, wurde dort 1942 aus der Partei ausgeschlossen und erschossen. Des Weiteren die Literaturwissenschaftlerin Trude Richter und die Schauspielerin und Autorin Hedda Zinner. Beide sparten in ihren Erinnerungen die schwierige, ihr ganzes Leben überschattende Zeit in Russland weitgehend aus. In die Sowjetunion ging schließlich auch Brechts Mitarbeiterin und Geliebte, die tuberkulosekranke Grete Steffin. Sie war, als der Brecht-Tross auf dem Weg ins amerikanische Exil im Mai 1941 in Moskau Station machte, bereits todkrank, blieb – in der Obhut Maria Ostens – zurück und starb wenige Tage später.[148]

Nur wenige Emigrantinnen überlebten die Zeit des Krieges und des stalinistischen Terrors relativ unbeschadet. Viele wur-

den vom sowjetischen Geheimdienst verhaftet, lebten jahrelang in Lagern, wie Trude Richter, oder in Verbannung, wie
Hedda Zinner und ihr Mann Fritz Erpenbeck im Ural. Andere
wurden ausgewiesen, nach Nazideutschland abgeschoben oder
kehrten aufgrund von Repressionen nach Deutschland zurück,
so etwa Waltraud Nicolas. Viele wurden ohne Gerichtsverfah-
ren erschossen oder kamen in Lagern und Gefängnissen auf
ungeklärte Weise ums Leben.

Die Kommunistin Hilde Rubinstein wurde während einer
Reise in die Sowjetunion, die sie von ihrem Gastland Schweden
aus unternahm, um ihren in Moskau lebenden Bruder zu besuchen, Ende 1936 verhaftet und zehn Monate gefangen gehalten. Man beschuldigte sie fälschlich, ›trotzkistischer Kurier‹ zu
sein. Rubinstein war die einzige Autorin, die sich nach ihrem
Aufenthalt in einem sowjetischen Gefängnis, der mit der Deportation an die deutsch-polnische Grenze endete, deutlich
antistalinistisch äußerte.

Von den Überlebenden kehrten die meisten Anfang der
Fünfzigerjahre zurück, und zwar in die DDR. Dort wurde die
Problematik ihrer Rückkehr und Wiedereingliederung in den
neuen Staat weitgehend ignoriert. Die Kommunisten forderten
von ihren Parteigenossinnen und -genossen den obligatorischen Gehorsam. Und diese hielten sich daran, reagierten mit
Schweigen, Verdrängung, Selbstzensur und trennten sich damit
ab von einem wesentlichen Teil ihrer eigenen Lebensgeschichte
und der Trauer über das, was daran verfehlt war.

Downtown und Californian Dream – Exilland USA

In der zweiten Fluchtwelle von 1938/39 wurden die USA zum
bevorzugten Ziel der Emigranten. Einreisegenehmigungen waren allerdings immer schwieriger zu bekommen und nur mehr
mit Unterstützung aus dem Gastland zu erhalten. Insgesamt
emigrierten aus dem Dritten Reich und den besetzten Gebieten

mehr als 150 000 Menschen in die USA, 67 Prozent davon aus ›rassischen‹ Gründen.

Die offizielle Einwanderungspolitik der USA suchte die Zahl der Immigranten zu begrenzen, auch wenn sie vor dem Faschismus geflohen waren. Formale Grundlage dafür war der von 1924 bis 1945 unverändert gültige Immigration Act, ein Limitierungssystem, das für die einzelnen Zonen und Länder unterschiedliche Einwandererquoten festlegte und auch bestimmte, welche amtlichen Dokumente für ein Einreisevisum vorzulegen waren. Die Quote sah jährlich insgesamt 27 230 Einwanderer aus Deutschland und Österreich vor. Voll ausgeschöpft wurde sie nur in den Jahren 1939 und 1940, den letzten, in denen eine Emigration in die Vereinigten Staaten überhaupt noch möglich war. Seit 1940 verschärfte sich deren Immigrationspolitik. Erst 1944 wurden die Einwanderungsbestimmungen gelockert, was vielen Verfolgten in buchstäblich letzter Minute das Leben rettete.

Dass die USA dennoch an der Spitze aller Einwanderungsländer standen, war dem Einsatz der eigens zu diesem Zweck gegründeten Organisationen und persönlichen Initiativen einflussreicher Persönlichkeiten zu danken. Einige dieser Hilfskomitees nahmen sich speziell der europäischen Intellektuellen an, verhalfen ihnen zur Ausreise, unterstützten sie bei der Integration im Gastland, bei der Arbeitssuche und der Suche nach Veröffentlichungsmöglichkeiten. So die American Guild for German Cultural Freedom, die League of American Writers, die eine eigene Sektion für emigrierte Schriftsteller gründete, das Exiled Writers Committee und der European Film Fund unter Leitung des Regisseurs William Dieterle, der in Hollywood gezielt Arbeitsmöglichkeiten für Schriftsteller, Schauspieler, Regisseure und Drehbuchautoren schuf. An erster Stelle unter den Hilfskomitees ist jedoch das bereits erwähnte Emergency Rescue Committee zu nennen, das unter Mithilfe europäischer Intellektueller in den Jahren 1940 bis 1942 von Frankreich aus mit Unterstützung seines Abgesandten Varian Fry

2000 bedrohten Künstlern und Intellektuellen die Einreise in die USA ermöglichte, darunter Anna Seghers, Annette Kolb, Hertha Pauli und Hannah Arendt.

Zu den einflussreichen Persönlichkeiten, die sich in den Vereinigten Staaten für die Emigranten einsetzten, gehörte auch die schon erwähnte Journalistin und Vorsitzende des amerikanischen PEN Dorothy Thompson. Sie hatte in der Endphase der Weimarer Republik von Wien, danach von Deutschland aus als Korrespondentin für große amerikanische Zeitungen über die heraufziehende nationalsozialistische Gefahr berichtet.

Ihr Buch *I saw Hitler* (1932) wurde in den USA zum Bestseller, was letztlich dazu führte, dass Thompson 1934 aus Deutschland ausgewiesen wurde. Danach, 1934 bis 1941, schrieb sie für die renommiertesten amerikanischen Zeitungen und Zeitschriften über die politische Entwicklung in Europa und informierte die amerikanische Öffentlichkeit über das Schicksal der Emigranten. Nach der Besetzung Frankreichs durch die deutschen Truppen nutzte sie ihre Kontakte zu einflussreichen Persönlichkeiten, vor allem zur Präsidentengattin Eleanor Roosevelt, um den deutschen Schriftstellern, die in Südfrankreich in der Falle saßen, zur Ausreise zu verhelfen. Besonders setzte sie sich für Annette Kolb ein, der so die Emigration in die USA gelang.

Mit Amerika verbanden die europäischen Intellektuellen die Vorstellung von Freiheit, Demokratie und Zukunft in einem Land der unbegrenzten Möglichkeiten. Und sie glaubten mit der Emigration dorthin nun ihrerseits in den Genuss dieser Möglichkeiten zu kommen: freundlich aufgenommen zu werden, materielle Sicherheit durch einen angemessenen ›Job‹ zu erreichen und – sofern sie Schriftsteller waren – hier eine neue Öffentlichkeit für ihr literarisches Werk zu finden.

Diese Erwartungen erwiesen sich angesichts der Realität vor Ort sehr schnell als illusorisch. Die wirtschaftliche Depression, die die USA Ende der Zwanzigerjahre durchgemacht hatten, verringerte die Arbeitschancen der Flüchtlinge. Das Interesse an europäischer Kultur und ihren Vertretern war gering, ebenso die Kenntnis deutscher Literatur – wenige internationale literarische Größen wie Feuchtwanger, Thomas Mann, Werfel und Vicki Baum ausgenommen. Der amerikanische Buchmarkt hatte an der Vermittlung von Minderheitenliteratur keinerlei Interesse; er war ganz auf die Verbreitung weniger Bestseller-Großauflagen konzentriert. Nur wenigen, verschwindend kleinen Exilverlagen gelang es, auf diesem kommerzialisierten Markt deutschsprachige Gegenwartsliteratur präsent zu halten: so der L. B. Fischer Corporation, dem über Wien und Stockholm schließlich in New York gelandeten Exil-Unternehmen des S. Fischer Verlags, und dem 1944 von zwölf Autoren gegründeten Aurora Verlag Wieland Herzfeldes, an dem auch Anna Seghers beteiligt war. Alle Versuche, im Exilzentrum New York ein repräsentatives Verlagsforum für die deutsche Literatur zu schaffen, scheiterten jedoch.

Unsanft mit den Realitäten des amerikanischen Exillebens konfrontiert sahen sich die meisten Emigranten schon bei ihrer Ankunft auf Ellis Island, dem Internierungslager der Einwanderungsbehörde, der berüchtigten ›Träneninsel‹. Fast alle Ankömmlinge aus Europa wurden hier tage-, manche wochenlang festgehalten. In einem dunklen, gefängnisartigen Gebäude gegenüber der Freiheitsstatue, einem hochsymbolischen Ort, unterzog man sie schier endlosen Prüfungen und Verhören mit einem Mix aus scheinbar banalen und hochbrisanten Fragen. Maximilian Scheer rekapitulierte sie in seinem Erinnerungsbuch *Paris-New York* (1966):

»Warum sind Sie in die Vereinigten Staaten gekommen? Wollen Sie den Präsidenten ermorden? Wo sind Sie geboren? Hat Ihr Sohn die Schule besucht? Sind Sie Anarchist? Was ist Ihr Beruf? Sind Sie Nationalsozialist? Was haben Sie geschrieben? Wie oft wurden Sie verhaftet? Was haben Sie während des Krieges gemacht? Warum sind Ihre Papiere nicht in Ordnung? Wovon wollen Sie hier leben? Wer hat Ihnen das Visum verschafft? Was sind die Titel Ihrer Bücher? Wie viel Geld haben Sie? Zeigen Sie es! (...)«[149]

Wer keine einflussreichen Freunde und Bekannte im Land hatte, der war gezwungen, oft jahrelang unbeachtet am Rande der amerikanischen Gesellschaft zu leben, abhängig von den Spenden der Hilfsorganisationen.

Positiv, als Möglichkeit eines neuen Anfangs, erlebte die Philosophin Hannah Arendt die Ankunft in New York. Sie landete hier, aus Lissabon kommend, gemeinsam mit ihrem zweiten Mann Heinrich Blücher, am 22. Mai 1941. Für sie wurden das Neue, Aufregende und Ungewohnte des amerikanischen Lebens, die neue Sprache, die hohen Häuser, der Lärm, die Autos, die Geschwindigkeit, die allumfassende Bewegung zur Energiequelle.[150] Arendt gelang es, New York, den Sammelpunkt der vertriebenen europäischen Intelligenz aus Philosophie, Soziologie, Naturwissenschaft, Technik, Musik – und nicht zuletzt der Literatur –, zu ihrem neuen Lebenszentrum zu machen. Sie eroberte die Stadt für ihren Alltag, den Alltag einer europäischen Intellektuellen. Auf den Erkundungsgängen zu Behörden und Hilfskomitees traf sie alte Bekannte wieder, in Bibliotheken, Debattierclubs und bei der Arbeit machte sie neue Bekanntschaften und gewann Freunde für den geistigen Austausch, der das Grundelement ihres Lebens war. Sie engagierte sich weiterhin für die zionistische Sache und plante neue Forschungs- und Schreibprojekte. Hier, in New York, entstanden Arendts Hauptwerke, die Studien zur Geschichte der Juden sowie des europäischen und deutschen Antisemitismus.

Die USA befanden sich in den Dreißigerjahren in einer schwierigen wirtschaftlichen Situation, die sich erst mit Kriegseintritt 1941 entspannte; die Arbeitslosenquote war hoch. Das verringerte die Chance auf Beschäftigung auch für die Emigranten. Frauen arbeiteten damals in den USA in der Regel nur, solange sie jung und unverheiratet waren – jedenfalls die weißen Frauen der Mittelschicht, die in sozialen Verhältnissen lebten, die denen der neu ankommenden deutschsprachigen Autorinnen in etwa vergleichbar waren. Doch auch das hatte sich durch die Depression verändert. Nun verdrängten weiße Frauen die schwarzen in den wenig angesehenen und schlecht bezahlten Jobs. In diese angespannte Marktlage brachen nun als neue Konkurrentinnen die Emigrantinnen ein. Sie waren – anders als viele männliche Emigranten – aus der Notlage heraus bereit, fast jede Arbeit anzunehmen, auch wenn sie unter ihrem Bildungs- und Ausbildungsniveau lag. Sie übernahmen ›häusliche Dienste‹ ebenso wie Fabrikarbeit am Fließband und an der Nähmaschine; noch lieber aber übernahmen sie Bürojobs, die meist an ausgebildete Fachkräfte und solche Frauen gingen, die sich vor der Emigration gezielt darauf vorbereitet und auch die englische Sprache gelernt hatten. Das waren immerhin 28 Prozent der ›Refugee-Frauen‹.[151]

Diese wechselten ihren Arbeitsplatz häufig, um sich zu verbessern und in der sehr flachen Hierarchie von der Hausangestellten über die Fabrikarbeiterin zur Sekretärin aufzusteigen. 1945 waren immerhin 48 Prozent aller Emigrantinnen in den USA berufstätig, ein für damalige Verhältnisse gewaltiger Anstieg. In den höherrangigen Jobs, den sogenannten ›White Collar‹-Berufen, arbeiteten prozentual mehr ›Refugee-Frauen‹ als Einheimische. Akademikerinnen allerdings gelang es nur selten, weiter ihren erlernten Beruf auszuüben, sei es als Juristin, Lehrerin oder Ärztin.

Zwei Exilzentren bildeten sich in den USA heraus. Über die Hälfte der jüdischen Einwanderer und auch viele politische Emigranten blieben in New York City. Sie lebten hier vor allem zwischen der 70. und der 100. Straße westlich des Central Park, zwischen der 60. und der 85. Straße Eastside, im deutschen Traditionsviertel Yorkville und in Washington Heights im nördlichen Manhattan. Von den Künstlern und Literaten zogen viele weiter – nach Kalifornien, nach Hollywood, der ›Endstation Sehnsucht‹ nach all den demütigenden, zermürbenden Fluchterfahrungen. Hier versammelte sich eine einmalige, legendär gewordene Gruppe von emigrierten Schriftstellern, Musikern und Künstlern. Die meisten kannten sich schon aus Sanary-sur-Mer. Und wie dort, so lebten sie auch hier in geschlossener Gesellschaft, angesiedelt in den Hügeln vor den Santa Monica Mountains zwischen Hollywood und Pacific Palisades an der Pazifischen Küste. Wie wenig tragfähig der ›Californian Dream‹, die auf dieses vermeintliche Paradies gerichteten Hoffnungen waren, soll später am Beispiel der Traumfabrik Hollywood gezeigt werden.

Surrealistisch, links, gastfreundlich – Exilland Mexiko

Als letztes Exilland sei Mexiko erwähnt, das zur Zuflucht speziell für die politisch links orientierten Emigranten wurde. Mexiko war damals einer der wenigen Staaten außer der Sowjetunion, die überhaupt für kommunistische Emigranten offenstanden. Das Land verstand sich jedoch nicht generell als Einwanderungs- und Asylland. Man wählte sehr genau aus, wen man aufnahm. Jüdische Flüchtlinge wurden immer wieder abgewiesen, politische Emigranten bevorzugt. So versammelte sich hier eine brisante Mischung aus republikanischen Spaniern, aus Kommunisten, Sozialisten und Linken verschiedenster Schattierungen. Der berühmteste Emigrant im Lande, Leo Trotzki, fiel 1940 dem Mordanschlag seines Todfeindes Stalin zum Opfer. Die deutschsprachigen Flüchtlinge stellten eine kleine Minderheit von rund 3000 Personen.

Denen, die es aufnahm, bot Mexiko gute Voraussetzungen zum Leben und zur Integration: mit Arbeitserlaubnis, freier Entfaltungsmöglichkeit im Beruf, bei exilpolitischen Aktivitäten und beim Publizieren – ja, die Regierung förderte sogar Exilorganisationen und -publikationen. So gelang es den Emigranten, in kurzer Zeit ein reges kulturelles Leben aufzubauen, mit Klubs, Zeitschriften und dem Verlag El libro libre, der sich zu einem der wichtigsten Exilverlage entwickelte. Unter diesen günstigen Voraussetzungen entstand in der Ciudad de Mexico, damals einer Großstadt von mehr als zwei Millionen Einwohnern, eines der wichtigsten Exilzentren. Hier versammelten sich diejenigen aus der linken Szene, die von den USA nicht aufgenommen worden waren: Anna Seghers mit ihrer Familie, Ludwig Renn, Egon Erwin Kisch mit Familie, Bodo Uhse, Otto Katz, Bruno Frei, Theo Balk, die Eislers, Hans Marchwitza, die Nordens, Gustav Regler, Babette Gross, die Partnerin des Verlegers Willi Münzenberg, die Familie Abusch, Walter Janka, Steffi Spira sowie Jeanne und Kurt Stern und der Deutsch-Spanier Max Aub.

André Breton, der mit der Capitain Paul-Lemerle, demselben Schiff wie Anna Seghers, in Mexiko ankam, nannte das Land »den surrealistischen Ort schlechthin«[152], wegen seiner Weite und der exotischen, teilweise von den Maya und Azteken abstammenden Bevölkerung, wegen seiner überreichen, mythisch anmutenden Geschichte und des ländlichen, urtümlichen Lebens, das so sehr im Gegensatz zu den großstädtischen Sozialisationserfahrungen der intellektuellen Emigranten stand. Sie sahen sich in Mexiko mit einer völlig eigenständigen Kultur – archaisch, aber mit avantgardistischem Anspruch – konfrontiert, die in den Bildern Frida Kahlos und den revolutionären Wandmalereien der ›muralistas‹ ihren expressiven Ausdruck fanden. Eines aber wurde Mexiko keinem der Emigranten: eine exotische Idylle.

Wie sich bald zeigen sollte, war es nicht so sehr das fremdartige mexikanische Milieu, das ihnen Probleme bereitete. Als konfliktträchtig erwies sich eher der ›inner circle‹ der linken Emigrantenenklave, die, wie Anna Seghers es formulierte, unvermeidliche »Enge zu Freund und Feind«[153]. Die vielen, in der Regel fruchtlosen Auseinandersetzungen und Konflikte, vor denen auch dort – wie in einer Familie – offenbar kein Entrinnen möglich war, gaben einen Vorgeschmack auf die Enge und Bevormundung, die den Emigranten nach der Rückkehr aus dem Exil in der späteren DDR bevorstanden. Dennoch

wurde und blieb die kommunistische Emigranten-Familie –
hier wie dort – ihnen allen Heimat. Denn die meisten Flüchtlinge waren, als sie nach den langen Monaten der Illegalität und
der Flucht endlich in Mexiko landeten, physisch und psychisch
erschöpft, viele krank und völlig verarmt – und in vielerlei
Hinsicht aufeinander angewiesen.

Desillusioniert im Hebräerland
Else Lasker-Schüler
(1869–1945)

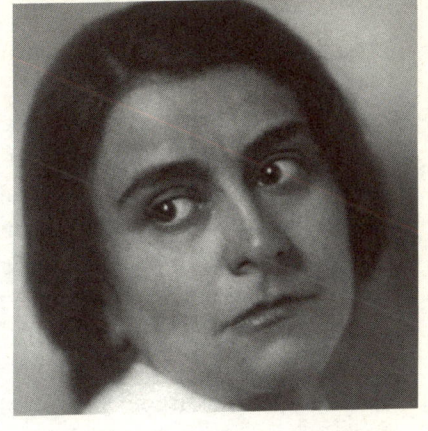

Die berühmteste aller nach Palästina emigrierten Schriftstellerinnen, aber auch die wohl exzentrischste Figur der damaligen deutschen Literaturszene ist Else Lasker-Schüler. Sie wurde vor allem als Lyrikerin bekannt. Ihr Schicksal – so außergewöhnlich es für eine Frau aus gutbürgerlichem Haus auch war – ist typisch für die Motivation zur und die Schwierigkeiten mit der Emigration ins Gelobte Heilige Land, sofern dahinter keine zionistische Überzeugung stand.

Lasker-Schüler kam aus einem wohlhabenden, assimilierten jüdischen Elternhaus. Von Jugend an kultivierte sie ein romantisch verklärtes, wenig realitätsorientiertes Verhältnis zum Judentum, als Sehnsuchtsziel und imaginäre Urheimat. Dennoch ging sie nach der Flucht vor den Nationalsozialisten nicht direkt und freiwillig nach Palästina, sondern landete dort nur notgedrungen, als die Eidgenössische Fremdenpolizei ihr den weiteren Aufenthalt in der Schweiz verwehrte.

Else Lasker-Schüler hatte seit 1886 in Berlin gelebt und war dort mit ihren frühen Gedichten, mit ihrer radikal antibourgeoisen Lebensform und ihren Selbstinszenierungen als orientalischer Prinz zur literarischen ›Königin von Berlin‹ avanciert. Sie hielt Hof im Café des Westens als »der schwarze Schwan Israels, eine Sappho, der die Welt entzwei gegangen ist«, wie ihr Freund, Mentor und »Prophet« Peter Hille schrieb.[154]

Ihre exzentrische Erscheinung erregte Aufsehen und spaltete die literarische Welt in Freund und Feind. Stilsichere und empfindsame Menschen wie Kafka, Rilke oder Graf Kessler suchten ein Zusammentreffen mit ihr tunlichst zu vermeiden; andere amüsierten sich in ihrer Gesellschaft, wie die allem Exzentrischen aufgeschlossene Vita Sackville-West. Sie schrieb 1929 aus Berlin an ihre Freundin Virginia Woolf:

»Ich habe eine neue Freundin hier, die es schon wegen ihrer gänzlich phantastischen Nationalität und ihrem Temperament durchaus wert wäre, eine Bewohnerin von Virginias Welt zu sein. (…) Sehr groß und dunkel mit einer Masse von unordentlichen schwarzen Locken, und sie putzt sich anscheinend immer mit jedem einzelnen Stück ihrer Garderobe heraus; große geblümte Schals, Bänder, Spitzen, Schärpen, Schleifen, Stolen, Handschuhe; und darüber hinaus baumeln von ihrem Handgelenk Fächer und Schlüsselbunde. Sie kann nicht durch den Raum gehen, ohne zwei oder drei dieser Dinge fallen zu lassen, worüber sie in seliger Ahnungslosigkeit verharrt. (…) Sie ist meine einzige Unterhaltung in dieser trübsinnigen Stadt.«[155]

Vertreibung aus Europa

Lasker-Schüler war damals auf dem Höhepunkt ihrer literarischen Karriere. Ihre Gedichte enthielten bis dahin ungehörte Töne und Sprechweisen und brachten eine neue, als spezifisch weiblich beschriebene Emotionalität in die deutsche Literatur. Schon 1919/20 war die Gesamtausgabe ihrer Werke erschienen. 1932 erhielt sie den begehrten Kleistpreis.

Am 19. April 1933 verließ Lasker-Schüler Berlin, im Alter von 64 Jahren. Sie floh, weil sie sich von den Nazis verfolgt und attackiert fühlte und weil ihre Intervention an höchster Stelle, beim Vizekanzler Franz von Papen, ohne Resonanz geblieben war. In der ihr eigenen Realitätsferne und politischen Naivität ahnte sie in den gegen ihre unbürgerliche Existenz gerichteten Terrorakten die faschistische Gefahr wohl eher, als dass sie sie bewusst wahrgenommen hätte. Anfang April verpackte und versorgte Lasker-Schüler ihre gesamte Habe und verließ Deutschland – auf immer. Über Basel fuhr sie nach Zürich und lebte dort zunächst im Emigrantenhospiz Augustinerhof. Bis zum 15. November hielt sie sich ohne polizeiliche Anmeldung in der Schweiz auf, abwechselnd in Zürich, Ascona und Bern. Ihre Existenzgrundlage, die Miete und eine minimale Rente, kamen zunächst für mehr als ein Jahr vom Jüdischen Kulturbund. Lasker-Schüler trug zu ihrem Lebensunterhalt mit gelegentlichen Lesungen, Veröffentlichungen in Zeitungen und Zeitschriften und dem Verkauf ihrer Bilder bei – alles in allem kaum genug zum Überleben. Die Dichterin war dauerhaft auf die materielle und ideelle Unterstützung ihrer Fürsprecher und Gönner angewiesen. Zu ihnen gehörten unter anderem der Zürcher Verleger Emil Oprecht, der Berner Jurist Emil Raas und der Seidenfabrikant Sylvain Guggenheim.

Der Eidgenössischen Fremdenpolizei war eine Emigrantin wie sie in mehrfacher Hinsicht suspekt: weil sie sich ohne Genehmigung in der Schweiz aufhielt; weil sie völlig mittellos war und damit zum Sozialfall zu werden drohte; weil sie gegen die Bestimmung, keinem Erwerb nachzugehen, immer wieder verstieß und schließlich wegen ihres unbürgerlichen Lebensstils. Denn Lasker-Schüler versuchte, ihr Berliner Boheme-Leben auch unter den neuen Gegebenheiten weiterzuführen. Ab 1938 verschärfte sich ihre Lage durch den politischen Druck aus dem Dritten Reich. Ihre sämtlichen Schriften wurden verboten. Sie verlor die deutsche Staatsbürgerschaft und war nun ›schriftenlos‹, wie man den Zustand der Staatenlosigkeit in der Schweiz nannte. Die Schweizer Asylpolitik zwang Lasker-Schüler schon ab März 1934, das Land jeweils nach einigen Monaten zu verlassen, danach erneut einzureisen und auf diese Weise ihre Aufenthaltserlaubnis zu verlängern. So kam sie 1934 und 1937 nach Palästina, 1939 blieb sie für immer.

Mit der ersten Reise, von März bis Juli 1934, erfüllte sich Else Lasker-Schüler einen Lebenswunsch, den sie mit vielen deutschen Juden teilte: die Heimkehr nach Israel, nach Jerusalem. ›Nächstes Jahr in Jerusalem!‹, hieß ein Topos, der jahrhundertelang fester Bestandteil der jüdischen Tradition war. In Palästina aber lernte sie eine Lebensrealität kennen, die von ihren Vorstellungen stark abwich. Der Brief, in dem Gershom Scholem Walter Benjamin – analytisch kühl – von seinem Zusammentreffen mit der Emigrantin berichtet, vermittelt einen Eindruck von der ausgesetzten Situation der Dichterin: »Zur Zeit befindet sich hier, soweit ich verstehe, hart an der Grenze des Irrsinns, Else Lasker-Schüler, die in jedes andere Land wohl besser paßt, als in den wirklichen Orient. Immerhin bleibt sie eine verblüffende Erscheinung.«[156]

Nach der Rückkehr in die Schweiz entstand das von der Palästinareise angeregte Buch *Das Hebräerland*, eine märchenhaft verklärende Hommage an die jüdische Heimat, die ihr keine werden sollte. Ein Verleger war dafür nur schwer zu finden. Schließlich erschien das Buch 1937 im Zürcher Exilverlag von Emil Oprecht. Ende 1936 wurde Lasker-Schülers Stück *Arthur Aronymus und seine Väter*, das sich ebenfalls idealisierend und höchst weltfremd mit dem Judentum auseinandersetzt, im Zürcher Schauspielhaus uraufgeführt. Doch es fiel durch und wurde nach nur zwei Vorstellungen abgesetzt.

Auch zu ihrer zweiten Palästinareise, im Juni 1937, entschloss sich die Autorin unter dem Druck der Eidgenössischen Fremdenpolizei. In Palästina setzte man ihr einen Ehrensold auf Lebenszeit aus, dessen Höhe etwa dem Monatsgehalt eines mittleren Beamten entsprach. Erstmals seit Beginn ihrer Berliner Bohemezeit lebte Lasker-Schüler nun in einer gewissen materiellen Sicherheit. Dies dürfte sie in ihren Überlegungen bestärkt haben, ganz nach Jerusalem zu gehen. Doch die äußeren Ereignisse, die Ausbürgerung aus Deutschland und das

Verbot ihrer Schriften, kamen ihrer Entscheidung zuvor. Ihre dritte Palästinafahrt, die sie am 24. März 1939 antrat, wurde zur Reise ohne Wiederkehr. Als Lasker-Schüler im August, kurz vor Kriegsbeginn, wieder in die Schweiz zurückkehren wollte, verweigerten ihr die Behörden das Einreisevisum. So wurde Jerusalem der inzwischen 70-jährigen Emigrantin notgedrungen zur letzten Zuflucht.

Sie lebte dort in verschiedenen Hotelzimmern und Provisorien, ab September 1943 dann bis zu ihrem Tod als Untermieterin in einer Seitenstraße der King George Street – unfreiwillig und unglücklich. Die einstige ›Königin von Berlin‹ litt unter der Vertreibung aus Europa. Spätestens jetzt verlor sie ihre psychische Stabilität. Am gravierendsten war wohl ihre Angst davor, nicht mehr kreativ sein, nicht mehr malen und vor allem nicht mehr schreiben zu können:

»Ich *kann* gar nicht schreiben und bitte Sie, nur einmal, mit mir zu überlegen – ich habe doch 21 Bücher gedichtet, unzählige Bilder gemalt den Ausstellungen etc. – wie ich weiter kann (...). So ist meine Lebensangst. Ich habe niemand mehr von den Lieben zu Haus, der mit mir überlegt«, schrieb sie am 15. Juli 1939 an den ebenfalls nach Jerusalem emigrierten deutschen Verleger Salman Schocken. Und noch einmal, im Dezember 1939:

»Ich hab mir das Sein in Jerusalem anders vorgestellt (...) und ich werde hier vor Traurigkeit sterben (...). Man weiß ja nicht wie alles ist, weiß nur, das Leben geht Hand in Hand mit dem Tod. Und logisch denken wollen ist gerade so unlogisch (...). Wenn man sich auch manchmal unterhält mit einem Menschen, so bleibt kein Blutgewebe, das verbindet. Weg ist hier weg, und fort, fort. Es ist keine Wärme hier, die wandert von Haus zu Haus, kein Haus verwandt mit dem anderen Haus. Ich – namentlich bin fremd unter auswendig gelernter Schätzung und Kleinbürgerlichkeit. Ich glaube, Sie wissen, daß Paulus, der mir gar nicht so sehr gefällt, aber richtig sagt, ›aber die Traurigkeit erwirbt den Tod‹.«[157]

Mithilfe ihrer Freunde, Martin Buber, Werner Kraft, Andreas Meyer und Sam Wassermann, stabilisierte sich Lasker-Schüler langsam und versuchte, in Jerusalem Fuß zu fassen. Ende 1941 gründete sie den ›Kraal‹, einen exklusiven Vortragskreis im Geist der Berliner Zeit. Am 10. Januar 1942 wurde die neue Gesellschaft von Martin Buber mit einem Vortrag eröffnet. Wichtiger als das sehr heterogene künstlerisch-wissenschaftliche Programm, das sie dort entwickelte, war, dass sich Lasker-Schüler hier ein Forum für eine Gemeinschaft gleichgesinnter Menschen bot, wie sie es aus der Zeit vor 1933 kannte.

Im Jahr darauf gelang ihr das für die emigrierten Autorinnen und Autoren Unwahrscheinlichste: eine deutschsprachige Buchpublikation in Jerusalem. Ihr letzter Gedichtband *Mein blaues Klavier. Neue Gedichte* erschien 1943 in 330 nummerierten Exemplaren bei Jerusalem Press, dem Verlag von Dr. Moritz Spitzer. Er war früher Assistent von Martin Buber und Herausgeber der *Bücherei des Schocken Verlags*, der bedeutendsten Sammlung deutschjüdischer Literatur, gewesen.

Die Gedichte allerdings sind, anders als der Untertitel es glauben machen will, durchaus nicht alle neu. Achtzehn davon waren schon vorher in renommierten Periodika veröffentlicht worden. Die Gedichte kreisen um zwei Themen: das Heimweh und die Liebe. Beide sind durch den Blick zurück miteinander verbunden. Die Liebesgedichte, gerichtet »An Ihn«, sind erfüllt von schwärmerischen Gefühlen für Ernst Simon, den damals 42-jährigen Pädagogen und Kulturphilosophen, erfüllt auch von der Angst vor der sehr gegenwärtigen Einsamkeit. In den Heimweh-Gedichten wird die schwierige und ambivalente Situation des lyrischen Ich im Exil eindrucksvoll präsent: die Liebe zur verlorenen Heimat und die anhaltende Sehnsucht nach ihr, obwohl Deutschland durch die politische Entwicklung zugleich auch zum Hassobjekt geworden ist. Sigmund Freud beschrieb dieses schwierige Verhältnis 1939 in seinen ersten Briefen aus dem Londoner Exil: »(...) denn man hat das Gefängnis, aus dem man entlassen wurde, immer noch sehr geliebt.«[158]

Zwar hatte Lasker-Schüler schon in ihrer Berliner Zeit in einer Art Innerer Emigration gelebt, unbehaust, wie eine Fremde, und dies auch in ihren Gedichten so artikuliert. So etwa in den berühmten Versen: »Ich kann die Sprache / Dieses kühlen Landes nicht, / Und seinen Schritt nicht gehn.«[159] Jedoch erst in Jerusalem erfährt ihr lyrisches Alter Ego das von außen aufgezwungene Exilleben mit all seinen Konsequenzen.

Zum zentralen Motiv dafür wird die zerbrochene Klaviatur des blauen Klaviers. Es ist ein Puppenklavier, Spielzeug und Relikt aus der Kindheit, das sie gemeinsam mit ihrem gesamten Hausrat 1933 in Berlin verpackt haben soll und das sie nie mehr wiedersah:

> Es spielen Sternenhände vier,
> – Die Mondfrau sang im Boote –
> Nun tanzen die Ratten im Geklirr.
> Zerbrochen ist die Klaviatür …
> Ich beweine die blaue Tote.[160]

Auch in diesen Gedichten geht es, wie schon in Lasker-Schülers früher Lyrik, um ein Zentralmotiv aller Exilliteratur: um die Sehnsucht nach der verlorenen Kindheit.[161] Hier erscheint es gekoppelt an die Angst, mit der Verbindung zur Kindheit die eigene Kreativität zu verlieren. Das blaue Klavier wird zur Metapher für diese Gefährdung. Jerusalem, das nur in einem einzigen Gedicht vorkommt, erscheint nicht als neue Heimat, sondern als »Nekropolis«[162] und Ort der Sehnsucht nach dem verlorenen Leben.

1945 starb Else Lasker-Schüler 75-jährig im Hadassa Hospital in Jerusalem und wurde auf dem Ölberg begraben.

Der Weg zur Grenze
Grete Weil
(1906–1999)

Rose Ausländers Diktum »Schreiben war Leben. Überleben«[163] gilt – im Wortsinn – auch für die literarische Biografie der Grete Weil. Das Schreiben half ihr beim Überleben im zweijährigen existenziellen Ausnahmezustand im Amsterdamer Untergrund – ähnlich wie dem Mädchen Anne Frank, jedoch mit glücklicherem Ausgang. Dass die Erfahrung der nationalsozialistischen Verfolgung das eigene Leben nachhaltig prägte, hat Grete Weil prägnant formuliert: »Meine Krankheit«, schreibt sie, »heißt Auschwitz, und die ist unheilbar.«[164] Das Generalthema ihres Lebens wird so zum Leitmotiv ihres Schreibens.

Grete Weil stammte aus dem liberalen jüdischen Münchner Bürgertum. Schon als Studentin begann sie zu schreiben. Doch die Machtübernahme der Nationalsozialisten setzte auch in ihrem Leben eine irreversible Zäsur. 1935 folgte Weil ihrem Mann Edgar ins Amsterdamer Exil. Mit der Flucht konnte sich der Dramaturg an den Münchner Kammerspielen der Verhaftung durch die Nationalsozialisten gerade noch entziehen.

Unmittelbar nach dem deutschen Überfall auf die Niederlande im Mai 1940 versuchte das Ehepaar vergeblich, nach England zu entkommen. Im Juni 1941 wurde Edgar Weil mit 230 anderen Juden ins KZ Mauthausen deportiert und dort ermordet. Um sich zu schützen, nahm Grete Weil im Sommer 1942 eine Anstellung beim Jüdischen Rat in Amsterdam an. Dessen Mitglieder mussten bei den nun einsetzenden Massendeportationen helfen und wurden daher zunächst verschont. Doch im September 1943 lösten die deutschen Besatzer den Jüdischen Rat auf. Nun drohte auch Weil die Deportation.

Sie tauchte bei holländischen Freunden unter, in einer Wohnung, die als Versteck präpariert war. Hier lebte sie mehr als ein Jahr, ohne ihr Schutzgefängnis je zu verlassen. Nachts und in akuten Gefahrensituationen versteckte sie sich in einem Hohlraum hinter einer Bücherwand. Und in dieser Zeit im Untergrund begann sie erneut zu schreiben. Mit der Intention, »Edgars und meine Geschichte« zu reflektieren und zu bewahren.[165] Das Ergebnis, der Roman *Der Weg zur Grenze*, blieb unvollendet; Thema und Personal gehen – in veränderter Perspektive – in *Tramhalte Beethovenstraat* ein. Im Zentrum der Handlung steht nun nicht mehr, wie im ersten Entwurf, die Jüdin Monika Merton auf der Flucht aus Nazi-Deutschland, sondern der Mann, der sie dabei begleitete und der ihr Gesprächspartner war: der junge deutsche Schriftsteller Andreas. Er ist angesichts der Vernichtungspolitik der Nazis literarisch verstummt. Mit diesem Perspektivwechsel bringt Weil ein bis dahin in der deutschen Nachkriegsliteratur nicht vorhandenes Thema ins Bewusstsein: »die Einsicht in die Verschiedenheit deutscher und jüdischer Erinnerung«.[166]

1947 kehrte Weil in ihre Heimat zurück und lebte dort, in Grünwald bei München, bis zu ihrem Tod 1999; ab den Achtzigerjahren wurde sie mit vielen Ehrungen bedacht.

Als Schriftstellerin und Zeitzeugin wurde sie zunächst in der DDR entdeckt. Hier erschien schon 1949 ihre Novelle *Ans Ende der Welt*. Von der literarischen Öffentlichkeit der Bundesrepublik wurde Weil erst viel später wahrgenommen; bekannt wurde sie mit *Tramhalte Beethovenstraat* (1963), vor allem aber mit dem Roman *Meine Schwester Antigone* (1980).

Auch darin verarbeitet sie das Thema jüdischer Existenz im Dritten Reich, den »Angelpunkt meines Lebens«.[167] Sie geht dabei – in der Konfrontation mit der kompromisslosen Rebellion der Königstochter Antigone – auch der Frage nach der eigenen Schuld nicht aus dem Wege.

Magd und Knecht
Veza Canetti
(1897–1963)

Veza Canetti gehört zu den Autorinnen, deren literarische Anfänge genau mit Hitlers Machtübernahme zusammenfielen. Ihre Karriere blieb unter den politischen Bedingungen von Austrofaschismus, Krieg und Emigration auf der Strecke. Die persönlichen Lebensumstände, vor allem die Beziehung zu ihrem Mann Elias Canetti, trugen das ihre dazu bei. Wie sehr Veza Canettis Schreiben von den literarischen Ambitionen ihres Partners überschattet war, wie sehr seine Deutungsmacht nicht nur ihre Biografie, sondern auch die Veröffentlichung und Rezeption ihres Werks dominierte, das ist erst in den letzten Jahren allmählich sichtbar geworden.[168]

Veza Canetti stellte in der Ehe mit Elias Canetti ihre eigene literarische Produktivität stets zurück und ihre Fähigkeiten ganz in den Dienst seines Werks. Dies lassen die Pseudonyme, unter denen sie schrieb, erahnen. Aussagekräftig ist allein schon die Tatsache, dass sie den Autorennamen Canetti ganz dem Ehemann überließ und sich selbst hinter Pseudonymen verbarg; sprechend sind auch die Namen, die sie dafür wählte: etwa Veza Magd und Veza Knecht. Als Veza Canetti veröffentlichte sie zu Lebzeiten nichts. Ihre Zurückhaltung ging sogar so weit, dass ihre Autorschaft während der Zeit des Exils und des Nachexils selbst in ihrem Freundeskreis nicht mehr bekannt gewesen

sein soll. Und ihr Mann erwähnte die Tatsache, dass seine erste
Frau Schriftstellerin war und ein umfassendes literarisches
Werk vorzuweisen hatte, in seinen autobiografischen Schriften
mit keinem Wort – angeblich, weil sie es so gewollt habe.[169]

Veza Canetti kam, wie viele Autorinnen ihrer Generation,
aus Wien. Hier wurde sie 1897 als Venetiana Taubner-Calderon,
Jüdin spaniolisch-ungarischer Herkunft, geboren. 1904 starb
der Vater; 1910/11 heiratete die Mutter wieder, wohl aus Ver-
sorgungsgründen. Die Familie wohnte jetzt im II. Bezirk, der
Leopoldstadt, einem Zentrum multikulturellen, zugleich jüdisch und christlich geprägten Lebens. Hier lebte Veza vierundzwanzig Jahre lang, machte Abitur und versuchte, sich aus der
belastenden familiären Atmosphäre mit einem reichen, aber
geizigen Stiefvater, der seine Frau misshandelte und seiner Stief-
tochter nachstellte, zu lösen. Sie nahm Kontakt zu Verwandten
in England auf und verkehrte in Wiens einschlägiger Künstler-
und Intellektuellenszene. Hier lernte sie 1924 in Karl Kraus'
Vorlesungen über Kultur und Politik, die sie von der ersten
Reihe aus verfolgte, den acht Jahre jüngeren Elias Canetti kennen. Beide standen der bildungsbürgerlich inspirierten austro-
marxistischen Bewegung nahe; beide hatten große literarische
Ambitionen.

Auch Canetti hatte seinen Vater früh verloren und sich, nach
Jahren eines unsteten, kosmopolitischen Lebens mit Mutter
und Geschwistern, gerade erst in Wien sesshaft gemacht. Bald
lebten Veza und Elias zusammen in ihrem Zimmer in der
elterlichen Wohnung; geheiratet wurde erst zehn Jahre später,
auf Wunsch der Brautmutter im türkisch-israelischen Tempel.
1935 zog das Paar in eine Wohnung in einer Grinzinger Villa.
Zu dieser Zeit soll es um die Partnerschaft schon nicht mehr
zum Besten gestanden haben. Elias Canetti ging immer wieder
Beziehungen zu anderen Frauen ein; Frauen, die ihn nicht nur
durch ihre körperliche Attraktivität anzogen, sondern auch
durch ihren gesellschaftlichen Status, ihre Beziehungen und ihr
Künstlertum. Seine Frau versuchte, sich – unter großer Selbst-

verleugnung – mit diesen Verhältnissen freundschaftlich zu arrangieren.

1932 erschien ihre erste Erzählung *Geduld bringt Rosen* in Wieland Herzfeldes Anthologie *Dreissig Erzähler des neuen Deutschland* unter dem Pseudonym Veza Magd. Das Buch wurde im Deutschen Reich 1933 bei den Bücherverbrennungen ausgelöscht. Es gelang der Autorin, Erzählungen in verschiedenen österreichischen Zeitungen und Zeitschriften zu publizieren, vor allem in der *Arbeiter-Zeitung*, dem Zentralorgan der Österreichischen Sozialdemokratie. 1933 – gleichzeitig mit Hitlers Machtübernahme und dem Aufstieg des Austrofaschismus – belegte die junge Schriftstellerin mit der Erzählung *Ein Kind rollt Geld* den zweiten Platz in einem Preisausschreiben der *Arbeiter-Zeitung* und trat mit einer Lesung erstmals öffentlich auf.

Ab 1934 arbeitete sie an einem Romanprojekt, *Die Gelbe Straße*, in dem sie verschiedene, auch bereits publizierte Erzählungen nach dem Montageprinzip verband. Vorbild für die *Gelbe Straße* war die Wiener Ferdinandstraße, in der die Autorin Jahre ihrer Jugend verbracht hatte. Es gelang ihr jedoch nicht, einen Verlag für das Manuskript zu finden; ebenso wenig wie später eine Bühne für das Theaterstück *Der Oger*, das sie aus dem Romanmaterial entwickelte.

Nach der Annexion Österreichs durchs Deutsche Reich flohen die Canettis im Oktober 1938 über Paris nach London, wo sie im Januar 1939 ankamen. Das Leben dort zwang sie in ärmliche und zugleich persönlich schwierige Verhältnisse. Die Ehe war – zusätzlich zur Exilsituation – weiterhin belastet durch Elias Canettis Liebesverhältnisse. Veza lebte in ständig wechselnden Unterkünften, meist von ihrem Mann getrennt, weil dieser es vorzog, auf dem Land in Amersham bei seiner Geliebten zu sein. Seine Frau nahm das hin, ja, sie sorgte sogar auch jetzt noch, wie schon in Wien, für die gemeinsame Existenzgrundlage, gab Englischunterricht, übernahm Lektorats-, Übersetzungs- und andere Brotarbeiten – und engagierte sich mehr und mehr als Managerin für ihren Mann. Sie tat alles das, was Elias Canetti (wie viele seiner männlichen Emigrantenkollegen) für sich als entwürdigend ablehnte. So weigert er sich, Schreibmaschine schreiben zu lernen, ließ sich seine Manuskripte aber, da kein Geld für eine Schreibkraft da war, selbstverständlich von seiner Frau abtippen; und dies obwohl ihr von Geburt an der linke Unterarm fehlte und sie deshalb auch beim Maschineschreiben behindert war. Ja, mehr noch: Veza Canetti war – darin den Frauen um Brecht nicht unähnlich – aktiv in Canettis literarische Arbeit eingebunden. Er selbst bescheinigte ihr später, als sie schon tot war, einen großen »geistigen Anteil« an seinem Werk.[170]

Auch an der Entstehung des Romans *Die Blendung* war seine Frau intensiv beteiligt.[171] Als Gegenentwurf dazu gilt ihr eigener Roman *Die Schildkröten*, der erkennbar autobiografisch konnotiert ist. Sein Schauplatz ist das im Wiener Vorort Döbling angesiedelte Wohnhaus der beiden Hauptfiguren Andreas und Eva Kain, das literarisch zum ›paradiesischen Garten‹ stilisierte Wiener Domizil der Canettis. Das Werk handelt vom Leben der Wiener Juden zwischen der Annexion Österreichs und dem Novemberpogrom von 1938: vom Verlust der Arbeitsplätze und der Wohnung, von der entwürdigenden Lebenssituation im Getto, der Deportation in Konzentrationslager und dem schier endlosen Warten auf das rettende Visum – gängige Exilerfahrungen. In der Dreieckskonstellation zwischen Hilde, Eva Kain und Andreas Kain, einem jüdischem Gelehrten und Schriftsteller, spiegelt sich die durch Nebenbeziehungen und Eifersucht dauerhaft belastete Situation der Canettis. Die allegorischen, parabelhaften und szenischen Erzähltechniken, die mythischen und biblischen Erzählmuster sowie die grotesken Verkehrungen und listigen Sprachspiele der *Schildkröten* werden immer wieder als Beleg für die dauerhafte Modernität der Exilliteratur angeführt. Damit soll die These, dass die literarische Moderne mit dem Beginn der nationalsozialistischen Herrschaft radikal beendet gewesen sei, widerlegt werden. Die titelgebende Schildkröte wird im Roman zum Sinnbild der Juden in der Diaspora: zum einen als Symbol der »Ortlosigkeit trotz gleichzeitigem Besitz der Heimat«, denn die Schildkröte trägt ihr Haus zwar mit sich, muss aber eben deswegen verhungern, sobald sie auf den Rücken fällt: »ihr Haus ist zugleich ihr Tod«. Zum anderen aber gehört sie – als »Kleingetier, das auf dem Boden kriecht« – nach den jüdischen Reinheitsgesetzen zu den unkoscheren Tieren und wird so zum Zeichen für die Selbstverachtung der Juden.[172]

Einen Verlag für ihre Prosa und Aufführungsmöglichkeiten für ihre Stücke fand die Schriftstellerin unter den eingeschränkten Publikationsbedingungen des Exils nicht. Und so blieb es auch nach 1945. Veza Canetti sorgte weiterhin für die materielle Lebensgrundlage und das literarische Fortkommen ihres Mannes. Ihre eigene Autorschaft geriet in Vergessenheit; obwohl sie insgeheim immer wieder versucht haben soll, Publikationsmöglichkeiten zu finden. Erst als 1956 wieder einmal einer ihrer beiden Romane abgelehnt wurde, soll sie – so Elias Canetti – endgültig beschlossen haben, nicht mehr weiterzuschreiben.

In ihre Heimatstadt Wien, wo ihr Mann nun seine literarische Karriere startete, kehrte Veza Canetti nie zurück, auch nicht besuchsweise. Am 1. Mai 1963 starb sie in London, offiziell an einer Lungenembolie, vermutlich aber durch Suizid.[173] Ihr Werk erschien ab 1990 bei Carl Hanser, dem Verlag, der Elias Canetti ab 1963, Vezas Todesjahr, mit der Wiederentdeckung des Romans *Die Blendung* zu Weltruhm führte.

The Runaway Countess

Hermynia Zur Mühlen
(1883–1951)

Ihr Roman *Unsere Töchter, die Nazinen* hätte eigentlich ein Bestseller werden können. Denn mit seinem weiblichen Personal und seinem gesellschaftskritischen Sujet lag er im Trend der Kultur der ›Neuen Frau‹. Doch vielleicht kam das Buch, das 1936 in Wien erschien, dafür einfach zu spät. Vielleicht war seine antifaschistische Botschaft aber auch zu politisch, vor allem für eine Autorin aus dem österreich-ungarischen Hochadel. Und so wurde die Schriftstellerin und Übersetzerin Hermynia Zur Mühlen – trotz ihres umfassenden Werks – nicht berühmt, sondern vergessen – und ist es bis heute.

Adelige Tochter auf Abwegen

Hermine Maria Isabella Folliot de Crenneville kam 1883 in Wien zur Welt, in einer Familie liberalen, international verflochtenen Hochadels, und lebte, wenn sie nicht mit dem Vater auf Reisen war, meist bei der Großmutter mütterlicherseits in Gmunden. Die Mutter nämlich sah in der Tochter eine unliebsame Konkurrenz und eine Gefährdung ihrer gesellschaftlichen Attraktivität und distanzierte sich deshalb von ihr. Die Großmutter dagegen unterstützte die literarischen, politischen und sozialen Interessen der einzigen Enkelin, zumal sie ihren eigenen Neigungen entsprachen. Auf eigenen Wunsch hin wurde Hermynia Volksschullehrerin, durfte den Beruf jedoch aus Standesgründen nicht ausüben. Zum Ausgleich für dieses familiäre ›Berufsverbot‹ schickte die Familie die junge Frau auf ausgedehnte Reisen.

1905 heiratete sie – gegen den Willen ihrer Familie – den rechtskonservativen baltischen Baron Victor Zur Mühlen. Die Ehe hielt nicht, was Hermynia sich davon versprochen hatte. Statt der erhofften Freiheit geriet sie in noch stärkere Abhängigkeiten. Das Leben auf dem einsamen livländischen Gut, weitab von jeder Kultur und Geselligkeit, wurde ihr zum Albtraum. Sie erlitt eine Fehlgeburt, erkrankte schließlich an Tuberkulose und verbrachte die Jahre des Ersten Weltkriegs in Davos; die Krankheit heilte jedoch nie ganz aus. Die Ehe wurde 1918 geschieden. Hermynia Zur Mühlen brach mit der eigenen und der angeheirateten Familie und begann mit dem tschechischen Übersetzer Stefan I. Klein, den sie in Davos kennengelernt hatte, ein neues Leben in zwar armen und ungesicherten, aber selbstbestimmten Verhältnissen.

Das Paar lebte zunächst in Frankfurt, floh 1933 gemeinsam nach Wien und nach dem ›Anschluss‹ Österreichs ans Deutsche Reich nach Bratislava. Hier erwarb Zur Mühlen durch die Heirat mit Klein die tschechoslowakische Staatsbürgerschaft. Im Juni 1939 ging das Paar ins Londoner Exil. Ihren Lebensunterhalt verdienten beide durch Übersetzungen. Hermynia Zur Mühlen übertrug Texte aus dem Russischen, Englischen und Französischen auf der Grundlage der Sprachkenntnisse, die sie dank ihrer polyglotten adligen Erziehung spielerisch erworben hatte. Und sie war als Übersetzerin – mit siebzig Büchern und fünfundfünfzig Zeitschriftenbeiträgen – höchst fleißig und produktiv. Am bekanntesten wurden ihre Übertragungen der Werke Upton Sinclairs.[174]

Die rote Gräfin

Doch auch politisch war Hermynia Zur Mühlen aktiv. 1919, nach Scheidung und Bruch mit der Familie, war sie der Kommunistischen Partei beigetreten und vermutlich auch dem Bund proletarisch-revolutionärer Schriftsteller. Und die ›rote Gräfin‹ lebte ihre Überzeugungen, ohne Kompromisse zu machen. Das zeigt etwa ihre Haltung in dem seiner berühmten literarischen Protagonisten wegen bekannt gewordenen Eklat um die Exilzeitschrift *Die Sammlung*, die Klaus Mann ab September 1933 im Amsterdamer Exilverlag Querido herausgab. Die Bitte ihres Verlags, die Mitarbeit an der Zeitschrift aus politischen Gründen einzustellen, so wie es Thomas Mann, Alfred Döblin, Stefan Zweig und René Schickele getan hatten, um den Absatz ihrer Bücher innerhalb des Deutschen Reichs zu sichern, lehnte Zur Mühlen mit einem Offenen Brief in der Wiener *Arbeiter-Zeitung* ab. Sie schrieb:

»Da ich Ihre Ansicht, das Dritte Reich sei mit Deutschland und die ›Führer‹ des Dritten Reichs seien mit dem deutschen Volke identisch, nicht teile, kann ich es weder mit meiner Überzeugung noch mit meinem Reinlichkeitsgefühl vereinbaren, dem unwürdigen Beispiel der von Ihnen angeführten vier Herren zu folgen, denen scheinbar mehr daran liegt, in den Zeitungen des Dritten Reiches, in dem sie nicht leben wollen, gedruckt und von den Buchhändlern des Dritten Reiches verkauft zu werden, als treu zu ihrer Vergangenheit und ihren Überzeugungen zu stehen. Ich ziehe dieser ›besten Gesellschaft‹ die Solidarität mit jenen vor, die im Dritten Reich um ihrer Überzeugungen willen verfolgt, in Konzentrationslager gesperrt oder ›auf der Flucht erschossen‹ werden.«[175]

Auch direkte finanzielle Nachteile hinderten die verarmte Adelige nicht, zu ihrer politischen Überzeugung zu stehen. So verzichtete sie 1938, nach dem ›Anschluss‹ Österreichs ans Deutsche Reich, auf das mütterliche Erbe, obwohl sie es für die Flucht nach England dringend hätte brauchen können. In einem Akt passiven Widerstands weigerte sie sich, vor den NS-Behörden den Arier-Nachweis zu erbringen. Dieser wäre Bedingung dafür gewesen, das Erbe antreten zu können.

Später trat Zur Mühlen – ebenfalls aus Überzeugung – wieder aus der Kommunistischen Partei aus; wahrscheinlich anlässlich der Moskauer Prozesse von 1936 bis 1938, jedoch ohne sich offiziell von der Partei zu distanzieren.

Autorin mit politischer Botschaft

Literarisch war Hermynia Zur Mühlen nicht nur als Übersetzerin tätig. Seit 1921 schrieb sie auch selbst. Zunächst Kinderbücher mit deutlicher politischer Botschaft, getragen von der Überzeugung, dass die ›richtige‹ – nach ihrem Verständnis die sozialistische – Erziehung unabdingbar sei für die notwendige gesellschaftliche Veränderung in den kommenden Generationen. Ihre kleinen, märchenhaften Geschichten mit Parabelcharakter erschienen in der linken Presse und machten die Autorin in der neuen, politisch engagierten Kinderliteratur der Weimarer Republik bekannt.

Ab 1925 schrieb sie – teils unter Pseudonym – auch Krimis, historische und zeitgeschichtliche Romane sowie Erzählungen mit sozialkritischer Tendenz. Und auch als Hörspielautorin war sie erfolgreich. Schon 1929 veröffentlichte sie ihre Autobiografie *Ende und Anfang. Ein Lebensbuch*, die schon im Jahr darauf in englischer Übersetzung erschien, unter dem so attraktiven wie treffenden Titel *The Runaway Countess*.[176]

1933 wurde Zur Mühlens gesamtes Werk von den NS-Behörden wegen seiner sozialistischen Tendenz verboten. Den Anlass lieferte der Eklat um die Zeitschrift *Die Sammlung*. Am bekanntesten wurde – trotz des Verbots – der oben bereits erwähnte antifaschistische Roman, den sie noch 1936 in Wien publizierte, *Unsere Töchter, die Nazinen*. Im Londoner Exil schrieb Zur Mühlen, nun auf Englisch, zwei Romane: *We Poor*

Shadows (1943), der bisher nicht ins Deutsche übersetzt wurde, und *Came the Stranger* (1946), deutsch unter dem Titel *Als der Fremde kam* (1947).

Danach fand sie auf dem deutschsprachigen Buchmarkt kaum mehr Publikationsmöglichkeiten. Ihre Nähe zur Kommunistischen Partei schadete ihr jetzt mehr, als ihre aufrechte politische Haltung ihr nützte. Vermutlich kehrte sie deshalb, trotz guter Kontakte in die politische Szene Wiens, auch nicht in ihre Heimat zurück. Zur Mühlen blieb, konsequent wie immer, im englischen Exil und starb dort in Armut an den Spätfolgen der Tuberkulose, die ihr Leben fast vierzig Jahre lang überschattet hatte.

VIERTES KAPITEL
Man hatte ja eine Frau

Alltag im Exil

»Nun, man hatte ja eine Frau«, soll ein anonym gebliebener Schriftsteller geantwortet haben, als man ihn fragte, wovon er denn im Exil eigentlich gelebt habe. So berichtet Hans-Albert Walter in seiner Geschichte der deutschen Exilliteratur.[177] Diese so lapidare wie zynisch-resignative Antwort dürfte der Lebensrealität weithin entsprochen haben. Das belegen zum einen die Biografien von Schriftstellerinnen und Schriftsteller-Gefährtinnen, zum anderen die von den Exilzeitungen und -zeitschriften gern veröffentlichten Gebrauchsanweisungen von Emigrantinnen für die Alltagsbewältigung in der Fremde.

Die nahezu unbekannte Lyrikerin Lessie Sachs, die es mit Mann und Kind nach St. Louis/Missouri verschlagen hatte, informierte in der New Yorker Exilzeitschrift *Aufbau* ihre potenziellen Leidensgenossinnen über alles, was ihnen den Start ins neue Leben jenseits des Atlantiks erleichtern könnte, von der Wohnungseinrichtung über Dresscode und Einkaufsmöglichkeiten bis zum gesellschaftlichen Leben in der amerikanischen Provinz:

»Ach, meine lieben Freundinnen in Deutschland, wenn Ihr auswandern wollt, laßt Euch nicht gar soviel beraten, denn: wie man es macht, ist es falsch. (…) jetzt möchte ich mit denen unter Euch, die schön, anziehend und charmant sind, die Kleiderfrage besprechen – also mit allen – gut, hört zu: (…) reizende und mutige Freundin, verausgabe Dich nicht. Achtung, rotes Warnsignal: Stopp! Die Amerikanerin ist so restlos, so völlig anders angezogen als Du, daß Du jedenfalls – was immer Du

Dir ausgeklügelt hast – (…) nun eben europäisch wirkst, d. h.
aus dem Rahmen fallend. – Leider. (…) es sind auch die klimatischen Bedingungen zu berücksichtigen, man ist immer entweder zu dick oder zu dünn angezogen, überhaupt macht es
außerordentliche Schwierigkeiten, sich zu akklimatisieren, in
jedem Sinne.

Seid einen Augenblick ernsthaft und denkt nicht mehr an
Euer ›make up‹ – sondern (…) hört auf mich und lernt die
Landessprache. Lernt die Landessprache, und wenn Ihr glaubt,
Ihr sprecht ›perfekt‹– so fangt sofort wieder von vorne an. (…)
Wer in das Land kommt, der fühlt sich taubstumm. Hach, und
telefoniert erst einmal (…). Und wirklich: die gesellschaftlichen
Beziehungen sind in Amerika von der größten Wichtigkeit.
Und dazu gehört doch, dass man eine Unterhaltung führen
kann. – Und kann man das? – Ich nicht. Ich stehe unglücklich
umher und stottere. Ich mache schlechte Figur. Die Sprache
muß man können, die Sprache! (…) Ich weiß nichts mehr, ich
bin ein Neuankömmling, alles, was ich in Europa war, was ich
galt oder gewußt habe, gilt hier nichts. Gilt nicht! – Gilt
nicht!«[178]

So locker und leichtfüßig im Kaléko-Ton Lessie Sachs' Bericht auch daherkommt, seine Botschaft ist bitter. Das neue,
fremde Leben verlangte viel von der Emigrantenfrau und brachte nicht wenige von ihnen an den Rand dessen, was sie ertragen
konnten.

Emigrantinnen-Alltag

»Nun, man hatte ja eine Frau.« Unter den erschwerten Lebensbedingungen des Exils übernahmen die Frauen häufig die Aufgabe, nicht nur ihre eigene Existenz zu sichern, sondern auch
die ihrer Männer, ihrer Kinder sowie der weiteren Familienmitglieder. Die Frauen taten das mit großer Selbstverständlichkeit. Und erlaubten sich nur ausnahmsweise und zur Recht-

fertigung ihres Handelns einen Hinweis darauf, dass dies eine erhebliche zusätzliche Belastung war. So Anna Seghers aus Frankreich in einem Brief an den Genossen Willi Bredel in Moskau, als dieser stärkeres exilpolitisches Engagement von ihr einforderte: »Du bekommst, weil Du ein berühmter Mann bist, auch Deine Knöpfe von weiblichen Personen angenäht und Deine Kinder ernährt, gekleidet und erzogen und Deine Briefe getippt, all das machen für mich keine, das mußt Du inoffiziell und freundschaftlich auch bedenken.«[179]

Anna Seghers' Brief lässt etwas von dem anklingen, was den Alltag im Exil ausmachte und was tagtäglich zu bewältigen war. Es galt zuallererst und immer von Neuem, sich in den wechselnden fremden Landessprachen zu verständigen. Das Erlernen moderner Fremdsprachen aber gehörte – anders als heute – während des Kaiserreichs und der Weimarer Republik nicht selbstverständlich zur Schulbildung. Diese war humanistisch ausgerichtet, auf Latein und Griechisch. Als Sprache der Wissenschaft galt das Französische; auch deswegen fiel den Emigranten der Weg nach Frankreich leichter als der in die englischsprachigen Länder. Englisch war die Sprache des ›Business‹ – eine für die Intellektuellen und Schriftsteller damals fremde Welt. Die Muttersprache wurde deshalb vielen Exilautorinnen und -autoren zur inneren Heimat und zum letzten Hort, an dem sie sich ihrer schriftstellerischen Identität versicherten.

Frauen überwanden die Sprachbarrieren leichter als die meist isolierter lebenden Männer; das ist vielfach dokumentiert. Die Jobs außer Haus, die durch Haushalt und Kinder notwendigen alltäglichen Kontakte mit den Menschen des Gastlandes förderten auch den Spracherwerb. Hinzu kam, dass in den höheren Mädchenschulen der Weimarer Zeit der moderne Fremdsprachenunterricht einen größeren Stellenwert hatte als in den fast ausschließlich von Jungen besuchten Gymnasien.[180]

Zu den organisatorischen Aufgaben, die meist von den Frauen übernommen wurden, gehörte es, den Alltag in der Fremde

immer wieder neu zu strukturieren: eine Wohnung zu finden
und sich in diesem Provisorium zumindest so weit einzurich-
ten, dass alle Familienmitglieder dort leben und arbeiten konnten. Es galt, den Haushalt zu etablieren; es musste eingekauft,
gekocht, gewaschen, genäht und gebügelt werden; Vorräte waren anzulegen, Hilfen für Haushalt und Kinderbetreuung zu
organisieren. Die Kinder mussten in verschiedenen Schulen
oder Internaten angemeldet und in ihrem ausgesetzten Schul-
und Sozialleben in der Fremde begleitet und unterstützt werden. »Das Wichtigste war nun, Peter in eine gute Schule zu
bringen«, schreibt Gina Kaus über ihr französisches Exil. »Es
mußte ein Internat sein, denn ich hatte zu arbeiten, wir hatten
kein Zuhause, und er sprach kein Wort Französisch.«[181]
    Der durch die Flucht immer wieder unterbrochene, fragile
Kontakt zu fernen Familienangehörigen, zu Freunden, Kollegen und potenziellen Unterstützern war zu aktivieren oder
immer wieder neu aufzubauen. Die nächste Fluchtstation
musste ausgekundschaftet und in endlosen Behördengängen,
wie sie Exilliteratur und Briefwechsel immer wieder eindrucksvoll beschreiben, vorbereitet werden – und all das in einer
fremden Sprache. Zu besorgen waren nicht nur die raren Eisen-
bahn- und Schiffstickets, sondern, bis es so weit war, zunächst
einmal die unterschiedlichsten amtlichen Papiere: Aufenthaltsgenehmigungen für das aktuelle Gastland, Einreisevisa für das
künftige und Transitvisa für die Zwischenstationen, des Weiteren die heißbegehrten ›Affidavits‹, Bürgschaften und Nach-
weise der finanziellen Bonität, ohne die ein Einreisevisum
kaum zu bekommen war. Und es galt, all das zu finanzieren –
von der Miete, dem täglichen Einkauf und dem in den USA fast
überlebensnotwendigen Auto über die Haushaltshilfe, das
Schulgeld für die Kinder und die Auslösegebühren für die beim
Zoll festliegenden ›Lifts‹, das Frachtgut mit den Fragmenten
der früheren bürgerlichen Existenz, bis zu den Tickets für die
Weiterreise zur nächsten Fluchtstation.

Die materielle Lage

Die materielle Lage der meisten Emigranten war – gemessen an ihrem früheren Lebensstandard – schlecht, trotz der Solidarität der Kollegen und ausländischen Helfer und der – wenn auch eingeschränkten – Erwerbsmöglichkeiten.[182] In vielen Gastländern, wie in Frankreich und der Schweiz, erhielten Emigranten keine Arbeitserlaubnis. Die Einhaltung des Arbeitsverbots wurde bei Männern oft strenger überwacht als bei Frauen; wohl, weil diese mehr im privaten, halblegalen und minderbezahlten Dienstleistungsbereich aktiv waren.

Nur die wenigsten Autorinnen (und Autoren) hatten vor 1933 ihr Vermögen ins Ausland transferiert. Die einen, weil sie in den von der Wirtschaftskrise hart betroffenen Zwanzigerjahren auch in Deutschland und Österreich ohne Rücklagen gelebt und folglich keine bedeutenden Besitztümer zu retten hatten. Die anderen, weil sie die mit Hitlers Aufstieg heraufziehende Gefahr grob unterschätzt hatten. Zudem verhinderten Maßnahmen wie die ›Reichsfluchtsteuer‹, die ›Zwangsarisierung‹ und die Beschlagnahme des Vermögens von Flüchtlingen einen legalen Vermögenstransfer. Ja, selbst die wichtigsten Arbeitsunterlagen, Manuskripte und Bücher mussten die meisten Schriftsteller zurücklassen.

Auf Einnahmen aus ihrer schriftstellerischen Arbeit konnten in der Emigration nur die wenigsten zurückgreifen. Die Honorare aus Veröffentlichungen in Deutschland waren vom Ausland aus nicht verfügbar; später wurden sie gänzlich einbehalten. Und zu Einnahmen aus dem Buchmarkt der Exilländer oder gar aus Verfilmungen – lukrativste und modernste Form der Zweitverwertung – brachten es nur wenige Schriftsteller. Die allermeisten waren gezwungen, am Existenzminimum zu leben. Nur eine kleine Gruppe brachte es zu einem bescheidenen Auskommen. Unter den zwölf Exilautoren, die als wohlhabend galten, war eine einzige Frau: die Unterhaltungsschriftstellerin Vicki Baum. Sie führte – ähnlich wie Remarque – eine

für Autoren gänzlich untypische, filmstarähnliche Glamour-
existenz in Hollywood, am Rande der Literatur, und konnte es
sich leisten, einen Jahresvertrag von Metro Goldwyn Mayer,
Wunschtraum aller emigrierten Schriftsteller, abzulehnen – ihrer literarischen Freiheit wegen.

Wollte man sich nicht von der Unterstützung der zahlreichen
Hilfsorganisationen oder auch wohltätiger Reicher abhängig
machen, so blieb nur die meist demütigende Arbeitssuche. Die
Ärztin und Publizistin Hertha Nathorff ersparte sie sich nicht.
Sie berichtet in ihrem Tagebuch von den schmerzlichen Erfah-
rungen und Entbehrungen:

»(…) das ist mir klar: von ›Wohltätigkeit‹ will ich nicht leben,
nicht ich, nicht mein Mann, nicht einmal mein Kind. In langer
Schlange stehen wir an, warten, bis wir endlich mit jemandem
reden, unsere Lage klar machen können. Klar machen? Ja, wie?
Ich selbst, Schülerin eines humanistischen Gymnasiums, habe
nie englisch gelernt, und wieweit die Kenntnisse meines Mannes ausreichen? Es wird sich herausstellen. (…) völlig mittellos
waren wir gekommen und die Hoffnung, zumindest noch unsere Lifts, die unser ganzes Inventar, Möbel, Hausrat, Geschirr,
Wäsche, Kleidung, Bilder, Teppiche, kostbare Sammlungen von
Porzellan, Glas und vieles mehr, nicht zuletzt eine zweifache
komplette medizinische Einrichtung enthielten, zu erhalten,
erscheint mir trügerisch zu sein, trotzdem ich mir alle Mühe
gebe, das Lösegeld – 72 Dollar – hier geliehen zu bekommen.
Als ich es endlich der Sozialarbeiterin (…) verständlich gemacht habe, sagt sie zu mir: ›Möbel, Hausrat – wozu? Sie
hängen nur an Ihrem guten Leben und an Ihrer eleganten
Wohnung! Die brauchen Sie hier nicht mehr. Ärztin wollen Sie
wieder werden? Schlagen Sie sich das aus dem Kopf. Wir haben
hier Ärzte genug, wollen keine mehr und Ärztinnen schon gar
nicht. Gehen Sie mit Ihrem Mann in einen Haushalt als Diener-
ehepaar, da haben Sie ein Dach überm Kopf und Essen und
außerdem bekommen Sie Gehalt und können anfangen zu
sparen.‹ (…)

Erschüttert schwieg ich über so viel Unverständnis und Kaltherzigkeit. Dann sagte ich stotternd: ›Gut, wir werden als Couple in einen Haushalt gehen, aber nur mit meinen zwei Händen. Ich kann arbeiten für zwei, denn mein Mann wird auf jeden Fall wieder studieren, wieder Arzt werden, und wer weiß, trotz Eurer vielen hier, seid Ihr auch an mir noch einmal froh.‹«[183]

Das Leben der Hertha Nathorff, einer gut ausgebildeten, beruflich erfolgreichen Frau, kann als prototypisch für die Karrierebrüche und die spezifisch weiblichen Schwierigkeiten der Alltagsbewältigung in der Emigration gelten. Dazu gehört auch die generelle Bereitschaft der Frauen, die eigene Karriere der des Partners unterzuordnen. Dies zeigt – in extremer Form – die Haltung der Frauen um Bert Brecht. Von ihnen wird in einem eigenen Porträt die Rede sein.

Auch die Frau muß sich umstellen. Frauen-Jobs

Frauen waren im Exil auffallend häufig erwerbstätig und sicherten so, meist durch Jobs unter ihrem gesellschaftlichen Status und beruflichen Niveau, den Unterhalt ihrer Familien. Sie sicherten damit meist auch die Existenz ihrer Männer und schufen für sie erträgliche Produktionsbedingungen. Und dies, obwohl Frauen in den Gastländern grundsätzlich weniger verdienten als Männer und zudem, weil sie oft illegal arbeiteten, noch weitere Lohnabstriche von bis zu 50 Prozent hinnehmen mussten. Akademisch ausgebildete Frauen wurden auch in einfache Frauenjobs vermittelt; gleichqualifizierte Männer wiederum wurden bei der Vergabe von Stipendien für weiterqualifizierende Abschlüsse häufiger berücksichtigt.

Die Frauen fanden Gefallen an ihrer neuen Rolle als Erwerbstätige, auch wenn die Chancen, in ihrem angestammten Beruf unterzukommen, besonders für Akademikerinnen, gering waren. Dass sie mit ihren Jobs hinter den Männern zurück-

standen, wenn es um den beruflichen Neu- und Wiedereinstieg
ging, wurde von allen Beteiligten, auch von ihnen selbst, zwar
als selbstverständlich angesehen, aber, wie Hertha Nathorffs
Beispiel zeigt, zugleich auch als Ablehnung erlebt.[184]

Insgesamt darf festgestellt werden: Die Bereitschaft der
Frauen, sich zu integrieren und das neue Leben zu meistern,
war groß. Sie waren – stärker als die Männer – bereit zur
Assimilation und zur Übernahme ökonomischer Verantwortung. Sie taten sich leichter, die Sprachbarrieren zu überwinden
und profitierten von einer meist gut ausgebildeten sozialen
Kompetenz. So, wie sie die politische Lage in den ersten Jahren
des Dritten Reichs oft realistischer und unvoreingenommener
gesehen hatten als ihre Männer und deshalb oft die treibende
Kraft beim Entschluss zur Emigration waren, so schätzten sie
auch die soziale und politische Lage in den verschiedenen Stationen des Exils häufig genauer ein.[185]

Dass vor allem die Frauen es übernahmen, den schwierigen
und hindernisreichen Alltag des Exils zu bewältigen, entsprach
den tradierten Rollenvorstellungen. *Auch die Frau muß sich
umstellen*, nannte das *Pariser Tageblatt* vom Dezember 1933
einen Beitrag, in dem sich Louise Straus-Ernst mit der prekären
Exilsituation grundsätzlich und zugleich sehr praxisorientiert
auseinandersetzte. Die Formulierung »Auch der Mann muß sich
umstellen« hätte die Situation allerdings treffender beschrieben.
Doch die Autorin verlangt die soziale Anpassungsleistung ausschließlich von den Frauen und bestätigt so die herrschenden
Verhältnisse:

»Die größere Anpassungsfähigkeit der Frau gibt ihr immerhin dem Manne gegenüber, der auf seinen oft sehr spezialisierten Beruf festgelegt ist, manche Vorteile. Angeborne weibliche
Fähigkeiten können vielfach ausgenutzt werden. Nähen, flic-
ken, waschen, bügeln, zunächst vielleicht nur für einen Kreis
von Schicksalsgenossen, ist möglich, führt vielleicht später zur
Einrichtung eines kleinen Betriebs; Sprachstunden, Übersetzungen, Schreibmaschinenarbeiten sind oft gesucht und wer-

den, wenn auch nicht glänzend, so doch auskömmlich bezahlt. Und dann gibt es die vielen Angebote für Übernehmen von Hausarbeit und Kinderbetreuung (...). Es kommt eben darauf an, sehr viele Ambitionen, die selbstverständlich schienen, auf eine Zeit zurückzustellen, ohne dabei den Mut zu verlieren.«[186]

Der Grund für die Fähigkeit und Bereitschaft der Frauen zur Anpassung liegt – allen, die sich damals dazu geäußert haben zufolge – dort, wo er im tradierten Kanon der Geschlechtertypologie seit eh und je gesucht wird: in der »Natur« der Frau.[187]

Von Frauen und Mädchen wurde erwartet, dass sie die soziale Degradierung, der sie auf dem Arbeitsmarkt der Exilländer ausgesetzt waren, hinnahmen. Man ging davon aus, dass sie die damit in der Regel verbundene Demütigung leichter überwinden konnten als die Männer. Die Fallhöhe war ja schließlich nicht so groß.

»Die damals so aktuelle Frage: ›Weshalb soll ein Schauspieler nicht Taxi-Chauffeur werden?‹ beantwortete Marcuse für die meisten emigrierten Intellektuellen: (...) weil das nur Taxi-Chauffeure verwinden, die einmal Schauspieler waren.«[188]

Und weil das von den meisten so gesehen wurde, arbeitete Friedel Kantorowicz, die Frau des Schriftstellers Alfred Kantorowicz, als Sekretärin an der Universität von New York und gründete Yvette Prost-Leonhard, die Frau des Schriftstellers Rudolf Leonhard, einen Mittagstisch für Badegäste an der italienischen Riviera. Die Sängerin Hilde Bondi lebte vom Verkauf selbstgenähter Handschuhe, die Frau des Schriftstellers Alfred Unger im englischen Exil vom Verkauf selbstentworfener gummierter Strand- und Toilettentaschen. Die Schriftstellerin und Lektorin Elisabeth Castonier, die 1933 von Berlin nach Wien emigriert war, schlug sich dort als Straßenverkäuferin von Zeitungen durch – ohne Gewerbeschein.[189] Die Journalistin und Sachbuchautorin Charlotte Beradt, Frau des Schriftstellers Martin Beradt, richtete in ihrem New Yorker

Wohnzimmer einen vor allem von Emigrantinnen frequentierten Frisier- und Haarfärbesalon ein, bevor sie später Übersetzungen für Hannah Arendt übernahm. Ihr eigenes Buch *Das Dritte Reich des Traums*, das sie selbst ins Englische übersetzt hatte, erregte zwar viel öffentliches Aufsehen, verkaufte sich aber schlecht.

»Für die Frauen war es leichter«, schreibt die erfolgreiche Drehbuchautorin Salka Viertel über die Situation in Hollywood, »sie ernährten ihre Männer und Kinder, indem sie bei Parties als Aushilfsköchinnen arbeiteten und die Sachertorte und den Apfelstrudel einführten; sie wuschen, putzten und nähten. (…) Da die Rüstungsindustrie immer mehr Amerikaner schluckte und sich auch den Negern andere Arbeitsmöglichkeiten boten, war die Nachfrage nach ›Hausangestellten‹ stark gestiegen.«[190]

Die Biografien der Frauen, die solch wenig qualifizierte Jobs übernahmen, belegen, dass die oben zitierte Ärztin Hertha Nathorff unter vielen in Deutschland beruflich erfolgreichen Akademikerinnen und Künstlerinnen keine Ausnahme war. So etwa Brechts Ehefrau, die große Schauspielerin Helene Weigel (1900–1971), die in den langen Jahren in der Emigration kein Engagement fand:

»Im Exil hatte sie viel gelernt«, schreibt Salka Viertel. »Sie nähte, kochte, wusch und versorgte den Garten; sogar die Überzüge für die bei Altwarenhändlern erstandenen Möbel fertigte sie selbst an. Oft blieb sie, nachdem sie den ganzen Tag schwer gearbeitet hatte, die halbe Nacht auf, um mit Besuchern, die sich oft einfanden, über den Krieg und die politische Lage zu diskutieren. Amerikanische Schauspielerinnen, die Helli kennengelernt hatte, waren höchst erstaunt, als ich ihnen erzählte, daß sie eine berühmte Kollegin von ihnen war.«[191]

Die Lehrerin der Naturwissenschaften und Philosophin Erna Blencke,[192] die 1933 nach dem ›Gesetz zur Wiederherstellung des Berufsbeamtentums‹ entlassen worden war, bestritt ihre Existenz mit einem Brotgroßhandel, der zugleich als Tarnung für eine Widerstandsgruppe diente. Im Pariser Exil arbeitete sie dann als Hausangestellte und Serviererin in einem Emigrantenlokal. In den USA fand sie schließlich eine Anstellung in einem medizinischen Verlag.

Die Juristin Ruth Fabian, Mitglied der Sozialistischen Arbeiterpartei, gründete in Paris mit ihrem Mann, dem Journalisten Walter Fabian, ein Zeitungsausschnittsbüro. Da es nicht genug für den Lebensunterhalt der kleinen Familie abwarf, kellnerte Ruth zusätzlich in einem Emigrantenlokal. Die Architektin Karola Bloch, Frau des Philosophen Ernst Bloch, versuchte sich unter anderem als Vertreterin.

Die promovierte Wiener Germanistin Elisabeth Freundlich, die sehr gut Englisch konnte, holte in den USA den kürzestmöglichen Studienabschluss nach: Sie wurde Bibliothekarin und fand eine Anstellung im Metropolitan Museum of Arts. Später unterrichtete sie nebenher in Princeton und an anderen Universitäten und entwickelte das von ihr betreute Feuilleton der Exilzeitschrift *Austro-American Tribune* zum bestredigierten der gesamten Exilpresse. Diese publizistische Arbeit setzte sie auch nach ihrer Rückkehr nach Wien, 1950, fort, unter anderem als Berichterstatterin für NS-Prozesse in Österreich und Deutschland. Ihre literarischen Arbeiten fanden dort wenig Anerkennung.

Bella Fromm berichtete in einem Interview von ihrem bescheidenen Aufstieg in der typischen flachen Hierarchie der Frauenjobs: »Eine Woche arbeitete ich in einer Fabrik, dann wurde ich Köchin auf der Ost-Seite, Uptown, wo eben eine Köchin erkrankt war. Eines Tages gab die ›Herrschaft‹ eine Party, aber die Maid hatte Urlaub. Man fragte mich, ob ich den Tisch decken könnte? Ich antwortete: ›Selbstverständlich! Ich habe seit 15 Jahre auf der ‚other side' nichts anderes getan, als Tische gedeckt.‹ Und alles verlief gut, viel besser als ich gehofft hatte. Als ich in meiner schwarzen Tracht dastand, mußte ich ein wenig lächeln, wenn ich daran dachte, was wohl Johann und Lisbeth, die mein Haus in Deutschland versorgt hatten, sagen würden, wenn sie mich jetzt sehen könnten. Später wurde ich stundenweise Kellnerin, dann machte ich wieder Hausarbeiten bei einer Frau, die mir immer den Stundenlohn um 11 auf den Küchentisch legte, während ich noch bis 1 Uhr nachts Geschirr spülen mußte. Endlich erhielt ich eine Anstellung als Typistin.«[193]

Den tiefsten sozialen Abstieg erlebte, glaubt man ihrem autobiografischen Roman *Eine Nacht – ein Leben*, Dr. phil. Doris Dauber, die es über Basel, Paris und England nach Argentinien verschlagen hatte:

»Dienstmädchen, Nachtwächterin im Irrenhaus, Paketpackerin in einem Versandgeschäft sind nicht gerade sozial hochstehende Berufe. Aber man kann die Treppe noch tiefer hinabsteigen. Und ich steige hinab bis zur untersten Stufe, ohne daß mir eine Perle aus der Krone fällt. Im Gegenteil: wie bei allen früheren Berufen erweitert sich mein Horizont. Ich werde in einem Nachtlokal Klosettfrau, die einzige Verdienstmöglichkeit, die sich mir bietet.«[194]

Verglichen mit diesen Biografien, lebte Erika Mann höchst privilegiert. Sie hatte all das, was die meisten Schriftstellerinnen im Exil nicht hatten und worum sie sich verzweifelt und meist vergeblich bemühten. Das Klischee der »tapferen kleinen Frau« in der Fremde, von dem Erika Mann sich ironisch distanzierte, wurde den meisten Emigrantinnen zum Zeichen ihrer neuen Existenz. Es transportierte die Erwartungen, die an die Emigrantenfrau als solche allseits herangetragen wurden, von den Gastländern, von ihren Partnern und Familien und – nicht zuletzt – auch von ihr selbst.

Wie es hinter diesem Klischee wirklich aussah, vor allem dann, wenn das ›gewöhnliche Leben‹ wegfiel, der Exilalltag sich immer mehr auflöste und es kein sicheres Refugium mehr gab, das zeigt der Abstieg, den die Übersetzerin und Publizistin Doris von Schönthan in Frankreich durchlebte. Ruth Landshoff-Yorck porträtierte sie in ihren Erinnerungen *Klatsch, Ruhm und kleine Feuer* (1963):

»Das Leben war fast so schwer wie damals im Untergrund. Und das Beschaffen des Essens schwer, nicht so sehr, weil es noch an Nahrung gebrach, sondern weil das Geld fehlte. Die Landschaft war zauberhaft. Die Schönheit der alten Olivenhaine der Gegend ersetzte fast mit ihrer Mystik den Glauben an eine Zukunft. Dann war auch das vorbei. Sie wurden vertrieben. Sie hatten seit langer Zeit die geringe Miete nicht bezahlt. Immerhin war der Gatte geheilt, und Dorinde konnte sich endlich von ihm trennen. Er brauchte sie nicht mehr. Und sie ging zurück nach Paris. Das Leben begann neu in winzigsten Zimmern in kleinsten Hotels. Aber das war nicht so schlimm. Wir alle hatten, schon früher, immer gerne in Paris in kleinen Hotels gewohnt. Das hatte also noch eine gewisse Ähnlichkeit mit der guten alten Zeit. Dorinde tat allerhand, sie tippte und übersetzte, sie leistete Gesellschaft, sie hütete Kinder. Freunde, die durch Paris kamen, verbrachten einen Abend mit ihr, ließen ihr die unbenutzten Franken. Sie hatte noch Charme, war noch amüsant, ironisch, sah hübsch aus in den von den Freunden abgelegten Kleidern. Aber bei den Mahlzeiten, zu denen man sie einlud, trank sie mehr als sie aß.

Es ging bergab. Wie in den neuen und alten Büchern der Weltliteratur, so als habe sie diese nicht gelesen, so als sei sie nicht gewarnt. ›Sie trinkt zu viel‹ (…) Und die Freunde fuhren durch Paris, ohne sich zu melden. Und die Auftraggeber gaben ihr nichts mehr zum Tippen. Bergab.«[195]

Doris von Schönthans Schicksal lässt auch etwas ahnen von der harten Belastungsprobe, der die Ehen der Emigranten ausgesetzt waren. Sie hielten den Zumutungen des Exillebens, auch durch den Rollenwechsel, nicht immer stand – oder nur, weil man jetzt mehr denn je aufeinander angewiesen war und die Mittel zur Scheidung fehlten.

»Ehen verwandeln sich in Kampf- und Trutzgemeinschaften«, schrieb Hilde Domin, »oder sie werden geschieden. Die Versuchung, wegzuheiraten aus der Misere, einzuheiraten in ein Normalleben, ist für beide Partner gegeben, wo das Zusammenleben nicht außerordentlich eng ist. Praktisch dürfte die Opferbereitschaft und die Flucht in eine unbedingte gegenseitige Hilfsbereitschaft aber das Häufigere gewesen sein.«[196]

Oft zerbrachen die Beziehungen auch erst nach Rückkehr in die Normalität des Lebens an den im Exil angehäuften Belastungen.

Mit Kindern im Exil

»Dadurch, daß ich – zum Glück auch – Kinder habe, ist alles doppelt schwer«,[197] schrieb Anna Seghers auf dem Tiefpunkt ihrer Flucht durch Frankreich, im Herbst 1939, an den Freund Herzfelde nach New York. Seghers' Haltung zu ihrer Rolle als Familienmutter in der Emigration war ambivalent. Sie erlebte die Kinder als Glück, aber auch als Belastung. Als Glück, weil sich im Leben mit Kindern die Prioritäten selbstverständlich setzten. Der Alltag, das ›gewöhnliche Leben‹, das stabilisierend wirkte, gewann Vorrang. Eben deshalb aber wurden die Kinder auch zur Belastung. Flucht oder Ausreise wurden durch sie verständlicherweise schwieriger. Die Alltagsprobleme im Exil vervielfachten sich: von der Zahl der bei den Behörden zu beantragenden Papiere und der Zahl der Betten in Hotels, der Tickets für Züge und Schiffe, von der Größe der Wohnung und der materiellen Versorgung für eine mehrköpfige Familie bis zu den Plätzen in Schulen und Internaten, von den Krankheitsfällen, Schul- und Sprachproblemen, mit denen es fertigzuwerden galt, bis zur Aufmerksamkeit und Energie, die Kinder beanspruchten. Hier ging es um Investitionen, die, will man sie nicht pauschal als Kraftquell weiblicher ›Natur‹ gutschreiben, schriftstellerischer Arbeit im Einzelnen nicht unbedingt förderlich waren.

Und an den eigenen Kindern erlebten die Emigrantinnen ihr Schicksal noch einmal, emotional aufgeladen, in verschärfter

Form. Das begann schon mit dem Abschied aus der Heimat, so dringlich er auch herbeigesehnt wurde:

»Mein Junge hat zum Abschied noch einmal fünf Freunde eingeladen. Wie ernst die jungen Gesichter geworden sind, und was sie reden! Wo sie hingehen? Nach Amerika, nach Chile, nach Bolivien, nach Shanghai, jeder woanders hin. Aber alle haben ein Ziel: Vati und Mutti helfen so schnell wie möglich. 14- und 15-jährige Jungens, sie überlegen sich jetzt schon, wie sie am schnellsten ihre Eltern ernähren können«, notierte Hertha Nathorff Anfang 1939 in ihrem Tagebuch, kurz bevor ihr Sohn mit einem Kindertransport nach England verschickt wurde: »Wie erschütternd das war! Schon der Beamte der Gestapo, der uns empfing und alle beaufsichtigte, hatte mir wieder alles Erlebte aufgewühlt. (...) Und wen ich alles traf an diesem Morgen! Eine Kollegin in tiefer Trauer – ihr Mann starb drei Tage nach der Entlassung aus dem Konzentrationslager. Sie schickt ihren Jungen weg. Eine Patientin von mir bringt ihr 4-jähriges Mädelchen. Ein anderer Patient sein Töchterchen, dessen arische Mutter bereits im Ausland lebt. Immer mehr Bekannte kommen!

Und die Kinder, sie stellen sich an mit ihren Köfferchen, die sie ja selber tragen müssen. Jedes Kind bekommt eine Nummer, und die Kinder, sie kommen sich so wichtig, so interessant dabei vor, während es uns das Herz zerreißt.«[198]

Während die Eltern ihre Gefühle auf die Kinder projizierten und an ihnen stellvertretend auslebten, nahmen diese ihrerseits, wie aus Notzeiten bekannt, die Stelle der Erwachsenen ein. Sie wurden durch die schwierige emotionale Lage der Eltern bei Flucht, Vertreibung, Trennung und Tod vor der Zeit gezwungen, erwachsen zu werden. Die Emigration nahm den Kindern ihre Kindheit.

»Der Junge«, notierte Nathorff denn auch 1940 im amerikanischen Exil, »geht in eine Schule weit von hier, Fahrgeld und was er sonst noch nötig hat, verdient er sich durch Austragen von Paketen nach der Schule. Der arme Kerl, er ist jetzt oft so still und neulich kam er bei der Kälte ganz blau gefroren nach Hause.«[199]

Andere Kinder übernahmen, so wie heute die Kinder von Immigranten in Deutschland, auch damals die Vermittlerfunktion zum Gastland, indem sie übersetzten und dolmetschten, bei den Behörden, im Alltag und – zumindest im Fall von Gina Kaus – auch beruflich. Ihr Sohn übersetzte ihre Erzählungen, Filmscripts und Drehbücher und unterstützte die Mutter damit bei der Integration und beim Geldverdienen. Waren die Kinder noch klein und banden ihre Mütter ans Haus, so erlebten diese in der ihnen aufgezwungenen Einsamkeit an und mit ihrem Kind auch die Isolation des Exils in ihrer ganzen Härte.

Und draußen weht ein fremder Wind …

Ich sitze hier und hüt' das Kind.
Und draußen weht ein fremder Wind,
Singt eine fremde Melodie,
Ein fremdes Lied, ich hört' es nie, –
Ein Lied.
Das mich nicht einbezieht.

Ich sitze hier, weil sich's so traf,
Und hüte meines Kindes Schlaf.
Ach fremde Welt, ach fremdes Land,
Kein Blick vertraut, kein Haus bekannt,
Seht, seht,
Es ist schon spät, sehr spät.

Es ist schon spät, sanft schläft das Kind.
Indes man wachend sitzt und sinnt,
Vergeht die Nacht, verweht die Zeit,
Ein Tropfen fällt zur Ewigkeit.
Gib acht!
Bald schlägt es Mitternacht.[200]

Die Krise des Exils warf die politisch, beruflich und wirtschaftlich emanzipierten Frauen des 20. Jahrhunderts, zu denen die
emigrierten Schriftstellerinnen gehörten, aus ihrer vermeintlichen gesellschaftlichen Selbstbestimmung zurück in die tradierten weiblichen Rollen. Der eigene Lebensentwurf wurde – aus
der Notsituation heraus – ersetzt durch pragmatische Strategien des Überlebens.[201]

Dieser Einbruch wurde von den Betroffenen kaum reflektiert. Selbst politisch und gesellschaftlich so progressiv denkende und handelnde Autorinnen wie Anna Seghers und Erika
Mann folgten diesem konservativen Modell. Anna Seghers'
dokumentarischer Bericht *Frauen und Kinder in der Emigration*, der wohl kurz nach 1933 entstand, zeichnet auf der Grundlage von Fragebogen, Interview und Augenzeugenbericht das
Alltagsleben von Frauen im Exil nach. »Dabei dominiert das
Bild der einfachen, gütigen, mütterlichen, starken Frau«, ein
Typus, der auch in Seghers' Romanen die weiblichen Rollen
besetzt – im Gegensatz zu den gefährdeten, weil sich emotional
und politisch entwickelnden männlichen Hauptfiguren. Dieses
Frauenbild ist stark vereinfacht, unhistorisch und erscheint
politisch instrumentalisiert. In ihm spiegelt sich die längst über-
wundene Theorie vom naturhaften Wesen der Frau. Und doch
zeigt sich in ihm auch die reale Lage der Frauen in der Emigration. Denn der naturhaft definierte Begriff des Weiblichen enthält eben jene Überlebensstrategien, auf die Frauen in der Krise
des Exils zurückgriffen, nun, da sich ihre individuellen Lebensentwürfe nicht mehr verwirklichen ließen.[202] Doch die außerordentliche Situation eröffnete ihnen auch neue Möglichkeiten,
die kleinbürgerliche Enge ihrer Existenz zu verlassen: »Endlich
konnte der starre Rahmen der altertümlichen Eigenheimver-
hexten-Familie gesprengt werden. (…) Endlich richten sich
diese Augen nicht auf den Mittelpunkt der Familie, sondern auf
einen Punkt außerhalb.«[203]

Auch Erika Mann sprach den Rückschritt in Lebenssituation
und Selbstverständnis der Frauen nicht direkt an. Doch sie

nahm immerhin die reale Situation der emanzipierten, berufstätigen Frau ihrer Zeit in den Blick, die als Emigrantin heimatlos ist, »nicht bleiben darf«: »Werden wir je auf dieser Welt
wieder ›zu Hause‹ sein? Sind wir nicht die Fremden in aller
Herren Länder, gejagt, rund um den Erdball, der so dicht mit
Kanonen, Tanks und Kriegsgerät bepflanzt ist, daß für die
Menschen kaum mehr Raum zu sein scheint – und gewiß nicht
für die ›Fremden‹, die nirgends auf ihm ›zu Hause‹ sind.«[204]
Erika Mann wies zumindest auf die ambivalente Situation
hin, auf die Hindernisse, die den Frauen mit Einreise-, Aufent-
halts- und Arbeitsbedingungen in den Exilländern in den Weg
gestellt waren. Sie deutete ihre Fähigkeit zum Überleben, auch
wenn sie auf tradierten Rollenbildern beruhte, als Chance, Fuß
zu fassen und bleiben zu dürfen – als jene »tapfere kleine Frau«,
über die sie sich zugleich mokierte und erhob.

Und was für ein Leben

Gina Kaus
(1893–1985)

Das Leben der jüdischen Schriftstellerin Gina Kaus, geborene Wiener, adoptierte Kranz, verheiratete Zirner, Kaus und Frischauer, war bunt und vielseitig, auch im Exil. So jedenfalls hat sie es in ihrer Autobiografie unter dem Titel *Und was für ein Leben* dargestellt: schnörkellos, schonungslos und selbstkritisch, trotz allem Hang zur Selbstinszenierung.[205] Der Weg der verwöhnten Erfolgsautorin aus der Nestwärme der Wiener Kaffeehauskultur in die Kälte des Hollywood-Business war hart. Und Kaus hatte ihn nicht allein zu bewältigen, sondern mit ihrer Familie, ihrem dritten Mann Eduard Frischauer, einem Rechtsanwalt und Spieler, und den beiden Söhnen aus der Ehe mit Otto Kaus. Die Sorge für den Lebensunterhalt der Familie lag bei ihr – eine Lebenssituation, in welcher der Alltag seinen Tribut forderte. Gina Kaus meisterte diesen Alltag, bezahlte dafür aber einen – ihrer Meinung nach – zu hohen Preis. Das Leben sei ihr, meinte sie, durch die Emigration »gestohlen« worden.[206]

Gina Kaus stammte aus ärmlichen Verhältnissen. Ihr Vater war, nach ihren eigenen Worten, ein »Geldvermittler kleinsten Kalibers«.[207] Sie wuchs in der Wiener Berggasse auf, die als Adresse Sigmund Freuds ein fester Bezugspunkt in der Kulturgeschichte des 20. Jahrhunderts ist. Mit Freuds Kindern ging

Gina Wiener zur Schule; auf seinen Erkenntnissen über die menschliche Psyche, durchgespielt an einem literarischen Personal aus dem Milieu des Wiener Bürgertums ihrer Zeit, basieren die Romane, Erzählungen und Theaterstücke, mit denen die Schriftstellerin im Wien der Zwanzigerjahre zur Erfolgsautorin aufstieg.

Gina Kaus heiratete früh, doch ihr erster Mann, Sohn der angesehenen jüdischen Juweliersfamilie Zirner, fiel im Ersten Weltkrieg. Die junge Witwe arbeitete im Juweliergeschäft der Schwiegereltern, von denen sie sich, ihrer Herkunft wegen, abgelehnt fühlte. Und lernte hier – als Kunden – einen Verwandten der Zirners kennen, den Bankdirektor, Kartellpräsidenten und Heereslieferanten Joseph Kranz, eine stadtbekannte Persönlichkeit des jüdischen Großbürgertums. Gina Zirner wurde, formal kaschiert als seine Adoptivtochter, Kranz' Geliebte und lebte fortan mit ihm in luxuriösen, wenn auch gesellschaftlich prekären Verhältnissen.

Während der Zeit mit Kranz begann sie zu schreiben. Bald gehörte sie, als eine von wenigen Frauen, zur Künstlerrunde des Café Herrenhof, in der Karl Kraus, Hermann Broch, Robert Musil, Franz Blei, Egon Erwin Kisch und Franz Werfel den Ton angaben. Aus diesem Kreis kamen auch ihre Geliebten, darunter Franz Blei und der Schriftsteller und Psychologe Otto Kaus. Als sie von diesem ein Kind erwartete, trennte sie sich von Kranz und heiratete Kaus. Er war der Vater ihrer beiden Söhne Otto und Peter.

Gina Kaus gehörte zu den schillerndsten Figuren im literarischen Leben Wiens. Ihr Status ähnelte dem von Alma Mahler-Werfel und Milena Jesenská, die im selben Milieu verkehrten; als »Freundin bedeutender Männer«[208] repräsentierte sie zugleich den Prototyp der ›Neuen Frau‹: attraktiv und ihrer Reize bewusst, geistreich und kreativ, weltoffen, unabhängig und erfolgreich.

In ihrer Wiener Zeit veröffentlichte Kaus neben Erzählungen und Novellen sieben Romane, dazu mehrere Theaterstücke, vor allem Komödien, die an so prominenten Bühnen wie dem Wiener Burgtheater und dem Zürcher Schauspielhaus aufgeführt wurden. Schon 1921 erhielt sie – angeblich auf Betreiben ihres Geliebten Franz Blei[209] – den Fontane-Preis für die Novelle *Der Aufstieg*. Mit ihrem zweiten Mann ging Kaus nach Berlin und schrieb dort für alle renommierten Blätter, wie die *B. Z. am Mittag*, die *Vossische Zeitung*, *Uhu*, *Die Dame* und das *Berliner Tageblatt*. Ihre Romane erschienen – wie die Vicki Baums – beim Ullstein Verlag, damals der ersten Adresse für intelligente Unterhaltungsliteratur, und erreichten hohe Auflagen. Sie wurden in viele Sprachen übersetzt und fast alle verfilmt.

Die Machtübernahme der Nationalsozialisten veränderte Kaus' Leben langsam, aber nachhaltig. Ihre Bücher standen auf den amtlichen Verbotslisten und konnten in Deutschland nicht mehr erscheinen. Ob sie jedoch bei der Bücherverbrennung in Berlin in Flammen aufgingen, wie sie in ihrer Autobiografie angab, muss dahingestellt bleiben. Denn die Schriftstellerin war damals bereits nach Wien zurückgekehrt und konnte ihre literarische Karriere dort zunächst fast ungebrochen fortsetzen. Sie wechselte zum renommierten Exilverlag Allert de Lange. Schon 1933/34 erschien dort ihr Roman *Die Schwestern Kleh* in der für den Buchmarkt des Exils außergewöhnlich hohen Auflage von 8000 Exemplaren. 1935 folgte der historische Roman *Katharina die Große*, der in den USA zum Bestseller wurde. Er brachte Kaus – ähnlich wie vor ihr Vicki Baum – eine Einladung nach Amerika ein, der sie 1936 folgte. Im Jahr darauf erschien *Luxusdampfer. Roman einer Überfahrt* und im September 1939 der Roman *Der Teufel nebenan*, der im Pariser Exil entstanden war. Auch er wurde ein Erfolg, ihr letzter. Der Roman *Die Pest in Athen. Aus den Erinnerungen der Xanthippe*, den sie im amerikanischen Exil schrieb, blieb unveröffentlicht.

Flucht in die USA

Im März 1938, unmittelbar nach dem ›Anschluss‹ Österreichs,
flüchtete Gina Kaus mit ihren Kindern, überstürzt und ohne
alle literarischen Unterlagen und amtlichen Dokumente. Sie
ging getrennt von ihrem Lebensgefährten Eduard Frischauer,
der Wien schon vor ihr verlassen hatte. Kaus war als Jüdin und
Autorin verbotener Bücher gefährdet, Frischauer, weil er eine
Wiener Zeitung beim Prozess gegen die Nazis vertreten und
den Prozess gewonnen hatte. Kaus nahm den üblichen Emigra-
tionsweg, über Paris nach Marseille und von dort im September
1939 nach New York. Die Überfahrt finanzierte ihr Agent
George Marton, der sie schon nach Paris geholt hatte. Die Ankunft als Flüchtling auf Ellis Island, wo sie zwei Jahre vorher
als Erfolgsautorin auf einem Luxusdampfer eingereist und ho-
fiert worden war, machte der Schriftstellerin die veränderten
Verhältnisse schlagartig deutlich:

»Eines Abends, während die meisten von uns noch vor ihrem
Konservenabendbrot saßen, gingen plötzlich die Lichter an.
Alle stürzten an Deck. Wir waren im Hafen von New York –
Lichter überall, in allen Gebäuden am Ufer. Den ersten Gruß
bot uns die Reklame von Wrigley's Chewing Gum. ›Wrigley
here, Wrigley there, Wrigley everywhere.‹«

Doch dann sah sich Kaus einem unangenehmen ›hearing‹
ausgesetzt, an dessen Ende der Kommissionsvorsitzende eben
dabei war, sie und ihre Kinder zurückzuweisen, als ein junger
Mann von Viking Press, ihrem amerikanischem Verlag, erschien. Das änderte die Lage umgehend:

»Es war wie eine Zauberformel. Der Vorsitzende wurde sehr
freundlich, er sagte ein paar anerkennende Worte über meine
schriftstellerische Tätigkeit, und ›natürlich‹ konnten wir Ellis
Island mit der nächsten Fähre verlassen. (…) als wir an Land
gingen, stieg hinter uns Herr König aus und reichte uns dreien die
Hand. (…) ›One day you will say the best way to come to Ame-
rica is over Ellis Island.‹ Damit übergab er uns den Reportern.«[210]

Weniger erfreulich gestaltete sich das Wiedersehen mit Frischauer:

»Eduard (…) hatte bereits seinen Weg in den besten, das heißt teuersten New Yorker Bridgeclub gefunden, und er hatte bereits genug gewonnen, um seine erste Hotelrechnung zu bezahlen. Ich versuchte vergeblich, ihm klar zu machen, daß er sich in dem fremden Land eine halbwegs sichere Existenz schaffen müsse – er blieb dabei, daß er nichts anderes als ein Advokat sein könne –, aber gerade das könne er ja nicht, weil er weder die englische Sprache noch das amerikanische Recht beherrsche. Ihm bliebe nur übrig, sein Geld durch Bridge zu verdienen. (…) Es wäre für ihn ein leichtes gewesen, sich und uns alle durch Bridge zu erhalten. Er hätte sich nämlich nur in dem feinen Club, in dem er spielte, als Bridgelehrer niederlassen müssen. (…) Er hätte, im wahrsten Sinne des Wortes, ›spielend‹ dreißig Dollar für jede Stunde, mit drei Stunden am Tag neunzig Dollar verdienen, und wir alle hätten herrlich und ohne Sorgen leben können. Aber Eduard hatte seine eigenen, völlig unerschütterlichen Ansichten über ›Ehre‹, mit denen es sich nicht vertrug, professioneller Spieler zu werden.«[211]

Trotz dieser Vorbehalte heiratete Kaus ihren Lebensgefährten – aus Vernunftgründen, weil Frischauer ihr zur amerikanischen Staatsbürgerschaft verhalf. Die Ehe wurde später wieder geschieden. Auch in dieser Partnerschaft sah sie sich – wie schon in ihrer Ehe mit Otto Kaus – genötigt, selbst für den Familienunterhalt zu sorgen. Damals hatte sie damit zugleich ihre literarische Karriere befördert; jetzt aber leitete es deren Ende ein, auch wenn das bei der Ankunft in New York noch nicht absehbar war. Denn Kaus' Chancen, ihre Erfolgsgeschichte auch in den USA fortsetzen zu können, standen besser als die der meisten anderen Autorinnen. Ihr Name war in Übersee – spätestens seit dem Erfolg des *Katharina*-Romans – nicht unbekannt, ein versierter Agent unterstützte sie, ihre Bücher lagen in englischer Übersetzung vor, viele waren sogar verfilmt worden. Sie war Autorin eines renommierten Verlags, der – zumindest vorerst – bemüht war, ihr den Weg auf den amerikanischen Buchmarkt zu ebnen.

Doch schon als sie ihren Roman *Der Teufel nebenan* dort unterbringen wollte, stieß sie auf Schwierigkeiten:

»Ich hatte es für selbstverständlich gehalten, ich hatte keinen Augenblick daran gezweifelt, daß Viking Press nach dem großartigen Erfolg der Katharina meinen neuen Roman *Der Teufel von nebenan* übernehmen werde, und war völlig zerschmettert, als Hübsch mir schrieb, sie müßten dieses Buch ablehnen, weil sie gerade ein Buch von Werfel gekauft hätten und im Augenblick kein zweites europäisches Buch bringen wollten. Ich hatte fest mit der Annahme dieses Buches gerechnet und war außer mir, als ich mich plötzlich der Tatsache gegenüber sah, mit meiner Familie ohne einen Pfennig in New York dazustehen. Ich hielt dieses Buch für außerordentlich gelungen, doch der Versuch, es bei einem anderen Verleger anzubringen, schlug ebenfalls fehl. Schließlich gab ich es einem guten Agenten, aber auch er brachte es nicht an. Dieses Buch hatte überhaupt Pech. Es erschien in Holland und in England am ersten September – am Tag des Kriegsausbruchs. Ich brachte es in Amerika erst viel später bei einem kleinen Verlag unter, der gleich darauf bankrott ging.«[212]

Durch ihre akute Geldnot bestens motiviert, versuchte Gina Kaus, sich der stark markt- und zielgruppenorientierten Schreibpraxis des Gastlandes anzupassen. Ihr erster Versuch galt der ihr fremden Gattung ›Short Story‹ und ihrem trivialen pseudorealistischen Gegenstück, der ›True Story‹:

»(…) ich konnte keine Kurzgeschichte anbieten, die sich für ein amerikanisches Magazin geeignet hätte. Ich konnte auch keine schreiben. Ich konnte sie nicht einmal lesen, ich verstand nicht, worauf es ankam. Außerdem spielten sie alle in Amerika oder in exotischen Gegenden mit amerikanischen Charakteren.

Schließlich hatte mein Agent eine erstklassige Idee. Es gibt in New York eine Reihe von Magazinen, die sich ›True Story‹ oder ›True Confessions‹ nennen. Sie werden scheinbar von einfachen

Leuten geschrieben, die irgendeine bemerkenswerte, weil besonders traurige Begebenheit aus ihrem Leben erzählen, durchwegs anonym. Eine Zensur wird nicht ausgeübt, im Gegenteil, diese Geschichten behandeln immer heikle Probleme. Natürlich werden sie in Wirklichkeit von Schriftstellern geschrieben, die Geld brauchen. Die Bezahlung betrug 500 Dollar für jede Geschichte von fünfzehn Schreibmaschinenseiten, und fünfhundert Dollar waren alles, was ich brauchte. Ich ging mit meinem Agenten zu einem Redakteur und erzählte ihm eine Geschichte. Sie gefiel ihm so gut, daß er mit mir ausmachte, sie anstatt auf fünfzehn Seiten in vier Fortsetzungen von sechzig Seiten zu bringen, wofür er mir zweitausend Dollar bot.

Ich machte mich also an die Arbeit und Otto (Gina Kaus' Sohn) übersetzte jede Nacht, was ich tagsüber geschrieben hatte. Nach acht Tagen überbrachte ich dem Herausgeber die ersten dreißig Seiten und bekam tausend Dollar Vorschuß. Ich kaufte die Fahrkarten und bestimmte den Tag unserer Abreise.

Wir fuhren noch am selben Tag, an dem Otto das Ende meiner Geschichte übersetzt hatte.«[213]

Schreiben für die Traumfabrik

Das Ziel hieß Hollywood. Wie viele Emigranten erhoffte sich auch Kaus dort einen Ausweg aus den erniedrigenden Lebensverhältnissen in New York. Vicki Baum, mit der sie seit ihrer Berliner Zeit befreundet war, hatte vorgelebt, dass sich in Hollywood auch die literarische Karriere einer Emigrantin erfolgreich fortführen ließ. Und es deutete viel darauf hin, dass Gina Kaus das Zeug dazu hatte, es ihr gleichzutun. Auch ihre Romane waren unpolitisch und handelten vor allem von zwischenmenschlichen Beziehungen; auch sie waren als attraktive Filmvorlagen erprobt, und die Autorin verfügte über gute Kontakte in die Szene. Schon im Pariser Exil hatte sie mit dem deutschen Produzenten Arnold Pressburger und anderen Filmprofessionals zusammengearbeitet. Pressburger hatte zwei Filme nach ihren Scripts und Theaterstücken gedreht.

Am 1. November 1939 erreichte Kaus mit ihren Kindern Hollywood und etablierte sich schnell. Wieder hatte George Marton ihr den Weg geebnet, diesmal den in die Studios. Den anstehenden Sprach- und Medienwechsel nahm die Schriftstellerin professionell in Angriff und schrieb nun hauptsächlich fürs Kino: Drehbücher und Theaterstücke als Filmvorlagen, Dialoge und einzelne Szenen, Filmideen und Plots. Ihre eigenen Romane, Erzählungen und Theaterstücke boten dafür einen reichen Fundus an Stoffen und Themen. Wie schwierig es war, sich den fremden Arbeitsbedingungen in der amerikanischen Filmindustrie anzupassen, wurde von den Emigranten vielfach beschrieben. Kaus erwies sich als ausreichend zäh und flexibel zugleich. Sie hatte schon in Wien und Berlin gelernt, sich pragmatisch zu verhalten und Rückschläge wegzustecken. Den Sprachwechsel ins Englische meisterte sie mithilfe ihrer heranwachsenden Söhne. Ihr gelang es, sich beruflich zu etablieren, auch wenn sie nie bis zur Spitzenklasse vordrang:

»Ich konnte mir nicht leisten, darüber nachzudenken, ob es ehrenvoll sei, für den Film zu arbeiten. Ich brauchte Geld, und zwar sofort. (…)

Ich nahm jeden Job an, den ich bekommen konnte, obwohl es mir nicht leichtfiel, in den Studios zu arbeiten. (…) Es war sicherlich nicht gut für meine Reputation, aber ich brauchte das Geld. (…) Ich schrieb zwei weitere Filme (…). Aber keiner erregte besonderes Aufsehen. Das war typisch für meine Karriere – ich hatte Erfolg, aber keinen durchschlagenden.«[214]

Fast zeichenhaft für den Medienwechsel, den Gina Kaus zu verkraften hatte, steht die Rezeptionsgeschichte ihres letzten Romans *Der Teufel nebenan*. Geschrieben wurde er im Pariser Exil; 1940 erschien er in Amsterdam. Doch der Markt für Exilliteratur war durch den Kriegsbeginn weiter eingebrochen. Ihr Buch ging unter und besiegelte das Ende von Kaus' Karriere als Schriftstellerin. Zum Bestseller wurde der Roman erst im

Nachhinein – 1955 durch die Verfilmung mit Lilli Palmer und Curd Jürgens unter dem Titel *Teufel in Seide* –, als sich die Autorin längst zur Drehbuchschreiberin gewandelt hatte.

Sie reflektierte den Karrierebruch, den sie als Schriftstellerin erlitten hatte, selbstkritisch. Befragt, warum sie im amerikanischen Exil nicht als Erzählerin weitergearbeitet habe, antwortete sie so lapidar wie treffend: »Ich habe die Leute nicht gekannt.«[215] Amerika blieb Gina Kaus, deren frühes Werk von der Nähe zur österreichischen und speziell zur Wiener Gesellschaft lebte, zeitlebens fremd, obwohl sie hier die Hälfte ihres Lebens verbrachte. Das, was sie einst, im Geist der Wiener Kaffeehauskultur, zur Schriftstellerin motiviert hatte, das Schreiben als sinnliches, aus dem Unbewussten gespeistes Erlebnis zur Entwicklung und Reflexion der eigenen Persönlichkeit, war unwiederbringlich verloren. In Hollywood wurde daraus ein Brotberuf. Gina Kaus meisterte ihn so professionell, dass sie – als eine von wenigen Emigrantinnen und Emigranten – in der Filmindustrie bestehen, sich und ihren Kindern das Leben im Exil sichern und zudem Freunde und Bekannte in Not unterstützen konnte.

Und doch lebte sie, die einst ein Star im Mittelpunkt der Wiener Boheme gewesen war, in Hollywood, in den Emigrantenkreisen um Brecht, Salka Viertel, Fritz Kortner, Hanns Eisler und Vicki Baum, nun am Rande der Gesellschaft. In ihren Erinnerungen zeigt sich Kaus als eine am Exil Gescheiterte; gescheitert als Schriftstellerin, an den von Grund auf veränderten Verhältnissen, wenn auch auf hohem Niveau; erfolgreich nur als professionelle Schreiberin im Dienst eines neuen Mediums – des Films.

Vom Sonnenkind zur Dirty Refugee
Hertha Nathorff
(1895–1993)

Hertha Nathorff, geborene Einstein, war in erster Linie Ärztin, und sie war Ärztin aus Leidenschaft. Der Beruf gab ihr Identität; sein Verlust gefährdete ihre ganze Existenz. Sie konnte ihn nie verwinden. Zu schreiben begann Hertha Nathorff erst in der existentiellen Krisensituation der rassischen Diskriminierung und der Flucht aus Deutschland, zwischen 1933 und 1945. Sie dokumentierte diese Lebenszeit in einem Tagebuch; später folgten Kurzgeschichten und Gedichte, die im *Aufbau*, der Exilzeitschrift der Deutschen in New York, und in anderen Exilblättern veröffentlicht wurden. Den ersten Teil des Tagebuchs, das die Zeit von 1933 bis zur Emigration nach England 1938 umfasst, reichte Nathorff – in einer rekonstruierten Fassung, weil das Original bei der Flucht verloren gegangen war – 1940 bei einem Wettbewerb der Harvard University ein; sein Thema: *Mein Leben in Deutschland*. Ihr Tagebuch erhielt einen Preis und verschwand anschließend – unveröffentlicht und wirkungslos – in den Archiven der berühmten Universität.

Fast fünfzig Jahre später, 1987, noch zu Lebzeiten der Autorin, veröffentlichte der Antisemitismusforscher Wolfgang Benz das Tagebuch.[216] Damit wurde sie schließlich bekannt, literarisch, vor allem aber als Zeitzeugin für die Auseinandersetzung mit den geschlechtsspezifischen Anforderungen und Zumutungen des Exilalltags und mit dem Karrierebruch, den sie dabei hinzunehmen und zu verkraften hatte. Nathorffs Tagebuch markiert auf singuläre Weise die Bruchstelle eines Lebens, das als prototypisch für die Situation der gut ausgebildeten, berufstätigen, schreibenden Emigrantinnen gelten kann. Denn es beschreibt das ganz gewöhnliche Leben vor und in der Emigration. Zum einen die verschiedenen Stufen und Phasen der Diskriminierung bis zur Entrechtung und zum Kampf ums nackte Überleben durch die Flucht aus der Heimat, zum anderen das Leben im Exil. Das Tagebuch zeigt den Zusammenhang von Ablösung und Neubeginn, den Zusammenbruch der Existenz in Deutschland, den Fortbestand der inneren Bindungen und die Versuche des beruflichen Neuanfangs. Und macht dabei sichtbar, wie sich dieser Umbruch für Frauen ihrer tradierten gesellschaftlichen Rolle wegen als noch schwieriger gestaltete als für Männer.

Hertha Nathorff verstand sich selbst als »eine von vielen«, die, wie sie selbst es beschrieb, »nichts anderes verbrochen, keine andere Schuld auf sich geladen hat, als daß sie lebt, geboren aus jüdischem Blute«. Das macht ihr Tagebuch, wie der Herausgeber es formuliert, »über seinen literarischen Wert hinaus zu einer historischen Quelle ersten Ranges«.[217]

Frei und ungeziert. Erziehung in der Familie Einstein

Hertha Nathorff wurde am 5. Juni 1895 im oberschwäbischen Städtchen Laupheim in gutbürgerliche, behagliche Verhältnisse geboren.[218] Die Eltern, Arthur und Mathilde Einstein, waren Besitzer einer Zigarrenfabrik. Die Familie des Vaters gehörte zu den bekannten jüdischen Familien in Württemberg und auch die Vorfahren der Mutter lebten hier, als wohlhabende, den Künsten aufgeschlossene Bankiers. Der Star der Familie war Herthas Onkel, der Nobelpreisträger für Physik Albert

Einstein; ein anderer Onkel war der Musikwissenschaftler Alfred Einstein. Als erfolgreichstes Familienmitglied galt damals der schon 1884 in die USA ausgewanderte Carl Laemmle, der als Filmproduzent in Hollywood sein Glück gemacht hatte. Er leistete auch die Bürgschaft, die den Nathorffs schließlich 1940 die Einreise in die USA ermöglichte. Sein Tod kurz vor ihrer Ankunft in New York erschwerte ihnen den Start erheblich, da sie nun völlig mittellos dastanden.

Hertha und ihre beiden Schwestern erhielten, neben dem für die höheren Töchter obligatorischen musischen Unterricht, eine gute Schulbildung. Hertha, die Älteste, die dem Vater als Sohn-Ersatz galt und deshalb die Normen geschlechtsspezifischer Erziehung übertreten durfte, besuchte – als erstes und einziges Mädchen – die Laupheimer Lateinschule und das Humanistische Gymnasium in Ulm.

Dass die hübsche blonde Herthel, vom Aussehen her ein typisch deutsches ›Mädel‹, als Außenseiterin stigmatisiert war, weil jüdischer Herkunft, das war – glaubt man Nathorffs Erinnerungen – in dieser ganz auf bürgerliche Werte wie Pflicht, Leistung und Anpassung ausgerichteten Kindheit und Schulzeit ohne Belang.

»Niemals hatte ich in all diesen Jahren zu spüren bekommen, daß ich etwa nicht dazu gehörte oder weniger galt als die anderen, weil ich Jüdin war – in meiner Klasse waren sonst keine jüdischen Schüler, am Gymnasium sind überhaupt nicht sehr viele (...). Ich gehörte zu allen in selbstverständlicher Kameradschaft, und mit Stolz denke ich daran, daß sie in der Kneipzeitung schrieben: ›Anaxagoras sagte, die Sonne ist ein Stein, hätte er unsere Herthel gekannt, so hätte er gesagt, die Einstein ist die Sonne.‹«[219]

Erstmals infrage gestellt wurde dieses Gefühl der Zugehörigkeit durch Herthels Jugendliebe, einen jungen Offizier. Die Beziehung zerbrach, weil die Ehe mit einer jüdischen Frau für einen deutschen Offizier zum massiven Karrierehindernis geworden wäre.

Ab Herbst 1914 studierte Hertha Einstein – unter dem Eindruck des Ersten Weltkriegs und seiner Opfer – Medizin in Heidelberg, München, Freiburg und Berlin. Sie war in ihrem Studium so erfolgreich, wie sie es als einziges Mädchen schon im Gymnasium gewesen war. Antisemitische Ressentiments, denen sie nun immer öfter begegnete, entkräftete die junge, zur Gynäkologin spezialisierte Ärztin durch Fachkompetenz und ausgeprägte Kollegialität – auch hier ganz der ›Sonnenschein‹, der sie schon zu Schulzeiten gewesen war.

Im November 1920 ging sie nach Berlin, wo sie ihren späteren Mann Dr. Erich Nathorff, Oberarzt am selben Krankenhaus, kennenlernte und im Oktober 1923 heiratete. Zwei Jahre später wurde das einzige Kind, ein Sohn, geboren. Anfang 1923 war Hertha Nathorff als 28-Jährige zur leitenden Ärztin am Entbindungs- und Säuglingsheim des Deutschen Roten Kreuzes ernannt worden. Nebenher etablierte und leitete sie ab 1928 ehrenamtlich die erste Familien- und Eheberatungsstelle am Charlottenburger Krankenhaus. Auch standespolitisch war sie in verschiedenen Funktionen in ärztlichen Verbänden aktiv, oft als einzige Frau unter Männern.

Der zunehmenden rassischen Diskriminierung wegen bemühten sich die Nathorffs schon früh um die Ausreise aus Deutschland, zunächst vergeblich. Bis ihnen durch die 4. Verordnung zum Reichsbürgergesetz, die am 30. September 1938 in Kraft trat, die Approbation entzogen wurde.

Hertha Nathorff erlebte den Verlust des Arztberufs als traumatisch. Im Oktober 1938, kurz nach Entzug der Approbation, als ihr Mann lediglich in seiner Privatpraxis noch jüdische Patienten behandeln durfte, notierte sie:

»Ich gehe täglich in die Klinik und helfe den Schwestern. Nachmittags bin ich vorn in der Praxis bei meinem Mann, es ist aber eine furchtbare Seelenmarter für mich« – ein Zustand, der sich im Exil fortsetzen sollte: »Ich esse nicht, ich schlafe nicht, ich habe immer das Gefühl von Sterben und Untergang, mir fehlt mein Beruf, daran gehe ich zugrunde.«[220]

Lousy Nazispy. Geschlechterrollen im Exil

»Seit Anfang Mai sitzen wir so und warten, mein Mann und ich – stumm, zerquält und verzweifelnd. Dieses Wartenmüssen, es hat uns um alles gebracht, alles, was wir an irdischen Gütern noch besessen hatten. Unsere Schiffskarten sind verfallen, unser Geld in Deutschland ist nicht transferiert worden. Auf fremde Hilfe und Güte sind wir angewiesen für unser kärgliches Essen und Wohnen. Doch eines habe ich gerettet: lose, zerrissene Blätter aus meinem Tagebuch, das ich trotz Angst und Gefahr immer noch zu führen wagte. Halbe Blätter, die ich jetzt mühsam zusammensuche und die bekunden, in schlichter, ungefälschter Wahrheit, wie ich aus beglückendem Leben in Arbeit und Frieden gequält, verfolgt, bedroht und langsam zu Grunde gerichtet wurde mit Mann und Kind.«[221]

Erst 1939, kurz vor Kriegsbeginn, gelang den Nathorffs die Flucht nach England. Von dort zogen sie im Februar 1940, nach schier endlos erscheinenden Monaten des Wartens, weiter in die USA. Auch Hertha Nathorffs beiden Schwestern gelang es, dem Holocaust durch die Emigration in die USA zu entkommen; die Eltern starben 1940 noch in der Heimat. Allein aus Laupheim kamen in den nationalsozialistischen Vernichtungslagern sieben Mitglieder der Familie Einstein um – in Riga, Theresienstadt und Izbica.

Völlig mittellos erreichten die Nathorffs New York. Nur Erich Nathorff konnte sich als Arzt qualifizieren. Er hatte Vorrang, denn Männer wurden bei der Stipendienvergabe bevorzugt. Auch der biografische Kontext macht verständlich, dass seine Frau in dieser Situation, wie schon daheim in Berlin, beruflich hinter ihm zurückstehen musste. Er war als Oberarzt samt eigener Praxis im großbürgerlichen Westen Berlins beruflich der Arriviertere von beiden gewesen und daher von seinem Selbstverständnis wie vom tradierten Rollenverständnis her derjenige, dem es zukam, weiter Arzt zu bleiben oder es schnellstmöglich wieder zu werden. Hertha Nathorff dagegen hatte sich letztlich – das zeigt ihr Bericht über die Schulzeit – nur als Stellvertreterin an Sohnes statt verstanden. Sie erlebte sich als Ärztin, trotz allen Erfolgs, in einer vor allem sozial legitimierten Sonderrolle. Auch das mag dazu beigetragen haben, dass sie meinte, zurückstehen zu müssen.

Und so verdiente die ehemalige Ärztin von 1940 bis 1942, während ihr Mann sich auf die notwendigen Sprach- und Fachprüfungen vorbereitete, in schnell wechselnden Jobs den Lebensunterhalt für die Familie: als Haushalts- und Küchenhilfe, später als Krankenschwester und Pflegerin – Arbeiten im gesellschaftlichen Status der Dienstboten, die sie daheim in Deutschland als Dame des Hauses beschäftigt und weitaus besser behandelt hatte, als es ihr nun selbst widerfuhr.

Die Hoffnung, selbst wieder als Ärztin arbeiten zu können, verdrängte sie. Das machte sich, trotz allen guten Willens, auch in der Ehe als Belastung bemerkbar: »Mein Mann ist noch schweigsamer als in früheren Zeiten. Ich spüre, wie es ihn demütigt, von meinem Verdienst leben zu müssen. Ich tröste ihn (…).«[222]

Die Verzweiflung über den Verlust des geliebten Berufs brachte Nathorff schließlich an den Rand des Suizids:

»Die ganze Mutlosigkeit packt mich wieder. Ich versuche nun, heimlich auch aufs Staatsexamen zu arbeiten. Aber mein Mann sieht es wohl nicht gerne, es war ihm schon drüben in gewisser Weise ›peinlich‹, daß seine Frau arbeitete, Geld verdiente, er kommt nicht los von dem Geheimratssohn, dem Geheimratsmilieu, sein Stolz, sein dummer Stolz, daß er der Ernährer der Familie sein müßte und künftig sein will, quält ihn, aber er quält auch mich. ›So hilf mir doch‹, habe ich ein paar Mal gebeten, wenn ich irgendetwas nicht ganz verstanden hatte. ›Das weiß man doch‹, war seine Antwort, und dann schämte ich mich meines Unwissens und so bin ich hinausgelaufen neulich spät am Abend, und da stand ich am Wasser, am Hudson und das Wasser lockte, lockte (…). Ich zog die Schuhe aus, den leichten Mantel und Hut, legte alles samt meiner Handtasche auf eine nahe Bank, und ich lief weiter und weiter, immer näher am Wasser – und da packte mich eine Hand, brutal und fest. ›Was machen Sie? Wohin laufen Sie?‹ brüllte mich einer an in deutscher Sprache. Wehrlos ließ ich mich zurückführen, auf die einsame Bank legen, und ich weinte fassungslos.

Ich weiß nicht, was der Mann alles sagte und schrie, bis er dann ganz still und sanft wurde, und er küßte mich auf beide Augen, ›noch so jung und hübsch‹, sagte er, ›und hier in Amerika, hier fängt man doch erst an zu leben, zum Sterben ist noch lange Zeit (…).‹«[223]

Endlich wieder Ärztin

Auf eine Affäre mit ihrem Retter ließ sich Hertha Nathorff ebenso wenig ein wie auf die Avancen eines Arztkollegen aus der Zeit als Krankenschwester. Die Eifersucht auf die beruflichen Erfolge ihres Mannes aber überwältigte sie immer wieder. Besonders, als er sein Ziel erreicht hatte, sich 1942 als Arzt niederließ und sogar wieder Kontakt zu seinen alten Berliner Patienten hatte:

»Ich ging vorbei an den Sprechstundenräumen meines Mannes, las wieder und wieder das kleine Arztschild mit seinem Namen. Ob bald einmal, so wie einst drüben, auch das meine dort im Fenster sein wird?«[224]

Hertha Nathorff gehörte – zumindest vorerst – nicht zu dem Drittel der emigrierten Ärztinnen, denen es gelang, sich in der Emigration wieder in ihrem Beruf zu etablieren. Auch als die schlimmste Zeit der unqualifizierten Dienstleistungsjobs überstanden war, approbierte sie sich nicht wieder, sondern blieb unlizenzierte Mitarbeiterin in der Praxis ihres Mannes. Und sie engagierte sich sozial, wie einst in Berlin, nur ohne offizielle Funktion: in der tradierten weiblichen Rolle der Sozialarbeiterin, wenn auch auf höchstem fachlichem Niveau. Im

Rahmen des New World Club organisierte sie Kurse für Kran-
ken- und Säuglingspflege für Immigrantinnen, wie sie es in
Berlin für sozial benachteiligte Frauen getan hatte. Außerdem
gründete sie eine Frauengruppe, eine Jugendgruppe und ein
›Open House‹ für ältere Immigrantinnen.

Erst nach dem Tod ihres Mannes 1954, als 59-Jährige, nahm
Nathorff den geliebten Arztberuf auf Umwegen wieder auf:
Sie machte eine Zusatzausbildung zur Psychotherapeutin[225]
und arbeitete im Stab von Alfred Adler an der Mental Hygiene
Clinic in New York. Die »Krankheit Exil«, von der Hilde Spiel
später in ihren Erinnerungen sprach, dürfte, in all ihren see-
lischen und körperlichen Formen, zu den Leiden gehört haben,
deren Nathorff sich hier annahm.

Abhängigkeiten
Die literarische
Firma Brecht & Co

In meine leeren Schaukelstühle vormittags
Setze ich mir mitunter ein paar Frauen
Und ich betrachte sie sorglos und sage ihnen:
In mir habt ihr einen, auf den könnt ihr nicht bauen.[226]

Zu berichten ist von einem Sonderfall: den Frauen im Umfeld
des großen Dramatikers und Theatermannes Bert Brecht, der
Deutschland schon im Februar 1933, unmittelbar nach dem
Reichstagsbrand, verließ. Mit ihm gingen nicht nur seine Frau
Helene Weigel und die beiden gemeinsamen Kinder, sondern
auch die Frauen, die er zur Unterstützung seiner Person und
seines Werks um sich geschart hatte, sei es als Sekretärin, als
Mitarbeiterin und/oder als Geliebte. Von diesen Frauen handelt dieses Porträt. Sie alle sind auch selbst literarisch produktiv gewesen, dies war jedoch zweitrangig, denn in erster Linie
setzten sie ihre Talente und Kräfte für Brechts Werk ein, als
Ideengeberinnen, Zuarbeiterinnen, Textlieferantinnen in der
literarischen Firma Brecht & Co – durchweg auf Kosten ihrer
eigenen Kreativität.[227]
    Dieses Porträt konzentriert sich auf die Frauen aus Brechts
Umkreis, die selbst schrieben und mit ihm ins Exil gingen:

die Schriftstellerin und Dramatikerin Elisabeth Hauptmann
(1897–1973), genannt Bess, die seit 1924 seine Mitarbeiterin war,
Margarete Steffin (1908–1941), Brechts Mitarbeiterin seit 1931,
und Ruth Berlau (1906–1974), die erst 1935 im dänischen Exil
zum Brecht-Tross stieß.

Die Beziehungen dieser Frauen zu dem berühmten Dramatiker folgten allesamt ein und demselben Muster. Die anfangs
starke sexuelle Anziehungskraft verflüchtigte sich bei Brecht
schnell. Die Frauen aber blieben ihm treu, auch nachdem er
sich emotional von ihnen abgewandt hatte. An die Stelle der
Liebes- trat eine Arbeitsbeziehung; die Geliebten wurden zu
Mitarbeiterinnen, stellten sich und ihr Leben – in untergeord-
neter Randfunktion – ganz in den Dienst seines Werks.[228] Als
Musen, als Schutzschilde vor den Anforderungen und Widrig-
keiten eines nicht immer einfachen Alltags, vor allem im Exil,
und als ihm beinahe ebenbürtige Partnerinnen, auch wenn das
nach außen hin nicht sichtbar wurde. Ihre Kreativität inspirier-
te sein Werk und unterstützte es weitaus mehr mit eigenen
Ideen und Textbeiträgen, als lange Zeit bekannt war. Diese
Arbeits- und Lebensverhältnisse hatten für die beteiligten Frau-
en fatale Folgen, die sich durch die Isolation im Exil potenzier-
ten.

Das von Brecht theoretisch propagierte und praktisch gelebte Beziehungsmodell konnte sich erst in der gesellschaftlichen
und politischen Situation nach dem Ende des Ersten Weltkriegs
entwickeln. Die tradierten Geschlechterrollen verloren nun
ebenso ihre Verbindlichkeit wie andere ethische Maßstäbe.
Frauen lebten jetzt selbstständiger; sie besuchten weiterbilden-
de Schulen und Universitäten und waren berufstätig. Mit den
gesellschaftlichen Arbeitsprozessen, mit Fabrik- und Fließ-
bandarbeit, Teamwork und Arbeitsteilung hatten sich auch die
Vorstellungen von literarischer Produktion grundlegend verändert. Der Kommunist Brecht jedenfalls, der an der Spitze der
gesellschaftlichen und politischen Entwicklung stand, sah die
literarische Produktion den Gesetzen unterworfen, die für alle

Werktätigkeit galten. Für ihn war der Begriff von Eigentum und Besitz nicht mehr gültig und damit auch nicht der des geistigen Eigentums.[229]

Diesen Vorstellungen folgte Brecht auch in seinen Frauenbeziehungen. Die Ideen des kollektiven Arbeitens, des ›Teamwork‹ und der Beziehungen ohne Besitzanspruch erschienen ihm ideologisch korrekt und modern. De facto aber war seine Haltung besitzdominiert und ausbeuterisch. Für ihn standen auch in Frauenbeziehungen »Nützlichkeitserwägungen« an erster Stelle. Sexuelle Lust galt ihm als »erfreuliche Zugabe«, deren Objekte jedoch leicht auswechselbar waren. Die »Liebes- und Arbeitsteam(s)«[230], die er sich schuf, bestanden scheinbar freiwillig, in gegenseitiger Übereinkunft. Bei Lichte besehen aber waren es »Abhängigkeitsverhältnisse«[231], emotional wie ökonomisch. Brechts Frauen hatten, vor allem unter den Existenzbedingungen des Exils, Schwierigkeiten, sich aus diesen Verhältnissen zu befreien. Sie nahmen die schmerzlichen Erfahrungen lebenslang hin: Kränkungen, Konkurrenz, Untreue, Abtreibungen und ungewollte Kinder, Besitzanspruch und Einsamkeit – und das bei unermüdlicher, kräftezehrender Arbeit für Brecht und sein Werk. Diese Form der Zusammenarbeit ging zu Lasten ihrer eigenen literarischen Produktivität und erschöpfte die beteiligten Frauen bis an die Grenzen von Wahnsinn und Tod.[232]

Im Brecht-Tross unterwegs. Verhältnisse und Stationen des Exils

Um den Jahreswechsel 1932/1933 befanden sich Brecht und seine Frau Helene Weigel (1900–1971) in einer akuten Beziehungskrise. Die Ursache: sein Liebesverhältnis zu Grete Steffin. Die privaten Verhältnisse wurden von den politischen, von Hitlers Machtergreifung und dem Reichstagsbrand, überrollt. Die Brechts entschlossen sich schon Ende Februar 1933 zur

Emigration: aus politischen und ›rassischen‹ Gründen. Beide waren aktive Kommunisten, Helene Weigel zudem Jüdin. Am Tag nach dem Reichstagsbrand flohen sie und mit ihnen die Freunde und Bekannten aus dem literarisch-künstlerischen Umkreis in Berlin: Ernst Josef Aufricht, Walter Benjamin, die Brentanos, die Döblins, Paul Dessau, Hanns Eisler, die Feuchtwangers, die Kerrs, Lotte Lenya, Alfred Polgar, Anna Seghers und Kurt Weill.[233]

Brecht und Weigel, seine zweite Frau, kannten sich seit 1923. Helene Weigel stand damals am Anfang einer großen Schauspielkarriere und war ihm, der als Dramatiker auf gute Darsteller angewiesen war, in ihrer Kunst ebenbürtig. Brecht war zu diesem Zeitpunkt in mehrere Beziehungen verstrickt: in die zu seiner ersten Geliebten Paula Banholzer (genannt Bi), in die Ehe mit Marianne Zoff und in die schwärmerische Verehrung von Marieluise Fleißer. Er hatte einen Sohn mit seiner Geliebten und eine Tochter mit seiner Ehefrau. Dazu kam ab 1924 die Beziehung zu Elisabeth Hauptmann und die zur Schauspielerin Carola Neher.

Mit Helene Weigel lebte Brecht seit 1924 zusammen. Die beiden wurden füreinander unentbehrlich, bis zu Weigels Tod 1971. Seit 1929, als sie das zweite Kind von Brecht, die Tochter Barbara, erwartete, war das Paar verheiratet. Weigel hatte zu Lebzeiten Brechts die Beziehung nie öffentlich infrage gestellt. Erst nach seinem Tod ließ sie im Interview mit ihrem Vertrauten Werner Hecht (1969) erkennen, wie groß die Belastung für sie gewesen war: »(…) da sind auch diese – wirklich also für mich manchmal untragbaren Weibergeschichten da, mit diesen blöden Frauenzimmern, wo ich nie verstanden habe, was er von denen hatte. Also für mich waren einige von diesen Damen unverständlich. (…) Das war zwischen uns eine große Liebesbeziehung. Und das hat alles sehr, sehr weh getan!«[234]

Und weil das im Prinzip bereits 1933 so war, ging das Paar zunächst auf getrennten Wegen in die Emigration. Weigel floh mit den Kindern nach Wien, in ihre Geburtsstadt, und schmie-

dete dort mit ihren Freundinnen, darunter die Schriftstellerin
Maria Lazard, weitere Emigrationspläne. Die dänische Schriftstellerin Karin Michaelis bot ihnen bei sich, auf der Insel Thurø
südlich von Fünen, Asyl an.

Brecht reiste im März 1933 auf der Suche nach neuen beruflichen Möglichkeiten zunächst nach Zürich und dann weiter
nach Carona am Luganer See, wo er bei den Schriftstellerkollegen und Genossen Kurt Kläber und Lisa Tetzner wohnte –
nicht zufällig. Denn gleich nebenan, im Lungensanatorium
Agra bei Lugano, hielt sich zur selben Zeit seine kranke Geliebte Grete Steffin auf. Im April 1933 folgte ihm seine Familie nach
Carona. Die Situation wurde unerträglich. Weigel distanzierte
sich und ging Ende April mit den Kindern und ohne ihren
Mann nach Dänemark. Im Juni folgte er ihr.

So wurde Dänemark zur ersten Station der Brechts im Exil.
Doch die Familie erweiterte sich bald – um Grete Steffin,
Elisabeth Hauptmann und Ruth Berlau. Johanna Mockrauer,
eine deutsche Mitemigrantin, beschrieb die fragile Idylle des
dänischen Sommerlebens in einem Brief: »Da ist noch ein Stein-
haus unten dicht am Strand. (...) Hier wohnt Bert Brecht mit
seiner Familie, sie ist Schauspielerin, zwei Kinder: ein schmäch-
tiger Junge, der Steffi(,) wirkt wie ein kleiner Gassenjunge(,)
und ein dreijähriges schon sehr intelligentes, sehr niedliches
Mädchen Barbara ist der Verzug der Sommerhüttenkolonie.
Brecht läuft immer in einer Art blauen Schlosseranzug herum
mit Reisemütze und ganz kurzgeschorenem Kopf, sieht sehr
proletarisch aus(,) ist aber ein feiner liebenswürdiger Mann aus
guter Familie. Sie (...) ist kess und schnuppig, aber intelligent
und sympathisch, ein richtiger Asphaltmensch, wie überhaupt
die ganze Familie, läuft natürlich im Hosenanzug herum, oder
in einem neuen rotweißgewürfelten, langen Kleid mit schrägge-
setztem Volant, ausgeschnitten mit Flügelärmeln an den Schul-
tern, sehr billig und ordinär, aber mit einem gewissen Chick, sie
sieht wie ein personifizierter Gassenhauer darin aus und könnte
sofort so in der Dreigroschenoper auftreten.«[235]

Das Leben in Dänemark war billig, die Arbeitsatmosphäre für Brecht gut und ebenso die Lebensbedingungen für die Kinder, zumindest außerhalb der komplizierten Familienverhältnisse. Im Dezember 1933 kauften die Brechts ein Fischerhaus in Svendborg, in der Nähe von Thurø, und bauten es für die Bedürfnisse der Großfamilie um. Hier lebten sie von Weihnachten 1933 bis Mitte 1939 unter einem Dach mit Brechts Mitarbeiterinnen und Geliebten.

Als die Aufenthaltsgenehmigung für Dänemark im April 1939 endete, floh der Tross weiter ins schwedische Lidingö und von dort ein Jahr später nach Finnland. Mitte Mai 1941 zog die Brechtfamilie dann über Moskau, den »allerletzte(n) offene(n) Transitweg, in Richtung USA«.[236] In Moskau ließ Brecht die im Sterben liegende Grete Steffin zurück. Im Juni 1941 übersiedelte er mit den Seinen nach Kalifornien. Santa Monica wurde zur »Ersatzheimat«, in der sich »viele alte Freunde, die Feuchtwangers, Heinrich Mann und seine Frau, Fritz Lang, Peter Lorre, Hanns Eisler, Salka und selten auch Berthold Viertel, Ludwig Marcuse, Alexander Granach (und) die Kortners« wiederfanden.[237]

Trotzdem war das Leben im Hollywood-Exil frustrierend, isoliert und einsam für Brecht, mehr noch für seine Frau und für die weibliche Entourage. Das Ehepaar konnte nicht an seine europäischen Erfolge anknüpfen; die Mitarbeiterinnen gerieten in immer größere Abhängigkeit. Seit 1943 standen Brecht und Weigel wegen ›unamerikanischer Umtriebe‹ unter Beobachtung des FBI. Die Bespitzelung verschärfte sich nach Kriegsende unter der Regierung McCarthy. Ende 1947 kehrte die Familie nach Europa zurück, zunächst ging sie nach Zürich, später nach Ostberlin und startete hier gemeinsam eine zweite große Karriere: Brecht als Dramatiker und Theatermacher, Weigel als Schauspielerin, Gründerin und Hüterin des Berliner Ensembles. Die internen Verhältnisse blieben unverändert. Die noch lebenden Mitarbeiterinnen, Elisabeth Hauptmann und Ruth Berlau, stießen bald wieder zur Familie; und sie wurde ergänzt und ersetzt durch neue, jüngere Kräfte aus dem Theaterumfeld des Berliner Ensembles, das die Brecht-Familie selbst aufbaute und zum Erfolg führte.

Das Chiefgirl Elisabeth Hauptmann (1897–1973)

Elisabeth Hauptmann war ganz der Typ der ›Neuen Frau‹, der sich seit Mitte der Zwanzigerjahre entwickelt hatte. Es waren die jungen »Frauen der männerarmen Kriegsgeneration, (die) höheren Töchter, die sich nach der Inflation ein paar Stufen tiefer auf der sozialen Leiter wieder finden; sachlich, unabhängig, auch aus Not, neue Lebensformen erprobend, ehrgeizig, schnell (…)«[238], doch nicht immer freiwillig, oft hatten sie keine andere Wahl. Als Angestellte in Verlagen und Redaktionen hatten sie trotz ihrer hohen beruflichen Kompetenz damit zu kämpfen, dass ihre Stellen schlecht abgesichert und noch schlechter bezahlt waren. Und so beschrieb Brechts Freund, der Regisseur Bernhard Reich, in seinem Bericht über die Dichterwerkstatt in der Atelierwohnung von Helene Weigel in der Berliner Spichernstraße auch das dort agierende »Chiefgirl«[239]:

»An der Schreibmaschine saß ein blondes, braunäugiges, pausbäckiges Geschöpf. Er stellte vor: Elisabeth Hauptmann. Sie sprach vorzüglich englisch und versorgte ihn mit Materialien: mit Ausschnitten aus englischen und amerikanischen Zeitungen und Zeitschriften. Sie hatte da alle Hände voll zu tun; denn Brechts Appetit nach dem Amerikanischen war ungeheuer.«[240]

Elisabeth Hauptmann hatte den berühmten Dramatiker 1924 in Berlin durch eine gemeinsame Bekannte, Dora Mannheim, kennengelernt. Ihre exzellenten Englischkenntnisse und ihr Know-how des amerikanischen Boulevards samt seiner Schlager-Hits erwiesen sich für Brechts Theaterpläne als besonders nützlich. Also übersetzte sie für ihn aus dem Englischen (ihre Kipling-Übertragungen erschienen unter seinem Namen), fun-

gierte als Managerin für sein chaotisches, bruchstückhaftes
Schreiben, arbeitete als Agentin und PR-Frau, was ihm unter
anderem einen Freiflug und eine neue Schreibmaschine einbrachte. Hauptmann war als Ideengeberin und Co-Autorin an
allen Werken Brechts aus dieser Zeit beteiligt, kein Wunder
also, dass die Grenzen des geistigen Eigentums schwer zu definieren waren.

Zum größten gemeinsamen Erfolg wurde die *Dreigroschenoper*. Die Entdeckung des englischen Originals in London ist
Hauptmanns Verdienst. Sie übersetzte es, schlug es als Eröff-
nungsstück für das neue Theater am Schiffbauerdamm vor –
und zwang Brecht geradezu zur Arbeit daran. Der durchschla-
gende Erfolg brachte für die Beteiligten immerhin das Ende
aller Geldsorgen.[241]

Hauptmann allerdings musste um ihren Tantiemenanteil,
nicht mehr als 12,5 Prozent, später mit den Erben streiten.
Dass sie darum kämpfte und sich nicht mehr länger mit dem
ideologischen Argument der Kollektivarbeit abspeisen lassen
wollte, brachte sie unter den Kollegen in Verruf, obwohl auch
sie vom Ertrag ihrer Arbeit leben musste.[242]

Neben der Tätigkeit für Brecht schrieb sie auch eigene Geschichten für Zeitschriften und Magazine, teils unter den Pseudonymen Catherine Ux und Dorothy Lane. Es sind Geschichten im neusachlichen Genre, in Stil und Thema denen Brechts
eng verwandt, mit frechen, emanzipierten Frauen als Heldinnen, einem neuen Blick auf die Geschlechterverhältnisse und
entsprechend flapsigem Ton. Darunter sind auch Texte, die
Hauptmann gemeinsam mit Brecht oder unter seinem Namen
veröffentlichte.

Vom privaten Verhältnis zwischen Chef und »Chiefgirl« ist,
da sie stets äußerste Diskretion wahrte, wenig bekannt. Es ist
davon auszugehen, dass auch sie sich Hoffnungen auf eine Le-
bensgemeinschaft mit dem berühmten Mann machte. Nach seiner Heirat mit Helene Weigel unternahm sie vermutlich einen
Selbstmordversuch. Danach wurde Hauptmanns Ton geschäft-

licher; sie bestand auf angemessener Honorierung und arbeitete verstärkt an anderen Projekten. Der nächste Konflikt wurde im Winter 1931/32 von Grete Steffin, Brechts neuer Geliebter, ausgelöst. Zur großen Krise kam es im Sommer 1933, nach der schnellen Flucht der Brechts, bei der Elisabeth Hauptmann zurückblieb.[243] Sie musste, mehr als jede andere, die Erfahrung machen, dass er einer war, »auf den könnt ihr nicht bauen«.

Im November 1933 geriet Elisabeth Hauptmann aufgrund von Denunziation in Gestapohaft. Sie kam nach einigen Tagen frei und floh sofort nach Paris. Im Januar 1934 reiste sie weiter in die USA, zur Schwester in St. Louis, wo sie als Lehrerin an einem College arbeitete. Gegen Ende des Krieges zog sie nach New York, wo sie mit ihrem neuen Lebenspartner, dem Sozialdemokraten Horst Baerensprung, eine gemeinsame Wohnung hatte.[244]

Hauptmanns Leben im Exil war geprägt von der tiefen Enttäuschung über Brechts Desinteresse und der Kränkung darüber, nicht mehr gebraucht zu werden. Als eigenständige Autorin aber hatte sie außerhalb Deutschlands keine Chance, denn sie war völlig unbekannt. Auch ihre bisherige Arbeit für den berühmten Dramatiker erschien jetzt wertlos, denn auch er hatte in Übersee keinen Namen. Die traurige Erkenntnis, zehn Jahre ihres Lebens an die falsche Person und das falsche Projekt verschwendet zu haben, stürzte die Schriftstellerin in tiefe Depression.[245] Konsequenzen allerdings zog sie daraus dennoch nicht.

In New York traf sie Brecht wieder und hätte liebend gern mit ihm zusammengearbeitet, noch während ihrer Beziehung zu Baerensprung. 1946 zog Elisabeth Hauptmann – nun wieder alleinstehend – zurück an die Westküste, in die Nähe des Dichters. Dessen Schauspielerfreund und Bewunderer Peter Lorre finanzierte den Umzug.

Im Winter 1948/49 – ein Jahr nach Brechts Ausreise aus den USA – trat auch Hauptmann den Rückweg nach Deutschland an. Ab Februar 1949 lebte sie in Ostberlin und kehrte, depressiv und selbstmordgefährdet, schließlich zurück ins Brecht-Team. Ab 1954 war sie Dramaturgin im von ihm geführten Berliner Ensemble. Der Hausherr agierte dort als Star auf dem Höhepunkt seines Ruhmes, umschwärmt von jungen Schauspielerinnen; Hauptmann hingegen war degradiert zur Fachfrau für alles. Jetzt, am Ende ihres Lebens, musste sie sich damit abfinden, dass sie letztlich nicht mehr als Brechts »Chiefgirl« gewesen war.

Schwind-süchtig. Margarete Steffin (1908–1941)

Grete Steffins kurzes Leben war geprägt von drei sehr unterschiedlichen Erfahrungen: der Krankheit, Tuberkulose oder auch Schwindsucht, an der sie seit ihrer Jugend litt, dem politischen Erfolg der Nationalsozialisten, der die überzeugte Kommunistin in ihrer ganzen Existenz traf und beschädigte, und der unglücklichen Liebe zu Brecht.[246]

Sechs Krankenhausaufenthalte hatte Grete Steffin im Exil zwischen 1934 und 1939 durchzustehen, meist in Dänemark, und drei große Operationen, teils unter schwierigsten Bedingungen. Chronische Schmerzen, Herzkrämpfe und Schwächezustände begleiteten, wohl als Folgen der Tuberkulose, ihr Leben. Drei Sanatoriumsaufenthalte in Moskau und im Kaukasus kamen hinzu, finanziert durch Brecht und den russischen Freundeskreis. Steffin lebte dort völlig isoliert, litt unter Armut, Hunger, Kälte, schlechter Ernährung, fehlender Wärme und Zuneigung. Die Angst der Freunde und vor allem der Brecht-Familie vor der Ansteckung belastete sie zusätzlich – Bedingungen, unter denen Tuberkulose seinerzeit kaum ausheilen konnte und fast immer tödlich verlief.[247]

Die politische Situation verstärkte Steffins finanzielle und emotionale, ja existenzielle Abhängigkeit – durch die Trennung von den Freunden, die Flucht und die Emigration. Das Schlimmste, sagte sie, sei, »daß ich kein ›zu hause‹ habe. nirgends. ich muß immer für mich und meine Koffer um einen Platz bitten.«[248]

Schließlich belastete sie die Liebe zu Brecht: Sie machte Grete Steffin vollends abhängig, besonders in der Exilsituation. Es war eine Liebe auf den Tod: »Ich liebe ihn so sehr, dass ich daran sterben werde«.[249] Und so kam es. Auf der Flucht des Brecht-Trosses starb sie im Alter von 33 Jahren in Moskau an Tuberkulose; verlassen vom Geliebten, der schon weitergezogen war ins rettende Amerika.

Grete Steffin entstammte einer Berliner Proletarierfamilie. Sie hatte die Schule früh verlassen, bildete sich in der Arbeiterkulturbewegung fort, wurde Mitglied der KPD und agierte im Klassenkampf. Sie war »Mitglied des Großberliner Sprechchors, eines proletarischen Propagandachors, der in revueartigen Inszenierungen mit plakativen Mitteln das Leben der Fabrikarbeiter, Straßendemonstrationen, den Kampf der Arbeiterklasse mit Sprechchören, auch mit Geräuschchören in Szene setzt(e)«.[250] Grete war begabt; sie trat in der ›Roten Revue‹ der Jungen Volksbühne auf und stand mit der großen Helene Weigel im Komödienhaus am Schiffbauerdamm auf der Bühne. Dabei lernte sie im November 1931 Brecht kennen. Bald lebte sie mit dem Dichter zusammen, übernahm – als gelernte Kontoristin – die Aufgaben einer Sekretärin[251] und entwickelte sich zu Brechts »kleiner Lehrerin« in Sachen Sozialismus. »Steffin vermittelte«, schrieb dazu Hanns Eisler, »gewissermaßen durch ihre Mitarbeit dem Brecht die Kenntnisse von der Berliner Arbeiterschaft, in der Wohnküche. Das brauchte Brecht dringend.«[252]

Mitte Mai 1932, vor Beginn einer Kur in der Sowjetunion, reiste Steffin mit Brecht nach Moskau. Gemeinsam erlebten sie dort die Uraufführung des Films *Kuhle Wampe oder Wem gehört die Welt*. Es war der erste Aufenthalt des Dichters in der Sowjetunion. Und Grete Steffin, das Sprachtalent, das Russisch, Englisch, Dänisch und Schwedisch beherrschte und ein wenig Norwegisch und Finnisch sprach,[253] machte ihm – in der Rolle, die an anderen Orten andere Frauen übernahmen – die

Fremde heimelig, mit ihren Sprachkenntnissen, ihrer gut ausgebildeten Kommunikationsfähigkeit, ihrem Organisations-
geschick – und natürlich als Geliebte.

Im Lauf des Jahres 1932 avancierte die junge Frau zum
Brechtschen Familienmitglied – zumindest in den Transitpha-
sen zwischen ihren Sanatoriums- und Klinikaufenthalten. Im
Sommer 1932 verbrachte sie mit der Familie den Urlaub am
Ammersee, ab Mitte August hielt sie sich mit dem Geliebten
allein im neu erworbenen Haus in Utting auf. Ab Herbst 1932
wohnte sie ganz bei den Brechts – eine doppelte Zumutung für
Helene Weigel und die Familie, zum einen aus Beziehungs-
gründen, zum anderen wegen der Ansteckungsgefahr. Zu Beginn seiner Emigration, im Februar 1933, besuchte Brecht Steffin, wie bereits erwähnt, im Lungensanatorium Agra. Weitere
Besuche und gemeinsame Urlaube schlossen sich an, auch als
sie bereits in Paris lebte. Schließlich folgte sie ihm ins dänische
Exil. Hier wechselten sich Sanatoriums- mit Krankenhausauf-
enthalten ab. Dort und nur dort, weil von Brecht getrennt,
arbeitete Steffin intensiv an eigenen literarischen Projekten.
Das selbstständige Schreiben fiel ihr schwer: »Immer, wenn ich
etwas beginne«, ließ sie den dänischen Freund Knud Rasmus-
sen wissen, »habe ich Angst, daß die Leute sagen werden, ich
hätte es nicht selbst gemacht. Und deshalb höre ich wieder auf.
Oder ich glaube, daß es nichts taugt.«²⁵⁴ Die junge Schriftstellerin war literarisch auf die eigene Minderwertigkeit und die
ästhetische Abhängigkeit von Brecht fixiert.

Eine Auswahl aus ihren eigenen Arbeiten wurde 1991 unter
dem Titel *Konfutse versteht nichts von Frauen* veröffentlicht.
Sie enthält Kindergeschichten und Kinderstücke sowie Gedichte; vieles blieb fragmentarisch, wie die Milieugeschichten
aus dem Berlin von Steffins proletarischer Kindheit, die autobiografischen Erinnerungen, die Geschichten aus dem Paris
der Emigranten und natürlich die Prosatexte zur großen Liebe
ihres Lebens, darunter die titelgebende Erzählung. Diese rich-
tet sich offensichtlich an den großen ›Frauenversteher‹, als den

Brecht sich selbst sah. Die im Exil entstandenen Gedichte zeigen, welch großes literarisches Potenzial in Steffin steckte. Sie konnte es, ihrer Lebenssituation und vor allem ihrer literarischen und emotionalen Abhängigkeit vom großen Lehrer Bert Brecht wegen, nicht verwirklichen.

Ihre ausgeprägte Sprachkompetenz machte Grete Steffin zur begnadeten Übersetzerin. Doch auch hier stellte sie ihr Licht unter den Scheffel. Ihr Hauptwerk, eine vierbändige Übersetzung der Erinnerungen des dänischen Schriftstellers Martin Andersen Nexö, firmierte unter »Deutsch von Margarete Steffin und Bertolt Brecht«, obwohl sie die alleinige Übersetzerin war. Denn Brecht konnte gar nicht Dänisch.[255]

Der größte Teil ihres kreativen Potenzials floss in sein Werk. Wie groß ihr Anteil daran wirklich war, blieb viele Jahre lang unbekannt, wurde vergessen oder bewusst übergangen. Gesichert ist ihre Mitarbeit an mindestens fünfzehn Werken, von *Herr Puntila und sein Knecht Matti* bis zu den *Svendborger Gedichten*, die Brecht ihr zu Ehren die *Steffinische Sammlung* nannte. Die Schriftstellerin fungierte als Koautorin und »Hauslektorin« des Werkes, was Brecht dazu brachte, den Text noch einmal gründlich zu überarbeiten.[256]

Steffin gegenüber sparte Brecht nicht mit Anerkennung für diese selbstlose Arbeit. Doch dafür, dass diese auch nach außen hin sichtbar würde und damit etwas vom Glanz seines Ruhmes auf seine Mitarbeiterinnen hätte fallen können, tat Brecht nur wenig. Für ihn war ihr grenzenloser Einsatz »ganz einfach eine Selbstverständlichkeit«.[257]

Brennend, aber nicht verzehrt. Brechts Lai-Tu, Ruth Berlau (1906–1974)

Die Dänin Ruth Berlau war schön, kapriziös, exzentrisch, hysterisch. Unter den Mitarbeiterinnen der literarischen Firma Brecht & Co war sie die Einzige, die sich nicht selbstlos in den

Dienst der Sache stellte, sondern als Person im Zentrum der Aufmerksamkeit stehen wollte. Als literarische Figur hat Brecht sie im *Buch der Wendungen* verewigt, als Lai-tu, Schülerin des Lehrers Me-ti.[258] Dieser gibt ihr Unterricht, im Leben wie im Lieben. Und er bemüht sich, sie zu mäßigen, in ihrem Anspruch auf Liebe ebenso wie deren Ausdruck. Liest man die wirkliche Geschichte Ruth Berlaus, so muss man feststellen, dass diese Lehre auf seine Schülerin weder literarisch noch existenziell befruchtend wirkte, sondern vielmehr zerstörerisch.

Berlaus eigene Version vom Anfang ihrer Bekanntschaft mit dem Dichter und Dramatiker erscheint als Musterbeispiel ihrer Form der Selbstdarstellung. Im August 1933 – Brecht lebte seit zwei Monaten in Dänemark – will sie, die junge Schauspielerin und Reporterin, ihn, zusammen mit zwei Kollegen, mit einem Überraschungsbesuch überfallen haben. Der Umweg, den sie dafür auf einer Autofahrt zur dänischen Schriftstellerin Karin Michaelis auf sich nahm, betrug mehrere Stunden. Und Berlau nahm sich – wenn wir ihrer Schilderung trauen wollen – schon damals viel heraus: Sie duzte den ihr gänzlich unbekannten, in der Regel auch in Freundschaften eher distanzierten Schriftsteller, entwendete – trotz seines Protests – das *Versuche*-Heft mit dem Abdruck des Dramas *Mutter* von seinem Schreibtisch und machte es zum Unterpfand für die Fortsetzung dieser ungewöhnlichen Bekanntschaft.[259]

Ruth Berlau war zu diesem Zeitpunkt 27 Jahre alt, seit fünf Jahren mit einem wohlhabenden Arzt verheiratet, der vier Kinder mit in die Ehe gebracht hatte, und sie war fest entschlossen, sich alle die Freiheiten zu nehmen, die ihre gesellschaftliche Position, ihre Intelligenz und Schönheit, ihr Kommunikations- und Schreibtalent ihr eröffneten. Sie hatte spektakuläre Reisen unternommen und sie in der Presse noch spektakulärer vermarktet, hatte im Sommer 1930 die Moskauer Theaterolympiade besucht und sich danach beim Aufbau eines Arbeitertheaters in Kopenhagen engagiert. Nun also hatte sie – auf welche Art und Weise auch immer – den linken deutschen

Theatermacher im Emigrantenabseits kennengelernt – und machte sich nützlich. Zunächst als Gastgeberin für seine lungenkranke Geliebte, dann mit Inszenierungen seiner Stücke in Dänemark, bei der gemeinsamen Übersetzungsarbeit an der *Mutter* und als Zuarbeiterin für seine neuen Theaterprojekte. Verdient machte sie sich vor allem als Vermittlerin seines Werks und später durch die Dokumentation seiner Theaterarbeit.

Angeregt von der gemeinsamen Arbeit, wurden Brecht und Berlau bald auch ein Liebespaar. 1939 begleitete die neue Geliebte die Brechts auf ihren weiteren Emigrationsstationen. Ob sie selbst »als Kommunistin im besetzten Dänemark ernstlich gefährdet« war oder ob sie – des Geliebten wegen – freiwillig ins Exil ging, ist unklar.[260] Von ihrem Mann war sie längst getrennt. Sie hatte ihr Leben ganz auf Brecht ausgerichtet. Das wurde ihr zum Verhängnis.

In Santa Monica quartierte sie sich in unmittelbare Nachbarschaft zu Brechts Familie in einer eigenen Wohnung ein. Die Spannungen in und wegen dieser Ménage-à-trois stiegen. Berlaus kommunikative und vermittelnde Fähigkeiten, das Theaterspielen, Inszenieren und Organisieren, waren in den amerikanischen Verhältnissen zunächst einmal nutzlos. Im Mai 1943 reiste sie zu einem Frauenkongress nach Washington und kehrte nicht nach Santa Monica zurück. Sie nahm eine Stelle im Office of War Information in New York an und teilte sich dort mit einer Kollegin eine Wohnung in der 57. Straße. Als sie Brecht im Herbst nach New York einlud, zog die Kollegin für einige Zeit zu einer Freundin.[261] Der Winter 1943/44 wurde für sie eine glückliche Zeit gemeinsamer Arbeit. Nun, da Grete Steffin tot und Elisabeth Hauptmann lästig geworden war, weil sie die ihr zugedachte Nebenrolle nicht mehr fraglos akzeptierte, stieg Berlau zu Brechts erster Leserin, Beraterin, Kritikerin und Mitdenkerin auf.

Sie selbst wollte in den Gemeinschaftsarbeiten mit dem Dichter nicht als Mitarbeiterin verstanden werden, sondern immer nur als »Aufschreiberin« seiner Ideen und Formulierungen. Dies lag wohl weniger an ihrer Bescheidenheit, eine Eigenschaft, die ihr eher fernlag, als vielmehr in ihrem Wunsch nach immerwährender »symbiotische(r)« Vereinigung mit dem Geliebten, auch im literarischen Produkt.[262]

So schrieb sie auch einige ihrer eigenen literarischen Arbeiten Brecht zu, wie die Erzählungen aus dem Band *Jedes Tier kann es* (1940), die von der körperlichen Liebe handeln, und die Komödie *Alle wissen alles*, die etwa gleichzeitig entstand und nie aufgeführt wurde. Sie gilt der Forschung heute als Stück des Meisters, ist aber bestenfalls als Werkstattstück anzusehen.[263] In den USA arbeitete Berlau dann vor allem als Publizistin, Autorin und Sprecherin von Radiosendungen für dänische Hörer.

1944 wurde das labile Gleichgewicht, in dem sich die Beziehung eingependelt zu haben schien, abrupt gestört. Berlau war im siebten Monat schwanger, als sie im September, nach einer Operation wegen einer lebensbedrohlichen Erkrankung, eine Frühgeburt erlitt. Das Kind, Brechts Kind, der kleine Michel, starb nach wenigen Tagen.

Gleichzeitig verlor sie aufgrund von Denunziation und Bespitzelung durch das FBI ihre Stelle im Office of War Information und wurde damit auch finanziell von ihrem Geliebten abhängig. Ihre Versuche, in Santa Monica bei den Brechts als Nebenfrau zu überdauern, schlugen, wie kaum anders zu erwarten, fehl. Er trennte sich von ihr, sie kehrte zurück nach New York. Im Dezember 1945 erlitt sie dort einen schweren Nervenzusammenbruch; zunehmende Aggressivität, Alkoholmissbrauch, Wahnvorstellungen und Anfälle geistiger Verwirrung erforderten längere Aufenthalte in der Psychiatrie. Brecht reagierte betroffen. An seiner Taktik der leeren Versprechungen und der Perpetuierung von Abhängigkeiten aber änderte sich nichts.

Und so folgte auch Berlau der Familie im Januar 1948 heim nach Europa, zuerst nach Zürich und schließlich im Oktober nach Ostberlin. Bis 1958 baute sie auf der Basis ihrer Fotodokumentationen beim Berliner Ensemble ein Brecht-Archiv auf. Beispielhaft dafür ist das *Antigone-Modell 1948*. Es entstand aus der Zusammenarbeit von Brecht, Caspar Neher und Ruth Berlau am Stadttheater Chur und umfasste zum einen die Dokumentation einer historischen Aufführung, zum anderen die programmatische Formulierung seiner dramaturgischen Theorie.

Das private Verhältnis zwischen Brecht und Berlau wurde immer schwieriger; er zog sich zurück, sie wurde sozial auffällig, reagierte mit Anfällen von Aggression, sprengte durch ihr Verhalten die Proben am Berliner Ensemble, was zur Einweisung in die Psychiatrie führte. Nachdem Brecht gestorben war, wurde Berlau aus dem Berliner Ensemble entlassen und erhielt sogar Hausverbot. Sie geriet zunehmend ins soziale Abseits. Ihr Einfluss auf das Brecht'sche Werk und ihre Bedeutung für das Berliner Ensemble wurden mehr und mehr totgeschwiegen.[264]

1974 starb Ruth Berlau in der Berliner Charité. Sie erstickte an einem von einer Zigarette verursachten Schwelbrand. Brennend vor Verlangen hatte sie sich selbst immer wieder beschrieben. Brennend, verzehrt und schließlich zerstört von einer für sie destruktiven Beziehung, aus der sie sich nicht zu lösen vermochte – so endete ihr Leben.

FÜNFTES KAPITEL
Mutterland Wort

Schreiben im Exil und vom Exil

»Wie ich, Hilde Domin, die Augen öffnete, die verweinten, in jenem Hause am Rande der Welt, wo der Pfeffer wächst und der Zucker und die Mangobäume, aber die Rose nur schwer, und Äpfel, Weizen, Birken gar nicht, ich verwaist und vertrieben, da stand ich auf und ging heim, in das Wort.«[265]

Hilde Domin wurde die Muttersprache, die sie ›im Fluchtgepäck‹ mitgebracht hatte, wie allen Autorinnen und Autoren im Exil, zur inneren Heimat.[266] Rose Ausländer, die mehrfach Emigrierte, schreibt:

> Mein Vaterland ist tot
> sie haben es begraben
> im Feuer
> Ich lebe
> in meinem Mutterland
> Wort.[267]

Doch auch diese innere Heimat war durch das Exil gefährdet; die Sprache drohte verloren zu gehen und die Autorinnen stumm zu machen. Denn sie waren abgeschnitten vom »lebendigen Strom der Muttersprache«, wie Lion Feuchtwanger es formulierte. Sprachlosigkeit gehört zu den zentralen Erfahrungen des Exils. Und zusätzlich mussten die Autoren nur allzu oft erfahren, dass sie ins Leere schrieben. Es fehlten die Veröffentlichungsmöglichkeiten und die Resonanz des Publikums.

Emigranto und Karrierebruch. Schreiben und Publizieren im Exil

Nur wenigen Schriftstellern gelang es, sich die Sprache des jeweiligen Exillandes so weit anzueignen, dass sie ihnen zum neuen literarischen Medium werden konnte. Schriftstellerinnen überwanden die Sprachbarrieren leichter, nicht nur im Alltag, sondern auch literarisch. Sie, die es gewohnt waren, sich den Gegebenheiten und Anforderungen des Buchmarkts anzupassen, erwiesen sich auch sprachlich als flexibler. Erika Mann etwa gelang es schnell, ihre Texte auf Englisch zu veröffentlichen und Vorträge zu halten. Ganz im Gegensatz zu ihrem Bruder Klaus – vom Vater Thomas Mann ganz zu schweigen. Erika war es, die ihn vor seinen Vortragsreisen in den USA sprachlich vorbereitete, wenn auch mit wenig Erfolg. Thomas Mann lernte nie ein verständliches Englisch und hatte das, dank seines Status als Repräsentant des ›anderen Deutschland‹ wohl auch nicht nötig.

Die Schriftstellerinnen Hertha Pauli, Elisabeth Freundlich und Victoria Wolff stellten sich im Exil in kürzester Zeit auf die neue Sprache ein.[268] Sie wechselten ins Englische als ihrer neuen Literatursprache und kamen den Erwartungen des neuen angloamerikanischen Publikums auch inhaltlich und in der Wahl des Genres entgegen, ebenso die erfolgreichen Romanautorinnen Vicki Baum und Gina Kaus. Elisabeth Augustin (1903–2001) war schon zur Zeit ihrer literarischen Anfänge in Deutschland mit einer zweiten Sprache vertraut. Ihr Mann, der Germanist Paul Felix Augustin, war in Holland aufgewachsen und übersetzte aus dem Niederländischen. Er hatte ihr die Sprache so gut vermitteln können, dass sie ab 1930 selbst zu übersetzen begann. 1933 emigrierte die Familie Augustin nach Amsterdam: Paul Felix Augustin vor allem aus politischen Gründen, seine Frau wegen ihrer jüdischen Herkunft.

Sie hatte damals eben ihre ersten literarischen Texte in den

Zeitungen ihrer Heimatstadt Leipzig publiziert. Ihr Erstlings-
roman *Der Ausgestoßene* sollte beim Gustav Kiepenheuer
Verlag in Leipzig erscheinen, was nun durch die Zensurmaß-
nahmen der Nazis verhindert wurde. Augustin publizierte das
Buch zwei Jahre später in Amsterdam, in eigener Übersetzung,
unter dem Titel *De Uitgestootene*. Durch positive Resonanz
ermutigt, schrieb sie weiter; drei Romane entstanden nun direkt in der fremden Sprache. Sie gewann damit nicht nur einen
neuen literarischen Markt, sondern auch eine neue Sprach-
heimat. Doch diese Phase gelungener Integration währte nur
kurz.

Als die deutschen Truppen 1940 Holland besetzten, stand
ihr Werk auch dort unter Publikationsverbot. Sie verstummte
vollends, als 1943 ihre Mutter, die sich bei der Tochter hatte in
Sicherheit bringen wollen, aus Amsterdam deportiert und um-
gebracht wurde. Erst in den Fünfzigerjahren begann Augustin,
den Mord an der Mutter und ihre eigene Trauer literarisch zu
verarbeiten, nun in zwei Sprachen. Neben ihrer neuen niederländischen griff sie zurück auf die alte Muttersprache.

Auch Elisabeth Augustin, eine der wenigen Autorinnen,
denen der Wechsel in eine neue Literatursprache gelungen war,
verstand sich also als eine, die zwischen den Sprachen stand
und schrieb. Das zeigt – nicht zuletzt – ein zweisprachig ver-
fasstes Gedicht aus ihren letzten Lebensjahren:

ausgewandert	*geemigreerd*
bin ausgewandert	ben geemingreerd
aus mein land	uit mijn land
aus mein sprachland	uit mijn taalland
dachte überall land	dacht overal land
überall sprache	overal taal
irrtum	vergissing
nur ein land	maar een land
mein sprachland	mijn taalland.[269]

Die Philosophin Hannah Arendt machte Englisch zur originären Sprache ihrer Hauptwerke. Die amerikanischen Freunde allerdings berichten übereinstimmend, dass sie zeit ihres Lebens Schwierigkeiten hatte, »ihr Denken mit der englisch-amerikanischen Sprach- und Denkkultur in Einklang zu bringen«.[270] Ilse Losa, die schon in Deutschland zu schreiben begonnen hatte, publizierte recht zügig auf Portugiesisch, nachdem sie in ihrem Exilland angekommen war, und schuf durch ihre Sprachexperimente neue Ausdrucksformen – mit ungewöhnlichem Erfolg. Und doch ging es ihr wie allen anderen Sprachwechslerinnen: »Es ist wie bei einem Linkshänder, der gezwungen ist, mit rechts zu schreiben.«[271]

Der Wechsel in eine neue Literatursprache blieb die Ausnahme. Für andere Autorinnen bedeutete der Verlust der Muttersprache das literarische Aus, wie zum Beispiel für Mascha Kaléko.

Als sprachliche Grunderfahrung kann wohl die von Mopsa Sternheim, der Tochter Thea Sternheims, gelten. Sie schrieb im siebten Jahr ihres französischen Exils in ihr Tagebuch: »Ich kann nicht mehr deutsch schreiben – französisch erst recht nicht. In welcher Sprache denke ich jetzt? Denke ich überhaupt noch?«[272] ›Emigranto‹ nannten die Schriftsteller die verunsicherte und reduzierte sprachliche Ausdrucksfähigkeit, in der sich viele von ihnen nun wiederfanden.[273]

Fürs Publizieren im Exil entwickelten Autoren und Verleger überraschend schnell neue Lösungen, unterstützt von ausländischen Kollegen, Hilfsorganisationen und linken Parteien. In den wichtigsten Exilzentren, in Österreich, der Schweiz und der Tschechoslowakei, in Frankreich, Holland und Schweden, in den USA, Mittelamerika und der Sowjetunion wurden schon bald nach Hitlers Machtübernahme Exilverlage sowie Exilzeitungen und -zeitschriften gegründet. Manchen Autoren gelang es, zu schon bestehenden ausländischen Verlagen zu wechseln. Ermöglicht wurde das durch das solidarische Verhalten verschiedener kultureller und politischer Gruppen in den Gastländern und durch die Verbundenheit vor allem der jüdischen Emigranten untereinander. Nicht wenige der im Ausland lebenden Deutschen, die das neue Lesepublikum bildeten, reagierten auf den politischen Sieg des Nationalsozialismus negativ. Sie wollten weiter die Autoren lesen, die sie bisher gelesen hatten; es waren meist die, die nun in Deutschland nicht mehr verlegt wurden.

Die im Exil gegründeten Verlage einte, so unterschiedlich ihre weltanschaulichen Richtungen auch sein mochten, eine gemeinsame Grundhaltung: die Gegnerschaft zum deutschen Faschismus. Als Neugründungen entstanden, um nur die wichtigsten zu nennen, der Malik Verlag in Prag, éditions du Carrefour in Paris, der Bermann Fischer Verlag, als Nachfolger des S. Fischer Verlags in Wien, Stockholm und später in New York, El libro libre in Mexiko und der Aurora Verlag in New York. Die niederländischen Verlage Querido und Allert de Lange in Amsterdam nahmen die Programme emigrierter Verlage, teils samt Verlegern und Lektoren, großzügig als Imprints in ihre Häuser auf. Emil Oprecht in Zürich öffnete, wie auch Julius Knittl in Mährisch-Ostrau, seine Verlage den Exilautoren, obwohl mit Exilliteratur keine lukrativen Geschäfte zu machen waren. Oprechts Haus entwickelte sich zu einem Zentrum des literarischen Exils. Die meisten Exilverlage aber waren und blieben Kleinverlage mit nur wenigen Autoren und Titeln.

Die neuen Unternehmen hatten sich auf einem schwierigen, schon seit der Wirtschaftskrise der Zwanzigerjahre verunsicherten Markt zu behaupten. Mit der Expansionspolitik des nationalsozialistischen Regimes schrumpfte der originäre deutschsprachige Buchmarkt immer mehr. Die Verlage verloren ihre tradierte Käufer- und Leserschicht; zunächst innerhalb der Grenzen des Deutschen Reichs, dann auch in der Tschechoslowakei, in Österreich und den Niederlanden. Und auch der neue Exilbuchmarkt wurde immer enger, je stärker der natio-

nalsozialistische Staat die umliegenden Länder unter Druck
setzte. Zudem wurden die Exilautoren und ihre Verleger von
den nationalsozialistischen Behörden und Verlagen mit einem
»Gaunertrick«[274], wie der Prager Schriftsteller F. C. Weiskopf
es nannte, um ihre Rechte gebracht: dem Bücher-Dumping. In
Deutschland verbotene Bücher wurden von den NS-Behörden
zu Schleuderpreisen ins Ausland verkauft. Das brachte zusätzliche Devisen und verstopfte den ohnehin kleinen und über-
lasteten Markt des Exils noch mehr.

So in Bedrängnis gebracht, neigten die Exilverlage zu
einer restriktiven Programmpolitik. Das schränkte die Veröffentlichungsmöglichkeiten der Autoren und – erwiesener-
maßen – stärker noch der Autorinnen, die auf dem Buchmarkt
mehrheitlich weniger gut etabliert waren als die männlichen
Kollegen, radikal ein – und das in einer Lebenssituation, in der
sie mehr denn je auf die Honorare angewiesen waren. Betroffen waren – von wenigen Ausnahmen abgesehen – vor allem
junge, noch wenig bekannte Autorinnen, sowohl freiwillig
emigrierte als auch explizit verfolgte.

Zu den auch unter diesen schwierigen Umständen erfolgreichen Schriftstellerinnen gehörten Vicki Baum, Gina Kaus,
Irmgard Keun, Erika Mann und Adrienne Thomas. Ein Aus-
nahmefall war, wie schon erwähnt, Annette Kolb. Ihr gelang
es, trotz ihrer freiwilligen Emigration Autorin ihres Stamm-
verlags S. Fischer zu bleiben, solange der sich – bis 1936 – in
Deutschland halten konnte; allerdings unter Verzicht auf jede
direkte politische Auseinandersetzung mit dem Nationalsozialismus.

Die Bücher der meisten Exilautorinnen und -autoren waren
für die Verlage kein Geschäft, sondern ein beträchtliches Risiko.[275] Die Durchschnittsauflage lag bei 2000 Exemplaren, was
zwar mehr war, als man anfangs erwartet hatte, aber zu wenig,
um davon leben zu können. Zu Spitzenauflagen brachten es
die allerwenigsten Titel, meist von Autoren der Unterhaltungs-

literatur. Vicki Baum erreichte pro Titel einen Absatz von 15 000 bis 20 000 Exemplaren, Adrienne Thomas mit dem Roman *Katrin, die Welt brennt!* einen Absatz von mindestens 8000 Exemplaren. Ebenso hoch lag Gina Kaus' Roman *Die Schwestern Kleh.*

Die Honorare, die Exilverlage den Schriftstellern zahlten, lagen insgesamt niedriger, als sie es in Deutschland gewesen waren. Um ihren Unterhalt wenigstens notdürftig zu sichern, stützten die Verlage ihre Autoren meist mit einem System aus Vorschüssen, Ratenzahlungen und Renten. Bestenfalls ein Zubrot brachten die Honorare für Artikel in der breit gestreuten und wild wuchernden Exilpresse. Es gab insgesamt rund 400 Blätter jeder politischen und kulturellen Richtung, von der Tageszeitung über die Wochen- bis zur Monats- und Zweimonatszeitschrift. Die Höchstauflage lag bei 15 000 Exemplaren. Die Vielzahl und die breite Streuung der Beiträge erklären sich aus der politischen Vielfalt und der geografischen Zersplitterung der Emigration. Es herrschte ein ständiger Überschuss an Artikeln und die Herausgeber waren in permanenter Finanznot. Von den gezahlten Honoraren konnte keiner der Autoren leben.

Einträglicher waren die Einkünfte aus Übersetzungen. Der Anteil übersetzter Titel der Exilliteratur war unverhältnismäßig hoch. Mit den eigenen Büchern auf dem internationalen Markt präsent zu sein, wurde zur Voraussetzung für ein erfolgreiches Publizieren im Exil. Auf mehr als zehn Übersetzungen brachten es Vicki Baum, Erika Mann, Gina Kaus, Anna Seghers und Adrienne Thomas, auf fünf Übersetzungen Annette Kolb. Von Irmgard Keun wurden drei, von Hermynia Zur Mühlen zwei Titel übertragen. Selbst als Übersetzerin tätig wurden unter den namhaften Autorinnen nur Hermynia Zur Mühlen und Annette Kolb.

Eine weitere, ungewöhnlich ertragreiche Finanzquelle waren, vor allem in den USA, die Auftritte mit Lesungen, Vorträgen, wie sie am Beispiel Erika Manns, der erfolgreichsten

Vortragsreisenden, bereits beschrieben wurden. Die wirt-
schaftliche Bedeutung, die diese ›Lectures‹ für die emigrierten
Autoren hatten, ging über die des Marketing für die eigenen
Bücher und bei vielen auch über die Einkünfte aus Buchhono-
raren weit hinaus. Voraussetzung für den Erfolg einer solchen
Karriere war Prominenz. Das amerikanische Publikum interessierte sich nur für bekannte Namen, wovon Erika Mann
profitieren konnte. Die jüdische Wiener Schriftstellerin Hilde
Marx baute ihre Karriere als Vortragsreisende in jüdischen
Vereinen und Logen in den USA zu ›one-woman-shows‹ aus,
die sie bis zur Präsidentengattin Eleanor Roosevelt ins Weiße
Haus führten. Sie verstand es, in ihren Shows auf unterhaltsame, humorvoll-groteske Art über die Probleme und Eigen-
heiten des Emigrantenalltags zu informieren. Die Vorträge
und Funklesungen, die Else Lasker-Schüler in Zürich und
später in Palästina hielt und die ihre einzige selbstständige
Einnahmequelle waren, zeigen eine weitere Facette dieser Aktivitäten.

Doch die Einkünfte aus schriftstellerischer Arbeit im weitesten Sinne vermochten das Existenzminimum vieler Autorinnen und Autoren kaum zu decken, zumal Arbeitsverbote
die Integration und Selbsthilfe erschwerten. So waren viele auf
Unterstützung, entweder durch Hilfsorganisationen oder
durch die wenigen ökonomisch erfolgreichen Kolleginnen und
Kollegen, angewiesen. Außer den allgemeinen, von den jüdischen und den politischen Parteien getragenen Komitees gab es
nur wenige Hilfseinrichtungen speziell für Schriftsteller. Die
wichtigste war die 1935 auf Initiative von Hubertus Prinz zu
Löwenstein gegründete American Guild for German Cultural
Freedom (AmGuild). Sie hatte sich den Schutz bedrohten
Geistesguts ins Programm geschrieben, förderte aber nur bürgerliche Schriftsteller, kaum Linke und Marxisten. Die Am-
Guild vergab vor allem Arbeitsstipendien zur Fertigstellung
begonnener oder geplanter Werke.

Eine beachtliche Solidarität bestand unter den Autorinnen

und Autoren selbst. Man half einander, sei es durch Empfehlungen an Verlage, Zeitungen und Zeitschriften, durch die Fürsprache bei Stiftungen und Hilfskomitees oder durch direkte materielle Unterstützung. Die Einreise Nelly Sachs' in Schweden wäre ohne die Fürsprache der Nobelpreisträgerin Selma Lagerlöf nicht zustande gekommen. Die greise Schriftstellerin rettete so der noch völlig unbekannten Kollegin das Leben. Besonders stark engagierte sich Vicki Baum. Sie soll ihre gesamten Honorare aus dem Verkauf der deutschsprachigen Ausgaben ihrer Bücher an hilfsbedürftige Emigranten verteilt haben.[276]

Mit den Publikationsmöglichkeiten schrumpften im Exil auch die literarischen Sujets, die noch auf Publikumsinteresse stießen. Ab 1938 waren, wie Irmgard Keun ihrem Freund Arnold Strauss schrieb, nur noch »optimistischere Sachen« gefragt.[277] Der tristen Wirklichkeit entsprechende oder ironisch verfremdete Darstellungen der aktuellen Zeitsituation fanden keine Abnehmer mehr.

Wie reagierten nun die Autoren auf das Dilemma des Schreibens unter veränderten gesellschaftlichen Bedingungen, erhöhtem Verwertungsdruck und neuen thematischen Prioritäten? Irmgard Keun hat die Lage 1947 rückblickend in ihrem autobiografischen Bericht *Bilder und Gedichte aus der Emigration* beschrieben; sicher nicht ohne persönliche Rechtfertigungsabsicht. Denn sie selbst hatte sich zur Emigration ja erst entschlossen, als ihr ab 1936 durch das Verbot ihrer Bücher jede Veröffentlichungsmöglichkeit in Deutschland genommen war und sich 1940 sogar für die Rückkehr nach Nazideutschland entschieden:

»Als Emigrant«, schreibt Keun, »hatte man dankbar zu sein und nicht zu kritisieren, auch nicht soziale Zustände, die schon gar nicht (...). Und konnte man etwa schildern, wie man sich falsche Pässe und Visa verschaffte, um sich in ein Land hineinzuschwindeln? Wie und wo man bestechen konnte? Wie man heimlich und verboten arbeitet, als sei es ein Diebstahl? Es gab

da so vieles, das man nicht hätte schildern können, da man es
nicht verraten durfte. Andererseits hätte man auch in einem
Roman über die deutsche Emigration beim besten Willen nicht
rührend gute und edle, sondern auch recht zweifelhafte Emigranten schildern müssen. Und damit hätte man vielleicht wiederum manchen geschadet, deren Leben und Existenz sowieso
nur noch an einem hauchdünnen Seidenfaden hingen. All diese
Erwägungen wurden so beklemmend, daß ich fürchtete, nie in
meinem Leben mehr ein Buch schreiben zu können.«[278]

Ein Ausweg, den viele Autoren wählten, war die Flucht in
die Geschichte:

»Was schreiben andere emigrierte Schriftsteller?«, fragt Keun
und listet – als Antwort – die neuen Bücher der literarisch
renommierten Autoren aus ihrem eigenen Umkreis auf: »Kesten schrieb einen Roman über Philipp II., Roth einen Roman
über das alte Österreich, Zweig einen Roman über Erasmus
von Rotterdam, Thomas Mann über ›Lotte in Weimar‹, Heinrich Mann über Henri IV., Feuchtwanger über Nero. Alle diese
Schriftsteller hatten früher einmal die gegenwärtige Wirklichkeit in ihre Sprache übersetzt und ihr die Kritik geschrieben,
die ihnen ihr Temperament und ihre Persönlichkeit diktierten.
(…) Warum schrieben sie nun auf einmal fast alle nur historische Romane?«[279]

Diese Versuche, die erzwungene Distanz zum gegenwärtigen Deutschland durch Historisierung zu kaschieren, waren
Irmgard Keun fremd. Ihr Markenzeichen war und blieb der
Zeitroman. Seine kritisch-distanzierte Grundhaltung aber war,
wie sie selbst feststellen musste, jetzt wenig gefragt. Besonders
Autorinnen wurden – mehr als die männlichen Kollegen – von
ihren Verlegern auch in der Emigration gern auf leicht lesbare
und verkäufliche Ware festgelegt, aufs Genre der Unterhaltungsliteratur; und die verlangte, wie gesagt, »optimistischere
Sachen«.[280]

Der Prototyp, an dem sich die Erwartungen der Verleger
orientierten, war Vicki Baums Erfolgsroman *Menschen im*

Hotel. An ihm musste sich, über die Exilzeit hinaus bis in die Fünfzigerjahre, selbst ein Thema wie das Leben im französischen Internierungslager Gurs messen lassen. Gertrud Isolanis Roman *Stadt ohne Männer* entsprach diesen Erwartungen. Denn die Autorin schreckte nicht davor zurück, die »Pyrenäenhölle«[281] Gurs in Plot und Stillage ganz nach dem Muster der mondänen Baum'schen Hotelwelt zu zeichnen. Das Kapitel »Ich leer' mein schweres Herz euch aus« geht ausführlich auf dieses Buch ein.

Dass der Markt eng geworden war, musste auch eine so erfolgsverwöhnte, mit den Anforderungen der Unterhaltungsliteratur so souverän spielende Erzählerin wie Gina Kaus erfahren. Sie konnte ihren Roman *Der Teufel nebenan*, der 1939 bei Allert de Lange in Amsterdam erschienen war, auf dem amerikanischen Buchmarkt kaum unterbringen, wechselte deshalb das Medium und wurde zur erfolgreichen Filmautorin.

Gina Kaus' literarische Biografie lässt sich als Erfolgsgeschichte erzählen oder als Geschichte eines Karrierebruchs – ähnlich wie die vieler Exilschriftstellerinnen. Sei es die der Irmgard Keun, die als Erfolgsautorin mit Verlagsvertrag bei Allert de Lange ins Exil ging, mit ihren Exilromanen an die frühen Erfolge anknüpfen konnte, nach der freiwilligen Rückkehr nach Nazi-Deutschland aber verstummte. Sei es Erika Mann, die als Kabarettistin bei der *Pfeffermühle* begonnen hatte, in den USA eine große Karriere als ›Lecturer‹ und Publizistin machte, nach der Rückkehr nach Europa aber ihre literarische Selbstständigkeit ganz aufgab. Sei es Hermynia Zur Mühlen, die ihre literarische Laufbahn 1921 mit Kinderbüchern, Romanen und Erzählungen mit sozialkritischer Tendenz begonnen hatte und dann im britischen Exil zum historischen Roman in englischer Sprache wechselte, ohne ihre frühen Erfolge fortschreiben zu können. Sei es schließlich Anna Gmeyner, die in den Zwanzigerjahren als Dramatikerin erfolgreich war und sich in der Emigration mit *Manja* und *Café du Dôme* zur Romanautorin wandelte.

Häufiger aber war der Bruch der literarischen Karrieren durch die Emigration. Etwa bei der in Moskau geborenen Wiener Jüdin Lili Körber (1897–1982). Sie war dreisprachig aufgewachsen, publizierte auf Russisch, Französisch, Deutsch – eine für die im Exil geforderte Internationalität außergewöhnlich günstige Ausgangssituation. Und doch konnte Lili Körber sie für eine zweite literarische Karriere nicht nutzen. Bekannt geworden war sie durch ihre sozialkritischen und antifaschistischen Romane *Eine Frau erlebt den roten Alltag* (1932) und *Eine Frau erlebt das neue Deutschland* (1934). Nach der Annexion Österreichs emigrierte sie nach Frankreich, schlug sich als Erntehelferin und mit Nachhilfeunterricht durch und konnte noch 1941 in die USA fliehen. Hier arbeitete sie als Näherin in einer Fabrik und machte eine Ausbildung als Krankenschwester, was ihr zum neuen Beruf und Lebensinhalt wurde. Nebenher schrieb sie weiter, nach dem bewährten Muster ihrer früheren Romane; *Ein Amerikaner entdeckt Russland* erschien 1942 in der Exilzeitung *Deutsche Volkszeitung*. Doch ihr Versuch, sich danach auch literarisch auf eine neue, vierte Sprache umzustellen, scheiterte. Körbers auf Englisch geschriebenes Romanmanuskript *Farewell to yesterday* wurde abgelehnt.

Bereits erwähnt wurden die verhinderten oder frühzeitig abgebrochenen Karrieren von Mascha Kaléko, Veza Canetti oder Else Lasker-Schüler. Besonders tragisch verlief die Lebensgeschichte der jüdischen Lyrikerin Gertrud Kolmar. Ihr literarischer Ruhm setzte erst nach ihrer Ermordung in Auschwitz, mit Neu- und Erstausgaben ihrer Gedichte und Prosa, ab 1955 ein.

Die einzige Autorin, der es gelang, sich mit ihren im Exil entstandenen, von Exil und politischem Widerstand handelnden Werken im literarischen Kanon zu etablieren, war Anna Seghers.

Das Exil als literarisches Thema

»Ich war ein Sterbender, der gegen das Sterben anschrieb. Solange ich schrieb, lebte ich.«[282] Was Hilde Domin in ihren
Erinnerungen im Extrem formulierte, kann wohl als existenzielle Erfahrung vieler emigrierter Autorinnen und Autoren
verstanden werden. Das Schreiben wurde ihnen zur Überlebensstrategie.[283] »Schreiben war Leben. Überleben«[284], konstatierte Rose Ausländer. Und auch Anna Seghers stabilisierte
sich, laut ihrer Briefe an den Freund Wieland Herzfelde, in der
existenzgefährdenden Situation auf der Flucht vor den Nazis in
Frankreich mithilfe ihrer literarischen Pläne, vor allem durch
die Arbeit an *Transit*, ihrem großen Exilroman.

Ganz besonders gilt das für die Lebens- und Schreibsituation der jüdischen Lyrikerin Nelly Sachs. Sie führte während des
Dritten Reichs und danach, im Berliner Getto wie im schwedischen Exil, ein Leben in ständiger Unsicherheit und dauer-
hafter Hospitalisierung. Für Nelly Sachs, die unter Paranoia
litt, wurde das Schreiben zur Überlebenshilfe in einer Zeit, die
nur aus Grenzsituationen zu bestehen schien. So entstand ihr
von Verfolgung, Flucht und Tod gezeichnetes lyrisches Werk,
das 1966, an Sachs' Lebensende, mit dem Nobelpreis für Literatur geehrt wurde.

Die Erfahrung Exil ist in den Texten dieser Schriftstellerinnen sehr gegenwärtig, auch wenn viele erst nach 1945 entstanden. Sie schlägt sich in den gewählten Themen ebenso nieder
wie in der Art ihrer Behandlung und der Wahl des Genres; sie
veränderte die schriftstellerische Praxis und verlangte literarische Neuorientierung. Von den einen wurde Exil als Zustand
unheilbarer Krankheit verstanden. Anderen wurde es zum
Sinnbild für die generellen Schwierigkeiten menschlicher Verständigung, zum Synonym für die Sprachlosigkeit und zum
Symbol totaler Entwurzelung. Und es verwundert nicht, dass
die autobiografischen Anteile stark sind und sich oft als literarisch kaum verarbeitet zu erkennen geben.

Das beliebteste Genre der Exilliteratur ist die erzählende Prosa, dicht gefolgt von verschiedenen Formen der ›Faction‹, die dokumentarisches Material mit fiktionalen Teilen vermischt, des Weiteren von Erinnerungsliteratur und Tagebuchaufzeichnungen. Mit Ausnahme der männlichen Helden in Anna Seghers' Romanen *Das siebte Kreuz* oder *Transit* stehen im Werk der Autorinnen durchweg Frauen, meist auf dem Weg in die Emigration oder in der Auseinandersetzung mit dem Exilalltag, im Mittelpunkt der Handlung.

Anna Gmeyners Roman *Café du Dôme* erschien 1941 in englischer Übersetzung in London bei Hamish Hamilton und in New York bei Alfred Knopf unter dem Titel *The Coward Heart* – ohne dass er von der literarischen Öffentlichkeit wahrgenommen worden wäre. Im Zentrum der Handlung steht ein typischer Exilschauplatz, das Pariser Café du Dôme am Montparnasse. Es ist Treffpunkt der Emigranten, unter ihnen die Protagonistin, die 28-jährige Deutsche russischer Abstammung Nadia, die sich als Sekretärin, Übersetzerin und Privatlehrerin durchschlägt. Im Freundes- und Besucherkreis des Cafés sind die verschiedenen Emigrantenschicksale situiert. Das Café bildet den Mittelpunkt des Handlungsraums Exil, ist zugleich aber auch Chiffre des Stillstands und der misslungenen Integration. Denn es ersetzt den Emigranten die Heimat, perpetuiert damit die alten Gewohnheiten und verhindert die Integration. Nadia aber gelingt es, sich von der Emigrantenszene zu emanzipieren. Als sich herausstellt, dass ihr im KZ inhaftierter Partner Peter ein Gestapo-Spitzel ist, trennt sie sich von ihm und bleibt mit dem Kind, das sie von Peter erwartet, in Paris. Ihre Zukunft bleibt offen.

Der Roman handelt von den Konsequenzen, die die extreme historische Situation für das Alltagsleben der Protagonisten hat. Alle suchen nach Möglichkeiten, ihrem Leben Sinn und Halt zu geben: durch die Liebe, durch den Glauben an metaphysische Werte oder durch politische Überzeugungen. Doch nichts davon funktioniert. Keine einzige der Liebesbeziehungen gelingt. Die mit diesem Scheitern verbundene Gefahr, die persönliche Integrität, ja die Identität zu verlieren, wird nicht als Folge der Existenzkrise Exil dargestellt, sondern – umfassender – als Konsequenz der Moderne.[285]

Auch die Erfolgsautorin Adrienne Thomas stellt weibliche Heldinnen ins Zentrum ihrer Exilromane. In *Reisen Sie ab, Mademoiselle!* ist es die Wienerin Nicole und ihr Leben auf der Flucht, im Exil und im französischen Internierungslager. In *Ein Fenster am East River* ist es die tschechische Emigrantin Anna Martinek, die versucht, sich im New Yorker Exil zwischen den Gegensätzen des nach wie vor europäisch geprägten Emigrantenmilieus und des ›American Way of Life‹ neu zu orientieren.

Hilde Spiels Roman *Lisas Zimmer*, nach 1945 zunächst auf Englisch unter dem Titel *The Darkened Room* veröffentlicht und erst 1965 auf Deutsch erschienen, schildert ebenfalls das Schicksal intellektueller Emigranten in New York nach dem Ende des Zweiten Weltkriegs. Sie alle sind im Exil gestrandet, ohne heimisch geworden zu sein – aus der Zeit gefallene Menschen ohne Zukunftsperspektive: »Figuren aus der Ferne und Vergangenheit, Sinnbilder für alles Tote und Überholte, Lemuren auf einem Friedhof, aber dennoch auf makabre Weise eindrucksvoll«.[286] Das Zimmer von Lisa Leitner Curtis, einer so exzentrischen wie faszinierenden Wiener Jüdin, wird ihnen in ihrer Einsamkeit zur Enklave. Hier, hinter den geschlossenen Jalousien, die Gegenwart nicht einlassen, im Duft von Parfum und welken Blumen, die Vergangenheit zu konservieren suchen, entsteht ein symbolischer Raum für die alte, auf immer verlorene europäische Welt.

Alice Rühle-Gerstels (1894–1943) autobiografisch geprägter Roman *Der Umbruch oder Hanna und die Freiheit* erschien erst 1984, vierzig Jahre nach dem Tod der Autorin. Er handelt von der Kommunistin Hanna Last, die sich in der Emigration vom stalinistischen Kommunismus abwendet. Rühle-Gerstels Roman ist der einzige im Umkreis der sozialistischen Emigration, der nicht nur antifaschistisch, sondern auch dezidiert antistalinistisch ist. Und es ist zugleich ein Roman über den Frauenalltag in der Emigration. Er zeigt die Heldin Hanna in ihren Liebes- und in ihren Arbeitsbeziehungen, den auch in der literarischen Fiktion schwierigen Verhältnissen zwischen Privatheit und Politik.

Dem oben erwähnten Genre der ›Faction‹, dem Grenzbereich zwischen Tatsachenbericht und erzählerischer Fiktion, sind so unterschiedliche Texte zuzuordnen wie Gertrud Isolanis *Stadt ohne Männer* (1945), Erika Manns *Zehn Millionen Kinder* (1938) und *The Lights Go Down* (1940). Letztere wurden im Porträt Erika Manns bereits vorgestellt.

Erinnerung, sprich. Exil und Konzentrationslager in Autobiografien und Memoiren

Erinnerung, sprich – so überschrieb der russisch-amerikanische Erzähler Vladimir Nabokov, einer der berühmtesten Emigranten, seine Autobiografie. Das Leben im zweifachen Exil und die Erinnerung an die verlorene Heimat spielen darin eine wesentliche Rolle. Autobiografien und Memoiren waren beliebte Themen der Exilliteratur, insbesondere bei Männern.[287] Autorinnen dagegen reagierten zögerlich und spät, so als scheuten sie sich, ihre Erinnerung sprechen zu lassen, ihr eine Stimme zu geben. Ein Großteil der einschlägigen Bücher entstand erst am Lebensende der Autorinnen, in den späten Siebziger- und Achtzigerjahren. Durch das lange Schweigen der Schriftstellerinnen entstand eine beträchtliche Überlieferungslücke. Die Erfahrungen einer ganzen Frauengeneration mit dem nationalsozialistischen Deutschland, mit Verfemung, Verfolgung, Vertreibung, dem Leben in den Gastländern und den damit einhergehenden Schwierigkeiten wurden jahrzehntelang nicht wahrgenommen – nicht im öffentlichen Bewusstsein und auch nicht in der Exilforschung.[288]

Rund ein Viertel der 204 im *Lexikon deutschsprachiger Schriftstellerinnen im Exil* aufgeführten Autorinnen hat Erinnerungen veröffentlicht, in Form von Autobiografien, Tagebuchaufzeichnungen und Erfahrungsberichten, wobei die Grenze zum autobiografisch gefärbten Roman fließend bleibt. Memoiren schrieben bekannte Schriftstellerinnen wie Vicki Baum, Gina Kaus, Annette Kolb und Hilde Spiel. Auch heute fast vergessene Exilautorinnen wie Elisabeth Freundlich, Lola Landau, Hertha Pauli und Alice Rühle-Gerstel hinterließen autobiografische Texte, ebenso primär politisch motivierte Frauen wie Lisa Fittko, Hanna Schramm und Hedda Zinner. Zu den literarischen Zeugnissen der Verfolgung zählen die Tagebücher von Thea Sternheim und Käthe Hirsch sowie die unveröffentlichten Aufzeichnungen von Adrienne Thomas aus dem Lager Gurs. Außerdem Luise Rinsers *Gefängnistagebuch*, Isa Vermehrens *Reise durch den letzten Akt. Ravensbrück, Buchenwald, Dachau: eine Frau berichtet*, die Schilderung ihrer Odyssee von Ravensbrück über Dachau bis zur Befreiung in den Dolomiten, Gertrud Isolanis Aufzeichnungen aus dem Internierungslager Gurs und, als bekanntestes Beispiel, *Das Tagebuch der Anne Frank. 12. Juni 1942 – 1. August 1944.* Über ihr Leben im Exil schrieben Wissenschaftlerinnen wie Susanne Bach und – nicht zuletzt – die Partnerinnen berühmter Emigranten wie Marta Feuchtwanger, Alice Herdan-Zuckmayer, Salka Viertel und Friderike Maria Zweig.

Entstanden sind und publiziert wurden diese Erinnerungen im Zeitraum von sechzig Jahren. Die deutsche Öffentlichkeit begann sich für die weiblichen Erfahrungsberichte erst spät, etwa seit den Achtzigerjahren, zu interessieren.[289]

Viele Autorinnen stellten sich der Erinnerungsarbeit aus der Pflicht und dem Wunsch heraus, Rechenschaft abzulegen. Es sind späte Versuche, die Sprachlosigkeit des Exils und die Jahre der wohl aus psychologischen Gründen notwendigen Verdrängung zu überwinden und die Erinnerung doch noch zum Sprechen zu bringen.

Autobiografien gelten als wichtige Belege für die geschlechtsspezifische Wahrnehmung des Exils. In ihnen wird sichtbar,
dass Frauen das Exil anders erlebten als Männer und sich anders
daran erinnern. Männer verstehen ihre »individuelle Geschichte eher als repräsentativ für ihre Zeit«[290] und sehen sich selbst
als Zeitzeugen im Zentrum der Geschichte. Das zeigen schon
die Titel, wie Heinrich Manns *Ein Zeitalter wird besichtigt*
oder Ludwig Marcuses *Mein 20. Jahrhundert*.[291] Männer präsentieren ihre Geschichte mit Vorliebe als Erfolgsstory. Den
Frauen ist es hingegen weniger wichtig, ihre persönliche Bedeutung herauszustellen, als eine Familiengeschichte zu dokumentieren, eine vergangene Kultur oder einfach die realen
Lebensverhältnisse zu beschreiben.[292] Das belegen die zurück-
haltend-reflexiv formulierten Titel der Erinnerungen von Annette Kolb, *Memento*, von Lola Landau, *Vor dem Vergessen*,
Hilde Spiel, *Welche Welt ist meine Welt?*, oder Hedda Zinner,
Selbstbefragung. Und das gilt selbst für Autorinnen, die sich so
blendend in Szene zu setzen wussten wie Vicki Baum in *Es war
alles ganz anders* oder Gina Kaus in *Und was für ein Leben*.

So wie Emigrantinnen sich nicht scheuten, fast jeden Job
anzunehmen, wenn er nur den Lebensunterhalt sicherte, so
scheuten sie sich auch nicht, in ihren Erinnerungen von den
demütigenden Situationen des Exils zu berichten. Sei es bei
der Beschaffung von Papieren in einer oft chaotischen Büro-
kratie oder in der ausgesetzten Situation der französischen
Internierungslager; seien es die beruflichen Schwierigkeiten
mit den sozial prekären Jobs als Hausgehilfin, Kellnerin, Kindermädchen oder Krankenschwester oder das mehr oder weniger spektakuläre Scheitern in der Traumfabrik Hollywood.
Und sie scheuten auch nicht davor zurück, die Tabuthemen
des Flucht- und Lagerlebens zu benennen: sexuellen Missbrauch, Prostitution, Abtreibung, Vergewaltigung und Homosexualität.[293]

Oft schreiben die Frauen auch aus dem Selbstverständnis als
Gefährtin oder Witwe eines bedeutenden Mannes. Das zeigen

Titel wie Marta Feuchtwangers *Nur eine Frau* oder die Erinnerungen der Kinderbuchautorin Lisa Tetzner an ihren Lebensgefährten, den Autor des Kinderbuchklassikers *Die rote Zora*, mit dem Titel *Das war Kurt Held. Vierzig Jahre Leben mit ihm.* Diese Autorinnen stellen sich vor allem als Gefährtinnen und nicht als eigenständige Persönlichkeit dar. Im Mittelpunkt der Erinnerung steht der berühmte Partner; seine Identitätskrisen, seine Verzweiflung und Widerstandskraft haben einen höheren Stellenwert als die Beschreibung des eigenen Lebens. Eine Perspektive, die das Verhältnis der Schreiberinnen zur Gattung Autobiografie zwiespältig und ihre Stimmen oft widersprüchlich erscheinen lässt.

Lyrik und Exil

Emigranten-Monolog

Ich hatte einst ein schönes Vaterland –
So sang schon der Flüchtling Heine.
Das seine stand am Rheine,
Das meine auf märkischem Sand.

Wir alle hatten einst ein (siehe oben!),
Das fraß die Pest, das ist im Sturm zerstoben.
O Röslein auf der Heide,
Dich brach die Kraftdurchfreude.

Die Nachtigallen wurden stumm,
Sahn sich nach sicherm Wohnsitz um.
Und nur die Geier schreien
Hoch über Gräberreihen.

Das wird nie wieder, wie es war,
Wenn es auch anders wird.
Auch wenn das liebe Glöcklein tönt,
Auch wenn kein Schwert mehr klirrt.

Mir ist zuweilen so, als ob
Das Herz in mir zerbrach.
Ich habe manchmal Heimweh.
Ich weiß nur nicht, wonach …[294]

Nach Auschwitz könne man, nach einem meist unvollständig zitierten und deshalb missverstandenen Ausspruch Theodor W. Adornos von 1949, keine Gedichte mehr schreiben.[295] Seine These ist denn auch vielfach widerlegt worden; nicht zuletzt durch die Lyrikerinnen, von denen hier die Rede sein soll. Sie haben die leidvollste Erfahrung ihres Lebens, die Verfolgung, Verfemung und Vertreibung während des Naziregimes, in Gedichten niedergeschrieben und verarbeitet – oft erst Jahrzehnte danach. Unbestritten bleibt, dass Vertreibung und Holocaust für die Poetinnen unter den verbrannten Dichterinnen, auch wenn sie danach weiterschrieben, einen irreversiblen Traditionsbruch, für die Geschichte der Poesie eine tiefe Zäsur bedeutet hat.

Mascha Kaléko etwa verstand, wie das oben zitierte, 1968 veröffentlichte Gedicht zeigt, ihre eigene lyrische Produktion ganz aus der Tradition der großen deutschen Literatur. Wie viele emigrierte Intellektuelle berief auch sie sich auf Heinrich Heine, den ersten namhaften jüdischen Dichter deutscher Sprache in der Emigration. Und mit ihm berief sie sich – das zeigen die literarischen Versatzstücke wie Nachtigall, Heideröslein und Glöcklein – auf die Tradition des romantischen deutschen Volkslieds, die Heine so unnachahmlich fortzuschreiben verstand, indem er sie ironisch brach. Auch in diesem Traditionsbruch, den Kaléko ein Jahrhundert nach Heine noch einmal drastisch erfuhr, sah sie sich wohl dem berühmten Vorbild verpflichtet, ebenso wie im Heimweh nach einem Vaterland, das ihr, so wie Heine, für immer abhandengekommen war. Und dennoch schrieben sie weiter – Heine, Kaléko und viele andere.

Die Lyrik war und ist zu allen Zeiten die am schwierigsten zu vermittelnde literarische Gattung und deshalb bei Verlegern oft unbeliebt. Während der Jahre des Exils geriet sie noch einmal besonders ins Hintertreffen. Denn sie, die mehr als alle anderen Genres von der Sprache, von Bildlichkeit, Klang und Rhythmus lebt, war, der hohen Übersetzungshürden wegen, meist auf den nationalen Markt begrenzt. Lyrikerinnen und Lyriker waren und sind deshalb außerhalb der Grenzen ihrer Muttersprache in der Regel wenig bekannt.

Unter den von den Nationalsozialisten vertriebenen Autorinnen waren nur wenige Lyrikerinnen. Dennoch ist ihre Stimme unüberhörbar. Da ist Else Lasker-Schüler, der »schwarze Schwan Israels«[296], die mit den bisher unerhörten Tönen, Sprechweisen und Bildern ihrer Gedichte einzigartig ist in der deutschen Literatur seit der Jahrhundertwende. Oder auch Mascha Kaléko, die mit ihren Großstadtgedichten das lyrische Gegenstück zur ›Asphaltliteratur‹ einer Irmgard Keun und Vicki Baum präsentiert. Außerdem die in Auschwitz ermordete Gertrud Kolmar, deren literarische Bedeutung erst von der nächsten Generation erkannt wurde, sowie Rose Ausländer, Hilde Domin und Nelly Sachs, die erst im oder nach dem Exil zu schreiben begannen. Sie alle gehören zu den großen Lyrikerinnen des 20. Jahrhunderts.

Ein eigenes Genre bilden die Gelegenheitsgedichte, die zum Alltagsgebrauch, zur Bereicherung und Bewältigung des Lebens, etwa in den französischen Internierungslagern oder in den amerikanischen Emigrantenzirkeln und -enklaven entstanden und meist in Zeitungen und Zeitschriften des Exils veröffentlicht wurden. Hierher gehören die Texte von Hertha Nathorff aus dem New Yorker Exil, die von Lessie Sachs aus der amerikanischen Provinz und die der Gelegenheitsdichterinnen aus dem Fraueninternierungslager Gurs.

Insgesamt aber waren die Bedingungen, unter denen Frauen im Exil leben mussten, lyrischer Produktivität wenig zuträglich. Von den genannten großen Poetinnen war Else Lasker-Schüler die einzige, die nachweislich auch im Exil, während der Zeit der NS-Diktatur, Gedichte schrieb und veröffentlichte.

Die Verscheuchte

Es ist der Tag im Nebel völlig eingehüllt,
Entseelt begegnen alle Welten sich –
Kaum hingezeichnet wie auf einem Schattenbild.

Wie lange war kein Herz zu meinem mild …
(…)
Ich streife heimatlos zusammen mit dem Wild
Durch bleiche Zeiten träumend – ja ich liebte dich …

Wo soll ich hin, wenn kalt der Nordsturm brüllt?
Die scheuen Tiere aus der Landschaft wagen sich
Und ich vor deine Tür, ein Bündel Wegerich.

Bald haben Tränen alle Himmel weggespült,
An deren Kelchen Dichter ihren Durst gestillt –
Auch du und ich.[297]

Das Gedicht sollte ursprünglich *Das Lied der Emigrantin* heißen, erhielt dann aber auf Wunsch der Autorin für die Publikation in Klaus Manns berühmter Exilzeitschrift *Die Sammlung* den drastischeren Titel *Die Verscheuchte*. Es handelt von der existenziellen Trauer über den Zustand des Exils, der großen Klage um die verlorene Heimat. Der Verlust hat das Ausmaß einer kosmischen Katastrophe angenommen und setzt einen Prozess der Entmenschlichung in Gang. Das Ich ist nicht mehr als ein Bündel Unkraut, der Wegerich am Wegesrand.

Lasker-Schüler schrieb wenig in der Emigration und hatte große Schwierigkeiten, ihre Texte vom palästinensischen Exil aus zu veröffentlichen. Es fehlte ihr die Resonanz ihres früheren Publikums. Ihr letzter Gedichtband *Mein blaues Klavier* (1943) ist eine Elegie des Exils. Intoniert wird sie bereits mit der vorangestellten Widmung: »Meinen unvergeßlichen Freunden und Freundinnen in den Städten Deutschlands – und denen, die wie ich vertrieben und nun zerstreut in der Welt. In Treue!«

Geschäftlich nicht ausnutzbar. Erzwungener Gattungswechsel

»Ja, mein Stück ist fertig und einfach großartig ... lache nicht über diese Zufriedenheit, sie ist mir selten beschert. Es ist spannend, menschlich und hat nur gute Rollen. Aber herauskommen werde ich damit nicht. Aus dem einfachen Grunde, weil geschäftlich heute ein Stück einfach nicht ausnutzbar ist (...). Agenten verschwinden, Geld wird blockiert, etc. Man kann nichts kontrollieren, man kann nirgends hinfahren und dabei sein, man selbst nicht und die Vertreter des Stückes nicht. Und mein Stück ist ein Riesengeschäft und für Film unbeschreiblich geeignet (...). Falls ich das Kriegsende erlebe, steh ich mit einem Haufen Material da ... sonst ... freun sich die Erben.«[298]

Im Dezember 1942 beschrieb Christa Winsloe[299] ihrer Freundin Hertha von Gebhardt die Falle, in die sie im französischen Exil geraten war. Sie sollte ihr nicht entkommen.

Winsloes Schicksal macht auf bestürzende Weise deutlich, wie eine nach allen Seiten hin offene, an den neuen Genres und Medien orientierte literarische Existenz durch das Exil zugrunde gerichtet wurde. Und das, obwohl die Schriftstellerin weder Jüdin noch erklärte Nazigegnerin war und sich zudem durch die mit der Heirat erworbene ungarische Staatsbürgerschaft geschützt glaubte.

Die 1913 geschlossene Ehe mit dem reichen Großgrundbesitzer und Zuckerfabrikanten Baron Ludwig Hatvany, die nicht seine einzige war, hielt allerdings nicht lange. Nach der Trennung zog Christa Winsloe nach Berlin und später nach München. Dort begann sie zu schreiben: Romane, Erzählungen, Novellen und (Kinder-)Geschichten, Beiträge für Zeitungen, Zeitschriften und Rundfunk, Theaterstücke, Filmscripts und den Entwurf für ein Ballett.

Ihre Arbeiten blieben zunächst ohne Resonanz – bis 1931, als ihr Stück *Gestern und Heute* in der Verfilmung mit dem Titel *Mädchen in Uniform* zum Welterfolg wurde. Das Stück spielt in einem Mädcheninternat, einem Milieu, das Christa Winsloe aus eigener Erfahrung kannte. Sie wuchs nach dem frühen Tod ihrer Mutter selbst in einem Internat, dem Potsdamer Kaiserin-Augusta-Stift, auf. Im Mittelpunkt des Dramas steht die Zuneigung zwischen Manuela, einer Internatsschülerin, und ihrer Lehrerin, Fräulein von Bernburg. Doch das mit dieser unglücklichen Liebe verbundene Grundthema, die kritische Auseinandersetzung mit der gesellschaftlichen Ächtung weiblicher Homosexualität samt tragischem Ende, blieb in der Verfilmung auf der Strecke. Das versuchte die Autorin im Roman zum Film, *Das Mädchen Manuela*, zumindest partiell zu korrigieren. Auch das Buch wurde zum Welterfolg.

In den ersten Jahren nach Hitlers Machtübernahme war Winsloe ständig auf Reisen, vor allem in den USA, wo ihr die Journalistin Dorothy Thompson den Weg ebnete und wo sich ihr auch Publikationsmöglichkeiten eröffneten. Dennoch kehrte sie 1935 endgültig nach Europa zurück. Doch hier waren die Wirkungsmöglichkeiten emigrierter Autorinnen inzwischen sehr eingeschränkt. Winsloes sämtliche Schriften standen jetzt auf den ›Schwarzen Listen‹ der Nazis, und als Theaterautorin war sie außerhalb Deutschlands ohnehin chancenlos.

Winsloe erlebte das Kriegsende nicht. Im Februar 1944 verließ sie, gemeinsam mit ihrer Freundin Simone Gentet, das Haus in Cagnes bei Nizza, wo sie seit 1939 lebten. Ein Evakuierungsbefehl drohte. Die Autorin wollte zurück nach Deutschland, doch sie erreichte ihr Ziel nicht. Am 10. Juni 1944 wurden die Frauen von fünf Männern aus ihrem Hotel in den Wald bei Cluny entführt und dort in einem Akt der Selbstjustiz erschossen.

Das reiche literarische Erbe, von dem Winsloe in ihrem Brief spricht, reicht über die Erfolgsgeschichte von *Mädchen in Uniform* weit hinaus; vieles von dem, was sie schrieb, ist verschollen. Die Schriftstellerin blieb in Deutschland nahezu unbekannt, bis heute. Ihr Schicksal ist kein Einzelfall. Dramatiker und Bühnenautoren jeglicher Couleur hatten, da sie für ihre Stücke auf deutschsprachige Bühnen und Filme angewiesen waren, mit Verbot und Emigration in der Regel alle Aufführungsmöglichkeiten verloren – selbst der berühmte Bert Brecht. So wie die Lyrik keine Verleger mehr fand, fand auch das Drama und mit ihm das politische Kabarett außerhalb des deutschsprachigen Raums keine Bühnen mehr. Viele Autorinnen und Autoren verloren mit der von ihnen favorisierten Gattung die literarische Gestaltungskraft. Der Nationalsozialismus vernichtete so eine ganze Kunstepoche.

Der Wechsel in andere Gattungen glückte den wenigsten. Am leichtesten und häufigsten gelang er in die Publizistik, wie die Beispiele von Erika Mann, Anna Siemsen, Hilde Spiel und Hedda Zinner zeigen. Denn in den kleinen, der Alltagssprache näherstehenden publizistischen Formen war der Sprachwechsel einfacher zu bewältigen.

Splendid Isolation. Schreiben für Hollywood

In dieser Situation erschien vielen Autorinnen und Autoren der Film als letzte Hoffnung. Das neue Medium spielte schon in der ersten Emigrationsphase in Europa eine wichtige ökonomische Rolle, und mehr noch in der zweiten, in Hollywood. Auch bei diesem Medienwechsel erwiesen sich die Schriftstellerinnen als flexibler und anpassungsfähiger als die meisten ihrer berühmten Kollegen.

Hollywood galt den Emigranten, die das Glück hatten, dort zu landen, als rettender Hafen. Hier fand sich eine singuläre Schar von Künstlern und Intellektuellen zusammen, darunter viele Schriftsteller.[300]

»Die deutsche Kolonie«, schrieb dazu die Schauspielerin und Filmautorin Salka Viertel, die schon vor 1933 mit ihrem Mann, dem Regisseur Berthold Viertel, nach Hollywood gekommen war, »bestand aus mehreren Gruppen. Die repräsentative, offizielle literarische Persönlichkeit war Thomas Mann, dessen Einfluss bis ins Weiße Haus reichte. Dann gab es eine kleine politisch linksstehende Gruppe um Kortner, die hauptsächlich aus emigrierten Schauspielern bestand. Bruno und Liesl Frank waren mit Thomas Mann und seiner Familie schon seit vielen Jahren befreundet und blieben es auch in Hollywood. Zu diesem Kreis gehörten auch die Feuchtwangers, die Polgars, Franz und Alma Werfel, Bruno Walter und seine Tochter Lotte, später Liesls charmante und berühmte Mutter Fritzi Massary, sowie William und Charlotte Dieterle.

Max Reinhardt und Helene Thiemig bildeten eine andere Insel und waren in ihrer ›Werkstatt‹ stark mit der Planung und Vorbereitung von Stücken beschäftigt. Sie hatten nur selten Gäste; die wenigen Partys, die sie gaben, aber waren international.«[301]

Doch das waren die Ausnahmen. Die wenigsten Schriftsteller hatten ihren literarischen Ruhm und das damit verbundene gesellschaftliche Ansehen ins Exil retten können; die meisten befanden sich in einer demütigenden Situation. 1938/39, zwischen der Annexion Österreichs und dem Kriegsbeginn, wurde Hollywood von emigrierten Künstlern überschwemmt. Etwa 1000 bis 1500 Schauspieler, Drehbuchschreiber und Autoren suchten hier eine neue Lebensgrundlage. Ihre bevorzugte Anlaufstelle war der Filmagent Paul Krohner, der schon seit 1921 in den USA lebte und den European Film Fund, eine Hilfs-

organisation für emigrierte europäische Filmkünstler, mit-
begründet hatte. In Hollywood allerdings bestimmten – noch
drastischer als im sonstigen amerikanischen Literaturbetrieb –
die Gesetze des ökonomischen Erfolgs das Handeln. Der gute
europäische Name zählte hier nichts. Bezahlt wurde nach dem
Renommee, das die Autoren in den USA vorzuweisen hatten.
Unter den wenigen, die in Hollywood reüssierten, stand ganz
oben, als einzige Frau, Vicki Baum neben Curt Goetz, Bruno
Frank und Carl Zuckmayer und – einige Honorarstufen tiefer –
auch Gina Kaus, Victoria Wolff und Salka Viertel.

Viele Autoren waren auf Initiative der Hilfskomitees mit
›Lebensrettungsverträgen‹ nach Hollywood gekommen. Diese
Verträge garantierten den Empfängern eine Anstellung als
Filmschreiber samt Einreisevisum, Reisekostenübernahme und
einem Wocheneinkommen von hundert Dollar auf ein Jahr.[302]
Danach wurden sie, sofern sie sich auf dem Markt nicht durch-
gesetzt hatten, weiter durch verschiedene Hilfskomitees unterstützt. Wer hier gelandet war, hatte es geschafft und hätte die
Gräuel des faschistischen Europa hinter sich lassen können,
wäre er dem alten Kontinent nicht innerlich weiter unlösbar
verbunden gewesen. Die Hollywood-Emigranten mussten sich
nicht länger ums nackte Überleben sorgen; sie lebten unter
besten klimatischen Bedingungen in heiterer Landschaft und
der Gesellschaft von ihresgleichen, konnten sich wieder ihren
literarischen Arbeiten zuwenden und darangehen, sich eine
neue Existenz aufzubauen. Und dennoch:

»Die sorglosen jungen Leute, die braungebrannt am Strand
in der Sonne lagen, die riesigen Lastwagen, die über die Fern-
straßen rollten, die Supermärkte mit ihren Bergen von Lebens-
mitteln, das Studio mit den ewig lächelnden Angestellten, die
geschminkten Statisten, die zur Mittagszeit aus den Ateliers
strömten, die sich wichtig nehmenden Produzenten, die zu
ihrem exklusiven Speisesaal oder zum Friseur marschierten und
unterwegs mit den neckischen ›jungen Talenten‹ flirteten – all
diese vertrauten Szenen bildeten (…) einen unerträglichen

Kontrast zu den Bildern von Krieg und Grauen, die mir immerzu vor Augen standen.«[303]

So beschreibt Salka Viertel das Milieu und ihre eigene ambivalente Situation.

Trotz der vergleichsweise komfortablen Lebensverhältnisse
machte sich unter den Schriftstellern bald tiefe Enttäuschung
breit: über die unüberwindliche Fremdheit in Amerika, über
die Filmindustrie, über »das Gefühl von Leerlauf und den
Mangel an Zukunft«[304]. Die Beziehungen zur Filmindustrie
waren für die allermeisten frustrierend, ja geradezu kafkaesk.
Die mit ›Lebensrettungsverträgen‹ ausgestatteten Schriftsteller
saßen ihren Achtstundentag ab, ohne greifbare Erfolge und
Ergebnisse, fühlten sich gedemütigt und in ihrem Selbstbewusstsein verletzt. Ihre Arbeit wurde nur selten gewürdigt und
nur in den wenigsten Fällen in Filmdrehbücher umgesetzt. Ihre
schöpferischen Ideen und ihre Originalität wurden nur an dem
in Dollars sichtbaren Filmerfolg gemessen. Die Autoren ver-
missten den regelmäßigen Kontakt, den Gedankenaustausch
und die Diskussion mit den Profis über die Drehbucharbeit.
Sie erlebten das Schreiben für den Film als »geistig-seelische
Verkümmerung«[305], sich selbst als die nutzlosen Almosenemp-
fänger, die sie in den Augen der Profis ja auch waren. »Wir
konnten schreiben, was wir wollten«, fasste Alfred Döblin, der
zu den in Hollywood erfolglos alimentierten Autoren gehörte,
die Situation zusammen: »Der Dutzendgeschmack der Pro-
ducers und die Barriere der eingesessenen Professionellen
machte jede Bemühung illusorisch.«[306]

Die europäischen Autoren scheiterten am Studiosystem und
an der ausländerfeindlichen Politik der Gewerkschaften, an der
Sprachbarriere – und an ihrem Selbstverständnis als Schriftsteller. Ihr Blick auf die amerikanische Filmindustrie war und blieb
der des kultivierten Mitteleuropäers mit ausgeprägtem Elite-
bewusstsein. Sie verstanden sich auch im fremden Amerika als
Kulturrepräsentanten des alten Europa, die bewusst aus der

eigenen großen Vergangenheit lebten und für die Filmindustrie nur Verachtung übrighatten.

Die Frauen gewöhnten sich an das rein industrielle Arbeiten als Filmschreiber offenbar leichter, auch wenn keine der emigrierten Schriftstellerinnen je in den Genuss eines ›Lebensrettungsvertrags‹ kam. Sie reagierten auf ihre Situation mit dem ihnen anerzogenen Pragmatismus und mit der Flexibilität, die sie im journalistischen und literarischen Alltagsgeschäft der Zwanzigerjahre erworben hatten. In der Arbeit für den Film sahen sie vor allem die lukrative Brotarbeit, mit der sie in kürzerer Zeit mehr Geld verdienen konnten als mit jeder anderen Form des Schreibens. Dafür waren sie bereit, aufs literarische Renommee zu verzichten, so sie denn einen Ruf zu verlieren hatten.

Salka Viertel, die vor ihrer Auswanderung in Europa eine erfolgreiche Schauspielerin gewesen war und sich in Hollywood zur nicht weniger erfolgreichen Drehbuchautorin und künstlerischen Beraterin von Greta Garbo wandelte, schreibt:

»Ich hielt die Arbeit beim Film und die damit verbundene unerträgliche Überbetonung alles dessen, was ich als vulgär und falsch betrachtete, nicht mehr aus. Ich mochte alle diese Leute, deren Selbstüberschätzung darauf beruhte, daß sie zu viel verdienten, nicht mehr sehen.« Und dennoch: »Mein wöchentlicher Scheck bei MGM war zu wichtig, denn der Exodus aus Deutschland hatte begonnen, und es verging kein Tag, an dem ich nicht in Briefen um Hilfe gebeten wurde.«[307]

Auch Gina Kaus nahm den Sprach- und Medienwechsel professionell in Angriff. Die unter den emigrierten Autoren weitverbreitete Realitätsferne und Arroganz registrierte sie erstaunt, ja amüsiert: »keinem (...) gelang es, sich auch nur in bescheidenstem Maße durchzusetzen. (...) es war herzzerbrechend, wie hilflos diese hochbegabten Männer der ihnen fremden Aufgabe gegenüberstanden.«[308]

Ähnlich sah die Topverdienerin unter den emigrierten Filmautoren, Vicki Baum, die Lage. Sie, die ja lange vor den anderen aus freien Stücken nach Hollywood gekommen war, erhielt für das Skript zur Verfilmung von *Menschen im Hotel* das Spitzenhonorar von 2500 Dollar pro Woche. Dennoch war und blieb sie der Filmindustrie wie sich selbst gegenüber kritisch. Als sie später, nach schwierigen Verhandlungen mit Paramount, gezwungen war, ihre finanziellen Forderungen zu reduzieren, schätzte sie sich selbst als einen ›Fehlschlag‹ im Filmgeschäft ein:

»Nicht aber wußte ich, daß ich nach dem Kampf mit der Paramount für Hollywood mit einem blauen Auge gezeichnet war; nicht, daß mich die MGM gewissermaßen als Ladenhüter vom Ausverkaufstisch an sich gerissen hatte; und schon gar nicht, daß die Reduzierung meiner Bezüge von zweitausendfünfhundert auf zweitausend Dollar pro Woche eine empfindliche Einbuße an Prestige und sozialem Status bedeuteten. In Hollywood wird der Mensch noch mehr als anderswo streng nach seinem Einkommen eingestuft, und bei einem Gehaltsabstrich sinkt er automatisch auf ein tieferes Niveau.«[309]

Vicki Baum konnte es sich leisten, daraus ihre Konsequenzen zu ziehen: »als mir (…) die MGM schließlich einen Vertrag anbot, war es sicherlich ein sehr glücklicher Instinkt, der mich davon abhielt, mich ihr mit Haut und Haar zu verkaufen. Ich verpflichtete mich lediglich, sechs Monate im Jahr für sie zu arbeiten; die übrigen sechs Monate wollte ich für mich haben. Ein bißchen Unabhängigkeit mußte ich mir bewahren. Ich mußte frei sein, meine Bücher schreiben zu können, reisen, aus dem Filmkäfig herauskommen, unter normalen Menschen leben, mein neues Land kennenlernen. (…) Meine Wünsche reduzierten mein Einkommen auf die Hälfte, und in Hollywood ein ganzes Jahr mit einem Halbjahreseinkommen zu leben, war ein Problem. Ich war sozial noch eine Stufe tiefer gerutscht und gehörte jetzt zu der Schicht, die nur eintausendsiebenhundertundfünfzig Dollar pro Woche verdiente.«[310]

Die Hollywood-Emigranten lebten in einer Art ›splendid isolation‹, und die meisten von ihnen waren sich dessen wohl bewusst. Alfred Polgar brachte die Situation – für Männer wie für Frauen – auf den Punkt: »Zusammenfassend läßt sich sagen, daß es dem, dem es hier schlecht geht, besser schlecht geht, als es ihm unter gleichen persönlichen Umständen etwa in einer der großen Städte des Ostens ginge. Er lebt hier in entschieden bequemeren traurigen Verhältnissen als anderswo. Um die Misere blühen Rosen, und ein Kolibri, zuweilen, schwebt lieblich über ihr.«[311]

Gewöhnliches und gefährliches Leben

Anna Seghers
(1900–1983)

Anna Seghers, die wohl bekannteste und anerkannteste aller Exilautorinnen, war 33 Jahre alt, als sie mit Mann und Kindern ins Exil ging und 47, als sie zurückkam, allein.[312] Sie verbrachte die besten Jahre im Leben eines Menschen in der Emigration: zunächst in der Schweiz, dann in Frankreich und schließlich im fernen Mexiko. Mit ihr begegnen wir einem in mehrfacher Hinsicht außergewöhnlichen Fall. Seghers setzte sich mit dem Thema Exil explizit auseinander, als politische und kulturpolitische Kämpferin aufseiten des Kommunismus und vor allem in ihrem Werk, das längst in den literarischen Kanon eingegangen ist. Hans Sahl bezeichnete sie deshalb als »Schutzheilige der engagierten Schriftsteller«, als »Therese von Konnersreuth der KP«.[313] Und Seghers erlebte den Alltag im Exil in verschärfter Form: nicht nur als politisch engagierte Schriftstellerin, sondern auch als Ehefrau, Mutter und – so darf man, der Rollenverteilung in der Familie wegen wohl sagen – als ›Familienvorstand‹. Darin unterschied sich ihre Lebenssituation grundlegend von der der meisten Exilautorinnen.

Als Frau mit Familie, mit einem als wenig lebenstüchtig geltenden Ehemann und zwei Kindern, war Anna Seghers, die mit bürgerlichem Namen Netty Radvanyi hieß, gezwungen, sich im Exilalltag stärker als andere durchzusetzen, und das immer von

Neuem, auf jeder der vielen Stationen, die sie zu bewältigen
hatte. Durch diese Lebensrealität werden in Seghers' bekanntem
Satz vom »gewöhnlichen und gefährlichen Leben«[314], dem sie
ein nie geschriebenes Buch widmen wollte, die Gewichte neu
verteilt. Das »gewöhnliche Leben«, als das sie den im antifaschistischen Alltag wurzelnden täglichen Widerstand ansah, ge-
winnt an Bedeutung gegenüber dem »gefährlichen Leben«, dem
ursprünglich als spektakulärer und politisch bedeutender einge-
schätzten revolutionären Kampf. In Anna Seghers' Exil verschaffte sich das »gewöhnliche Leben« erbarmungslos Vorrang.

Im Vordergrund standen nun die Sorgen um den Unterhalt
für eine vierköpfige Familie, um Haushaltsführung, Unterkunft
und Nahrung, um die Betreuung und den Schulbesuch der
Kinder unter den schweren und unsicheren Bedingungen des
Exils, aber auch das Bemühen, neben dem Alltag Zeit und Freiräume zu gewinnen für die eigene literarische und politische
Arbeit. Viel Energie beanspruchten die Anstrengungen, um für
die Familie das Aufenthaltsrecht zu sichern oder den nächsten
Fluchtweg vorzubereiten, samt Beschaffung der dafür nötigen
Tickets, Visa und Transportmittel. All das leistete in der Familie Radvanyi wohl mehrheitlich, wenn nicht ausschließlich,
Anna Seghers. Damit trug sie zum Mythos von der praktischen, häuslichen, mütterlichen Frau bei, der im Exil um sie
entstand.

Tschibi und das achte Kreuz

Anna Seghers, geborene Netty Reiling, war das einzige Kind
eines arrivierten Mainzer Kunst- und Antiquitätenhändlers.
Die Familien beider Eltern stammten aus dem gutbürgerlichen,
assimilierten Judentum rund um Frankfurt. Netty wuchs in
privilegierten Verhältnissen auf. Dank ihrer Herkunft verfügte
sie über Voraussetzungen und Stärken, die sie in ihrem Exilleben nutzen konnte: so etwa die Fähigkeit, sich gut zu organi-

sieren, Hilfe von außen zu suchen und anzunehmen, den Anspruch auf gute Schulen für die Kinder und auf eine einigermaßen angemessene Unterkunft durchzusetzen und – noch wesentlicher – das Selbstverständnis, sich Zeit für sich selbst zu
nehmen und die eigenen beruflichen und politischen Interessen
zu verfolgen. Mit dieser praktischen Haltung stand sie ganz im
Gegensatz zu Nelly Sachs, die ihre ebenfalls gutbürgerliche
Herkunft nicht in derartige Überlebensstrategien umzusetzen
vermochte.

Zum Studium der Kunstgeschichte, Geschichte und Sinolo-
gie ging Netty Reiling nach Heidelberg und Köln. Sie schloss es
1924 mit einer Promotion über *Jude und Judentum im Werk
Rembrandts* ab, einem eng mit ihrer eigenen Herkunft verbundenen Thema. Und auch das Pseudonym, das sich die junge
Autorin bald darauf zulegte, zeigte ihre Suche nach einer Verbindung von persönlichem und kunsthistorischem Kontext. Es
greift den Namen des großen niederländischen Landschafts-
malers und Rembrandt-Zeitgenossen Hercules Seghers auf, der
damals für die Kunstgeschichte neu entdeckt wurde.

1925 heiratete Anna Seghers einen gleichaltrigen Studienfreund, den Philosophen und Wirtschaftswissenschaftler Laszlo
Radvanyi, einen ungarischen Emigranten, der wie sie jüdischer
Herkunft war. Radvanyi hatte in seiner Geburtsstadt Budapest
zum Kreis um Georg Lukács gehört; in Heidelberg hatte er
1923 bei Karl Jaspers promoviert. Auch dort pflegte Radvanyi
intensiven geistigen Austausch in einem Kreis Gleichgesinnter,
in dem spirituelle und bolschewistische Interessen noch ganz
undoktrinär nebeneinanderstanden. Anna Seghers fiel dort die
Rolle der Schülerin und passiven Zuhörerin zu. Das spiegeln
auch die Kosenamen, die Radvanyi seiner jungen Frau gab:
»Tschibi« (auf Ungarisch: Küken) oder »Mutterkind«.[315] Die
Gesprächskultur des Heidelberger Kreises beeinflusste ihr
Denken und Handeln nachhaltig.

Im Jahr nach der Heirat zog das junge Paar nach Berlin, wo
Radvanyi, der sich nun Johann Schmidt nannte, die Leitung der

Marxistischen Arbeiterschule (MASCH) übernahm. Hier wurden auch die beiden Kinder geboren: Peter 1926 und zwei Jahre
später die Tochter Ruth. 1928 trat das Ehepaar der KPD bei.

Die Beziehung zu Laszlo Radvanyi, den Anna Seghers Rodi
nannte, bot offenbar all das, was ihr – emotional und intellektuell – wichtig war. Mit ihm teilte sie die entscheidenden Jahre
ihres Lebens im Exil. Die gemeinsamen Interessen am Anfang
ihrer Beziehung waren noch keineswegs auf die Politik, auf den
Bolschewismus gerichtet, sondern auf eine umfassendere und
offenere Sinnsuche, deren Richtung ganz im Trend der Zeit lag.
Die Bücher, welche die beiden jungen Leute einander schenk-
ten und mit liebevoll-spielerischen Widmungen versahen, zeigen dies eindrucksvoll. Es ist nicht das *Kommunistische Mani-
fest,* sondern es sind Werke von Kierkegaard, Dostojewski und
Martin Buber.

Anna Seghers liebte an Rodi zum einen wohl seinen intellektuellen Anspruch und sein überlegenes theoretisches Wissen in
philosophischen, sozialen und politischen Fragen, zum anderen
seine erotische Attraktivität, seinen Charme – und seine emotionale Bedürftigkeit; durch ihn, der Heimat und Familie früh
aus politischen Gründen verlassen hatte, lernte sie den Zustand
des Lebens im Exil erstmals kennen.

Die Schriftstellerin hielt an dieser Beziehung ein Leben lang
fest. Im Familien- und Freundeskreis dagegen wurde Radvanyi
sehr kritisch gesehen. Das zeigt der Spitzname, mit dem er seit
dem Erfolg des Romans *Das siebte Kreuz* von Freunden und
Genossen bedacht worden sein soll: »das achte Kreuz« in Seghers' Leben.[316] Anstoß erregten sein Desinteresse am praktischen, am »gewöhnlichen« Leben und seine Unfähigkeit, es zu
bewältigen, aber wohl auch sein Interesse an anderen Frauen.
Für Seghers aber blieb er der wesentliche Bezugspunkt in ihrem
Leben, auch in schwierigsten Zeiten. Sie hielt ihrem Mann den
Rücken frei, angeblich vorrangig für seine politische Arbeit,
aber wohl auch sonst; ein klassisch-konservatives Modell der
Rollenverteilung, das auch in der politisch fortschrittlichen

Klasse weitverbreitet war, bis hin zu den Achtundsechzigern, die es besser hätten wissen können.

Anna Seghers reflektierte diese Haltung öffentlich kaum; die Konzeption ihrer literarischen Frauenfiguren blieb überwiegend konventionell. Ihre eigene Haltung kaschierte sie mit ihren männlichen literarischen Helden – eine Zurückhaltung, die auch mit der eigenen Verstrickung in ein wenig emanzipatives Beziehungsmuster zusammenhängen könnte.

Verboten. Anna Seghers in der Emigration

1929 gewann Anna Seghers mit der Erzählung *Der Aufstand der Fischer von Santa Barbara* den Kleistpreis, verliehen von Hans Henny Jahnn – ein hochrangiger Start in eine literarische Karriere. Doch diese wurde durch Hitlers Machtübernahme abrupt unterbrochen. Bald darauf, nachdem sie vorübergehend verhaftet worden war, ging Anna Seghers in die Emigration, zunächst ohne Mann und Kinder. Sie ging den üblichen Weg, zunächst in die Schweiz, nach Zürich, dann nach Paris. Ab Herbst 1933 lebte sie mit ihrer Familie im Pariser Vorort Bellevue.

Schon 1933 wurde ihr Werk in Deutschland aus politischen Gründen verboten. Im November wurde ihr Vermögen polizeilich beschlagnahmt, wie das von vierundvierzig weiteren Autorinnen und Autoren. Von da an erschienen Seghers' Schriften für die Dauer des ›Tausendjährigen Reichs‹ im Exil. 1947, zwei Jahre nach Kriegsende, kehrte sie nach Ostberlin zurück. Hier lebte sie sechsunddreißig Jahre lang, fast doppelt so lang wie im Exil, als parteitreue Kommunistin. Und hier starb sie 1983, hochgeehrt als Schriftstellerin in Ost- und – mit politischen Abstrichen – auch in Westdeutschland.

Frankreich, die erste Exilstation, wurde Seghers und ihrer Familie für sieben Jahre zur neuen Heimat. Ihre Einstellung zu Frankreich als dem Land freiheitlicher und revolutionärer Traditionen war durchaus positiv. Diese Haltung bewahrte sie sich auch nach dem Politikwechsel unter Edouard Daladier, der zum Verbot der Kommunistischen Partei und zum Internierungsbefehl gegen alle ›feindlichen Ausländer‹ führte.

Seghers gelang es, sich und ihre Familie in die französische Kultur und den französischen Alltag zu integrieren; es gelang ihr durch ihre guten Sprachkenntnisse, ihre politische Arbeit und durch ihre Kinder. Beide gingen in Paris zur Schule, besuchten später auch in Mexiko ein französisches Gymnasium und kehrten 1946, vor ihren Eltern, aus der Emigration zurück, und zwar nach Frankreich, wo auch Anna Seghers sich gern niedergelassen hätte. Denn mit Paris verband sie mehr heimatliche Gefühle als mit dem zerstörten, geteilten Berlin.

Chronologie und Umstände von Seghers' Weg ins Exil sind nicht vollständig geklärt. Gesichert jedoch ist, dass sie die beiden Kinder zunächst bei den Großeltern in Mainz ließ, ihren Mann – nach getrennter Flucht – in Zürich traf und gemeinsam mit ihm Anfang April nach Paris ging. Die Wahl vom 5. März, die den Nationalsozialisten – wenn auch durch Manipulation – die Mehrheit im Reichstag einbrachte, machte jede Hoffnung auf schnelle Rückkehr nach Deutschland zunichte.

In Paris lebte das Paar zunächst im Hôtel Avenir im Quartier Latin, einem jener viel zitierten ›kleinen Hotels‹, die den Emigranten zum Synonym für ihre Heimatlosigkeit wurden. Im Juni kamen die Kinder nach. An der Grenze in Straßburg, wohin die Großeltern sie gebracht hatten, traf die Familie wieder zusammen.

Seghers hat das Wiedersehen in ihrem – später literarisierten – Tagebuch festgehalten und darin zwei wesentliche Grundmotive des Emigrantendaseins anklingen lassen – die Obdachlosigkeit und das Heimweh:

»Wir haben die Kinder von der Grenze abgeholt. Wie Verrückte haben sie sich in unsere Arme geworfen, dort verharrten sie dann unbeweglich. Völlige, unendliche Sicherheit bei diesen unsteten Wesen, ihren Eltern, die doch selbst zu den Obdachlosesten dieser Welt zählten, selbst von allen Stürmen hin- und hergeworfen wurden.

Das mehrfarbige Kleid der Kleinen, der Geruch ihrer Haare machen mich verrückt vor Heimweh. Franz, unser Gast, beißt sich auf die Lippen, als wir die Hosentaschen des Kleinen leeren: ein paar trockene Grashalme, ein Pfennig, eine Fahrkarte, ein Tannenzapfen: ein halbes Deutschland.«[317]

Den Sommer 1933 verbrachte die Familie am Meer, am Pas-de-Calais. Der Vorort Bellevue, Meudon, in dem sich die Radvanyis dann niederließen, ein gutbürgerliches Viertel in der Nähe von Versailles, war durch einen Vorortzug mit dem Stadtzentrum verbunden. Die für Emigrantenverhältnisse großzügige Wohnung lag im ersten Stock eines Zweifamilienhauses. Die Miete verschlang allerdings einen Großteil des Einkommens. Geld war bei Radvanyis, wie bei den meisten Emigranten, knapp. Seghers war immer wieder gezwungen, bei Freunden, Genossen und Verwandten um Unterstützung zu bitten.

Mit den Möbeln, dem Hausrat und den Büchern von daheim, die die Eltern nachgeschickt hatten, versuchte sie, der Familie möglichst schnell ein neues Zuhause zu schaffen. Die Kinder blieben bis 1937/38 in der Obhut ihrer deutschen Kinderfrau Gaya, die ihnen ins Exil gefolgt war. Danach, als Gaya nicht mehr aus Deutschland ausreisen durfte, engagierte Seghers Personal aus der Emigrantenszene. Sie selbst kochte nur festtags und für Gäste, meist für Emigrantenfreunde: die Kischs, Bruno Frei und seine Familie, Otto Katz sowie Theo Balk und seine Partnerinnen. Dabei zeigte sie viel Talent, trotz allen Mangels ein gastfreundliches Haus zu führen, was zum Mythos der ›Überfrau‹ Seghers das seine beitrug.

Als Autorin und politische Kämpferin war Seghers während des Pariser Exils viel unterwegs. In der Schweiz hatte sie Kontakt zur nach Basel emigrierten kommunistischen Universum-Bücherei, wo eine Lizenzausgabe ihres Romans *Der Kopflohn* erschienen war, besuchte den Zürcher Verleger Emil Oprecht, Zuflucht und Stütze vieler antifaschistischer Autoren, und den

Filmemacher Hans Richter, mit dem sie mehrere Filmprojekte verfolgte. Realisiert wurde keines davon. Als Vorstandsmitglied des Deutschen Schriftstellerverbands im Exil, an dessen Neugründung im Mai 1933 sie beteiligt war, nahm sie 1935 und 1936 an verschiedenen Schriftstellerkongressen teil. Während des Spanischen Bürgerkriegs, gegen den sie sich leidenschaftlich engagierte, reiste Seghers nach Valencia und Madrid. Zu Recherchen für ihre eigenen Buchprojekte *Die Rettung* und *Der Weg durch den Februar* fuhr sie nach Belgien und Österreich.

Auch in Paris war die Schriftstellerin exilpolitisch sehr aktiv. Sie setzte sich dafür ein, den Deutschen Schriftstellerverband zum kulturellen Mittelpunkt für die verstreuten Emigranten zu machen und schuf auf diese Weise auch sich selbst jene Gemeinschaft, auf die sie in ihrer politischen und schriftstellerischen Arbeit dauerhaft angewiesen war.

Beteiligt war Seghers auch an der Gründung der berühmten Deutschen Freiheitsbibliothek, mit Heinrich Mann als Präsidenten, sowie André Gide, Romain Rolland und Lion Feuchtwanger als Ehrenpräsidenten. Der 10. Mai 1934, der erste Jahrestag der Bücherverbrennung, wurde zum Eröffnungsdatum der Bibliothek in Paris. Sie versammelte Dokumente über den Naziterror, im Dritten Reich verbotene Bücher, Exilpublikationen und entwickelte sich so zur ersten Dokumentationsstelle für die Literatur und das literarische Leben des Exils.

Anna Seghers engagierte sich darüber hinaus als Herausgeberin, Redakteurin und Beiträgerin der KP-nahen und teils auch von dieser finanzierten Exilzeitschriften. Eine davon, die *Neuen Deutschen Blätter. Monatsschrift für Literatur und Kritik*, entwickelte sich zum bedeutendsten literaturpolitischen Blatt des deutschsprachigen Exils. Seghers' politische Position war damals grundsätzlich konform mit der kommunistischen. Erst im Lauf der Jahre setzte sie sich allmählich von dem von Moskau vorgegebenen Kurs ab und vertrat immer stärker eigene Ideen.

Anfang September 1939, mit der Kriegserklärung an Frank-

reich, endete diese Phase relativer Sicherheit. Die politische
Situation wurde lebensbedrohlich. Daladiers Internierungsbefehl traf auch Seghers' Mann Rodi. Anfang Mai 1940 wurde
er nach Le Vernet am Fuß der Pyrenäen, das berüchtigste aller
Internierungslager, deportiert. Gleichzeitig begann die deutsche Armee Frankreich zu besetzen und rückte nach Paris vor.
Eine weitere Verunsicherung kam hinzu: der Hitler-Stalin-
Pakt. Er erschütterte das politische Vertrauen in die kommunistische Führung, selbst das der treuen Genossin Anna Seghers,
auch wenn sie sich dazu nie direkt äußerte.

Sie suchte nach einem Ausweg, vergeblich:

»Lieber Wieland, ich schreibe Dir in einem sehr kritischen
Moment. Bis Du den Brief hast, werden wir alle wissen, was
aus uns geworden ist. (…) ich sitze da herzlich allein mit
meinen zwei Kindern, und der ganze Ort ist leer und totenstill.
Wir sind alle in keiner besonders reizenden Lage, ich schon gar
nicht. (…) Was mich dabei angeht, so kann ich jetzt gar nichts
sagen, was aus meinem Roman wird. (…) Ich habe die schöns-
ten Pläne, nie habe ich, nie hätte ich so gut wie jetzt arbeiten
können. Wenn ich mit dem Roman fertig bin, will ich ein
kleines Buch schreiben ›Gewöhnliches und Gefährliches Leben‹, aber das ist nur ein Teil des Programms. (…) Nur etwas,
Wieland, ist schlimm, es geht mir furchtbar schlecht. Man
merkt es bei mir nicht so, denn ich kann nicht in Sack und
Asche gehn und jammern, aber es geht mir so, daß jede Been-
digung der Arbeit nur mit einem wirklichen Kräfteverlust, mit
einem solchen Verbrauch von sog(enannter) Lebenssubstanz
möglich ist, daß ich immer fürchte, meine ganze Arbeit ist
gefährdet.

Wenn Du da drüben jemand finden könntest, der mir hilft!
Dadurch, daß ich – zum Glück auch – Kinder habe, ist alles
doppelt schwer. Aber alle kriegen, alle, aus Amerika geholfen,
vielleicht war es doch ein Fehler von mir, daß ich nicht rechtzeitig und nachdrücklich um Hilfe gedrungen habe. (…) Ich
war ohnedies schon müd. Wie es jetzt weitergeht, wo ich von

allen Möglichkeiten ziemlich abgeschnitten bin, ist mir noch ein Rätsel.«[318]

Der Brief an den Freund und Verleger Wieland Herzfelde in New York zeigt, dass auch Seghers' Überlegungen um die USA kreisten. Der Entschluss, nach Amerika zu gehen, fiel ihr offenbar schwer, schwerer als ihrem Mann; sie fasste ihn zögerlich und sehr spät. Sie wollte ihr neues Zuhause in Frankreich, der letzten Zufluchtsstätte in Europa, nicht aufgeben.

Dass die Kommunistin Seghers Zuflucht in den USA suchte anstatt in Moskau, erscheint nur bei oberflächlicher Betrachtung befremdlich. Die Sowjetunion kam, vor allem nach Abschluss des Hitler-Stalin-Pakts, als Gastland nicht infrage. Zumal die sowjetische Exilpolitik ihr Ziel stets darin gesehen hatte, die kommunistischen Emigranten – in missionarischer Absicht – in nichtkommunistischen Ländern unterzubringen und nicht darin, sie selbst aufzunehmen. Auch das den europäischen Intellektuellen fremde Mittelamerika war nicht das Wunschziel der Radvanyis.

Die USA hingegen waren auf dem amerikanischen Kontinent das den europäischen Emigranten vertrauteste Land. Viele Bekannte und Verwandte der Familie Radvanyi lebten bereits dort. Seghers und ihr Mann hatten Grundkenntnisse in Englisch; sie gingen, bestärkt durch die Erfahrungen in ihrem Umkreis, davon aus, in den USA ihren Lebensunterhalt eigenständig verdienen zu können.

Ab Februar/März 1940 bemühte sich die Schriftstellerin um die nötigen Papiere, doch vergeblich. Im Juni, als die Deutschen unmittelbar vor Paris standen und die Stadt bereits geräumt werden sollte, war sie immer noch dort. Schließlich reihte sie sich mit den beiden Kindern in den Massenexodus von sieben bis acht Millionen Menschen ein, die vor den deutschen Besatzern in Richtung Süden flohen. Die Flucht misslang; am 25. Juni kehrte Seghers mit den Kindern zurück nach Bellevue. Die politische Situation eskalierte. Der Waffenstillstandsvertrag zwischen Deutschland und Frankreich brachte sie alle in unmittelbare Gefahr. Als Frankreich das Asylrecht aufhob, tauchte sie mit ihren Kindern unter.

Schließlich gelangten sie gemeinsam, mithilfe von Seghers' Übersetzerin und Freundin Jeanne Stern, auf abenteuerlichen Wegen bis nach Pamiers, in die Nähe des Pyrenäenlagers Le Vernet, in die Nähe von Rodi. Dort fanden sie bis Ende 1940 Unterschlupf.

Alle Versuche, Visa für die USA zu erhalten, scheiterten. So richtete Seghers ihre Bemühungen schließlich auf Mexiko, das mittlerweile für viele sozialistische Emigranten zum Zufluchtsort geworden war. Anfang Januar 1941, nachdem sie viele Hindernisse und Komplikationen überwunden hatte, erhielt sie endlich die Visa für Mexiko, zwei Monate später auch die Transitvisa für die USA.

Letzte Zuflucht Mexiko

Am 24. März verließen die Radvanyis Europa, auf der Capitaine Paul-Lemerle, einem kleinen Frachtschiff mit provisorisch eingebauten Verschlägen für die Passagiere. Der Ethnologe Claude Lévi-Strauss, der, ebenso wie André Breton und Alfred Kantorowicz, samt Familie mit an Bord war, hat die langwierige, stets durch britische Unterseeboote gefährdete Fahrt in seinem Buch *Traurige Tropen* beschrieben. Das Schiff war überfüllt, es gab kaum Wasser und nur wenig Essen. Die Passagiere litten, schreibt Lévi-Strauss, »unter Hunger, Müdigkeit, Schlaflosigkeit, Promiskuität und Verachtung« und mehr noch »unter dem (...) durch die Hitze noch schlimmer gewordenen Dreck«.[319] Über Casablanca und Martinique erreichten die Radvanyis nach vielen Komplikationen mit der Anschlussreise am 16. Juni endlich New York – und erlebten dort die größte Enttäuschung. Die Familie wurde auf Ellis Island festgehalten und schließlich unter einem Vorwand abgewiesen. Später wurde bekannt, dass Anna Seghers schon seit 1940 vom FBI obser-

viert worden war. Sie schifften sich erneut ein, auf der Monter-
rey in Richtung Mexiko, dem einzigen Land, das ihnen Zuflucht gewährte. Am 30. Juni 1941 landete ihr Schiff in Vera
Cruz.

In Mexiko wurden Anna Seghers und die Ihren freundlich
empfangen. Pablo Neruda, der chilenische Lyriker und Gene-
ralkonsul in Mexiko, gab für sie ein Willkommensessen. Seghers fand in der Ciudad de Mexico alte Genossen und neue
Freunde. Am 10. Mai 1942, zum Jahrestag der nationalsozialistischen Bücherverbrennungen, gründeten die deutschen Emigranten sogar einen eigenen Verlag, El libro libre. Als drittes
Buch erschien dort *Das siebte Kreuz*. Es gelang Seghers, in den
sechs mexikanischen Jahren eine neue Gemeinschaft, ein neues
Kollektiv nach den alten politischen Grundsätzen zu schaffen.

»Ich bin im Grunde sehr gern hier. Wir haben hier alle Arbeit
und Menschen um uns«, schrieb sie an Kurt Kersten, der im
noch exotischeren Martinique gelandet war. Und an F. C. Weiskopf im vergleichsweise etablierten Exilort New York: »Das
Leben hier gefällt mir sehr. Das Klima, die Farben, das Ländli-
che, all das gibt mir die Gewissheit, hier leben und arbeiten zu
können.«[320]

Dennoch blieb die Schriftstellerin in Mexiko eine Fremde.
Zum einen wegen der ihr fremden Kultur, zum anderen wegen
der mangelnden Spanischkenntnisse. In Seghers' Werk kommt
das Land kaum vor.

Ihre eigentliche Heimat blieb die kommunistische Emigrantenszene – trotz der permanenten Auseinandersetzungen und
Konflikte, die dort ausgetragen wurden. Wie die meisten Auswanderer war auch die Familie Radvanyi erschöpft und verarmt. Eineinhalb Jahre lang war Anna Seghers zum »Bitten
und Borgen« gezwungen; zu einem Leben »auf Kosten meiner
Familie«, womit sie die kommunistische Gemeinschaft meinte[321] – eine Existenzform, die in tiefstem Widerspruch zu ihren
von den bürgerlich geordneten Kaufmannsverhältnissen ihres
Elternhauses geprägten Vorstellungen stand.

Ab August 1941 lebte die Familie in Mexiko-Stadt in einer
eigenen kleinen Wohnung, später, als sich die finanzielle Situation durch den Erfolg des Romans *Das siebte Kreuz* verbessert
hatte, in einem eigenen Haus in der Avenida Industria 215. Ab
Herbst 1941 gingen die Kinder, inzwischen 13 und 15 Jahre alt,
auf eine französische Schule, um zumindest in der Schulsprache
eine kleine Kontinuität in ihrem unsteten Leben zu bewahren
und auch als Vorbereitung auf die Rückkehr nach Europa.
Die Hauptlast der materiellen Versorgung lag auch im mexikanischen Exil bei Anna Seghers. Rodi arbeitete zwar fleißig,
ob als Setzer und Drucker, als Agitator und politischer Publizist, oder ab 1942 als Professor an der Arbeiteruniversität,
später auch an der Nationaluniversität von Mexiko – immer im
Dienst seiner politischen Ideen. Doch er arbeitete meist ohne
finanziellen Ertrag und blieb auf das angewiesen, was seine
Frau an Unterstützung von außen beschaffte oder mit ihrer
publizistischen Arbeit erwirtschaftete. Rodi führte, wenn auch
im Dienst der guten Sache, letztlich eine parasitäre Existenz.
Erst ab Anfang 1943 kam Anna Seghers in den Genuss der
Einkünfte aus ihrem Erfolgsroman *Das siebte Kreuz*. Der Vertrag über die Filmrechte vom Juni 1943 brachte ihr zusätzlich
insgesamt 75 000 Dollar ein, auch wenn die Honorare aus den
USA durch den streng regulierten Geldtransfer ins Ausland
zunächst blockiert waren. Unter den Schriftstellerkollegen im
Exil war sie die Einzige, die einen solch durchschlagenden,
auch materiellen Erfolg hatte. Dies rief in der ›Emigrantenfamilie‹ viel Neid hervor.
Allerdings konnte die Autorin die neue, finanziell entspannte Lebenssituation kaum genießen, denn am 24. Juni 1943, auf
dem Höhepunkt ihres literarischen Erfolgs, erlitt sie einen
Unfall mit weitreichenden Folgen. Seghers wurde beim Überqueren des breiten Paseo de la Reforma bei Dunkelheit und
Regen von einem Auto angefahren. Der Fahrer flüchtete, was
dem damals in Mexiko üblichen Verkehrsverhalten entsprach.
Seghers blieb mit schweren Kopfverletzungen bewusstlos lie-

gen. Der sie behandelnde Facharzt setzte – höchst umsichtig – auf konservative Behandlung und rettete ihr, die vier Tage ohne Bewusstsein blieb, so möglicherweise die geistige Gesundheit. Seghers hatte noch monatelang mit Gedächtnisverlust zu kämpfen, einer Amnesie, von der sie sich nur sehr langsam befreien konnte. Erst ab Jahresende 1943 begann sie allmählich wieder zu schreiben und zwar die einzige autobiografisch gefärbte Geschichte ihres Œuvre, die Erzählung *Der Ausflug der toten Mädchen*. Sie verbindet darin die Erinnerungen an die eigene Kindheit in einer raffinierten Mischung der Zeitebenen mit den Schicksalen der Mädchen in der NS-Zeit.

Auch wenn Anna Seghers noch vierzig Jahre »ein langes, produktives Leben« lebte, die Langzeitfolgen ihres Unfalls beeinträchtigten ihre ganze Existenz.[322] Möglicherweise war die hohe psychische Belastung ausschlaggebend für die Unachtsamkeit beim Überqueren des gefährlichen Paseo, die Nachwirkungen von Flucht, Heimatverlust, die Last der Existenzsicherung und vor allem die Sorge um das Schicksal ihrer Mutter. Denn diese war allein in Mainz zurückgeblieben und bereits im März 1942 ins KZ Piaski bei Lublin deportiert worden; die einzige Tochter hatte ihr nicht mehr zur Flucht verhelfen können.

Auffällig ist, dass das zentrale literarische Motiv, das alle Arbeiten Seghers' aus dieser Zeit durchzieht, der Tod ist. »Schwankende Schatten/unzähligen Todes/trag ich dir zu.« Diese Gedichtzeilen von Johannes Bobrowski macht Seghers' Biografin Christiane Zehl Romero zum Motto für die Heimkehr der Schriftstellerin nach Deutschland.[323] Es ist, als ob sich diese Schatten, die die kommenden Jahre ihres Lebens und Schreibens verdunkeln, schon in den Werken des mexikanischen Exils angekündigt hätten.

Vorerst aber lag die Rückkehr nach Europa noch in weiter Ferne. Sie verzögerte sich durch zwei voneinander unabhängige Entwicklungen – die eine politisch, die andere privat. Mit Kriegsende fiel die internationale Anti-Hitler-Koalition auseinander. Unter diesen Umständen war eine Heimkehr schwierig. Als noch problematischer aber erwiesen sich in dieser neuen Situation die privaten Verhältnisse. Rodi, der Internationalist und Kosmopolit, wollte nicht zurück nach Deutschland. Er war in Mexiko als Universitätsprofessor gut etabliert und erfolgreich mit seiner politischen und beruflichen Arbeit. Außerdem war er inzwischen eine Beziehung zu einer anderen Frau eingegangen, zu einer Mitarbeiterin, der Amerikanerin Lena Jaeck. Unklar ist, ob Anna Seghers zum Zeitpunkt der geplanten Rückkehr, Anfang 1946, von dieser Beziehung wusste oder erst 1952 davon erfuhr, als Rodi schließlich mit seiner neuen Partnerin nach Ostberlin kam und dort Professor an der Humboldt-Universität wurde.

Jedenfalls kehrte Anna Seghers, die seit 1946 mexikanische Staatsbürgerin war, im Januar 1947 allein aus dem Exil zurück. Ihr Wunsch, zunächst einmal nach Frankreich heimzukehren, erfüllte sich nicht. Sie erhielt kein Visum. Rodi begleitete seine Frau bis New York, von wo aus sie sich nach Schweden einschiffte. Noch Jahre danach ging sie davon aus, dass die Trennung von ihrem Mann nur vorübergehend sein würde. Sie verschloss sich – wie so oft in ihrem Leben – den Tatsachen. Fünf Jahre lang wartete sie vergeblich auf Rodi. Als er schließlich kam, kam er mit der Geliebten. Und Seghers sorgte – nach seinem Tod – auch noch für deren Unterhalt.

Wer schreibt, handelt. Anna Seghers' Exilwerk

Anna Seghers' literarisches Werk entstand, wie bereits erwähnt, zum größten und gewichtigsten Teil im Exil, unter schwierigsten äußeren Arbeitsbedingungen. Während der Zeit in Frankreich schrieb und veröffentlichte sie unter anderem die Romane *Der Kopflohn* und *Die Rettung* und begann mit der Arbeit an *Das siebte Kreuz*. Im mexikanischen Exil entstanden der große Roman *Transit*, erschienen 1944 bei Little/Brown in Boston auf

Englisch und 1948 in deutscher Sprache bei Weller in Konstanz, sowie der Band *Der Ausflug der toten Mädchen und andere Erzählungen*, der 1946 im Exilverlag Aurora in New York publiziert wurde. Der Roman *Die Toten bleiben jung*, eine Epochenchronik des deutschen Faschismus zwischen 1918 und 1945, schließt Seghers' Exilwerk ab. Sie begann die Arbeit daran 1943 in Mexiko und beendete sie 1947, nach der Rückkehr nach Berlin. Das Buch erschien – ungewöhnlich für die sozialistische Exilliteratur und vergleichbar nur mit Brechts Werk – 1949 in einem ost- und in einem westdeutschen Verlag, bei Aufbau, dem bedeutendsten Literaturverlag der DDR, und bei Suhrkamp, damals beide in Berlin ansässig. Außerdem veröffentlichte Seghers im Exil eine Fülle von operativen Arbeiten: Aufsätze, Zeitschriftenartikel und Essays, Drehbücher und Hörspiele, experimentelle Formen wie die Dokumentencollage und die reportagehafte Novelle. Vier Arbeiten beschäftigen sich ausdrücklich mit der Situation von Frauen im Exil: der Dokumentarbericht *Frauen und Kinder in der Emigration*, der wahrscheinlich bald nach 1933 entstand, das Hörspiel *Der Prozeß der Jeanne d'Arc zu Rouen 1431* von 1937 sowie die Erzählungen *Der sogenannte Rendel* (1940) und *Der Ausflug der toten Mädchen* (1946).

Diese Vielfalt der Genres, das Publizieren für den englisch- und den deutschsprachigen Markt, die durch die Exilsituation aufgezwungenen Verlagswechsel – all das spiegelt die Diskontinuität und die Brüche, unter denen Seghers zu schreiben gezwungen war. Als Gegengewicht schuf sie sich innere Kontinuitäten. Ihr Schreiben wird – unter dem Motto »Wer schreibt, handelt«[324] – getragen von der Idee einer vielfältigen, antifaschistischen Literatur – in Formen, Stil und Themen. Seghers' Prosa erzählt nahezu ausschließlich vom antifaschistischen Kampf. Ob in dem kritischen Heimatroman *Der Kopflohn*, der die Enttäuschung über die Entwicklung in Deutschland am Anfang der NS-Diktatur reflektiert, oder in *Der Weg durch den Februar*, dessen Thema der kämpferische Widerstand der öster-

reichischen Arbeiter beim Februaraufstand in Wien ist, ob in
Die Rettung, wo ein Bergwerk zum archetypischen Schauplatz
der Not und der politischen Bewährung wird, oder in *Das siebte
Kreuz* und *Transit*, von denen noch zu sprechen sein wird.

In den Dienst dieser politischen Überzeugung stellte Seghers
ihr Werk. Die historische Situation, die die Auswirkungen von
Politik im Privaten für jeden unmittelbar spürbar machte, unterstützte dieses literaturtheoretische Konzept. Und je mehr
sich die Realität politisierte, desto mehr lotete die Autorin – als
Gegengewicht – die poetischen und mythischen Dimensionen
ihres Schreibens aus. Das zeigen beispielhaft Inhalt und Publi-
kationsgeschichte ihres wohl bekanntesten Werks, *Das siebte
Kreuz*. Es handelt von der Flucht des kommunistischen KZ-
Häftlings Georg Heisler und seinem Weg ins Exil. Das siebte
Kreuz, an dem er, wie seine Genossen, hingerichtet werden soll,
bleibt leer und wird so zum Symbol für den Erfolg des politischen Widerstands.

Das Buch entstand ab 1938, unter schwierigsten äußeren Bedingungen, andauernden politischen Katastrophen und inner-
kommunistischen Verwicklungen um den Verlag Editions du
10. Mai, der es ursprünglich veröffentlichen sollte. Die Autorin war zu dieser Zeit höchst verunsichert durch die politische
Haltung Moskaus am Ende des Spanischen Bürgerkriegs und
bei Abschluss des Hitler-Stalin-Pakts. Sie fürchtete, die Unterstützung aus Moskau zu verlieren, auf die sie in ihrer prekären
Lebens- und Schreibsituation auf der Flucht aus Frankreich
angewiesen war. Der Fortsetzungsabdruck des Romans in der
kommunistisch orientierten und finanzierten Zeitschrift *Internationale Literatur* wurde in der Tat abgebrochen. Auch mit
der Buchveröffentlichung war nicht mehr zu rechnen. Die
Krise wurde existenziell. Seghers sah, wie ihre Briefe an Wieland Herzfelde zeigen, ihre schriftstellerische Zukunft infrage
gestellt.

Zu diesem Zeitpunkt war noch nicht abzusehen, dass das bei

der Partei in Ungnade gefallene Buch zwei Jahre später in den USA zum Bestseller avancieren würde. Denn der Roman profitierte von der politischen Entwicklung. Die amerikanische Öffentlichkeit war, seit die USA im Dezember 1941 in den Krieg eingetreten waren, empfänglich für Seghers' Botschaft. Immerhin ließ sich die erfolgreiche Flucht eines einzelnen Widerstandskämpfers aus den Fängen der Nazis auch als Sieg des internationalen Humanismus deuten. Und so machte der Book-of-the-Month-Club *Das siebte Kreuz* im Oktober 1942 zum ›Buch des Monats‹, was einer Absatzgarantie gleichkam. Die Autorin war, als der Erfolg einsetzte, fernab in Mexiko vom Zentrum des Geschehens abgeschnitten.

Dass das Buch zur rechten Zeit am rechten Ort vorlag, war maßgeblich dem New Yorker Literaturagenten Maxim Lieber zu verdanken, an den die Autorin von F. C. Weiskopf vermittelt worden war. Lieber leistete ihr, die als Unbekannte auf dem amerikanischen Buchmarkt ohne Agenten chancenlos gewesen wäre, gute Dienste, was Seghers jedoch nicht recht anerkannte. Sie dürfte mit dem damals in Europa noch wenig bekannten Metier der Literaturagenten wohl nicht vertraut gewesen sein und – von ihrer Grundeinstellung her – wohl auch höchst skeptisch eingestellt gegenüber einem professionellen, profitorientierten Vermittler. Zumal in einer Situation, in der sie selbst vom finanziellen Ertrag, auf den sie so dringend angewiesen gewesen wäre, noch gänzlich ausgeschlossen blieb. Die Überlebenskämpfe des Exils hatten die Autorin selbstbewusst, aber auch hart gemacht. Sie forderte von Lieber, den sie persönlich gar nicht kannte, selbstverständlich ein, was sie selbst unter ihresgleichen ebenso selbstverständlich zu geben bereit war: verantwortliches Handeln, Solidarität und Hilfe. Dazu passte die aus ihrer Sicht egoistische Position des kapitalistischen Agenten nicht:

»Du wärst überrascht, wenn Du meine Briefe lesen könntest, die von Lieber und die vom Verlag und sehen würdest, wie wenig ich selbst weiß«, schrieb sie an F. C. Weiskopf. »Wie Du

arbeite ich von morgens bis abends, wie Du kenne ich den Wert
meiner Arbeit und meiner Fähigkeiten. Ich arbeite mit Leidenschaft, für mich und für die anderen. Ich lasse mich weder
durch Erfolg verrückt machen, genau so wie die dunkle Nacht
um mich herum mich nicht hat verrückt machen können. Aber
es ist die natürlichste Sache von der Welt, daß ich meine Interessen bei meinem Agenten und bei meinem Verlag wahrneh-
me, ich wäre dumm, wenn ich es nicht täte – und außerdem
wäre ich unverantwortlich gegenüber denen, die mir helfen
und denen ich viel verdanke. Ich kenne Lieber nicht (...) Und,
mein Guter, um die Wahrheit zu sagen, ich war kein Zeitverlust
für ihn!«[325]

Doch Seghers erwies sich als lernfähig. Sie fing an, die
Usancen des amerikanischen Buchmarkts für sich zu nutzen.
Als sich mit dem bevorstehenden Kriegsende die Möglichkeit
zur Rückkehr nach Europa abzeichnete, begann sie, ihren Erfolgsroman exzessiv zu vermarkten: zusätzlich zum englischsprachigen nun auch auf dem ihr wieder zugänglichen deutschsprachigen Markt und mit Lizenzen für Übersetzungen ins
Spanische, Portugiesische, Schwedische, Bulgarische, Französische, Norwegische, Dänische und Italienische.

Relativ wenig Resonanz fand Seghers' nächster Roman, *Transit*, der später zum Synonym für den Zustand Exil schlechthin
wurde. Auch dieses Buch, das 1942 abgeschlossen war, geriet in
Konflikt mit der reinen Lehre. Der kommunistisch orientierte
Exilverlag El libro libre in Mexiko lehnte die Veröffentlichung
aus ideologischen Gründen ab. Die erste deutsche Ausgabe
erschien erst 1947 als Fortsetzungsdruck der *Berliner Zeitung*
und als Buch 1948 in Konstanz bei Curt Weller & Co. So geriet
Seghers auch in Deutschland zwischen die Fronten des Kalten
Krieges.

Transit spielt in der Exilgegenwart des Sommers 1940.
Hauptschauplatz ist Marseille, der größte Hafen im unbesetzten Teil Frankreichs, damals Treffpunkt Tausender von Emi-

granten auf der Flucht vor den deutschen Invasoren. Der Pro-
tagonist, ein junger deutscher Kommunist mit falschen Papieren und unsicherer Identität, der unter dem falschen Namen
Seidler reist, ist aus einem der französischen Internierungslager
geflohen. Wie Abertausend andere Emigranten versucht er, die
nötigen Papiere für die Schiffspassage nach Übersee zu bekommen und ist dabei dem zermürbenden Papierkrieg mit den
Behörden um Aufenthaltsgenehmigungen, Bürgschaften, Aus-
und Einreisedokumente, besonders aber um einen Schiffsplatz
und das begehrte Transitvisum ausgesetzt.

In einem Hafencafé begegnet er Marie, der Frau des Schriftstellers Weidel, die auf der Suche nach ihrem Mann ist. Sie weiß
nicht, dass er in Paris Selbstmord begangen hat und dass Seidler den literarischen Nachlass ihres Mannes und – den Behörden gegenüber – auch seine Identität übernommen hat. Von
der Rettung dieses Nachlasses, der Überlebensgeschichte des
fragmentarischen Manuskripts eines ›untoten‹, verborgenen,
vergeblich gesuchten Autors handelt der Roman. Auch Seidler,
der sich spontan in Marie verliebt, lässt sie über das Schicksal
ihres Mannes im Ungewissen. Marie schifft sich schließlich
nach den USA ein, in dem sicheren Glauben, ihren Mann dort
wiederzufinden. Das Schiff, mit dem sie ihren falschen Hoffnungen nachreist, die Montreal, aber geht unter. So wird Marie
zur Chiffre für den transitorischen Zustand des Exils, für
gefährdete Existenz und Entfremdung. Das macht diese, ihrer
Anlage nach eher konventionelle Frauenfigur so attraktiv für
den seinerseits durch Flucht und Emigration seiner Identität
beraubten Protagonisten. Doch er trennt sein Schicksal von ihr.
Seidler gibt sein heißbegehrtes Schiffsticket zurück und bleibt.
Er beendet den Transitzustand seiner eigenen Existenz, taucht
in einem geerdeten bäuerlichen Leben im ländlichen Südfrankreich unter, geschützt von der Gemeinschaft der französischen
Genossen, mit einer neuen politischen Aufgabe in der Résis-
tance.

Das Buch wurde in Deutschland nur zögerlich und verspätet

zur Kenntnis genommen. Im offiziellen Literaturdiskurs der DDR wurde es – seiner latent kommunismuskritischen Botschaft wegen – ›vergessen‹ und verschwiegen; im Westen dagegen gerade deshalb hochgelobt – auch aus dem Wunsch heraus, die Autorin der westdeutschen Literaturtradition einzuverleiben. So entging *Transit* den rhetorischen Verbrennungsritualen, denen Seghers' Werk während des Kalten Krieges im Westen ausgesetzt war. Heute gilt *Transit* als einer der wichtigsten Romane der Exilliteratur. Mit ihm schrieb sich Anna Seghers endgültig in die Literaturgeschichte des 20. Jahrhunderts ein.

Ich leer' mein schweres Herz euch aus.
Schriftstellerinnen im Internierungslager Gurs

Gurs in den Pyrenäen, einst ein mondäner Ferienort, war während des Zweiten Weltkriegs zum größten Internierungslager Frankreichs geworden. Hierher wurden ab Mai 1940 auch rund 12000 Frauen deutscher Herkunft ohne französischen Pass gebracht: vorwiegend solche, die als ›feindliche Ausländerinnen‹ galten, sowie jüdische Flüchtlinge unter 55 Jahren und Prostituierte. Die meisten von ihnen kamen aus den Pariser Internierungscamps und waren in Gurs nur vorübergehend stationiert.[326] Zwischen Mai 1940 und November 1943 war Gurs ein spezielles Frauenlager. Hier waren – außer den Partnerinnen bedeutender Intellektueller und Schriftsteller – auch viele Autorinnen inhaftiert: unter anderem die Pazifistin Adrienne Thomas, die Theaterautorin Thea Sternheim, die Publizistin Käthe Hirsch, die Journalistin Gertrud Isolani, die politisch engagierte Lehrerin Hanna Schramm, die Philosophin Hannah Arendt, die Verlegerin Helen Wolff und die Widerstandskämpferin Lisa Fittko.

Gurs wurde bekannt für seine eigenständige, von den Häftlingen selbst entwickelte Lagerkultur mit Konzerten, Theateraufführungen, Revuen, Lesungen, Sprachkursen und vielen anderen Veranstaltungen in einem breit angelegten Spektrum zwischen Fortbildung, Unterhaltung und Zeitkritik. Das offizielle Kulturleben begann allerdings erst mit dem Einzug der männlichen politischen Häftlinge im Oktober 1941. Frauen wirkten daran eher passiv mit, übernahmen Rollen als Schauspielerinnen, Tänzerinnen, Sängerinnen und Musikerinnen, entwickelten jedoch keine programmatischen Initiativen. Eine Ausnahme bildete Betty Stern, die in den Zwanzigerjahren in Berlin als Literaturagentin und literarische Salonière aktiv gewesen war. Sie organisierte in Gurs ein Literaturprogramm.

Die Häftlinge verstanden ihre Lagerkultur als Akt des produktiven Widerstands und als Lichtblick im trostlosen Alltag. Die Veranstaltungen hoben das Gefühl der Isolation, der Ohnmacht und der Verlassenheit zumindest für kurze Zeit auf.

Und es waren Frauen, die Gurs – über dieses Kulturprogramm hinaus – zum literarischen Ort machten. Das Lager wurde zum Entstehungs- und zugleich zum Handlungsort höchst unterschiedlicher Texte über das alles beherrschende Thema: das Lagerleben. »Ich leer' mein schweres Herz euch aus«, lautet eine Zeile aus dem Gedicht einer unbekannten Lagerinsassin. Es könnte als Motto für das Schreiben in Gurs gelten.[327]

In der Pyrenäenhölle

Schon vor Beginn des Zweiten Weltkriegs hatte sich die Situation der jüdischen Flüchtlinge und der Nazigegner, die nach 1933 in Frankreich Zuflucht gesucht hatten, radikal verschlechtert. Nach der Kriegserklärung begann die französische Regierung mit der systematischen Internierung aller männlichen ›Deutschstämmigen‹, ab 1940 auch von Frauen. Gleichzeitig verschärfte sich die judenfeindliche Politik des Deutschen Reichs weiter. Den bisherigen Maßnahmen wie Enteignung, Vertreibung und systematische Inhaftierung in Lagern folgte ab 1941 die physische Vernichtung. Schon 1940 wurden 6504 als Juden registrierte Deutsche aus der Pfalz und aus Baden deportiert – nicht nach Osten, sondern nach Frankreich – ins größte

Lager der Vichy-Zeit, nach Gurs. Im August 1942 begannen von hier die Deportationen in die osteuropäischen Konzentrationslager. Von den 76 000 Menschen, die aus Frankreich nach Auschwitz und Sobibor deportiert wurden, kamen 3907 aus Gurs.

Die französischen Lager der Vichy-Zeit waren keine Konzentrationslager mit dem Charakter von Arbeits- und Vernichtungslagern wie Buchenwald und Auschwitz. Dennoch wurden sie von den dorthin Deportierten als existenziell bedrohlich erlebt, als »Purgatorium«, »Hauptquartier des Elends« und »Pyrenäenhölle«.[328] Hier starben mehr als 3000 Menschen; allein in Gurs bis zu 15 Häftlinge täglich.

Die Kriterien für die Internierung in Gurs waren vage, allerdings waren alle Betroffenen deutscher Abstammung. Jeder und jede Deutsche war potenziell ›suspekt‹ und konnte ohne Abstammungsnachweis inhaftiert werden. Auch der Status des anerkannten politischen Flüchtlings schützte nicht vor dem Verdacht, mit Hitler-Deutschland zu paktieren; ja, die große Masse der Internierten bestand aus solchen.

Das Lager Gurs entstand im April 1939 auf einem Hochplateau nahe der spanischen Grenze unweit des Wallfahrtsortes Lourdes. Ursprünglich war es als vorübergehende Auffangstation für die entwaffneten Spanienkämpfer gedacht, weshalb die Unterkünfte hier besonders primitiv waren und kaum vor Nässe, Wind und Kälte schützten.[329] Auf einer Fläche von vierundzwanzig Hektar reihten sich 382 Baracken aneinander, geteilt durch eine zwei Kilometer lange Straße. Im Mai 1939 zählte das Lager 18 985 Insassen, hatte also die Größe einer Kleinstadt. Insgesamt waren in Gurs 61 000 Menschen interniert, darunter rund 20 000 Deutsche.

Unter den französischen Lagern nahm Gurs eine Sonderstellung ein, die jedoch schwer zu definieren ist. Es galt zwar als härter als die ›normalen‹ Lager, wurde aber milder eingestuft als beispielsweise Le Vernet, in das ab Mai 1940 die ›indésiderables‹ überstellt wurden. Im Mai 1940 beherbergte Gurs nur noch rund 1000 der ehemals 19 000 Insassen, so war genug Platz für die ca.

12 000 Frauen, die jetzt dorthin überführt wurden. Sie kamen mit der Hoffnung auf baldige Entlassung. Der Waffenstillstand zwischen Frankreich und Deutschland im Juni 1940 gab vielen von ihnen kurzzeitig Gelegenheit, zu entkommen, bevor die deutschen Sicherheitsdienste Gurs erreichten. Unter denen, die jetzt fliehen konnten, waren Hannah Arendt, Lisa Fittko, Marta Feuchtwanger, Friedel Kantorowicz, Toni Kesten, Anja Pfempfert und Helen Wolff. Andere blieben, weil ihnen zur Flucht die Mittel fehlten oder sie gefasst und wieder zurückgebracht wurden. 700 nichtjüdische Frauen entschlossen sich – auf Aufforderung der französischen Behörden – zur Reise ›heim ins Reich‹.

Die verschiedenen Flüchtlings-Hilfskomitees bemühten sich, die Lage der Häftlinge zu verbessern und Entlassungen zu erreichen. Doch ihre Repräsentanten wurden nur willkürlich, nach Gutdünken der Lagerleitung, vorgelassen und konnten sich vor Ort kein realistisches Bild von den Zuständen verschaffen. Umfassende und effiziente Hilfe leisteten die Am-Guild und ihr Generalsekretär Hubertus Prinz zu Löwenstein. Er erreichte die Freilassung von mehr als einem Dutzend Internierter, vorzugsweise Intellektueller, Schriftsteller und Journalisten, sowie einzelner Parteipolitiker. Namhafte Frauen waren, soweit bekannt, nicht darunter.

Im November 1943 wurde das Lager, nachdem es von einer französischen Widerstandsgruppe überfallen worden war, vorübergehend aufgelöst, im Frühjahr 1944 aber wieder eröffnet. Im Juni darauf, als die Alliierten immer näher rückten, verließen alle Insassen, Internierte wie Wachpersonal, das Lager panikartig. Im Januar 1946 wurde es endgültig aufgelöst.

Die Situation der Frauen

»Es war an einem warmen Juniabend des Jahres 1940, als wir in Oloron ankamen. Über das Ziel unserer Reise hatte man uns im Unklaren gelassen, und so war unsere Gruppe von vierzig

Frauen, bewacht von Gendarmen, drei Tage und Nächte durch Frankreich gefahren, auf vielen Bahnhöfen ausgestiegen, hatte gewartet, nicht wissend, ob diesmal das Ziel der Reise erreicht sei, wurde wieder weiterverfrachtet in rüttelnde Bummelzüge, die dann stundenlang auf irgendwelchen kleinen Stationen standen, hin- und herrangierten, um sich dann plötzlich, wenn man schon jede Hoffnung aufgegeben hatte, doch wieder in Bewegung zu setzen. (…)

Wir waren ›feindliche Ausländer‹ geworden, wenn nicht ›fünfte Kolonne‹, und da saßen wir nun mit verkehrtem Vorzeichen und sahen ohnmächtig zu, wie Frankreich Hitler zur Beute fiel.

Frankreich wollte uns nicht. (…)

Wir landeten in Baracke 27, ganz am Außenrand des Ilots, konstatierte ich aufatmend, Blick auf die Landstraße und freies Feld, doch dazwischen Stacheldraht und Posten. Sechzig Frauen in der Baracke. Die Baracken waren etwa 25 Meter lang und 5 Meter breit. Ihr mit alter Dachpappe gedecktes Satteldach ruhte an den Seiten auf etwa einen Meter hohen Lattenwänden. (…)

Links dreißig Strohsäcke, rechts dreißig Strohsäcke, keine Decken, kein Tisch, kein Stuhl, keine Bank, kein Nagel, kein Geschirr. (…)

Todmüde installierten wir uns auf unseren Strohsäcken, teilten, was wir an Mänteln und Decken mitgebracht hatten und waren froh, uns endlich ausstrecken zu können.«[330]

So beschreibt die aus politischen Gründen emigrierte Lehrerin Hanna Schramm ihre Ankunft in Gurs. Frauen machten dort eine neue Erfahrung mit der französischen Internierungspolitik. Sie erlebten es als Schock, in Frankreich, ihrer aller Freiheitsziel und -ideal, plötzlich als ›feindliche Ausländerinnen‹ behandelt zu werden. Sie gerieten ins Chaos der Zeit des ›débacle‹, zogen, getrennt von ihren Partnern, beim verzweifelten Versuch, Europa zu verlassen, auf Irrfahrten durch das Land und sahen sich Lagererfahrungen ausgesetzt, die auf diese

Art und Weise nur Frauen machen konnten. Zum einen die der
Verantwortung und Last, im Lager mit Kindern leben zu müssen – denn Kinder wurden grundsätzlich in Frauenbaracken
untergebracht –, zum anderen die Erfahrung, jegliche Intimsphäre zu verlieren und als Staatenlose unter Prostitutionsver-
dacht zu geraten; vor allem aber die der Demütigung, sich
selbst prostituieren zu müssen, um an die notwendigen Le-
bensmittel und Entlassungspapiere zu kommen.[331]

Des Weiteren litten Frauen besonders unter den katastropha-
len hygienischen Verhältnissen und der Schwierigkeit, unter
diesen Lebensbedingungen die ›äußere Form‹ nicht mehr wahren zu können, die für ihr Selbstwertgefühl unverzichtbar war:
ihr Aussehen und der Schutz ihrer Intimsphäre. Der Wunsch,
sich und den eigenen Körper zu schützen, machte sich in oft
zwanghafter Körper- und Schönheitspflege bemerkbar.

»Waschen wollte man sich gern. Aber wie sollte man das an
der offenen Wascheinrichtung, die frei vor aller Blicken lag,
auch nur halbwegs gründlich bewerkstelligen? In kleinen
Gruppen zogen wir hin. An jedem der acht Wasserhähne stand
eine Schlange von sechs bis acht Personen. Also anstellen.

Die halbwegs präsentablen Busen hatten keine falsche Scham,
entblößten sich frank und frei und scheuerten sich zunächst bis
zur Taille, und dann kam der Rest. Die Garden genossen das
Schauspiel von weitem (…). Das Wasser lief in der Regel von 6
bis 9 Uhr morgens, dann von 12 bis 15 und von 18 bis 21 Uhr,
denn der Wasserturm am Ende des Lagers war auf einen größeren Wasserverbrauch nicht eingerichtet. Während dieser Zeit
sollten über tausend Frauen sich selbst, ihre Wäsche und ihr
Geschirr waschen, und die Baracke mußte auch mal geputzt
werden. Es war ein Problem. (…)

Noch problematischer waren die Latrinen. An den beiden
Außenseiten des Ilots stand je eine, eine Art Pfahlbau, die ›Hoch-
burg‹. Sechs Stufen führten zu einem Laufsteg, an dem acht bis
zur halben Höhe abgedeckte Aborte lagen, die weiß Gott nicht
zum Verweilen einluden. In jedem war ein Loch im Boden,

darunter eine Tonne. Keine Türen, man stand oder hockte dort, allen Winden, allen Blicken preisgegeben. Anfangs bat man seine Nachbarin, ›sich eben mal vorzustellen‹; später gewöhnte man sich einigermaßen an diese öffentliche Einrichtung, aber sie blieb in technischer wie in psychischer Beziehung peinlich.«[332]

In Frauengemeinschaften versuchten die Häftlinge, einander zu helfen. Zu einer solchen Gemeinschaft fanden sich etwa Adrienne Thomas mit Elsbeth Weichmann, Toni Kesten, der Frau des Schriftstellers Hermann Kesten, und Valerie Schwarzschild, der Frau des Exilpublizisten Leopold Schwarzschild, zusammen.

Einige der in Gurs inhaftierten Autorinnen haben die leidvollen Erfahrungen in dieser rein weiblichen Schicksalsgemeinschaft zur Grundlage ihrer Tatsachenberichte und autobiografisch gefärbten Romane gemacht: Hanna Schramm mit *Menschen in Gurs*, Lisa Fittko mit *Mein Weg über die Pyrenäen*, Gertrud Isolani mit *Stadt ohne Männer* und Adrienne Thomas mit *Fahren Sie ab, Mademoiselle!*

Stadt ohne Männer. Schreiben in Gurs

In Gurs zu schreiben, hieß, zu schreiben ohne jegliche Resonanz.[333] Die Frauen, die hier schrieben, taten das nicht einmal für die Schublade, denn es gab auch nicht den letzten Rest eines geschützten Raumes. Zum Schreiben fehlten in der Enge des Barackenlebens die elementarsten Voraussetzungen. Der Alltag war bestimmt von Schmutz, Lärm, Kälte, Dunkelheit, Hunger, Streit und Krankheit. Es gab keine Möglichkeit, sich zurückzuziehen, keinen Tisch oder Stuhl, wo die Schreiberinnen sich hätten niederlassen können. Schreiben konnte man nur heimlich und es war gefährlich, vom Wachpersonal dabei ertappt zu werden. Es gab somit kaum Hoffnung, die Schrecken des Lagers für die Nachwelt festzuhalten, denn auch beschriebenes Papier wurde zum Ballast, der eine Flucht erschwerte.

Als sich Adrienne Thomas im Sommer 1940 die Chance bot, aus dem Lager zu entkommen, war sie bereit, dafür das Manuskript ihres noch unfertigen Romans *Fahren Sie ab, Mademoiselle!* zu verbrennen. Eine Lagernachbarin hinderte sie daran.[334] So wurde Thomas' Manuskript gerettet; sie deponierte es in Frankreich bei einem Freund, der es ihr ein Jahr nach ihrer glücklichen Ankunft in New York wieder zuschickte. 1944 erschien der Roman bei Allert de Lange und wurde zum Erfolg.

Das Bedürfnis, sich während der Lagerzeit schriftlich zu artikulieren und literarisch produktiv zu werden, war trotz all dieser Hindernisse groß. Viele Internierte fanden darin eine Möglichkeit, mit Gleichgesinnten zu kommunizieren, sich durch die literarische Verarbeitung zu besinnen und Erleichterung zu finden.

»Daß ich überhaupt noch an die Schriftstellerei denken konnte, war ein Wunder, ein seltenes Glück«, schreibt Gertrud Isolani. »Jedes Erlebnis mußte ich sofort niederschreiben, aus mir herausschleudern, (...). Ich begann schon in den ersten Stunden, abends in der dunklen Baracke, wenn wir die Kerzen löschen mußten, (...) meine Erlebnisse und Beobachtungen hineinzukritzeln und mich von allem, was ich sah und hörte, seelisch zu befreien.«[335]

Dieser aus der konkreten Lebenssituation abgeleiteten Motivation entsprach der literarische Ertrag. Er bestand überwiegend aus Gelegenheitsgedichten, Briefen und Tagebüchern. Nur in Ausnahmefällen fanden die Autorinnen zu größeren literarischen Formen wie der erzählenden Prosa.

Die einfachste und unmittelbarste Art, gegen die Demütigungen der Lagerexistenz und den dort drohenden Verlust der Individualität anzuschreiben, war der Brief. Durch Briefe versuchten die Häftlinge, die Verbindung zur Außenwelt aufrechtzuerhalten, auch wenn die Kontaktmöglichkeiten sehr fragil geworden waren. In Gurs wurden täglich Tausende von Briefen geschrieben, verschickt und empfangen. Auch innerhalb des Lagers verständigte man sich illegal über Briefe, durch die sogenannte ›Ilot-Post‹. Größtes Hindernis dieser Kommunikationsform war die Briefzensur, ein höchst wirksames Überwachungsinstrument. Sie wurde verschärft, als Exilzeitungen und -zeitschriften wie *Aufbau* und *Israelitisches Wochenblatt* über die Deportationen in die osteuropäischen Vernichtungslager zu berichten begannen, aufgrund von Informationen, die nur aus dem Lager selbst kommen konnten. Frauen beschrieben in ihren Briefen meist den Lageralltag, Kritik an den Zuständen kam überwiegend von Männern.[336]

Aus der Briefflut gerettet und zum Großteil auch veröffentlicht sind über 300 Briefe von Maria Krehbiel-Darmstädter, einer als junge Frau zum Protestantismus konvertierten Jüdin und Anthroposophin. Sie wurde als 48-Jährige von Mannheim nach Gurs deportiert und schrieb im Lager und unmittelbar danach an Freunde und Bekannte in Deutschland, in der Schweiz und in den USA.[337] Mit der zunehmenden existenziellen Bedrohung verschärfte sich der Konflikt zwischen dem anthroposophisch-protestantischen Weltbild der Briefschreiberin und den Erfahrungen, denen sie sich im Lager ausgesetzt sah. Erst nach der Entlassung war sie in der Lage, zu benennen und zu beschreiben, was sie dort wirklich erlebt hatte.

Auch das Schreiben von Tagebüchern war illegal, daher sind nur Zeugnisse von sieben Frauen erhalten. Drei davon stammen von Autorinnen, die schon vorher literarisch aktiv gewesen waren: Thea Sternheim, Adrienne Thomas und Käthe Hirsch.

Die Tagebücher – geschrieben für fiktive, auch nachgeborene Adressaten – wollen durch detaillierte Einblicke in den Lageralltag Zeugnis geben vom Leben in Gurs. Sie ersetzen zudem die so schmerzlich vermisste Kommunikation, den direkten Austausch im Gespräch, motivieren zum Durchhalten und sind den Schreiberinnen Medium der Reflexion.[338]

Thea Sternheim (1883–1971), genannt Stoisy, die in zweiter Ehe mit dem Dramatiker Carl Sternheim verheiratet und seit 1927 von ihm geschieden war, hatte in ihrer Jugend von einer Karriere am Theater geträumt, jedoch bald erkennen müssen, dass sie dazu einfach das falsche Geschlecht hatte: »Wenn ich ein Mann geworden wäre, hätte ich es zu etwas bringen können! Aber so!«, schrieb sie schon 1906 an Sternheim.[339] 1932 übersiedelte Thea Sternheim nach Paris und blieb dort auch während des Dritten Reichs. 1940 wurde sie als 57-Jährige in Gurs als ›feindliche Ausländerin‹ interniert, jedoch schon nach drei Monaten auf Vermittlung von André Gide, mit dem sie befreundet war, entlassen.

Ihr wichtigstes literarisches Vermächtnis sind die Tagebücher, die sie von 1903 bis zu ihrem Tod führte. Unter dem Eindruck der Internierung wandelte sich ihre Bewunderung für Frankreich in tiefe Enttäuschung. Das Lagerleben in Gurs beschrieb sie detailliert; auch seine Tabus, wie die aus der Notsituation geborenen Liaisons zwischen Häftlingen und Personal, zwischen deutschen Frauen und ehemaligen Spanienkämpfern, die berüchtigten ›Bratkartoffelverhältnisse‹.

»Wir hatten eine ganze Anzahl von werdenden Müttern in den Frauen-Ilots, und das war nicht nur das Werk der Spanier.

Ich hatte mich immer gefragt, wo wohl die Präliminarien stattgefunden haben können, denn in den Frauen-Ilots bestand keine Möglichkeit sich ungestört zurückzuziehen. Ich wandte mich an unsere treue Alice, die mir auf diesem Gebiet nicht ganz unerfahren zu sein schien. ›Ganz einfach‹, sagte sie, ›draußen unter dem Wasserturm wächst das Gras so hoch, daß einen niemand sehen kann, und in den Männer-Ilots haben sie ein paar mit Decken verhängte Kabinen eingerichtet, und die Mitbewohner sind so rücksichtsvoll, sich im Fall der Fälle eine Weile nach draußen zu verziehen.‹

Notgedrungen richtete die französische Verwaltung ein außerhalb der Ilots gelegenes Entbindungsheim ein, das, verglichen mit unseren Baracken, sogar ganz wohnlich war.«[340]

Am 12. August 1940 wurde Thea Sternheim entlassen:

»Während die Wagen in der noch dunklen Nacht vor der Strafkolonie warten, wasche ich im Gebet meine Seele von allen Gefühlen der Gehässigkeit rein. (…) Tränen. Die ersten, die ich in Gurs vergieße. (...) Ein bißchen Vertrauen, ein bißchen Güte – und der Himmel sinkt auf die Erde. Am Bahnhof von Pau kann man – auch das mutet mich wie ein Märchen aus 1001 Nacht an – Kaffee mit Milch trinken, ein Butterbrot essen! (...) den Kopf waschen lassen. Einkauf der notwendigen, so lange entbehrten Toilettenartikel. Ich gebe meine Kleider, denen der Gestank des Konzentrationslagers anhaftet, in die Reinigung, aber ich bin wie jemand, den man auf den Kopf geschlagen hat und der nicht zur Besinnung kommt.«[341]

Die Berliner Publizistin Käthe Hirsch (1892–1984) kam aus intellektuellem jüdischem Milieu. Ihr Vater war Inhaber einer Nachrichtenagentur in Berlin. Käthe hatte in Frankfurt am Main und in Freiburg studiert und 1930 das Kinderbuch *Die Geschichte von Otto* veröffentlicht. Schon 1932 emigrierte sie nach Paris und arbeitete dort in der Leihbibliothek Biblion und zeitweise als Sekretärin von Hannah Arendt. In Gurs war sie insgesamt fast eineinhalb Jahre interniert: von Mai bis August 1940 und wieder ab September des gleichen Jahres bis November 1941. In der zweiten Phase schrieb sie ihr Tagebuch.

Hirschs oberstes Ziel war Authentizität. Sie berichtete vor allem vom Lageralltag, von den Kabarettabenden, der Einrichtung der Kulturbaracken in den Frauen-Ilots und den dort stattfindenden Konzerten; von der Geburt eines Kindes, der Ankunft von Briefen, vom Schwarzmarkt und von der Verhaftung eines Arztes, der sich im Lager sehr engagiert hatte. Feinfühlig beschreibt Hirsch die Konflikte der Frauen miteinander und die psychischen Deformationen, die sie durch die Haft erlitten: die Selbstmordversuche und Anfälle von Wahnsinn, den Putzzwang und die Hysterie, aber auch die Fürsorglichkeit der Frauen untereinander.

Ende 1941 konnte Käthe Hirsch das Lager gemeinsam mit Hanna Schramm verlassen. Nach Kriegsende lebte sie in Paris und starb dort 1984. Ihr Tagebuch ist bis heute unveröffentlicht.[342]

Hungrig bin ich, geh zur Ruh
Dünne Decke deck mich zu.
Meine armen, armen Knochen
Tun mir weh seit vielen Wochen.
(...)
Lieber Gott, hör' meinen Schrei,
Mach mich endlich lagerfrei!
Amen.[343]

Auch die in Gurs entstandenen Gedichte und Lieder sind Gelegenheitsprodukte, wie die oben zitierten Verse aus *Der Baracke Nachtgebet,* einem Gedicht der sonst unbekannten Autorin und Lagerinsassin Herta Steinhart-Freund, zeigen. Die Literaturkritik nach 1945 wertete Gedichte wie dieses als drittklassige »Goldschnittlyrik«[344] ab, als zu traditionell und ästhetisch misslungen – und das nicht ohne Grund, denn der Wert dieser Lagerlyrik liegt wohl jenseits ästhetischer Kriterien. Das Schreiben von Versen war ein Teil der in den Lagern entwickelten Überlebensstrategien und Ausdruck des Widerstands gegen den Ausschluss aus der Kultur und einem normalen Leben.

Ruth Klüger, die selbst eine Kindheit im KZ überlebt hat, schreibt dazu: »Wer nur erlebt, reim- und gedankenlos, ist in Gefahr, den Verstand zu verlieren (...). Ich habe den Verstand nicht verloren, ich habe Reime gemacht.«

Und zur ästhetischen Zuordnung der Lagerlyrik bemerkt sie: »Es sind Kindergedichte, die in ihrer Regelmäßigkeit ein Gegengewicht zum Chaos stiften wollten, ein poetischer und therapeutischer Versuch, diesem sinnlosen und destruktiven Zirkus, in dem wir untergingen, ein sprachlich Ganzes, Gereimtes entgegenzuhalten; also eigentlich das älteste ästhetische Anliegen. Darum mussten sie auch mehrere Strophen haben, zum Zeichen der Beherrschung, der Fähigkeit zu gliedern und zu objektivieren. Ich war leider belesen, hatte den Kopf voll von sechs Jahren Klassik, Romantik und Goldschnittlyrik. Und nun dieser Stoff. Meinem späteren Geschmack wären Fragmen-

tarisches und Unregelmäßigkeiten lieber, als Ausdruck spora-
discher Verzweiflung, zum Beispiel. Aber der spätere Geschmack hat es leicht. Jetzt habe ich gut reden.«[345]
Und so wurde Gurs als literarischer Ort und Lebenszustand
in all den lyrischen Formen verarbeitet, die den Insassen bekannt und vertraut waren. Die Vorbilder reichten vom Volks-
lied über die klassisch-romantische Tradition bis zur Trivial-
lyrik der Jahrhundertwende.

Die breiteste Wirkung aller Lagerliteratur hatten die Romane
Reisen Sie ab, Mademoiselle! von Adrienne Thomas, erschie-
nen 1944 in Stockholm, und *Stadt ohne Männer* von Gertrud
Isolani, 1945 in Basel publiziert.[346] Ein dritter Gurs-Roman,
Helmuth Linds *Die Beherbergten*, blieb unveröffentlicht.

In den Romanen von Isolani und Thomas stehen Frauen im
Mittelpunkt der Handlung. Bei Thomas sind es die junge Wienerin Nicole und ihre Freundin Beate, bei Isolani drei Frauen,
die im Internierungslager aufeinandertreffen: Nicole, Carola
und Gisèle.

Isolanis Buch entstand ab 1943, nach ihrer Flucht aus dem
Lager, auf Grundlage der Aufzeichnungen, die sie während der
Internierung gemacht hatte. Sie schmuggelte ihre Notizen aus
dem Lager und veröffentlichte sie zunächst als Erfahrungsberichte in Schweizer Zeitungen. Über die nötigen Kontakte
verfügte sie, denn Isolani war bis zur Emigration 1933 und
auch danach eine erfolgreiche Journalistin gewesen. Sie hatte
für die Berliner Pressekonzerne Ullstein, Scherl und Mosse
Theaterkritiken und Modeberichte geschrieben und als Autorin und Sprecherin für den Funk gearbeitet. Im Pariser Exil
publizierte sie unter anderem im *Neuen Tage-Buch* und im
Pariser Tageblatt, zu dessen meistgedruckten Autorinnen sie
gehörte. Ihre Beiträge erschienen – wie viele von Frauen – im
Unterhaltungsteil der Blätter, wozu das Feuilleton und die
Frauenbeilage zählten, und befassten sich großteils mit zeitlos-
unterhaltsamen Alltagsthemen, die das Bild einer unpoliti-
schen, heilen Welt vermitteln sollten. Erst mit Kriegsausbruch,

als der Schutzraum des Pariser Exils unsicher zu werden begann, politisierten sich Isolanis Beiträge. Nach 1945 lebte sie in
der Schweiz, schrieb für verschiedene Zeitungen und publizierte weitere Romane. Sie starb 1988 in der Nähe von Basel.

Im Mittelpunkt von *Stadt ohne Männer* steht das Alltagsleben in Gurs. Die aus der gehobenen Trivialliteratur der Zwanzigerjahre und ihren mondänen Schauplätzen bekannten Lie-
bes-, Ehe- und Familienkonflikte um die drei Protagonistinnen
werden, ohne dass sich die Themen wesentlich verändert hätten, ins Internierungslager verlegt. Es geht um den Frauenalltag
an sich und nicht um die spezifische Situation der Emigration,
Verfolgung und Internierung. Politische Fragen werden nur
selten und in trivialisierter Form angesprochen.

Alles dreht sich um das Zwischenmenschliche, um die bekannten ›Human Stories‹ von Geburt und Tod, Solidarität und
Verrat, um die Künstlerabende, die Auseinandersetzungen mit
dem Wachpersonal und die Versuche, es, mit welchen Mitteln
auch immer, für sich zu gewinnen, um Liebesbeziehungen jeglicher Couleur und die Schwierigkeiten ihrer Realisierung im
Lager, um die Sehnsucht nach den Männern und die Angst um
sie: Hauptmotiv ist der »Schrei nach dem Manne«[347].

Keine der Frauen interessiert sich für Themen, die über
Männerbeziehungen, Liebe und Ehe hinausführen. Allen fehlt
es an Selbstbewusstsein, auch wenn dieses mit der Lagererfah-
rung wächst. Im Mittelpunkt stehen die Oberflächenphänome-
ne eines vermeintlich weiblichen Kosmos: Szenen vor dem
Spiegel, der Kult um Mode, Schönheit, Lebensstil. Die ehemalige Modejournalistin Isolani greift ihre alten Themen auf und
transponiert sie aus der bei Vicki Baum erprobten mondänen
Hotelatmosphäre an einen zwar weniger mondänen, aber momentan aktuelleren Ort, die »Pyrenäenhölle« Gurs.

Alle Konflikte werden nach dem Muster trivialer Holly-
wood-Filme gelöst und haben ein Happy End. Einzige Ausnahme ist die politisch motivierte Widerstandskämpferin Nicole; sie stirbt einen heroischen Tod.

Und so wurde Isolanis Buch denn auch nicht primär als KZ-Roman gelesen, sondern vielmehr als Trivialstudie des weiblichen Charakters in einer Grenzsituation. Diese besteht jedoch nicht in der politischen Rolle als ›feindliche Ausländerin‹, sondern in einem »Dasein ohne Männer«.[348] Ein solches Leben war für die meisten der im Kaiserreich und der Weimarer Republik sozialisierten Frauen zweifelsohne eine neue Erfahrung. Und die Sorgen und Ängste, die durch die ungewollte Trennung ausgelöst wurden, schufen wohl eine wichtige Verbindung zwischen den Lagerfrauen. Verheiratet zu sein war zudem ein wichtiger Grund für vorzeitige Entlassung.

Als problematisch an Isolanis Darstellung gilt nicht, dass sie diesen Ausnahmezustand thematisiert, sondern dass sie ihn trivialisiert. Das Konzentrationslager wird als Basis für die Darstellung eines ›Frauenstaates‹ mit austauschbaren politischen Bedingungen benutzt. Dass die Autorin das auch selbst so sah, zeigt die Korrespondenz mit dem seit 1939 in den USA lebenden Wiener Schriftsteller Heinrich Eduard Jacob, ebenfalls ein Emigrant. Bei ihm holte sich Isolani nach Kriegsende Rat für die internationale Vermarktung ihres Buches. Jacob, der selbst die Internierung in Dachau und Buchenwald überlebte, äußerte unverhohlen seine Zweifel an der inneren Wahrhaftigkeit ihrer Lagerdarstellung. Sein Haupteinwand: Der »soziale Durchschnitt« der hier geschilderten Frauen sei zu hoch.

»Sie werden mich erstaunt unterbrechen, weshalb Ihnen gerade das in Amerika schaden sollte, dem Lande des Dollars, des Snobismus, des Frisiertseins noch im Sarge und der großen Vicki-Baum-Erfolge. (…) Durch die schiere Auswahl Ihrer an Kunst, Ehebruch, Tanz und Liebe interessierten Heldinnen haben Sie bereits gewählt. Jawohl, die Dinge, die Sie von diesen Frauen erzählen, sind schön und lebhaft, fraulich echt und oft bemerkenswert amüsant – ABER Sie lassen den Leser keinen Augenblick darüber im Zweifel, daß Sie das Verhältnis dieser Frauen zueinander und zu den abwesenden Frauen lieber in einem Pyrenäen-Hotel geschildert hätten als in Gurs.«[349]

Publiziert wurde *Stadt ohne Männer* 1945 zunächst als Fortsetzungsroman in den *Basler Nachrichten* und unmittelbar darauf als Buch. Es erlebte mehrere Auflagen und wurde in sieben Sprachen übersetzt. Als professionelle Schreiberin bemühte sich Isolani aktiv um Publikation und Marketing und zeigte sich dabei zu weitreichenden inhaltlichen und stilistischen Zugeständnissen bereit. »Einen Erfolg mit einem Lagerroman zu erzielen«, schrieb sie an Jacob, »bedeutet etwas ganz Außerordentliches, denn nichts ist momentan so eisern wie der Widerstand der Verleger und Leser gegen alles, was mit Krieg, Flucht, Lager usw. zusammenhängt.«[350]

Die positive Resonanz, die ihr Buch fand, war wohl dem für den Zeitgeschmack relativ starken, an Hemingway orientierten Realismus zu verdanken – auch wenn die Autorin selbst die Publikumsreaktion später, 1979, anlässlich einer Neuausgabe, als »Sturm der Entrüstung« beschrieb. In den USA wurde *Stadt ohne Männer* übrigens nie publiziert.

Adrienne Thomas (1897–1980), Jüdin aus Elsass-Lothringen, war 1930 mit ihrem ersten Buch *Die Katrin wird Soldat*, einem Antikriegsroman, plötzlich berühmt geworden. Auch ihr Stil orientierte sich an Genre und Kriterien des Unterhaltungsromans à la Vicki Baum. Starke Gefühle und ein hohes Identifikationspotenzial standen auf ihrer Werteskala ganz oben. Dem kam entgegen, dass Thomas' als Tagebuch angelegter Roman eigene Erfahrungen als Krankenschwester im Ersten Weltkrieg zugrunde liegen. Das Buch wurde ein Sensationserfolg; nach Meinung des Journalisten Volker Weidermann allein schon deshalb, weil es »der langen Reihe der Kriegserinnerungen die Stimme einer Frau hinzufügte«.[351] Es erreichte schon im ersten Jahr nach Erscheinen eine Auflage von mindestens 100 000 Exemplaren und wurde in sechzehn Sprachen übersetzt. 1933 wurde es als regimekritische ›Asphaltliteratur‹ verboten.

Zu diesem Zeitpunkt war die Autorin bereits in die Schweiz emigriert; 1934 zog sie weiter, nach Frankreich, 1935 nach Österreich und 1938 wieder zurück nach Frankreich. In der Zeit des ›débacle‹ meldete sie sich 1940 im Pariser Vélodrome d'Hiver freiwillig und wurde von dort nach Gurs deportiert. Mithilfe von Hermann Kesten, dessen Frau Toni mit Thomas interniert war, gelang es ihr, 1940 nach New York zu entkommen.

Dort lebte Adrienne Thomas sieben Jahre, vornehmlich in Emigrantenkreisen. Drei Jahre wohnte sie in Hotels und als Dauergast bei Freunden, bevor sie in einer eigenen kleinen Wohnung im deutschen Viertel Yorkville sesshaft wurde. 1947 kehrte sie, zusammen mit ihrem Mann, dem österreichischen Politiker und Sozialisten Julius Deutsch, den sie in New York kennengelernt hatte, nach Wien zurück, wo sie 1980 starb.

Adrienne Thomas war auch in der Emigration literarisch sehr produktiv. Sie schrieb für verschiedene Exilblätter und veröffentlichte sechs Romane, mit denen sie an ihren Erstlingserfolg anknüpfen konnte.

Ihre Exilerfahrungen verarbeitete sie in *Reisen Sie ab, Mademoiselle!* (1944) und in *Ein Fenster zum East River* (1945). Der Lagerroman *Reisen Sie ab, Mademoiselle!* erzählt die Geschichte der jungen Französin Nicole, die in Wien bei der jüdischen Arztfamilie Elias aufwächst. Ihre streng katholische Mutter ist dort Haushälterin. Das Mädchen lebt im Haus Elias in liberaler Atmosphäre. Weitere positive Erfahrungen macht sie im Umgang mit dem sozialdemokratischen Chauffeur Wenzel Wegscheidt, der ihr zum väterlichen Freund, zum Vorbild »menschlicher Gesittung« wird und als politischer Lehrer fungiert.[352] Er entdeckt ihr Talent als Tänzerin und fördert es. Der Einmarsch der deutschen Truppen in Österreich beendet dieses idyllische Dasein. Mit der Familie Elias emigrieren auch Nicole und ihre Mutter. Die Tochter geht, gemeinsam mit ihrer Freundin Beate, zu ihrem Verlobten, dem Ingenieur Jean-Claude, nach Frankreich; ihre Mutter folgt der Herrschaft in die USA.

In Frankreich gelingt der jungen Frau mithilfe Jean-Claudes ein Neuanfang. Doch wieder macht ihr die politische Entwicklung einen Strich durch die Rechnung. Der Verlobte wird zum

Militär eingezogen, die vereinsamte Nicole folgt ihrer Freundin
Beate nach Gurs, weil dies die einzige Möglichkeit ist, aus dem
besetzten Paris zu entkommen. Im Lager trifft sie den väterlichen Freund Wenzel Wegscheidt wieder. Er wird – in den
Zeiten der Not – ihre große Liebe, auch wenn diese der politischen Situation wegen nicht gelebt werden kann – zumindest
noch nicht. Denn schließlich kommen die Freundinnen aus
dem Lager frei und erreichen die unbesetzte Zone. Der Roman
endet mit einer Doppelhochzeit und dem Plan, sich dem politischen Widerstand unter de Gaulle anzuschließen.

Die Figuren des Romans werden als Teil der historischen
Situation gezeigt. Sie setzen sich mit der politischen Aktualität
aktiv auseinander, auch innerhalb des Lagerlebens von Gurs.
Die Frauen dort sind – anders als bei Isolani – nicht primär
durch ihre Weiblichkeit definiert, sondern durch Klassenzuge-
hörigkeit und politisches Bewusstsein. Wenn bei Isolani Kameradschaft und Solidarität unter Frauen als »eine große Über-
raschung«[353], als Ausnahme erscheinen, so sind sie bei Thomas
unter Gesinnungsgenossinnen fast selbstverständlich.

Hauptthema beider Romane aber ist die Liebe. Das Lager
Gurs ist der Ort, wo die Weichen für künftige Partnerschaften
gestellt werden. Beide schließen mit dem Happy End schwieriger Liebesbeziehungen. Thomas verklärt es zusätzlich, indem
sie es an ein politisches Traumziel bindet, den Widerstand gegen
den Faschismus – so klischeehaft und politisch unkorrekt er
auch dargestellt sein mag.

Obwohl andere Lebensmodelle gezeigt werden, bietet die
Ehe – diese traditionelle weibliche Zuflucht – in beiden Romanen die einzige Rettung in der existenziellen Notsituation der
Internierung. Beide Bücher propagieren ein konservatives Lebensmodell, auch wenn dieses durch die Krisenerfahrung Exil
in der Realität fraglicher denn je geworden ist. Ausschlaggebend für die Wendung ins Konservative und Triviale waren
wohl auch im Fall von Adrienne Thomas nicht ihre eigenen
literarischen Intentionen, sondern die Marktchancen.

Im O-Ton gefangen

Nelly Sachs
(1891–1970)

O die Schornsteine
Auf den sinnreich erdachten Wohnungen des Todes,
Als Israels Leib zog aufgelöst in Rauch
Durch die Luft –
Als Essenkehrer ihn ein Stern empfing
Der schwarz wurde
Oder war es ein Sonnenstrahl?

O die Schornsteine!
Freiheitswege für Jeremias und Hiobs Staub –
Wer erdachte euch und baute Stein auf Stein
Den Weg für Flüchtlinge aus Rauch?

O die Wohnungen des Todes,
Einladend hergerichtet
Für den Wirt des Hauses, der sonst Gast war –
O ihr Finger,
Die Eingangsschwelle legend
Wie ein Messer zwischen Leben und Tod –

O ihr Schornsteine,
O ihr Finger,
Und Israels Leib im Rauch durch die Luft!

Das Eingangsgedicht aus *In den Wohnungen des Todes* (1947), dem Lyrikband, der Nelly Sachs bekannt machte, enthält – sprachlich wie inhaltlich – alle Ingredienzien ihres literarischen Ruhmes. Ihr Generalthema, die Erfahrung des Holocaust, gehört ebenso dazu wie die pathetisch-hymnische Sprache, der Hang zu einer Bildersprache, die das Erlebte ins Kosmische erweitert, und der im Ausruf »O« gipfelnde Klageton.[354]

Im oben zitierten Gedicht erscheint dieser O-Ton in vier Strophen gleich sechs Mal. Er signalisiert, was den literarischen Erfolg der Dichterin in der Bundesrepublik der Sechzigerjahre begründete: Emphase, Empathie und Betroffenheit. Das war die Grundhaltung, aus der heraus man damals begann, sich mit der verdrängten nationalsozialistischen Vergangenheit auseinanderzusetzen. Die Schwierigkeiten im öffentlichen Umgang mit den kollektiven Schuldgefühlen erwiesen sich als erheblich. Emotionale Betroffenheit schuf dafür eine notwendig diffuse und scheinbar breit akzeptierte Verständigungsgrundlage. Dazu passte sowohl die Lyrik der Nelly Sachs als auch ihre ganz auf das kollektive Schicksal der Vertreibung und Verfemung konzentrierte öffentliche Biografie. So stieg Sachs auf zur mit dem Nobelpreis geehrten Dichterin – vielleicht mehr in ihrer Opferrolle als aufgrund ihrer literarischen Leistung.

Verschwinden im Dunkeln

Nelly Sachs' Leben verlief, sieht man vom tiefen Einschnitt der Vertreibung und Emigration einmal ab, weitgehend ereignislos. Ihr Wunsch, »im Dunkeln zu verschwinden«[355], erfüllte sich auf makabre Weise: mit dem Verschwinden in der Einsamkeit des Stockholmer Exils und, in einem zweiten Stadium, durch die Selbstauslöschung in der Paranoia.

Nelly Sachs war das einzige Kind einer begüterten, liberalen Berliner Fabrikantenfamilie jüdischer Herkunft. Sie

wuchs, fern von Politik, Religion, gesellschaftlichem und
literarischem Leben, behütet, aber auch isoliert, in großbür-
gerlichem Milieu auf – ähnlich wie Gertrud Kolmar. Ihrer
fragilen Gesundheit wegen erhielt Nelly Privatunterricht; literarische Bildung wurde durch die bürgerlich-konservativ
orientierte Privatbibliothek des Vaters vermittelt. Erst durch
die Judenverfolgung im Dritten Reich wurde Nelly Sachs aus
dieser abgeschirmten Idylle vertrieben und dazu motiviert,
sich mit dem jüdischen Glauben ihrer Vorfahren zu beschäftigen.

Als 17-Jährige soll sich Nelly bei einem Familienurlaub in
einen älteren, verheirateten Mann verliebt haben – eine Situation, die sie selbst zum Auslöser für ihre lyrische Produktion
erklärte, aber auch zum Ausgangspunkt ihrer lebenslangen psychosomatischen Leiden machte. Es blieb, soweit bekannt, das
einzige Liebeserlebnis ihrer realitätsfernen Existenz. Sachs verklärte es zur großen Liebe ihres Lebens, vor allem, als sie noch
vor ihrer Flucht aus Nazideutschland erfuhr, dass ihr Geliebter,
der im Widerstand aktiv war, im KZ ermordet worden war. In
einem Zyklus der Gedichtsammlung *In den Wohnungen des
Todes* wird er dann postum zum »toten Bräutigam« stilisiert,
der er de facto nie war.[356]

1921 erschien Sachs' erste Publikation *Legenden und Erzählungen*, gewidmet der verehrten Selma Lagerlöf, ihrem
großen Vorbild. Seit 1919 suchte sie den Briefkontakt zu der
Literaturnobelpreisträgerin, schickte ihr Bücher und Gedichte.
Persönlich begegneten sich die beiden Schriftstellerinnen nie.
Sachs' frühe literarische Arbeiten sind durchweg epigonal. Sie
verharren in der Tradition der Neuromantik und wurden wohl
aufgrund ihrer Bedeutungslosigkeit zunächst nicht in die
›Schwarzen Listen‹ aufgenommen. Das Publikationsverbot
von 1938 galt der Jüdin Nelly Sachs, nicht der Schriftstellerin.
Zwei Jahre verbrachte sie danach im Berliner Getto und in
verschiedenen Verstecken, bis sie am 16. Mai 1940 endlich nach
Schweden ausreisen konnte. Sie und ihre Mutter emigrierten

als letzte Mitglieder der Familie. Die anderen hatten schon
1933 begonnen, Deutschland zu verlassen.

Gerettet und heimatlos

Dass Sachs die Emigration nach Schweden zu einem Zeitpunkt
gelang, als in der Regel nur noch Flüchtlinge mit Transitvisa das
Land als Zwischenstation nutzen durften, daran wirkte Selma
Lagerlöf wesentlich mit. Im Juli 1939 war Gudrun Harlan,
Sachs' Freundin und Helferin, nach Schweden gefahren, um
dort um Aufnahme für ihren Schützling und dessen Mutter zu
bitten, und es gelang ihr, die sehr alte, schon todkranke Selma
Lagerlöf als Unterstützerin zu gewinnen. Die notwendige finanzielle Garantie gaben – nach langem Zögern – die Jüdische
Gemeinde Stockholm, der Rektor der Brunsviks Högskolan
und Lagerlöfs Verleger.

Die Ausreise gelang im allerletzten Moment, als Sachs den
Deportationsbefehl in die jüdischen Arbeitslager bereits erhalten hatte. Mit dem letzten Passagierflugzeug aus Berlin-
Tempelhof erreichten die beiden Emigrantinnen Stockholm.
Zu diesem Zeitpunkt war Selma Lagerlöf bereits tot. Empfangen wurden die beiden von deren Freund Enar Salin, den sie
noch kurz vor ihrem Tod um Unterstützung für die Emigrantin gebeten hatte. Salin bemühte sich sehr um Sachs' Integration, z. B. indem er ihr schwedischen Sprachunterricht gab. So
wurden Lagerlöfs Freunde zu Sachs' erster Anlaufstelle in der
Fremde. Doch letztlich lebte sie in den dreißig Jahren in
Stockholm wohl ebenso isoliert wie in den fünfzig voran-
gegangenen Jahren in Berlin. Zu allem Übel lebte sie hier in
extrem beengten, unsicheren und ärmlichen Verhältnissen, im
ständigen Provisorium einer Einzimmerwohnung im Haus der
jüdischen Warburgstiftung, zunächst gemeinsam mit der Mutter bis zu deren Tod 1950. Erst 1952 erhielt Sachs die schwedische Staatsbürgerschaft, nachdem vorherige Anträge wegen

›ungesicherter sozialer Verhältnisse‹ mehrfach abgelehnt worden waren.

Sachs erlebte die Emigration als endgültige Ausgrenzung aus dem geschützten Raum ihrer Kindheit, in dem sie fast ein halbes Jahrhundert verharrt hatte. Ihr Leben verlief im Zustand eines permanenten Transit und ständiger Hospitalisierung: zunächst in der privilegierten Isolation der elterlichen Villa, dann in den Berliner Verstecken, in der Enge der Stockholmer Einzimmerwohnung, vor allem aber bei den Aufenthalten in der Nervenklinik Beckomberga, wo sie die Jahre 1960 bis 1963 verbrachte, geplagt von Einsamkeit und Verfolgungsängsten, die sich zu Wahnsinnsanfällen verdichteten. Vor einer Lebensrealität, die sie offenbar nicht zu bewältigen vermochte, zog sich Sachs in die Paranoia zurück – zeitgleich mit dem nun einsetzenden beruflichen Erfolg. Literarisch ist dieser Rückzug an der dunklen, rein metaphorischen Sprache der späten Lyrik ablesbar, die sich vom konkreten Thema Exil immer weiter entfernt.

Überlebenshilfe Lyrik

Als Dichterin öffentlich wahrgenommen wurde Nelly Sachs erst mit der Erfahrung der Vertreibung und des Exils. Sie selbst verstand ihr Schreiben, ähnlich wie Rose Ausländer und Hilde Domin, von Anfang an als Überlebenshilfe in den existenziellen Ausnahmesituationen, aus denen ihr nach außen hin so ereignisloses Leben bestand. Erst die ab 1943/44 im Stockholmer Exil entstehende Lyrik findet – im Generalthema des Leids, des Schmerzes und der Angst vor Verfolgung – nach und nach zu einem eigenen Ton.

Sachs' Lyrikband *In den Wohnungen des Todes* erschien 1947 im Ostberliner Aufbau Verlag, befürwortet von Johannes R. Becher. Der Westen zog – hier wie in vielen anderen Fällen von Exilliteratur – nur langsam nach. Ihren nächsten Gedicht-

band *Sternverdunkelung* publizierte 1949 der Exilverlag Bermann Fischer in Amsterdam; zwei weitere erschienen, unterstützt von der literarischen Avantgarde der Fünfzigerjahre, wie
Alfred Andersch, Paul Celan und Hans Magnus Enzensberger,
in verschiedenen westdeutschen Verlagen. Erst 1961 fand Nelly
Sachs bei Suhrkamp eine verlegerische Heimat.

Die Verleihung des Nobelpreises im Dezember 1966 ist der
Höhepunkt ihres literarischen Erfolges. Damit stand sie nun
auf gleicher Stufe mit ihrem Vorbild Selma Lagerlöf. Doch der
Erfolg der Lyrikerin erschien an den spezifisch deutschen Umgang mit dem Erinnern und Verdrängen des Holocaust eng
gebunden. Die Sachs-Rezeption war und ist geprägt von politischer Betroffenheit, kollektiven Schuldgefühlen und den
Versuchen ihrer Verarbeitung. Dieser emotional dominierte
Ausgangspunkt erschwert den nüchternen Umgang mit den
Texten. Der in dieser Lyrik weitverbreitete O-Ton artikuliert
wohl weniger emotionale Präsenz als eine in keiner historischen Situation verankerte Entfremdung von der Welt. »Sachs
sollte« – so das Fazit ihres kritischen Interpreten Albrecht
Holzschuh in Anlehnung an Lessings berühmte Klopstock-
Kritik – »weniger erhoben und fleißiger gelesen werden«.[357]

SECHSTES KAPITEL
Rückzug nach innen

Autorinnen der Inneren Emigration

Innere Emigration – der Begriff ist so unscharf wie umstritten. Angefangen hat die Diskussion darüber, was Innere Emigration meint und ist, unmittelbar nach 1945, in einer öffentlich ausgetragenen Kontroverse zwischen dem Schriftsteller Frank Thiess, der während des Dritten Reichs im Lande geblieben war, und Thomas Mann, der Leitfigur der literarischen Emigration. Thiess verstand sich, den Stellvertreter der Daheimgebliebenen, als den ›besseren‹ Deutschen; die Emigranten hingegen sah er als Drückeberger und Landesverräter. Polemisch, kontrovers und ideologielastig blieb die Debatte und ist es bis heute.

»Emigration nach Innen konnte im Dritten Reich, im Angesicht totalitärer Herrschaftsgewalt, Flucht ebenso wie kalkulierten und realitätsgerechten Protest bedeuten. Eben diese Vieldeutigkeit aber ließ die Leistungen und das Versagen der literarischen Inneren Emigration nach dem Zusammenbruch des Dritten Reichs zum Gegenstand eines öffentlichen Streits werden«, schreibt dazu Ralf Schnell, der sich mit dem Phänomen intensiv wissenschaftlich auseinandersetzte. Die Wertung des Begriffs schwankt bis heute. Auch in der Forschung stellen die einen das »Widerstandspotenzial« der Inneren Emigration in den Vordergrund, während die anderen ihren »Anpassungscharakter« kritisieren.[358]

Unabhängig von solchen Positionsbestimmungen aber steht fest: Frauen kommen in dieser öffentlich ausgetragenen Kontroverse ebenso wenig vor wie als Protagonistinnen der Exil-

literatur. Die prominenten Positionen in der Debatte wurden –
im Inland wie im Ausland – ausschließlich von Männern besetzt, gleich ob kraft ihres literarischen Werks oder als gesellschaftliche Leitfiguren. Den Frauen fehlte auch dazu in den
allermeisten Fällen der nötige Bekanntheitsgrad. Die einzige
Schriftstellerin, die in der erwähnten Kontroverse von 1946 um
eine öffentliche Stellungnahme gebeten wurde, war Ricarda
Huch, die »große alte Dame« der deutschen Literatur seit der
Weimarer Zeit. Huch verweigerte ein Statement, bezog mit der
Begründung ihrer Verweigerung dennoch Position und unterstützte damit die im Lande Gebliebenen.

In diesem Kapitel soll es nun – trotz aller begrifflichen Un-
schärfen – um die Autorinnen gehen, die gemeinhin zur Inneren Emigration gezählt werden. Um diejenigen, die – obgleich
sie keine Anhängerinnen des Nationalsozialismus waren –
während der Zeit des Dritten Reichs in Deutschland blieben,
sich den politischen Gegebenheiten widerwillig anpassten oder
ihnen zumindest keinen öffentlich erkennbaren Widerstand
entgegensetzten, die also die Flucht nach innen antraten. Diese
Flucht war primär ein politisch-gesellschaftliches und erst in
zweiter Linie ein literarisches Phänomen. Die Grenzen zwischen latentem Widerstand und Mitläufertum waren fließend.

Die Biografien der Schriftstellerinnen, die im Folgenden
skizziert oder in einem Porträt vorgestellt werden, repräsentieren verschiedene Varianten dieses Rückzugs und seiner literarischen Ausformungen: Ricarda Huch gilt als ›Vorzeigefrau‹ des
literarischen Establishments; Clara Viebig, Ruth Schaumann
und Erika Mitterer, als prominenteste Schriftstellerin der österreichischen Inneren Emigration, stehen stellvertretend für all
die Autorinnen, die sich mit dem NS-Regime arrangierten, um
weiter publizieren zu können; Elisabeth Langgässer war eine
der wenigen Autorinnen, die trotz Publikationsverbots weiter
schrieben, wenn auch vorerst nur für die Schublade; Marieluise
Fleißer repräsentierte die zum Schweigen gebrachte literarische
Moderne. In diesem Zusammenhang gehören auch zwei Auto-

rinnen, deren Porträts bereits an anderer Stelle vorgestellt wurden: Irmgard Keun, die Vertreterin der Literatur der ›Neuen Frau‹, die aus persönlicher Not und politischer Ambivalenz aus der Emigration zurückkehrte und verstummte, sowie die zu ihrer Zeit als Schriftstellerin nahezu unbekannte Gertrud Kolmar, die in Auschwitz ermordet wurde. Sie steht stellvertretend für die Frauen, die wegen familiärer Abhängigkeiten und Pflichten in Deutschland blieben und dies mit dem Leben bezahlten.

Als charakteristische literarische Formen des Rückzugs nach innen gelten die Naturlyrik, ein in der ersten Hälfte des 20. Jahrhundertes weitverbreitetes literarisches Genre und – in der Beliebtheitsskala bei Autoren wie Lesern ganz oben – der historische Roman. Er eröffnet ein nahezu unbegrenztes Themenfeld, denn hier kann sich aktuelle Gesellschaftskritik in vielfältig buntem historischem Gewand tarnen. Oft aber führte die Flucht in die Anonymität eines bürgerlichen Alltags auch zum Verstummen der Autorinnen. Dies war die konsequenteste Form literarischen Rückzugs. Die Schubladen der meisten im Lande gebliebenen Dichterinnen waren nach 1945 denn auch genauso leer wie die ihrer männlichen Kollegen.[359]

Schriftstellerinnen, die den Rückzug nach innen angetreten hatten, wurden ebenso spät öffentlich wahrgenommen wie die Vertreterinnen der Exilliteratur. Die literarische Rezeption der Adenauerzeit war bekanntlich ganz auf Restauration gestimmt. Der Kanon wurde von religiös orientierten Autorinnen wie Gertrud von Le Fort und Ruth Schaumann dominiert oder von solchen mit wertkonservativer Grundhaltung, auch wenn sich diese, wie bei Ina Seidel, mit nationalsozialistischer Ideologie als durchaus vereinbar erwiesen hatte.[360] Erst die Achtundsechziger und die ›Neue Frauenbewegung‹ fragten auch nach Vita und Werk der Schriftstellerinnen der Inneren Emigration.

Zu den Autorinnen, die sich mit den Nazis arrangierten, um literarisch präsent zu bleiben, zählt Clara Viebig (1860–1952). Ihre Romane und Erzählungen, die alle in deutscher Umgebung spielen und meist Frauen als Protagonistinnen haben, gehörten seit der Jahrhundertwende zur Standardlektüre bürgerlicher Haushalte. Viebigs Naturalismus passte sich bald den Werten und Kriterien der völkischen Heimatkunst an.

Ihr literarisches Debüt gab sie relativ spät, 1894, mit einer Erzählung in einer Berliner Zeitung. Ihr weiteres Werk erschien hauptsächlich im Berliner Verlag F. Fontane & Co, mit dessen Teilhaber Friedrich Theodor Cohn die Schriftstellerin seit 1896 verheiratet war. Berühmt wurde sie durch den Skandal um ihren 1900 erschienenen Roman *Das Weiberdorf*, den die katholische Kirche wegen seiner naturalistischen Darstellung des dörflichen Frauenlebens auf den Index setzte. Der Großteil von Viebigs Werk kam bereits vor dem Ersten Weltkrieg auf den Markt. So auch der Roman *Das schlafende Heer* (1904), der im deutschen Osten spielt und den Kampf zwischen Deutschen und Polen um die politische Vorherrschaft zum Thema hat – ein in der literarischen Heimatkunst beliebtes und weitverbreitetes Sujet.

Hitlers Machtergreifung schränkte Werk und Wirkung der damals schon 73-jährigen Autorin stark ein. Wegen der Ehe mit dem jüdischen Verleger Cohn, einem national gesinnten, zum Protestantismus konvertierten deutschen Bürger, blieb sie aus der Reichsschrifttumskammer ausgeschlossen, was sie jedoch nicht daran hinderte, dieser beizutreten, sobald das ›Problem‹ mit dem Tod Cohns 1935 beseitigt war. Doch die Zeit hatte ihr literarisches Werk überholt. Clara Viebig starb 92-jährig, am 31. Juli 1952 in Berlin.

Das Werk der Schriftstellerin und bildenden Künstlerin Ruth Schaumann (1899–1975) ist, gleich ob in ihren Bildhauerarbeiten oder Zeichnungen, in Lyrik, Erzählungen oder Romanen, von christlichen Überzeugungen bestimmt. Durch ihren Mann Friedrich Fuchs, den Redakteur der Zeitschrift *Hochland*,

stand Schaumann einem NS-kritischen Christentum nahe. Die
Zeitschrift wurde im Dritten Reich mehrfach, 1941 endgültig
verboten. Als bildende Künstlerin wurde Schaumann ab 1935
als ›entartet‹ diffamiert, als Schriftstellerin jedoch blieb sie weitgehend unbehelligt. 1937 erschien ihre Erzählung *Der Petersi-
liengarten*, während des Zweiten Weltkriegs die Lyriksamm-
lungen *Die Berufenen* (1939) und *Kind unterm Himmel* (1942)
sowie der Roman *Die Silberdistel* (1941). Die *Krakauer Zeitung*, ein Blatt der NS-Besatzungspresse im Generalgouver-
nement, veröffentlichte mehr als fünfzig Beiträge von ihr. Einige ihrer Texte sollen im Dritten Reich jedoch auch verboten
worden sein.[361] In der Nachkriegszeit war Schaumann vor
allem als bildende Künstlerin mit sakraler Kunst erfolgreich.
1968 erschien ihr autobiografischer Roman *Das Arsenal*. Doch
es gelang ihr nicht mehr, eine breitere literarische Öffentlichkeit
zu erreichen.

Erika Mitterer (1906–2001) gilt als bekannteste Schriftstellerin der Inneren Emigration Österreichs. Sie blieb während
der Zeit des Austrofaschismus mit ihrer Familie in Wien und
konnte weiter publizieren. Ihr erzählerisches, lyrisches und
dramatisches Werk blieb traditionellen Werten verhaftet, sowohl in den literarischen Formen als auch in der restaurativ-
konservativen, christlich geprägten Tendenz. Mitterer verstand
sich als Vertreterin des Inneren Widerstands.

Mit dem 1940 erschienenen Roman *Der Fürst der Welt* gelang ihr der literarische Durchbruch. Das Buch behandelt einen
historischen Stoff, der hier zugleich christlich fundiert ist. Am
Beispiel von Inquisition und Hexenprozessen in einer süd-
deutschen Bischofsstadt des frühen 16. Jahrhunderts wird die
Auseinandersetzung zwischen guten und bösen Mächten geschildert. Die Nationalsozialisten verstanden die Botschaft des
Romans als Kirchenkritik und behinderten sein Erscheinen
nicht; andere sahen darin eine Parabel des Nationalsozialismus.

Auch nach 1945 setzte sich Mitterer immer wieder kritisch
mit der NS-Zeit auseinander, z. B. in ihrem Roman *Alle unsere*

Spiele. In dessen Mittelpunkt steht die Erinnerungsarbeit der Protagonistin, die sich und ihrem Sohn ihr Leben unterm Hakenkreuz begreiflich zu machen sucht. Das Manuskript war 1971 abgeschlossen, fand jedoch in Österreich jahrelang keinen Verlag, weil man das Thema ›Vergangenheitsbewältigung‹ als zu wenig attraktiv und marktaffin einschätzte. Der Roman erschien erst 1977 in einem Kleinverlag, abseits der literarischen Öffentlichkeit.

Elisabeth Langgässer (1899–1950) hatte – ihren eigenen Aussagen nach – in den ersten Jahren des Dritten Reichs ein durchaus positives Verhältnis zum Nationalsozialismus. Bis sie 1936 – als Tochter eines jüdischen, wenn auch zum Katholizismus konvertierten Vaters – aus der Reichsschrifttumskammer ausgeschlossen wurde und damit auch vom literarischen Markt. Nur die Tatsache, dass Langgässer in einer sogenannten ›privilegierten Mischehe‹ mit einem Arier lebte, rettete sie vor dem KZ. Ihre 1929 in München geborene Tochter Cordelia aus einer früheren Beziehung zu einem jüdischen Mann aber fiel unter die Rassengesetze und wurde nach Theresienstadt und dann nach Auschwitz deportiert. Cordelia Edvardson erzählte ihre Lebensgeschichte später in den Büchern *Gebranntes Kind sucht das Feuer* und *Die Welt zusammenfügen*, mit großer öffentlicher Resonanz.

Elisabeth Langgässer publizierte seit 1924, zunächst Gedichte, Feuilletons, Theaterkritiken und Hörspiele, dann auch erzählende Prosa. Sie gehörte zum Kreis um die literarische Zeitschrift *Die Kolonne* in Berlin. Und sie schrieb, als eine von wenigen Autorinnen, trotz Publikationsverbots auch in der Inneren Emigration weiter. Noch 1938, kurz vor der Annexion Österreichs durch das Deutsche Reich, gelang es ihr, im Salzburger Verlag Otto Müller einen Band mit Erzählungen zu publizieren: *Rettung am Rhein*. Ihre Hauptwerke, der Roman *Das unauslöschliche Siegel* und der Gedichtband *Der Laubmann und die Rose*, beide während der Zeit des Rückzugs entstanden, wurden unmittelbar nach dem Ende des Dritten

Reichs, 1946 und 1947, publiziert. Danach erschienen zwei weitere Erzählbände und postum der Roman *Märkische Argonautenfahrt* (1950).

Langgässer verstand sich als Verfolgte des Nationalsozialismus, machte die Judenverfolgung zum Thema ihres Werks und ging mit den Autoren der Inneren Emigration und ihrer eigenen Haltung während der NS-Zeit kritisch ins Gericht. In der literarischen Öffentlichkeit nach 1945 galt sie als typische Vertreterin der wertkonservativ-christlichen deutschen Nachkriegsliteratur. 1950, kurz nach ihrem Tod, wurde sie postum mit dem Georg-Büchner-Preis geehrt.

Im Inneren
Widerstand

Ricarda Huch
(1864–1947)

»Die Frage: Gibt es eine Entschuldigung dafür, daß deutsche Schriftsteller während der vergangenen 12 Jahre in Deutschland geblieben sind? empört mich. Für mich heißt die Frage: gibt es eine Entschuldigung für die Deutschen, die Deutschland während der vergangenen 12 Jahre verlassen haben? Ausgenommen sind natürlich die Juden und die jüdisch Verheirateten, ferner diejenigen, deren Leben unmittelbar bedroht war. Aber auch unter diesen gab es solche, die tapfer genug waren hierzubleiben.«[362]

Mit dieser Replik lehnte Ricarda Huch 1946 die Bitte der Redaktion der Zeitschrift *Der Schriftsteller* um ein Statement zu der großen öffentlichen Kontroverse um Exil und Innere Emigration ab. Doch auch mit ihrer Weigerung bezog sie Stellung, ebenso wie 1933, als sie die Frage nach ihrer künftigen Haltung zu der von den Nazis gleichgeschalteten Akademie der Schönen Künste zurückgewiesen hatte. Jetzt, 1946, stellte sich Ricarda Huch auf die Seite der im Lande Gebliebenen. Als deren bekannteste literarische Repräsentantin gilt sie bis heute.

Ricarda Huch war seit der Jahrhundertwende als Schriftstellerin öffentlich präsent; zunächst mit ihrer Lyrik, dann mehr noch mit ihren Romanen, Biografien und Geschichtsstudien. Allen gemeinsam ist die Vorliebe für historische Stoffe und nationalkonservative Botschaften. Schon allein vom Umfang ihres Werks her, aber auch wegen ihres literarischen Erfolgs war sie eine echte ›Großschriftstellerin‹. Und so erscheint es nur konsequent, dass sie 1926 als erste und einzige Frau zum Mitglied der honorigen Preußischen Akademie der Künste, Sektion Dichtkunst, gewählt wurde. Das Einladungsschreiben trug peinlicherweise die Anrede »Sehr geehrter Herr«. Huch hatte die Wahl zunächst abgelehnt und sich erst nach Thomas Manns Intervention zur Annahme überreden lassen.

Anfang 1933, in der revolutionären Phase des Dritten Reichs, war die Akademie wie alle kulturpolitischen Institutionen gleichgeschaltet, ihre Mitglieder mit einem von Gottfried Benn formulierten Text zur politischen Loyalität verpflichtet worden. Sie sollten unter anderem folgende Fragen beantworten: »Sind Sie bereit, unter Anerkennung der veränderten geschichtlichen Lage weiter Ihre Person der Preußischen Akademie der Künste zur Verfügung zu stellen? Eine Bejahung dieser Frage schließt die öffentliche politische Betätigung gegen die Regierung aus.«[363]

Ricarda Huch reagierte auch zu diesem Zeitpunkt mit Verweigerung. Erst als man ihr drohte, das Schweigen positiv, also als ›Ja‹ zur Akademie auszulegen, entschloss sie sich zum Austritt. Ihre Begründung entspricht ganz der sehr deutschen Verbindung des Konservativen mit dem Nationalen, liest sich zugleich aber als deutliche Distanzierung von den ideologischen Bestrebungen der Nazis: »Daß ein Deutscher deutsch empfindet, möchte ich fast für selbstverständlich halten; aber was deutsch ist, und wie Deutschtum sich betätigen soll, darüber giebt es verschiedene Meinungen. Was die jetzige Regierung als nationale Gesinnung vorschreibt, ist nicht mein Deutschtum. Die Zentralisierung, den Zwang, die brutalen Methoden, die Diffamierung Andersdenkender, das prahlerische Selbstlob halte ich für undeutsch und unheilvoll.«[364]

Diese Verweigerungshaltung blieb für Huch weitgehend fol-
genlos. Während die meisten der Akademiekollegen, die mit
›Nein‹ gestimmt hatten, ins Exil gingen, blieb sie im Lande.
Huch war damals bereits fast 70 Jahre alt. Doch Annette Kolb
war nur wenig jünger, als sie sich – zu gleicher Zeit und finanziell nicht abgesichert – für die Emigration entschied. Ricarda
Huch also blieb und konnte, mit gewissen Einschränkungen,
weiter publizieren, auch wenn sie den Nazis als ›unerwünschte
Autorin‹ galt. Offenbar war sie zu prominent, als dass die
Reichsschrifttumskammer sie hätte ausschließen und mit einem
Publikationsverbot belegen wollen. Ihr Austritt aus der Akademie wurde nie publik gemacht, ihr 80. Geburtstag 1944, trotz
persönlicher Gratulationsschreiben von Goebbels, öffentlich
ignoriert.

In der Zeit des Dritten Reichs konnte Huch zwei der auf drei
Bände angelegten *Geschichte des Deutschen Reiches* publizieren, die sie auf Anregung des Schweizer Verlegers Martin Hür-
limann schrieb. Die Veröffentlichung des dritten Bandes, der
sich mit dem *Untergang des Heiligen Römischen Reiches
Deutscher Nation* der Darstellung der Moderne annähert, wurde verhindert. Zunächst von der immer rigider eingreifenden
Literaturkontrolle der Nazis, dann, nach 1945, von der französischen Besatzungsbehörde. Das Buch erschien erst postum,
1949, in Zürich.

1944 kam im Insel Verlag der Gedichtband *Herbstfeuer* he-
raus. Die schon 1923 veröffentlichte Biografie *Michael Baku-
nin und die Anarchie* aber wurde verboten. Außerhalb des
Deutschen Reichs, in Zürich, erschienen 1938 *Frühling in der
Schweiz*, ein autobiografischer Text, und 1943 die Novelle
Weiße Nächte.

1934 verließ Huch München und zog zur Familie ihrer
Tochter Marietta, zunächst nach Freiburg, dann nach Jena, wo
ihr Schwiegersohn Franz Böhm, ein Jurist, eine Professur
erhalten hatte. Dort, im Schutzraum des Familienwohnhauses
am Oberen Philosophenweg, überdauerte Huch die NS-Zeit.

Das Haus wurde zum Mittelpunkt eines Kreises von Gleichgesinnten im Geist des konservativen Widerstands. Die Nazi-Behörden observierten die Schriftstellerin zwar, letztlich aber blieb sie unbehelligt. Das hatte sie zum einen ihrem internationalen literarischen Renommee zu verdanken, zum anderen wohl auch der Protektion von höherer Stelle.

Weiteren staatlichen Vereinnahmungsversuchen widersetzte Huch sich erfolgreich. Als man ihr 1940 die ›Ehrengabe‹ der der Reichsschrifttumskammer unterstellten Deutschen Schillerstiftung verleihen wollte, lehnte sie das ab.

Nach 1945 griff Ricarda Huch, die Widerstandskämpfern des 20. Juli 1944 nahestand, das Thema des Inneren Widerstands gegen den Nationalsozialismus in einem eigenen zeitgeschichtlichen Projekt auf. In Zeitungsannoncen forderte sie ihre Mitbürger auf, sie mit dokumentarischem Material zu unterstützen. Doch sie konnte die Fülle der Dokumente und persönlichen Berichte, die ihr zugesandt wurden, nicht mehr auswerten. Die *Bilder deutscher Widerstandskämpfer*, konzipiert als dreibändige Studie, blieben Fragment. Die Porträts der Geschwister Scholl, die Huch noch selbst abschließen konnte, erschienen kurz nach ihrem Tod, zunächst in der *Neuen Schweizer Rundschau*. Das Gedenkbuch wurde erst aus dem Nachlass veröffentlicht.

Ricarda Huchs Leben nahm noch einmal eine Wende, als sie 1947 eingeladen wurde, als Ehrenpräsidentin den 1. Deutschen Schriftstellerkongress in Berlin zu eröffnen. Sie nutzte die offizielle Reisegelegenheit in die Vierzonen-Stadt, um von hier aus, gemeinsam mit ihrer Tochter, zurück nach Westdeutschland zu gelangen. Ihr Ziel war Frankfurt, wo der Schwiegersohn Franz Böhm an der wiedereröffneten Universität lehrte. Da die sowjetische Besatzungsmacht die für ihre politische Integrität bekannte Schriftstellerin nicht an den Westen verlieren wollte, musste sie heimlich reisen. Doch der Gesundheitszustand der alten Dame war den Aufregungen der Flucht über die Sektorengrenze und durch die russische Besatzungszone nicht mehr gewachsen. Huch erkrankte unterwegs an einer Lungenentzündung und starb, da das lebensrettende Penicillin nicht verfügbar war, im Gästehaus der Stadt Frankfurt in Schönberg im Taunus am 17. November 1947. Am 24. November wurde sie auf dem Frankfurter Hauptfriedhof begraben.

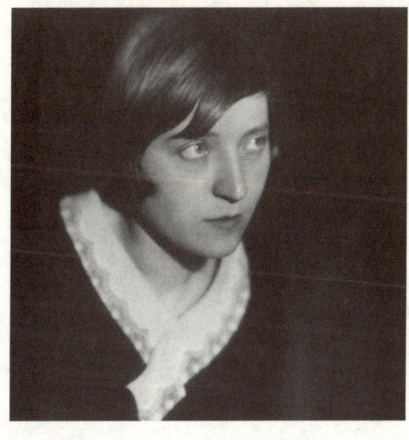

Der Weg zurück nach Ingolstadt

Marieluise Fleißer
(1901–1974)

Im September 1932 floh Marieluise Fleißer aus einem unsteten Leben zwischen Hauptstadt und Provinz heim ins Elternhaus, zu ihrem Vater nach Ingolstadt. Sie hatte viel hinter und viel um sich. Einen Theaterskandal um ihr Stück *Pioniere in Ingolstadt*, der sie unversehens zum Star der Literaturszene gemacht hatte, die Trennung vom Kreis um Brecht, der ihre literarische Heimat gewesen war, wirtschaftliche Not, die Entlobung von Bepp Haindl und die Verlobung mit Hellmut Draws-Tychsen, die ihrerseits auf eine Trennung zusteuerte, sowie einen Selbstmordversuch.

»In Gefahren- und Notzeiten wird die Lage der Frau automatisch schlechter«,[365] notierte Marieluise Fleißer damals, und ihre eigene Situation bestätigte diese allgemeine Erkenntnis. Die Zeiten waren schwierig, Hitlers Machtübernahme warf ihre Schatten voraus. Ein eigenständiges Leben als Schriftstellerin, das ihr Wunsch und Ziel war, erschien unter den gegebenen Umständen nicht möglich. Denn Fleißers literarische Existenz war von diesen Umständen, von der »materiellen Instabilität«, den »politischen Polarisierungen und ideologischen Turbulenzen«, die das erste Drittel des 20. Jahrhunderts prägten, stark abhängig. Auch wenn sie »weder eine politisch Denkende noch politisch Handelnde« war.[366]

So wurde die junge Dramatikerin Anfang der Dreißigerjahre unversehens auf ihre Anfänge zurückgeworfen, in die bayerische Provinz. Sie versank dort für mehr als zehn entscheidende Lebens- und Schaffensjahre in der Sprachlosigkeit einer kleinbürgerlichen Existenz, ein Zustand, der ihren Schreib- und Publikationswünschen im Wege war und von dem sie sich nie erholte. Dieser Rückzug war nicht primär politisch motiviert, die literarische Abstinenz nicht gewollt.

Shootingstar der Theateravantgarde

Das Interesse der Ingolstädter Kleinbürgerstochter Marieluise Fleißer hatte von Anfang an dem Theater gegolten. Sie hatte in München Germanistik und Theaterwissenschaft studiert und dort Anfang 1922 Lion Feuchtwanger kennengelernt, der damals am und für das Theater aktiv war. Er hatte die literarisch interessierte Studentin dazu angeregt, im Stil der ›Neuen Sachlichkeit‹ zu schreiben, und auch erste Publikationsmöglichkeiten für ihre Erzählungen vermittelt. Auf solche Kontakte zu den männlich dominierten literarischen Netzwerken waren junge Talente, besonders die weiblichen, damals dringend angewiesen.

Zwei Jahre später, im März 1924, hatte Fleißer auch die persönliche Bekanntschaft von Bert Brecht gemacht, dessen Theaterstücke sie schon kannte. Auf seine Vermittlung hin war 1926 ihr erstes eigenes Stück *Fegefeuer in Ingolstadt* an der Jungen Bühne Berlin uraufgeführt worden. Nach Berlin hatte sich die literarische Avantgarde inzwischen aus dem ins Provinzielle abdriftenden München abgesetzt. Die Aufführung brachte der jungen Dramatikerin den Durchbruch. Sie avancierte zum »literarische(n) ›Fräuleinwunder‹ der zwanziger Jahre«[367] und gehörte nun zur Theateravantgarde – eine singuläre Position für eine junge Frau von 24 Jahren aus der bayerischen Provinz. Ein Einjahresvertrag des Ullstein Verlags,

Brechts Verlag, sicherte bis auf Weiteres ihren Lebensunterhalt. Und so zog auch Fleißer 1927 nach Berlin, wenn auch nur vorübergehend, in die Nähe ihres Gönners, Förderers und Ideengebers Brecht, den sie schwärmerisch verehrte. Zwischendurch kam sie immer wieder nach Ingolstadt und verlobte sich dort 1928 mit Bepp Haindl, einem Sportschwimmer und Tabakwarenhändler. Doch die Angst, in der Provinz unterzugehen, muss groß gewesen sein. Nach einigem Hin und Her, dem leibhaftigen Ausdruck ihrer Ambivalenz, nach Entlobung, verschiedenen Männerbeziehungen und einer zweiten Verlobung heiratete sie Haindl 1935 schließlich und ging, wie befürchtet, in der Provinz unter. Die Ehe war und blieb unglücklich, hatte dennoch Bestand und funktionierte als eine Art Not- und Zwangsgemeinschaft in schlechten Zeiten bis zu Haindls Tod 1958.

1929 wurde Fleißers zweites Stück *Pioniere in Ingolstadt* – nach einer unspektakulären Uraufführung in Dresden im Jahr zuvor – am Berliner Theater am Schiffbauerdamm gezeigt, in der Bearbeitung und Inszenierung von Bert Brecht. Diese Aufführung löste einen Eklat aus, den der Dramaturg wohl einkalkuliert hatte; seine Strategie ging auf. Der Skandal erschütterte die internationale Theaterszene und provozierte die politische Rechte. Die Creme der avantgardistischen Kritik, Alfred Kerr, Herbert Ihering, Kurt Pinthus und Alfred Polgar, erging sich in Lobeshymnen über Stück und Aufführung, die rechte Presse aber schäumte. Der Skandal förderte zwar Fleißers Ruhm als neuer Shootingstar, brachte ihr aber zugleich mächtige Feinde ein. Das sollte sich in den kommenden wirtschaftlich und politisch schwierigen Zeiten als fatal erweisen. Brecht hingegen triumphierte; er folgte auch in diesem Fall seinen alten Verhaltensmustern.

Die Dramatikerin sah sich instrumentalisiert und ausgenutzt. Doch anders als Brechts Mitarbeiterinnen und Geliebten gelang es ihr, sich aus seinem Umfeld zu lösen. Sie schlug sich auf die Gegenseite und verlobte sich, nachdem sie sich von

Haindl getrennt hatte, mit dem Brecht-Gegner Hellmut Draws-Tychsen, einem heute vergessenen, rechtskonservativen westpreußischen Schriftsteller und Journalisten. Damit wechselte sie über ins Lager ihrer bisherigen literarischen Feinde, »der frauenverachtenden Polemiker gegen die *Pioniere*-Aufführung«. So wurde das Jahr 1929 zur Zäsur, ja zum Bruch in Fleißers Leben.[368]

Die Schriftstellerin stand damals auf dem Höhepunkt ihrer literarischen Laufbahn. Ihre Stimme zählte in der zeitgenössischen Literaturszene. Sie reüssierte mit ihren neuen Erzählungen in dem Band *Ein Pfund Orangen*, mit ihrem einzigen Roman *Mehlreisende Frieda Geier* und – eingeschränkt – auch mit dem neuen Schauspiel *Der Tiefseefisch*. Als Spezialistin galt sie – im Theater wie in ihrer Prosa – für das heikelste Thema aus dem Repertoire des neusachlichen Genres: Geschlechtertriebe, »Geschlechterliebe und Geschlechterkrieg«.[369]

Rückzug nach Ingolstadt

Doch ihr neuer Verlobter und Mentor Draws isolierte die Autorin immer mehr von ihrem literarischen Umkreis, von ihren Kontakten, ja er verbaute ihr sogar ihre Verdienstmöglichkeiten, obwohl er selbst von ihren Einkünften lebte. Draws beutete Fleißer wesentlich mehr aus, als dies Brecht getan hatte, sowohl physisch und psychisch als auch ökonomisch; er mischte sich in all ihre Belange ein bis hin zu Schreibart und Stil. Unter seinem Einfluss distanzierte sich die Schriftstellerin von der literarischen Avantgarde, verlor damit aber ihre literarische Stimme und geriet in eine Schreibkrise. Diese weitete sich, als die allgemeine Wirtschaftskrise hinzukam, zur Absatzkrise aus. Der Absturz folgte unmittelbar. 1932 war Fleißer am Ende, beruflich, finanziell und persönlich. Das ›Fräuleinwunder‹ hatte den Boden unter den Füßen verloren. Ende September 1932 floh sie zu ihrem Vater nach Ingolstadt.

Wieder folgten Jahre des Hin und Her, vor allem in den Männerbeziehungen: der zu Draws in Berlin, die kein Ende fand, und der zu Haindl. Außerdem unternahm sie diverse Ausbruchsversuche durch neue Affären. Die alten literarischen Freunde, Mentoren und Förderer waren längst emigriert; Fleißer blieb zurück. Als Dramatikerin hatte sie jetzt keine Chance, weder in Deutschland noch im Exil. 1935 trennte sie sich definitiv von Draws und heiratete ihren ersten Verlobten Bepp Haindl, »einen Kramladen in Ingolstadt«[370], wie Brecht in einem Brief an Feuchtwanger despektierlich formulierte.

»Hier gibt es viele Hitler«, hatte Vater Fleißer der Tochter schon im Februar 1932, als sie ihm ihre Heimkehr ankündigte, nachdenklich und warnend geschrieben, »wenn es einmal kracht wehe d. Haus Fleißer!«[371] Siebentausend Mitglieder, mehr als ein Viertel der Einwohnerschaft, soll die NSDAP damals in Ingolstadt gehabt haben, die nicht registrierten Parteianhänger nicht mitgerechnet. Ihnen allen wurde Marieluise Fleißer zum willkommenen Opferlamm. Und auch höheren Orts, bei den Instanzen der staatlichen und parteispezifischen Literaturkontrolle, hatte man sie genau im Blick. Der *Völkische Beobachter* vom 11./12. Februar 1933, aus den ersten Wochen des NS-Regimes, betrachtete sie, die einzige Frau der literarischen Avantgarde, als Vertreterin der »antinationalen Literatur«.[372] Anstoß erregten vor allem der Roman *Mehlreisende Frieda Geier* und das Stück *Pioniere in Ingolstadt*. Ihretwegen stand Fleißers Name schon ab 1934 in den Verbotslisten der Bayerischen Politischen Polizei und ab 1935 in den Verbotslisten der Reichsschrifttumskammer.[373] So wurde die Autorin für die Zugehörigkeit zu einer literarischen Richtung gebrandmarkt, von der sie sich längst distanziert hatte. Die Schriftstellerin war, zumindest mit diesem Teil ihres Werks, im nationalsozialistisch gesteuerten Literaturbetrieb unerwünscht.

Sie verhielt sich in dieser prekären Situation, wie so oft, ambivalent. Aus dem Schutzverband deutscher Schriftsteller, der vor seiner ›Gleichschaltung‹ die Position und Fraktion der

›Asphaltliteraten‹ gestärkt hatte, war sie schon im November
1931 ausgetreten. Im Dezember 1933 wurde sie, auf eigenen
Antrag, Mitglied in der Reichsschrifttumskammer. Ohne diese
Mitgliedschaft war ein Publizieren zu diesem Zeitpunkt nicht
mehr möglich. In den Fragebögen, die dafür auszufüllen waren, zeigte sich Fleißer opportunistisch und denunzierte dabei
auch ihren früheren Förderer Brecht. 1938 wurde sie aus der
Mitgliederliste der RSK gestrichen. Doch nicht etwa wegen der
antinationalen Tendenz ihres Werks, sondern weil sie mittlerweile primär Geschäftsfrau war und seit Jahren nichts mehr
publiziert hatte.[374]

Fleißer jedoch sah sich selbst immer noch als Schriftstellerin,
vor allem als Dramatikerin. Sie versuchte, mit einem neuen
Projekt, das sie seit ihrer Rückkehr nach Ingolstadt beschäftigte, wieder Anschluss an den literarischen Markt zu finden: mit
dem Staatsdrama *Karl Stuart*, konzipiert als Tragödie in klassischer Manier, die – nach Meinung der Autorin – »von der
unzerstörbaren inneren Freiheit und von der Würde des Menschen« handelt.[375] Aber das neue, ihrer bisherigen Schreibweise
konträre Genre blieb ihr fremd. Sechs Fassungen brauchte sie,
bis der Text 1946 im Verlag von Kurt Desch erscheinen konnte.
Eine Bühne fand das Drama nie. Außerdem arbeitete sie an
einem Stück, das an ihre avantgardistischen Anfänge anschloss,
der bayerischen Komödie *Der starke Stamm*.

Prinzipiell aber hielt Fleißer zu ihrer frühen literarischen
Karriere Distanz. Das zeigt ein Brief an den Publizisten Erich
Kuby, der während des Kriegs als Soldat in Ingolstadt Kontakt
mit ihr aufnahm:

»Ich habe einen kleinen Schock gehabt. Ich hatte nämlich in
den *Orangen* geblättert, weil ich wissen wollte, was ich Ihnen
da eigentlich gegeben habe. Ich war recht niedergeschlagen,
und es ist mir von dieser kurzen Begegnung mit einem verschollenen Produkt der im Grunde doch notwendige Gang
meines Lebens klargeworden. Es ist doch eine jämmerliche und
eindeutig schizophrene Angelegenheit, und ich bedaure nur

immer, daß ich die primären Jugendarbeiten unter dem zerset-
zenden Einfluß Feuchtwangers verbrannt habe. Es ist in meinen Augen ein reiner Krankheitsprozeß, die Widerstandslosig-
keit eines Mediums gegenüber einer Zeitentartung, man hat das
einmal interessant gefunden und mit der registrierenden Tätigkeit eines Seismographen verglichen, aber ich möchte keinen
Augenblick meines Lebens damit identifiziert werden. Ich hatte das so völlig abgestoßen, daß ich vergessen hatte, was darin
stand. Zeigen Sie es niemand.«[376]

Die Erfolgsautorin der Zwanzigerjahre war verstummt. Als
massiver Störfaktor für die literarische Produktivität erwies
sich – neben der radikalen Zerstörung der literaturpolitischen
Verhältnisse, unter denen sie bekannt geworden war – die Ehe
mit Bepp Haindl. Diese basierte offenbar auf einer stillschwei-
genden Übereinkunft zwischen den Partnern: Haindl erhoffte
sich vom literarischen Erfolg seiner Frau ökonomische Vorteile, eine dauerhafte Aufbesserung des Familieneinkommens,
Fleißer von ihrem Mann Schutz vor den Anfeindungen, denen
sie in Ingolstadt ausgesetzt war und – mehr noch – einen
gesicherten Raum zum Schreiben. Keine dieser Hoffnungen
erfüllte sich. Schließlich brach Fleißer unter der psychischen
Belastung dieser Ehe, die ihren Freiraum mehr einengte als
schützte, zusammen. Im August 1939 begab sie sich freiwillig
für drei Monate in stationäre psychiatrische Behandlung ins
Krankenhaus Neufriedenheim in München. Der Rückzug nach
Ingolstadt hatte sie in die totale Isolation geführt – für mehr als
zehn Jahre.

Nach 1945 versuchte die Schriftstellerin, sich der literarischen Szene wieder anzunähern. Die Verlage erinnerten sich
ihrer und fragten nach neuen Arbeiten. Doch ihre Kreativität
schien erschöpft. Den Kontakt zu den alten Freunden unter
den Emigranten nahm Fleißer nur zögerlich wieder auf, zunächst zu den wertkonservativen, erst später zum Kreis um
Brecht und Feuchtwanger. Wieder kam ein Stück von ihr durch
Brechts Vermittlung auf die Bühne. *Der starke Stamm* wurde

1950 an den Münchener Kammerspielen erfolgreich uraufgeführt. Ab 1952 interessierte sich auch die literarische Öffentlichkeit für die Erfolgsautorin der Weimarer Zeit und ehrte sie
mit Auszeichnungen und Preisen. Nach dem Tode Haindls
lebte sie – oft an der Armutsgrenze – von kleinen Honoraren
für Lektoratsarbeiten bei Funk und Verlagen.

Als avantgardistisches, dramatisches Talent wurde Marieluise Fleißer erst von den frühen Achtundsechzigern wiederent-
deckt, von den revolutionären jungen Theatermachern Martin
Sperr, Rainer Werner Fassbinder und Franz Xaver Kroetz. In
ihren Inszenierungen feierten ihre Stücke *Der starke Stamm*
und *Pioniere in Ingolstadt* neue Erfolge. 1972 erschien im
Suhrkamp Verlag eine Gesamtausgabe ihrer Werke, die Autorin kehrte für die letzten Jahre ihres Lebens in die literarische
Öffentlichkeit zurück. Neues schrieb sie kaum mehr. Von ihrer
opportunistischen Haltung im Nationalsozialismus distanzierte sie sich nie.

SIEBTES KAPITEL
Entfremdet

Exil und Rückkehr nach 1945

»›Thomas‹, sagte ich, ›warum gehst Du nicht nach Europa zurück?‹ – ›Ja‹, sagte er. ›Warum nicht? Es wäre die einfachste Lösung.‹ Er unterbrach sich. ›Vielleicht tue ich's ja eines Tages. Wenn ich soweit bin. Wenn ich es ertragen kann, meinem völligen Versagen ins Gesicht zu sehen.‹«[377]

Thomas Munk gehört zum Kreis der politisch-literarischen Emigranten-Intelligenzia, die in Hilde Spiels Roman *Lisas Zimmer* auch nach dem Ende des Dritten Reichs weiterhin zusammenkommt. Lisas Wohnung in der 75. Straße der New Yorker East Side ist ihnen zum letzten Hort jener ›Welt von gestern‹ geworden, die sie in die neue Heimat zu retten versucht hatten. Nun, da das Exil seine politische Berechtigung verloren hat, droht ihnen diese Welt endgültig abhandenzukommen. In Drogenabhängigkeit und Tod der Protagonistin Lisa wird der Emigrantenstatus als Krankheit entlarvt und dramatisch zerstört. Die USA stehen am Beginn der McCarthy-Ära; Munk wird vom FBI als kommunistischer Agitator verdächtigt, verhaftet und verschwindet aus der Geschichte. Lele aber, seine junge Geliebte, ein Europaflüchtling wie er, wendet sich der Gegenwart zu. Sie findet in den USA, in einem gänzlich unintellektuellen Milieu, ein neues Zuhause.

Die Frage der Remigration ist in der Exilliteratur allgegenwärtig. Nicht nur bei Hilde Spiel, sondern auch bei Hilde Domin und in den Erzählungen von Ilse Losa, sowie in den Gedichten der Mascha Kaléko und anderer, in den USA lebender Lyrikerinnen.

In Ilse Losas Erzählung *Treffen im Herbst*, die 1967 in Ostberlin erschien, begegnet die Ich-Erzählerin, auch sie – wie die Autorin – während des Dritten Reichs nach Portugal emigriert, bei einem Klassentreffen in der alten Heimatstadt den ehemaligen Mitschülerinnen. Die Erzählerin ist wegen dieses Treffens in den Aufbaujahren der Bundesrepublik erstmals wieder nach Deutschland gekommen. Die alten Heimatgefühle, die Freude, die sie bei der Wiederbegegnung mit der vertrauten Landschaft und dem Ort ihrer Kindheit empfindet, werden im Lauf der Unterhaltung mit den Schulkameradinnen mehr und mehr gestört und weichen einem tiefen Befremden. Vor allem, als das Gespräch auf die Klassenkameradinnen kommt, die bei diesem Treffen fehlen – und das nicht ohne Grund, denn sie sind Opfer des Holocaust geworden. Am Schicksal der in Auschwitz ermordeten Freundin Sofie scheiden sich schließlich die Geister. Die Erzählerin muss erleben, dass sie ihrer alten Heimat, trotz aller Vertrautheit mit den Freundinnen, durch ihre Emigration und die politische Entwicklung im Nachkriegsdeutschland unwiederbringlich entfremdet ist.

»(...) warum gehst Du nicht nach Europa zurück?« Die Entscheidung für oder wider die Remigration kostete, so meinte Hilde Domin, die 1954 nach Deutschland zurückkam, mehr Mut als der Entschluss zur Emigration. Domins eigene Entscheidung war für eine emigrierte Schriftstellerin – soweit sich das bei heutigem Kenntnisstand sagen lässt – untypisch. Frauen tendierten, da sie sich um Integration bemüht hatten, generell dazu, in den Gastländern zu bleiben und erwiesen sich dort, jedenfalls in den USA, als mobil und flexibel.[378] Wie viele Autorinnen nach 1945 remigriert sind, lässt sich nicht genau ermitteln. Von den 204 in Walls *Lexikon deutschsprachiger Schriftstellerinnen im Exil* verzeichneten kehrten nur 36 auf Dauer in ihre Heimat zurück. Das sind nicht mehr als 17 Prozent.
Insgesamt geht man davon aus, dass rund ein Drittel der

politischen Emigranten beiderlei Geschlechts und 4 Prozent der Juden remigrierten.[379] Die meisten kamen nicht direkt nach Kriegsende, sondern in den Nachkriegsjahren, andere mit großer zeitlicher Verzögerung bis in die Achtzigerjahre.

Dass sich die Mehrheit der Emigranten gegen eine Rückkehr entschied, hat unterschiedliche Gründe. Viele Juden scheuten sich davor, auch nach dem Ende der nationalsozialistischen Herrschaft wieder im ›Land der Täter‹ zu leben. Viele befürchteten ein Wiederaufleben der nationalsozialistischen Barbarei und damit neue Bedrohung. Zurückgekehrte Juden sahen sich, ebenso wie die politischen Emigranten, in beiden deutschen Nachkriegsstaaten – oft wider Willen – zum Politikum gemacht. Die in Westdeutschland verbreitete Nachkriegsmentalität des Verschweigens und Verdrängens, deren Vertreter nicht davor zurückschreckten, den Emigranten, etwa in der öffentlichen Debatte um Exil contra Innere Emigration, die Rolle der Profiteure und Nestbeschmutzer zuzuweisen, musste auf Heimkehrer abstoßend wirken. Hannah Arendt, die diese Entwicklung kritisch beobachtete, konstatierte schon 1949/50 die kollektive, »tief verwurzelte, hartnäckige und gelegentlich brutale Weigerung (...), sich dem tatsächlich Geschehenen zu stellen«.[380]

Doch auch der von Thomas Munk in *Lisas Zimmer* genannte Grund dürfte bei der Entscheidung gegen eine Heimkehr eine wichtige Rolle gespielt haben: die Scheu vor der Konfrontation mit den neuen Verhältnissen, welche die von den Emigranten hochgehaltenen Werte infrage stellten; die Scheu davor, sich angesichts der Entwicklung in Nachkriegsdeutschland und -österreich das eigene Versagen einzugestehen.

Hinzu kam die Angst vor der Rückkehr in die realen, durch keinerlei Nostalgie verklärten alten Verhältnisse.

Für viele dürften auch lebenspraktische Überlegungen, wie die schwierige Versorgungslage im Deutschland der unmittelbaren Nachkriegsjahre, ausschlaggebend gewesen sein: »Die Emigranten kehrten zunächst nicht zurück«, stellte Gina

Kaus für die Nobelemigration von Hollywood mit dem ihr eigenen Pragmatismus fest: »Die Verhältnisse in Mitteleuropa waren übel und verworren, während die Emigranten in Los Angeles in ihren hübschen Häusern lebten und fleißig arbeiteten.«[381]

Das änderte sich mit Beginn der McCarthy-Ära. Bespitzelungen und Verdächtigungen wegen ›kommunistischer Umtriebe‹ veranlassten viele Emigranten, nach Europa zurückzukehren, darunter auch Erika Mann. Doch sie kam nicht nach Deutschland, sondern blieb, wie ihre Eltern, jenseits seiner Grenzen, in der Schweiz, resignierte letztlich in ihrem politischen Engagement und zog sich – ein »bleiche(r) Nachlassschatten«, wie sie selbstironisch anmerkte – auf die Verwaltung des väterlichen Nachlasses zurück.[382]

Überdurchschnittlich hoch lag die Rückkehrquote der politischen Emigranten. Besonders umworben wurden sie von der DDR, vor allem, wenn es sich um prominente Autoren handelte. Anna Seghers gehörte ebenso zu den frühen Rückkehrerinnen nach Ostberlin wie die Kommunistin Hedda Zinner, wie Elisabeth Hauptmann und Ruth Berlau, die Frauen aus dem Brecht-Kreis.

Heimkehr ins Wort

Schriftstellerinnen sollen übrigens häufiger zurückgekehrt sein als Emigrantinnen mit anderen Berufen. Dies überrascht nicht, denn für sie bedeutete die Remigration ja auch die Heimkehr in ihr Urmedium, die Muttersprache.[383] Die damit verbundene Hoffnung, sich als Autorinnen in der Literaturszene der beiden deutschen Staaten neu etablieren zu können, erfüllte sich allerdings nur für wenige, wie zum Beispiel für Anna Seghers, Vicki Baum und Irmgard Keun, die sich schon vor 1933 als Autorinnen einen Namen gemacht hatten.

Sieht man von diesen Ausnahmen ab, so waren Exilautorinnen auf dem Buchmarkt der Nachkriegszeit, vor allem in der Bundesrepublik, nur wenig präsent. Dort und auch in Österreich scheuten die Leser die Konfrontation mit der jüngsten Vergangenheit – und sei es auch nur literarisch. In der DDR hingegen hatten die Heimkehrerinnen eine wichtige Funktion beim ideologischen und realen Wiederaufbau. Der Antifaschismus gehörte – wenn auch von oben verordnet – zu den politischen Leitlinien; verdrängt und auch literarisch ausgeblendet wurden dagegen die stalinistischen Gräuel.

In der literarischen Szene der Adenauerzeit hatten vor allem konservative Autorinnen wie Ricarda Huch, Gertrud von le Fort, Agnes Miegel, Ruth Schaumann und Ina Seidel Konjunktur. Ihr Werk vermittelte die wertkonservativen Vorstellungen, auf denen die Adenauer'sche Republik aufbaute, auch was die Zuschreibung der Geschlechterrollen betraf. Das Interesse an Exilliteratur dagegen war generell gering, das an deren Verfasserinnen noch geringer. Ihre Bücher waren in der Zeit des ›Tausendjährigen Reichs‹, in denen sie vom Markt entfernt worden waren, in Vergessenheit geraten. Und nun, nach 1945, wollte die Mehrheit der Deutschen nicht mehr an die NS-Zeit erinnert werden. Auch nicht durch Exilautoren, ihre vergangenheitslastigen Biografien und Themen. Außerdem galten die remigrierten Schriftsteller generell als zu wenig national, wenn nicht gar kommunistisch, auf jeden Fall aber als zu wenig am neuen kollektiven Ziel orientiert, dem Wiederaufbau. Ihre Werke wurden nach 1945 zunächst kaum mehr neu aufgelegt. Einige Bücher erlebten in den Siebzigerjahren, unterstützt von der Frauenemanzipationsbewegung, einen kleinen Boom, der jedoch nicht lange anhielt.

Trotz der im Grundgesetz der Bundesrepublik festgelegten Gleichstellung der Geschlechter hat die mit der Weimarer Republik beginnende Emanzipation »durch die Emigration (und Ermordung) eines großen Teils ihrer Elite (...) einen schweren Rückschlag erlitten«. Er war wohl massiver als der durch die

anfänglich frauenfeindliche Politik der Nazis.[384] Denn die unabhängig denkenden und schreibenden Frauen hatten schon
vor 1933 Anstöße für die Frauenbewegung gegeben. Als
Künstlerinnen und Literatinnen waren sie, als Persönlichkeiten
und durch ihre weiblichen Protagonistinnen, in der Weimarer
Republik Vorbild für ein selbstständiges Frauenleben. Das Verschwinden dieser Frauen hinterließ eine Leere, die bis in die
Nachkriegszeit spürbar blieb.[385]

Kein Wunder, dass die emigrierten Autorinnen und Autoren
sich vor der Wiederbegegnung mit der alten Heimat und den
Daheimgebliebenen scheuten. Mascha Kaléko notierte die
Ambivalenz ihrer Gefühle stellvertretend für viele andere:

Bleibtreu heißt die Straße

Vor fast vierzig Jahren wohnte ich hier.
… Zupft mich was am Ärmel, wenn ich
So für mich hin den Kurfürstendamm entlang
Schlendere – heißt wohl das Wort.
Und nichts zu suchen, das war mein Sinn.
Und immer wieder das Gezupfe.
Sei doch vernünftig, sage ich zu ihr.
Vierzig Jahre! Ich bin es nicht mehr.
Vierzig Jahre. Wie oft haben meine Zellen
Sich erneuert inzwischen
In der Fremde, im Exil.
New York, Ninety-Sixth Street und Central Park,
Minetta Street in Greenwich Village.
Und Zürich und Hollywood. Und dann noch Jerusalem.
Was willst du von mir, Bleibtreu?
Ja, ich weiß. Nein, ich vergaß nichts.
Hier war mein Glück zu Hause. Und meine Not.
Hier kam mein Kind zur Welt. Und mußte fort.
Hier besuchten mich meine Freunde
Und die Gestapo.

Nachts hörte man die Stadtbahnzüge
Und das Horst-Wessel-Lied aus der Kneipe nebenan.
Was blieb davon?
Die rosa Petunien auf dem Balkon.
Der kleine Schreibwarenladen.
Und eine alte Wunde, unvernarbt.[386]

Die zweite Geburt
Hilde Domin
(1909–2006)

Hilde Domin, geborene Löwenstein, verheiratete Palm, begann 1951, als 42-Jährige, im dominikanischen Exil ihre ersten Gedichte zu schreiben, wenige Wochen nach dem Tod der Mutter. Domin reflektierte diesen Neubeginn in ihren autobiografischen Schriften. Sie verstand ihn als Ausgleich für den Verlust der Mutter und überhöhte ihn zur zweiten Geburt: »Ich, H.D., bin erstaunlich jung. Ich kam erst 1951 auf die Welt (...)«. Und sie assoziierte diese Urszene literarischer Kreativität mit der Neuentdeckung der Muttersprache als ihrer eigentlichen Heimat: »(...) da stand ich auf und ging heim, in das Wort.«[387]

Da erscheint es nur konsequent, dass sie sich mit der Selbsterfindung als Dichterin zugleich auch einen neuen Namen zulegte: Hilde Domin, nach der Dominikanischen Republik, dem Ort, der ihr Zuflucht vor nationalsozialistischer Verfolgung bot:

> Ich nannte mich
> ich selber rief mich
> mit dem Namen einer Insel
> gerade als ich an Land ging.[388]

Zeichenhaft überhöht wie diese Urszene erscheint auch Domins literarische Nähe zu Nelly Sachs. Zwar lernten sich die beiden Dichterinnen persönlich nie kennen, doch ab 1959 standen sie im Briefwechsel miteinander. Beide sahen sich in einer Art schwesterlicher Schicksalsgemeinschaft verbunden. Sachs widmete Domin den Gedichtband *Flucht und Verwandlung* (1959) mit dem Satz »Für Hilde – verschwistert von Anbeginn«. Und Domin verstand die 18 Jahre ältere Lyrikerin als Stellvertreterin, die durch ihre literarische Auseinandersetzung mit dem Holocaust auch die jüngere Schwester im Geiste entlastete, indem sie »meine Toten bestattet, all diese fremden furchtbaren Toten, die mir ins Zimmer kamen«.[389]

Auszug und Rückkehr auf Raten

In den ersten Jahren ihrer literarischen Produktivität hatte Hilde Domin kaum Ambitionen, ihre Gedichte zu veröffentlichen. Das tat sie erst nach der Rückkehr nach Deutschland, 1954, zunächst vereinzelt in literarischen Zeitschriften. Erst 1959 erschien ihr erster Gedichtband *Nur eine Rose als Stütze* – ein spektakuläres Debüt. Zu diesem Zeitpunkt war Hilde Domin 50 Jahre alt und hatte die Hauptstationen ihres Lebens bereits hinter sich: eine behütete Kindheit und Jugend in Deutschland vor 1933, zweiundzwanzig Jahre des Exils in fünf Ländern und die erste Phase einer noch unbewältigten Remigration.

Hilde Domin wurde 1909 in Köln geboren und wuchs in einem assimilierten jüdischen Elternhaus auf. Der Vater war ein angesehener Rechtsanwalt, die Mutter Sängerin. Die Tochter erhielt, wie im jüdischen Bildungsbürgertum üblich, eine gute Schulbildung in einem privaten humanistischen Mädchengymnasium und studierte 1929 bis 1932 in Heidelberg, Köln-Bonn und Berlin, zunächst Jura, auf den Spuren des verehrten Vaters, dann Soziologie, Philosophie und Nationalökonomie. Hilde engagierte sich in einer sozialistischen Studentengruppe, wo sie, ähnlich wie Anna Seghers und Hannah Arendt, marxistisch geschult wurde. Der Philosoph Karl Jaspers, dessen Schülerin auch Hannah Arendt war, der Nationalökonom Karl Mannheim und der Rechtsphilosoph Gustav Radbruch gehörten zu Hilde Domins akademischen Lehrern.

1932, als sich die Machtübernahme durch die Nationalsozialisten bereits abzuzeichnen begann, wich Hilde Löwenstein mit ihrem Partner, dem Archäologen und Kunsthistoriker Erwin Walter Palm, nach Italien aus. Der ursprüngliche Plan des Paares, ins Spanien der Zweiten Republik zu emigrieren, ließ sich nicht verwirklichen. Die junge Frau studierte nun in Rom und Florenz und promovierte dort 1935 in Politischer Wissenschaft mit einer Arbeit über die Staatstheorie der Renaissance. Auf das Angebot einer akademischen Karriere an der Universität Florenz verzichtete sie und verdiente ihren Lebensunterhalt durch Sprachunterricht und Übersetzungen.

Nach der Annäherung Mussolinis ans Hitler-Regime und dem Erlass antisemitischer Rassengesetze in Italien 1938 wurden viele jüdische Bürger sowie deutsche Emigranten und Hitlergegner verhaftet oder ausgewiesen. Deshalb entschlossen sich Hilde und Erwin Walter Palm, die seit 1936 verheiratet waren, im Februar 1939 zur Flucht; über Sizilien und Paris erreichten sie England. Doch hier war man, bekanntermaßen, wenig flüchtlingsfreundlich. So reisten die Palms im Sommer 1940 unter schwierigen und demütigenden Bedingungen, im Unterdeck eines kleinen Dampfers, weiter über Kanada, Jamaika und Kuba in die Dominikanische Republik, weil kein anderes Land sie aufnehmen wollte.

Die Dominikanische Republik akzeptierte Emigranten vor allem aus politisch-formalen Gründen. Hier landeten, ähnlich wie in Mexiko, vor allem die linken, nicht begüterten Flüchtlinge, die in den USA nicht willkommen waren. Mit ihrer Hilfe versuchte die Regierung, ein europäisches Bildungssystem aufzubauen und den weißen Bevölkerungsanteil zu erhöhen. Die Dominikanische Republik war nur formal demokratisch, de facto herrschte Diktatur. Die Emigranten hatten wenig Freiheit, ihre künstlerische Produktivität war massiv eingeschränkt. Entsprechend ernüchtert und distanziert beschreibt Hilde Domin denn auch ihre Situation: »Zuflucht am Rande, wo man nicht weiter weglaufen kann, so weit ist man schon gelaufen, sondern abwartet, ob man weiterleben darf. Ob die Welt wieder aufgeht.«[390] Immerhin aber gelang es den Palms, sich in Santo Domingo eine bürgerliche Existenz aufzubauen. Erwin Walter Palm wurde Professor für Kunstgeschichte an der Universität, Hilde Palm, die mittlerweile eine Ausbildung zur Fotografin absolviert hatte, wurde 1948 Universitätsdozentin für Deutsch. Ihre ausgeprägte Sprachkompetenz – sie beherrschte vier Sprachen – erleichterte Integration und Arbeitsleben und bereitete sicherlich auch aufs literarische Schreiben vor. Die Ehe war, das zeigen Domins Briefe an ihren Mann, extrem belastet durch dessen anhaltende Affären und durch qualvolle gegenseitige Abhängigkeit. Vielleicht auch deshalb hielt sich Hilde Palm immer wieder für längere Zeit in den USA auf. New York wurde 1953 auch zur ersten Station ihrer Rückkehr nach Deutschland.

Es war eine Rückkehr auf Raten. Sie war geprägt von hohen Erwartungen und entsprechend großen Enttäuschungen: in der Auseinandersetzung mit den neu-alten politischen Verhältnissen in einem Nachkriegsdeutschland, das – nach der NS-Diktatur und dem Zweiten Weltkrieg – nicht mehr das Land war, das die Palms 1932 als junge Leute verlassen hatten. Im Februar 1954 kam das Paar auf Einladung des DAAD erstmals wieder nach Deutschland, nach Hamburg, Berlin, Frankfurt und Köln, in die Heimatstadt der Dichterin. Das Gedicht *Köln* benennt die schmerzlichen Erfahrungen dieser ersten Wiederbegegnung:

Die versunkene Stadt
für mich
allein
versunken.

Ich schwimme
in diesen Straßen.
Andere gehn.

Die alten Häuser
haben neue große Türen
aus Glas.

Die Toten und ich
wir schwimmen
durch die neuen Türen
unserer alten Häuser.[391]

Fast ein Jahr wohnten Hilde Domin und ihr Mann dann in München und Oberbayern. 1957 bis 1959 lebten sie in Frankfurt, hier begann die Dichterin, Kontakte zum literarischen Leben zu knüpfen. Sesshaft wurden die Palms aber vorerst nicht. Sieben Jahre lang hausten sie in möblierten Zimmern; vier dieser Jahre verbrachte Domin in Spanien, dessen Sprache ihr seit dem dominikanischen Exil besonders vertraut war und wohin sie viele literarische Verbindungen hatte. Erst Anfang 1961 ließ sich das Ehepaar endgültig in Deutschland nieder. E. W. Palm hatte einen Ruf auf eine Professur für iberoamerikanische Kunst- und Kulturgeschichte an der Heidelberger Universität angenommen. So wurde Heidelberg, die Stadt ihrer Studienanfänge, für Hilde Domin zur letzten Station eines an politisch erzwungener Unrast reichen Lebens. Hier starb sie mit 96 Jahren im Februar 2006, zu einer Zeit, in der ihr Lebensthema, die politische Verfolgung durch die Nationalsozialisten, die Emigration und Remigration, in ihrer öffentlichen Relevanz längst durch andere, nicht minder drängende Migrationsthemen abgelöst worden war.

»Die Rückkehr, nicht die Verfolgung war das große Ereignis meines Lebens«, schreibt Hilde Domin in ihren Erinnerungen.[392] Die Etappen und retardierenden Momente dieses langen

Remigrationsprozesses spiegeln die existenzielle Krisensituation, der sich die Dichterin ausgesetzt sah. Zugleich aber war dies auch die Zeit ihrer größten literarischen Produktivität.

Deren Keimzelle bildete die Erfahrung von Vertreibung und Exil. Entfalten konnte diese Produktivität sich jedoch erst mit der Rückkehr nach Deutschland. Und nur hier konnte die Schriftstellerin, der Sprache wegen, einen adäquaten Resonanzboden finden.

Innerhalb weniger Jahre entstanden drei Gedichtbände, *Nur eine Rose als Stütze* (1959), *Rückkehr der Schiffe* (1962) und *Hier* (1964), die im hochrenommierten S. Fischer Verlag erschienen. Ein vierter Band, *Ich will dich*, erschien 1970 bei Piper. Zentrale Themen von Domins Lyrik sind die Erfahrungen des Fremdseins, in der Vertreibung wie bei der Rückkehr. Der autobiografische Kontext ihrer Gedichte ist relativ unverstellt, das lyrische Ich dem erlebenden Ich sehr nah.

Mit dieser Lyrik hatte Domin Erfolg, ebenso wie Nelly Sachs. Diese Gedichte trafen den Zeitgeschmack der Sechzigerjahre, als die kritische Auseinandersetzung mit der NS-Vergangenheit eben begann. Seit dem Erscheinen ihres ersten Gedichtbandes engagierte sich die Autorin auch gesellschaftlich, war erfolgreich unterwegs mit Lesungen, Vorträgen, später auch Poetikvorlesungen, in denen sie die Bedingungen lyrischen Schaffens theoretisch reflektierte. Domins literarischer Erfolg und ihre gesellschaftlichen Aktivitäten spiegeln sich auch in zahlreichen Auszeichnungen und Preisen, die sie seit 1971 erhielt.

Weniger Erfolg hatte sie als Prosaautorin. Ihr Roman *Das zweite Paradies*, dessen erste Fassung 1960 abgeschlossen war, blieb umstritten. Der S. Fischer Verlag lehnte das Manuskript ab; das Buch erschien, nach Umarbeitungen, 1968 bei Piper, Domins neuem Verlag.

Die Resonanz auf den Roman war im Ausland durchweg positiv, in Deutschland divergierte sie stark. Anstoß erregten zum einen die experimentelle Form, die sich der realistischen

Erzähltradition verweigerte, aber auch die vorsichtig-kritische
Haltung der Erzählerin gegenüber der jungen Bundesrepublik.
Das zweite Paradies blieb Domins einziger Roman.

In der letzten Phase ihres Schaffens wandte sie sich, neben
der literaturtheoretischen Reflexion, vor allem dem Erinnern,
der Autobiografie, zu. Die beiden 1974 und 1982 erschienenen
Bände *Von der Natur nicht vorgesehen* und *Aber die Hoffnung* nehmen Domins großes Lebensthema wieder auf: die
Entfremdung von und die Rückkehr nach Deutschland – die
Heimkehr ins Wort[393].

Mutterland Wort

Rose Ausländer

(1901–1988)

Mein Vaterland ist tot
sie haben es begraben
im Feuer
Ich lebe
In meinem Mutterland
Wort.

Rose Ausländers wohl bekannteste Verse formulieren die
Quintessenz ihres Schreibens, in der für ihr spätes Werk charakteristischen Sprache und Form: ohne Reim und Metrum, in
knappen, scheinbar einfachen, doch sehr präzisen Wortbildern.
Sie beschreiben die Grunderfahrung auch dieses Lebens: den
Verlust der Heimat und den Rückzug in die Muttersprache
als einzig verlässlichem Lebenselement. Bei Rose Ausländer
erscheint das bekannte Flüchtlingssyndrom anhaltender Ruhe-
und Heimatlosigkeit besonders stark ausgeprägt; auch nach
dem Ende des Exils war sie ständig unterwegs, mit stets ge-
packten Koffern, zwischen Ländern und Kontinenten, in Pensionen und möblierten Zimmern bis hin zu ihrem letzten Refugium im jüdischen Altenheim, wo sie ihr Bett in den letzten
zehn Lebensjahren nicht mehr verlassen haben soll. Als ein-

ziges Kontinuum dieser heimatlosen Existenz erwies sich die
Czernowitzer Emigrantenenklave, gleich, ob sie in den Ar-
menvierteln von New York, im Wien der Nachkriegszeit oder
im Düsseldorf der Wirtschaftswunderjahre angesiedelt war.
Nur hier fand Ausländer offenbar den ihr vertrauten Ton, im
freundschaftlichen Kontakt – und vor allem im Klang der Muttersprache.

Rose Ausländer wurde 1901 (nicht 1907, wie sie später angab)
als Rosalie Beatrice Scherzer in der Vielvölkerstadt Czerno-
witz, Hauptstadt der Bukowina, des Buchenlandes, geboren.
Damals stand die Stadt, als Teil der österreichisch-ungarischen
Monarchie, auf dem Höhepunkt ihrer kulturellen Entwicklung.
Sie war Sitz einer Universität und Mittelpunkt einer vielspra-
chigen, multikulturellen, stark jüdisch geprägten Gesellschaft.
Rose wuchs in einer kaisertreuen, deutschsprachigen Beam-
tenfamilie jüdischer Herkunft auf. Sie studierte Literatur und
Philosophie an der heimischen Universität. Hier entstanden die
Kontakte zum Kreis des jüdisch-spinozistischen Philosophen
Constantin Brunner, die sie ein Leben lang begleiteten.

Dieses wohlgeordnete, behütete Leben brach mit der russischen Besetzung der Stadt im Ersten Weltkrieg, vor der die
Familie nach Budapest und Wien floh, und dem Ende der
Donaumonarchie zusammen. Familie Scherzer kehrte ins jetzt
rumänische Czernowitz zurück – und verarmte, als der Vater
überraschend starb. 1921 ging Rose, eine dunkelhaarige Schönheit in der Blüte ihrer Jugend, mit ihrem Studienfreund und
späteren Mann Ignaz Ausländer in die USA. Dort plante das
junge Paar, ein neues, erfolgreiches Leben zu beginnen. Doch
es kam anders. Rose Ausländer gelang es nicht, sich in den
USA zu etablieren. Sie geriet in einen Zustand anhaltender
Heimatlosigkeit und materieller Not, ein permanentes Hin
und Her zwischen Czernowitz und New York. Diese rastlose
Existenz dauerte vierzig Jahre, bis Ausländer Anfang der Sechzigerjahre endgültig nach Europa zurückkehrte. Und auch danach änderte sich dies kaum.

Begründet lag diese dauerhaft problematische Lebenssituation primär in der politischen Entwicklung. Die nördliche Bukowina wurde im Zweiten Weltkrieg von Russland annektiert, im Juli 1941 besetzten SS-Truppen Czernowitz. Die jüdische Bevölkerung, rund 60 000 Menschen, wurde in Gettos eingesperrt, zu Zwangsarbeit abgestellt und nach Transnistrien deportiert. Nur 5000 Juden überlebten.

In einer schon prekären politischen Situation reiste die Schriftstellerin 1939 noch einmal überstürzt von New York nach Czernowitz, um die herzkranke Mutter zu pflegen. Die Tochter folgte damit den im Judentum noch stärker als in der christlich-patriarchalen Gesellschaft ausgeprägten Rollenmustern, in denen die Pflege der Eltern zu den Pflichten der weiblichen Nachkommen gehörte. Also begab sie sich freiwillig in akute Lebensgefahr, obwohl ihr jüngerer Bruder Max vor Ort in Czernowitz lebte. Gemeinsam gingen Mutter und Tochter ins Getto und 1943 in den Untergrund. Diese innere Abhängigkeit von der Mutter, die über deren Tod im Jahr 1947 hinaus anhielt, gehörte zu den persönlichen Belastungen, die Ausländers Schicksal zusätzlich zu den politischen Umständen prägten und bestimmten.

Dazu zählte auch die Verstrickung in schwierige Partnerbeziehungen. Die Ehe mit Ignaz Ausländer wurde 1930 geschieden; bereits drei Jahre vorher hatte sich das Paar getrennt. Auch die neue Partnerschaft mit dem Schriftsteller und Grafologen Helios Hecht, der großen Liebe ihres Lebens, deretwegen Ausländer 1931 in ihre Heimatstadt zurückgekehrt war, hatte keinen Bestand. 1935 trennte sie sich von ihm und zog nach Bukarest, bevor sie erneut in die USA flüchtete.

Über die Jahre im Getto und im Untergrund berichtet Ausländer in den wenigen autobiografischen Notizen, die sie hinterließ, nüchtern und distanziert:

»In Czernowitz ansässig, hatte ich unter der Judenverfolgung, die im Sommer 1941 begonnen hat, sehr zu leiden. Ich war nicht nur den bekannten und menschenunwürdigen Be-

schränkungen unterworfen, sondern wurde auch zu überaus
schweren Zwangsarbeiten herangezogen und im Getto von
Czernowitz unter entsetzlichen und unhygienischen Bedingungen festgehalten. Die Zwangsarbeiten, die ich bei Straßen-
und Verladearbeiten sowie bei verschiedenen anderen Ar-
beitsgelegenheiten leistete, waren sehr anstrengend, und die
Behandlung war brutal und unmenschlich. Ich wurde oft und
schwer misshandelt und mit dem Tode bedroht. Ich lebte in
namenlosem Elend und in Angst vor meinem weiteren Schicksal und der immer wieder angedrohten Deportation nach
Transnistrien.«[394]

Im Getto traf die Dichterin 1943 mit dem jungen Paul Ant-
schel (Paul Celan) zusammen, der ihre Gedichte kannte und
ihr seine eigenen vorlegte. Diese Begegnung förderte Ausländers literarische Entwicklung. 1957 traf die Schriftstellerin Celan in Paris wieder und lernte durch ihn die neue Sprache der
deutschen Nachkriegsliteratur kennen.

Nach dem Ende des Zweiten Weltkriegs, wanderte Ausländer 1946 noch einmal in die USA aus, wurde dort aber nicht
sesshaft. Bis 1961 lebte sie in New York und arbeitete als
schlecht bezahlte Fremdsprachenkorrespondentin für die Spe-
ditionsfirma Freedman & Slater – in einem Dauerzustand extremer physischer und psychischer Belastung. Sie war und
blieb arm und heimatlos, bezog nie eine eigene Wohnung. New
York blieb ihr fremd, soziale Kontakte unterhielt sie nur in die
Czernowitzer Emigrantenszene. 1961 konnte sie ihre Arbeit
krankheitshalber aufgeben, 1964 kehrte sie nach Europa zurück. Ein Jahr später zog sie nach Düsseldorf, finanziell unterstützt durch eine Rente und die Entschädigungszahlungen für
Verfolgte des Naziregimes. Doch auch jetzt gelang es ihr nicht,
sich endgültig niederzulassen. Wieder lebte sie aus dem Koffer,
reiste viel, wohnte in häufig wechselnden Untermietzimmern,
bei Freunden, in Pensionen. Erst als sie 1972 schwer erkrankte,
fand sie zumindest nach außen hin Ruhe: im Nelly Sachs-Haus,
dem Altenheim der jüdischen Gemeinde in Düsseldorf.

Ab 1978 war Rose Ausländer bettlägerig und blieb es bis zu ihrem Tod. Der totale Rückzug in die Krankheit, ein Weg, der durch die Mutter vorgezeichnet war, wurde von denen, die die Dichterin gut kannten, als Verweigerung verstanden.[395]

Dass Ausländer – nach gescheiterten Versuchen, sich in Wien und Israel niederzulassen – ausgerechnet in Düsseldorf sesshaft wurde, hatte sehr persönliche Gründe. Hier gab es eine kleine Czernowitzer Gemeinde und damit wohl eine Art von ursprünglichem Heimatgefühl. Sie bemerkte dazu recht lakonisch:

»Schließlich habe ich mich für Düsseldorf entschieden, weil ich hier einen größeren Bekanntenkreis habe, als in jeder anderen Stadt (…).«[396]

Im kulturellen Leben der BRD war Düsseldorf bis dahin nicht eben positiv aufgefallen, auch wenn es, als Geburtstadt Heinrich Heines, des größten jüdischen Dichters deutscher Sprache, dafür gute Voraussetzungen gehabt hätte. Doch Düsseldorf setzte diese durch eine Provinzposse aufs Spiel: den jahrzehntelangen Streit darum, ob die Universität künftig den Namen Heines tragen solle. Der Senat der Universität entschloss sich dazu erst 1988, in Rose Ausländers Todesjahr.

Rose Ausländers literarischer Weg

Ausländers literarische Anfänge liegen in der Zeit ihres ersten Amerikaaufenthalts, Anfang der Zwanzigerjahre. Damals hatte sie als Redakteurin professionell zu schreiben begonnen und in Zeitschriften auch ihre ersten Gedichte publiziert. 1939, während der vorübergehenden Rückkehr in die Heimat, erschien in Czernowitz ihr erster Gedichtband *Der Regenbogen* – mit großem Erfolg. Doch er ging in den politischen Wirren der sowjetischen und deutschen Besatzung unter. Heute gilt das Buch als verschollen. Auch in den Jahren der nationalsozialisti-

schen Verfolgung schrieb Ausländer weiter, verstummte dann
aber und begann erst in den USA langsam wieder zu schreiben –
zunächst in einer ihr fremden Sprache: Englisch.

Als ihr literarischer Neubeginn gilt *Der Mohn ist noch nicht
rot* von 1956; es ist eines ihrer ersten wieder auf Deutsch geschriebenen Gedichte. Dieser Neuanfang steht, folgt man den
Aussagen des Texts, in engem Zusammenhang mit der späten
Emanzipation von der Mutter, der Trauer um die eigene zerbrochene Existenz und deren Neudefinition aus der Sprache:

> *Mutter Sprache*
>
> Ich habe mich
> in mich verwandelt
> von Augenblick zu Augenblick
>
> in Stücke zersplittert
> auf dem Wortweg
>
> Mutter Sprache
> setzt mich zusammen
>
> Menschmosaik[397]

Unterstützt wurde Ausländer bei diesem literarischen Neuanfang von der renommierten amerikanischen Lyrikerin Marianne Moore, die sie im Sommer 1956 kennenlernte. 1965 erschien ihr zweiter Gedichtband *Blinder Sommer* im Bergland
Verlag Wien, wenn auch nur in der Kleinauflage von 500
Exemplaren. Er war kein Publikumserfolg, ebenso wenig wie
die folgenden Gedichtbände. Dennoch markiert er die Anfänge
von Ausländers Anerkennung als Lyrikerin. Den literarischen
Durchbruch brachten die *Gesammelten Gedichte* von 1976.
Die Dichterin wurde vielfach ausgezeichnet und mit Preisen

geehrt. Mehr als zwanzig Gedichtbände erschienen, wenn auch mit allmählich nachlassender Sprachkraft.

An ihrem Lebensende, 1986, gab sie mit dem Entschluss, nichts Neues mehr zu schreiben, auch das Letzte auf, was sie ans Leben band. Sie zog sich noch weiter zurück, in den Kosmos ihrer unveröffentlichten Texte.

AUSBLICK

Verboten – verfemt – vertrieben: vergessen?

Verboten – verfemt – vertrieben: Dieses Buch zeigt, wie massiv die Literaturpolitik der Nazis ins Leben und Schreiben der Autorinnen eingriff, wie radikal sie deren Lebenspläne und literarische Karrieren zerstörte; gleich, ob der Widerstand gegen die NS-Diktatur die Autorinnen ins Exil oder in die Innere Emigration getrieben hatte. Die NS-Diktatur und ihre Folgen warfen die Frauen auch zurück in ihrem Kampf um ein selbstbestimmtes Leben, um Emanzipation und rechtliche Gleichstellung – Themen, die die gesellschaftliche Debatte in den Jahrzehnten davor mitgeprägt hatten.

Verboten – verfemt – vertrieben: Wer von den in diesem Buch vorgestellten Schriftstellerinnen ist heute noch im kollektiven Gedächtnis lebendig? Wer von ihnen wird heute noch gelesen? Wer wird als Zeitzeugin noch gehört? Und: Wer ist fast, wer ist ganz vergessen?

Misst man die Verankerung im kollektiven Gedächtnis an der Präsenz in Literaturgeschichten, Lesebüchern und Anthologien, so trifft man auf die Namen von Rose Ausländer, Vicki Baum, Hilde Domin, Marieluise Fleißer, Ricarda Huch, Mascha Kaléko, Irmgard Keun, Annette Kolb, Else Lasker-Schüler, Nelly Sachs und Anna Seghers. Die meisten von ihnen schrieben in den Gattungen, die typisch sind für die Erfolgsschriftstellerin der Moderne: die Lyrik und der auflagenstarke Unterhaltungsroman. Nur wenigen Autorinnen gelang es, sich – unabhängig von allen Gattungspräferenzen –

in den klassischen literarischen Kanon einzuschreiben, wie
Marieluise Fleißer, Ricarda Huch, Annette Kolb, Else Lasker-
Schüler und Anna Seghers.

Dass die Schriftstellerinnen im Exil unter mangelnder Resonanz und öffentlicher Missachtung generell mehr zu leiden
hatten als ihre männlichen Kollegen, sei nochmals angemerkt.
Diese Missachtung setzte sich nach 1945 fort, zumindest in der
westdeutschen Literaturszene.

Es ist bekannt, dass die meisten Exilschriftsteller, die in der
Nachkriegszeit nach Deutschland zurückkehrten, sich für die
DDR entschieden und nur wenige für die BRD. Das gilt tendenziell auch für Schriftstellerinnen, sofern sie sich überhaupt
zur Heimkehr entschlossen. So z. B. Anna Seghers, Berta Lask,
Hedda Zinner und die Frauen um Brecht, die dem Meister
ausnahmslos folgten, als er nach Ostberlin zurückkehrte.

Die DDR zeigte sich aufgeschlossen und aufnahmebereit für
politische Emigrantinnen und Emigranten. Sie bot ihnen die
Integration in eine sozialistisch definierte Gemeinschaft, die
zumindest versprach, zugleich eine neue geistige Heimat zu
werden; auch wenn sich diese Hoffnung nicht immer erfüllte.
Anna Seghers klagte, ebenso wie Annette Kolb, schon während
der Exilzeit über die so unumgängliche wie problematische
›Nähe zu Freund und Feind‹ innerhalb der Emigrantenfamilie;
dieser Zustand setzte sich in der DDR für viele fort.

In Westdeutschland und in Österreich aber war das Interesse
an Exilliteratur generell gering; das am Werk der Exilautorinnen noch geringer. Die westdeutsche Nachkriegsgesell-
schaft, deren Grundwerte – auch in der Geschlechterfrage –
definiert waren durch die Adenauer'sche Restauration, pflegte,
ebenso wie die österreichische, massive Vorbehalte gegen die
Emigranten. Das zeigte sich exemplarisch an der unmittelbar
nach Kriegsende einsetzenden, höchst kontrovers geführten
öffentlichen Debatte um Exil und Innere Emigration, in der
die Emigranten als Drückeberger und Netzbeschmutzer diffa-

miert wurden. Diese rückwärtsgewandte, an der konservativen Literaturtradition vor 1933 und der Rechtfertigungsposition der Inneren Emigranten orientierte Haltung prägte auch die offizielle Literaturrezeption. Dies wird im Programm der westdeutschen belletristischen Verlage ebenso deutlich wie im Kanon westdeutscher Schullektüren.

Verändert hat sich diese Position erst spät und zögerlich, beginnend mit den Protesten der Achtundsechziger gegen das Schweigen der Elterngeneration über die kollektive und die individuelle NS-Vergangenheit, und – nicht zuletzt – durch den Protest der neuen Frauenbewegung gegen die vermeintliche ›Geschichtslosigkeit der Frauen‹. Diese offenere Einstellung zur Emigration begünstigte auch die Exilliteraturforschung und in ihr den spät entwickelten Schwerpunkt ›Frauen und Exil‹.

Jetzt waren Schriftstellerinnen wie Marieluise Fleißer, Irmgard Keun und Grete Weil, Partnerinnen berühmter Schriftsteller wie Marta Feuchtwanger und Alice Herdan-Zuckmayer, aber auch politische Emigrantinnen wie Lisa Fittko als Zeitzeuginnen und mit ihrem literarischen Werk gefragt. Jedoch nur für kurze Zeit.

Heute, eine weitere Generation später, gibt es nur noch wenige Überlebende. Und das öffentliche Interesse an ihnen, ihrem Schicksal und Werk schwindet mit der fortschreitenden zeitlichen Distanz und mit den Veränderungen auf dem gesamtdeutschen Buchmarkt mehr und mehr.

Wer also von den im ›Dritten Reich‹ verbotenen, verfemten und vertriebenen Autorinnen ist auch heute noch einem breiteren Publikum bekannt? Wer von ihnen wird – über ein rein literarhistorisches Interesse hinaus – heute noch gelesen? Es sind nur sehr wenige: Anna Seghers etwa und ihr Gegenstück Vicki Baum, der einstige Star der literarischen Unterhaltungsindustrie, und – mehr noch – Mascha Kaléko. Die nach 1945 erschienenen Neuausgaben ihrer Gedichte dürften sich auf mindestens 700 000 Exemplare beziffern. Nach wie vor lebendig ist also das Werk der Autorinnen, die, als sie in den Zwanzigerjahren die literarische Bühne betraten, den Typus der ›Neuen Frau‹ repräsentierten und mit ihrem Werk die ›Asphaltliteratur‹. Ob es nun die zeitkritischen politischen Romane der Anna Seghers sind, die zeitlosen Unterhaltungsromane der Vicki Baum mit ihren aus dem Leben gegriffenen Heldinnen und Handlungen oder die in ihrem melancholischen Witz emotional noch immer wirksamen Verse der Mascha Kaléko; sie finden – jenseits literarischer Trends und Moden – noch immer ihre Leser und vor allem ihre Leserinnen.

ANHANG

Anmerkungen

[1] Seghers/Herzfelde, S. 128

[2] Vgl. Siegel, S. 16

[3] Hinzuweisen ist auf die grundlegenden Arbeiten von Siglinde Bolbecher, Hiltrud Häntzschel, Waltraud Kannonier-Finster/Meinrad Ziegler, Heike Klapdor, Gabriele Kreis, Irmela von der Lühe, Gabriele Mittag, Sibylle Quack, Eva-Maria Siegel, Hans-Albert Walter, Ingrid Walter sowie auf die von Gisela Brinker-Gabler u. a., Hiltrud Gnüg u. a., Claus-Dieter Krohn u. a., Claudia Schoppmann, John M. Spalek/Joseph Strelka, Renate Wall und Reiner Wild herausgegebenen Sammelwerke zur Frauen- und Exilliteratur. Nur auf der Basis dieser (und einer Vielzahl weiterer, an dieser Stelle nicht explizit genannter) Studien konnte dieses Buch entstehen (vgl. das Verzeichnis verwendeter Literatur)

[4] Auf geschlechtsspezifische Aspekte des Exils und der Exilforschung haben bisher v. a. Klapdor und Häntzschel, *Aspekte*, hingewiesen

[5] Vgl. Rose Ausländers Gedicht *Mutterland*

[6] Brecht, S. 81

[7] So Hedwig Dohm, zit. nach Brinker-Gabler, *Perspektiven*, S. 169 f.; auf dieser Darstellung fußen die folgenden Ausführungen

[8] S. Fischer, *Bemerkungen zur Bücherkrise*, in: *Die literarische Welt 2* (1926), Nr. 43; vgl. auch Barndt, S. 31

[9] Zit. nach Gürtler/Schmid-Bortenschlager, S. 235; vgl. dazu auch Barndt, S. 38 ff.

[10] Wall, Bd. 2, S. 104 ff.

[11] Soltau, *Anstrengungen*, S. 226

[12] Von der Decken, S. 288 ff.; auf ihre Darstellung der Frauenliteratur im Nationalsozialismus beziehen sich die folgenden Ausführungen

[13] Barndt, S. 1; auf ihrer Darstellung beruht das folgende Porträt

[14] Ebd., S. 3

[15] Ebd., S. 38

[16] Ebd., S. 1 ff.

[17] Soltau, *Anstrengungen*, S. 221

[18] Ebd., S. 221 f.

[19] Ebd., S. 222

[20] Vgl. ebd., S. 224

[21] Ebd., S. 229

[22] Ebd., S. 227 f.

[23] Zum Folgenden vgl. Barndt, S. 21 f.

[24] Ebd., S. 21

[25] Ebd., S. 3

[26] Zit. nach ebd.

[27] Ebd., S. 10; vgl. auch Brinker-Gabler, *Perspektiven*, S. 170

[28] Zit. nach Nottelmann, S. 224

[29] Zit. nach Barndt, S. 65

[30] Vgl. ebd., S. 75 f.

[31] Zit. nach ebd., S. 70

[32] Ebd., S. 87

[33] Ebd., S. 85

[34] Vgl. ebd., S. 65 f.

[35] Nottelmann, S. 132

[36] Baum, *Erinnerungen*, S. 15

[37] Zit. nach Bell, S. 252

[38] Ebd., S. 217

[39] Ebd., S. 216

[40] Kaléko, *Jahre*, S. 241

[41] Ebd., S. 225; auf Gisela Zoch-Westphals biografischen Ausführungen basiert dieses Porträt

[42] Zoch-Westphal, S. 221

[43] Kaléko, *Jahre*, S. 121 f.

[44] Bauschinger, *Kaléko*, S. 410

[45] Kaléko, *Jahre*, S. 237

[46] Bauschinger, *Kaléko*, S. 410

[47] Kaléko, *Jahre*, S. 244

[48] Hermann Hesse, zit. nach ebd., S. 238

[49] Ebd., S. 256

[50] Ebd., S. 266

[51] Ebd., S. 331

[52] Ebd., S. 55

[53] Ebd., S. 329
[54] Ebd., S. 59
[55] Barndt, S. 123
[56] Zit. nach Häntzschel, *Keun*, S. 32
[57] Zum Folgenden vgl. Barndt, S. 149 ff.
[58] Ebd., S. 167
[59] Häntzschel, *Keun*, S. 40 f.; auf dieser Biografie fußt die folgende Darstellung
[60] Zit. nach Roloff, S. 51
[61] Vgl. dazu Häntzschel, *Gilgi*, S. 186
[62] Zit. nach Häntzschel, *Keun*, S. 52
[63] 30. Oktober 1933, Keun, *Briefe*, S. 32
[64] Keun, *Bilder*, S. 3
[65] 5. Mai 1936, Keun, *Briefe*, S. 166
[66] Zit. nach Häntzschel, *Keun*, S. 61 f.
[67] 5. Mai 1936, Keun, *Briefe*, S. 169
[68] Häntzschel, *Keun*, S. 62
[69] Zit. nach ebd., S. 71 f.
[70] Ebd., S. 87 f.
[71] Ebd., S. 89
[72] Vgl. ebd., S. 89 f.
[73] Keun, *Kind aller Länder*, S. 7 f.
[74] Ebd., S. 113
[75] Vgl. Häntzschel, *Keun*, S. 68 f.
[76] Vgl. ebd., S. 92 ff.
[77] Nathorff, S. 14
[78] Kolb an René Schickele, 2. Januar 1934, zit. nach Strohmeyr, *Kolb*, S. 198
[79] Kolb an René Schickele, 2. Januar 1934, zit. nach ebd., S. 223
[80] 18. Februar 1933, zit. nach ebd. S. 183 f.
[81] Zit. nach Bauschinger, *Kolb*, S. 128
[82] 6. Februar 1935, zit. nach Strohmeyr, *Kolb*, S. 188
[83] Zit. nach ebd., S. 217 f.
[84] Zit. nach ebd., S. 225
[85] Kolb/Schickele, *Briefe*, S. 100 f.
[86] Zit. nach Strohmeyr, *Kolb*, S. 193 f.
[87] Ebd., S. 194
[88] Kolb/Schickele, *Briefe*, S. 267
[89] 11. November 1933, zit. nach ebd., S. 192
[90] An Ilse Gräfin Seilner, 27. Juli 1944, zit. nach Bauschinger, *Kolb*, S. 175
[91] Zit. nach Strohmeyr, *Kolb*, S. 236
[92] Ebd., S. 236
[93] Die folgende Darstellung beruht vor allem auf den Publikationen von Irmela von der Lühe. Ihrer Erika Mann-Biografie (1993) ist auch der Titel dieses Porträts entlehnt
[94] Zit. nach Lühe, in: Spalek/Strelka, S. 290 f.
[95] Ebd., S. 291
[96] Mann, *Blitze überm Ozean*, S. 13
[97] Lühe, in: Spalek/Strelka, S. 172
[98] Gespräch mit Fritz Raddatz, 1965, in: Mann, *Briefe*, S. 113
[99] Vgl. Lühe, in: Spalek/Strelka, S. 292 f.
[100] Vgl. ebd., S. 293 f.
[101] Mann, *Briefe*, S. 140; vgl. auch Lühe, in: Spalek/Strelka, S. 303
[102] Lühe, in: Spalek/Strelka, S. 293
[103] Vgl. Häntzschel, *Aspekte*, S. 105
[104] Lühe, in: Spalek/Strelka, S. 302
[105] Vgl. ebd., S. 294; zum Folgenden vgl. ebd.
[106] Lühe, *Mann. Biografie*, S. 184
[107] Mann, Erika: *Wenn die Lichter ausgehen. Geschichten aus dem Dritten Reich*. Rowohlt, Reinbek 2005
[108] Lühe, in: Spalek/Strelka, S. 295
[109] Vgl. ebd., S. 296
[110] Vgl. ebd., S. 299
[111] Vgl. ebd., S. 306
[112] Zit. nach ebd., S. 304
[113] Vgl. ebd., S. 306
[114] Lühe, *Mann. Biografie*, S. 249
[115] Zit. nach Häntzschel, *Brecht*, S. 181
[116] Vgl. dazu Jäger, S. 41 ff.; auf dieser Monografie fußt die folgende Darstellung
[117] Vgl. Wolf, S. 342
[118] Zit. nach Lühe, *Mann. Biografie*, S. 160
[119] Die folgenden Informationen über Wege in die Emigration und Stationen des Exils entstammen im Wesentlichen Walter, *Exilliteratur*, Bd. 1–3, passim
[120] Arendt im Fernsehgespräch mit Günter Gaus, zit. nach Grunenberg, S. 171 f.
[121] Zit. nach Dippel, S. 100
[122] Zit. nach ebd., S. 162
[123] Dazu wird im Kapitel *Alltag im Exil* noch Näheres zu berichten sein

[124] Dies und der folgende Absatz, vgl. Häntzschel, *Aspekte*, S. 102 f.

[125] Zit. nach Lühe, *Mann. Biografie*, S. 160

[126] Häntzschel, *Aspekte*, S. 103

[127] Nathorff, *Tagebuch*, S. 127

[128] Dies und der folgende Absatz vgl. Häntzschel, *Aspekte*, S. 103 f.

[129] Ebd., S. 104

[130] Vgl. ebd., S. 105 f.

[131] Vgl. die entsprechenden Artikel bei Wall und das Porträt Veza Canettis in diesem Buch

[132] Vgl. dazu Mittag, *Verdammte*, S. 20–26; Vormeier, passim

[133] Zit. nach Voswinckel/Berninger, S. 15

[134] Vgl. Vormeier, S. 188–192

[135] Zit. nach Voswinckel/Berninger, S. 153

[136] Ebd., S. 163

[137] Pauli, S. 267

[138] Vgl. dazu Winckler, S. 88 ff., und Werner, *Gmeyner*, S. 256 ff.

[139] Winckler, S. 89

[140] Kaus, *Leben*, S. 224 f.

[141] Werner, *Gmeyner*, S. 256; auf Werners zusammenfassender Darstellung fußen die folgenden Bemerkungen

[142] Pauli, S. 9

[143] Werner, *Gmeyner*, S. 260

[144] Zit. nach Schoppmann, S. 173 f.

[145] Spiel, *Briefwechsel*, S. 8

[146] Zum Folgenden vgl. Pazi, S. 317 f.

[147] Zit. nach Serke, S. 51

[148] Vgl. dazu Hilzinger, passim

[149] Scheer, S. 112

[150] Vgl. dazu Grunenberg, S. 215 ff.

[151] Vgl. dazu auch Quack, passim

[152] Zit. nach Zehl Romero, S. 386

[153] Zit. nach ebd., S. 388

[154] Zit. nach Bauschinger, *Lasker-Schüler. Biographie*, S. 55

[155] Sackville-West, S. 253

[156] Zit. nach Alsberg, S. 112

[157] Zit. nach Bauschinger, *Lasker-Schüler. Werk*, S. 267

[158] Vgl. dazu Bauschinger, *Lasker-Schüler. Biographie*, S. 431 ff.

[159] *Heimweh*, in: Lasker-Schüler, S. 166

[160] Ebd., S. 337

[161] Bauschinger, *Lasker-Schüler. Werk*, S. 275

[162] Bauschinger, *Lasker-Schüler. Biographie*, S. 431

[163] Zit. nach Helfrich, S. 176

[164] Grete Weil, *Generationen*, S. 8

[165] Zit. nach Braese, S. 106

[166] Ebd., S. 111

[167] Weil, *Antigone*, S. 56

[168] Vgl. die Arbeiten von Helmut Göbel, Angelika Schedel und Sibylle Mulot

[169] Vgl. Schedel, S. 102 ff.

[170] Göbel, S. 4 f.

[171] Gürtler/Schmid-Bortenschlager, S. 237

[172] Kosenina, S. 82; auf Koseninas Studie fußt diese Deutung

[173] Gürtler/Schmid-Bortenschlager, S. 238

[174] Nach ebd., S. 67; auf dieser Darstellung fußen die folgenden Angaben

[175] Zit. nach ebd., S. 70

[176] Vgl. auch ebd., S. 68

[177] Walter, *Exilliteratur*, Bd. 2, S. 246

[178] Zit. nach Schoppmann, S. 121 ff.

[179] Zit. nach Zehl Romero, S. 286

[180] Vgl. Häntzschel, *Aspekte*, S. 105 f.

[181] Kaus, *Leben*, S. 213 f.

[182] Siehe dazu auch Walter, *Exilliteratur*, Bd. 2, S. 159 ff.

[183] Nathorff, *Tagebuch*, S. 169 f.

[184] Vgl. Häntzschel, *Aspekte*, S. 106

[185] Vgl. ebd., S. 103 ff.

[186] Zit. nach Winckler, S. 95

[187] Klapdor, S. 15 ff.

[188] Zit. nach Moore, S. 27

[189] Vgl. dazu auch Walter, *Exilliteratur*, Bd. 2, S. 247 ff. und Klapdor, S. 17 ff.

[190] Viertel, S. 356

[191] Ebd., S. 376

[192] Die folgenden Beispiele nach Mittag, *Emigrantinnen*, S. 20 ff. und Klapdor, S. 18–22

[193] Zit. nach Schoppmann, S. 18 f.

[194] Zit. nach Klapdor, S. 23; vgl. auch Schoppmann, S. 18 f.

[195] Zit. nach Schoppmann, S. 97

[196] Domin, *Natur*, S. 22

[197] Seghers/Herzfelde, S. 35

[198] Nathorff, *Tagebuch*, S. 149

[199] Ebd., S. 171
[200] Lessie Sachs, *Tag- und Nachtgedichte*. 1944; zit. nach Schoppmann, S. 126 f.
[201] Vgl. dazu auch Klapdor, S. 23
[202] Ebd., S. 26
[203] Seghers/Herzfelde, S. 136
[204] Zit. nach Schoppmann, S. 11; vgl. auch Klapdor, S. 26
[205] Kaus, *Leben*; zur Exilbiografie von Gina Kaus vgl. auch Malone, S. 751-761
[206] Zit. nach Roth, S. 167
[207] Kaus, *Leben*, S. 66
[208] Roth, S. 167
[209] Vgl. Weidermann, S. 79
[210] Kaus, *Leben*, S. 231 f.
[211] Ebd., S. 233 f.
[212] Ebd., S. 234
[213] Ebd., S. 236 f.
[214] Ebd., S. 252 f.
[215] Zit. nach Malone, S. 756
[216] Nathorff, *Tagebuch*; auf der Einleitung des Herausgebers basiert das folgende Porträt
[217] Ebd., S. 13
[218] Ebd., S. 20
[219] Ebd., S. 22
[220] Ebd., S. 118 f.
[221] Ebd., S. 13
[222] Ebd., S. 173
[223] Ebd., S. 189 f.
[224] Ebd., S. 197
[225] Vgl. auch Schoppmann, S. 19
[226] Auszug aus Bertolt Brecht, *Vom armen B. B.*, 1922
[227] Das folgende Kapitel basiert auf Hiltrud Häntzschels Studie über Brechts Frauen und Werner Mittenzweis Brecht-Biografie
[228] Vgl. Häntzschel, *Brecht*, S. 9 f.
[229] Vgl. ebd., S. 10 ff.
[230] Ebd.
[231] Ebd., S. 13
[232] Vgl. ebd., S. 12 f.
[233] Vgl. ebd., S. 116
[234] Zit. nach ebd., S. 102 f.
[235] Zit. nach ebd., S. 118 f.
[236] Ebd., S. 129
[237] Ebd., S. 130
[238] Ebd., S. 151
[239] Zit. nach ebd., S. 13
[240] Zit. nach ebd., S. 154
[241] Vgl. ebd., S. 162 f.
[242] Vgl. ebd., S. 164 f.
[243] Vgl. ebd., S. 174
[244] Vgl. ebd., 182 f.
[245] Vgl. ebd., S. 177 f.
[246] Vgl. ebd., S. 206
[247] Vgl. ebd., S. 206 ff.
[248] Zit. nach ebd., S. 208
[249] Zit. nach ebd., S. 206
[250] Ebd., S. 193
[251] Vgl. ebd., S. 193 f.
[252] Zit. nach ebd., S. 218
[253] Vgl. ebd., S. 213
[254] Zit. nach ebd., S. 219
[255] Vgl. Mittenzwei, Bd. 1, S. 509; vgl. auch Häntzschel, *Brecht*, S. 215
[256] Häntzschel, *Brecht*, S. 216 f.
[257] Ebd., S. 218
[258] Vgl. Berlau, S. 78
[259] Vgl. Häntzschel, *Brecht*, S. 228 ff.
[260] Ebd., S. 239
[261] Vgl. Mittenzwei, Bd. 2, S. 73 f.; vgl. auch Häntzschel, *Brecht*, S. 242 f.
[262] Häntzschel, *Brecht*, S. 238
[263] Vgl. ebd., S. 236 ff.
[264] Vgl. ebd., S. 261
[265] Domin, *Natur*, S. 3
[266] Vgl. dazu auch Schoppmann, S. 23 f.
[267] Ausländer, *Gedichte*, Bd. 5, S. 98
[268] Vgl. Häntzschel, *Aspekte*, S. 105
[269] Zit. nach Schmidinger/Schoeller, S. 178
[270] Grunenberg, S. 220
[271] Zit. nach Schoppmann, S. 231; vgl. auch Häntzschel, *Aspekte*, S. 105
[272] Zit. nach Schoppmann, S. 29
[273] Vgl. Deutschkron, *Emigranto*
[274] Zit. nach Walter, *Exilliteratur*, Bd. 2, S. 177; auf die hier genannten Fakten stützt sich die folgende Darstellung
[275] Vgl. ebd., S. 182
[276] Vgl. ebd., S. 252
[277] Keun, *Briefe*, S. 248
[278] Keun, *Bilder*, S. 26
[279] Ebd., S. 24 f.
[280] Vgl. Mittag, *Verdammte*, S. 180

[281] Walter Mehring über das Lager St. Cyprien; zit. nach ebd., S. 12

[282] Domin, *Natur*, S. 18

[283] Vgl. auch Klapdor, S. 26

[284] Zit. nach Helfrich, S. 176

[285] Vgl. dazu die Analyse des Romans bei Werner, *Gmeyner*, S. 240–286

[286] Spiel, *Lisas Zimmer*, S. 43

[287] Zum Folgenden vgl. Mittag, *Erinnern*, S. 54 ff.

[288] Vgl. ebd., S. 56

[289] Vgl. ebd., S. 55 f.

[290] Häntzschel, *Aspekte*, S. 110 f.

[291] Vgl. Mittag, *Erinnern*, S. 63

[292] Vgl. Häntzschel, *Aspekte*, S. 111

[293] Vgl. Mittag, *Erinnern*, S. 63

[294] Kaléko, *Zeitgenossen*, S. 76

[295] In Adornos Aufsatz *Kulturkritik und Gesellschaft* von 1949 heißt es: »nach Auschwitz ein Gedicht zu schreiben, ist barbarisch, und das frißt auch die Erkenntnis an, die ausspricht, warum es unmöglich ward, heute Gedichte zu schreiben.« Zit. nach Schnell, *Geschichte*, S. 129

[296] Zit. nach Bauschinger, *Lasker-Schüler. Biographie*, S. 55

[297] Lasker-Schüler, S. 345

[298] Schoppmann, S. 124

[299] Mein Dank gilt Doris Hermanns, die eine Biografie über Christa Winsloe vorbereitet, für bisher unveröffentlichte Informationen und die kritische Lektüre dieses Textes

[300] Dieses Porträt beruht v. a. auf dem Aufsatz von Moore, S. 21–39

[301] Viertel, S. 377 f.

[302] Moore, S. 23

[303] Viertel, S. 349

[304] Moore, S. 23

[305] Ebd., S. 26

[306] Zit. nach ebd., S. 23

[307] Viertel, S. 328

[308] Kaus, *Leben*, S. 252

[309] Baum, *Erinnerungen*, S. 474

[310] Ebd., S. 483

[311] Zit. nach Moore, S. 38

[312] Vgl. dazu Zehl Romero, S. 270; auf

[313] Zehl Romeros Biografie fußt das folgende Porträt

[313] Zit. nach Weidermann, S. 188

[314] Seghers/Herzfelde

[315] Zehl Romero, S. 151

[316] Ebd., S. 153

[317] Ebd., S. 280

[318] Seghers/Herzfelde, S. 34 ff.; vgl. auch Klapdor, S. 12

[319] Zit. nach Zehl Romero, S. 368

[320] Zit. nach ebd., S. 384

[321] Zit. nach ebd., S. 395

[322] Ebd., S. 406

[323] Zit. nach ebd., S. 415

[324] Ndiaye, *Wer schreibt, handelt*

[325] Zit. nach Zehl Romero, S. 400 f.

[326] Vgl. Mittag, *Verdammte*, S. 20–43

[327] Ebd., S. 255

[328] Zit. nach ebd., S. 12

[329] Vgl. ebd., S. 27

[330] Schramm, S. 4 ff.

[331] Vgl. auch Mittag, *Verdammte*, S. 36

[332] Schramm, S. 8 f.

[333] Vgl. Mittag, *Verdammte*, S. 45

[334] Ebd.

[335] Zit. nach ebd., S. 161

[336] Vgl. ebd., S. 55

[337] Ebd., S. 57

[338] Ebd., S. 87

[339] Zit. nach ebd., S. 93

[340] Zit. nach Schramm, S. 106 f.

[341] Zit. nach Mittag, *Verdammte*, S. 99

[342] Ebd., S. 99 ff.

[343] Zit. nach ebd., S. 248

[344] Zit. nach ebd., S. 62

[345] Zit. nach ebd., S. 62 f.

[346] Vgl. dazu ebd., S. 157–182

[347] Ebd., S. 164

[348] Ebd., S.166

[349] Zit. nach ebd., S. 169

[350] Zit. nach ebd., S. 241

[351] Weidermann, S. 50

[352] Zit. nach Mittag, *Verdammte*, S. 171

[353] Ebd., S. 177

[354] Das folgende Kurzporträt stützt sich v. a. auf die Biografie von Ruth Dinesen und auf Holzschuhs kritische Textanalyse

[355] Sachs, *Briefe*, S. 238

[356] Sachs, *Gebete für den toten Bräutigam*

[357] Holzschuh, S. 353

[358] Schnell, *Finstere Zeiten*, S.120

[359] Vgl. Wall, Bd. 1, S. 215

[360] Vgl. von der Decken, S.301

[361] Vgl. Wall, Bd. 2, S. 109

[362] Zit. nach Bendt/Schmidgall, S. 421

[363] Zit. nach ebd., S. 326

[364] Zit. nach ebd., S. 327

[365] Zit. nach Reichert, S. 130

[366] Häntzschel, *Fleißer*, S. 15; auf dieser und Carl-Ludwig Reicherts Fleißer-Biografie beruht dieses Porträt

[367] Ebd., S. 95

[368] Ebd., S. 205

[369] Ebd., S. 229

[370] Zit. nach Häntzschel, *Brecht*, S. 91

[371] Zit. nach Reichert, S. 133

[372] Zit. nach Häntzschel, *Fleißer*, S. 289

[373] Vgl. ebd., S. 291

[374] Vgl. ebd., S. 294

[375] Fleißer-Nachlass, zit. nach ebd., S. 301

[376] Zit. nach ebd., S. 296 f.

[377] Spiel, *Lisas Zimmer*, S. 123

[378] Vgl. dazu auch Häntzschel, *Aspekte*, S. 111

[379] Vgl. auch Schoppmann, S. 29

[380] Arendt, *Besuch in Deutschland*; zit. nach Grunenberg, S. 276 f.

[381] Kaus, *Leben*, S. 263

[382] Zit. nach Lühe, *Mann. Biografie*, S. 269

[383] Vgl. Häntzschel, *Aspekte*, S. 111

[384] Ebd., S. 113

[385] Ebd., S. 112 f.

[386] Kaléko, *Sturm*, S. 136

[387] Domin, *Natur*, zit. nach Lermen/Braun, S. 12

[388] *Landen dürfen*, zit. nach ebd., S. 13

[389] Domin, *Natur*, zit. nach ebd., S. 12

[390] Zit. nach ebd., S. 17

[391] Domin, *Hier*, S. 19

[392] *Hoffnung*, 1982, zit. nach Lermen/Braun, S. 21

[393] Domin, *Natur*, S. 34

[394] Notiz Rose Ausländers von 1962, zit. nach Helfrich, S. 169

[395] Vgl. ebd., S. 298 ff.

[396] Zit. nach ebd., S. 256

[397] Ausländer, *Werke*, Bd. 3, S. 104

Verzeichnis der verwendeten Literatur

Primärliteratur

Ausländer, Rose: *Gesammelte Werke in sieben Bänden.* Hg. von Helmut Braun. S. Fischer, Frankfurt am Main 1984 ff.

Baum, Vicki: *stud. chem. Helene Willfüer.* Berlin 1929

Dies.: *Menschen im Hotel. Ein Kolportageroman mit Hintergründen.* Berlin 1929

Dies.: *Hotel Shanghai.* New York 1939

Dies.: *Hier stand ein Hotel.* New York 1947

Dies.: *Es war alles ganz anders. Erinnerungen.* Berlin 1962

Berlau, Ruth: *Brechts Lai-Tu. Erinnerungen und Notate.* Hg. von Hans Bunge. Darmstadt 1985

Brecht, Bertolt: *Werke. Große kommentierte Berliner und Frankfurter Ausgabe.* Bd. 12. Gedichte 2, Hg. von Werner Hecht (u. a.). Suhrkamp, Berlin/Frankfurt am Main 1988

Dauber, Doris: *Eine Nacht – ein Leben. Autobiographische Skizzen einer unbekannten Frau.* Rudolstadt 1949

Domin, Hilde: *Hier.* Frankfurt am Main 1964

Dies.: *Von der Natur nicht vorgesehen. Autobiographisches.* Piper, München 1988

Fittko, Lisa: *Mein Weg über die Pyrenäen. Erinnerungen 1940/41.* München 1985

Fromm, Bella: *Als Hitler mir die Hand küßte.* Rowohlt, Berlin 1993

Gmeyner, Anna: *Café du Dôme.* London 1941 (Nachdruck der engl. Ausgabe Bern 2006)

Isolani, Gertrud: *Stadt ohne Männer.* Zürich 1945 (Neuausgaben 1959, 1979)

Kaléko, Mascha: *Das lyrische Stenogrammheft.* Berlin 1933 (Neuausgabe 1956)

Dies.: *Verse für Zeitgenossen.* Reinbek 1975

Dies.: *In meinen Träumen läutet es Sturm. Gedichte und Epigramme aus dem Nachlaß.* Hg. und eingeleitet von Gisela Zoch-Westphal. München 1997

Dies.: *Die paar leuchtenden Jahre. Mit einem Essay von Horst Krüger.* Hg., eingeleitet und mit der Biografie *Aus den sechs Leben der Mascha Kaléko* von Gisela Zoch-Westphal. 8. Aufl., München 2009

Kaus, Gina: *Die Schwestern Kleh.* Amsterdam 1933

Dies.: *Katharina die Große.* Amsterdam 1935

Dies.: *Luxusdampfer. Roman einer Überfahrt.* Amsterdam 1937

Dies.: *Der Teufel nebenan.* Amsterdam 1940

Dies.: *Und was für ein Leben ... mit Liebe und Literatur, Theater und Film. Autobiographie.* Hamburg 1979 (Neuausgabe u. d. T.: *Von Wien nach Hollywood.* Suhrkamp, Frankfurt am Main 1990)

Keun, Irmgard: *Gilgi, eine von uns.* Berlin 1931

Dies.: *Das kunstseidene Mädchen.* Berlin 1932

Dies.: *Nach Mitternacht.* Amsterdam 1937

Dies.: *D-Zug dritter Klasse.* Amsterdam 1938

Dies.: *Kind aller Länder.* Amsterdam 1938

Dies.: *Bilder und Gedichte aus der Emigration.* Köln 1947

Dies.: *Ich lebe in einem wilden Wirbel. Briefe an Arnold Strauss 1933–1947.* Hg. von Gabriele Kreis und Marjory S. Strauss. Claassen, Düsseldorf 1988

Kolb, Annette: *Memento*. Frankfurt am Main 1960

Dies.: *Die Romane. Das Exemplar. Daphne Herbst. Die Schaukel.* Frankfurt am Main 1968

Dies. und René Schickele: *Briefe im Exil. 1933–1940.* Hg. von Hans Bender (u. a.). Hase & Koehler, Mainz 1987

Lasker-Schüler, Else: *Gedichte. 1902–1943.* Hg. von Friedhelm Kemp. Suhrkamp, Frankfurt am Main 2009

Mann, Erika: *Briefe und Antworten.* Bd. 1. 1922–1950. Hg. von Anna Zanco Prestel. 2 Bde. München 1988

Dies.: *Blitze überm Ozean. Aufsätze, Reden, Reportagen.* Hg. von Irmela von der Lühe und Uwe Naumann. Rowohlt, Reinbek 2000

Dies.: *Wenn die Lichter ausgehen. Geschichten aus dem Dritten Reich.* Rowohlt, Reinbek 2005

Dies. und Klaus Mann: *Das Buch von der Riviera.* München 1930 (Neuausgabe, Rowohlt, Reinbek 2004)

Nathorff, Hertha: *Das Tagebuch der Hertha Nathorff. Berlin – New York. Aufzeichnungen 1933 bis 1945.* Hg. von Wolfgang Benz. Fischer, Frankfurt am Main 2009

Pauli, Hertha: *Der Riß der Zeit geht durch mein Herz.* Wien 1970

Sachs, Lessie: *Tag- und Nachtgedichte. Mit einem Geleitwort von Heinrich Mann.* New York 1944

Sachs, Nelly: *In den Wohnungen des Todes.* Frankfurt am Main 1947

Dies.: *Briefe.* Hg. von Ruth Dinesen und Helmut Müssener. Frankfurt am Main 1984

Sackville-West, Vita: *Geliebtes Wesen. Briefe von Vita Sackville-West an Virginia Woolf.* Hg. von Louise DeSalvo und Mitchell A. Leaska. S. Fischer, Frankfurt am Main 1999

Scheer, Maximilian: *Paris – New York.* Berlin 1966

Schramm, Hanna: *Menschen in Gurs. Erinnerungen an ein französisches Internierungslager (1940–1941).* Worms 1977 (erweitere Neuausgabe)

Seghers, Anna: *Das siebte Kreuz. Roman aus Hitlerdeutschland.* Mexiko 1942

Dies.: *Transit.* New York 1944 (deutsche Erstausgabe: Konstanz 1948)

Dies.: *Der Ausflug der toten Mädchen und andere Erzählungen.* New York 1946

Dies.: *Die Toten bleiben jung.* Berlin 1949

Dies. und Wieland Herzfelde: *Gewöhnliches und gefährliches Leben. Ein Briefwechsel aus der Zeit des Exils 1939–1946.* Luchterhand, Darmstadt 1986

Spiel, Hilde: *Lisas Zimmer.* München 1968

Dies.: *Die hellen und die finsteren Zeiten. Erinnerungen 1911–1946.* List, München 1989

Dies.: *Briefwechsel.* Hg. von Hans A. Neunzig. List, München 1995

Steffin, Margarete: *Konfutse versteht nichts von Frauen.* Nachgelassene Texte. Hg. von Inge Gellert. Rowohlt, Berlin 1991

Sternheim, Thea: *Tagebücher 1903–1971.* Hg. von Thomas Ehrsam und Regula Wyss im Auftrag der Heinrich Enrique Beck-Stiftung. Bd. 3. 1936–1951. Wallstein, Göttingen 2002

Thomas, Adrienne: *Reisen Sie ab, Mademoiselle!* Stockholm 1944 (Neuausgabe 1982)

Dies.: *Ein Fenster am East River.* Amsterdam 1945

Viertel, Salka: *Das unbelehrbare Herz. Ein Leben in der Welt des Theaters, der Literatur und des Films.* Hamburg 1970

Weil, Grete: *Meine Schwester Antigone. Roman.* Zürich/Köln 1980

Dies: *Generationen.* Zürich/Köln 1983

Wissenschaftliche Literatur

Alsberg, Paul (Hg.): »*Jedes Wort hab ich vergoldet.*« *XIII. Else Lasker-Schüler-Forum. 26.–29. Oktober 2006 in Zürich.* Zürich 2006 (Katalog)

Arnold, Heinz Ludwig (Hg.). *Anna Seghers.* Text + Kritik. Zeitschrift für Literatur. Heft 38. München, April 1973

Ders.: *Veza Canetti.* Text + Kritik. Zeitschrift für Literatur. Heft 156. München, Oktober 2002

Barndt, Kerstin: *Sentiment und Sachlichkeit. Der Roman der neuen Frau in der Weimarer Republik.* Böhlau, Köln 2003

Bauschinger, Sigrid: *Mascha Kaléko*, in: Spalek/Strelka, Bd. 2, S. 410–420

Dies.: *Lyrikerinnen im amerikanischen Exil.* In: Spalek/Strelka, Bd. 3, T. 5, S. 217–242

Dies.: *Else Lasker-Schüler. Ihr Werk und ihre Zeit.* Heidelberg 1980

Dies. (Hg.): *Ich habe etwas zu sagen. Annette Kolb 1870–1967. (Ausstellung der Münchener Stadtbibliothek)* München 1993

Dies.: *Else Lasker-Schüler. Eine Biographie.* Suhrkamp, Frankfurt am Main 2006

Bell, Robert F.: *Vicki Baum.* In: Spalek/Strelka, Bd. 1, S. 252

Bender, Stephanie: *Lebensentwürfe im Romanwerk Irmgard Keuns.* Driesen, Taunusstein 2000

Bendt, Jutta und Karin Schmidgall: *Ricarda Huch 1864–1947. Ausstellung und Katalog des Deutschen Literaturarchivs im Schiller-Nationalmuseum.* Marbacher Katalog 47, Marbach 1994

Benz, Wolfgang (Hg.): *Das Exil der kleinen Leute. Alltagserfahrungen deutscher Juden in der Emigration.* Beck, München 1991

Biographisches Handbuch der deutschsprachigen Emigration nach 1933. Hg. vom Institut für Zeitgeschichte, München, unter der Gesamtleitung von Werner Röder und Herbert A. Strauss, 3 Bde. München 1980–1983

Bolbecher, Siglinde u. a. (Hg.): *Frauen im Exil.* Drava, Klagenfurt 2005

Bolius, Gisela: *Lisa Tetzner. Leben und Werk.* Dipa, Frankfurt am Main 1997

Braese, Stephan: *Die andere Erinnerung. Jüdische Autoren in der westdeutschen Nachkriegsliteratur.* Philo, Berlin/Wien 2002

Braun, Michael: *Rückkehr aus dem Exil. Zu Hilde Domins Roman »Das zweite Paradies«.* In: v. Wangenheim, Bettina (Hg.): *Vokabular der Erinnerungen. Zum Werk von Hilde Domin.* Aktualisierte Neuausgabe von Ilseluise Metz. Fischer, Frankfurt am Main 1998, S. 96–104

Brinker-Gabler, Gisela u. a. (Hg.): *Deutsche Literatur von Frauen.* Bd. 2: *19. und 20. Jahrhundert.* Beck, München 1988

Dies.: *Perspektiven des Übergangs.* In: dies., S. 168–205

Bronnen, Barbara: *Fliegen mit gestutzten Flügeln. Die letzten Jahre der Ricarda Huch 1933–1947.* Arche, Zürich/Hamburg 2007

Decken, Godele von der: *Die neue ›Macht des Weibes‹. Frauen-Literatur im Umkreis des Nationalsozialismus.* In: Brinker-Gabler, *Deutsche Literatur von Frauen*, S. 285–304

Deutschkron, Inge: *Emigranto. Vom Überleben in fremden Sprachen.* Transit, Berlin 2001

Dinesen, Ruth: *Nelly Sachs – eine Biografie.* Suhrkamp, Frankfurt am Main 1999

Dippel, John V. H.: *Die große Illusion. Warum deutsche Juden ihre Heimat nicht verlassen wollten.* Beltz, Weinheim 1997

Durzak, Manfred (Hg.): *Die deutsche Exilliteratur 1933–1945*. Stuttgart 1973

Eichmann-Leutenegger, Beatrice: *Gertrud Kolmar. Leben und Werk in Texten und Bildern.* Jüdischer Verlag, Frankfurt am Main 1993

Englmann, Bettina: *Poetik des Exils. Die Modernität der deutschsprachigen Exilliteratur.* Niemeyer, Tübingen 2001

Friedländer, Saul: *Das Dritte Reich und die Juden. Die Jahre der Verfolgung 1933–1939.* 2 Bde. München 1998, 2007

Fritsch-Vivié, Gabriele: *Nelly Sachs.* Rowohlt, Reinbek 1993

Gnüg, Hiltrud (Hg.): *Frauen – Literatur – Geschichte. Schreibende Frauen vom Mittelalter bis zur Gegenwart.* Suhrkamp, Frankfurt am Main 2000

Göbel, Helmut: *Zur Wiederentdeckung Veza Canettis als Schriftstellerin. Einige persönliche Anmerkungen.* In: Veza Canetti. Edition Text + Kritik. Heft 156, S. 4–10

Grunenberg, Antonia: *Hannah Arendt und Martin Heidegger. Geschichte einer Liebe.* Piper, München 2006

Gürtler, Christa und Sigrid Schmid-Bortenschlager: *Erfolg und Verfolgung. Österreichische Schriftstellerinnen 1918–1945. Fünfzehn Porträts und Texte.* Residenz, Salzburg/Wien 2002

Häntzschel, Hiltrud: *Geschlechtsspezifische Aspekte.* In: *Handbuch der deutschsprachigen Emigration*, S. 101–116

Dies.: *Irmgard Keun.* Rowohlt, Reinbek 2001

Dies.: *Brechts Frauen.* Rowohlt, Reinbek 2002

Dies.: ›*Ist Gilgi eine von uns?*‹ *Irmgard Keuns Zickzackkurs durch die NS-Zensurbarrieren.* In: Wild, S. 183–192

Dies.: *Marieluise Fleißer. Eine Biographie.* Insel, Frankfurt am Main 2007

Heimat und Exil. Emigration der deutschen Juden nach 1933. Hg. v. d. Stiftung Jüdisches Museum Berlin und der Stiftung Haus der Geschichte der Bundesrepublik Deutschland. Frankfurt am Main 2006 (Katalog)

Helfrich, Cilly: *»Es ist ein Aschensommer in der Welt«. Rose Ausländer. Biografie.* Quadriga, Weinheim 1995

Hessing, Jakob: *Else Lasker-Schüler. Biografie einer deutsch-jüdischen Dichterin.* Karlsruhe 1985

Hilzinger, Sonja: *»Ich hatte nur zu schweigen.« Strategien des Bewältigens und Verdrängens der Erfahrung Exil in der Sowjetunion am Beispiel autobiografischer Texte.* In: Exilforschung 11. 1993, S. 31–52

Holzschuh, Albrecht: *Lyrische Mythologeme. Das Exilwerk von Nelly Sachs.* In: Durzak, S. 344–357

Jäger, Gudrun: *Gertrud Kolmar. Publikations- und Rezeptionsgeschichte.* Campus, Frankfurt am Main 1998

Kannonier-Finster, Waltraud und Meinrad Ziegler: *Frauen-Leben im Exil.* Böhlau, Wien 1996

Kaufmann, Eva: *Lebensanspruch und Kraftentwicklung. Anna Seghers (1900–1983). Ein Porträt.* In: Brinker-Gabler, *Deutsche Literatur von Frauen*, S. 352–364

Ketelsen, Kai-Uwe: *Literatur und Drittes Reich.* Süddeutsche Hochschul-Verlagsgesellschaft, Scheinfeld 1992

Klapdor, Heike: *Überlebensstrategie statt Lebensentwurf. Frauen in der Emigration.* In: *Exilforschung 11.* München 1993, S. 12–30

Kosenina, Alexander: *»Wir erheben uns über das Land und verlassen es mit Verachtung.« Veza Canettis Exilroman ›Die Schildkröten‹.* In: Wild, S. 77–86

Kreis, Gabriele: *Frauen im Exil. Dichtung und Wirklichkeit.* Düsseldorf 1984

Krohn, Claus-Dieter u. a. (Hg.): *Frauen und Exil. Zwischen Anpassung und Selbstbehauptung.* Exilforschung – Ein internationales Jahrbuch, Bd. 11, Edition Text + Kritik. München 1993

Ders. u. a. (Hg.): *Handbuch der deutschsprachigen Emigration 1933–1945.* Wissenschaftliche Buchgesellschaft, Darmstadt 1998

Krüger, Dirk: *Die deutsch-jüdische Kinder- und Jugendbuchautorin Ruth Rewald und die Kinder- und Jugendliteratur im Exil.* Dipa, Frankfurt am Main 1990

Lermen, Birgit und Michael Braun: *Hilde Domin. »Hand in Hand mit der Sprache«.* Bouvier, Bonn 1997

Loster-Schneider, Gudrun: ›*Unerwünscht fremd?‹ Zu Anna Seghers' ›anderem‹ Identitätsroman Transit.* In: Wild, S. 377–386

Lühe, Irmela von der: *Erika Mann.* In: Spalek/Strelka, Bd. 3.2, S. 289–310

Dies.: *»Zum Andenken an die fröhlichste Stadt Zentraleuropas«. Veza Canettis ›Die Schildkröten‹ im Kontext der deutschsprachigen Exilliteratur.* In: Veza Canetti. Edition Text + Kritik, Heft 156, S. 65–81

Dies.: *Erika Mann. Eine Biografie.* Fischer, Frankfurt am Main 1993

Dies.: *Erika Mann – Eine Lebensgeschichte.* Rowohlt, Reinbek 2009

Malone, Dagmar: *Gina Kaus.* In: Spalek/Strelka, Bd. 1, S. 751–761

Marchlewitz, Ingrid: *Irmgard Keun. Leben und Werk.* Königshausen & Neumann, Würzburg 1999

Mittag, Gabriele (Hg.): *Gurs. Deutsche Emigrantinnen im französischen Exil.* Argon, Berlin 1992

Dies.: *Erinnern, Schreiben, Überliefern. Über autobiographisches Schreiben deutscher und deutsch-jüdischer Frauen.* In: Krohn (u. a.), *Frauen und Exil,* S. 53–67

Dies.: *Es gibt Verdammte nur in Gurs.* Attempto, Tübingen 1996

Mittenzwei, Werner: *Das Leben des Bertolt Brecht oder der Umgang mit den Welträtseln.* 2 Bde. Aufbau, Berlin/Weimar 1986

Moore, Erna: *Exil in Hollywood: Leben und Haltung deutscher Exilautoren nach ihren autobiographischen Berichten.* In: Spalek/Strelka, Bd. 1, S. 21–39

Mulot, Sybille: *Befreundet mit den Geliebten. (Über Veza Canetti).* In: Spiegel online, 27. 12. 2001

Ndiaye, Seynabou: *Wer schreibt, handelt. Exilliteratur und politisches Engagement bei Anna Seghers und Mongo Beti.* Peter Lang, Frankfurt am Main 2009

Nottelmann, Nicole: *Die Karrieren der Vicki Baum. Eine Biografie.* Kiepenheuer & Witsch, Köln 2007

Patka, Marcus G.: *Zu nahe der Sonne. Deutsche Schriftsteller im Exil in Mexiko.* Aufbau, Berlin 1999

Patsch, Sylvia M.: ›*Und alles ist hier fremd‹. Schreiben im Exil.* In: Brinker-Gabler, *Deutsche Literatur von Frauen,* S. 304–317

Pazi, Margarita: *Staub und Sterne. Deutschschreibende Autorinnen in Erez-Israel und Israel.* In: Brinker-Gabler, *Deutsche Literatur von Frauen,* S. 317–333

Quack, Sibylle: *Zuflucht Amerika. Zur Sozialgeschichte der Emigration deutsch-jüdischer Frauen in die USA; 1933–1945.* Dietz, Bonn 1995

Reichert, Carl-Ludwig: *Marieluise Fleißer.* München 2001

Roloff, Gerhard: *Irmgard Keun – Vorläufiges zu Leben und Werk.* In: Würzner, Hans: *Zur deutschen Exilliteratur in den Niederlanden.* Amsterdam 1977, S. 45–68

Rosenkranz, Jutta: *Mascha Kaléko. Biografie.* München 2006

Roth, Marie-Louise: *Gina Kaus. Ein ›gestohlenes Leben‹.* In: Wild, S. 167–174

Schedel, Angelika: *Vita Veza Canetti.* In: *Veza Canetti.* Edition Text + Kritik, Heft 156, S. 95–104

Scheer, Maximilian: *Paris – New York.* Berlin 1966

Schlenstedt, Silvia: *Bilder neuer Welten.* In: Gnüg, S. 300–317

Schmidinger, Veit Johannes und Wilfried F. Schoeller: *Transit Amsterdam. Deutsche Künstler im Exil 1933–1945.* Buch & Media, München 2007

Schnell, Ralf: *Dichtung in finsteren Zeiten. Deutsche Literatur und Faschismus.* Rowohlt, Reinbek 1998

Ders.: *Geschichte der deutschsprachigen Literatur seit 1945,* 2. Aufl.. Metzler, Stuttgart/ Weimar 2003

Schoeps, Karl-Heinz Joachim: *Literatur im Dritten Reich,* 2. Aufl.. Weidler, Berlin 2000

Schoppmann, Claudia (Hg.): *Im Fluchtgepäck die Sprache. Deutschsprachige Schriftstellerinnen im Exil.* Orlanda-Frauenverlag, Berlin 1991

Serke, Jürgen: *Die verbrannten Dichter. Berichte. Texte. Bilder einer Zeit.* Weinheim 1977

Siegel, Eva-Maria: *Jugend, Frauen, Drittes Reich. Autorinnen im Exil 1933–1945.* Centaurus, Pfaffenweiler 1993

Soltau, Heide: *Trennungsspuren. Frauenliteratur in den 20er Jahren.* Frankfurt am Main 1984

Dies.: *Die Anstrengungen des Aufbruchs. Romanautorinnen und ihre Heldinnen in der Weimarer Zeit.* In: Brinker-Gabler, *Deutsche Literatur von Frauen,* S. 220–235

Sontheimer, Kurt: *Hannah Arendt. Der Weg einer großen Denkerin.* Piper, München 2005

Spalek, John M. und Joseph Strelka (Hg.): *Deutschsprachige Exilliteratur seit 1933.* Bd. 1. *Kalifornien,* Bd. 2. *New York,* Bd. 3. T. 1./2. *USA.* Bern/München 1976 ff.

Spiel, Hilde: *Psychologie des Exils,* in: *Österreicher im Exil 1934 bis 1945. Protokoll des Internationalen Symposiums zur Erforschung des Österreichischen Exils von 1934 bis 1945.* Hg. v. Dokumentenarchiv des österreichischen Widerstandes. Wien 1977

Stephan, Alexander: *Die deutsche Exilliteratur 1933–1945.* München 1979

Ders.: *Anna Seghers im Exil. Essays, Texte, Dokumente.* Bouvier, Bonn 1993

Strohmeyr, Armin: *Annette Kolb. Dichterin zwischen den Völkern.* München 2002

Ders.: *Verlorene Generation. Dreißig vergessene Dichterinnen und Dichter des »anderen Deutschland«.* Atrium, Zürich 2008

Tauschwitz, Marion: *Daß ich sein kann, wie ich bin. Hilde Domin. Die Biographie.* Palmyra, Heidelberg 2009

Vormeier, Barbara: *Dokumentation zur französischen Emigrantenpolitik (1933–1944).* In: Schramm, S. 157–245

Voswinckel, Ulrike und Frank Berninger (Hg.): *Exil am Mittelmeer. Deutsche Schriftsteller in Südfrankreich von 1933–1941.* Buch & Media, München 2005

Wall, Renate (Hg.): *Lexikon deutschsprachiger Schriftstellerinnen im Exil 1933–1945.* 2 Bde. Kore Edition, Freiburg 1995

Walter, Hans-Albert: *Deutsche Exilliteratur 1933–1950.* Bd. 1: *Deutsche Exilpresse 1933–1950.* Bd. 2: *Europäisches Appeasement und überseeische Asylpraxis,* Bd. 3: *Internierung, Flucht und Lebensbedingungen im Zweiten Weltkrieg.* Metzler, Stuttgart 1978–88

Walter, Ingrid: *Dem Verlorenen nachspüren. Autobiografische Verarbeitung des Exils deutschsprachiger Schriftstellerinnen.* Driesen, Taunusstein 2000

Weidermann, Volker: *Das Buch der verbrannten Bücher*. Kiepenheuer & Witsch, Köln 2008

Werner, Birte: *Illusionslos. Hoffnungsvoll. Die Zeitstücke und Exilromane Anna Gmeyners*. Wallstein, Göttingen 2006

Werner, Charlotte Marlo: *Annette Kolb, eine literarische Stimme Europas*. Helmer, Königstein 2000

Wild, Reiner (Hg.): *Dennoch leben sie. Verfemte Bücher, verfolgte Autorinnen und Autoren. Zu den Auswirkungen nationalsozialistischer Literaturpolitik*. Edition Text + Kritik. München 2003

Winckler, Lutz: *Louise Straus-Ernst: ›Zauberkreis Paris‹. Erfahrung und Mythos der ›großen Stadt‹*. In: *Exilforschung 11*. 1993, S. 88–105

Wolf, Ruth: *Wandlungen und Verwandlungen. Lyrikerinnen des 20. Jahrhunderts*. In: Brinker-Gabler, *Deutsche Literatur von Frauen*, S. 334–352

Woltmann, Johanna: *Gertrud Kolmar – Leben und Werk*. Wallstein, Göttingen 1995

Zehl Romero, Christiane: *Anna Seghers. Eine Biographie 1900–1947*. Aufbau, Berlin 2000

Zoch-Westphal, Gisela: *Aus den sechs Leben der Mascha Kaléko*. In: Kaléko, *Jahre*, S. 215–343

Rechtehinweise

Bildnachweise

Textnachweise

Else Lasker-Schüler
Die Verscheuchte 236
Mein blaues Klavier 149
In: Gedichte. 1902–1943. Hg. von Friedhelm Kemp.
© Suhrkamp Verlag, Frankfurt am Main 2009

Lessie Sachs
Und draußen weht ein fremder Wind 178
© Rechtsnachfolger Lessie Sachs

Nelly Sachs
O die Schornsteine 285
In: Werke. Kommentierte Ausgabe in vier Bänden.
© Suhrkamp Verlag, Berlin 2010

Herta Steinhart-Freund
Hungrig bin ich, geh zur Ruh 278
© Helene Weigel, Saarbrücken

Namensregister

Dank

Mein besonderer Dank gilt Georg P. Salzmann vom Dokumentations- und Forschungsarchiv »10. Mai 1933 – Deutsche Literatur auf dem Scheiterhaufen«, dem Kenner und Sammler der verbrannten Bücher, als meinem ersten Leser. Für Unterstützung und konstruktive Zusammenarbeit danke ich Dr. Michael Davidis und Jutta Bendt-Gloge, Deutsches Literaturarchiv Marbach/N, Doris Hermanns, Utrecht, die eine Biografie über Christa Winsloe vorbereitet, sowie Dr. Bettina Conrad, München.

München, im Februar 2010   *Edda Ziegler*

Das Leben der erfolgreichsten deutschsprachigen Lyrikerin des 20. Jahrhunderts

Jutta Rosenkranz
Mascha Kaléko
1907 – 1975

ISBN 978-3-423-24591-3

Mascha Kaléko gehörte zur künstlerischen Bohème um Kurt Tucholsky, Werner Finck und anderen. Ihre Gedichte und Prosastücke erschienen regelmäßig in der Vossischen Zeitung, sie schrieb Chansons und Texte für das Kabarett und 1933 erschien ihr erster Gedichtband. Mit ihren spielerisch-eleganten, spöttisch-scharfsinnigen Texten gewann sie ein großes Publikum. Manche Zeilen aus ihren Gedichten sind zu geflügelten Worten geworden: »Alles hat seine zwei Schattenseiten«, oder »Man braucht nur einen Menschen, den aber braucht man sehr«.

»Die Gedichte von Mascha Kaléko sind Bestseller ...«
Der Spiegel

»... eine lesenswerte Biografie ... Man kann sie also endlich wieder umfassend entdecken, die heitere Trösterin, die dunkle Verständige, die große Lebenskünstlerin Mascha Kaléko.«
Stuttgarter Zeitung

Bitte besuchen Sie uns im Internet: www.dtv.de

Bücher gegen das Vergessen

Anatol Chari
»Undermensch«
Mein Überleben durch Glück
und Privilegien
Mit Timothy Braatz
Übers. v. Franka Reinhart
ISBN 978-3-423-24770-2

Patricia Clough
In langer Reihe über
das Haff
Die Flucht der Trakehner aus
Ostpreußen
Übers. v. Maja Ueberle-Pfaff
ISBN 978-3-423-34349-7

Inge Deutschkron
Ich trug den gelben Stern
ISBN 978-3-423-30000-1

Mein Leben nach dem
Überleben
ISBN 978-3-423-30789-5

Ich trug den gelben Stern,
und was kam danach?
Neuausgabe der beiden
Bücher, von der Autorin
aktualisiert
ISBN 978-3-423-34563-7

Martin Doerry
»Mein verwundetes Herz«
Das Leben der Lilly Jahn
1900 – 1944
ISBN 978-3-423-34146-2

Feldpostbriefe aus Stalingrad
November 1942 bis Januar 1943
Hg. v. J. Ebert
ISNB 978-3-423-34269-8

Das Dritte Reich im Überblick
Chronik, Ereignisse,
Zusammenhänge
Hg. v. M. Broszat und N. Frei
ISBN 978-3-423-34402-9

Enzyklopädie des National-
sozialismus
Hg. v. W. Benz, H. Graml
und H. Weiß
Aktualisierte und erweiterte
Neuausgabe
ISBN 978-3-423-34408-1

Eric Fiedler, Barbara Siebert,
Andreas Kilian
Zeugen aus der Todeszone
Das jüdische Sonder-
kommando in Auschwitz
ISBN 978-3-423-34158-5

Lina Haag
Eine Hand voll Staub
Widerstand einer Frau
1933 bis 1945
ISBN 978-3-423-34258-2

Ruth Klüger
weiter leben
Eine Jugend
ISBN 978-3-423-11950-4

Bitte besuchen Sie uns im Internet: www.dtv.de

Bücher gegen das Vergessen

5 Kommunikation zwischen Nähe und Distanz

Wenn mich jemand zwingt, Abstand zu halten,
habe ich den Trost, daß er ihn gleichfalls wahrt.
Jonathan Swift

Im folgenden Kapitel betrachten wir die verschiedenen Umgebungsbereiche der Umwelt, in denen wir uns bewegen. In ihnen nähern wir uns an oder schotten uns voneinander ab. Diese Bewegungs- und Handlungsbereiche voneinander unterscheiden und verstehen zu können, ermöglicht es uns, das eigene Verhalten besser auszurichten und uns stimmig sowie angemessen zu begegnen.

Der wunderbare Herr Tur Tur, den Sie im Kapitel 4 bereits kennengelernt haben, versinnbildlicht, wie entscheidend die Wirkung von Nähe und Distanz für den gemeinsamen Erfolg ist. Sie erinnern sich: Herr Tur Tur ist ein Scheinriese, der aus der Ferne wie ein Riese wirkt und nur, wer sich nahe an ihn heranwagt, erkennt, dass er eine ganz normale Größe hat. Nähe und Distanz regulieren das menschliche Verhalten im Raum, bei Jim Knopf in der Landschaft der menschenfeindlichen Wüste namens »Ende der Welt«.

In der Geschichte von Michael Ende wird deutlich, wie über das sich Annähern beide Seiten voneinander profitieren. Jim Knopf und Lukas erhalten Wasser für sich und ihre Lokomotive Emma, Tur Tur erhält Gesellschaft und später sogar eine Aufgabe als lebendiger Leuchtturm auf der Insel Lummerland.

Somit steht das »Tur-Tur-Phänomen« auch beispielhaft für einen wichtigen Aspekt des Unternehmenserfolgs und für das Zusammenwirken im Unternehmen Familie. Denn »gesunde« Familien und erfolgreiche Familienunternehmen beherrschen idealerweise den stimmigen Mix von Nähe und Distanz.

In der Geschichte von Jim Knopf beginnt der eigentliche Kontakt der Akteure in dem Moment, als Tur Tur zu den beiden Lokführern ruft: »Plötzlich hob der Riese beide Hände, faltete sie und rief mit einem ganz dünnen armseligen

Stimmchen: Bitte, bitte, ihr Fremden, lauft nicht fort! Ich will euch gewiß nichts tun!«

Jim und Lukas möchten keine Angst vor dem »Riesen« haben. Sie wundern sich vor allem über seine harmlose dünne Stimme. Der erste Kontakt geschieht also über die Stimme, das Kontaktorgan. Das versinnbildlicht, wie das miteinander Reden zwischen den sich fremden Protagonisten inmitten der Wüste Vorurteile abbauen und Begegnungen ermöglichen kann.

Ein stimmiges Verhältnis von Nähe und Distanz verlangt also, die räumliche Umgebung, die Umwelt aktiv für sich zu gestalten. Die Beteiligten müssen aufeinander zugehen.

5.1 Die fünf Umgebungsbereiche unserer Umwelt

Der Fachbegriff Proxemik wurde von E. T. Hall (1976) eingeführt und leitet sich vom lateinischen Wort »proximare« (sich nähern) ab. Es geht in der Proxemik, einem Arbeitsfeld der Umweltpsychologie, um die Wechselwirkung zwischen räumlicher Umgebung und dem Verhalten der sich dort befindenden Menschen. Wie nähert man sich einem anderen Unternehmen an, einem Kunden, einem zum Aufkauf vorgesehenen Übernahmekandidaten, einer anderen Gesellschafts- oder Unternehmenskultur oder eben, je nach Perspektive, dem Vorgänger bzw. Nachfolger?

Der Raum gliedert sich in unserem Erleben in kleiner werdende Bereiche. Dabei sind die Grenzen zwischen den Bereichen fließend oder lösen sich auch teilweise auf (vgl. Waibel, 2000; Hall, 1976; Schmale, 1995).

Der menschliche Raum lässt sich in folgende fünf Umgebungsbereiche aufteilen:

- Das Umweltfeld:
  Dies ist das Handlungsfeld für jedes Individuum. Hier liegt auch seine ökologische Nische, die durchaus auch den Raum für ungewöhnliche Betätigungsfelder mit besonderen individuellen Chancen bieten kann;

- Der Orbit:
  Dies ist der Kommunikations- und Bewegungsraum zwischen Nachbarn.
  In ihm kann man sich mehr oder weniger zufällig treffen;
- Das Territorium:
  Dieses wird verteidigt und aktiv abgegrenzt sowie begrenzt;
- Der persönliche Raum (Personal Space):
  Dieser Raum ist der Bereich, den jede Person alltäglich sehr aktiv belebt,
  auch dann, wenn sie nicht einmal aus dem Haus geht. Er lässt sich zu-
  sätzlich in vier Distanzbereiche unterteilen, die sich innerhalb der soge-
  nannten Siebeneinhalb-Meter-Marke bewegen:
  - die öffentliche Distanz,
  - die soziale Distanz,
  - die persönliche Distanz und
  - die intime Distanz;
- Die Privacy oder Privatheit:
  Sie schützt eine Person und ermöglicht ihr Regeneration.

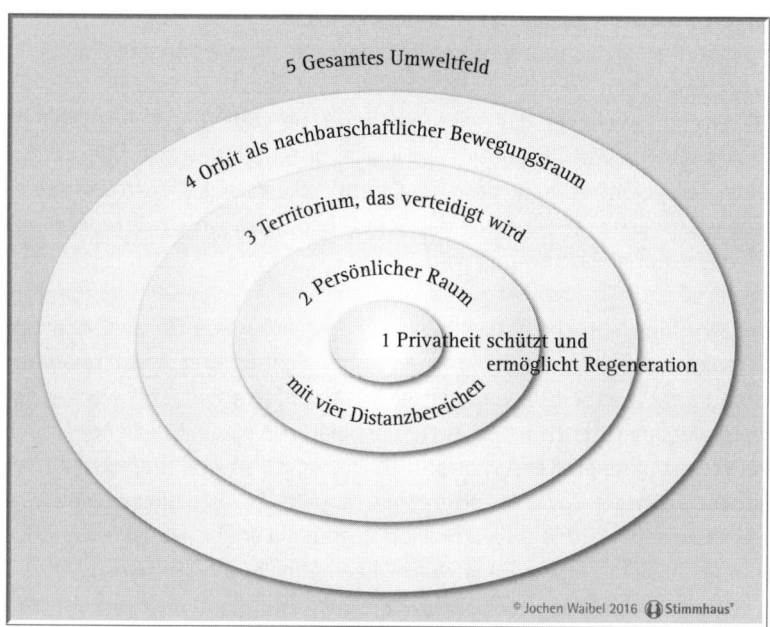

Abb. 6 Die menschlichen Umgebungsbereiche des gesamten Umweltfeldes

Abbildung 7 gibt einen Gesamtüberblick über die fünf Umgebungsbereiche. Sie veranschaulicht das Wirkungsfeld des Menschen, das sich zwischen Nähe und Distanz im Raum, im Umweltfeld (dem Organismus-Umfeld-Feld) bewegt (vgl. Waibel, 2000, 37 ff.).

Das Umweltfeld mit seinen Umgebungsbereichen bestimmt das räumliche Verhalten der miteinander in Interaktion stehenden Individuen bzw. Personen.

In meinem Buch »Ich Stimme« habe ich diesen Zusammenhang ausführlich beschrieben. Nicht nur der Mund spricht, der Körper, die Hände, das Gesicht, es »spricht« die Anordnung der Möbel, die Ordnung des Schreibtisches, der Empfangsbereich eines Unternehmens, die Ausmaße der Zimmer, die Lage der Häuser, die Flucht der Straßen, der unverstellte oder der zugebaute Raum. Wir kommunizieren mit allem, was um uns ist, und alles, was um uns ist, wirkt auf uns als Mitteilung (vgl. Hall, 1976, S. 12).

Spagat zwischen geschützt und ungeschützt
Prominente Familienunternehmer stehen wie alle Prominente in einem Spagat zwischen Privatheit, die schützt, und der Öffentlichkeit, also dem gesamten Umweltfeld, das neue Dynamiken hervorruft. In diesem Feld bewegt sich jede Familie und jedes Familienunternehmertum, alles wird zu seiner Zeit gelebt: Je mehr sie in der Öffentlichkeit stehen, desto stärker – je nach Persönlichkeit – ist meist das Schutzbedürfnis hinsichtlich der Privatsphäre, damit diese bewahrt wird.

Die Gebrüder Albrecht entschieden sich beispielsweise für eine deutliche Distanz zur Öffentlichkeit und einen hohen Schutz ihrer Privatsphäre und damit ihrer Privatheit. Je weniger die Privatsphäre angetastet werden soll, desto weniger öffentliche Auftritte darf man von einem Familienunternehmer erwarten. Je größer das öffentliche Interesse an einer Person ist, umso rigider schirmt sie in der Regel ihre Privatsphäre ab, auch um beispielsweise Risiken zu senken, wie sie Jan Phillipp Reemtsma erleben musste, als er vor seinem Hauseingang entführt wurde. Reemtsma beschrieb seine Erlebnisse in seinem Buch »Im Keller« (1997), seine Entführung gilt als einer der spektakulärsten Kriminalfälle Deutschlands.

Aber auch ganz unspektakulär gilt es, seine Umgebung aktiv zu gestalten. Francesca Rosenberger beschreibt ihren Umgang damit folgendermaßen:

> **Francesca Rosenberger:** *Wir haben inzwischen sehr kurze Wege. Mein Onkel zum Beispiel, der meinen jetzigen Direktionsposten früher bekleidete, hatte noch ein richtiges Direktoren-Büro, mit einer Glastür wohl, aber die war eben zu, wenn er telefonierte. Wenn ich morgens mein Büro aufschließe, dann mache ich erst einmal die Türe weit auf, sodass beide Flügel offenstehen. Die Leute kommen zu mir, die Leute rufen mich an. Ich bin ja auch ständig da, von morgens bis abends. Wenn es zu einem bestimmten Thema Gesprächsbedarf gibt, dann besprechen wir das. Ansonsten ist es irgendwie so: Wenn jemand Geburtstag hat, dann kaufen alle Kuchen und essen eben auch mittags zusammen. Das ist eigentlich ein nettes Betriebsklima, wobei es wichtig ist, dass man ein bisschen Distanz wahrt und jeder für sich selber entscheidet, ob er mit den anderen etwas machen möchte oder nicht. Da sind wir relativ traditionell. Es ist mehr eine große Familie, gleichzeitig aber schon ein Arbeitsverhältnis.*

5.2 Von der ökologischen Nische über nachbarschaftliche Kommunikation im Orbit zur territorialen Abgrenzung

Das Umweltfeld ist die gesamte Umgebung, die uns zur Verfügung steht. Es ist, je nach individuell entwickeltem persönlichem Erfahrungshorizont, größer oder kleiner. Dem Umweltfeld ist auch die ökologische Nische zugeordnet.

Die ökologische Nische

Ein Gründer kann sich meist frei entfalten, er hat noch keine Zwänge, denen er folgen muss, handelt unbeobachtet, denn keiner kennt ihn. Ein Unternehmer, der die Nachfolge eines Unternehmens antritt, muss und will sich so in seiner Umgebung bewegen können, wie es seiner Individualität entspricht. Dafür muss er sich mit der (Neu-)Ausrichtung des Unternehmens eine ökologische Nische schaffen. Die ökologische Nische ist der Raum, der einer beispielsweise unternehmerisch tätigen Person als Unternehmer, als Partner, Mutter oder Vater und möglicherweise auch als (scheidender)

Patriarch kraft seiner individuellen Fähigkeiten ermöglicht, die persönlichen Kompetenzen zu entdecken, zu würdigen und weiterzuentwickeln. Wer seine ökologische Nische tatsächlich gefunden hat, kann sich umso mehr mit seiner ganzen Persönlichkeit unternehmerisch entfalten.

Ich möchte Ihnen einige Unternehmerpersönlichkeiten mit spannenden ökologischen Nischen vorstellen:

Da ist beispielsweise Jan Phillipp Reemtsma, Lessing-Preisträger von 1997 und Träger zahlreicher anderer Auszeichnungen. Er ist der Enkel des Mitgründers Bernhard Reemtsma, Sohn von Philipp Fürchtegott Reemtsma, und durfte mit 26 Jahren über sein Erbe verfügen. 1980 verkaufte er seinen 51-Prozent-Anteil an der Reemtsma Cigarettenfabriken GmbH an die Hamburger Unternehmerfamilie Herz und wurde dann 1984 zum moralisch motivierten Stifter des Hamburger Instituts für Sozialforschung. Er distanzierte sich bewusst und aktiv vom Lebenswerk seiner Familie, wissend, als intellektueller Erbe des Zigarettenkönigs Ebenbürtiges leisten zu können: die Transformation des Geldes in Wissen, Bildung und Aufklärung, beispielsweise mit der von seinem Institut initiierten Wehrmachtsausstellung.

Eine ökologische Nische kann auch eine disruptive Transformation sein (disruptiv = unterbrechend: ein bestehendes Produkt wird möglicherweise vollständig verdrängt), wozu Christine Sasse mit Blick auf ihre potenziellen Nachfolgerinnen sagte:

> **Christine Sasse:** *Ich denke, ein guter Unternehmer zu sein bedeutet natürlich immer, die Strömung zu sehen: Was will der Markt, wo sind vielleicht neue Geschäftsfelder? Gerade wenn wir jetzt über die ganze Digitalisierung sprechen. Zum Stichwort disruptive Transformation von Geschäften: Da wär's für mich ganz wichtig, dass es unternehmerischen Weitblick gibt, um insgesamt das Unternehmen erfolgreich zu halten. Meine Nachfolgerinnen müssen nicht die ausgetretenen und eingetretenen Pfade wie wir es gemacht haben weiterführen, sondern sie müssen sich eigentlich der Zeit anpassen, was notwendig ist. Ich wünsche mir, dass sie Unternehmerinnen sind, aber wie sie das auskleiden, müssen dann sie wissen.*

Der Entwickler der flexiblen Hunde-Roll-Leine und Gründer der flexi-Bogdahn International GmbH & Co. KG, Manfred Bogdahn, hat sich ebenso eine ökologische Nische geschaffen: Auf ihn entfallen ca. 30 Patente um die Roll-Leine. Seiner Tüftel- und Erfinderleidenschaft konnte er in seinem eigenen Unternehmen erfolgreich nachgehen. Aus der Idee und dem Prototyp von 1972 wurde 2010 die Auszeichnung zur »Marke des Jahrhunderts« und Flexi wurde Marktführer in 90 Ländern der Welt. Die Nachfolge durch den Schwiegersohn wurde – einvernehmlich (s. o.) – wieder aufgelöst. Hier ist also meines Wissens die Nachfolge noch offen und damit auch die Frage, ob das Unternehmen ein Familienunternehmen darstellt mit einem generationsübergreifenden Unternehmerverständnis. »Ich fühle mich noch topfit!« ist auch Manfred Bogdahns Credo!

Art Furrer, Verwaltungsratspräsident der Art Furrer Hotels, ist arm aufgewachsen im Fünf-Häuser-Dorf Greich im schweizerischen Kanton Wallis. Das Dorf liegt auf 1361 Metern auf halber Höhe der großen Gondelanlage zwischen Mörel und Riederalp Mitte beim großen Aletschgletscher, dem derzeit größten Gletscher der Alpen. Furrer fand letztendlich hier auf der Riederalp seine ökologische Nische.

Er bekam keine Anerkennung beim schweizerischen Skiverband, ist dann ausgewandert in die USA und leistete dort erfolgreiche Pionierarbeit als Skilehrer – beispielsweise für die Familien Kennedy und Onassis. Mit dem dort erworbenen Verdienst tätigte er erste Ankäufe und Investitionen auf der heimatlichen Riederalp, nach ca. 15 Jahren kam er zurück, um hier in die Entwicklung seiner Heimat und den lokalen Tourismus zu investieren.

Heute ist er auf der Riederalp regelmäßig anzutreffen, er begleitet mit seinen über 80 Jahren gerne eine Gruppe von Gästen, auf der Skipiste unterwegs, völlig stabil auf den Skiern stehend, die Gruppe anführend. Dabei gibt er Unterricht und informiert als prominenter Kenner der Aletscharena zwischen Riederalp, Bettmeralp und Fiescheralp. In seinem Restaurant Tenne steht eine vier Meter lange Skispezialanfertigung der Firma Völkl, die Furrer in einem legendären Clip der Sendung »Verstehen Sie Spaß« verwendet hatte. Er hat drei Kinder, eine Tochter und zwei Söhne. Seine Unternehmungen hat er an seinen Sohn Andreas übergeben: ein Familienunternehmen mit Sitz in Brig, übrigens der Heimat des neuen Fifa-Präsidenten Gianni Infantino, 12 km weiter liegt Visp, die Heimat des Vorgängers Joseph Blatter.

Der Orbit

Der nachbarschaftliche Bewegungsraum, auch Orbit genannt, ist der Bereich, in dem sich Akteure wie Blatter und Infantino oder ein Unternehmer wie Wolfgang Grupp erleben können und handeln. Es ist der Kreis der Nachbarschaft. Hier finden sie ihre Identität. Zu Grupps Identität gehört seine Villa im Wohnort Burladingen und der Betrieb, in dem sich sein eigentlicher Arbeitsplatz befindet, im Großraumbüro. Bei einer Trennung zwischen Wohn- und Arbeitsplatz entstehen mehrere Orbits. Auch der Weg, den wir von einem Orbit zum nächsten zurücklegen müssen, der Weg zwischen Wohnung und Arbeit, ist ein Orbit. Dabei kann der Orbit »Weg« mit einem großen Fremdheitsgefühl belastet sein. Zwischen der Villa von Grupp und dem Hauptunternehmenssitz Trigema liegt nur eine Straße. Der alltägliche Arbeitsweg entfällt bei Herrn Grupp. Sein Arbeitsweg im Dienstwagen oder per Hubschrauber ergibt sich bei Besuchen der Produktionsstandorte außerhalb von Burladingen (z. B. im 70 km entfernten oberschwäbischen Altshausen) oder bei Besuchen der Filialen – von ihm als sogenannte »Testgeschäfte« bezeichnet – sowie bei außerhalb des Orbits stattfindenden Geschäftsterminen.

Je fremder sich eine Person im Orbit oder auch in einem anderen Bereich fühlt, desto stärker wird sie ihre Identität nach außen demonstrieren, um darüber Sicherheit zu erlangen und Zutrauen zu sich selbst. Deshalb sind viele Autohalter dankbar, dass sie mit den Buchstaben der heimatlichen Kreisstadt am Kfz-Kennzeichen heimatliche Zugehörigkeit auf der Reise durch den nachbarschaftlichen Orbit demonstrieren können. Unternehmen hissen Flagge mit der entsprechenden Werbung auf den Firmenwagen.

August Oetker beschrieb die Wirkung der väterlichen Firmenwagen, die die Farben des Vanillepuddings mit Schokosoße hatten und mit dem Oetker-Logo versehen waren (s. Kap. 6.1).

Identität gab ihm als Kind Sicherheit: Das war wunderbar. Da kannte man sich aus. Das waren wir. Da fühlte man sich sicher und wusste ganz genau: jaja, hier bin ich richtig.

Bei zunehmender Identitätsstärke vergrößert sich auch das Zutrauen in die persönliche Führungsstärke. Dies ist vor allem für einen patriarchalischen Führungsstil von Bedeutung, bei dem auf dialogorientierte Führungsmethodik gerne verzichtet wird, und zwar zugunsten des Vertrauens auf die Wirkung des eigenen Vorbilds und das Vorausschreiten als Person, mit der man sich identifizieren soll und kann.

Wolfgang Grupp von Trigema beschreibt seinen Nachbarschaftsbereich, seinen Orbit folgendermaßen:

Wolfgang Grupp: *Ich lebe in dieser Dorf- oder Stadtgemeinschaft, bin der als erstes verpflichtet, bevor ich glaube, ich müsste in der Ferne irgendwo meine Aufgabe erfüllen. Hier habe ich meine Aufgabe zu erfüllen. Das sind meine Mitmenschen, meine Nachbarn. Hier muss ich schauen, dass das Umfeld entsprechend ist, weil ich davon profitiere. Wenn ich hier sage, dass die Dorfgemeinschaft zufrieden ist und es ihr gut geht, geht es mir automatisch gut. Wenn ich sage, ich wohne hier und der Dorfgemeinschaft geht's schlecht und ich stehe nicht dazu, dann habe ich immer mehr Gegner. Das ist ganz klar. Das heißt, auch im egoistischen Sinne werde ich selbstverständlich schauen, dass ich meine Pflichten in Burladingen als erstes erfülle. Damit ich hier auch ein angenehmes Dasein und die Vorteile davon habe.*

Das Territorium

Das zu schützende Territorium ist ein Bereich, der von einem Unternehmer beansprucht und auch verteidigt wird. Unerwünschte Personen können mittels physischer und symbolischer Grenzmarkierungen (wie z. B. Zäune, Firmenschilder, Überwachungskameras, Wachleute oder Hausmeister mit kräftiger Statur und Stimme) aus dem Territorium fern gehalten werden.

Eine aufgezwungene räumliche Enge kann einerseits zu einem unternehmerischen Rückzug oder zu Führungsschwäche führen, verbunden mit einem subjektiven Gefühl der Enge, das sich psychosomatisch im Kehlbereich und bei festgehaltenem Atem vor allem im Brustbereich zeigen kann. Andererseits kann eine aufgezwungene Enge auch zu Aggression führen, die sich über die Stimmgebung ausdrücken kann, sowie zu einem dominanten Verhalten im Führungsalltag.

5.3 Der persönliche Raum mit vier Distanz-bereichen

Der Personal Space oder persönliche Raum ist der Bereich, der alltäglich aktiv und selbstverständlich gelebt wird. Er wird in vier Distanzbereiche aufgeteilt (nach dem Anthropologen E. T. Hall 1976, einem »Klassiker« der Kulturwissenschaft): die intime, persönliche, soziale und öffentliche Distanz gibt Familien und Familienunternehmer im sich verändernden Erleben der zwischenmenschlichen Kontaktgrenze Orientierung.

Da es diese Distanzbereiche auch bei Tieren gibt, lohnt es sich, sie zu beobachten – besonders aufschlussreich ist dies bei Affen und Vögeln (vgl. Waibel, 2000/2012, 43).

Die Bereiche haben jeweils eine innere (•) und eine äußere (O) Zone, die Distanzen können, gestützt auf experimentelle Erfahrungen, in Zentimetern ausgedrückt werden. Wobei die Distanzen unterschiedlich empfunden werden können: sowohl individuell als auch interkulturell. So stuft etwa ein »typischer Amerikaner« die Grenzen anders ein als ein »typischer Engländer«, obwohl beide Kulturen als vergleichsweise ähnlich gelten, wenn man sie beispielsweise mit der Kultur chinesischer Ballungsräume oder des iranischen Isfahan vergleicht.

Die vier Distanzbereiche im persönlichen Raum umspannen eine Distanz von über sieben Metern, die typisch für repäsentative Zwecke ist, bis hin zur Tuchfühlung. So unterschiedlich die Maße sind, so unterschiedlich ist auch ihre inhaltliche Bedeutung. In diesem Kontext haben das Kontaktorgan Stimme sowie der sprecherische Ausdruck in einzelnen Distanzbereichen eine hervorgehobene Stellung.

Öffentliche Distanz – Repräsentative Distanz
• (= innere Zone) 360 bis 750 cm
Die innere Zone der öffentlichen Distanz ist ein Bereich, der bei unerwünschtem Eindringen anderer Personen verteidigt wird. Es bestehn kein sozialer Bezug und keine persönliche Beteiligung in diesem zu verteidigenden Raum. Das Sprechen findet in ganzen Sätzen statt.

○ (= äußere Zone) über 750 cm
Die äußere Zone ist der typische Raum für Personen mit öffentlicher Bedeutung und ist damit auch eine Sicherheitszone.

Wird in einem Familienunternehmen ein Angehöriger der Familie(n) zum Geschäftsführer, zum Vorstandsvorsitzenden oder in eine ähnlich mächtige Position gehoben, so ist häufig zu erleben, wie im Moment der Entscheidung darüber und vor allem der darauffolgenden Bekanntgabe vor der versammelten Belegschaft eines Unternehmens die um die Führungsperson gescharten Freunde bzw. Familienangehörigen sowie die Mitarbeiter etwas von ihm abrücken, auf Distanz gehen, wie es ihm als in die Öffentlichkeit wirkende Machtperson zusteht. Macht macht einsam, auch in Familien.

Soziale Distanz – Führungsdistanz
• (= innere Zone) 125 bis 210 cm
In diesem Distanzbereich findet der Kontakt häufig im Stehen statt. Intime Einzelheiten des Gesichts treten in der Wahrnehmung zurück. Das Sprechen findet in einer Lautstärke statt, die bis auf die Entfernung von ungefähr sechs Metern zu hören ist.

○ (= äußere Zone) 210 bis 360 cm – Führungsdistanz
Innerhalb dieser Distanz ist eine stehende Haltung typisch. Sie ermöglicht den Überblick über viele Personen, auch das gesamte Gesicht einer einzelnen Person wird überschaubar, jedoch kann die Augenbewegung nicht mehr erkannt werden. Das Sprechen dient zur Führung von Gesprächen formeller Art, für persönliche Inhalte ist die Distanz zu unverbindlich. Die Stimme trägt laut über die Distanz hinweg.

Persönliche Distanz – Führung in Griffweite
• (= innere Zone) 45 bis 75 cm – Pufferzone, zum Greifen nah
Das, was zum Greifen nah ist, befindet sich in der inneren Zone der persönlichen Distanz. Die Augenmuskeln des Gegenübers liegen im Wahrnehmungsbereich, im Gesicht des anderen sind Details erkennbar, weshalb sich auch Familienmitglieder in diesem Bereich wunderbar beäugen können.

Dieser Bereich gilt als die Pufferzone, die allerdings nicht bei allen Menschen gleich groß ist, sich situativ verändert und je nach Vorerfahrung variiert.

Männer halten untereinander mehr Distanz als zu Frauen.

Die Pufferzone erweitert sich in der Regel im rückwärtigen Bereich und auch zur rechten Seite eines Menschen hin: Dort wird mehr schützender Puffer beansprucht.

◐ (= äußere Zone) 75 bis 125 cm – Armlängendistanz
Der zwischenmenschliche Kontakt ist nun auf Armlängendistanz, bei nicht mehr wahrnehmbarer Körperwärme des Gegenübers. Das Sehen orientiert sich an der Augen- oder Mundpartie des Gegenübers. Gesprochen wird in mittlerer Lautstärke, typisch sind persönliche Gespräche. Dies ist der Raum für informellen Kontakt, sei es zwischen Mitarbeitern, zwischen Familienmitgliedern oder zwischen Führungskräften und Mitarbeitern.

Intime Distanz – auf Tuchfühlung
• (= innere Zone) bis 15 cm
Diesen inneren Bereich der intimen Distanz kennen alle Menschen. Die räumliche Nähe ist so gering, dass die Stimme als Kommunikationsmittel wegfällt. Visuelle Reize bzw. Informationen können nur verzerrt aufgenommen werden.

Für den zwischenmenschlichen Kontakt sind hier unwillkürliche Geräusche wie Stöhnen oder Schnarchen, der Körpergeruch und die Körperwärme entscheidend.

◐ (= äußere Zone) 15 bis 45 cm
Ab hier beginnt Führung, Führung über den Handkontakt, der typisch ist für diesen Bereich. Die Stimme drückt sich über leises Sprechen aus. In diesem Distanzbereich werden die meisten den Blickkontakt vermeiden, flach atmen, die Körperspannung erhöhen und sich innerlich kontrollieren.

Carsten Henning von Räder-Vogel berichtet von einer für viele Chefs vertrauten Situation:

> **Carsten Henning:** *Ich hatte neulich einmal so eine Szene. Als ich zum Mittagessen gehe, kommen mir zwei Mitarbeiter entgegen, der eine war ein Leiharbeiter. Ich gebe jedem die Hand und begrüße jeden. Da sagt der eine zum anderen.»Schau mal, das war der Chef. Der hat mir gerade die Hand gegeben.« Na gut, ich finde das selbstverständlich.*

In einem engen Aufzug, der keine Ausweichmöglichkeit bietet, hätten sich der Mitarbeiter und der Leiharbeiter eher innerlich zurückgezogen, sie hätten mit einer sogenannten Selbstobjektivierung reagiert. Das bedeutet, man gibt sich wie ein Objekt, wie ein Gegenstand, distanziert sich für eine kurze überschaubare Zeitspanne vom eigenen von Gefühlen bestimmten Subjekt, um sich unangreifbar zu machen. Unangreifbarkeit bedarf des Verzichts auf Blickkontakt, indem man den Blick senkt und auf den Boden schaut. Man zeigt sich steif, leblos und atmet zu diesem Zweck nur noch ganz flach, eben so unauffällig wie möglich. So kann sich eine einzelne Person selbst im engen Fahrstuhl als geschützt erleben. Dann ist es primär die Aufgabe des Vorgesetzten, diese Situation aufzulösen und aufzulockern. Viele Führungspersönlichkeiten werden sich nicht auf eine passive Haltung zurückziehen, sondern führen, indem sie beispielsweise mit kräftiger Stimme nach der Gesundheit der Kinder des Mitarbeiters fragen.

5.4 Der persönliche Bereich schützt das Bedürfnis nach Privatheit

So wie das Geheimnis »unter der Rose gesagt« geschützt bleiben soll, so gibt es darüber hinaus das selbstverständliche Bedürfnis nach Privatheit. Alles Seelische ist privat.

Die Privatheit stellt gerade im Familienbereich und in den zweideutigen Beziehungsverhältnissen eines Familienunternehmens eine bedeutende, nicht zu vernachlässigende Herausforderung dar. Denn im Familienunternehmen stellt sich ständig die Frage: Fühle ich mich in meiner privaten oder beruflichen Rolle in meiner Privacy geschützt, kann ich mich so angemessen regenerieren, wie ich es täglich brauche, oder ist meine Privatheit chronisch eingeschränkt, sodass ich mich nicht mehr zeitnah regenerieren kann? Wie viel Distanz brauche ich jetzt gerade? Kann ich den an mich gerichteten Ansprüchen nach Nähe gerecht werden oder brauche ich jetzt, in diesem Moment Distanz zu den emotionalen Anforderungen, die Personen in meiner Umgebung stellen?

Es hilft womöglich sehr, wenn man, bevor man die Privatwohnung betritt, einmal um den Block geht, zum mentalen Abschalten mit dem Rad nachhause fährt oder wenn man zuhause freundlich mitteilt (sofern man noch die Energie für Freundlichkeit hat): »Ich bin in fünf Minuten für Dich da, gib mir bitte diese fünf Minuten, also so viel Zeit, um mich kurz umzuziehen.« Raus aus den Arbeits- oder Businesskleidern, rein in die Privatkleidung, die zu Hause angemessen ist, Wohlbehagen empfinden und damit erleichtert sein (vgl. Waibel, 2000/2012, 24 ff. »Der Bedürfnisraum«).

Der Umgebungsbereich der Privatheit ermöglicht es einer Person besonders zielführend, das stimmige Verhältnis zwischen Nähe und Distanz wirkungsvoll herzustellen. Die Kontrolle über die eigene soziale Interaktion beinhaltet auch die individuelle Kontrollmöglichkeit über die stimmlich-sprachliche Interaktion. Privacy als Rückzug von der alltäglichen Integrationsleistung gewährleistet, dass Sie Ihr individuelles Bedürfnis beispielsweise nach Ruhe erfüllen können.

Die Selbstwahrnehmung profitiert dabei auch vom Erleben der eigenen Stimme. Das Kontaktorgan und Kontaktmedium Stimme ist wie ein Kompass und unterstützt in der Privatheit die persönliche Regeneration. Privat die Traute zu haben, zu singen ist das Paradebeispiel für Entspannung und Regeneration.

Erst wenn ein Familienunternehmer seinen geschützten privaten Raum finden kann und auch sicher gehen kann, dass der Rückzug in die Privacy grundsätzlich möglich und von ihm selbst als selbstverständlich zugelassen wird, ist die Erweiterung des unternehmerischen Handlungsspielraums unbegrenzt möglich. Das behutsame Abtasten der Umgebung bei Berücksichtigung der individuellen Bedürfnisse ermöglicht mehr Entfaltungsspielraum, basierend auf der bewussten oder intuitiv richtigen Einschätzung, wann sich Vertrauen einstellt und so Nähe möglich wird und wann eine kritische Distanz angebracht bleibt oder wieder notwendig wird.

Ein Schlüsselerlebnis der älteren Tochter der Familie Sasse war es, die Arbeit der Angestellten am eigenen Leibe zu erfahren, undercover, also nicht als Tochter des Chefs. Dabei ist die Undercover-Tätigkeit der Versuch, wenigstens annähernd privat zu bleiben:

Laura Sasse: *Was mir jetzt in diesem Zusammenhang einfällt, ist eine bestimmte Erfahrung. Ich war sehr glücklich, als ich diese Erfahrung gemacht habe:*
Als ich noch an der Schule war, mit 16 oder 17, habe ich einen Sommer lang am Flughafen gereinigt. Also ich habe ein Praktikum gemacht am Flughafen in München. Ich wollte auf jeden Fall reinigen, wollte nicht im Büro Praktikum machen, wollte sehen, was unsere Leute jeden Tag machen.

Christine Sasse: *Am eigenen Leib erfahren.*

Laura Sasse: *Genau, am eigenen Leib erfahren. Das fand der Manager vor Ort schon ein bisschen komisch und er hat dann versucht, es mir auszureden, leicht und vorsichtig. Ich habe aber darauf bestanden: Das will ich auf jeden Fall machen. Daraufhin hat er mich in der Büroraumreinigung eingeteilt. Dann habe ich ihm aber gesagt: Nein, das möchte ich nicht. Ich möchte die Toiletten reinigen, ich möchte nur Toilettenreinigung! Ich musste ihn dazu überreden, dass er mich da überhaupt einteilt, was er dann gemacht hat. Ja, ich habe dann eben einen Sommer lang Toiletten geputzt. Ich habe es aber sozusagen undercover gemacht. Ich wollte nicht, dass Mitarbeiter mich anders behandeln und habe gedacht: Das ist jetzt eben mein Sommerjob. Ja, ich fand das sehr gut, diese Kollegialität zu spüren, die sehr sehr harte Arbeit zu erleben. Aber die Mitarbeiter haben trotzdem immer noch ein Lächeln übrig, untereinander, aber auch dem Kunden oder Passagier gegenüber. Das hat mich sehr geprägt.*

Das Altenteil, die Unternehmervilla und andere Wohnsituationen

Sein »Altenteil« kann ein Hofinhaber innerhalb des zu schützenden Territoriums auf dem unmittelbaren Hofgelände zubringen oder auch außerhalb, im nachbarschaftlichen Bereich des Orbits. Für beides gibt es gute Gründe sowie stimmige Erfahrungen.

In einem Dorf in der Magdeburger Börde wurde aus einem alten Gutshaus eines zu DDR-Zeiten nach der Enteignung ab 1952 nicht mehr betriebenen Bauernhofes das Altenteil der Bauernfamilie. Der Hof mit Nebengebäuden und Wohnhaus für die nachfolgende Generation wurde außerhalb des Dorfes inmitten der Äcker auf der grünen Wiese neu gebaut.

Anders auf dem Hof Eggers: Hier leben der Nachfolger und Interviewpartner Henning Beeken und seine Familie etwas abseits der Hofgebäude im neu errichten Haus. Das Haus befindet sich direkt auf der gefühlten Grenze zwischen dem Territorium, also dem eigentlich Hofgelände mit den verschiedenen Gebäuden aus den verschiedenen Jahrhunderten, und dem Orbit als dem Bereich, der sich Richtung Außenwelt öffnet. Das Haus steht am unbefestigten Weg Richtung öffentlicher Teerstraße. Man kommt bei der Anfahrt daran vorbei und fragt sich möglicherweise, ob man jetzt schon auf dem Hof ist.

Die Grenze zwischen diesen Bereichen ist nicht immer ganz eindeutig. Man könnte auch interpretieren, dass durch das neue Wohnhaus das zu verteidigende Territorium des Hofes erweitert wurde. Dies wird sich in Zukunft erweisen. Der 2012 übergebende Altbauer Eggers wohnt im traditionellen Niedersachsenhaus im Zentrum des Hofes.

> **Interviewer** *(zu Henning Beeken): Ich bin ja gewissermaßen ein Eindringling, ich komme von ganz außen, komme ganz fremd hier herein in ein Gemeinwesen, das ja eigentlich für Privatheit steht, das abgeschlossen ist.*
> *So komme ich dann hier von außen auf Ihren Hof, den Hof Eggers. Sie waren ja auch erst einmal skeptisch und fragten sich, was ich wohl will, überprüfen meine schriftlich vorliegenden Fragen.*

Henning Beeken: *Ja klar. Es kommen ja so viel Leute an, die etwas wollen. Weil wir auch recht präsent sind in der Öffentlichkeit, zum Beispiel durch einen Artikel, wie er im Hamburger Abendblatt (22.12.2015) über uns erschien: Da kommen dann in der Folge immer Leute, die irgendwas wollen. Ein bisschen skeptisch muss man ja auch sein.*

Interviewer: *Sie haben dann eben ein berechtigtes Schutzbedürfnis. Was passiert da? Was wollen Sie preisgeben oder aus der Hand geben? Wo wollen Sie sich reingucken lassen. So wie hier ja auch. Hier sind große Panoramafenster, aber glücklicherweise können Sie natürlich die Jalousien zumachen, sobald Sie möchten und auch alles völlig verriegeln. (Lachen)*

Henning Beeken: *Machen wir auch.*

Interviewer: *Und das müssen Sie ja auch, sonst ...*

Henning Beeken: *... lebt man hier auf dem Präsentierteller.*

Interviewer: *Dann haben Sie keine Privatheit mehr. Dann haben Sie keine Regeneration mehr. Die Regeneration findet in der Privatheit statt, in der Privacy, wie ich das nenne. Das ist gerade dann, wenn Sie den Hof in den Tourismusbereich öffnen, noch viel wichtiger.*

Henning Beeken: *Das Haus steht noch nicht so lange. Wir haben ein paar Büsche angepflanzt, die müssen noch ein bisschen wachsen, damit es noch ein bisschen abgetrennter wirkt.*

Befindet sich das Wohnhaus, die Unternehmervilla auf dem Werksgelände innerhalb des zu verteidigenden Territoriums oder außerhalb im Orbit, dem nachbarschaftlichen Bewegungsraum?

Beispiele für die unterschiedlichen Wohnsituationen sind:

- Villa Grupp, Trigema sowie Jugendstilvilla Meckatzer Löwenbräu: Die Unternehmervillen liegen jeweils direkt neben dem Fabrikgelände auf der anderen Straßenseite und sind fußläufig erreichbar.
- Räder-Vogel: Sowohl Senior als auch Junior wohnen abseits der Produktion in unterschiedlichen Stadtteilen Hamburgs
- Francesca Rosenberger wohnt jeweils unabhängig von ihren Hotels in einem anderen Orbit.
- Krupp: Die berühmte sogenannte »Villa Hügel« des Stahlunternehmens Krupp (Thyssen-Krupp) befindet sich außerhalb des Territoriums im Orbit. Zu den Anfangszeiten des Unternehmens befand sich das Wohnhaus selbstverständlich auf dem Gelände, innerhalb des Territoriums.

Insgesamt ist deutlich der Trend zur Dezentralisierung und damit zur Privatheit zu beobachten. Die Unternehmer wohnen dort, wo es für sie privat angenehm ist, wo sie und ihre Familie geschützt leben können. Wenn sie ins Unternehmen fahren, verlassen sie ihren privaten Orbit und begeben sich in den Orbit des Unternehmens, um dort unternehmerisch tätig zu sein.

Dabei geht es manchmal auch nur darum, gegenüber den Mitarbeitern des Unternehmens oder auch gegenüber den anderen im Unternehmen aktiven Familienmitgliedern Präsenz zu zeigen, sich gegenseitig persönlich zu sehen oder persönlich auszutauschen. »Wenn der Dienstwagen des Seniors vor der Tür steht, sind alle Mitarbeiter beruhigt und wissen: Dem Alten geht es gut!« sagte zu mir der Juniorchef eines Unternehmens über das Interesse der Mitarbeiter am Wohlbefinden des gesundheitlich angeschlagenen Seniors.

6 Individuelle Kommunikationsstärken optimal entfalten – Teamrollen und Persönlichkeitsmerkmale richtig einsetzen

Eigentlich bin ich ganz anders, nur komme ich so selten dazu
Ödon von Horvath

In diesem Kapitel stelle ich verschiedene Teamrollen vor, die dazu dienen, innerhalb des Familienunternehmens die bestmögliche Besetzung der Positionen für sich und die anderen zu finden. Wer seine Schwächen kennt, die individuellen Talente und Kommunikationsstärken gezielt nutzt, bringt sich und zugleich das Familienunternehmen voran. Es gibt neun Teamrollen, die ich in diesem Kapitel vorstellen werde. Die damit einhergehende Identität gibt den einzelnen Familienmitgliedern Sicherheit.

6.1 Schwachstellen kennen und Rollenstarrheit überwinden, um seine Talente und Stärken zu finden

Die Stärke eines Einzelnen erscheint einem manchmal wie bei den Nibelungen: Die Verwundbarkeit ist das Problem. Die Verwundbarkeit des eigentlich als un-verwundbar, als uneingeschränkt stark geltenden Siegfried lag im Bereich zwischen den Schulterblättern. Der Drachentöter aus der Nibelungensage badete nach seinem Sieg über den Drachen in dessen Blut. Das machte ihn unverwundbar. Lediglich zwischen den Schulterblättern konnte ihn das Drachenblut nicht schützen, denn dort war ein Lindenblatt hingefallen und hatte die Haut darunter abgedeckt – also ausgerechnet an die Stelle, die jedem Mensch bei sich selbst am schwersten zugänglich ist, sei es beim Waschen unter der Dusche oder schlicht dann, wenn man dort einen Juckreiz verspürt: Hier zeigte sich auch bei Siegfried seine Schwachstelle, seine Verwundbarkeit, hier war er angreifbar.

Siegfried wurde später genau an dieser Stelle von Hagen mit einer Lanze erstochen. Verraten wurde seine Schwachstelle von Krimhild.

Die Nibelungensage lehrt uns, dass wir alle eine Schwachstelle haben und dort besonders angreifbar sind – vor allem dann, wenn uns jemand, der die Schwachstelle kennt, in den Rücken fällt. Aber jede Person hat ihre Stärke. Die eigene Stärke zu kennen, bringt einen voran, das Wissen um die eigene Schwäche wiederum bewahrt vor Irrgängen. Irgendwohin kann ein Lindenblatt fallen und hängen bleiben, wir sind nicht perfekt, nicht unverwundbar, nicht in der Lage, alles zu leisten.

Der Hebel, um diese Verwundbarkeit abzumildern, ist, den Drang nach Perfektion abzumildern. Darauf gehe ich weiter unten ein (s. Kap. 10; s. a. Waibel, 2010 und 2000/2012, 119, 223).

Statt die Kraft in die Perfektion zu investieren, gilt es, zu schauen, welches Talent die Einzelnen haben und wo sich diese Talente am besten entfalten können. Jede Person hat ihr Talent, ihr Vermögen. Dieses Talent lässt sich in der richtigen Rollenbesetzung entfalten. Doch eine Frage ist dabei zentral: Welche Rolle ist es, in der sich die Talente bestmöglich entfalten können?

Rollenstarrheit in der Familie – zwischen Topdog und Underdog
Die Verringerung von Verwundbarkeit und die Vervielfältigung von Talenten hängt bei Familienunternehmen in besonderer Weise von der Rollenverteilung ab und von der Kommunikation darüber, wie diese Verteilung stimmig ist. Eine Verwundbarkeit ist die familieninterne Konkurrenz. Sie findet womöglich eine Besänftigung, wenn sich Familienmitglieder darauf einigen, was ihre jeweils größten Stärken und Schwächen sind. Wenn das gelingt, haben alle Beteiligten ihren Vorteil.

Doch das ist schwer: Viele Menschen sind in ihrer Stammfamilie, der Herkunftsfamilie, das jüngste oder auch das älteste Geschwisterteil und damit auf eine bestimmte Stärke oder Schwäche festgelegt. Dies drängt jedes Mitglied einer Familie in eine Rolle, es legt sein Verhalten fest. Innerhalb der Familienstruktur ist diese Rolle schwer zu verändern. Auch wenn sie sehr erfolgreich sind, werden viele dieser erfolgreichen Jüngsten oder Ältesten bis heute von ihren Eltern oder anderen Geschwistern so behandelt werden, wie es ihrer Kinderrolle entsprach. Die Rolle ist festgeklopft, scheint unveränderbar im Familienmechanismus, nur außerhalb der Familie ist sie unsichtbar, ohne Belang oder womöglich völlig umgedreht.

Diese Rollenstarrheit kann Familien unangenehm werden lassen. Man kommt aus seiner Haut, aus seiner Rolle nicht heraus, ein Leben lang. So wie der Kinderstar Hein »Heintje« Simons ja auch ein Leben lang der kleine Heintje bleibt, auf seine Marke festgelegt und reduziert, Mama singend, ach wie süß. Auch wenn der holländische Sänger heute mit über sechzig Jahren auf Tournee geht, singt er selbstverständlich »Mama«, das uralte italienische Lied, das vor ihm auch schon Enrico Caruso, Mario Lanza und andere gesungen haben.

Oder, wieder bezogen auf die Familie: Die Rolle, die eine Person in ihrer Familie einmal innehatte oder während der Jahre der Sozialisation erhielt, haftet ihr an und kann in der Familie womöglich nie ganz abgestreift werden. Eine neue Rolle kann viel leichter außerhalb der Familie gefunden werden. Wie sagte einmal ein alter Herr beim Abendessen zu seiner Tochter, einer Kollegin von mir, während einer Familienfeier: »Erika, holst Du mal Deinem Bruder ein Bier aus dem Keller?!« Der Bruder stand dann glücklicherweise selbst auf, um sein Bier zu holen. Beide Geschwister waren bereits einen Schritt weiter als der alte Vater, hatten ihre Kinderrollen erkannt und konnten flexibel handeln.

Außerhalb des Systems Familie kann es sehr einfach sein, ein erfolgreicher Schriftsteller, Unternehmer, Professor etc. zu werden. Innerhalb des Systems der Herkunftsfamilie bleibt man aber mit hoher Wahrscheinlichkeit in seiner Herkunftsrolle gefangen, ist mit den gewohnten Ängsten der Eltern konfrontiert und mit dem Neid oder der Konkurrenz der Geschwister. So ist man in seinem Erwachsenenleben der Topdog, in der Herkunftsfamilie bleibt man der Underdog, der Kleine von damals, oder eben der Top-dog, der Große. So wie der Kleine jetzt etwas können will, Geschäftsführer des Familienunternehmens sein, im Aufsichtsrat aktiv sein, etwas können (dürfen) will, so will es der Große von damals auch einmal anders machen, er will auch einmal etwas nicht können (dürfen), er will, anstatt sich zu beweisen, einmal fünfe grade sein lassen.

Einen klassischen Underdog fand ich im Sommer 2015 im Neuen Schloss in Kißlegg im Allgäu in Form eines Gartenzwergs. Der Konzeptkünstler Ottmar Hörl zeigte als überlebensgroße Skulptur den Gartenzwerg Sponti, der mit einem Lächeln und dem ausgestreckten Mittelfinger grüßt. Der Gartenzwerg als Archetypus ist unangreifbar. Niemand identifiziert sich mit ihm, nicht die Gesellschaft, nicht eine Familie. Dadurch hat der Gartenzwerg Distanz zum familiären und gesellschaftlichen Geschehen. Er kann als Stellvertreter agieren und frech sein, unangepasst, innovativ. »Ihr könnt mich mal mit Euren festgefahrenen verkrusteten Rollen«, sagt er möglicherweise und auf ungeheure Weise fügt er hinzu: »Ich mach jetzt was mir gefällt, egal ob es euch gefällt. Ich bin stark, ich kann viel und ich erlaube mir jetzt mein Können. Wenn mir unser familiärer und unternehmerischer Rahmen zu eng bleibt, dann mach ich mein Ding anderswo. Eure Zustimmung brauche ich nicht (mehr).«

Der Gartenzwerg, wie er hier von Hörl dargestellt wurde, steht für den Widerstand gegen die tradierte, vertraute Rollenverteilung, er steht für Rebellion, für die Veränderung, für den Wunsch, Spitze zu sein, anstatt angepasst und reduziert zu funktionieren. Er begann als Gartenzwerg, als Underdog und traute sich, aus der Anpassung auszubrechen, um sich weiter zu entwickeln, weiter zum rebellierenden Topdog.

Auch dem Familienclan der Wagners geht es seit dem Ableben des Meisters im Hinblick auf die Rollenverteilung in der Familie nicht viel besser. Wer sollte Festspielleiter werden, als Richard Wagners Witwe Cosima krank wurde? Wer widmet sein Leben bedingungslos dem Meister? Wer ist die Idealbesetzung des Festspielleiters: Meistersohn, Meistertochter, Meisterschwiegersohn – oder heute: Meisterurenkelin oder …? Welche Konstellationen sind die optimale Besetzung zur Ausrichtung der Wagner-Festspiele, wer bestimmt den künstlerischen Leiter oder gibt es gleich zwei davon?

Zur Eröffnung der Festspiele am 25./26.7.2015 trat die Festspielleitung mit mehr als einem künstlerischen Leiter an. Den Ring der Nibelungen aufzuführen ist das Eine, aus der Schwachstelle des Siegfried auch für sich zu lernen das Andere. So sind wir alle gefordert, gerade, wenn wir eine Führungsposition bekleiden und Verantwortung haben. Wer ist der Gartenzwerg, der sein eigenes Ding macht, frisch und ohne Befangenheit, spannend, weil innovativ, und zugleich erfolgreich?

Weniger Befangenheit durch »Fünf Freiheiten«
Kommunikationsstärke lebt auch aus dem Erleben von innerer Freiheit. Seine eigene Rolle zu finden, ist Ausdruck innerer Freiheit. Mit dem Begriff der Freiheit sind wir passenderweise bei Virginia Satir. Sie war eine erfolgreiche Familienexpertin und gilt als die Mutter der Familientherapie. Sie lebte von 1916-1988 und wirkte in den USA. Ihre sogenannten »Fünf Freiheiten« sind unverzichtbar – genauso bei der Bewältigung von Herausforderungen wie für die Entwicklung von Lösungskompetenz, Entscheidungsfreudigkeit und Dialogorientierung (vgl. Brezel-Modell im Kap. 8.4).

Die fünf Freiheiten lauten:

1. *»Ich bin frei, indem ich sehe und höre, was im Moment da ist«* anstatt *»Ich bin befangen, wenn ich meine Wahrnehmung an meine und an die Erwartungen anderer anpasse«.*

2. *»Ich bin frei, indem ich zu meinen Gefühlen stehe«* anstatt *»Ich bin befangen, indem ich Gefühle vortäusche, die ich im Moment gar nicht habe«.*

3. *»Ich bin frei, indem ich um das bitte, was ich brauche«* anstatt *»Ich bin befangen, indem ich auf Erlaubnis warte«.*

4. *»Ich bin frei, indem ich Verantwortung übernehme«* anstatt *»Ich bin befangen, indem ich Verantwortung anderen überlasse«.*

5. *»Ich bin frei, indem ich eigenverantwortlich Risiken eingehe«* anstatt *»Ich bin befangen, indem ich Sicherheit etwas Neuem grundsätzlich vorziehe«.*

   (Satir 1989, 27; vgl. Waibel, 2000/2012, 23 f.)

August Oetker sagte dazu:

> **August Oetker:** *Wir brauchen doch möglichst große Freiheitsgrade, damit wir genau das tun können, was wir glauben zu können: Nämlich etwas zu unternehmen.*

Anschauungsmaterial gibt auch die aktuelle Führungssituation in der über 150-jährigen Geschichte des privaten Tierparks Hagenbeck in Hamburg.

Ende März 2015 gaben die zerstrittenen Geschäftsführer und Gesellschafter Joachim Weinlig-Hagenbeck (59) und Claus Hagenbeck (74) ihre Posten als Geschäftsführer ab. Sie hatten sich zuvor vor Gericht miteinander um Zuständigkeiten gestritten – öffentlich und bis zu einem Punkt, an dem nichts mehr ging. Nachdem im April 2015 Friederike Hagenbeck (26), die Tochter von Joachim Weinlig-Hagenbeck, die Geschäftsführung zusammen mit Stephan Hering-Hagenbeck (48) übernahm, wurde dieser nun von seiner Frau Bettina Hering-Hagenbeck abgelöst. Die aktuelle weibliche Doppelspitze (vgl. Abendblatt, 24.6.2015) steht vor großen Herausforderungen und es stellt sich die Frage, welchen Dynamiken die Familien um den familiengeführten Tierpark ausgesetzt sind, welche Konflikte intern gären.

Ich bin der Überzeugung, dass eine Veränderung in der Rollenverteilung, ein Change Management für eine neue, erfolgreiche familiäre Rollendynamik, von einem Berater enorm unterstützt werden kann. Viel Neues will erreicht werden und Sätze wie »Ich habe das immer so gemacht« behindern einen selbst und die Nachfolger. Angesichts eines stetigen Wandels sowohl im Unternehmen als auch in der Familie gilt es, viele Herausforderungen zu bewältigen. Ein im Umgang mit psychodynamischen Familienmustern versierter und vertrauter Berater handelt aus der Distanz heraus, bringt Erfahrung und Wissen ein, ist unbefangen und hoch motiviert. Er versteht beispielsweise auch etwas von entwicklungspsychologischen Sprüngen, die Kinder machen – von der Trotzphase über die Pubertät bis hin zum Auszug junger Erwachsener auf dem Weg in das selbstbestimmte Leben.

Statt immer wieder dasselbe zu versuchen und in einem Kraftakt durchzusetzen, gilt es, Fragen zu stellen und Antworten zu finden. Verantwortung hat mit dem eigenen Freiheitsgrad zu tun. Zwei der sogenannten »Fünf Freiheiten«, wie ich sie oben formuliert habe, bewegen sich um den Begriff der »Verantwortung«.

Es geht darum, Verantwortung zu übernehmen und eigenverantwortlich zu handeln:

- Ich bin frei, indem ich Verantwortung übernehme.
- Ich bin frei, indem ich eigenverantwortlich Risiken eingehe.

Ver-antwort-ung lebt aus der Führungsstärke, verlangt, alle Momente des Dialogs mit den Personen aus dem Umfeld, direkt und indirekt, unilateral und multilateral geschickt zu nutzen. Wer eine Frage stellt und Antworten findet und gibt, handelt ver-antwort-lich, schöpft aus seinen Ressourcen, demonstriert seine »Fähigkeit zum Antworten« (response-ability). Ein psychologisch fundiert ausgebildeter Berater oder Mediator versteht systemisch-psychologische Familiendynamiken und Muster, wenn er Familien und Familienunternehmen begleitet, das ist eine herausragende Expertise.

Als ein Persönlichkeitsmodell beschrieb ich die sechs (Stimm-)Persönlichkeiten, die Stimmigkeit erleichtern sollen (ausführlich in: Waibel, 2010). Diese Persönlichkeiten können über den sogenannten Stimmhaus-Stimmpersönlichkeits-Test von Waibel eingeschätzt werden (www.stimmhaus.de). Als Ergebnis erhalten die Anwender eine Einschätzung bezüglich der persönlich individuellen:

a) Grundstimmung, von der unbekümmerten hin zur besorgten (Stimm-)Persönlichkeit;

b) Aufgeschlossenheit, von der emotional aufgeschlossenen hin zur zurückhaltenden (Stimm-)Persönlichkeit;

c) Kontaktfähigkeit, von der kontaktfähigen hin zur kontaktarmen (Stimm-)Persönlichkeit;

d) Attraktivität, von der gering attraktiven hin zur attraktiven (Stimm-)Persönlichkeit;

e) Dominanz, von der dominanten hin zur nachgiebigen (Stimm-)Persönlichkeit;

f) Kontrolle, von der unkontrollierten hin zur kontrollierten (Stimm-)Persönlichkeit.

Der Persönlichkeitstest lässt sich in 10 Minuten absolvieren. Er baut eine Brücke von der Persönlichkeit zur Stimme. Sie erfahren also nicht nur etwas über sich, über ihren individuellen Persönlichkeitstyp, sondern zudem über ihre Stimme, die als »Botschafterin der Persönlichkeit« ihrem Typ Ausdruck verleiht.

Für einen Familienunternehmer ist die Stimmigkeit als Ausdruck seiner Persönlichkeit ein wertvoller Überzeugungsfaktor, sowohl gegenüber seinen Mitarbeitern und den Menschen der familiären Umgebung als auch nach innen, gegenüber den anderen Familienmitgliedern. Die ausgewogene Balance zwischen den sechs Persönlichkeitsfaktoren ist dabei Ausdruck einer insgesamt ausgeglichenen Unternehmerpersönlichkeit.

6.2 Neun Teamrollen

Die Geschicke von Familienunternehmen werden von den Mitgliedern der Familie gesteuert. Diese »Positionen« werden nicht zwingend nach Gesichtspunkten der Personalauswahl besetzt, sondern danach, wer da ist, wer sich durchsetzt, wer will, wer kann. Es ist sozusagen wie in einem Königshaus.

Die familiären Akteure in Familienunternehmen können mit ihren unterschiedlichen Perspektiven und Erwartungen in vier Gruppen eingeteilt werden:

1. Sie halten Anteile am Unternehmen und arbeiten darin wie beispielsweise das Familienoberhaupt als Unternehmensleiter, geschäftsführende Gesellschafter, aktiv tätige Geschwister, bereits im Unternehmen tätige Nachfolger;
2. Sie halten Anteile am Unternehmen und arbeiten nicht darin wie beispielsweise Ehegatten, ehemals aktive Senioren, nicht berufstätige Erben, Nachfolger mit einer Karriere außerhalb des Unternehmens;
3. Sie halten keine Anteile am Unternehmen, aber arbeiten darin, wie beispielsweise im Unternehmen beschäftigte potenzielle Nachfolger der Gesellschafter, bevor sie ihr Anteilserbe antreten oder mitarbeitende Schwiegertöchter und -söhne;
4. Sie halten keine Anteile am Unternehmen und arbeiten nicht darin, sind beispielsweise Ehepartner, zukünftige Erben, Nachkommen im Kindesalter, ausbezahlte Familienmitglieder, Senioren nach Übergabe des Anteils.
5. Hinzu kommen drei Gruppen nicht familiärer Akteure, also Mitarbeiter und fremde Anteilseigner, die:
6. weder Teil der Familie sind noch Anteile am Unternehmen besitzen. Das sind gewerbliche und kaufmännische Mitarbeiter, Fremdmanager, Interimsmanager;

7. am Unternehmen beteiligt sind, jedoch nicht zur Familie gehören. Das wäre ein minderheitsbeteiligter Fremdmanager mit Minderheitsbeteiligung.

8. Zuletzt gibt es auch noch Anteilseigner, die Anteile am Unternehmen besitzen, aber weder darin arbeiten, noch zur Familie gehören, also Investoren, stille Teilhaber und – auch als Heuschrecken bekannt – Private-Equity-Unternehmen.

Die Akteure aus den sieben Gruppen müssen nun, soweit sie beteiligt sind, im Team ihre einzelnen Teamrollen finden und ausfüllen. Die einzelnen Teamrollen hängen wie an einem Spielholz: Wird das Holz bewegt, geraten alle Rollen in Bewegung; bewegt sich eine Rolle, geraten auch die anderen in Schwingung. Keine Rolle ist im luftleeren Raum, nur für sich.

Die Wirksamkeit des Systems Familie und eines Familienunternehmens entscheidet über die Besetzung der Teamrollen und darüber, ob die einzelnen Akteure in ihre stimmige Rolle finden. Oder wie Carsten Henning von Räder-Vogel sagt:

> **Carsten Henning:** *Es ist wie ein Puzzle. Es ist einfach ein Puzzle. Es ist wie so ein Zahnrad. Wir machen ja auch Räder, wenn auch keine Zahnräder, aber es muss immer ineinander greifen. Und es greift nicht immer ineinander, es klemmt auch mal ein Zacken, aber letztendlich sind alle gleich wichtig. Es ist egal, ob einer ein leitender Mitarbeiter ist oder ob er an der Maschine steht.*

Im Familienkontext gibt es häufig die Situation, dass zwei Puzzleteile für sich stimmig sind, aber sie passen doch nicht zusammen. Deshalb ist es gut, zu wissen, dass es ja noch andere Puzzleteile gibt, die letztendlich die Passung möglich machen. Alle Puzzleteile, alle Beteiligten zusammen ergeben die Familie und das Familienunternehmen. An welche Position gehört jedes Puzzleteil bestenfalls?

Angesichts der oben beschriebenen Rollenstarrheit und des begrenzten Pools an Familienmitgliedern, die zudem nach einem einmal mehr, einmal weniger transparenten Regelwerk eingebunden werden müssen, empfiehlt sich besonders für Familienunternehmen: Damit jedes Puzzleteil an seine ganz besondere Position passt und alle Zahnräder ineinander greifen können, sollte ein Familienunternehmen idealerweise einen Berater an seiner Seite haben.

Ob Positionen neu besetzt oder im laufenden Betrieb Stellen umbesetzt und/oder Mitarbeiter versetzt werden müssen: In jedem Fall wird vom Unternehmer und den Führungskräften ein besonderes mediatives Geschick verlangt. Wie kann er seine unternehmerischen Interessen mit den individuellen Interessen der Mitarbeiter in eine stimmige Passung bringen? Diese Frage kann nicht grundsätzlich vom grünen Tisch aus beantwortet werden. Aber es gibt eine grundsätzliche Orientierungshilfe, die vor Ort umgesetzt werden kann (mit Dank an meine Kollegin Marie-Dorothee Burandt, bobconsult.de):

Meredith Belbin analysierte in den 1970er Jahren die Zusammensetzung von Teams am Henley Management College. Ihn interessierte das Zusammenwirken verschiedener Persönlichkeitstypen im Hinblick auf die Leistungseffizienz in Teams. Er fand letztendlich neun sogenannte Teamrollen, bekannt als »Belbin Team Roles«. Diese lauten im englischen Original: Plant, Resource Investigator, Co-ordinator, Shaper, Monitor Evaluator, Team Worker, Implementer, Completer or Finisher, Specialist.

Auf Deutsch benenne ich diese Rollen als: Visionär, Akquisiteur, Koordinator, Prozessgestalter, Bewerter, Ausgleicher, Pragmatiker, Vollender, Spezialist.

Die folgende Übersicht stellt die neun Teamrollen vor. Sie verdeutlicht typische Stärken oder vernachlässigte Seiten. Die eigenen, individuellen Teamrollen können in einem Test herausgearbeitet werden. Jede Person erfährt darin von den zwei Hauptrollen, die bei ihr sehr stark ausgeprägt sind. Daneben gibt es vernachlässigte Rollen, die Schwierigkeiten machen. Eine Familie kann sich mit einem Berater diesem Test unterziehen, um auf transparente Weise zu sehen, welche Stärken von welchem Familienmitglied vertreten werden – was sicher zu verblüffenden Ergebnissen führen wird. Ein Familienunternehmen kann sich sein Führungsteam nicht völlig frei »zusammenbauen«, es hat eben die zur Verfügung stehenden Puzzleteile und diese müssen für die Besetzung der Schlüsselpositionen genügen bzw. sollte dann, wenn Puzzleteile fehlen, Klarheit hinsichtlich der Auswahl externer Kandidaten herrschen.

I. Visionär

Basiseigenschaften: individualistisch und originell, ernst, unorthodox, unabhängig

Kompetenzen: Genialität, Phantasie, Intelligenz, Wissen, löst komplizierte Probleme

Schwächen: schwebt in den Wolken, ignoriert gerne praktische Details und Vorschriften

Beispiel: Typischerweise ist diese Stärke vorzufinden beim Vorstand, Berater für Neuausrichtung, dem Gründer in seiner Anfangsphase.

Möglicherweise ist z. B. der Gründer und Chef der flexi-Bogdahn International GmbH & Co. KG, Herr Bogdahn, Erfinder der Roll-Leine, die 2010 zu einer »Marke des Jahrhunderts« wurde, als Visionär zu unabhängig, um einen Nachfolger generieren zu können (vgl. Patriarch).

Fehlt in der Familie ein Visionär, so entsteht eine Lücke, die aufgefüllt werden muss, z. B. durch von außen kommende Ideenentwickler oder auch durch das Belohnen der gesamten Mitarbeiterschaft beim Einbringen von Ideen ins Unternehmen.

II. Akquisiteur

Basiseigenschaften: extrovertiert und kommunikativ, enthusiastisch, interessiert, gesellig und gut vernetzt

Kompetenzen: Fähigkeit, nützliche Kontakte zu knüpfen und neue Möglichkeiten zu erkunden, geht große Herausforderungen schwungvoll an, Ideenverkäufer

Schwächen: verliert schnell das Interesse, wenn die erste Faszination vorüber ist, gelegentlich zu optimistisch und unkritisch

Beispiel: Verkäufer, Akquise

Fehlt in der Familie die Rolle des Akquisiteurs, muss sie einen Weg finden, diesen vertrauensvoll extern zu besetzen, wobei die langfristige Besetzung der Position für das Familienunternehmen von besonderem Interesse ist. Denn die Schwäche des Akquisiteurs ist, dass er nach einer gewissen Zeit sein Interesse verliert. Das Familienunternehmen aber will nicht sein Know-how an die Konkurrenz verlieren bzw. wiederholt eine Person einarbeiten. Also geht es zudem auch darum, die beste Rollenbesetzung innerhalb des Familiensystems zu erkennen und ggf. weiterzuschulen und zu spezialisieren. Auch deshalb ist die Herausarbeitung der individuellen Teamrollen der Familienmitglieder sehr wertvoll. Diese Aspekte gelten auch für die nachfolgenden Teamrollen.

III. Koordinator
Basiseigenschaften: ruhig, selbstsicher, kontrolliert, einzeln

Kompetenzen: Fähigkeit, alle Menschen vorurteilslos zu behandeln, starkes Bewusstsein für Zielsetzungen, ermutigend

Schwächen: nicht außergewöhnlich intellektuell oder kreativ

Beispiel: Assistenz der Geschäftsführung, Empfang bzw. Pforte, Chefsekretär(in)

Diese Position eignet sich gut für eine externe Besetzung.

IV. Prozess-Gestalter
Basiseigenschaften: nervös, reizbar, dynamisch, zusammenhaltend

Kompetenzen: gestaltet die Teamleistung zu einem Ganzen und zeigt die Bereitschaft, gegen Trägheit, Unzulänglichkeiten, Selbstzufriedenheit und Selbstbetrug anzugehen

Schwächen: leicht reizbar und ungeduldig, neigt dazu, die Gefühle seiner Mitmenschen zu verletzen

Beispiel: Projektmanager, CEO

Für diese Rolle ist ein Familienmitglied prädestiniert, bei einer patriarcha-lischen Führung hat häufig der Patriarch die Rolle inne. Gerne wird diese Rolle unterschätzt und suboptimal besetzt, also ist es empfehlenswert, unter externer Beratung zu prüfen, wer am besten geeignet ist.

V. Bewerter
Basiseigenschaften: nüchtern und analytisch, kühl und logisch denkend, vorsichtig

Kompetenzen: sicheres Urteil bzgl. Machbarkeit, diskret, aber entschlossen

Schwächen: kaum begeisterungsfähig, kann andere kaum motivieren, etwas langweilig und kaltschnäuzig

Beispiel: Controller, Qualitätsmanager

Diese Position im Familienunternehmen eignet sich wiederum gut für eine externe Besetzung, wobei dies natürlich branchenabhängig variiert. So sollte z. B. die Aufgabe, die Mitarbeiter in einem Hotel nüchtern zu bewer-ten, nur intern von einem Familienmitglied, das alle Mitarbeiter gut kennt und Besonderheiten umfassend und wohlwollend berücksichtigen kann, geleistet werden (wie es im Interview mit der Hotelinhaberin Francesca Rosenberger deutlich wird). Geht es um die analytische Betrachtung der Produkte eines Industrieunternehmens, kann dies im Vergleich dazu auch von jemandem, der extern besetzt ist, übernommen werden.

VI. Ausgleicher
Basiseigenschaften: sozial und empathisch, gutmütig und sensibel

Kompetenzen: kann auf Menschen und Situationen eingehen und den Teamgeist wecken, Diplomat, bringt Gruppenzusammenhalt voran

Schwächen: in Krisenzeiten etwas unentschlossen, verhält sich eher an-gepasst

Beispiel: Beirat

Fehlt in der Familie ein Ausgleicher, so ist das riskant. Wenn der Familie dies bewusst ist, sollte sie sich dafür engagieren, bei regelmäßig stattfindenden Entscheidungsprozessen ebenso wie bei auftretenden Konflikten einen externen Vermittler oder Mediator hinzuzuziehen. Auch der Beirat ist häufig gut dafür geeignet, was es individuell zu prüfen gilt.

VII. Pragmatiker
Basiseigenschaften: konservativ, pflichtbewusst, durchschaubar

Kompetenzen: gutes Organisationstalent, praktischer, gesunder Menschenverstand, tüchtig, selbstdiszipliniert

Schwächen: Mangel an Flexibilität, zögernd bei Neuerungen, mag keine Veränderungen

Beispiel: Pressesprecher, Öffentlichkeitsarbeit

Viele erfolgreiche Patriarchen, die rechtzeitig ihre Nachfolge vorbereiten, vertreten die hier genannten Eigenschaften. Diese Position eignet sich gut für eine externe Besetzung.

VIII. Vollender
Basiseigenschaften: sehr genau, äußerst gewissenhaft, ängstlich, auf Standards abhebend

Kompetenzen: absolut zuverlässig, Perfektionist

Schwächen: neigt zu unnötiger Aufregung, delegiert ungern, manchmal ein Erbsenzähler, ›Mikromanager‹

Beispiel: Aufsichtsrat, Gründer, die den stimmigen Zeitpunkt der Übergabe verpassen: Der Vollender ist die einseitige Rolle des Eugen Block von Block House: perfektionistisch, schwer loslassend. Er braucht die Ergänzung durch andere Familienmitglieder und Führungskräfte, doch muss er ihnen überhaupt erst Handlungsspielraum geben. Aber Vollender delegieren ungern. Ein Dilemma. Sie kümmern sich sogar um einzelne Details (s. o., Patriarch).

IX. Spezialist

Basiseigenschaften: zielstrebig, eigenbrötlerisch, passioniert

Kompetenzen: verfügt über wichtige Kenntnisse und Fähigkeiten auf einem speziellen Fachgebiet

Schwächen: vor allem fachorientiert ohne Blick für größere Zusammenhänge

Beispiel: Experte auf Projekt- oder Stabsebene, Buchhalter

Zu beachten ist hier, dass ein Familienmitglied, das diese Rolle besetzt, nicht zugleich für einen Bereich Verantwortung tragen sollte, der vom Blick für größere Zusammenhänge profitiert.

Aus der Zusammensetzung des Teams kann eine Familie ebenso wie ein Familienunternehmen profitieren. Sowohl erfolgreiche Unternehmen als auch ausgeglichene Familienstrukturen überlassen hier nicht zu viel dem sogenannten Zufall. Denn Konflikte in der Familie können auch darin begründet sein, dass Familienmitglieder Rollen zugeschrieben erhielten oder dass Rollen und Aufgaben tradiert werden, die einfach nicht ihren Interessen und Stärken entsprechen. Nur weil ein Familienmitglied zur richtigen Zeit am richtigen Ort ist, ist es noch lange nicht per se für die vorhergesehene Rolle geeignet, beispielsweise für die Rolle des Nachfolgers. Die Vorbereitung auf eine Nachfolgerolle oder auf eine bestimmte Position im Unternehmen beginnt früh, mit Empathie und step by step.

Dies zeigt das Beispiel der bereits vorgestellten Familienbrauerei Zötler, in der der Junior Niklas Zötler kooperativ mit dem Vater die Firma leitet und eines Tages als Repräsentant der 21. Generation die Führung übernehmen wird. Der heutige Senior hat von Anfang an mit seiner Entscheidung, in die Firma zu gehen, den autoritären Führungsstil seines Vaters verändert und in einen kooperativen Stil umgewandelt. Damit hat er die Basis gelegt für die Nachfolge seines Sohnes, der sich motiviert und kompetent in die moderne Unternehmenskultur einbringt. In Worten klingt das so:

Zötler Senior: *Ich denke wir haben alles gut gemacht, so wie es war. Wir haben uns gestritten, wir haben uns versöhnt. Wir haben eine schöne Zeit gehabt miteinander, es war ok. Alles gut.*

Zötler Junior: *Ich würde schon sagen, dass der Wechsel zwischen der 19. und der 20. Generation ein starker Führungsumbruch war. Mein Großvater, der patriarchisch geführt hat, und mein Vater, der extrem kooperativ führt und nur in den ganz schwierigen Momenten einmal hart durchgreifen muss.*

Auch die Dr. Sasse AG bereitet die Nachfolge vor:

Christine Sasse: *Mein Mann wird ja dieses Jahr 65. Er wird auf jeden Fall bis er siebzig ist in der Unternehmensführung bleiben und dann an die Nachfolgerin übergeben. Bis dahin müssen die Dinge geregelt sein: eindeutig, für die Zukunft, auch in Eurem [den beiden Töchtern] Sinne. Aber wir machen das natürlich gemeinsam. Ich denke, wenn dann noch Familien dazu kommen auf beiden Seiten der Töchter, dann brauchen wir auch das [eine Familienverfassung].*
Ich weiß nicht, wie es [die Nachfolge] enden wird. Aber ich bin ziemlich sicher, dass es [die Unternehmensführung durch die beiden Töchter] nicht funktionieren wird, indem man es aufteilt in Funktionsbereiche. Es wird sicher Fachressorts geben, für die die eine verantwortlich ist, und die andere [in einem anderen Bereich verantwortlich führt]. Wie es jetzt bei meinem Mann und mir ist. Mein Mann ist im Vertrieb der Vorreiter und ich bin es im HR-Bereich. So wird es da auch eine Aufteilung geben. Aber das Repräsentieren des Unternehmens, wer wird an der Spitze stehen, das wird nicht zu teilen sein. Ich denke, da haben beide einen ganz klaren Führungsanspruch. Wie man das mit einer Doppelspitze hinkriegt? Ich weiß natürlich auch, dass Doppelspitzen nie gut sind. Die Deutsche Bank hat es unlängst erst wieder vorgemacht und und und. Darin sehe ich eine Herausforderung. Das müssen wir irgendwie lösen. Und wie wir es lösen, weiß ich noch nicht.
(zur Tochter) Stimmt oder?

Laura Sasse: *Aber ich seh da kein Problem!*
Meine Schwester und ich verstehen uns sehr gut. Wir haben auch unter-
schiedliche ...

Christine Sasse: *... Begabungen, Talente.*

Laura Sasse: *Ich habe eben BWL studiert, meine Schwester hat Psycho-*
logie studiert. Wir sagen immer: Wir sind zwei Seiten einer Medaille.
[...] Es gibt oft das Problem, dass Übergaben nicht so reibungslos laufen,
weil es häufig ein Gemisch der verschiedenen Generationen gibt. Also
sagen wir mal, mein Vater übergibt an meine Schwester und mich in fünf
Jahren, zieht sich dann aber nicht wirklich zurück, sondern redet immer
noch rein.
Aber er hat gesagt, dass er in fünf Jahren die Nachfolge vollziehen wird
und dass er sich dann eben auch raus hält, uns aber natürlich noch als
Berater zur Verfügung steht. Er ist ja schließlich unser Vater. Ob er sich
dann nicht einmischt, wenn wir das nicht wollen ... ich habe da volles
Vertrauen zu ihm. Deswegen habe ich gar nicht den Wunsch oder würde
ich nicht den Wunsch formulieren wollen, dass er sich daran hält. Ich bin
mir ganz sicher, dass er es auch so machen wird. Weil er selbst das Pro-
blem kennt, auch von anderen Familienbetrieben, in denen das nicht so
toll gelaufen ist. Wenn er sich was in den Kopf setzt, dann macht er das
auch.

6.3 »Ich bin es« – Rollenidentität gibt Sicherheit

In meinem Brief an meine Großeltern schilderte ich, wie ich stets begleitet
von den Worten »Ich bin es!« die Tür in das Unternehmen meiner Großeltern öffnete, dann den Weg ins Büro einschlug. Diese Grußformel steht für
Identität und Heimat.

Persönlichkeitsentwicklung beginnt mit dem, was wir in der humanistischen Psychologie als Es-Funktion bezeichnen: Diese geht einher mit dem
Spüren des Körpers, den Sinneswahrnehmungen und den Gefühlsregun-
gen.

Weiter geht die Persönlichkeitsentwicklung mit den Ich-Funktionen. Dazu gehören die Fragen: »Was brauche ich?«, »Was wünsche ich?«, »Was will ich?«.

In der dritten Stufe der Persönlichkeitsentwicklung geht es um die Persönlichkeits-Funktion, verankert in den Fragen: »Was kann ich?« und »Wer bin ich?«.

Die Entwicklung zur Persönlichkeits-Funktion und zur Identifikation mit den Worten: »Ich bin ...« ruht in der tiefen Vertrautheit mit sich selbst, die zu Selbstbestimmung und Verantwortung befähigt.

Der Prozess der Entdeckung dieser tiefen Vertrautheit mit sich selbst ist womöglich auch ein spiritueller Prozess. Das »Ich bin ...« ist für viele Menschen die größte Herausforderung, an der ein Individuum wachsen oder scheitern kann. Ich darf heute sagen, dass es ein großes Glück war, als Kind dieses »Ich bin es« leben zu dürfen. Dabei war diese Grußformel nicht austauschbar, obwohl ich nicht der einzige war, der sie aussprach. Denn entscheidend dabei war immer der Stimmklang, der mitteilte, wer durch die Tür trat. So lernte ich schon früh, auf die Wirkung meiner Stimme und auf meine Persönlichkeit zu vertrauen. (vgl. Waibel, 2000, S. 180)

»Ich bin es« hieß: Ich gehöre dazu und habe aus meiner Zugehörigkeit resultierende Freiheiten, die mir freie Bewegung erlauben.

Eine hohe Rollenidentifikation macht einerseits stark, andererseits unflexibel. »Ich bin es, ich bin ich« macht stark. Ich bin meine Rolle macht mich stark, wenn die Rolle stark ist oder macht mich schwach, wenn die Rolle schwach ist bzw. sobald die Rolle ganz weg fällt.

August Oetker berichtet von einer sehr ähnlichen, identitätsstiftenden Erfahrung, die diesen Zusammenhang noch näher erläutert:

> **August Oetker:** *Wenn man in einer kleineren Stadt wie Bielefeld lebt, steigt man [aus dem Auto] aus und ist dann da: Dann merkt man schon, dass diese Familie und insbesondere natürlich deren Oberhaupt dort eine besondere Rolle spielt. Das führt dann soweit, dass man seine ei-*

gene Identität sofort infrage gestellt sieht, wenn bestimmte Merkmale, mit denen man sich verbindet, nicht mehr da sind. Es ist immer die gleiche Geschichte, die mir dazu einfällt: Wir Kinder wurden im Winter nach Bayern geschickt, zur Erholung sozusagen. Wir fuhren von Dortmund mit dem Schlafwagen ab und nach Dortmund brachte uns ein VW-Bus, der trug die Farben unserer Außendienstwagen. Das war Vanillepudding mit Schokoladensoße. Vanillepudding das ganze Auto und die Kotflügel waren schokoladensoßefarben. Dann mit unserem Logo drauf. Das war wunderbar. Da kannte man sich aus. Das waren wir. Da fühlte man sich sicher und wusste ganz genau: Jaja, hier bin ich richtig.

In München stiegen wir aus, aber da stand nicht so ein Auto. Wir sollten aber trotzdem einsteigen in einen VW-Bus. Das wollte ich nicht. Das war falsch, das waren nicht wir. Also diese Identifikation mit dem Vater und über den Vater mit dem Unternehmen, er hat einen ja auch mitgenommen. Aber so war man eingebunden und der Vater war derjenige, der für das Ganze stand.

Konflikte entstehen in dem Spannungsfeld zwischen Rollenerwartung und Rollengestaltung.

Eine im Dezember 2015 veröffentlichte Presseerklärung der Fielmann AG, Optiker und Marktführer der Brillenmode, berichtet vom Einstieg des 26-jährigen Marc Fielmann, Fielmann Junior, in das Unternehmen als offiziell benannter zukünftiger Konzernchef, startend als Vorstand für Marketing. Damit erfüllt die Fielmann AG das generationsübergreifende Unternehmerverständnis als einen wesentlichen Definitionsbestandteil eines Familienunternehmens. Günther Fielmann ist als Gründer der Mehrheitsaktionär der Fielmann AG. Marc Fielmann unterstrich, dass er angemessen an seine zukünftige Herausforderung als Konzernchef herangeführt wurde, indem er sagte:

Marc Fielmann: *Dank meinem Vater lernte ich schon in jungen Jahren, mich auf Herausforderungen vorzubereiten. Als ich sieben Jahre alt war, setzte er mich bei einer Baumpflanzaktion an den Steuerknüppel des Kettenfahrzeuges und sagte »Du machst das schon!«*

Über seine noch 21-jährige Schwester, die wie er 9 Prozent der Anteile hält, sagte Marc Fielmann:

Marc Fielmann: *Wir würden uns alle, wie wir hier sitzen, riesig freuen, wenn Sie auch eine Aufgabe übernehmen würde. Aber sie muss sich das natürlich gut überlegen, weil es das Leben sehr verändert! (aus: Hamburger Abendblatt, 19./20.12.2015)*

Mit dieser Aussage wird m. E. deutlich, wie wichtig die achtsame und bewusste Auswahl der einzelnen Teamrollen und auch der angemessene Zuschnitt auf die potenziell bereit stehenden Familienmitglieder sind. Der Sohn des Gründers zeigt in seinen Aussagen, dass er in seine Rolle und die damit verbundenen Identität mit der Zeit hineingewachsen und nun bereit ist, die damit zusammenhängenden Erwartungen zu erfüllen sowie seine Aufgaben aktiv zu gestalten – wie als Siebenjähriger auf dem Kettenfahrzeug.

Viele Patriarchen trauen ihren erwachsenen potenziellen Nachfolgern weit weniger zu. Sie trauen nur eingeschränkt sich selbst und vertrauen nicht auf die eigene vorbereitende Kraft.

Eine starke Rollenidentität fand Wolfgang Grupp bereits als Kind:

Wolfgang Grupp: *Das war schon als Kind, als ich auf den Schößen von Näherinnen saß oder von der Buchhaltungschefin. Die haben immer gesagt: Du gibst mal den Junior-Chef. Das war bei uns ganz klar. Da gab's nie eine Frage oder Diskussion.*
Ich war auch begeistert und es war für mich selbstverständlich.
[...] Es ist so ähnlich, wie wenn Sie mich fragen würden, wo wollen Sie wohnen, wenn Sie nicht in Burladingen wohnen. Das kann ich Ihnen nicht sagen. Wenn ich morgen von hier weggehen müsste, dann müsste ich einen Platz suchen. Es gab keine Alternative. So ähnlich, wie wenn Sie fragen: Was hätten Sie gemacht, wenn Sie andere Eltern hätten. (Lachen) Oder schwarze Eltern. Ich weiß es nicht.

Christine Sasse spricht über die Rollenfindung ihrer älteren Tochter:

> **Christine Sasse:** *Aber im Nachgang, als Du es mir erzählt hattest [von der Reise auf der Barke Europa nach dem Abitur – s. Interviewgespräch], auch wenn Du es vorher gar nicht deswegen ausgewählt hattest: Alles was Du mir berichtet hast, was Du dort [auf dem Schiff] erlebt hast und an Erfahrung gesammelt hast, hat mich eigentlich ein bisschen darin bestärkt, zu sehen, dass Du Dich auch eben unter schwierigen Bedingungen mit Menschen zusammenraufen kannst, Dich einigen kannst, Deine Rolle irgendwo finden kannst. Denn eins muss man auch noch sagen: Du kanntest keinen dort [auf dem Schiff], Du warst die Jüngste. Die anderen waren zwischen Anfang Dreißig bis Siebzig.*

> **Laura Sasse:** *Wir wurden schon als kleine Kinder langsam, Schritt für Schritt, herangeführt. Die Firma war am Küchentisch immer ein Thema. Wir haben über sie gesprochen. Aber nicht so, dass meiner Schwester und mir der Bezug gefehlt hätte oder dass wir es als langweilig empfunden hätten. Unsere Eltern haben immer versucht, es uns kindgerecht zu vermitteln.*
> *So waren wir integriert. Wir sind einfach in der Firma aufgewachsen. Deswegen hat es diese Nähe immer gegeben.*
> *[...] Ich habe eben auch immer gesehen, wie viel Spaß das meinen Eltern macht. Deshalb war mir schon immer klar, dass ich das auch mal machen möchte, dass ich die Nachfolge antreten möchte. Viele Leute sagen: Ja, aber haben Deine Eltern Dich nicht dazu überredet? Oder wurdest Du dazu gezwungen? Nein überhaupt nicht. Meine Eltern haben immer gesagt: Du kannst studieren was du möchtest.*

Carsten Henning von Räder-Vogel benennt den Moment des Rollentauschs mit seinem Vater:

> **Carsten Henning:** *Was familiär und für das Unternehmen oder für mich eine große Rolle spielte, war vor einigen Jahren, als mein Vater gesundheitlich sehr angeschlagen war und er dann im Büro sagte: »Ich kann nicht mehr, jetzt musst Du übernehmen!« Mehr hat er eigentlich gar nicht gesagt. Das war dann schon der Moment, in dem wir die Rollen gewechselt haben. Vater und Sohn.*

Und Henning Beeken, Geschäftsführer sowohl von Hof Eggers als auch von Gartenbau Beeken:

> **Henning Beeken:** *Gelernt habe ich sehr viel in meinem Leben in meiner Zeit in Mexiko! Da habe ich in einer großen Firma angefangen. Aus meinem Studium damals kam ich sehr unerfahren, auch im Umgang mit Menschen, im Management. Das war ja ein Betrieb mit 650 Angestellten und ich gehörte da zu den drei leitenden Personen gleich von Anfang an. Dann in diese Rolle reinzuwachsen, das zu schaffen, wie man mit den Menschen umgeht, da beißt man ja erst einmal auf Granit – gerade bei kulturellen Unterschieden. Man wird auch abgelehnt. Das war sicherlich ein wichtiger Lernprozess, bei dem ich zuerst bestimmt auch viele Fehler gemacht habe. Man lernt aber auch, auf die Menschen einzugehen und eben nicht so auf das Ziel zuzugehen [direkt zielgerichtet], sondern vielleicht auch einmal so [malt eine Schlangenlinie in die Luft].*

7 Wie sich Konflikte verhärten oder gelöst werden können: Sieben Kontaktenergien beschreiben den Kommunikationsstil

> *»Ich bin geworden wie ich bin«, sagte er endlich, und seine Stimme klang bewegt, »weil ich nicht werden wollte wie du. Wenn ich dich innerlich gemieden habe, so geschah es, weil ich mich vor dir hüten muß, weil dein Sein und Wesen eine Gefahr für mich ist ... ich spreche die Wahrheit.«*
> Thomas Mann, Buddenbrooks

In diesem Kapitel schildere ich zunächst den Konflikt zwischen den Gebrüdern Dassler – ein Konflikt, der stark von Konkurrenzdenken geprägt war. Der Konflikt führte zu einem nicht zu heilenden Bruch zwischen den Brüdern, deren Familien und sogar der Stadt, in der das Familienunternehmen angesiedelt war. Er mündete dann in der Gründung von Adidas und Puma und schließlich im Verlust der Kontrolle über die beiden Unternehmen, was zum endgültigen Ende der Dassler Familienunternehmen führte.

Ich stelle Ihnen die sieben Kontaktenergien vor, zeige Ihnen anhand dieser Energien den Grundmechanismus der Kontaktgestaltung und damit die Möglichkeit, wie Sie bei Konflikten konstruktiv vorankommen können. In einem fiktiven Anwendungsbeispiel spiele ich entlang der Kontaktenergien Konfliktlösungsmöglichkeiten durch, die die Brüder Adi und Rudi Dassler gehabt hätten.

Schließlich zeige ich Ihnen, wie Ihnen das Wissen um die sieben Kontaktenergien dabei helfen kann, kulturelle Barrieren zu erkennen und zu überwinden. Sie sind eingeladen, mit den Kontaktenergien stimmlich und sprachlich zu experimentieren.

7.1 Adidas und Puma – Innerfamiliäre Konkurrenz trennt eine Stadt

Eine anschauliche Geschichte zum Thema »**Ver**gegnung«, also dem Verpassen von Begegnung und Kontakt, liefern die Geschichten um Adidas und Puma. Dieses Beispiel des familiären Scheiterns demonstriert, wie die beiden Brüder Dassler es ohne eine Familien- bzw. Wirtschaftsmediation nicht schafften, von der unternehmerischen Entwicklung der Gebrüder Dassler Schuhfabrik auch privat und familiär zu profitieren. Stattdessen kam es zur Aufspaltung der gemeinsamen Familienunternehmung in die konkurrierenden Unternehmen Adidas und Puma und damit letztendlich zum Ende des Familienunternehmens.

Am Anfang stand der Pioniergeist der Gebrüder Dassler. Die Gründer galten zuerst vermutlich als Spinner. Viele Schuster verloren ihre Arbeit, und gerade da spezialisierten sich die Dasslers auf Sportschuhe. Da half nur der Glaube an die eigene Idee, die Gründer wurden zu Visionären. Sie teilten ihre Kräfte auf und übernahmen jeweils die Bereiche, die sie konnten: Rudi Dassler übernahm den Verkauf, Adi Dassler die Entwicklung bzw. Herstellung. Doch das Vertrauen zueinander hielt nicht lange genug, die Basis des Respekts war äußerst brüchig. Hinzu kamen die Rivalität der beiden Ehefrauen, Grenzüberschreitungen hinsichtlich der jeweiligen Aufgabenbereiche, das Rangeln um Zuständigkeiten.

Letztendlich kam es beinahe wie in der biblischen Geschichte von Kain und Abel, nur dass keiner der beiden Brüder zu Tode kam und auch die Zuordnung good boy – bad boy nicht stimmig und korrekt ist. Es starb allerdings das Vertrauen, die tiefe brüderlich emotionale Verbindung, versunken im Hass.

So wurden aus einem Familienbetrieb zwei erbitterte Konkurrenten, nebenbei auch zwei Weltkonzerne. Vielleicht wäre mit einem qualifizierten Mediator anstelle einer Riege von Anwälten die Schuhfabrik Gebrüder Dassler gemeinsam gewachsen und möglicherweise heute die Nr. 1 weltweit. Vor allem wäre der Familie und dem Ort Herzogenaurach die Spaltung erspart geblieben, die wohl beispiellos ist.

Lothar Matthäus ist hier aufgewachsen in Herzogenaurach, der geteilten Stadt. In der Mitte fließt der Fluss Aurach, die eine Stadtseite arbeitet für Puma, die andere für Adidas. Mediation gab es damals in der heutigen Form noch nicht. So wurde die Stadt von den Brüdern und ihren Mitarbeitern und Mitstreitern aufgeteilt wie das Wappen. Die Schärpe des Löwen wirkt vor diesem Hintergrund wie eine Trennlinie durch das Wappen, so wie der Fluss die Stadt in zwei Hälften trennt.

»Der Streit ging zuerst von den Schwägerinnen aus«, sagt der Archivar von Puma, Helmut Fischer (in: »Die Sportsfeinde von Herzogenaurach«, Dokumentation RTL, 25.3.2016). Die Bürger der Stadt wären mit gesenktem Blick durch die Stadt gegangen, immer prüfend, welche Schuhe das Gegenüber trug, die richtigen oder die falschen.

1948 fand die Trennung der Brüder statt, wie Georg Hetzler berichtet, früherer Arbeiter bei den Gebrüdern Dassler. Bei einer Betriebsversammlung wurden der Bruderstreit und die sich als unausweichlich abzeichnende Trennung bekannt gegeben.

Das erste Sponsoring begann, als der Bundestrainer Sepp Herberger von den Dasslers 1.000 Mark monatlich verlangte. Mit dieser dreist anmutenden Forderung etablierte sich das Sponsoring-System wie wir es bis heute kennen. Der Puma-Chef sagte ab, warf den Bundesstrainer hinaus, wie der Puma-Archivar erzählt. Anschließend erhielt der Adidas-Chef Besuch vom Trainer mit der Forderung nach finanzieller Unterstützung – und Adi Dassler sagte zu. Seither ist Adidas Vertragspartner der Nationalmannschaft.

Die konkurrierenden Brüder haben auch hier nicht zusammengearbeitet bzw. kooperiert. Die Forderung Herbergers wurde vermutlich erst durch die Konkurrenz der Brüder möglich. Der erste verlor, der zweite gewann. Dabei verloren sie auch den Blick für das große Ganze, beispielsweise für die Konkurrenz außerhalb von Herzogenaurach. Den Blick immer auf die andere Flussseite der Stadt zu richten, machte blind für Unternehmen auf der anderen Seite des Ozeans: Nike. Ungelöst bleibende Konflikte machen nicht sehend, Auge um Auge macht die Menschheit und auch Unternehmer blind.

Auch die Söhne Rudolf Dasslers gerieten letztendlich in Streit, sein jüngerer Sohn Gerd Dassler bestätigt dies. Der erste offizielle Streit ging um das Testament und Erbe. »Ich kann es nicht anders [wie] als Hass bezeichnen«, sagt er über seine Beziehung zum älteren Bruder Armin.

»Der Schuh ist gut, den ziehen wir uns an«, kommentierte 1988 pointiert der erste Manager nach dem Austritt der Familie, Jochen Zeitz, eine erfolgreiche Imagekampagne nach der Insolvenz von Puma als Familienunternehmen. Puma gehört heute einer Investorengruppe, adidas ist eine Aktiengesellschaft.

Der ganze Hass verringerte sich mit dem von Adidas-Chef Herbert Hainer und Puma-Chef Jochen Zeitz initiierten Freundschaftsspiel am 21.9.2009 anlässlich des Weltfriedenstags der UNO. Die beiden gemischten Fußballmannschaften, zusammengesetzt aus 40 extra dafür ausgelosten Mitarbeitern beider Firmen sowie einigen Pressevertretern, spielten mit- und gegeneinander. Sie liefen in schwarzen bzw. weißen Trikots auf, je auf einem Ärmel das jeweilige Firmenlogo. Schwarz gewann. Das Trikot als limitierte Kollektion aus 80 Teilen wurde danach zugunsten von PEACE ONE DAY versteigert. Seither soll die zwischenmenschliche Begegnung und örtliche Kommunikationskultur in Herzogenaurach wieder stimmungsvoller und weniger bedrückend sein. Die neuen Chefs bewiesen mediative Führungskompetenz, initiierten die erste gemeinsame Veranstaltung seit der Trennung Ende der vierziger Jahre und reichten sich erstmalig die Hände, eine Fähigkeit, die die Dassler-Familien so nicht aufbringen konnten.

7.2 Die Kontaktenergien hörbar und sichtbar in Sprache und Stimme

So verschieden der Hintergrund sein kann – es geht stets um Kontakt. Menschen und Unternehmen ringen miteinander um Machtanteile, wollen Interessen durchsetzen, kämpfen um Beteiligungen. Kontakt will dabei taktvoll, mit Feingefühl aufgebaut werden, um auf stimmige Weise Begegnung wirkungsvoll zu ermöglichen: Um etwas zu erreichen.

Das im Folgenden vorgestellte »Karussell der Kontaktenergien« (Abb. 7) demonstriert, wie in der praktischen Arbeit ein vielfältiges Kontaktrepertoire die Ausdrucks- und Handlungsvielfalt von Menschen erweitern kann. Jede Person kann sich dafür entscheiden, nicht nur fachlich präsent zu sein, sondern diese Kontaktenergien initiativ zu nutzen, sich engagiert, klangvoll und stimmig einzubringen, um in der Begegnung, im Dialog den stimmigen Ton und eine stimmige Herangehensweise zu finden: einmal forsch, ein anderes Mal sehr behutsam, dann wiederum fragend und reflektierend, einmal provokativ, dann zurückweichend – wie auch immer. Hauptsache, das Repertoire ist groß genug, um die Begegnung, sei es eine heikle Geschäftsverhandlung oder ein routinemäßiges Meeting, zum Erfolg zu führen. Dabei kann dieser Kontakt über das Kontaktorgan Stimme hergestellt werden, also stimmlich-sprachlich-rhetorisch. Dies nenne ich Stimm-Begegnung (mehr dazu finden Sie in: Waibel, 2000/2012 und 2010).

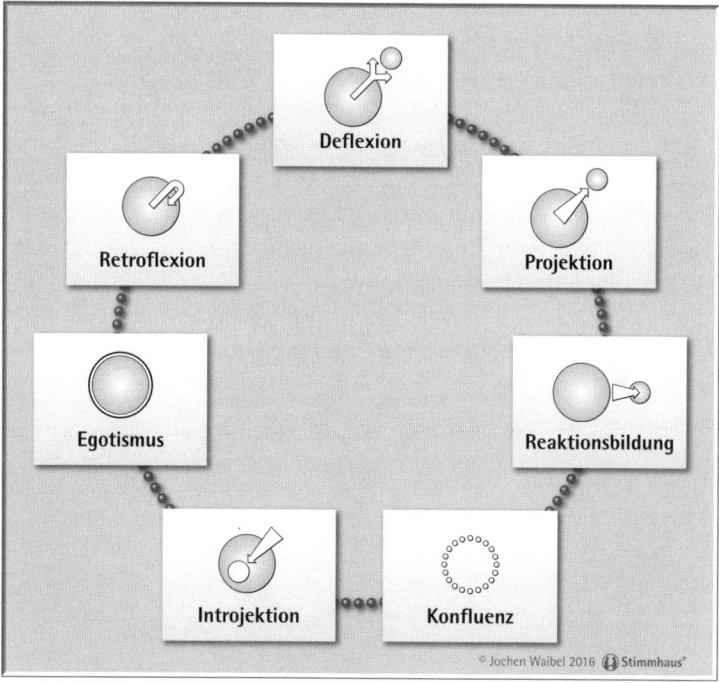

Abb. 7: Das Karussell der sieben Kontaktenergien

Im Ringen um Durchsetzung oder Kooperation, um Partizipation und Beteiligung, in Konflikten innerhalb von Unternehmen, Familien oder Familienunternehmen gibt es hilfreiche psychologische und stimmpsychologische Vorgehensweisen zur aktiven Gestaltung des Kontaktgeschehens. Die Kontaktenergien begleiten dabei das menschliche Nacheinander, Gegeneinander, Nebeneinander und Miteinander.

Ich möchte Ihnen nun die sieben Kontaktenergien im Detail vorstellen. Das werde ich jeweils entlang der folgenden fünf wesentlichen Wirkungsbereiche tun:
a) Die psychologische Wirkung der Kontaktenergien;
b) Der Stimmklang und die sprachliche Kurzformel;
c) Eine typische Mediationskompetenz, über die eine Führungskraft zumindest bis zu einem gewissen Grad verfügen sollte;
d) Die für die jeweilige Kontaktenergie typische Führungstendenz eines Unternehmers bzw. einer Führungskraft;
e) Die Tendenz im Verhalten als Coach – wie sollte sich ein Coach verhalten, wenn sein Coachee in der jeweiligen Energie feststeckt.

Vielleicht stellen Sie sich die Frage, warum ich jeweils auch das Verhalten als Coach beschreibe. Gerade ein Senior, sofern er oder sie mit der neuen Rolle außerhalb des operativen Geschäfts im Einklang ist (das Buch hilft zu diesem Schritt), kann den Nachfolger sehr unterstützen: Der Vorgänger verfügt über viel Erfahrung und kann einem Nachfolger – sofern das Verhältnis zueinander voller Respekt und vertrauensvoll ist – als Coach zur Seite stehen, auf Augenhöhe, ohne Bevormundung.

Projektion

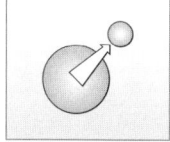

Abb. 8: Kontaktenergie Projektion

Kurzfassung: »Spuckend-hinauswerfend« klingende, missionierende Begegnung !

Projektion bedeutet, dass Phantasien, Vorstellungen, Emotionen oder Gedanken, die primär die eigenen sind, nicht als solche erkannt, sondern anderen Menschen oder der Umwelt zugeschrieben werden.

In der Begegnung wird beispielsweise mit »Biss« in der Stimme aktiv an eine andere Person herangetreten beziehungsweise diese »zur Not« auch übergangen. Ein Beispiel ist der Vorwurf, der andere rede zu laut, ohne zu realisieren, dass man selbst schreit.

a) Die psychologische Wirkung entfaltet sich in der Zielorientierung: zielgerichtet auf den Punkt kommen.

b) Der Stimmklang wirkt voll, die Sprachformel lautet »toi toi toi«, da diese Silben das Spucken besonders gut hörbar werden lassen.

c) Eine hierfür typische Mediationskompetenz wäre, Gedanken, Ideen zu spiegeln und sichtbar zu machen.

d) Die Führungstendenz einer Unternehmerpersönlichkeit zeigt sich vorausschreitend, Richtung angebend, phantasievoll und visionär.

e) Die Tendenz im Verhalten als Coach orientiert sich daran, Emotionen aufzuzeigen, erlebbar zu machen und zu strukturieren.

Reaktionsbildung

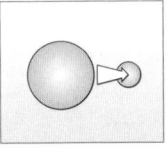

Abb. 9: Kontaktenergie Reaktionsbildung

! **Kurzfassung:** Polternde, harte, kämpfende Begegnung

»Reaktionsbildung« meint in der Stimmhaus-Terminologie eine Notfallreaktion bei einer Person, die Flucht-, Angriffs- oder Totstellreflexe auslöst. Die betreffende Person flüchtet also oder begibt sich in eine starke Angriffshaltung bzw. stellt sich tot. Sie ist eine häufig wiederholte Verhaltensweise, die der Abwehr von Erregungsangst dient.

Die Begegnung kann beispielsweise von einem kämpferischen Stimmausdruck oder einer rigiden Ausdrucksweise geprägt sein, wobei mit Härte an die andere Person herangetreten wird. Diese Energie kann sich auch gegen die eigene Person wenden, z. B. indem die Härte in der Stimme autoaggressiv gegen den eigenen kreativen Ausdruck gerichtet wird. Im Streit folgt ein Wort dem anderen, geprägt von Atemlosigkeit und stereotypen Vorwürfen. Ein diplomatisches, geschicktes Verhandeln fällt schwer.

a) Die psychologische Wirkung entfaltet sich in einer Herangehensweise, die forsch, mit aller Kraft kämpfend, frisch von der Leber, polternd und missionierend vorangeht.

b) Der Stimmklang wirkt hart und maskulin, die Sprachformel lautet »hoppla«, »holterdipolter«.

c) Eine hierfür typische Mediationskompetenz wäre, adhoc, proaktiv schützend einzuschreiten.

d) Die Führungstendenz einer Unternehmerpersönlichkeit zeigt sich kämpferisch, impulsiv, rettend, »Kohlen aus dem Feuer holend«, auch mit einem jovial-patriarchalischen Führungsstil.

e) Die Tendenz im Verhalten als Coach orientiert sich an einer dominanten und korrigierenden Intervention.

Konfluenz

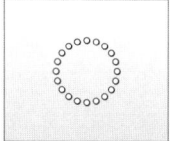

Abb. 10: Kontaktenergie Konfluenz

Kurzfassung: Verhauchte, undifferenziert-verschmelzende Begegnung ❗

Konfluenz ist die Tendenz zum Verschmelzen mit der Umwelt, wobei keine deutliche Unterscheidung zwischen der eigenen und der anderen Person getroffen bzw. erlebt wird.

Diese Art der Kontaktaufnahme erschwert Direktheit und Klarheit. Es wird – bewusst oder unbewusst – ein Schutzraum eingefordert, so als wäre der Hauch ein schützender Luftraum um die eigene Stimmpersönlichkeit. Eine einseitig geforderte kreative Anpassung behindert die gegenseitige Kontaktnahme.

Stimmlich und sprachlich wird gerne über die abwesend wirkende Worthülse »mmh« mechanisch Zustimmung signalisiert, ohne jedoch im Gespräch tatsächlich zuzuhören.
a) Die psychologische Wirkung entfaltet sich in der verschmelzenden Herangehensweise, empathisch und hauchend.
b) Der Stimmklang wirkt hauchig, die Sprachformel lautet »mmh«, »aha?«.
c) Eine hierfür typische Mediationskompetenz wäre, Zustimmung und Hingabe zu zeigen, auch als Vorbild für beide Parteien.
d) Die Führungstendenz des Unternehmers bzw. der Führungskraft ist ausgleichend, auf Augenhöhe, mit einem partizipativen Führungsstil aus der Mitte heraus.
e) Die Tendenz im Verhalten als Coach zeigt sich identifizierend mit dem Gegenüber, dem Coachee.

Introjektion

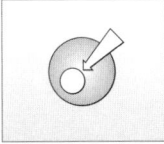

Abb. 11: Kontaktenergie Introjektion

! **Kurzfassung:** »Geknödelte«, schluckende Begegnung

Unter Introjektion wird das kritiklose Übernehmen von Konventionen und Andersartigem verstanden, seien es Meinungen, Normen oder Einstellungen. In der Begegnung ist beispielsweise der individuelle Ausdruck bei einer unflexibel oder angepasst wirkenden Stimme reduziert. Gerne wird vereinnahmend an eine andere Person herangetreten, Fremdes oder Begehrenswertes wird gierig einverleibt.

a) Die psychologische Wirkung entfaltet sich in einer verinnerlichenden Herangehensweise, schluckend, einsaugend, »Ja« sagend.

b) Der Stimmklang wirkt wie eine heisere Einatmung erstickt, die Sprachformel lautet »jjjj i a« bzw. ist ohne Worte: »---«.

c) Eine hierfür typische Mediationskompetenz wäre, das Stehen-Lassen einer Position, das Akzeptieren der Konvention eines bzw. aller Medianten.

d) Die Führungstendenz einer Unternehmerpersönlichkeit zeigt sich reflektierend aufnehmend, konventionell handelnd sozusagen »auf Blickkontakt« gehend.

e) Die Tendenz im Verhalten als Coach zeigt sich stark vertrauend, nicht abgrenzend, bei einer geringen persönlichen Distanz, konventionell an Sicherheit orientiert.

Egotismus

Abb. 12: Kontaktenergie Egotismus

Kurzfassung: Kalte, kühle, klare, distanzierte (sich zierende) Begegnung **!**

Der nicht sehr gebräuchliche Begriff des »Egotismus« bezeichnet in der Stimmhaus-Terminologie ein selbstbezogenes Nachsinnen, eine Distanzierung von der Umwelt durch verstärkte Selbstbeobachtung, ein Kreisen um sich selbst.

In der Begegnung wird beispielsweise durch kalte, allzu klare Stimme Nähe zu einer anderen Person vereitelt, Dialekt wird als zu emotional und minderwertig diffamiert. In der übermäßigen Beschäftigung mit sich selbst bleibt der Kontakt zum Gegenüber aus.

a) Die psychologische Wirkung entfaltet sich in einer distanzierten Herangehensweise, neutralisierend, sich distanzierend, »Nein« sagend, Klarheit beanspruchend ohne Vermischung mit Emotionen.

b) Der Stimmklang wirkt klar (bis kalt) und deutlich, die Sprachformel lautet »Ich sag: ich!« bzw. »Ich sage das in »Tüttelchen«, also in Anführungszeichen, als wäre es nicht wörtlich, nicht so direkt gemeint wie gesagt«.

c) Eine hierfür typische Mediationskompetenz wäre, Distanzierung, Kontakt klären, Hinterfragen des Geschehens.

d) Die Führungstendenz einer Unternehmerpersönlichkeit zeigt sich zentrierend, bei sich bleibend, vom »Feldherrnhügel« führend bzw. in einer Führung aus der obersten Etage.

e) Die Tendenz im Verhalten als Coach orientiert sich an einem Nachsinnen und aufzeigen von Grenzen, am Distanz halten für unabhängiges Feedback und daran, umsichtig für Überblick zu sorgen.

Retroflexion

Abb. 13: Kontaktenergie Retroflexion

! **Kurzfassung:** Zurückverlagerte, zurückgehaltene, erstarrt-gepresste Begegnung

Unter »Retroflexion« versteht man das Zurückhalten von Impulsen und Aktivitäten, auch ein Erstarren oder Zurückwenden von Impulsen in Richtung auf die eigene Person.

Die Begegnung ist von Anspannung und Verspannung geprägt. Mit gepresster Stimme wird an eine andere Person herangetreten, möglicherweise auch aggressiv gegen sich selbst, indem ein stimmlich-weicher und freier Ausdruck zurückgehalten und vermieden wird. Stattdessen findet sich häufig ein habitueller Zwang zum Räuspern, bisweilen auch ein wiederkehrender Würgereiz. Der lebendige, lustvolle Stimmausdruck kann unterdrückt sein; innerlich besteht eine Neigung zum Grübeln und dazu, sich den Ausdruck von Impulsen zu verbieten.

a) Die psychologische Wirkung entfaltet sich in einer innehaltenden Herangehensweise, rückwärts wirkend, pressend, sich zurückhaltend oder wieder einen Schritt zurückgehend, sich nach innen richtend.

b) Der Stimmklang wirkt kehlig und gepresst, die Sprachformel lautet »ääh«, »aber«.

c) Eine hierfür typische Mediationskompetenz wäre, ein Unwohlsein aufnehmend und spiegelnd, Zurückhalten voreiliger Impulse, Zeit schenken und das Erlebte, Gesagte wirken lassen.

d) Die Führungstendenz einer Unternehmerpersönlichkeit zeigt sich abwartend, mit sich und eigenen Ideen beschäftigt, zurückgewandt vor einer evtl. Neuorientierung.

e) Die Tendenz im Verhalten als Coach ermöglicht Orientierung, wechselt die Perspektive und bietet neue Sichtweisen an.

144

Deflexion

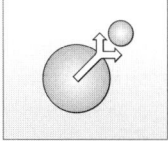

Abb. 14: Kontaktenergie Deflexion

Kurzfassung: Schräge, indirekte Begegnung !

Mit »Deflexion« ist ein indirektes Verhalten im Kontakt gemeint, auch ein Ablenken oder Ausweichen, wodurch die Prägnanz der Begegnung und/ oder der zur Sprache gebrachten Inhalte verwischt wird.

Die Begegnung ist davon geprägt, dass man beispielsweise stimmlich und sprachlich an jemanden sozusagen hinter dessen Rücken herantritt. Indirektheit im stimmlichen Ausdruck dient der Ablenkung von einer verborgenen Absicht. Die »Logorrhoe«, ein »verbaler Durchfall« mit Reden ohne Punkt und Komma, verhindert die stimmige Begegnung, ebenso das Weghören.

a) Die psychologische Wirkung entfaltet sich in einer indirekten Herangehensweise, umlenkend, unkonventionell, indirekt sich ausdrückend, ablenkend.

b) Der Stimmklang wirkt unkonventionell, schräg stimmend, auffällig, die Sprachformel lautet »na-ja«, »eigentlich«.

c) Eine hierfür typische Mediationskompetenz wäre, humorvoll oder provokativ abzulenken, unkonventionell zu intervenieren und zu übertreiben.

d) Die Führungstendenz einer Unternehmerpersönlichkeit zeigt sich in einer indirekten Weise bzw. delegierend; Störungen, Aufgezwungenes prallen ab; unkonventionelles Handeln mit der Einbindung von Neuem ist typisch.

e) Die Tendenz im Verhalten als Coach bietet Alternativen an, die Intervention ist unkonventionell, die gewohnte Konvention wird gestört.

Spielarten der Begegnung

Die Kontaktenergien als Spielarten der Begegnung repräsentieren alle Möglichkeiten des Kontakts und Ausdrucks. Sie sind sozusagen die Kontaktbausteine einer Persönlichkeit. Damit können sie gewissermaßen als Landkarte dienen, um eine bessere Orientierung im großen Feld der Kontakt- und Ausdrucksvarianten zu ermöglichen.

Die Kontaktenergien können sich im Gegensatz zum stabileren Gesamttypus einer (Stimm-)Persönlichkeit schnell und wiederholt abwechseln, sind einer stetigen Veränderung unterworfen. Es ist in jedem Moment immer nur eine der sieben Möglichkeiten dominant und aktiv. So wie bei den Spektralfarben des Farbkreises keine Farbe verzichtbar ist, so gibt es in der Begegnung alle diese unverzichtbaren Kontaktenergien. Eine Spielart zeigt sich dann jeweils als Figur im Vordergrund (vgl. Waibel, 2010, Kap. 2).

Eine Persönlichkeit kann sich durchaus einschränken, wenn sie die verschiedenen Bausteine automatisiert, ohne Bewusstheit und Achtsamkeit praktiziert und die sieben Varianten nur eingeschränkt einsetzt.

Nach meiner Erfahrung werden von einer Person zumeist jeweils nur zwei der sieben Kontaktenergien auffällig viel genutzt. Deshalb geht es darum, zu erkennen, welche weiteren der verbleibenden fünf Kontaktenergien einen Ausgleich schaffen und das Handlungsrepertoire deutlich erweitern. Bliebe man bei zweien, würde man sein Repertoire unnötig reduzieren, so als gäbe es nur schwarz-weiß. Bereits eine dritte Variante erweitert das persönliche Kontaktrepertoire und mit zunehmender Übung und Bereitschaft nutzt man das gesamte Repertoire aus allen sieben Kontaktenergien.

Die weniger genutzten Energien können als lebendige Modifikationen die Persönlichkeit bereichern, um die Kommunikation bewusst und kreativ lebendig werden zu lassen und den Erfordernissen der Begegnung anzupassen.

Das klingt – zugegebenermaßen – noch etwas abstrakt. Daher werde ich im folgenden Abschnitt die eben beschriebenen Kontaktenergien aus der abstrakten Welt hinein in lebendige Situationen tragen – Sie werden sie gewissermaßen »live« erleben können. Dafür werde ich meine Gedanken spielen lassen und mittels fiktiver Dialoge zeigen, welche Alternativen es für die Gebrüder Dassler im Umgang miteinander gegeben hätte. Das wird Ihnen dabei helfen, Ihre Aufmerksamkeit in der konkreten Kommunikationssituation zu schärfen, bewusster mit diesen Energien zu spielen und dadurch zielführender kommunizieren zu können.

7.3 Die verinnerlichte Kommunikationskultur der Familienunternehmer

Zurück zu Adidas und Puma. Die Gebrüder Dassler lebten vor, mit welcher einseitiger Energie der Kontakt zueinander zerstört wurde: Welche Kontaktenergie haben die Dassler-Brüder hauptsächlich genutzt? Sicher ist, dass sie nicht das ganze Repertoire der sieben Energien zur Verfügung hatten. Denn dann hätte der zur Trennung führende Konflikt so nicht stattgefunden. Sicherlich waren zwei Kontaktenergien sehr dominant: Reaktionsbildung und Egotismus! Bedeutung hatte als dritte Kontaktenergie auch die Introjektion.

Ich lasse nun meiner Phantasie ihren Lauf und spiele fiktiv durch, wie es vielleicht gelaufen ist und wie es sich alternativ hätte weiterentwickeln können:

Gemäß der Energie der Reaktionsbildung haben sich beide Brüder mehr gegenseitig zugemutet, als allen Beteiligten gut tat. Einer hat zum anderen möglicherweise sinngemäß gesagt: »Ich gebe Dir den Rest!«

Beide Brüder fühlten sich immer wieder dazu genötigt, entsprechend der Introjektion, eine Zumutung des anderen zu schlucken, unfreiwillig zu akzeptieren, im Sinne der denkbaren Aussage: »Schluck Du das, ich musste letztes Mal Deine Frechheit einstecken, jetzt bist Du dran.« Und schon bewegte sich einer der beiden wieder in die Kontaktenergie der Reaktionsbildung und rüstete sich für den Kampf, teilte kräftig aus, ob das nun körperlicher oder verbaler Art war oder auch dadurch, dass er sein Gegenüber verleumdete.

Typisch für die Kontaktenergie des Egotismus waren beide Familien zunehmend abgegrenzt und beschlossen dann, zwei getrennte Unternehmen zu bilden, mit dem Ziel: »Wir gehen ab jetzt und für immer klar getrennte Wege, Abgrenzung ist notwendig!«

Dabei hätte es gemäß der Deflexion genügt, wenn es die beiden Brüder geschafft hätten, in Konfliktsituation einander besser auszuweichen und sich, Konventionen über Bord werfend, einmal ganz anders und neu zu begegnen. Eine Dialog zwischen Adi Dassler und Rudi Dassler hätte sich dann z. B. auch so anhören können:»Naja, eigentlich brauche ich mal was ganz anderes! Ich weiß nur nicht was.«

Eine räumliche Umgestaltung der Zuordnung ihrer Büros hätte die Kommunikation entlasten können. Ebenso eine Auszeit des einen vom anderen, wovon viele Partnerschaften profitieren können.

Vielleicht wäre es befreiend gewesen, wenn einer der beiden, beispielsweise der ältere Rudi Dassler, die Kontaktenergie der Konfluenz genutzt hätte, um zu Adi Dassler zu sagen:»Mensch Adi, wir sind doch Brüder. Wir haben doch als Kinder letztendlich immer zusammengehalten. Das schaffen wir doch auch heute wieder. Du bist mein Bruder, ich habe Dich immer geliebt. Lass uns zusammenhalten, wir lassen uns durch nichts trennen!«

Vielleicht hätte es Adi dann geschafft, dieses Angebot an sich herankommen zu lassen (Introjektion), darüber nachzudenken und zu spüren, wie er mit jedem Atemzug einen Teil seines Ärgers (entstanden aus der Reaktionsbildung) auf den großen Bruder loslassen kann, innerlich herunterfährt, ruhiger wird, bis er auch in die Konfluenz gefunden und erwidert hätte: »Mensch Rudi, klar bist Du mein Bruder. Ich könnte heulen, dass wir uns immer wieder so zerstreiten. Aber, ja. Lass es uns probieren.« Und dann wären sie zielgerichtet (entsprechend der Projektion) gemeinsam feiern gegangen, hätten sich Zeit füreinander genommen, um die Versöhnung zu würdigen, trotz des hektischen Geschäftsalltags. Im Zustand der Retroflexion wäre einer von beiden dann, beispielsweise Adi, zu einem späteren Moment wieder einen Schritt zurückgegangen, seine Zweifel spürend und vielleicht äußernd:»Ääh, aber kann ich mich wirklich auf Dich verlassen?« Rudi daraufhin antwortend (in der Energie der Konfluenz):»Ja, lieber Bruder, klar gehen wir uns immer wieder auf die Nerven. Aber in unserem tiefen Inneren lieben wir uns und ich bin froh, nicht ohne Bruder auf der Welt zu sein. Ist es nicht das Größte, einen Bruder zu haben, Adi?!«

Dann wären beide möglicherweise wieder in die Energie des Egotismus »gerutscht«, hätten sich einen Moment ihren Gedanken hingegeben, als wären sie alleine auf der Welt, an der Aurach am Rand von Herzogenaurach Steine über das Wasser hüpfen lassend. Dabei wechselten sie Stein für Stein wieder in die Reaktionsbildung, miteinander kämpfend, allerdings nicht mehr destruktiv, einander vernichtend, sondern im Wettkampf, als gute Sportler sich messend: Wer kann seinen Stein am häufigsten und am weitesten hüpfen lassen? So wie eben Jungs sind, auch große Jungs und gestandene Unternehmer.

Und wenn diese Geschichte so oder so ähnlich gelaufen wäre, hätte sich die »Gebrüder Dassler Schuhfabrik« zum größten Sportartikelhersteller der Welt entwickeln können und wäre bis heute unter Leitung und unter Kontrolle der Familien Dassler. Kein Streit hätte die Mitarbeiter zweier Sportartikelhersteller entzweit oder die Bürger der Stadt Herzogenaurach gespalten. Denn alle Bürger der Stadt wären mit der gleichen Schuhmarke unterwegs gewesen (Konfluenz) und hätten ihre Reaktionsbildung im Fußballverein der Gebrüder Dassler Schuhfabrik ausgelebt – unter den Augen eines Schiedsrichters.

So wie Rudolf und Adolf Dassler den Kontakt zueinander gestalteten und manche Möglichkeit leider nicht nutzten, geht jeder einzelne Mensch auf eine gewohnte Art und Weise in Kontakt zum anderen. Ebenso tut dies auch ein Unternehmen, stark geprägt von der Führungspersönlichkeit an der Spitze sowie der sich wechselseitig stark beeinflussenden Familie(n).

Das Sprechexperiment: »Guten Tag, mein Name ist …!«
Jede Kontaktenergie hat ihre eigene Kurzformel, wie Sie schon im vorherigen Kapitel erfahren haben. Ich möchte diese Formeln nochmals im Überblick darstellen:

Projektion	zum Ziel, zielgerecht wirken, spucken, |toi toi toi|
Reaktionsbildung	mit aller Kraft wirken, poltern, |hoppla|, |holterdipolter|
Konfluenz	empathisch, verschmelzend wirken, hauchen, |mmh|, |aha?|
Introjektion	verinnerlichen, prüfend wirken, schlucken, |jjjj i a|

Egotismus	distanzieren, neutralisierend wirken, neutralisieren, |ich sag: ich|
Retroflexion	innehalten, zurückhaltend wirken, pressen, |ääh|, |aber|
Deflexion	indirekt, unkonventionell wirken, ablenken, |na-ja|, |eigentlich|

Abbildung 15 fasst dies nochmals zusammen.

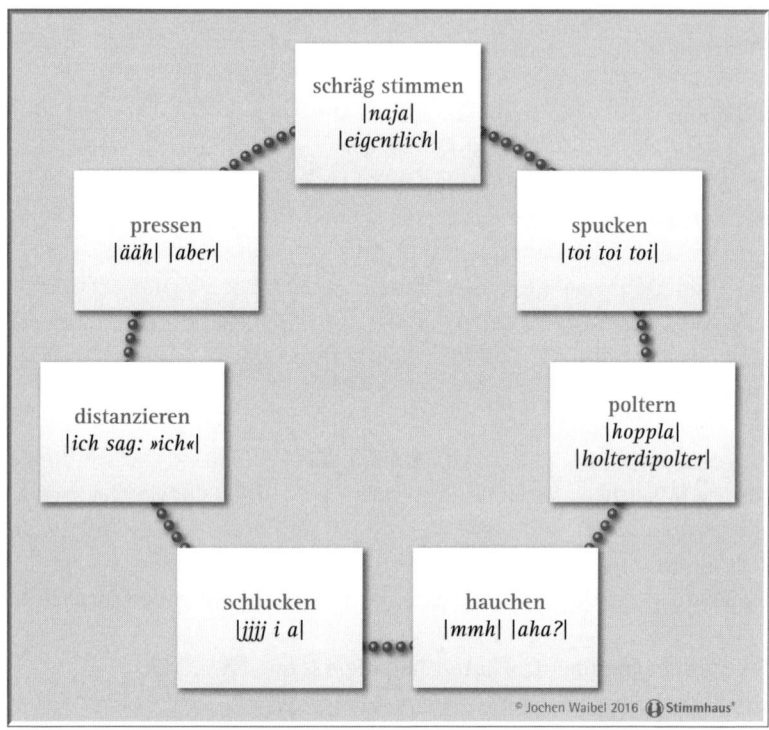

schräg stimmen
|naja|
|eigentlich|

pressen
|ääh| |aber|

spucken
|toi toi toi|

distanzieren
|ich sag: »ich«|

poltern
|hoppla|
|holterdipolter|

schlucken
|jjjj i a|

hauchen
|mmh| |aha?|

© Jochen Waibel 2016 Stimmhaus®

Abb. 15: Karussell der Kontaktenergien mit stimmiger Kurzformel

Diese sprachlichen Formeln verdeutlichen nochmals den unterschiedlichen Charakter der einzelnen Kontaktenergien. Denken Sie sich einfach einen Satz aus und sprechen Sie ihn in den Raum, in dem Sie sich gerade befinden. Stellen Sie sich dann vor, Sie sind Gast auf dem »Tag der Familienunternehmen« und stellen sich einem Ihnen unbekannten anderen Teilnehmer vor: »Guten Tag, mein Name ist Frau oder Herr (Name) von der Firma (Unternehmensname)!«

Sprechen Sie jetzt diesen oder einen ähnlichen Satz mit kräftiger Stimme auf sieben verschiedene Arten in den Raum. Tun Sie das – Sie ahnen es bereits – gemäß den Beschreibungen der obigen Kontaktenergien. Beginnen Sie jeweils mit der Kurzformel aus Abb. 15 und versuchen Sie dabei auch, das Schlucken, Hauchen, Poltern etc. umzusetzen.

Wenn Sie beispielsweise mit Spucken anfangen, versuchen Sie beim Sprechen leicht zu spucken. Probieren Sie das zunächst über das |toi toi toi| und spucken das »t« von »toi« nach vorne. Dann kommt Ihr Satz. In Workshops und Vorträgen klappt das immer sehr wunderbar überzeugend und lebendig. Hier mit dem Buch in der Hand sind Sie auf sich alleine gestellt. Versuchen Sie, über ihren Schatten zu springen, dann kann das auch klappen.

Beim Poltern sprechen Sie etwas polterig, also unregelmäßig, undeutlich, artikulieren Sie »hoppla – holterdipolter« und sprechen Sie dann Ihren Vorstellungssatz zu der imaginären Person.

Beim Hauchen sprechen Sie mit sehr viel Luft in der Stimme, mit viel Hauch. Beginnen Sie mit »mmh«, »aha?« und sprechen Sie dann Ihren Vorstellungssatz.

Beim Schlucken schlucken Sie erst einmal, sagen Sie »jjjj i a«, wobei dieses »jjjj i a« auch während des Einatmens gesprochen werden darf, gefolgt von Ihrem Vorstellungssatz. Nach jedem einzelnen Wort des Vorstellungssatzes schlucken Sie erneut.

Beim Distanzieren machen Sie eine distanzierende Geste mit den Händen, gehen einen Schritt zurück und sprechen: »Ich sag: ich«, gefolgt von Ihrem Vorstellungssatz.

Beim Pressen drücken Sie die Handflächen aufeinander, sprechen ein langes »ääh«, gefolgt von dem widersprechenden »aber« und dann kommt Ihr Vorstellungssatz.

Beim Schräg stimmen werfen Sie Ihre Arme zur Siegerpose in die Luft, als wären Sie die Heldin oder der Held des Tages, sprechen »na-ja«, »eigentlich«, gefolgt von Ihrem Vorstellungssatz: »Guten Tag, mein Name ist Frau oder Herr (Name) von der Firma (Unternehmensname)!«

Denken Sie daran: Dies ist eine Übung, um das Gespür für die Kontaktenergien zu vertiefen, zugegebenermaßen auf etwas übertriebene Art und Weise. Indem Sie alles aber so überzeichnet durchspielen, schärfen Sie Ihre Wahrnehmung – zumal Sie die Kontaktenergien gewissermaßen mit allen »Sinnen« erleben, anstatt sie lediglich theoretisch zu betrachten. Letztlich soll Ihnen die Übung dabei helfen, Ihre hauptsächlich benutzten Kontaktenergien zu identifizieren, die weniger vertrauten kennenzulernen und allmählich auf der vollständigen Klaviatur der Kontaktenergien spielen zu können. Betrachten Sie das Ganze als Spiel, erlauben Sie sich dabei etwas Spaß an der Sache, indem Sie sich trauen, alles so umzusetzen, wie Sie es in Gegenwart anderer Personen erst einmal nicht wagen würden!

Einordnung von Familienunternehmen

Die Kontaktenergien eignen sich auch zur Einordnung eines Familienunternehmens, wie es folgende klischeehaften Beispielsätze illustrieren, die sowohl die Stärken als auch Schwächen der einzelnen Energien aufzeigen können:

Projektion	Wir sind immer geradeheraus und zielgerichtet, zeigen uns als Vorbild, manchmal auch zu zielorientiert, ohne links und rechts zu schauen.
Reaktionsbildung	Wir engagieren uns mehr als uns manchmal lieb ist, manchmal verausgaben wir uns, manchmal erreichen wir aber auch mit aller Kraft unser Ziel und sind sehr handlungsstark.
Konfluenz	Familie und Unternehmen sind eins, wir sind da gänzlich durchlässig und verschmelzen miteinander. Klare Entscheidungen für oder gegen eine Person fallen da manchmal schwer.
Introjektion	Wir verschlucken uns auch an unserem »Ja«, das wir vorschnell sagen, obwohl es gar nicht stimmig ist, da das »Nein« oft schwer fällt. Wir brauchen auch manchmal lange, um eine Vorlage zu prüfen, reflektieren zu lange, denken viel über die derzeitige Lage nach.

Egotismus	Familie und Unternehmen sind bei uns klar getrennt, die Grenze ist klar geregelt. Manchmal wirkt es sehr sachlich bei uns, nicht nur im Unternehmen, auch zuhause, vielleicht auch einmal unnahbar. Aber der Kopf bleibt meist klar.
Retroflexion	Wir gehen gerne einen Schritt vor, dann prüfen wir aber nochmal, wenden uns wieder zurück. Ein Schritt beispielsweise Richtung Übergabe zur frühzeitigen Unternehmensnachfolge gelingt uns, aber dann geht es doch wieder einen Schritt zurück.
Deflexion	Als Familienunternehmen handeln wir indirekt, weichen als Familie zugunsten des Unternehmens aus, verstecken uns als Unternehmen aber auch einmal hinter der Familie. Wir sind füreinander nicht immer greifbar, noch weniger für Außenstehende, obwohl wir so sympathisch wirken.

Wovon lebt die Kommunikationskultur in der Großfamilie um das Hotel Gabrielli in Venedig? Francesca Rosenberger beschreibt die einfachen täglichen Rituale im gemeinsamen Haus und außerhalb, die die familiäre Kommunikationskultur über die Generationen hinweg festigen und zu verinnerlichen helfen. Letztlich entscheidend ist das Sehen und Gesehen werden innerhalb der Familie. Das Sehen und Respektieren der Kinder sowie das Sehen der Vorgänger.

Francesca Rosenberger: *Gemeinsames Mittagessen! (Lachen) Und sich wirklich hinsetzen und gemeinsam sprechen. Selbst mit meiner Schwester. Das hört sich jetzt lustig an, weil sie in Berlin lebt und ich in Hamburg. Hier in Venedig wechseln wir uns eigentlich ab. Eine Woche bin ich da, eine Woche ist sie da. Das heißt, wir sehen uns faktisch sehr wenig. Wenn wir uns dann aber sehen, haben wir gemeinsame Rituale. Wir verabreden dann z. B., dass wir um halb fünf um die Ecke einen Kaffee trinken gehen. Dann schaut sie auf die Uhr: Es ist schon zwanzig nach. Aber dann gehen wir halt raus, weil das wirklich wichtig ist. Wir haben dann einen Arbeitstag hinter uns und können das besprechen, was ansteht. Hast Du schon mal drüber nachgedacht, dass ... und so weiter. Dann essen wir auch Abendbrot zusammen. Das hat viel mit Zeit und Austausch zu tun.*

Und Rituale, wirklich. Das habe ich von meinem Vater gelernt. Es ist mir früher sehr auf die Nerven gegangen. Weil es immer so lief: Dann passiert das, dann passiert das, dann passiert das. Es ist aber unglaublich hilfreich. [...]
Ein Ritual ist das Mittagessen. Früher haben wir auch noch zusammen gefrühstückt. Das lassen wir jetzt inzwischen. Aber Mittagessen, meistens auch Abendessen, wenn wir dort gemeinsam vor Ort sind. Das ist ihm [dem Vater] sehr wichtig und tut uns allen gut. Eben auch meiner Schwester und mir.
[...] Es gibt eben so viele Elemente, die in das Miteinander reinspielen. Einmal ist es das Katholische, dann ist es sehr viel die Persönlichkeit eines Einzelnen. Einerseits sind es Leute, die im Alter milder werden, so wie mein Vater. Andererseits Leute, die eher aggressiv und stachelig werden. Da ist dann doch alles dabei [im familiären Miteinander].
Ich habe eine kleine Chronik geschrieben. Da hat eine meiner Tanten gemeint: Ich bin aber gar nicht so richtig erwähnt darin. Könnte ich das und das noch dazu sagen? Meine Tante drückt damit aus: »Was ich getan hab im Leben ist eigentliches etwas Schönes.«« Das finde ich extrem interessant. Weil ich eben auch merke, wie meine Leutchen [die Gesellschafter der Vorgeneration] sich entspannen, wenn sie erkennen: Es wird schon irgendwie weitergehen mit dem Hotel, und es wird gut weitergehen.

7.4   Interkulturelle Kommunikation

Interkulturelle Kompetenz ist heutzutage im 21. Jahrhundert ein Kriterium für die Zukunftsfähigkeit, insbesondere von Familienunternehmen.

Familienunternehmen, die Mitarbeiter aus unterschiedlichen Nationen, Ländern, Kulturen beschäftigen, wie die Dr. Sasse AG und die Räder-Vogel Räder- und Rollenfabrik, das Hotel Gabrielli in Venedig, der Biohof Eggers mit dem mexikanisch geprägten Hintergrund des Geschäftsführers und seiner Frau, ebenso wie alle Familienunternehmen, die internationale Kundschaft haben, sind eingeladen, aktiv die interkulturelle Kommunikation zu erkunden.

Christine Sasse, Vorstand Personal von der Dr. Sasse AG, internationales Facilitymanagement mit ca. 5.300 Mitarbeitern in verschiedenen Ländern, stellt dazu fest:

> **Christine Sasse:** *Jetzt ist das Thema Flüchtlinge ganz groß. Aber wir haben sehr viele Mitarbeiter schon seit 15, 20 Jahren mit Migrationshintergrund, die hierher kamen unter schwierigsten Bedingungen. Als es keine großen Deutschkurse und Eingliederungsprogramme gab, wie es sie heute gibt.*
>
> *Die mussten sich hier wirklich alleine durchschlagen. Auch wenn sie einen qualifizierten Abschluss in ihrer Region hatten – in ihrem Land hatten die Menschen beispielsweise Mathematik studiert oder Geschichte – die kamen hierher aus Afghanistan, aus dem Irak, aus dem Kosovo, konnten die Sprache nicht und konnten natürlich mit ihrem Bildungsabschluss hier nichts anfangen. Sie haben in der Gebäudereinigung ganz klassisch angefangen, waren dann ziemlich auf sich alleine gestellt bei der Aufgabe, sich hier zu integrieren. Für diese Menschen ist es ganz wichtig, dass sie eine Firma gefunden haben, die ihre Bemühungen auch irgendwo honoriert hat und ihnen die Möglichkeit gegeben hat, sich weiterzuentwickeln.*
>
> *Wir beschäftigen ganz viele Menschen, die heute bei uns im mittleren Management auf Objektleiterebene tätig sind. Sie haben ja eigentlich Karriere gemacht, kann man sagen. Insofern denke ich, dass dieser wertschätzende Umgang für uns selber ein Wert ist. Ja, dann haben wir auch noch andere Werte: [...]*
>
> *Als Herausforderung sehe ich das Thema Flüchtlinge, wie wir in Zukunft damit umgehen, die Menschen, die zu uns kommen in Arbeit zu bringen. Dafür sind Unternehmen wie wir prädestiniert. Anlerntätigkeiten oder junge Menschen eine Ausbildung machen zu lassen zum Gebäudereiniger, zum Elektriker, das sind Wege, die möglich sind. Es hieß ja anfangs, da kommen ganz viele hoch Qualifizierte, z. B. Ärzte. Das sehe ich im Moment nicht so. Das ist vielleicht eine Handvoll. Es ist relevant, wie wir es schaffen, die großen Menschenmengen, die hier angelandet sind, in Unternehmen wie unsere zu integrieren, damit sie in Deutschland integriert werden können. Wenn wir das nicht schaffen, dann sind vielleicht einige Befürchtungen, die die Menschen heute haben, irgendwann gerechtfertigt. Aber ich sehe à priori nicht die Probleme, sondern schon die*

Chancen. Wir müssen etwas tun dafür und so sehe ich eine Herausforderung auch für unsere Unternehmen, Ausbildungsplätze zu schaffen und natürlich auch die Bereitschaft bei unseren Mitarbeitern zu fördern. Es gibt ja verschiedene Programme. Erst einmal geht es los mit einem Praktikumsplatz, dann mit einer Einstiegsqualifizierung. Wenn ich so etwas anbiete, brauche ich ja auf der Seite meiner Belegschaft Mitarbeiter, die geneigt sind, diese jungen Menschen an sich ranzuholen und ihnen etwas zu zeigen, sie so einzuarbeiten, dass das für beide Seiten etwas bringt. Das ist manchmal schon eine Herausforderung. Ich kann nicht automatisch davon ausgehen, dass jeder, dem ich sage, ihr kriegt jetzt einen Praktikanten, einen von der Einstiegsqualifizierung oder einen Auszubildenden, der aber noch nicht so gut Deutsch spricht, sich um den auch kümmern will.

Carsten Henning, geschäftsführender Gesellschafter von Räder-Vogel mit etwas über 500 Mitarbeitern sowie Handelspartner in der ganzen Welt, meint:

Carsten Henning: *Wir haben bei uns 26 verschiedene Herkunftsnationen, also eine ganz bunte Mischung. Das ist eben auch Teil unserer Gesellschaft. Wir versuchen das alles unter einen Hut zu kriegen. Das ist manchmal gar nicht so einfach mit den verschiedenen Sprachen und Sprachbarrieren. Aber wir versuchen, die Leute mit Deutschkursen und ähnlichen Maßnahmen einfach auch zu integrieren. Sie sollen einen Job haben und auch Bestandteil der Familie sein, egal wo sie herkommen. Das gehört schon zum Unternehmen, es ist auch ein Stück Identität des Unternehmens.*
Wir hatten neulich im Rahmen einer Bürgerstiftung Besuch von einigen Frauen mit Migrationshintergrund, die dabei unterstützt werden, ins Arbeitsleben zu kommen. Die haben hier einen Tag zur Probe gearbeitet. Da war auch eine Familie aus Syrien dabei mit Baby, deswegen war der Mann dann mit, weil er aufs Baby aufpassen musste. Er ist gelernter Maschinenbauingenieur, aber kann und darf nicht arbeiten, weil sein Asylverfahren noch läuft. Da reden wir immer von Fachkräftemangel und es ist eigentlich Wahnsinn, dass wir uns da immer selbst Steine in den Weg legen.

Es ist mit Sicherheit manchmal so, dass man die Grüppchenbildung gar nicht verhindern kann. Die türkischen Kollegen machen immer viel miteinander oder auch die russischen Kollegen. Und die mögen sich nicht besonders, Stichwort Syrienkonflikt, das pusht das ja auch immer wieder hoch. Darauf muss man schon ein bisschen ein Auge haben. Es gab hier aber noch nie großartige Aussetzer oder Probleme, sie sind noch nie aufeinander losgegangen. Letztendlich wollen sie arbeiten und wollen etwas bewegen. Arbeiten ist deswegen eigentlich die beste Integration.

Manche Nachfolger großer Familienunternehmen werden von den Gründereltern gezielt international aufgestellt. Marc Fielmann, Jahrgang 1989, wurde im Dezember 2015 von seinem Vater, dem Unternehmensgründer Günther Fielmann, als zukünftiger Vorstandsvorsitzender der Fielmann AG benannt. Er spricht und denkt deutsch und englisch zugleich, gibt sich kosmopolitisch nach dem Studium an »The London School of Economics and Political Science«, 1895 gegründet, mit Studenten aus derzeit über 150 Nationalitäten. Kommilitonen aus der ganzen Welt schaffen eine Basis, kosmopolitisches Denken zu etablieren, die Uni beruft sich auf 16 Nobelpreisabsolventen. Es deutet sich an, dass sich unternehmerisches Denken und Handeln im Zeitalter internationaler Begegnung in Schule und Studium auf die zukünftige Haltung als Nachfolger eines Familienunternehmens auswirkt.

Laura Sasse, ebenfalls Jahrgang 1989, gemeinsam mit ihrer Schwester designierte Nachfolgerin der Dr. Sasse AG, berichtet im Interviewgespräch von ihrer Bildungsprägung im europäischen Ausland:

Christine Sasse: *Jetzt ist es natürlich ganz schön, dass Laura mit am Tisch sitzt. Wir hätten sonst ja auch eine Psychologin zu bieten. Lauras Schwester hat Psychologie studiert an der City University in London.*

Laura Sasse: *Cass Business School.*
Ja, das kam schon von Papa und Dir. Wir waren immer sehr viel in England. Ich habe mich dann entschlossen, nach England aufs Internat zu gehen.
[...] Ich war in England. Das Internat heißt Haileybury, das ist in Herfordshire in der Nähe des Flughafens Stansted, nördlich von London. Ich war die letzten zwei Jahre da, es hat mir sehr gut gefallen.

Ich habe dann auch meinen Bachelor in England gemacht, habe in London studiert an einer amerikanischen Universität, dieses Liberal Arts Studium eben gemacht. Ich habe BWL studiert, interessiere mich aber auch sehr für Geschichte und wollte es deshalb kombinieren, wie das im Liberal Arts Studium möglich ist. Danach habe ich dann meinen Master gemacht, an der ESCP, dafür war ich ein Jahr in Frankreich. ESCP ist ein europäischer Mastergang mit verschiedenen Standorten in Europa. Man studiert in zwei Jahren an drei verschiedenen Standorten. Ein Jahr war ich in Paris, habe zum Teil auch auf französisch dort studiert. Dann war ich ein Semester in London und dann das letzte Semester in Berlin. [Die ESCP Europe Wirtschaftshochschule verfügt neben ihrem Hauptcampus in Paris über fünf weitere Standorte in Berlin, London, Madrid, Turin und Warschau: www.escpeurope.eu/de].

Wo liegt der Beginn einer interkulturellen Herausforderung? Sie beginnt meist schon dann, wenn wir uns dessen noch gar nicht bewusst sind.

Aufgewachsen in der Dreiländerregion Allgäu (Deutschland), Vorarlberg (Österreich) und Kanton St. Gallen (Schweiz) lebte ich bereits zehn Jahre in Hamburg, als mein Bruder wiederum bereits zehn Jahre in der Schweiz im Kanton Basel gelebt hatte. Wer von uns beiden lebte im Ausland? Beide! Ich lebte im kulturellen Ausland Hamburg, mein Bruder im politischen Ausland Schweiz. Wo ich lebte waren noch nicht einmal die Römer hingekommen. Mein Bruder lebte wiederum in Basel, dem Bischof von Basel gehörte vor geraumer Zeit ein Großteil Badens bis Freiburg, wo ich auch einmal lebte. Hätte ich vor 1864 im Stadtteil Ottensen gelebt, in dem ich die ersten zehn Jahre meines Hamburg-Daseins umgeben von dänischer Architektur verbrachte, wäre ich Bürger der dazumal zweitgrößten dänischen Stadt gewesen: Altona. Aus Altona kam der Leibarzt des dänischen Königs, Graf Struensee (Enquist, 1999).

Für mich beginnt das Interkulturelle schon innerhalb Deutschlands. Und dies, obwohl ich auch schon Zeiten hatte, zu denen die Hälfte meiner Kundschaft einen islamischen Hintergrund hatte.

Wann bedarf es interkulturellen Spürsinns, interkultureller Achtsamkeit? Wenn es um Feinheiten geht. Um Feinheiten geht es meist sehr früh bei einer Geschäftsbeziehung, einer Konfliktlösung, innerhalb eines jeden Rahmens, in dem man sich sehr sicher und wohl fühlt: Und plötzlich kracht einem der Weg durch.

Interkulturell beginnt schon in der Region, dies zeigt bereits die Marke »Allgäu«, für die sich beispielsweise der Chef von Meckatzer Löwenbräu einsetzt, um das »Kirchturmdenken ohne Ende« zu überwinden.

Was sich im Kleinen eher harmlos zeigt, wird im Großen womöglich kritisch.

China und Deutschland

Auch das Konfliktpotenzial zwischen Deutschen und Chinesen ist bekannt. Fach- und Führungskräfte, die ohne interkulturelles Ländertraining nach China entsendet werden, sind erst nach bis zu drei Jahren in der Lage, sich auf ihre eigentliche Aufgabe zu konzentrieren und diese zu erfüllen. Sieht man einen Eisberg vor sich, dann erkennt man eben nur die Spitze, zwei Drittel des Berges liegen unter dem Wasser, bestimmen aber das Geschehen. Im Kontakt zwischen Deutschen und Chinesen ist entscheidend, was die zwei Drittel unter Wasser ausmachen, also was nicht unmittelbar sichtbar und somit durchaus unberechenbar ist:

Was versteht ein Chinese möglicherweise unter Pünktlichkeit, dem Umgang mit der Zeit? Was ist die Weltanschauung, das Schönheitsideal? Welche Werte vertritt eine typische chinesische Person, welchen Gerechtigkeitssinn verfolgt sie? Wie ist die Arbeitsmoral vor dem Hintergrund des Strebens nach einer »Eisernen Reisschüssel«, also eines sicheren Arbeitsplatzes und eines stetig wachsenden Einkommens? Wie wird Freundschaft gepflegt vor dem Hintergrund, dass die Beziehung wichtiger ist als eine sachliche Bewertung und das Ich-Bewusstsein weit hinter der Gemeinschaft zurücksteht? Deshalb ist es im Business empfehlenswert, für einen guten Start gemeinsam essen zu gehen. Allerdings gehören für Chinesen Business und Privatleben vorrangig zusammen, das wird nicht getrennt wie es in Deutschland gerne gelebt wird.

Die wesentlichen Kulturmerkmale sind also in Deutschland Sachlichkeit, in China die Beziehung! Deutsche bevorzugen zu 80 Prozent Direktheit, bei Chinesen ist diese verpönt, sie schätzen Indirektheit und die Kunst, auf Nebensätze zu achten und zwischen den Zeilen zu lesen. Wo in Deutschland die Ordnung eine entscheidende Rolle spielt, bestimmt in China die Flexibilität das Miteinander. In Deutschland ist die Gleichheit vor dem Gesetz eine Errungenschaft, in China gilt absolut die Hierarchie. Hier liegt der Nährboden für Konfliktpotenzial.

So ist beispielsweise der Handschlag in beiden Ländern üblich. Aus der deutschen Perspektive ist er vor allem ein direkter körperlicher Kontakt und eine sinnliche Berührung im Bereich der Pufferzone, im Sinne der »persönlichen Distanz – Führung in Griffweite«, während er aus der chinesischen Perspektive eher einer Handreichung mit Überreichen der Visitenkarte entspricht, am besten in englischer und chinesischer Sprache. Denn so kann leichter erkannt werden, welche Position man beruflich und wohl auch privat einnimmt. Der Körperkontakt wird dabei auf das Allernotwendigste reduziert, er findet so indirekt und mit so wenig sinnlicher Berührung wie möglich statt. Die konfuzianische Ordnung präferiert eine paternalistische Gesellschaftsform: Wer Verantwortung übernimmt, erhält Loyalität und Respekt.

Die Chinesen fühlen sich brüskiert durch das unmittelbare auf den Punkt kommen der Deutschen, sie bevorzugen ausgedehnten Smalltalk und Erkundigungen nach den Hobbys, nach der Familie, ja sogar nach dem Einkommen. Deutsche erleben dies gerne als aufdringlich. Beschäftigen sich Deutsche mit der Frage der Schuld, versuchen Chinesen ihr Schamgefühl zu kontrollieren und haben Angst vor Gesichtsverlust. Das Gesicht zu wahren hat allerhöchste Bedeutung, die äußere Harmonie ist entscheidend. Der Verlust derselben wird nicht so leicht verziehen. Deshalb hat die Mediation in China gute Chancen bzw. eine Diplomatie, die beiden Seiten eine Win-win-Lösung anbietet und ermöglicht.

Im Folgenden möchte ich die chinesisch-deutsche Perspektive auf die Kontaktenergien anwenden:

Projektion	Der Chef ist und bleibt der Chef in China, die hierarchische Ordnung ist entscheidend, die konfuzianisch-paternalistische Ordnung ist die Basis für alles Handeln
Reaktionsbildung	Deutsche sind sehr direkt, Chinesen indirekt
Konfluenz	Chinesen sind anpassungsfähig, assimilieren alles Fremde
Introjektion	Gesichtsverlust gilt es zu verhindern, deshalb sagt ein Chinese nur etwas, wenn er direkt aufgefordert wird und er auch zuständig ist
Egotismus	Die deutsche Sachlichkeit steht neben der chinesischen Orientierung an der Beziehung:»Ich bin ich«, sagt der Deutsche,»Wir sind wir«, würde ein Chinese erwidern.
Retroflexion	In China führen Beziehung und Indirektheit zum Erfolg
Deflexion	Chinesische und asiatische Mitarbeiter und Unternehmer sagen das, was der andere hören will

»Man muss zwei Kindern die Elternschaft beibringen!«

Im Iran steht die Beziehungsintelligenz im Vordergrund, ebenso wie im konfuzianisch geprägten China, beides sind Vielvölkerstaaten. Die Deutsch-Iranerin Hourvash Pourkian empfiehlt das Motto, die Kontakte zu pflegen, lange bevor man sie braucht. Statt von emotionaler Intelligenz zu reden, gilt es, die Beziehungsintelligenz wahrzunehmen und in sie zu investieren.

Gleichwohl ist die Beziehung häufig sehr belastet, wenn nicht gestört, gerade zwischen Eltern und Kindern, wie ich in meiner interkulturellen Arbeit mit Familien erlebt habe. Der deutsch-iranische Psychotherapeut Abdolreza Azhdari bestätigte meine Wahrnehmung in Bezug auf die Eltern mit der Aussage:»Man muss zwei Kindern die Elternschaft beibringen!« Außenwelt und Innenwelt im familiären Zuhause sind Parallelwelten. Es sei ein Traum, in der Therapie über alles reden und träumen zu dürfen, gleichwohl schmerzhaft, den Unterschied zwischen der Atmosphäre in der Therapie und dem Miteinander im Zuhause zu erleben. Die Eltern schwanken zwischen Fordern und Abwerten, zeigen sich bedürftig und pflegen kein

Containing, also die Fähigkeit, Gefühle zu halten oder diese wie im Containment einzudämmen und zusammenzuhalten.

In dem eingangs beschriebenen belasteten Beziehungskontext ist die Gefahr gerade für die Söhne iranischer Familien, die in der sogenannten westlichen Hemisphäre im Abendland leben, aber sich insgesamt traditionell am Menschenbild des Iran oder des Morgenlandes orientieren, sehr groß. Kinder müssen die Demontage ertragen und dürfen nicht auf Rückenstärkung durch ihre Eltern hoffen. Eltern zeigen sich erstaunt, dass z. B. im Rahmen einer Mediation das Verstehen im Mittelpunkt steht, anstatt eines Bombardements mit Ratschlägen, eines Schlagens mit Rat. Die Skepsis ist hoch gegenüber dem Bedürfnis nach Verstehen. Geht es letztendlich doch vor allem um die Etikette und Gesichtswahrung, sei es gegenüber einem Therapeuten, einem Mediator oder auch gegenüber einem Geschäftspartner. Das Gesicht wird beispielsweise auch dadurch gewahrt, dass es mit Ohrfeigen rot gehalten wird, damit es gesund und vital wirkt.

Es gilt zu begreifen, wann Abläufe auch in unserer europäischen Kultur in großen familiären Verstrickungen ablaufen wie zu antiken Zeiten oder wie in der indisch-persisch-arabischen Sammlung Tausendundeine Nacht – eine Sammlung, die übrigens alles andere als Märchen für Kinder beinhaltet, wenn man der aktuellen unbereinigten Übersetzung von Claudia Ott 2009 folgt, nach der heute ältesten bekannten arabischen Handschrift in der Ausgabe von Muhsin Mahdi: Alf laila wa-laila (vgl. auch Ott, 2012).

Individuell im Rahmen einer Beratung oder Mediation kann geklärt werden, wie es zur Entfremdung zwischen Vater und Sohn kam und zu einem Scheitern einer einvernehmlichen Nachfolgelösung zwischen den beiden Generationen. Ähnliches gilt auch zwischen Mutter und Tochter oder zwischen Vater-Tochter bzw. für Mutter-Sohn-Nachfolgeproblematiken: Wann fand eine Entfremdung statt, wo liegt das Rätsel familiärer Verstrickung? Hier kann ein psychologisch versierter Berater und Mediator auf wunderbare Weise den Weg zu einer gelingenden Nachfolge begleiten, raus aus der Verstrickung. Deshalb lohnt sich hier der beispielhafte Blick auf die iranische Kultur. Diese ist lediglich ausgeprägter als die emotional etwas abgeflachte europäische Kultur bzw. die Kommunikationskultur im deutschsprachigen Raum.

Die Kontaktenergien fassen die iranische Perspektive so zusammen:

Projektion	Der Vater ist der Chef
Reaktionsbildung	Bombardement mit Ratschlägen, ich schlage Dich mit meinem Rat
Konfluenz	Wir passen uns an, Individualität ist verpönt
Introjektion	Gesichtsverlust darf nicht vorkommen, die Gegensätze und Widersprüche schlucke ich runter
Egotismus	Ich bin so eingefroren wie die Gesellschaft, der ich mich zugehörig fühle
Retroflexion	Das Gesicht wird mit Ohrfeigen rot gehalten, damit es gesund und vital wirkt
Deflexion	Ich weiche einfach aus

Deutsche gegenüber italienischen Tugenden

Die italienische und insbesondere die venezianische Perspektive beschreibt Francesca Rosenberger vom Hotel Gabrielli in Venedig, der Stadt der kurzen Wege. Sie sagt im Interview:

Francesca Rosenberger: *Deutsche Tugenden sind im Moment in Italien sehr gefragt. Das war auch schon einmal anders. [...] Italienische Tugenden sind anders, ja, es gibt schon einen kulturellen Unterschied, in vielem, er zeigt sich auch darin, wie man miteinander arbeitet. [...] Ich bin inzwischen Schatzmeisterin der venezianischen Hotelvereinigung, weil sie es einfach gut finden, dass ich genau hingucke. Da bin ich gut. Wir sind sehr lange schon in Venedig. Ich fühle mich da sehr integriert. Die [Venezianer] wissen alle, wer wir sind, was wir da machen. Sie wissen, dass wir da sind und auch nicht weggehen, dass das sehr konstant ist. Das ist ja gerade auch für Venedig extrem konstant. [...] Aber wie man dort miteinander umgeht ist schon anders. Zum Beispiel bekomme ich am Tag fünf Anrufe, bei denen mir jemand etwas erzählen, anbieten will oder über irgendetwas anderes spricht und dann sagt: Ich komme vorbei auf einen Kaffee. Soviel Kaffee kann ich natürlich gar nicht trinken. Wen man dann erwidert: Schicken Sie mir doch mal eine E-Mail, ist das wie eine Absage, wie ein Schlag ins Gesicht. Wenn ich vor-*

schlage: Sag's mir doch schnell am Telefon, bekomme ich die Antwort: Ach ne, ich komme lieber vorbei. Also dieses Persönliche ist da einfach noch eine ganz andere Sache. Was manchmal sehr viel schneller geht, weil man sich wirklich gegenüber sitzt und sagt: Was willst Du, was will ich? Oder was sagst Du dazu? Das geht dann auch wirklich schneller, denn ins Café in Venedig geht man ja nur zu Fuß. Das ist dann sehr unmittelbar. Aber oftmals denke ich dann auch: Wenn Du mir jetzt eine Liste geschrieben hättest, was Du eigentlich von mir willst, dann hätte ich Dir das per E-Mail beantwortet und wir wären in dreieinhalb Minuten fertig gewesen. Jetzt muss ich warten, dann kommst Du zu spät, dann hast du Dein Boot verpasst, dann regnet es oder was weiß ich. Da raubst du mir jetzt so – wie ich Ihnen – Stunden. Das ist schon unterschiedlich.

Übertragen auf die Kontaktenergien stellt sich das, was Francesca Rosenberger beschreibt, so dar:

Konfluenz   OK, ich komme vorbei

Egotismus   Schicken Sie mir doch mal ne E-Mail: Das ist wie eine Absage, wie ein Schlag ins Gesicht

Francesca Rosenberger weiter: *Meine Eltern haben eigentlich immer zwischen zwei Ländern gelebt und ich setz das fast genauso fort. Ich bin aufgewachsen zwischen Wald und Venedig. So mache ich das bis heute. In dieser Hinsicht war ich gar nicht besonders innovativ.*
Zur Schule bin ich hier gegangen. Zur Uni eben hier in Hamburg, dann bin ich nach Wien gegangen, weil ich als Österreicherin, die ich ja nun eben bin, einmal mein Volk kennen- lernen wollte. Meine Schwester hat lange in Venedig gelebt, 15 Jahre bis nach ihrem Studium und hat da direkt angefangen zu arbeiten. Sie ist dann nochmal weggegangen. Sie hat dann nach Berlin geheiratet und war dann zehn Jahre nicht da. Jetzt machen wir es eben zusammen. Man kommt doch immer zurück.
Ich habe hier in Hamburg mein Diplom gemacht und das Doktorat in Wien. Ich war mit fünfundzwanzig fertig, habe das Studium sehr schnell gemacht und habe dann gedacht: Ich bin eine Frau, was machst Du jetzt? Dann habe ich eben dieses Promotionsstudium angefangen, wirklich weil ich mich einfach einmal in Österreich aufhalten und gucken

wollte: *Sind die Österreicher jetzt anders? Mein Vater ist Österreicher, was ist das?*

[...] Die Seele der Familie ist eben Perkhofer, das ist sehr stark in Österreich verwurzelt.

Ich hatte ein Erlebnis, als mir mein österreichischer Pass nicht geholfen hat. Das war tatsächlich nur ein einziges Mal. Bei einem Lesewettbewerb in der Schule, ich glaube in der fünften oder sechsten Klasse, da durften nur deutsche Kinder teilnehmen. Vorlesewettbewerb. Du bist Österreicherin, Du darfst nicht mitmachen. Aber das war wirklich das einzige Erlebnis, bei dem ich irgendwie gedacht habe: Ist das jetzt richtig so? Sonst habe ich aber weder Vor- noch Nachteile gehabt. Ich fand, dass ich mich da nicht festlegen musste. Das hat ja auch etwas von: Ich kann mir vieles aus der Distanz anschauen, im Zweifel mich zurückziehen. Aber ich kann eben auch sehen, dass es überall Licht und Schatten gibt. Letztendlich wohnen wir alle in diesem wunderbaren Europa.

8 Drei Seiten einer Medaille ermöglichen Dialog auf dem Weg zur Unternehmensnachfolge

Eine feste Grundhaltung sei die Mitte zwischen zwei Extremen
nach Aristoteles

In diesem Kapitel lenke ich den Blick darauf, dass jede Medaille neben den berühmten zwei Seiten auch noch einen Rand hat. Dem Rand wird in der Regel wenig Beachtung geschenkt. Aber er ist es, der als dritte Seite die beiden Hauptseiten einer Medaille miteinander verbindet. Und genau dieser verbindenden Eigenschaft möchte ich in diesem Kapitel meine Aufmerksamkeit widmen. Durch sie kann eine ausgewogene Balance der beiden Seiten der Medaille entstehen. Der Rand gibt Raum für den Dialog, für einen Mediator, für Flexibilität im Familienunternehmen.

Ferner werfe ich einen Blick auf eine Inhouse-Mediation, die an Stelle eines Betriebsrates wirkt. Die gemeinsame dritte Sache – gewissermaßen der Rand – führt zuletzt step by step durch die Phasen des Kontakts und hin zur Mediation.

Von den drei Seiten einer Medaille kommen wir dann zu den drei Kompetenzen LED: Lösen, Entscheiden und Dialog führen.

Laura Sasse, Junior der Dr. Sasse AG, sagt über sich und ihre Schwester:

> **Laura Sasse:** *Ich habe BWL studiert, meine Schwester hat Psychologie studiert. Wir sagen immer: Wir sind zwei Seiten einer Medaille.*

> **Interviewer:** *Entscheidend ist ja immer der Rand der Medaille. Von dem ja nie gesprochen wird. Aber der Rand verbindet ja. Also sind Sie zwei Schwestern mit Führungsanspruch wie die zwei Seiten einer Medaille.*

8.1 Drei Seiten einer Medaille stärken den Dialog in Familienunternehmen

Kopf oder Zahl ist häufig eine wichtige Frage, wenn es darum geht, wer mit dem Spiel beginnt. Manchmal spielen Menschen zum Zeitvertreib mit einer Münze und versuchen, sie auf ihrem Rand zum Stehen zu bringen. Der Rand ist durchaus sehr spannend und er kann Halt geben. Gegensätze zwischen oben und unten werden durch den Rand verbunden, plötzlich ist das Verbindende interessant. Es stellt sich nicht die Frage, ob die Familie wichtiger ist oder das Unternehmen. Der Rand, das Verbindende, das immer im Vordergrund Stehende, ist das Familienunternehmen. Zum Beispiel auch bei der Frage, ob eine Krankheit physiologisch, also körperlich verursacht oder psychisch bedingt ist: Der Rand entspräche hier dem psychosomatischen Ansatz, der beides im Blick hat.

Ist es besser, zu monologisieren oder doch lieber zu schweigen? Der Rand steht für den Dialog und das Miteinander Reden. Entweder ... oder? Nein: sowohl als auch! Ob sachlich oder emotional, der Rand als das Verbindende steht für die Mischung, also sowohl für das Sachliche als auch das Emotionale, man könnte vielleicht auch sagen für das Emo-sachliche.

Wer ist wichtiger für die Kinder: Vater oder Mutter? Einmal so und einmal so, wobei der Rand die grundsätzliche Antwort gibt: Halt gebende Eltern. Objektiv oder auch nur subjektiv empfunden: Der Rand sagt, dass beides wichtig ist, alles zu seiner Zeit.

Gerne sprechen wir in unserer Kultur von den berühmten zwei Seiten einer Medaille.

Übertragen auf die Kommunikation versinnbildlicht der Rand, der beide Seiten miteinander verbindet, die Chance zum verbindenden Dialog! Im Verstehen kommunikativer Prozesse und in der Begegnung mit Menschen ist mir dieses Bild der drei Seiten einer Medaille immer unverzichtbarer geworden.

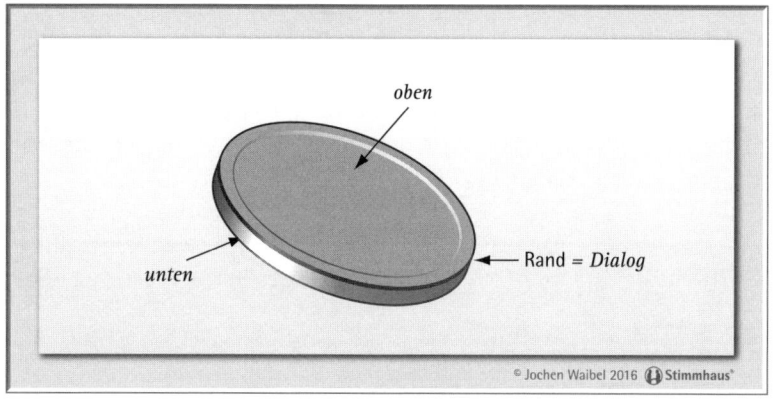

oben

Rand = *Dialog*

unten

© Jochen Waibel 2016 ⓟ **Stimmhaus®**

Abb. 16: Drei Seiten einer Medaille

Die Randschrift einer Münze macht diese fälschungssicherer, ob sie nun vertieft, also nach innen geprägt ist wie beim Zwei-Euro-Stück oder erhaben, also zum Ertasten geeignet ist wie bei der Schweizer Zwei-Franken-Münze. Mit der Währungsreform nach dem Zweiten Weltkrieg fanden die Worte »Einigkeit und Recht und Freiheit« auf den bundesdeutschen Zwei- und Fünf-Mark-Münzen Verwendung. Seit der Euroeinführung im Jahr 2002 besitzen die deutschen Zwei-Euro-Stücke diese Randschrift.

Die Münzen eines Landes und insbesondere der Rand haben ihre besondere Ausdruckskraft und lehren uns viel über die Kulturen der Welt.

Der Rand der Medaille symbolisiert ebenso den kulturellen Unterschied zwischen zwei Seiten – ein Unterschied, der das Verhältnis der beiden Hauptseiten der Münze im Hinblick auf ihre Haltung und Positionierung zueinander wesentlich verändern kann.

Auch die verschiedenen Generationen stehen für Kulturunterschiede. Interkulturelle Kommunikation beginnt schon zuhause oder im Büro, nicht erst in der Begegnung mit fremdländischen Geschäftspartnern.

Nach Ludwig Wittgenstein ist es dasselbe, ob man von »p« oder der Verneinung »non-p«, dem vermeintlichen Gegenteil, spricht. Nur die Perspektive verändert sich. In der Verneinung taucht das »p« erneut auf, ist also doch da und erhält Aufmerksamkeit. Ähnlich äußert sich Sartre in seinem Wort: »Ne pas choisir, c'est encore choisir« – Nicht wählen bedeutet auch wählen, frei übersetzt: Keine Wahl ist auch eine Wahl. Manchmal fällt ja auch die Unterscheidung schwer, ob es sich um ein Familienunternehmen oder eben nicht um ein solches handelt (vgl. Waibel, 2010, S. 137 ff.).

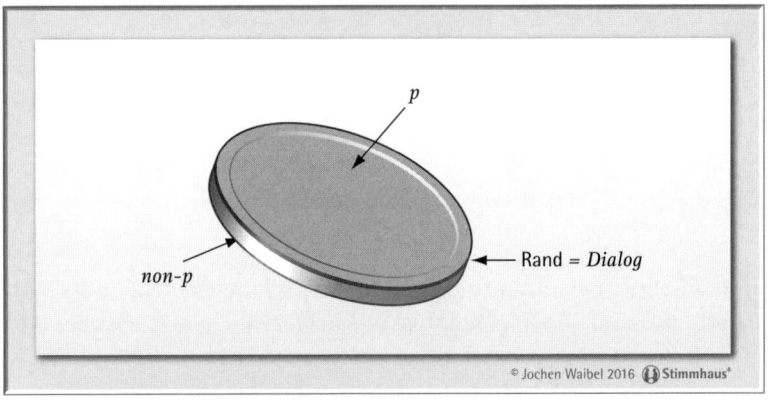

Abb. 17: Drei Seiten einer Medaille mit p und non-p

Das häufige bis chronische »sich Verpassen« von Senior und Junior beispielsweise, wie es immer wieder Thema ist, oder auch von zwei konkurrierenden Geschwistern, zeigt die Notwendigkeit eines strukturierten und aktiv gestalteten Dialogs auf, sei es mit einem Moderator, einem erfahrenen Mediator, einem Berater oder auch mit vertrauten Funktionsträgern wie beispielsweise Wirtschaftsprüfern. Voraussetzung ist, dass diese selbst Mediationskompetenz haben sowie einen guten Draht zu beiden Parteien und ein aus der Arbeit gewachsenes Vertrauensverhältnis. Ebenso bieten sich gerne Junior oder Senior eines kooperierenden oder befreundeten Unternehmens an, die möglicherweise in der Nachfolge schon einen wesentlichen Schritt weiter sind und ihre Motivation und ihr Wissen, ihre Erfahrung aus einer Konfliktbewältigung konstruktiv weitergeben können (s. Abb. 18).

In jedem Fall empfehle ich sehr, bei problematischen Senior-Junior-Beziehungen ebenso wie bei rivalisierenden Geschwister-Konstellationen eine professionelle Person hinzuzuziehen. Die Zusammenarbeit mit erfahrenen Mediatoren erspart viel Geld, Nerven und schützt womöglich nicht nur vor der familiären Zerrüttung, sondern sogar vor einem Unternehmensverlust.

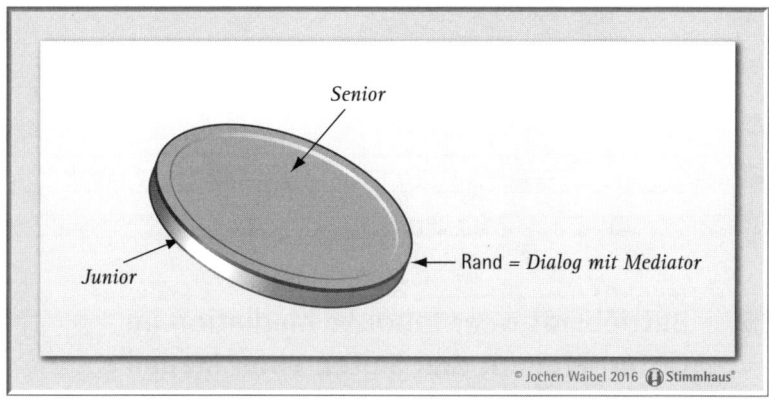

Abb. 18: Senior und Junior im Dialog

Wolfgang Grupp, Trigema, sagt:

Wolfgang Grupp: *Sie haben [als Familienunternehmer]auf der einen Seite eine große Freiheit, auf der anderen Seite verlangt diese Freiheit auch eine gewisse Vorbildfunktion.*

Die beiden Seiten einer Medaille, einerseits die persönliche und unternehmerische Freiheit, andererseits die Vorbildrolle des Unternehmers, charakterisieren die Herausforderung von Familienunternehmern, Flexibilität und Haltung im Familienunternehmen zu leben. Dafür steht der Rand (s. Abb. 19).

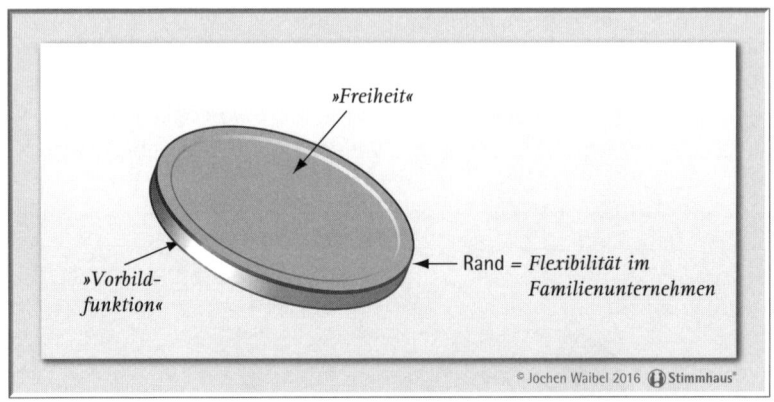

»Freiheit«

»Vorbild-funktion«

Rand = *Flexibilität im Familienunternehmen*

© Jochen Waibel 2016 Stimmhaus®

Abb. 19: »Freiheit« und »Vorbildfunktion« im Familienunternehmen

8.2 Betriebsrat oder Inhouse Mediation im Unternehmen: drei Seiten einer Medaille

Braucht ein Unternehmen einen Betriebsrat, braucht es Mediation? Ob es einen Betriebsrat braucht, entscheiden glücklicherweise die Mitarbeiter selbst. Es besteht keine gesetzliche Pflicht für den Unternehmer, einen Betriebsrat aufzustellen. Wenn Mitarbeiter es für notwendig halten und wenn Ihre Kraft ausreicht sowie der Wille stark ist, dann wird ein Betriebsrat gegründet. Über eine Mediation dagegen entscheidet in der Regel die Unternehmensführung alleine. Die beiden Alternativen, das Für und Wider einer Mediation, sind die beiden Seiten einer Medaille, der Rand ist das Unternehmen als verbindende Gemeinschaft aller Beteiligten.

Es gibt tatsächlich auch große Familienunternehmen mit einer Mitarbeiterzahl im Tausenderbereich, die es aus Sicht des Vorstands erfolgreich verstehen, die Installation eines Betriebsrats zu umgehen. Das Familienunternehmen, das ich im Blick habe, installierte stattdessen eine Inhouse Mediation als Ansprechstelle für alle Mitarbeiter. Diese One-WoMan-Show in Form einer Stabsstelle handelt auf einer vollen Planstelle und ist für das Unternehmen eine kostensparende Investition in die Unternehmenskultur. Ein Betriebsrat würde tatsächlich ganz andere Kosten verursachen. Dabei behält das Unternehmen zur Gänze die Kontrolle über die Aktivitäten der

Inhouse Mediation, die einem Mitglied des Vorstands in einem monatlichen Jour fixe berichtet.

Die Person des Mediators war zuvor als Personalvorstand aktiv, kennt sich mit HR-Themen bestens aus und entspannt sich nun jenseits jeder Karrierefrage mit dem Kommentar:»Ich habe in meinem Leben alles erreicht!« In seinem letzten Arbeitsjahrzehnt entfaltet der Inhouse-Mediator nun seine Wirkung durch die vermittelnde Dialogaufgabe zwischen Führung und Mitarbeitern einerseits sowie zwischen Zentrale und Niederlassungsleitern andererseits. Der Mediator ist Ansprechpartner für alle Führungskräfte und Mitarbeiter des verzweigten Unternehmens aus der Dienstleistungsbranche. Dabei hat die Person des Mediators die Chance, das Instrument Mediation innerhalb dieses Unternehmens als Pioniertat erfolgreich und nachhaltig zu implementieren.

Nachhaltig bedeutet für mich, dass es aus der Perspektive der Mediation betrachtet letztendlich sogar gelingen muss, diese Stabstelle auch dann erfolgreich weiterzuentwickeln, wenn zwischenzeitlich ein unermüdlicher Mitarbeiter einen Betriebsrat gründen sollte. Denn mit oder ohne Betriebsrat: Die Mediation in der Hand eines erfahrenen und mit allen Wassern gewaschenen Experten für Konfliktlösung stellt einen unersetzlich Wert für ein Unternehmen und insbesondere auch für die Kultur eines Familienunternehmens dar. Gerade dann, wenn die Führung erst noch lernen muss, dass der Wert der Mediation weit höher liegt als nur die Verhinderung eines kostenintensiveren Betriebsrats, ist es die Aufgabe des Inhouse-Mediators, nachhaltig für die Akzeptanz von Mediation im Unternehmen zu sorgen.

Für mich ist dies eigentlich nur zu vergleichen mit dem Aufbau des Instruments und Geschäftsfelds Coaching in den 1990er Jahren bei der Volkswagen Coaching GmbH in Wolfsburg, seinerzeit als Pionieraufgabe erfolgreich bewerkstelligt durch Frau Dr. Christine Kaul, die so freundlich war, das Vorwort zu meinem zweiten Fachbuch zu schreiben (Waibel, 2010). Seit Volkswagen und vergleichbaren Projekten in anderen Unternehmen ist das Instrument Coaching aus der erfolgreichen Unternehmensentwicklung nicht mehr wegzudenken.

Familienunternehmen sollten sich mit aller Kraft dafür engagieren, Mediationskompetenz in ihrem Unternehmen zu implementieren, ebenso wie übrigens Familien frühzeitig auf die Kraft der Mediation vertrauen sollten, anstatt sich lange und kräftezehrend in Konflikten zu verlieren oder womöglich einseitig in einen teuren Rechtstreit zu investieren, misstrauisch gegenüber Win-win-Ergebnissen.

Insolvenz eines Familienunternehmens aufgrund mangelnder Kompromissbereitschaft und fehlender Beratung
Ein kleines, aber doch alltägliches Beispiel eines Einzelhandelsgeschäfts demonstriert, wie es zu einer Neugründung kam, anstatt ein bestehendes kleines, eingeführtes Familienunternehmens in der dritten Generation nach einem nicht unerheblichen Kulturbruch fortzuführen.

Die drei Seiten einer Medaille sind hier die beiden unterschiedlichen Perspektiven des Traditionsgeschäfts und des Neugründers, miteinander verbunden durch den Rand des Dialogs in der Umbruchszeit.

Es war einmal ein erfolgreiches Einzelhandelsgeschäft im ländlichen Bereich. Der Inhaber hatte es von seinem Vater übernommen und gut über die Runden gebracht. Gegründet hatte es der Großvater des letzten Chefs. Das Geschäft hatte keine große Konkurrenz und war wohl auch deswegen ganz erfolgreich, weil die Leute lieber zum örtlichen Geschäft gingen als zur Konkurrenz in der etwas weiter gelegenen größeren Stadt. Der Inhaber war im Ort sehr angesehen, bildete traditionell Einzelhandelskaufleute aus, saß abends mit am Unternehmerstammtisch und war auch sonst überall zu sehen.

Letztendlich war er aber »klein gehalten« und konnte seine persönliche Haltung nicht frei entfalten neben seiner dominanten Frau und seinem ebenso dominanten Vater, der nie seine Finger vom Geschäft lassen wollte und bis zu seinem Tod im Laden zu sehen war und mitregierte.

Der Inhaber entwickelte nicht nur vor dem Hintergrund seiner eingeschränkten unternehmerischen und persönlichen Freiheit ein Alkoholproblem und schließlich blieb ihm nichts anderes übrig, als seinem zuletzt ausgebildeten Gesellen die Unternehmensnachfolge anzubieten. Eigene Kinder standen für die Nachfolge nicht zur Verfügung, da der einzige Sohn mit einer Behinderung zur Welt gekommen war und als ungeeignet galt.

Nach dem Tod des Inhabers stand der für die Nachfolge vorgesehene Einzelhandelskaufmann, der das Geschäft schon seit Jahren aktiv, verantwortungsvoll und mit Leidenschaft – an dem führungsschwachen Chef und seiner launischen Frau vorbei – vorangebracht hatte, zur Weiterführung bereit. Tatsächlich kam dann eines Tages das Angebot an ihn, das Geschäft für eine bestimmten Ablösesumme und eine konkret benannte Pacht zu übernehmen. Dabei wurde allerdings übersehen, dass das Geschäft seit Jahren nur deshalb so leidlich gut über die Runden gekommen war, weil der Kaufmann tatsächlich beste Arbeit geleistet hatte: stets zu Überstunden bereit, kommunikativ und freundlich gegenüber der Familie des Chefs und den Kunden.

Er hatte Realitätssinn, ihm war durchaus bewusst, wie viel seine Leistung zum Weiterbestehen des Familienunternehmens in den letzten Jahren bis zum Tod des Chefs beigetragen hatte. Auch war ihm bewusst, wie viel Umsatz monatlich zu leisten war, um mit einem Minimalgewinn nachhause zu gehen. Mit diesem Bewusstsein ging er in die Verhandlung, warf seine ganz Person in den Ring und verhandelte vor allem über eine geringe Ablösesumme des unübersichtlichen Warendepots und in zweiter Priorität um eine etwas geringere Pacht für das Erdgeschoß des Familienhauses, in dem sich das Geschäft befand. Dabei erreichte er nichts und dies lag seiner Meinung nach an der unnachgiebigen Unternehmergattin.

Zu Lebzeiten des an sich sanften und gutwilligen Inhabers wäre dieser im wohl gerne entgegengekommen. So kam es aber zum Bruch mit dessen Witwe, mit einer erfreulichen und einer unerfreulichen Konsequenz:

Erfreulicherweise eröffnete unser Kaufmann in anderen Räumen am Ort ein eigenes Geschäft mit einem Warensortiment ohne jegliche Altlasten und ohne dass ihm jemand in seine Führungsaufgabe hineinregieren wollte und konnte. Er holte sich zudem die richtigen Mitarbeiter. Es war für ihn ein absoluter Neuanfang mit dem Vorteil, dass alle Kunden ihn seit Jahren kannten und ihm vertrauten – bis heute im bald dritten Jahrzehnt seiner Firma. Er konnte sein Sortiment in den darauffolgenden Jahren Schritt für

Schritt vergrößern und flexibel den Bedürfnissen seiner Kunden anpassen. Sein humorvoller Werbespruch lautete: »Wir haben alles, was Sie brauchen – was wir nicht haben, brauchen Sie nicht!« Ein stimmiger Slogan.

Unerfreulich für das alteingesessene Familienunternehmen war der Ausstieg des Kaufmanns. Dieser Umstand beschleunigte die Insolvenz und das Ende eines schönen Ladengeschäfts in einem historischen Haus sowie den Verlust eines gut eingeführten Namens.

Dafür darf man gespannt sein, ob unser Kaufmann, der zum weitsichtigen und klugen Gründer wurde, mit Charme und Bodenhaftung, eines Tages auf ein Familienunternehmen zurückblicken darf. Zumindest sind Kinder da, die möglicherweise eines Tages zur Nachfolge zur Verfügung stehen. Und – jeder Neugründer lernt etwas aus den Fehlern, die sein einstiger Arbeitgeber und dessen Familie gemacht haben. Das kann viel sein.

So ging also ein altes Familienunternehmen aufgrund fehlender Kompromissbereitschaft und monetärer Gier in die Insolvenz, anstatt eine weitsichtige Nachfolgeregelung zu finden. Ein neues Unternehmen entstand aufgrund von Gründungsbereitschaft, innovativem Denken, Selbstvertrauen und nicht zuletzt einem Schutzbedürfnis vor unnötigen Altlasten einer Familie, die ihm in den letzten Verhandlungen keine Anerkennung für das Geleistete zollte, stattdessen ihn instrumentalisieren wollte.

Letztendlich hat das familiengeführte Altunternehmen den geeigneten frühen Zeitpunkt für eine Nachfolge verpasst, hat dann unter dem wirtschaftlichen Druck nicht den richtigen Ton gefunden, um den bereitstehenden Kaufmann zu überzeugen und ihm ein stimmiges Angebot zu unterbreiten.

Die Witwe des Chefs als letzte Inhaberin war letztendlich einfach schlecht beraten. Einen externen Berater zu engagieren kam ihr aber nie in den Sinn, ebenso wenig wie sich von der Industrie- und Handelskammer Unterstützung zu holen. Denn die Einschätzung des Bestandswerts und die Abschlagsforderung waren unrealistisch hoch. Ein Berater hätte ihr die Dimension ihres Handelns aufzeigen können, um eine faire Übergabe zu unterstützen und das Geschäft unter dem tradierten Namen zu erhalten. Der Kaufmann ging dann auf Distanz und zeigt bis zum heutigen Tag, dass er willens, kompetent und in seiner Kontaktfreudigkeit eine Idealbesetzung für die Führung eines Eisen- und Haushaltswarengeschäfts in schwierigen Zeiten ist. Viele schließen, sein Geschäft floriert, was durchaus eine Parallele zu Trigema ist.

8.3 Die »gemeinsame dritte Sache« oder step by step durch die Kontaktphasen

In diesem Abschnitt geht es um die »gemeinsame dritte Sache«, die Brecht als generationenübergreifendes Bindeglied eingeführt hat.

> *Immerfort hört man, wie schnell*
> *Die Mütter die Söhne verlieren, aber ich*
> *Behielt meinen Sohn. Wie behielt ich ihn? Durch*
> *Die dritte Sache.*
> *Er und ich waren zwei, aber die dritte*
> *Gemeinsame Sache, gemeinsam betrieben, war es, die*
> *Uns einte.*
> Bertold Brecht

Die »gemeinsame dritte Sache«, von der Gerhard Heik Portele leidenschaftlich sprach und schrieb (Portele, 1992, S. 137 ff.) hält identitätsstiftend zusammen. Ob eine Familie, ein Familienunternehmen, eine Peergroup, eine Mannschaft, ein Team, eine Staatengemeinschaft: Die dritte Sache verbindet und schweißt zusammen. Es gibt nämlich nicht nur den harten Weg der Verhandlungen oder das verbreitete Prinzip der (bisweilen faulen) Kompromisse. Hilfreich ist vor allem der dritte Weg, der die Härte in der Sache mit der Sanftheit gegenüber dem Partner vereinigt. Deshalb lohnen sich Partizipation und organisationale Demokratie (vgl. Waibel, 2010, Kap. 3), also die Einbindung aller Beteiligten, gerade im Familienunternehmen, um über die Vielfalt der Beteiligten von Diversität und von interkultureller Kompetenz zu profitieren: Es lohnt sich also, dem Rand der Medaille Achtsamkeit zu schenken.

Denn die dritte Sache, der dritte Weg, wird vom Rand der Medaille symbolisiert. Die Medaille muss ausbalanciert werden, damit sie auch einmal auf dem Rand stehen kann. Denn der Rand steht ja für den Dialog und eben für die Dialogkompetenz der Beteiligten, unterstützt vom Mediator, der in der Lage ist, die Bedürfnisse und die Positionen hinter den Themen der Beteiligten zu sortieren. Es geht auch darum, den richtigen Moment für den Einsatz eines Mediators als externen Begleiter zu spüren, den richtigen Moment für eine Mediation.

Das »Ich«, das »Wir« und das »Es« in Balance
Nach Ruth Cohn, der Begründerin der themenzentrierten Interaktion, TZI, gibt es drei Perspektiven im Umweltfeld, in unserer Umgebung, in der Welt, in der Realität des Familienunternehmens. Das dynamische Bild der Medaille, bei der einmal die eine, dann wieder die andere Seite oben liegt, veranschaulicht dies (s. Abb. 20).

Das »Ich« als einzelne Person mit ihrer Lebens- und Familiengeschichte und ihrer mehr oder weniger stimmigen Tagesverfassung steht neben dem »Wir«, also dem Beziehungsgefüge der Gruppe, der Familie. Beide werden verbunden durch das »Es«, den Inhalt, die Aufgabe in der Familie, im Familienunternehmen, die durch die Gruppe oder die Familie oder den Einzelnen bewältigt und erfüllt werden muss.

Die Medaille ist ein Symbol für die Realität des Umweltfeldes mit wirtschaftlichen, kulturellen, organisatorischen, sozialen und politischen Gegebenheiten.

Ein Zuviel an »Ich«, ein Zuviel an »Wir«, ein Zuviel an »Es« erschwert die Balance. Zu viel als »Einzelner« sich engagieren, zu viel Anpassung gegenüber der »Familie«, zu viel »Sache« und nochmal »Sache«: Das Familienunternehmen lebt aus der Balance und wenn diese nicht stimmt, weil die Medaille einseitig festklebt, als gäbe es nur eine Seite, wird die Balance vom Berater und vom Mediator vorangebracht.

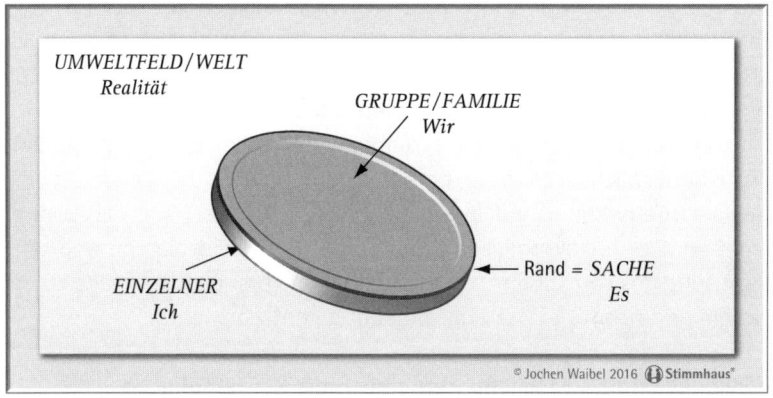

UMWELTFELD / WELT
Realität

GRUPPE / FAMILIE
Wir

EINZELNER
Ich

← Rand = SACHE
Es

© Jochen Waibel 2016 ⓘ Stimmhaus®

Abb. 20: Drei Seiten einer Medaille mit Ich, Wir und Es in der Realität des Familien-unternehmens, im Umweltfeld

Die Beteiligten müssen stets von Neuem ausbalanciert werden, alle Komponenten müssen achtsam bedacht und berücksichtigt werden. Geschieht dies nicht, bricht die Medaille zwar nicht auseinander, denn aufgrund ihrer Stabilität werden alle Komponenten berücksichtigt, allerdings nicht immer zwingend zum stimmigen Zeitpunkt, um ein Win-win-Ergebnis zu finden. Das ist das Problem. Alle Seiten sind da, die Sachebene setzt sich nie langfristig durch, dafür ist der Rand zu schmal, zu instabil. Die Emotionen von »Ich« oder »Wir«, die von den Oberflächen symbolisiert werden, wollen sich durchsetzen. »Es«, die »Sache«, wirkt rundherum und ermöglicht einem einzelnen »Ich« bzw. dem »Wir« der Gruppe oder Familie, sich durchzusetzen. Ein ewiges Spiel.

Wenn der Mediator, symbolisiert durch den Rand der Medaille, zum Einsatz kommt, steht die Medaille definitiv stabil. Dafür sorgt der Mediator mit seiner Kompetenz und Erfahrung, dies ist sein Alleinstellungmerkmal als externer und unabhängiger Vertreter der Sache, des »Es«. Der Rand steht für das »Es« und er steht ebenso für den Dialog sowie den Mediator.

Die Medaille hat bis hierher verdeutlicht, welche Hürden und Klippen es im Miteinander geben kann. Wer sich deshalb einen Beratungs- bzw. Mediationsprozess vorstellen kann, findet hier eine Übersicht über die mögliche

Ablaufstruktur (s. Abb. 21). Für ein Vorwärtskommen von der Auftragsklärung am Anfang bis zur Abschlussvereinbarung bedarf es eines klar strukturierten Ablaufs, den der Mediator mitbringt und den Beteiligten des Familienunternehmens vermittelt. Diese müssen wissen, was auf sie zukommt und in welchen Schritten vorangegangen wird. Eine solche Transparenz ist unverzichtbar, um als Familienunternehmer und Angehöriger eines Familienunternehmens auf den Mediationsprozess vertrauen zu können. Damit wird es für die Familie möglich, sich darauf einzulassen und unter Begleitung des von außen kommenden Dritten, Lösungsvorschläge zu entwickeln und sich für ein Lösungsangebot zu entscheiden.

Individuell und als Familienunternehmen die Kontaktphasen durchlaufen

Kontakt bedeutet sinngemäß »zusammen mit Feingefühl« und gestaltet die »kreative gegenseitige Anpassung« (Waibel, 2010, S. 52) zwischen Menschen. Es geht also um Anpassung – aber nicht um eine einseitige, sondern um eine wechselseitige Anpassung. Zudem wird dabei schöpferisch etwas Neues hervorgebracht – als Basis für eine erfolgreiche Begegnung, ob in der Mediation, im Meeting oder im Feedbackgespräch, ob zwischen Unternehmen, zwischen Vorgänger und Nachfolger, zwischen Geschäftspartnern, Führungsdoppelspitzen oder Vorstandskollegen, zwischen Mitarbeitern oder Familienmitgliedern. Es ist gut, die verschiedenen Kommunikationsphasen zu kennen, die eine Person regelmäßig bewusst oder unbewusst durchläuft. Diese Phasen können sich zum einen über kurze Momente und Zeitspannen erstrecken, beispielsweise über die Dauer eines Smalltalks oder eines Meetings – vom Treffen davor bis zum Abschied danach. Zum anderen kann das Modell des Kontaktzyklus ganze Epochen abbilden, beispielsweise von der Gründung eines Familienunternehmens bis zur Übergabe oder Abwicklung.

Es gibt vier Kontaktphasen, die gemäß dem Modell des Kontaktzyklus durchlaufen werden. Diese vier Phasen werden folgendermaßen benannt:

- **Vorkontakt** (Initialphase),
- **Kontaktnehmen** (Aktionsphase),
- **Kontaktvollzug** (Integration),
- **Nachkontakt** (Neuorientierung).

Der Vorkontakt beginnt mit dem Empfinden einer Sinneserregung und dem Sich-darüber-bewusst-Werden.

In der Phase des Kontaktnehmens wird eine Energie aktiviert, aus der heraus eine Handlung entsteht.

In der Phase des Kontaktvollzugs wird der Kontakt zwischen den Beteiligten vollendet, sie ist der Höhepunkt im Phasenzyklus.

Im Nachkontakt kommt es zur Verarbeitung des Erlebten und zum Abschluss einer Sache. Diese ist erledigt und die Beteiligten sind wieder offen für Neues.

Zur Erinnerung: Die einzelnen Phasen können schnell aufeinanderfolgen, wie dies beispielweise regelmäßig bei einem Gespräch der Fall sein wird. Aber auch längere Prozesse, die sich über große Zeiträume erstrecken, können über das Kontaktzyklus-Modell abgebildet werden. Wenn z. B. auf der einen Seite der Medaille »Gründung« steht und auf der anderen Seite »Nachfolge«, kommt es über den Rand der Medaille, über den »Dialog«, zu folgendem Ablauf:

Ein Familienunternehmen entwickelt sich von der Gründung (als eine Art Vorkontakt), hin zur verstärkten Aktion (Kontaktnehmen), sichert sich ab in der Phase der Etablierung (Kontaktvollzug) und ist später bereit zur Vorbereitung der Nachfolge (Nachkontakt). Der Nachfolger vollzieht ähnlich der Gründungsphase seines Vorgängers eine Neukonstituierung des Unternehmens (Vorkontakt), wird zunehmend aktiv in Richtung seiner unternehmerischen Vision (Kontaktnehmen), sichert seine neuen Handlungsfelder und Errungenschaften ab (Kontaktvollzug) und beginnt eines Tages wiederum mit der Vorbereitung seiner Nachfolge (Nachkontakt) – und so weiter von Generation zu Generation.

Mit der Medaille in der Tasche durch die ALPHA-Phasen

Eine Mediation bewegt sich klassischerweise durch die sogenannten ALPHA-Phasen:

(A) **Auftragsklärung** entsprechend der Phase Vorkontakt. Die Ausgangslage wird geklärt. Eine Auftragsklärung wird schriftlich festgehalten und von den Beteiligten sowie den Mediatoren unterschrieben;

(L) **Liste der Themen** entsprechend der Phase Kontaktnehmen. Sie dient zum Sammeln aller Themen, um die es gehen soll. Dadurch wird das Ziel verdeutlicht;

(P) **Positionen** dahinter müssen entsprechend der Phase Kontaktnehmen herausgearbeitet und behutsam berücksichtigt werden. Erste Lösungsvorschläge und erste Ideen werden aufgezeigt;

(H) **Heureka** »Ich hab's gefunden« entsprechend der Phase Kontaktvollzug: Die Beteiligten finden plötzlich und manchmal sehr überraschend eine Lösung, wodurch eine Entscheidung getroffen werden kann;

(A) **Abschlussvereinbarung** entsprechend dem Nachkontakt. Es geht in die Aktion und die Umsetzung der getroffenen Abschlussvereinbarung. Anderes wird wieder interessant und kann wahrgenommen werden.

Die gemeinsame dritte Sache bzw. der Rand der Medaille führt – unterstützt durch den Mediationsprozess – die verschiedenen Generationen und Beteiligten aus einem Tohuwabohu, das in einer Auftragsklärung sortiert wird, letztendlich bis hin zur akzeptierten Lösung mit einer Abschlussvereinbarung. Tohuwabohu bedeutet übrigens in seinem ursprünglich hebräischen Wortsinn so viel wie »wüst und leer«. Erschöpft, wüst und leer fühlen sich viele Beteiligte, weshalb sie sich zu einer Mediation entschließen.

Die Achillesferse im Ablauf der ALPHA-Phasen sind der zweite und vierte Bereich, also die **L**iste der Themen sowie das **H**eureka: »Ich hab's gefunden«. Hier sind die Mediatoren bzw. Führungspersönlichkeiten von Familienunternehmen mit Mediationskompetenz gut beraten, sich zurückhaltend, neutral und unabhängig zu zeigen, ohne Einmischung. Denn durch eine Einmischung in diese Bereiche kann man schnell in die Falle geraten, den Beteiligten eine Steilvorlage zu geben, um sich aneinander für Geschehenes aus der Vergangenheit zu rächen, indem der Konsens verunmöglicht wird.

	1	2	3 und 4		5
Kontakt-zyklus	Vor-kontakt	Kontakt-nehmen	Kontaktvollzug		Nach-kontakt
	Initial-phase	Aktions-phase	Integrationsphase		Neuorien-tierungs-phase
Unternehmen	Gründung	Aktion	Etablierung		Nachfolge
Krisen	Schock-phase	Ringen um emotionale Kontrolle	Rückzug und Neuorientierung		Anpassung
ALPHA	**A**	**L**	**P**	**H**	**A**
	Auftrags-klärung	Liste der Themen	Postionen dahinter	Heureka	Abschluss-vereinbarung
	Ausgangs-lage Tohuwabohu	Ziel	Lösungs-vorschläge	Entscheidung	Aktion, Machen
Achilles-ferse		Konsens-suche: keine Ein-mischung		Konsens-suche: keine Ein-mischung	

© Jochen Waibel 2016 Stimmhaus®

Abb. 21: Übersicht über verschiedene Prozess- und Phasenabläufe der Mediation

Der Moment muss stimmen

Mediation, die genau zum stimmigen Moment möglich wird, führt zu einer Zufriedenheit, wie sie Carsten Henning, geschäftsführender Gesellschafter von Räder-Vogel, gegenüber dem Instrument Mediation äußert:

> **Carsten Henning:** *Ich finde, es ist ein ganz hervorragendes Mittel. Ich habe im Privaten mit meiner ehemaligen Lebensgefährtin eine Mediation gemacht. Damit habe ich sehr positive Erfahrungen gemacht und auch einige Dinge gelernt, die ich in meinem täglichen Job anwende. Das sind ganz banale Sachen: Aus verschiedenen Blickwinkeln zu schauen, sich in die Menschen hineinzuversetzen, respektvoll zu sein und sich selbst zu hinterfragen: Habe ich jetzt selbst einen Bock geschossen oder wieso*

reagiert derjenige jetzt so? Deswegen ist Mediation ein ganz hervorragendes Mittel, um bestimmte Konflikte zu lösen. Das ist oftmals, wenn es um ältere Generationen geht, unvorstellbar. Weil das [Hinzuzuziehen eines Mediators] vielleicht wie eine Schwäche empfunden wird. Es muss schon eine Bereitschaft von beiden Seiten da sein, damit man eine Mediation machen kann. Solange die nicht von beiden Seiten da ist, ja, ist es schwierig, eigentlich unmöglich. Die Mediation ist ein sehr gutes Instrument, besser als ein Gericht. Denn das ist immer endgültig und darin entscheiden fremde Leute über einen bzw. über das Schicksal. Deswegen ist die Mediation aus meiner Sicht immer besser. Weil man selbst bzw. gemeinsam versucht eine Entscheidung oder eine Basis zu finden.

Ein sehr anschauliches Beispiel für den zum Scheitern verurteilten Versuch von Mediatoren, Themen vorzugeben und Lösungsvorschläge zu machen, zeigt ein Zitat aus dem Interview von Francesca Rosenberger, Hotel Gabrielli, Venedig:

Francesca Rosenberger: *Als wir dort [im Hotel Gabrielli] eintraten, meine Schwester und ich, haben wir geglaubt, wir müssten jetzt die Nachfolge regeln, weil wir dachten, wieso investieren wir unsere Lebenszeit, wenn wir gar nicht wissen, wie alles ausgeht. Es gab ja fünf Geschwister, jetzt gibt es nur noch drei. Aber die Anteile an so einem Unternehmen sind natürlich Geld wert, das man dann vielleicht nicht ausbezahlen kann. In den Vorstellungen [einzelner Gesellschafter wird davon ausgegangen]. Wir hatten insgesamt vier Mediatoren, mit denen wir versuchten, eine Regelung zu finden. [...] Ich habe keine guten Erfahrungen damit gemacht. Weil die Leute [die Familienmitglieder] nicht richtig zuhören, sich nicht wirklich öffnen, noch dazu vor einer externen Person. Die Lösungsvorschläge haben einmal gepasst, einmal nicht. Was nützt der schönste Mediator, wenn es keine Lösung gibt.*

Interviewer: *Dabei ist es gerade NICHT die Aufgabe des Mediators, Lösungsvorschläge zu unterbreiten.*

Francesca Rosenberger: *Wir hatten diese Mediatoren einfach zu früh. Das Unternehmen war in einer Schieflage. Kommt dann ein Mediator, was soll der lösen?*

Für Wolfgang Grupp von Trigema war die Nachfolge von Anfang an geregelt, da bedurfte es weder einer Mediation noch der Frage, was auf den drei Seiten der Medaille steht. Auf der einen Oberfläche stand wahrscheinlich Senior, auf der anderen Junior – damit war Wolfgang Grupp gemeint – und auf dem Rand stand: Nachfolge im Familienunternehmen ist Pflicht. Oder in seinen Worten:

> **Wolfgang Grupp:** *Dass ich Nachfolger wurde? Da gab es überhaupt kein Nachdenken oder keine Diskussion. Das war schon klar, als ich als Kind auf dem Schoß von Näherinnen saß oder von der Buchhaltungschefin. Die haben immer gesagt: Du gibst mal den Junior-Chef. Das war bei uns ganz klar.*

Miteinander oder Gegeneinander? Dialog!

Drei Seiten einer Medaille zeigen sich auch bei dieser Win-win-Anekdote zur Mediationskompetenz der Fa. Meckatzer Löwenbräu. Auf der Medaille steht demnach auf der einen Seite »Gegeneinander«, auf der anderen »Miteinander« und auf dem Rand wie so häufig »Dialog«: In Berlin gibt es das Restaurant Weissgold, in Meckatz die Biermarke Weiss Gold. Als die Meckatzer das erfahren, entscheiden sie sich prompt für das Miteinander und stellen ihre Biermarke Weiss Gold in Berlin vor. So wird seit ca. vier Jahren im Restaurant Weissgold die Biermarke Weiss Gold ausgeschenkt. Eine klassische Win-win-Lösung. Null Marken-Rechtsstreit, dafür engagierte Mediationskompetenz – ohne Mediator: Vorbildlich! Im Impressum des Restaurants findet man den Hinweis: weissgold® »Unter Lizenz von der Fa. Meckatzer Löwenbräu Benedikt Weiß KG«.

8.4 Führung mit den drei Kompetenzen LED: Lösen, Entscheiden und Dialog führen

Last but not least gibt es drei weitere Seiten einer Medaille, nämlich die drei Kompetenzen **L**ösen, **E**ntscheiden und **D**ialog führen, kurz LED, die ich hier erläutern möchte. Als Medaille dargestellt wäre auf der einen Seite das Lösen, auf der anderen das Entscheiden und der Rand entspräche wieder dem Dialog. Ich nutze für dieses Modell aber vorzugsweise nicht das Bild der Medaille, sondern das der Brezel – vor allem, weil ich alle drei Kompetenzen gleichberechtigt nebeneinander präsentieren möchte. Hinzukommt: Die Brezel macht satt und das Brot ist ein Grundnahrungsmittel. Die drei genannten Kompetenzen sind das Grundnahrungsmittel des Führens.

Bevor wir uns mit dem Brezel-Modell genauer beschäftigen, möchte ich Ihnen gerne erzählen, wie dieses Gebäck entstanden sein könnte: Der Legende nach lautete der Auftrag des Uracher Grafen Eberhard V. an den in Ungade gefallenen Bäcker Frieder, ein Gebäck zu erschaffen, durch das »dreimal die Sonne durch scheint«. Durch das Flechten des Teigstücks zur Brezel entstehen drei Öffnungen. Durch diese Öffnungen kann dann, wie es Graf Eberhard V. formuliert hat, dreimal die Sonne scheinen. Ein Gebäckstück, durch das dreimal die Sonne scheint, kann durchaus Symbolkraft haben. Übertragen auf unser Thema: Die drei »Lichtblicke« symbolisieren die folgenden drei Kompetenzen: Lösung von Problemen, Entscheidungsfähigkeit, Dialogfähigkeit (vgl. Waibel, 2010, S. 11, S. 82). So wie es drei Grundfarben Rot, Grün, Blau gibt (RGB), die alle anderen Farbmischungen ermöglichen, so stehen die drei Grundkompetenzen LED dafür, Ihnen das grundlegende Werkzeug an die Hand zu geben, um zentrale Herausforderungen in der Kommunikation souverän zu bewältigen. Lösen von Problemen, Entscheiden, Dialogführen (s. Abb. 22).

Gespräche zu den Themen: Lösen von Problemen, Entscheiden und Dialog
Wolfgang Grupp sagte im Interviewgespräch zum Stichwort Lösen als Problemlösung:

> **Wolfgang Grupp:** *Konflikte kann es kurzfristig geben, sie müssen gelöst werden. Probleme müssen gelöst werden, wenn sie klein sind. Ein Konflikt muss gelöst werden, wenn er entsteht. Wenn also einer sagt, er hätte ein großes Problem, sagen sie ihm einen schönen Gruß von mir: Er sei ein Versager. Jedes große Problem war klein. Hätte er es als Kleines gelöst, hätte er kein Großes.*
> *[...] Wenn's bei mir hier irgendeine Unstimmigkeit gibt, muss das sofort geklärt werden, damit die Unstimmigkeit zur Stimmigkeit wird. Und wenn zu mir jemand mit einer Frage oder einem Problem an Schreibtisch kommt, geht er mit der beantworteten Frage zurück. Wenn ich das Problem nicht sofort lösen kann, nehme ich ihm das Problem ab und sage:*

Für Sie ist es erledigt. Ich löse es. Aber es kommt nicht in Frage, dass er zu-rückgeht und denkt: Jetzt bin ich so gescheit wie vorher. Wir haben ewig gesprochen und es gibt kein Ergebnis. Probleme werden sofort gelöst, entschieden und fertig. Am nächsten Tag erkenne ich, dass ich ein biss-chen anders entscheiden muss. Dann wird dagegen entschieden. Das habe ich Ihnen ja gesagt. Aber Probleme dürfen nicht stehen bleiben.

Die Herren Zötler konstatieren zur Frage von Lösung:

Herbert Zötler: *Ich bin jemand, der immer eine schnelle Lösung sucht. Sie muss nicht unbedingt richtig sein, aber ich bin von meinem Naturell her jemand, der nicht ewig mit so etwas herumläuft. Ich versuche dann einfach, es auf den Tisch zu bringen.*

Niklas Zötler: *So wie es dieser Satz sagt [zeigt auf einen gerahmten Sinnspruch an der Wand hinter dem Interviewer]: Wenn du ein Problem hast, versuch es zu lösen. Wenn du es nicht lösen kannst, mach kein Pro-blem daraus.*

Zur Kompetenz des Entscheidens konstatierte Wolfgang Grupp:

Wolfgang Grupp: *Das Wichtigste ist, dass ich entscheide. Wir müssen generell entscheiden, das habe ich immer an den Tag gelegt. Häufig mangelt es ja an Entscheidungsvermögen. Die Leute diskutieren ewig und es wird nichts entschieden. Und damit wird der Wandel der Zeit nicht rechtzeitig angenommen und dann läuft es schief.*
Ich entscheide jeden Tag und wenn ich erkenne, dass morgen die Ent-scheidung von gestern durch neue Erkenntnisse hätte etwas anders sein sollen, dann korrigiere ich die Entscheidung. Die beste Entscheidung ist eine schnelle Entscheidung, eine spontane Entscheidung aus den Erkenntnissen, die ich bis heute habe. Dann muss diese Entscheidung zwei-, dreimal einer neuen Erkenntnis angepasst werden und dann ist sie zwei-, dreimal korrigiert. Das sind die besten Entscheidungen.
Aber Menschen, die nicht entscheiden, sind die Schlimmsten. Aus dem Nichtentscheiden ergeben sich die schlimmsten Probleme, denn es geht nichts vorwärts. Wir haben einen sehr schnellen Wandel im Moment. Das heißt, wenn es früher viel länger gedauert hat, geht es heute viel

schneller. Und deshalb müssen die Entscheidungen schneller fallen, müssen angepasst werden, entschieden werden, es muss weitergehen, korrigiert werden und so weiter. Das ist meiner Meinung nach die Aufgabe. Das hat mit Intelligenz gar nichts zu tun, ich sage nicht: Ich muss jetzt einen Unternehmerischen IQ haben, verstehen Sie.

Zur Dialog-Kompetenz sagte er:

Wolfgang Grupp: *Ich sitze ja hier nicht, um Aufträge einzugeben, ich sitze hier, um konstant das, was zu beantworten und zu entscheiden ist, zu machen und zu erledigen und meinen Mitarbeitern dafür Rede und Antwort zu stehen, damit wir alles gemeinsam zum Ziel führen.*

Familiäre Konflikte und Fehler können bedrohlich werden
Francesca Rosenberger, Hotelinhaberin, erzählt:

Francesca Rosenberger: *Familiäre Konflikte sind schwierig, weil sie sehr emotional geprägt sind und eben auch dieses Linienthema transportieren. Es scheint jetzt so zu sein: Es gibt [in der Altgeneration] fünf Geschwister, [nur] bei meinem Vater geht es weiter. Bei den anderen gibt es keine Nachkommen. Ich hatte gedacht, das ist eigentlich ganz einfach. Es ist aber nicht einfach, weil da eben Frustration, unterschiedliche Vorstellungen und was weiß ich aufeinanderprallen [zwischen der aktuellen Geschäftsführer- und der Altgeneration]. Damit geht jeder unterschiedlich um.*
Das flammt dann immer wieder auf. Letztendlich sind sie alle [Gesellschafter der Altgeneration] sehr zufrieden und froh. Aber es flammt eben immer mal wieder auf. Letztendlich habe ich gelernt, dass man gar nicht unbedingt auf jedes Detail und jede Befindlichkeit eingehen muss. Manchmal geht es einfach nur um das Gefühl einer mangelnden Wertschätzung: Ich will auch mal gehört werden oder ich möchte auch mal etwas sagen – so etwas vergessen wir [meine Schwester und ich als Geschäftsführende Gesellschafter] vielleicht manchmal im Fluss des Arbeitens. Und dann entsteht eine gewisse Unzufriedenheit bei den Geschwistern meines Vaters.
Andere Themen werden sehr sachlich angepackt. Wenn es ein Problem gibt, sitzen wir zusammen und besprechen es. Und das ist super. Da hat

*man eigentlich keine Befindlichkeiten. Ich habe einmal einen Fehler ge-
macht, das war schon ein bisschen bedrohlich – und habe aber gemerkt,
dass die andern mir diesen Fehler nicht übel genommen haben. Sondern
sie meinten: Oh, das ist jetzt passiert. Ich habe gesagt: Ja, tut mir leid,
das habe ich übersehen. Dann haben die anderen mich eigentlich unterstützt und bestärkt, diesen Fehler zu berichtigen und das ist mir auch
Gott sei Dank gelungen. Das fand ich großartig. Da ist keiner gekommen
und hat gesagt: Wie konntest Du nur! Sondern, es ging um das Problem
für das Unternehmen und das war zu Lösen und das war alles.*

*Das ist natürlich etwas, das ich sehr schätze. Die anderen erwarten
dann natürlich auch von mir, dass ich bei einem Fehler nicht vorwurfs-
voll reagiere.*

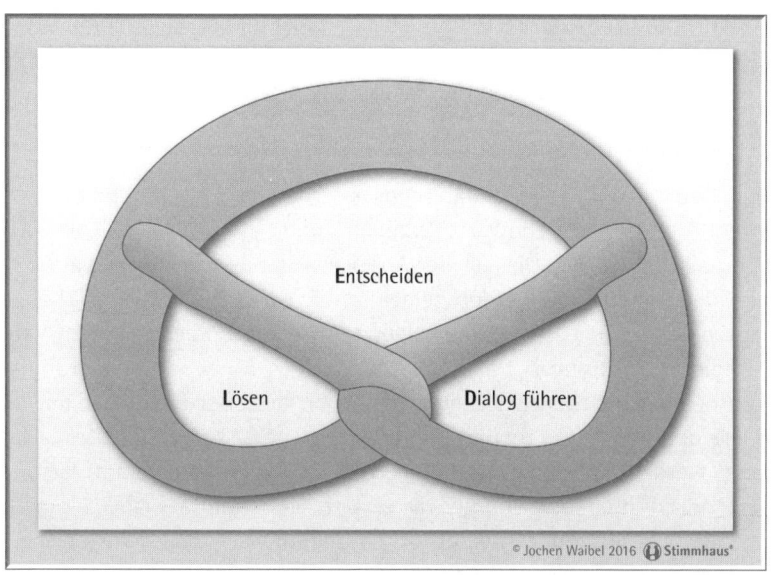

Abb. 22: Das Brezel-Modell mit den drei Kompetenzen LED: Lösen, Entscheiden, Dialog führen

LED bereitet den Weg zu einer Dialogkultur mit psychologischer Kompetenz. Das Brezel-Modell will sichtbar machen, dass keine dieser drei Kompetenzen vorrangig ist, da sich alle drei gegenseitig ergänzen und bedingen.

So wie die Brezel erst in ihrer charakteristischen Form eine Brezel ist, so bilden auch die Kompetenzen des Lösens, Entscheidens und Dialogführens eine Einheit. Wer diese drei Kompetenzen zunehmend versiert abdeckt, kann sich mit Souveränität einbringen und hat das Gefühl, mit einem guten Werkzeug ausgerüstet zu sein.

In der Mediation handelt es sich um Partizipation an einem Konflikt-Dialog, also der aktiven Teilhabe an einem Dialog unter allparteilicher Führung eines Mediators. Wesentlich bestimmend in jedem partizipativen demokratischen Prozess in Unternehmen, in der Familie, in der Gesellschaft sind die drei genannten Kompetenzen LED.

Familienvater und Unternehmer T. mit LED
Ein Beispiel zeigt, wie eng die drei Kompetenzen von LED miteinander verwoben sind, und zugleich wird auch sichtbar, wie eng Familienmediation auch mit Wirtschaftsmediation zu tun haben kann, gerade dann, wenn der wirtschaftliche Hintergrund der Familie das eigene Familienunternehmen darstellt:

Ein in Deutschland lebender iranischer Unternehmer, Herr T., fühlt sich sehr unter Druck, ist »ausgepowert«. Dadurch kommt es vermehrt zu Konflikten innerhalb der Familie. Dies ist der Auslöser für eine Familienmediation. In der Familienmediation werden gemeinsam mit den Eltern diverse Themen angesprochen. In einem darauffolgenden Einzelgespräch mit dem Vater wird dieser nicht nur als Vater, sondern auch in seiner Verantwortung als Unternehmer greifbar, ein Thema kommt an die Oberfläche, das mit der Familie direkt nichts zu tun hat, seine Drucksituation kann das erste Mal benannt werden. Auf dem Unternehmer lastet eine enorme Verantwortung, letztendlich ist es seine Energie, die einen Millionenumsatz jährlich ermöglicht und das Auskommen einer Familie und im weiteren Umkreis diverser Angehöriger von beispielsweise der Mutter bis zum Onkel. Etwas Entlastung erhält er von zwei Teilzeitmitarbeitern. Ein großes Problem ist dabei die Buchhaltung. Der Buchhalter, ein Freiberufler, entlastet ihn sehr, gleichzeitig nährt er den Verdacht, seine Daten zu sammeln, um im Stile moderner Industriespionage damit in den Iran zu reisen, die Kontaktdaten des Unternehmers zu nutzen und diesen gegenüber geschäftlichen Konkurrenten zu übervorteilen.

Das Problem für den Unternehmer T. ist also die Buchhaltung, die ihn so belastet, dass er den Druck innerfamiliär weitergibt. Sein spontaner Entschluss während der eigentlich als Familienmediation anberaumten Einzelsitzung mit ihm besteht darin, den Buchhalter von seinen Aufgaben zu entbinden. Im daraus resultierenden Dialog zwischen ihm und dem Buchhalter – ohne Mediator – wird geklärt, dass unternehmerische Daten von dessen Server auf den Server des Unternehmens geladen werden. Denn der Buchhalter hat mehr Daten als der Unternehmer selbst, hat also letztendlich die Kontrolle. Der Unternehmer hat nur unsortiertes Papier, der Buchhalter hat alle digitalen Daten bei sich, die er via Internetstandleitung vom Unternehmen auf den eigenen Server im Home Office geladen hat.

Im Anschluss kommt es wieder zum Dialog zwischen dem Unternehmer und mir im Rahmen der Familienmediation: Der Unternehmer spricht dieses ihn massiv belastende Problem an. Er findet verschiedene Antworten auf das Problem und muss jetzt Entscheidungskompetenz zeigen. Darüber kann er auch einen Teil des familiären Problems lösen, indem er von einem Problem teilweise oder ganz entlastet ist und weniger ausgepowert seiner Frau und seinen Kindern begegnet, die ihn nur noch als innerlich abwesend und übergriffig erleben.

Der Unternehmer ist motiviert, erneut einen Dialog mit dem Buchhalter zu führen. Dieser hat selbst massive materielle Probleme, ist als Freiberufler von dem Unternehmer abhängig, arbeitet also als sogenannter Scheinselbstständiger. Das tieferliegende Problem wird nun sichtbar: Beide, der Unternehmer und der scheinselbstständige Buchhalter, haben Probleme, die sie miteinander auflösen können. Die Chance liegt in einer Wirtschaftsmediation zwischen Unternehmer und Buchhalter, um wieder eine Vertrauensbasis herzustellen.

Der Unternehmer muss entscheiden: Hat er die Bereitschaft, mit seinem Buchhalter in eine Wirtschaftsmediation zu gehen, die womöglich sogar ausschließlich er alleine finanzieren muss, da der Buchhalter keine nachhaltigen Mittel dafür hat? Wird er als Auftraggeber womöglich zum Arbeitgeber, muss also Sozialversicherungsbeiträge abführen und noch ausstehende Beiträge nachzahlen? Das könnte für ihn schmerzvoll und teuer werden. Wem gegenüber ist der buchhalterische Scheinselbstständige loyal? Ist die abhängige Situation für den Buchhalter der Anlass, sich via des hauptsächlich im Iran handelnden und im Westen schlecht vernetzten Unternehmers heimlich Vorteile zu sichern? Der Dialog zwischen Buchhalter und Unternehmer muss auf jeden Fall gestartet werden, darin wird ein großer Lösungsanteil liegen. ... Lösen ... Entscheiden ... Dialogführen ... Entscheiden ... Lösen ... !

In der Familienmediation wurde es danach deutlich einfacher für alle Beteiligten, Verständnis füreinander zu entwickeln und eine tragende Abschlussvereinbarung zu formulieren.

Drei Fragen als LED-Schnelltest
Ein Schnelltest, der Erkenntnisse über die Qualität einer geschäftlichen Partnerschaft ermöglicht, ist so simpel wie lebensnah:

Stellen Sie drei Fragen an potenzielle Geschäftspartner, Mitarbeiter, Mitstreiter:

L: Fällt es Ihnen leicht, ein unerwartetes Problem zu lösen? Ja/Nein
Weiterführende Frage: Wie lösen Sie ein mögliches Problem?
E: Sind Sie entscheidungsfreudig? Ja/Nein
Weiterführende Frage: Wie entscheiden Sie?
D: Fällt es Ihnen leicht, mit jemandem in Dialog zu treten und auch im Dialog zu bleiben? Ja/Nein
Weiterführende Frage: Wie machen Sie das?

Drei Ja-Antworten ermutigen Sie zur Zusammenarbeit!

Bei den weiterführenden Fragen spüren Sie die Überzeugungskraft Ihres Gegenübers und merken, ob Sie die Antworten als stimmig erleben. Unsichere und schablonenhafte Antworten werden Sie ermutigen, andere Geschäftspartner und andere Mitstreiter zu kontaktieren und zu engagieren.

Im Spiegel des Gegenübers kommen Sie vielleicht aber auch zum Schluss, die eigenen Kompetenzen weiterzuentwickeln und zu verbessern.

9 Stimmiges familiäres Handeln durch den Kompass der Stimmigkeit – systemische und individuelle Blickrichtung

On peut toujours faire quelque chose de ce qu'on a fait de nous!
Jeder kann jederzeit aus dem etwas machen,
was man aus ihm gemacht hat!
Sartre

In diesem Kapitel geht es um das Thema Stimmigkeit und in diesem Zusammenhang um die Beschreibung des Kommunikationsmodells »Kompass der Stimmigkeit«. Familienmitglieder verstimmen sich selbst und andere. Dies hängt sowohl mit persönlichen Bedürfnissen als auch mit situativen Gegebenheiten zusammen. Das Kapitel wird Ihnen Möglichkeiten aufzeigen, wie Sie ihren Umgang mit Verstimmung prüfen und ggf. korrigieren können. Am Ende des Kapitels beschreibe ich das sogenannte Beziehungsrad. Es hilft Ihnen bei der genaueren Betrachtung und Analyse von persönlichen Beziehungen bzw. von Beziehungen des Familienunternehmens zu anderen Unternehmen.

9.1 Der Kompass der Stimmigkeit von stimmig bis verstimmt

Gerade in familiären Konfliktsituationen liegt die Herausforderung darin, stimmig zu handeln und stimmig in eine Begegnung zu gehen. Dabei richten sich viele erst einmal nach ihrem Bauchgefühl. Was dem eigenen Wesen entspricht, in Übereinstimmung mit einem selbst ist, wird als stimmig erlebt. Ein »stimmig« geführter Dialog ist ein hilfreiches Instrument des Konfliktmanagements und der Verständigung innerhalb komplexer Zusammenhänge. Jedes Familienmitglied, jeder Unternehmer, jeder Angehörige des Unternehmens Familie kann lernen, eine stimmige Form des Dialogs zu entwickeln.

Francesca Rosenberger vom Hotel Gabrielli beschreibt ihr Regulativ:

> **Francesca Rosenberger:** *Ich bin jemand, der manchmal über sein Ziel hinausschießt. Leider. Ich hab da aber in meiner Schwester ein ganz gutes Pendant, die dann eher ein bisschen bremst. Und ich habe es gelernt, mich mit ihr eher einmal zu besprechen. Wenn ich sage: Das geht jetzt gar nicht und das finde ich furchtbar, dann antwortet sie manchmal: Reg dich nicht auf. Oder: Ja, das finde ich auch! Das ist ein gutes Regulativ in einem Familienbetrieb, weil ich sie eben vorher befragen kann. Meinen Vater spar ich da ein bisschen aus, weil er jetzt schon weit über achtzig Jahre alt ist. Den regt das dann auf und er sagt: Sprich's lieber nicht an, was aber nicht geht. Von daher finde ich eben diesen Familienverbund extrem hilfreich.*
> *Ich habe als abschreckendes Beispiel diese Konzernmentalität erlebt. Wie viel Politik da passiert. Wie wichtig es ist, ob ich jetzt einen viereckigen oder achteckigen Auspuff an meinem Auto habe. Das ist mir alles extrem unwichtig. Wie schwierig es auch ist, den richtigen Ansprechpartner zu finden oder sich auch einmal öffnen zu können. Das fand ich alles sehr anstrengend. Und eben nicht an der Sache orientiert. In einem solchen Unternehmen war ich drei Jahre und hatte mir dann gesagt: So etwas will ich nie wieder.*

In dem Wort »stimmig« steckt zum einen der Begriff Stimme, zum anderen impliziert es eine wertende Aussage über eine Person oder auch einen Zustand mit einer Bedeutung wie authentisch, passend, rund oder o.k. In unserem Zusammenhang bezeichnet »stimmig« die Übereinstimmung zwischen einer beteiligten Person, einem Ich, und der gegenwärtigen Situation im Kontext der Begegnung mit einer anderen Person, dem Du. Insofern findet in dieser Bewertung sowohl die individuelle als auch die systemische Perspektive Berücksichtigung (vgl. Schulz von Thun, 1998).

Die folgende Illustration des »Kompass der Stimmigkeit« bringt die individuelle Blickrichtung mit der systemischen Blickrichtung zusammen:

Links ist die »Person«, das »Ich« mit seinen individuellen Bedürfnissen und dem damit zusammenhängenden Selbstwert. Oben ist die »Situation«, das

»Du« unter Einbeziehung der Beteiligten wie z. B. Firma, Familie, Team: Das ist die systemische Sichtweise.

Jeder Quadrant bezieht sich sowohl auf die individuellen Bedürfnisse und das individuelle Selbstwertgefühl der Person, des »Ich«, als auch auf die systemische Blickrichtung, die Interessen beispielsweise des Unternehmens, des Teams oder der Familie. Je besser die individuellen und die systemischen Interessen in Einklang gebracht werden, desto »stimmiger« ist alles.

Im linken oberen Quadranten der Abbildung zeigen sich sowohl die individuelle als auch die systemische Perspektive in Übereinstimmung, also als stimmig.

Im rechten unteren Quadranten, grau unterlegt, ist weder die Person noch die Situation miteinander in Übereinstimmung. Es herrscht totale Verstimmung.

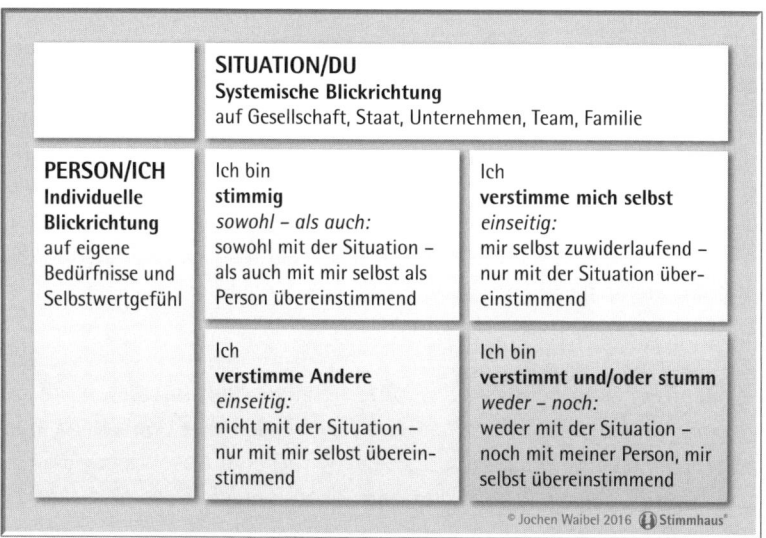

Abb. 23: Der Kompass der Stimmigkeit von stimmig bis verstimmt oder stumm

In den beiden anderen Quadranten wird jeweils eine Seite verstimmt: Entweder verstimmt man sich selbst (rechts oben) oder verstimmt Andere (links unten) aufgrund der Unzufriedenheit mit der Situation.

Ein stimmiger Dialog bezieht also sowohl das Selbst als auch die Umgebung mit ein. Stimmig ist eine Begegnung, die beide Perspektiven ausgewogen berücksichtigt. Was für einen Mediator, Schlichter oder Coach selbstverständlich sein soll, ist für ein Familienmitglied oder einen Angehörigen eines Familienunternehmens eine zentrale Herausforderung. Der Kompass der Stimmigkeit zeigt, dass ein Konflikt eine normale Gegebenheit ist. Es bedarf des Engagements aller Beteiligten, um Stimmigkeit zu erreichen bzw. um auch mit Familienmitgliedern, Konkurrenten, Wettbewerbern, Kunden, Nachbarn ein faires und stimmiges Miteinander und Nebeneinander zu erreichen bzw. zu erhalten. Dabei setzen sich die beteiligten Personen eben dafür ein, stimmig zu handeln und das Verstimmende zu erkennen, um es zu ändern.

Ein Smalltalk ist deshalb nur für eine kurze Zeit angemessen. Je länger er andauert, desto eher wirkt er oberflächlich und zunehmend verstimmend, entwickelt sich zum Pseudodialog, der davon geprägt ist, dass man belanglos aneinander vorbei redet, ohne seinen Blick auf die Situation, in der man sich befindet oder auf die eigene Person zu richten. Ein stagnierender Dialog wiederum setzt stets von Neuem an und erschöpft sich in der Wiederholung von Stereotypen und einseitigen Zuschreibungen. Die Begegnung wirkt erschöpfend und ermüdend oder auch aggressionsfördernd und einseitig. Die stimmige Balance fehlt, man ist weder mit der Situation noch mit sich selbst in Übereinstimmung.

Wie kann ein Unternehmer seine unternehmerischen Interessen mit den individuellen Interessen der Mitarbeiter in eine stimmige Übereinstimmung bringen wenn es darum geht, dass seine Mitarbeiter besonders wirkungsvoll arbeiten? Oben habe ich die Teamrollen vorgestellt als eine Möglichkeit, die Mitglieder des »Familienpools« entsprechend ihrer Begabungen einzustufen und die im Unternehmenskontext zu besetzenden Funktionen optimal zu verteilen.

Der »Kompass der Stimmigkeit« gibt Orientierung darüber, welche Gesichtspunkte der Unternehmer bzw. die Führungskraft prüfen sollte, um eine wirkungsvolle Arbeitsweise aller Mitarbeiter zu fördern – mit dem Ziel, Stimmigkeit zu erreichen. Es lässt sich individuell prüfen, inwiefern eine Person sich oder andere verstimmt und damit viel Energie vergeudet, die der Person selbst und dem Familienunternehmen insgesamt fehlen. Es lässt sich mithilfe des »Kompasses der Stimmigkeit« prüfen, ob ein Mitarbeiter in seinem Aufgabenfeld stimmig in Kontakt geht oder womöglich schon verstummt ist. In der Regel schwankt die Einschätzung aber weniger extrem, sie bewegt sich zumeist zwischen sich selbst bzw. andere verstimmend. Dann beginnt die Feinjustierung sowohl zum Wohle des Unternehmens als auch des Mitarbeiters. Denn Stimmigkeit berücksichtigt beide Seiten und dies zu gewährleisten ist die Kunst der Begegnung und des gemeinsamen Dialogs.

Prüfen Sie, in welcher Situation Sie oder eine andere Person stimmig, verstimmend oder verstimmt sind
Konflikte in der Familie haben ihre Ursache häufig darin, dass sich Familienmitglieder einerseits selbst verstimmen, also ihre eigenen Bedürfnisse nicht kennen oder schlicht übergehen. Andererseits verstimmen sie andere, weil sie nicht mit der Situation, in der sie sich befinden, übereinstimmen. Häufig ist den Betreffenden nicht bewusst, wie sie selbst für Verstimmung sorgen. Der »Kompass der Stimmigkeit« hilft Ihnen dabei, frühzeitig zu erkennen, wann die Gefahr einer Verstimmung droht.

Wie steht es mit den Angehörigen Ihrer Familie oder Ihres Familienunternehmens und wie ist es mit Ihrer eigenen Person? Verstimmen Sie am liebsten sich selbst oder doch lieber andere und wann verstummen Sie?

Mühelos werden Ihnen Personen im Alltag einfallen, die sich selbst verstimmen, das ist ein Massenphänomen. Die Ursache liegt m. E. darin, dass sich zu wenige Menschen an Werten orientieren – Werte, wie ich sie im Kapitel über die fünf Freiheiten formuliert habe (s. Kap. 6). Zudem werden die eigenen Grundbedürfnisse nicht erfüllt, wodurch wiederum anderen Menschen mit Verstimmung begegnet wird.

Mit den einzelnen Quadranten des »Kompasses der Stimmigkeit« können Sie aktiv arbeiten, indem Sie im Uhrzeigersinn der Abbildung folgende Formulierungen ergänzen, und zwar bezogen auf sich selbst (oder bezogen auf eine zu beurteilende Person Ihrer Wahl):

!

Quadrant 01. Ich erlebe mich als stimmig:
Die folgende Situation (... ergänzen ...),
stimmt mit mir selbst überein (... ergänzen ...)
Quadrant 02. Ich verstimme mich selbst:
Ich stimme mit folgender Situation überein (... ergänzen ...),
laufe aber mir selbst zuwider (... ergänzen ...)
Quadrant 03. Ich verstimme andere:
Ich stimme nur mit mir selbst überein (... ergänzen ...),
nicht mit folgender Situation (... ergänzen ...).
Quadrant 04. Ich bin verstimmt:
Ich stimme weder mit folgender Situation überein (... ergänzen ...)
noch mit mir selbst (... ergänzen ...)

Danach besprechen Sie Ihre Ergebnisse mit einer Person Ihres Vertrauens.

9.2 Stimmige bis verstimmte Familienmitglieder weisen auf die Familienkultur hin

Der Volkswagen-Patriarch und Anteilseigner Ferdinand Piëch ist ein Beispiel für »verstimmt« und »stumm«: Das zeigt sich in den stillen und einsamen Momenten des früheren Aufsichtsratsvorsitzenden, wenn er nach knappen Formulierungen abtaucht(e) und es zum Geheimnis wurde, was ihn bewegt, wie er sich fühlt, was das Verstummen aussagen könnte.

Piëch mag auch ein Beispiel für »ich verstimme andere« sein: VW-Aufsichtsrat Wolfgang Porsche ging im April 2015 mit folgendem Statement (gegenüber Spiegel im April 2015) auf Distanz zu Aufsichtsratschef Ferdinand Piëch: »Die Aussage von Herrn Dr. Piëch stellt seine Privatmeinung dar, welche mit der Familie inhaltlich und sachlich nicht abgestimmt ist.«

Über seine wahren Gedanken lässt sich nur spekulieren, aber vielleicht hatte er gedacht – den anderen nicht noch mehr verstimmen wollend: Kann Ferdinand nicht EINMAL den Mund halten? Was redet er denn für einen Unsinn in der Öffentlichkeit. Na warte ...! Das lass ich mir von ihm nicht aufzwingen.

Beide stehen nach der Wiedererhöhung der zuvor gesenkten Porsche-Dividende unter dem Titel »Selbstbedienung nach Gutsherrenart« (Handelsblatt, 26.4.2016) im Rampenlicht und zeigen sich als unberechenbar.

Ferdinand Piëch (über einen Sprecher gegenüber dpa, 12.4.2015): »Ich bin auf Distanz zu Winterkorn.« (...) »Ich strebe an, dass an die Spitze des Aufsichtsrats und des Vorstands die Richtigen kommen.«

Wieder lässt sich nur spekulieren, aber vielleicht hatte er gedacht – ebenfalls den anderen nicht noch mehr verstimmen wollend: Lasst mich machen, kommt mir nicht in die Quere! Wolfgang kann mich mal, wir werden ja sehen, wer sich hier durchsetzt. Ich bestimme hier die Regeln.

Niedersachsens Ministerpräsident Stephan Weil (SPD), der gleichzeitig VW-Aufsichtsrat ist, kommentierte das Auftreten von Ferdinand Piëch hilflos und verstimmt, wenn auch nicht ganz stumm, mit den Worten: »Ich halte eine öffentliche Diskussion über die Spitzen von VW für schädlich.«

Zu einem späteren Zeitpunkt steht Piëch für »ich verstimme mich selbst«, indem er den Posten des Aufsichtsratsvorsitzenden aufgeben muss und für seine Nachfolge nicht die Personen durchsetzen kann, die er durchsetzen wollte:

Zwei Nichten von Piëch, Louise Kiesling und Julia Kuhn-Piëch, werden am 30.4.2015 mit sofortiger Wirkung zu Mitgliedern des Kontrollgremiums bestellt.

Die 57-jährige Designerin Louise Kiesling ist die Tochter von Louise Daxer-Piëch, der verstorbenen Schwester von Ferdinand Piëch. Kiesling ist Gesellschafterin und Geschäftsführerin mehrerer Wirtschaftsunternehmen. Sie übernahm 2014 die österreichische Textilmanufaktur Backhausen aus Hoheneich im Waldviertel. Die Manufaktur war bis 2014 ein sieben Generationen umspannendes Familienunternehmen, gegründet 1810 von Franz Backhausen.

Julia Kuhn-Piëch ist die Tochter des Piëch-Bruders Hans Michel Piëch, der bereits im VW-Aufsichtsrat sitzt, vom Manager-Magazin als Leisetreter bezeichnet und als absolut loyal gegenüber dem älteren Bruder Ferdinand eingestuft wird. Die 34-jährige Juristin ist als selbstständige Immobilienmanagerin tätig und gehört seit 2014 dem Aufsichtsrat der Sparte Truck & Bus der VW-Tochter MAN an.

Auch darüber, was die beiden Damen denken, kann nur spekuliert werden. Vielleicht: Wir setzen unsere Maßstäbe still und unauffällig im Hintergrund – beschämend dieses Machogehabe! Doch sie bleiben still, möglicherweise um niemanden zu verstimmen und um ihrer persönlichen Stimmigkeit als neue Aufsichtsratsmitglieder Ausdruck zu verleihen.

Auch die Darboven Senior-Junior-Kommunikation lässt sich kurz aufzeigen (Zitate vgl. Kap. Patriarch):

Stimmig klingend sagt der Senior:»Wir haben uns in familiärer Freundschaft getrennt.« (...) »Mein Sohn nimmt eine Auszeit.« (Hamburg Abendblatt, 31.10.2008).

Der Junior, vermutlich verstimmend, sagte:»Die Firma ist mein Sanatorium.«

Nach einer jahrelangen Phase der Stummheit des Juniors, verleiht dieser seiner Verstimmung Ausdruck:»Die Zukunft der Firma hängt in der Luft.«

Stimmig klingend, aber Verstimmung ausdrückend, wirkt Dirk Block, Sohn von Eugen Block (vgl. Kap. 4 Patriarch):»Ein Gründer feilt wie ein Dickbrettbohrer an jedem Detail.« (...) »Was diese Gründer aber nicht unbedingt können, ist, das Fundament zu legen für ein hundertjähriges Unternehmen.« (in; Die Zeit, 30.4.2015).

Eine Aussage des Sohnes über seinen Vater, die allergrößte Stimmigkeit hätte ausdrücken können, fiel jedoch nicht:»Was mein Vater aber zudem geleistet hat: Er verlor sich nicht in Details, sondern legte das Fundament für ein hundertjähriges Unternehmen. Wir Erben sind ihm dafür zutiefst dankbar!« Aber diese Worte sind nur Phantasie und Ausdruck eines Ideals.

Vom Beziehungsrad zur mind map

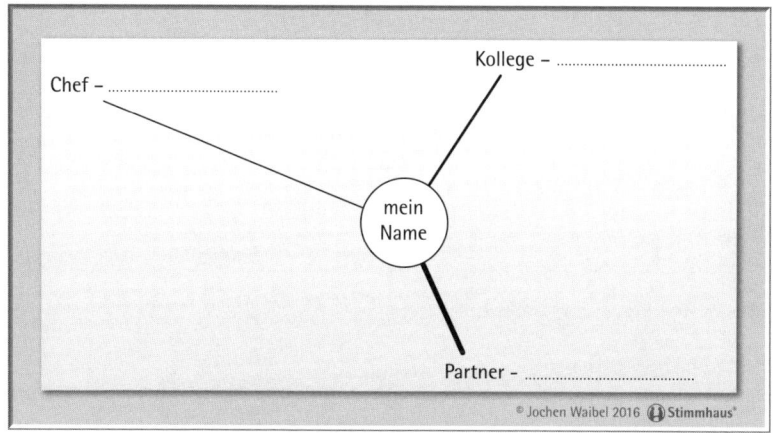

Kollege –

Chef –

mein Name

Partner –

© Jochen Waibel 2016 Stimmhaus®

Abb. 24: Das Beziehungsrad, Beispiel 1 (aus: Waibel, 2010)

Ergänzend zu den vorherigen Ausführungen ist das Beziehungsrad ein einfaches und sofort anwendbares Instrument, um sich Überblick über die persönlichen oder unternehmerischen Beziehungen zu verschaffen, sei es beruflich oder privat (vgl. Waibel, 2010, S. 112 f.). Selbst steht man im Zentrum. Je näher eine andere Person zu einem selbst steht, desto kürzer und dicker ist die verbindende Linie. Je weiter entfernt eine Person, desto dünner oder länger ist sie. Dabei können unterschiedlich viele Linien gezogen werden. Starten Sie gerne mit den drei wichtigsten Personen um sie herum oder wählen Sie fünf Personen aus dem engeren Beziehungskreis oder auch elf Personen wie bei einer Fußballmannschaft. Nutzen Sie einen Flipchart oder einfach ein DIN A4-Blatt.

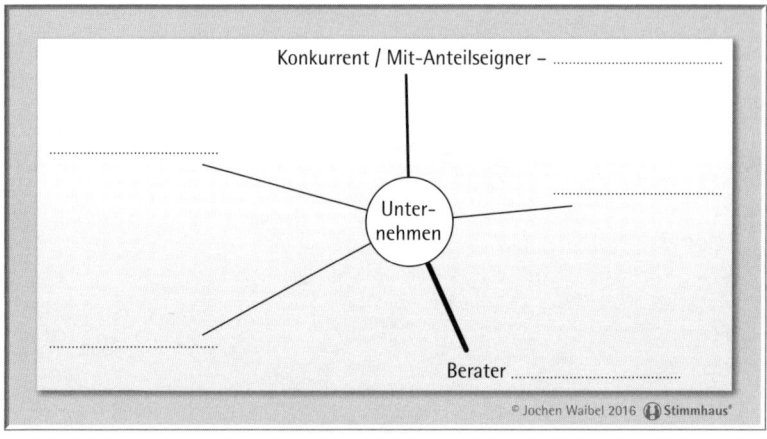

Abb. 25: Das Beziehungsrad, Beispiel 2

Dasselbe lässt sich auch aus der Unternehmensperspektive machen. Dann steht im Zentrum der Name des Unternehmens, darum herum kreisen die anderen Unternehmen, seien es Konkurrenten, Zulieferer, Ideengeber, Empfänger von Sponsoring, stille Teilhaber oder auch Übernahmekandidaten bzw. zu unterstützende (zukünftige) Partner.

Die Aussage von Aristoteles: »Das, was aus Bestandteilen so zusammengesetzt ist, (…) das ist offenbar mehr als bloß die Summe seiner Bestandteile.« (verkürzt aus dem Griechischen übersetzt: »Das Ganze ist mehr als die Summe seiner Teile«) ist bis heute auch in der Kommunikationskultur von Familienunternehmen eine lohnende Sichtweise. Die Herausforderung, im Prozess- und Projektmanagement mehr als einen einzelnen Arbeitsschritt oder mehr als das Ergebnis einer Abteilung sichtbar werden zu lassen, verlangt, das Ganze aufzuzeigen. Um die ganze Leistungs- und Produktpalette sichtbar zu machen, muss das Ganze in die Wahrnehmung einbezogen werden. Erst dann wird es anschaulich. Soll es noch weiter verästelt werden, bietet sich das Arbeitsinstrument der »mind map« an, als Weiterentwicklung des Beziehungsrades: Jeder nach außen ragende Ast wird wieder verzweigt und benannt, so oft man das will. Dabei kann noch zusätzlich mit den Ampelfarben gespielt werden, sowohl auf Papier als auch digital mit entsprechender Software. Das Wortfeld, das sich Linie für Linie und Wort für Wort automatisch vor Ihnen auf dem Papier ausbreitet, erklärt sich nach meiner Erfahrung fast von selbst. Probieren Sie es bitte einfach aus.

Eine beispielhafte Anleitung aus Sicht des Familienunternehmens
Schreiben Sie in den zentralen Kreis Ihren Firmennamen. Dann ziehen Sie wie Sonnenstrahlen verschiedene Linien nach außen für andere Firmen, mit denen Sie zu tun haben. Ans Ende der Linien schreiben Sie jeweils die Firmenbezeichnungen. Dann ziehen Sie erneut von den einzelnen Firmenbezeichnungen Linien nach außen und schreiben an das Ende der Linie jeweils einen wichtigen Grund, warum Sie mit dieser Firma in Zusammenarbeit sind. Dann markieren Sie beispielsweise mit grüner Farbe die Gründe, die Sie zufrieden machen und dafür sprechen, die Zusammenarbeit ohne aktuelle Veränderung fortzusetzen; mit roter Farbe markieren Sie die Gründe, die Sie unzufrieden machen und dafür sprechen, sie eigentlich loszuwerden; mit gelber Farbe markieren Sie die Begriffe, hinsichtlich derer Sie unschlüssig sind, ob es einfach so weitergehen soll oder ob es einer stärkeren Veränderung bedarf. Dann nehmen Sie dieses Papier als Grundlage für eine Analyse im Team, um möglichst viele Rot- und Gelb-Bereiche in Grün umzuwandeln und einen neuen Umgang damit zu finden.

10 Konzentration und Vertiefung: im Flow sein

Die Sehnsucht nach Tat, Sieg und Macht, die Begier, das Glück auf die Knie zu zwingen, flammte kurz und heftig in seinen Augen auf. Er fühlte die Blicke aller Welt auf sich gerichtet, erwartungsvoll, ob er das Prestige der Firma, der alten Familie zu fördern und auch nur zu wahren wissen werde. (...)
Der Held Thomas Buddenbrook in Thomas Mann, Buddenbrooks

Die phantasievolle Schwungkraft, der muntere Idealismus seiner Jugend war dahin. Im Spiele zu arbeiten und mit der Arbeit zu spielen, mit einem halb ernst, halb spaßhaft gemeinten Ehrgeiz nach Zielen zu streben, denen man nur einen Gleichniswert zuerkennt – zu solchen heiter-skeptischen Kompromissen und geistreichen Halbheiten gehört viel Frische, Humor und guter Mut; aber Thomas Buddenbrook fühlte sich unaussprechlich müde und verdrossen.
Der Held Thomas Buddenbrook in Thomas Mann, Buddenbrooks

In diesem Kapitel möchte ich Ihnen Wege zeigen, wie Sie schöpferische Aufmerksamkeit entwickeln und damit den beglückenden Zustand des Flow erreichen können. Im Mittelpunkt stehen dabei die Salemer Gesetze und ihre Anwendung – auf die die Flow-Theorie basiert.

Ein weiterer Teil des Kapitels beschäftigt sich damit, welche Faktoren das Entstehen von Flow behindern können, und welche Rolle ein überhöhter Perfektionismus dabei spielt. Und ich stelle Ihnen meinen »Freund« den Tannenhäher vor, der aus sich heraus den Flow spürt und lebt.

Abschließend erkläre ich Ihnen, welchen Zusammenhang es zwischen Meditation und Mediation gibt.

10.1 Annäherung an den Flow: Schöpferische Aufmerksamkeit

Der Flow bezeichnet das als beglückend und zutiefst befriedigend erlebte Gefühl eines mentalen Zustands völliger Konzentration oder Vertiefung und restlosen Aufgehens in einer Tätigkeit, die wie von selbst vor sich geht.

Der Zustand des Flow ist schwer zu fassen und nicht planmäßig herstellbar. Das zeigt sich auch in den folgenden Antworten einzelner Unternehmer. Schließlich ist der Flow davon gekennzeichnet, dass eine Tätigkeit von selbst vor sich geht. Im Gespräch mit dem Chef der Brauerei Meckatzer Löwenbräu antwortet dieser auf die Frage: Was macht Sie wach oder wie kommen Sie in den sogenannten Flow?

> **Michael Weiß:** *Wenn mir etwas gelingt. Wenn ich das Gefühl habe, ich bin auf einem guten Weg, ich schreibe eine gute Mail zu einem Thema oder einen guten Aufsatz.*

Damit hat er auf unspektakuläre Weise den Flow auf den Punkt gebracht. Durch mein eigenes Flow-Erlebnis der letzten Jahre verstehe ich seine Aussage: Als ich mich im Sommer 2015 drei Wochen auf dem Land in der Heimat meiner Kindheit aufhielt, tagsüber schrieb, dazwischen zur Lockerung und Ideenfindung kurze Gartenarbeit machte und Smalltalk führte, im See schwimmen ging und abends Freunde traf. In diesem Umfeld spürte ich den Zustand völliger Konzentration und Vertiefung, wenn ich an meinem Thema Familienunternehmen schrieb. Ich fühlte das restlose Aufgehen in einer Tätigkeit, die wie von selbst geht. Seither habe ich mir regelmäßig Schreibtage reserviert, Tage an denen ich nichts anderes tat als schreiben. Diese kamen dem Flow näher, aber nicht so tief beglückend wie im Sommer 2015.

Dieses Flow-Erleben motivierte mich dazu, eine entsprechende Frage für dieses Buch an einzelne Unternehmerinnen und Unternehmer zu richten.

Aus meiner privaten und beruflichen Erfahrung, aus meiner musischen Betätigung, sei es mit Musik, mit bildender Kunst, weiß ich, wie man es begünstigen kann, diesen mentalen Zustand völliger Konzentration und

Vertiefung zu erreichen. Deshalb suchen Menschen neben ihrer Arbeit Zugang zu Möglichkeiten, sich schöpferisch, leidenschaftlich zu betätigen, sei es im Chor, in einem Orchester, in einer Band oder an der Modelleisenbahn. Viele Leistungsträger lassen es sich deshalb nicht nehmen, aus Zeitmangel auf das Ausüben beispielsweise von Musik, teilweise sogar auf höchst professionellem Niveau, zu verzichten.

Die Herren Zötler von der Brauerei Zötler antworten auf die Frage nach dem Flow bzw. Wach-Sein erst humorvoll, dann mehr und mehr sich an den Kern annähernd:

> **Interviewer:** *Was macht Sie wach oder wie kommen Sie in den sogenannten Flow?*

> **Niklas Zötler:** *Kaffee!*

> **Herbert Zötler:** *Da unterscheiden wir uns definitiv. Mir hilft, wenn ich morgens zum Joggen gehe.*

> **Niklas Zötler:** *Mir hilft, wenn ich nicht so früh aufstehen muss.*

> **Herbert Zötler:** *Dann läuft der Tag schon mal ab. Ich merke, dass mir das untertags gut tut. Morgens frische Luft, Sauerstoff tut natürlich auch gut. Ich habe dann schon mal meinen inneren Schweinehund überwunden. Das macht einen auch noch stark.*

> **Niklas Zötler:** *Ich glaube aber auch, dass ein ganz wesentlicher Punkt ist – ich bin jetzt zwei Jahre in der Brauerei: In den zwei Jahren habe ich nicht einen Tag erlebt, an dem ich mit einem schlechten Gefühl zur Arbeit gefahren bin. Das ist ganz wesentlich für eine gute Kreativität und einen guten Flow, dass man sich einfach wohl fühlt und dass man weiß, man tut das Richtige.*

Der Junior Niklas Zötler findet während des Dialogs mit seinem Vater zum Kern des Flows, dem restlosen Aufgehen in der Arbeit.

Auf dieselbe Frage zum Wach-Sein und Flow antwortet Wolfgang Grupp indirekt und ausweichend. Dabei antwortete er m. E. zu schnell, lässt den Kern der Frage, im Großraumbüro sitzend, nicht an sich heran. Stattdessen lenkt er auf sein Lieblingsthema um: Unternehmertum in Deutschland, worin er sich aber gewiss schöpferisch und leidenschaftlich entfaltet:

> **Wolfgang Grupp:** *Also ich meine, ich werde immer dann wach, wenn ich speziell gefragt werde: Warum produzieren Sie in Deutschland oder warum garantieren Sie Arbeitsplätze? [Das tue ich] ausschließlich aus Egoismus, damit ich Geld verdiene. Wenn man dann sagt, das sei ja sehr sozial, werde ich sehr lebendig und erkläre, dass das, was ich mache, natürlich sozial aussieht, aber in Wirklichkeit Egoismus ist. Ich schütze meine Mitarbeiter, damit sie auch mich schützen und für mich arbeiten. Und je mehr ich sie pflege, desto mehr leisten sie. Also das ist ein Geben und Nehmen.*

Im Magazin Capital (04/2016) verleiht er seinem Lebensgefühl Ausdruck, als er vom Schwimmen und Besinnen in der Kapelle erzählt:

> *Ich schwimme jeden Morgen im Freien und gehe für ein paar Minuten in meine Hauskapelle, um mich zu besinnen. Denn Demut gehört auch zum Unternehmerdasein.*

Francesca Rosenberger vom Hotel Gabrielli und Hotel Waldhof spricht von ihrem Lebensgefühl in der Natur und dem beglückende Dasein an ihrem Arbeits- und Wirkungsplatz Venedig:

> **Francesca Rosenberger:** *Das zweite Ding ist dann, dass ich öfters mit ihnen [den Kindern] nach Österreich gefahren bin. Dann auch wirklich mit Wanderstab und Kaminwurzen und mit ner Flasche, um im Bach das Wasser zu holen. Das wissen die alle ganz genau: Das ist diese Vielfalt, die ich ihnen zeigen kann dadurch. Das ist ein Schatz. [...]*
> *Venedig zeigt uns die Wurzeln des europäischen Abendlandes. Wenn man die Bilder in der Stadt anguckt, dann weiß man, warum man was wie macht. So ein Wald in Mölln ist auch etwas Urdeutsches, so wie auch Berge auf die man steigen kann.*
> *Ich empfinde es als großes Glück, dass ich das machen darf. Aber man muss eben auch was dafür tun, dass es erhalten bleibt.*

Salemer Gesetze für »Schöpferische Leidenschaft«: Die Geburt des Flow

Der Psychologe und emeritierte Professor für Unternehmensführung Mihály Csíkszentmihályi – er lehrte an der kalifornischen Claremont Graduate University – hat wesentlich zur Popularisierung der Flow-Theorie beigetragen. Die Flow-Theorie fußt auf Ideen von Kurt Hahn, Politiker und Begründer der Erlebnispädagogik, Sohn des Großindustriellen Oskar Hahn. Die Impulse, die aus der Gründung der Schule Schloss Salem (Bodensee) entstanden, führten um 1930 zur Formulierung der sogenannten Sieben Salemer Gesetze. Darin verfasste Kurt Hahn ein ganzheitliches Bildungskonzept zur Entfaltung der »schöpferischen Leidenschaft«, heute spricht man eben von Flow.

Die sieben Salemer Gesetze können auf alle Angehörigen der Familie, auf Mitarbeiter und auf die Unternehmer selbst (kurz: KAMU für **K**inder, **A**ngehörige, **M**itarbeiter, **U**nternehmer) Anwendung finden.

Bevor ich die Salemer Gesetzte formuliere, möchte ich noch die folgenden Gedanken äußern: So wie Kinder gerne bummeln, brauchen die Erwachsenen das Flanieren, auch wenn die typischen Beschäftigungen von Geschäftsreisenden nicht viel mit Flanieren zu tun haben. Es ist schwer, unter Zeit- und Erfolgsdruck, im Jetlag und mit vollem Kopf ins Flanieren zu finden, in den Flow des Sich-Treiben-Lassens, offen, unbestimmt. Wenn allerdings Geschäftspartner gemeinsam ins Flanieren kommen, ergeben sich oft lange und stabile Geschäftsbeziehungen, die auf einem unbezahlbaren Vertrauensbonus basieren. Auch Kinder und Jugendliche flanieren gerne, sie nennen es möglicherweise »chillen«.

Nun also zu den Salemer Gesetzen und ihre praktische Umsetzung:
1. Gebt den KAMU Gelegenheit, sich selbst zu entdecken.
2. Lasst die KAMU Triumph und Niederlage erleben.
3. Gebt den KAMU Gelegenheit zur Selbsthingabe an die gemeinsame Sache.
4. Sorgt für Zeiten der Stille.
5. Übt die Phantasie.
6. Lasst Wettkämpfe eine wichtige, aber keine vorherrschende Rolle spielen.
7. Erlöst die Söhne und Töchter reicher und mächtiger Eltern von dem Gefühl der Privilegiertheit.

Diese Gesetze in die Familie und ins Familienunternehmen zu integrieren, ist eine wertvolle Herausforderung, da dies die Kultur im Familienunternehmen ebenso wie in der Familie maßgeblich nach vorne bringen und beleben wird. Es beginnt damit, dass sich Eltern miteinander darüber klar werden, ob sie es aushalten können, ihren Kindern die Freiräume, wie sie in den Salemer Gesetzen formuliert werden, zu ermöglichen. Wo liegen die größten Herausforderungen? Ist es vorstellbar, den Kindern Selbsthingabe zu vermitteln, zumal doch die meisten Eltern selbst mit dem bloßen Funktionieren-Müssen konfrontiert sind und sich auf die Rolle der Helikoptereltern reduzieren. Helikoptereltern sind der Typ Eltern, die wie ein Hubschrauber über ihren Kindern fliegen und versuchen, ihr Kind vor der gefährlichen Welt zu schützen, vieles zu kontrollieren, zu bestimmen, zu regeln. Dem Kind wird dabei vieles genommen, was in den Salemer Gesetzen formuliert ist: Selbst entdecken, Niederlagen erleben, Phantasie entwickeln und dergleichen. Alltag für viele Heranwachsende ist es, mit dem Taxi Mama zum Termin chauffiert zu werden. Wenn sich die Eltern selbst über die Salemer Gesetze im Klaren sind, kommen sie darüber ins Gespräch mit den Kindern, erklären sie – je nach Alter der Kinder – und fragen, was sie sich unter den einzelnen Punkten vorstellen können.

Dialogprozess mit Mitarbeitern bei der Entwicklung einer gemeinsamen Regelkultur

Ebenso kann mit Mitarbeitern ein Dialogprozess gestartet werden – in interessierten Kleingruppen, innerhalb bestehender Teams oder innerhalb der Gesamtbelegschaft. Ein Mitarbeiter, der eine Stabstelle bekleidet, kann die Federführung für diese Aufgabe erhalten. Ich möchte Ihnen ein paar Ideen für den Ablauf eines solchen Partizipationsprozesses vorstellen. Die wesentlichen Schritte sind:

I. Kritik: Bestehendes einordnen und mit erwünscht bzw. unerwünscht bewerten.
II. Phantasie: Eigene Ideen finden und entwickeln.
III. Entscheidung: Ideen präsentieren, vergleichen, zuletzt vergibt jede beteiligte Person drei Punkte, um auszuwählen.
IV. Planung: Ermittlung von Eigenschaftsgruppen, also Clustern durch das Bilden von Untergruppen
V. Realisierung

VI. Bewertung: Die Beteiligten geben eine Wertung ab, beispielsweise einfach mit der Vergabe von Smileys.

VII. Nutzung

Wenn Sie das Thema vertiefen möchten, empfehle ich Ihnen mein Buch Waibel, 2010, konkret das Kap. 4 »Partizipation durch Unternehmensdialog und Arbeitszufriedenheit«.

Erlösung vom Gefühl der Privilegiertheit

Sehr ungewöhnlich ist das siebte Salemer Gesetz: »Erlöst die Söhne und Töchter reicher und mächtiger Eltern von dem Gefühl der Privilegiertheit.« Viele Familienerben sind weit weg von einer »Erlösung«, andere sind sich Ihrer Privilegien bewusst und übernehmen auf anderer Ebene Verantwortung (Beispiel Jan Phillip Reemtsma mit dem Verkauf seiner Anteile und dem Neustart als Geisteswissenschaftler und Stifter).

Dabei eröffnet die Erlösung auch Raum für mehr schöpferische Aufmerksamkeit, für den Flow, das restlose Aufgehen in einer Tätigkeit. Ein überzeugendes Beispiel für die oben benannte »Erlösung« ist Tobias Merckle. Er zeigt durch sein Lebensmodell, wie man in den Flow kommen kann, indem man auf eigenen neuen Wegen an seine Überzeugungen glaubt, für sie eintritt und sie praktisch umsetzt, dabei motiviert durch das Bedürfnis, nicht nur von Privilegien, sondern auch von starren Familienstrukturen erlöst zu werden.

Im Seehaus bei Stuttgart lebt der Sozialpädagoge und jüngste Unternehmersohn Tobias Merckle, geschäftsführender Vorstand von Seehaus e. V., seit 2001 mit drogenabhängigen Jugendstraftätern, die zu seiner Familie werden – das Motto von Seehaus lautet Wahr.Haft.Leben – und überlässt die Unternehmensnachfolge, die Rettung und Sortierung des Scherbenhaufens der Merckle Unternehmensgruppe nach dem Selbstmord des Patriarchen Adolf Merckle im Januar 2009 dem ältesten Bruder Ludwig. Er selbst findet seinen Flow im Rahmen des selbst gegründeten Unternehmens und im Umfeld der emotionalen Geborgenheit seiner Wahlfamilie.

Ludwig Merckle, durch den Verzicht der beiden Brüder und der Schwester Alleinerbe, wurde vom Handelsblatt für seine unternehmerischen Verdienste

2011 zum »Familienunternehmer des Jahres« gekürt. Was der Senior durch zu viel Diversifikation und Spekulation verloren hat, konnte der Nachfolger durch Konzentration retten. In einer Stellungnahme der Familie zum Selbstmord des Seniors war zu lesen (Spiegel Online, 6.1.2009): »Die durch die Finanzkrise verursachte wirtschaftliche Notlage seiner Unternehmen und die damit verbundenen Unsicherheiten der letzten Wochen sowie die Ohnmacht, nicht mehr handeln zu können, haben den leidenschaftlichen Familienunternehmer gebrochen, und er hat sein Leben beendet.«

Sohn Philipp Merckle hatte schon länger genug von den Unternehmen und möglicherweise auch von der Familie insgesamt. Als Geschäftsführer der Merckle-Tochter Ratiopharm in den Jahren 2005 bis 2008 bemühte er sich entgegen der bisherigen Bestechungskultur von Ärzten um eine ethisch verantwortliche Firmenphilosophie, gründete 2006 die Stiftung »World in Balance«, um pro Packung einen Cent an afrikanische Hilfsprojekte zu spenden. Letztendlich brach er mit dem Vater, entließ im November 2005 als erstes den Ratiopharmchef Claudio Albrecht mit den Worten: »Die Folgen der bisherigen Führung sind mir in vielem zutiefst zuwider.« (FAZ, 18.11.2005)

Dem Vater sei der »innere Kompass abhandengekommen«. Dem Vater und der Familie insgesamt habe zuletzt der Überblick gefehlt. »Grundsätzliche Fragen wurden intern viel zu selten gestellt. Was wollen wir mit all diesen Firmen? Welches Ziel haben wir – außer Profit?« (FAZ, 25.2.2012)

Philipp Merckle hatte andere Vorstellungen von Unternehmensführung als sein Vater. Ludwig Merckle sorgte dafür, dass die Familie nicht wie die Buddenbrooks endet, »Verfall einer Familie«, ebenso Tobias Merckle, indem er sich auf seine Weise engagiert, so wie Philipp Merckle. Und die Schwester Jutta: Sie ging früh auf Distanz zur Familie und sorgte darüber auf ihre Art für Normalität und Privatheit.

Brun-Hagen Hennerkes, Vorsitzender des Vorstands der Stiftung Familienunternehmen sowie Gründer derselben im Jahr 2002, sagte im Interview mit dem Magazin Impulse (4.9.2009) bezogen auf die Unternehmensgruppe Merckle: »Das zuvor positive öffentliche Bild von Familienunternehmen wurde durch diese Fälle geschädigt, keine Frage.« (...) »In allen Fällen waren es dieselben Fehler: Die Familien haben ihre kompletten Unternehmen verwettet – und in allen Fällen hatten externe Manager große Spielräume.«

Vergleichbar zu den Merckles äußert sich der Medienunternehmer Frank Otto, Sohn des Hamburger Unternehmers Werner Otto, Gründer des Otto-Versands. Im Interview mit DIE ZEIT (Nr. 18, 21.4.2016) sagte er: »Bei uns sind alle Jungs ins Kaufmännische gegangen und die Mädels in die Kunst. Ich war so in der Mitte. Mein Vater ist 1913 geboren, noch im Kaiserreich, für seine Generation war er ein moderner Mann, aber auch ein Patriarch. Er wollte, dass seine Söhne ins Unternehmen kommen. Da bin ich ausgeschert. Ich habe als Restaurator gearbeitet, den Kriegsdienst verweigert und Kunst studiert, bin Musiker. Mein Vater war nie auf einem meiner Konzerte, das war eine fremde Welt für ihn.«

Flow als Polarisation der Aufmerksamkeit
Die »Polarisation der Aufmerksamkeit«, ein Begriff aus der Arbeit der Pädagogin Maria Montessori, ist die selbstvergessene, spielerisch explorative Tätigkeit des Kindes, und fußt auf einer ähnlichen Basis wie das Flow-Konzept, die Kunst der Vertiefung, des sich Versenkens. Ob es darum geht, dass sich Spezialisten, Extremsportler, Künstler, Führungskräfte, Manager und Unternehmer ebenso wie Kinder und Eltern im Unternehmen Familie stimmig, erfolgreich und ausgeglichen entwickeln oder bestimmte Herausforderungen meistern: Der Flow ist essenziell im Zeitalter der digitalen Bildschirme. Statt Stress bedarf es des Fließens, des Flow. Manche übersetzen Flow mit »Schaffenskraft«, nach Hahn finde ich »schöpferische Leidenskraft« besser oder im Mix mit Montessori spreche ich gerne von »schöpferischer Aufmerksamkeit«.

Entstehen kann der Flow bei der Steuerung komplexer, schnell ablaufender Prozesse im Spannungsfeld zwischen Überforderung, die bis hin zur Angst gehen kann, und Unterforderung mit Monotonie und Langeweile. Das Flow-Erleben ist an sich höchst individuell und der lohnende Zustand, der sich innerhalb des Spektrums zwischen Unterforderung und Überforderung einstellen kann, der eine Familie und ein Familienunternehmen voranbringt.

Auf der Basis qualitativ ausgewerteter Interviews – vergleichbar damit, wie ich mit den für dieses Buch geführten Interviews umgegangen bin, nur dass ich auf den stringenten wissenschaftlichen Vergleich bisher verzichtet habe – beschrieb Csíkszentmihályi verschiedene Merkmale des Flow-Erlebens: Flow-Zustände können bei entsprechenden Bedingungen in hypnotische oder ekstatische Trance übergehen, vertraut sind damit beispielsweise Musiker und Schauspieler. Manche Wissenschaftler verstehen den Flow selbst bereits als Trance (vgl. Kap. 2 Bewusstheit sowie Kap. 5 Rhythmisieren und Regenerieren, in: Waibel, 2000/2012).

10.2 Ehrgeiz und Perfektion verhindern den Flow – oder: das Pareto-Prinzip

Ich möchte diesen Abschnitt mit einer Geschichte zum »Pareto-Vogel«, wie ich ihn nenne, beginnen. Im Aletschwald, im schweizerischen Wallis, dort wo der Aletschgletscher als mächtigster Gletscher der Alpen zurückgeht und dem Urwald Platz macht, geschützt vom Schweizer Naturverband pro natura, lebt der Tannenhäher. Man gelangt in den Aletschwald am besten über die oberhalb gelegene Villa Cassell auf der Riederalp. Die Walliser nennen den Tannenhäher, der zur Familie der Raben gehört und trotz seiner krächzenden Stimme ein Singvogel ist, auch den »Zapferääggi«. Als Kosenamen trägt er immer Fridolin, wie die ehrenamtlichen Führer durch den Wald von pro natura berichten.

Fridolin sammelt die Zirbeln der Arve. 80 Prozent seiner Ernte helfen ihm über den Winter zu kommen, der Rest geht verloren und treibt neu aus im Aletschwald, häufig auf Steinen, Felsen, Kuppen, eben dort, wo der Tannenhäher die Samen versteckt. Denn dort ist am meisten Licht, es herrscht wenig Konkurrenz und die Samen profitieren von der Wärme der Felsen. So gleichen sich der Wassermangel, der Nährstoffmangel und auch der geringe Bodenhalt aus.

Der Tannenhäher wird durch sein Einpflanzen der Zirbelsamen als der »Gärtner des Waldes« bezeichnet, er lebt in Symbiose mit der Arve, die neben der Lärche, der Fichte und wenigen Laubbäumen 70 Prozent des Aletschwaldes ausmacht. Es gibt bis zu 1.000 Jahre alte Arven, sie wachsen sehr langsam nach dem Motto: »Lass Dir Zeit, dann wirst Du alt.«

Die 80 Prozent, die der Tannenhäher von seinem selbst angelegten Wintervorrat wieder- findet, sind ihm also genug und machen ihn zufrieden. Der Tannenhäher »denkt« dabei gar nicht in Zahlen, er hat es im Gespür. Wenn er 80 Prozent hat, kommt er nicht nur sehr gut über den langen Winter, der in diesen Gefilden circa sieben Monate dauert. Nein, ganz nebenbei arbeitet er ja sogar als der Gärtner des Waldes. Er sorgt ohne weitere Mühe, ohne jeglichen weiteren Energieaufwand für den Aletschwald und pflanzt dort Arven. Dies ist sehr beeindruckend, wenn man sieht, wie viele Menschen sich tagtäglich abmühen und Leistung erbringen und doch so wenig erreichen, wenig für sich selbst und wenig für die Gemeinschaft.

Der Tannenhäher leistet gerade dies, was den Flow kennzeichnet: Er verwirklicht das als beglückend und zutiefst befriedigend erlebte Gefühl eines Zustandes völliger Konzentration oder Vertiefung und restlosen Aufgehens in einer Tätigkeit, die wie von selbst vor sich geht. Dabei ist es eigentlich gar keine bemerkenswerte Leistung, denn der Tannenhäher tut es eben einfach. Es ist Leistung durch Flow. Außerdem ist der Tannenhäher stimmig, indem er sowohl mit sich als auch mit der Situation in Übereinstimmung ist.

Was der Tannenhäher instinktiv vermeidet ist die Perfektion. Er ist mit den 80 Prozent zufrieden. Er entwickelt nicht den Ehrgeiz, die letzten 20 Prozent auch zu ernten. Auf diese verzichtet er gerne, dafür macht er sich nicht kaputt, schließlich ist er ja gut versorgt und kommt über den Winter.

Michael Weiß, Chef von Meckatzer Löwenbräu, weist auf den Unternehmer und Sammler Albert C. Barnes hin und dessen Motto, »90 Prozent arbeiten, 10 Prozent sehen lernen«, einem ähnlichen Zahlenverhältnis wie beim Pareto-Prinzip, verbunden mit dem Angebot, sich im Unternehmen neben der eigentlichen Arbeit zusätzlich in Kunst zu vertiefen:

> **Michael Weiß:** *Er [Barnes] hat Kunstwerke aus seiner Sammlung im Unternehmen platziert. Ein Riesenproduktionsunternehmen, heute [gleichzeitig] eine ganz bekannte Sammlung, Barnes Collection in Amerika, in Philadelphia [http://www.barnesfoundation.org/]. Er hatte das Motto für seine Mitarbeiter: 90 Prozent arbeiten, 10 Prozent sehen lernen. Das finde ich super: Perspektive erweitern.*

Schöpferische Aufmerksamkeit für zwei Familienunternehmen in zwei Branchen

Henning Beeken, Geschäftsführer sowohl von Hof Eggers als auch von Gartenbau Beeken, steht vor der Herausforderung, seine Pflichten gut zu bündeln, um in einen Flow zu finden. Dabei hilft ihm möglicherweise das Pareto-Prinzip ebenso wie seine möglicherweise gute Resilienz. Er hat die Chance, in einer Idylle zu leben, geprägt von Nachhaltigkeit und einer gesunden Umgebung. Während die Hofgäste und Kunden hier alles erhalten, was sie für ihre Zufriedenheit brauchen, muss er liefern. Hat er ein Zuviel an Familienunternehmen? Einerseits ist er präsent am Hof, nebenbei erfüllt er noch seine Geschäftsführertätigkeit bei Gartenbau Beeken. Den ehemals elterlichen Betrieb hat er bereits in den Jahren vor der Nachfolge am Hof Eggers übernommen und das Unternehmen geordnet und zukunftsfähig positioniert. Wie steht es um das unbedingte Ja zum Familienunternehmen? Oder wäre doch das Nein besser gewesen? Seine aus Mexico stammende Frau, Norma Beeken, sagt:

> **Norma Beeken:** *Du hast gemerkt, dass Dein Papa erwartet, dass Du die Gärtnerei bekommst und Deine Mama erwartet, dass Du den Hof übernimmst. Und irgendwann wolltest Du beide glücklich machen und dann hast Du alles übernommen.*

> **Henning Beeken:** *Das stimmt! Das stimmt auf jeden Fall. Ich war immer ein bisschen hin und her gerissen zwischen zwei Familienbetrieben sozusagen, zwischen zwei Erwartungen zu stehen und dem Gedanken, wem ich wie genügen kann oder möchte. Allerdings hat sich daraus ja eine zeitliche Abfolge ergeben. Ich habe dann zuerst den elterlichen Betrieb übernommen, damals auch, weil ich nicht wusste, ob ich den anderen Betrieb übernehmen werde. Mein Onkel und ich konnten uns eben nicht eindeutig verständigen, nicht einigen. Als ich dann den Gartenbaubetrieb sieben Jahre geführt hatte, kam die neue Situation, dass ich den Hof meines Onkels, den ich schon immer sehr gern übernehmen wollte, übernehmen konnte. Damit hat es sich ergeben, dass ich jetzt zwei Betriebe führe.*

> **Interviewer:** *Wie gewinnen Sie Abstand zum Alltag?*

Henning Beeken: *Das ist zurzeit sehr schwierig, daran arbeite ich. Das ist eigentlich ein großes Thema. Ich habe erst einen Familienbetrieb übernommen und mich dort sehr engagiert. Wir haben dort auch investiert, vieles geordnet bis es so war, wie man sich das vorstellte, zumindest weitestgehend, das braucht einige Jahre. Dann mit der Zeit, als es dort für mich einigermaßen geordnet war, ging es mit dem zweiten Betrieb los und der verlangt von mir eigentlich noch viel mehr Einsatz. Ja, das machen wir jetzt auch schon wieder einige Jahre und jetzt ist es dann wichtig, Personen zu finden, die einem die Arbeit auf verantwortliche Weise abnehmen können, die auch in der Lage sind, sinnvolle Entscheidungen zu treffen.*

Wir entwickeln uns, wir werden größer, wir bekommen mehr Geschäftsbereiche. Das ist der Punkt, an dem wir gerade sind. Natürlich muss man das Geld erst einmal verdienen, um die Gehälter zahlen zu können. Ja, mit den Investitionen, die wir in Gastronomie und Tourismus gemacht haben, denke ich, dass der Zeitpunkt gekommen ist, um diese Bereiche mit guter Qualität zu betreiben. Sonst leidet neben der eigenen Lebensqualität auch die Qualität der Produkte, die man entwickelt.

Interviewer: *Sie sind gedanklich, glaube ich teilweise ganz woanders, wenn ich das so deuten darf. Sie sind beschäftigt. Sie sagen ja auch, sie sind dabei, Abstand zu den Aufgaben hier zu finden.*

Norma Beeken: *Es ist auch so, dass es hier sehr viel Arbeit gibt.*

Interviewer: *Sie sind einfach sehr involviert und haben viel Verantwortung. Zwei Unternehmen gleichzeitig sind auch nicht so alltäglich für ein Familienunternehmen. Es ist eigentlich unüblich, zwei Unternehmen zu haben, wenn man selber einen Großteil der Arbeit machen muss. Es sind kleine Unternehmen.*

Henning Beeken: *Ja, es sind kleine Unternehmen und ja: es ist unüblich. Es ist auch nicht optimal, muss ich sagen. Das hat sich, wie ich es auch beschrieben habe, einfach so ergeben in der zeitlichen Abfolge. Ja, ich hab halt damals die Gärtnerei übernommen, weil es mit dem Hof noch nicht soweit war. Dann kam der Hof Eggers dazu. Das ist dann* *schon viel. Warten wir mal dieses Jahr ab mit den neuen Arbeitskräften. Mal gucken, ob es sich dann anders angefühlt hat.*

Norma Beeken: *Es ist hier Stress pur im Sommer, wenn die Gärtnerei läuft und wir viel Arbeit haben. Die meisten Sachen macht mein Mann, hier und da und überall. Das ist richtig viel. Jetzt dreht es sich gerade um den Hofladen, der fertig sein soll. Er hat gerade die neue Küche besprochen.*

Henning Beeken: *Ja, eben waren die Küchentechniker da für das Hof-café. Das soll ja bis Ostern wieder eröffnet werden. Das sind noch zwei Monate, dann muss es fertig sein. Das ist schon knapp. [...]*
Ja, dass die [Kinder] nicht zu weit weg sind von einem.
Wenn man einen Familienbetrieb hat, ist man ja oft persönlich vor Ort, aber eben manchmal auch nur als Person, [nur körperlich]. Gedanklich ist man noch in die ganzen anderen Sachen eingebunden. Man hat ja nicht den typischen Feierabend, wie das manch andere haben. Es geht sieben Tage die Woche, dass irgendwelche Dinge anstehen. Oftmals hat man das Problem, keine Zeit für die Kinder zu haben, in der man dann wirklich da ist und sich wirklich mit den Kindern beschäftigt.

10.3 Mediation oder Meditation: häufig verwechselte Worte

Die stetige sprachliche Verwechslung der so ähnlichen Begriffe Medi-a-tion und Medi-ta-tion zeigt den psychologischen Hintergrund: Meditation sorgt für innere Zentrierung und das Ruhen in der eigenen Mitte. Die Mediation wiederum profitiert von dieser meditativen Mitte, um sich nicht aus der Ruhe bringen zu lassen. Deshalb beginne ich manche Mediationen mit einer meditativen Atem- und Stimmübung, verbunden mit einer zentrierenden Körperbewegung. So profitieren die Beteiligten von einer Entschleunigung, fühlen sich bereit und eingestimmt auf eine konstruktive Begegnung miteinander.

Gerade die Medi-a-tion braucht den Flow, diese besondere Zwischenenergie, die Wirkung des mittleren Modus – in der Mitte zwischen dem Gewahrsein des Hintergrunds und der Achtsamkeit auf die Figur davor. Der mittlere

Modus ist eine Art Nullpunkt, ein Da-Sein des inneren Schweigens, bei dem die inneren Dialoge in uns aufhören und ein Zustand des Loslassens, einer wunderbaren Leichtigkeit des Seins erreicht wird (vgl. Waibel 2000/2012, S. 53).

Ein Mediator, der sich seiner meditativen Mitte bewusst ist und sich nicht aus der Ruhe bringen lässt, hat gute Voraussetzungen: Viele miteinander verhakte Parteien, die im Konflikt miteinander stehen, sind schon ausreichend außer sich, stockend bis blockiert in ihrem Energiefluss und Flow, bereit, auch den Mediator außer sich zu bringen und als gegeneinander arbeitende Parteien durchaus einmal gemeinsam ihre vernichtende Energie zum Triumph zu führen: im In-die-Verzweiflung-Treiben des ach so distanzierten, unabhängigen und souveränen Mediators. Ist der Mediator erst einmal erledigt und k. o. geschlagen, können sich die Parteien wieder sich selbst widmen mit einem anderen Mediator, diesmal von der Gegenseite vorgeschlagen, oder noch besser, gleich mit einer Gruppe von Rechtsanwälten. Da weiß man wenigstens, was man hat. Streit ganz ohne meditativen Beiklang, kompromisslos bis zur Vernichtung des Gegenübers oder aller Beteiligten.

Der Mediator ist also gut beraten, in der allerersten Phase der Mediation, während der Phase der Auftragsklärung (s. Kap. 8.2) schon einmal für eine konstruktive Arbeitsatmosphäre zu sorgen: die Beteiligten und sich miteinander einzustimmen auf eine Kommunikationskultur, möglicherweise auch bestimmte Verhaltensmuster nicht zu erlauben und sei es, bestimmte sprachliche Muster wie Schimpfwörter zwischen den Kontrahenten elegant, charmant aber unmissverständlich zu unterbinden. Nach dem legendären Satz der Gertrude Stein (1994) »Rose ist eine Rose ist eine Rose« lässt sich hier paraphrasieren: Mediation ist Meditation ist Mediation! Mediation ist Zentrieren ist Strukturieren!

Vieles reguliert sich von selbst. Massive Einmischung hebt sicherlich nicht die kommunikative Qualität. Selbst wenn man als Beteiligter durch Aktivität und Manipulation sein Ziel zu erreichen scheint, dann ist doch das Risiko groß, nach einem vielversprechenden grandiosen Start mit einer Bruchlandung zu enden. Einvernehmliche Lösungen fallen den Beteiligten Jahre später auf die Füße, weil sie nicht professionell hinterleuchtet und fundiert wurden.

Um auf das Beispiel mit der langen Leine aus dem ersten Kapitel zurückzukommen: Der Senior, den Junior an der langen Leine führend, lieh diesem Geld für dessen Firmenneugründung. Dabei hätte sich der Junior, damals knapp über 20 Jahre alt, erst einmal ausprobieren und selbst beweisen müssen. Dies wird umgangen, indem der Senior in die Rolle der Bank schlüpft. Die Bank hätte dem Junior nie das Geld für die Firmengründung geliehen, der Senior gibt sich stark, bindet seinen Sohn mit dem Geld an sich, anstatt die emotionale Vater-Sohn-Ablösung zu unterstützen.

Fünf Jahre später sitzen beide bei mir in der Mediation und haben sehr viel Zeit verloren, ebenso viel Geld und am allerschlimmsten: Sie haben sich durch die Rollenvermischung zerstritten, haben keine Vertrauen zueinander, sprechen hart und böse miteinander. Es ist eben sehr verlockend, als Senior den Fluss anzuschieben, damit er so fließt, wie man es für richtig hält.

Der Preis dafür war zu hoch. Der Vater nimmt für sich in Anspruch, gut loslassen zu können. Er wolle ja den Sohn nur an der langen Leine halten und wenn etwas schlecht läuft, dann muss er von der Ferne nur kurz an der Leine ziehen, um ihn zu schützen. Das ist sein Bild des Loslassens. Das Loslassen an der langen Leine.»Kontrollierte Auslauffreiheit« erhalten Hunde mit der Flexi-Rollleine gemäß dem Werbefilm des Herstellers (www.flexi.de).

Nur geht der Sohn inzwischen schon auf die dreißig Jahre zu. Der hat keinen Bock mehr darauf, an der langen Leine seines Vaters zu agieren. Er will endlich einmal ungeschützt auf die Nase fallen, will auf die Nase fallen dürfen, wie beim ersten Salemer Gesetz: »... Triumph und Niederlage erleben« dürfen! Aber das darf er nicht. Er kommt an den grandiosen, erfolgreichen, reichen Vater nicht ran. Er will jetzt die Schulden auf die Bank umschulden, um nicht in der Schuld des Vaters, des Seniors zu sein. Wenn das nicht gelingt, wird er sicher auch nie in der Nachfolge Verantwortung übernehmen.

Irgendwann will er alles, Hauptsache es hat nichts mit dem Vater zu tun. Dann ist er ggf. bereit zu erben, aber nicht dazu bereit, die Arbeit des Vaters in der familiären Firma fortzusetzen. So werden beispielsweise Familienunternehmen zerstört, mit der einfachen Formel: Nachfolger an der langen Leine – Leine gerissen und Nachfolger weg – Verkauf oder Insolvenz – Ex-Familienunternehmen! Was bleibt, ist im besten Falle eine Marke, mehr nicht. Deshalb: »Don't push the river, it flows by itself.« »Don't push the family, it flows by itself!«

»Nicht bummeln« mahnt Percy ganz cool in Harry Potter I. Wenn Treppen verzaubert und verhext sind, mag das berechtigt sein. Der Klang in der englischen Version ist wieder anders: «Keep up, please, and follow me. Quickly now, come on. Come on.« Die Treppen könnten sich bewegen und die eben frisch zusammengefundene Gruppe könnte sich verlieren auf dem Weg in ihr Refugium, in ihre Wohngemächer. Die Umgebung hat etwas Unberechenbares. Natürlich gilt das auch für die Welt von Familie und Wirtschaft. Trotzdem ist das Flanieren, die Entdeckung des Flows wie auch das Mäandern eines Flusses von grundsätzlicher Bedeutung zur Entfaltung des eigenen Potenzials und zum Sein eines Familienunternehmens.

11 Von der Idee zur Nachhaltigkeit

In den vergangenen zwölf Jahren halbierte sich die Zahl der an einer Unternehmensgründung Interessierten. 2015 registrierten die deutschen Handelskammern zehn Prozent weniger Gründungsvorhaben als im Jahr zuvor, das sei der vierte Negativrekord in Folge. Weniger gute Ideen bedeuten weniger Erfolg für Deutschland, sagte DIHK-Präsident Eric Schweitzer. Zudem seien viele Gründer insgesamt schlechter vorbereitet und erhöhten somit die Gefahr des Scheiterns (vgl. DIHK Gründerreport vom 20.5.2016: www.dihk.de).

Ist im 21. Jahrhundert eine bewusste Verbindung von Traditionsbewusstsein sowie Ideenreichtum und Innovation möglicherweise die stabile Basis für nachhaltiges Familienunternehmertum – Langfristigkeit durch Qualität? Wie leben die von mir interviewten Familienunternehmen Nachhaltigkeit?

11.1 L'idée vient en parlant – Eine Idee braucht ein Gegenüber

Die Analogie zur Redewendung »L'appétit vient en mangeant«, was so viel bedeutet wie »Der Appetit kommt mit dem Essen«, ist die Redewendung »L'idée vient en parlent«, »Die Idee kommt beim Reden«. Wunderbar beschrieben ist dies von Heinrich von Kleist 1805 in seinem unübertroffenen Aufsatz »Über die allmähliche Verfertigung der Gedanken beim Reden«.

Wer lange im stillen Kämmerlein vor sich hinbrütet, landet womöglich in einer mentalen Sackgasse. Sucht man dagegen das Gespräch mit einem Gegenüber, geht man also in den Kontakt, mit wem auch immer, kommen die Gedanken wieder in Fluss, kommt man womöglich sogar in den Flow. So findet man eine klare Argumentation. Kleist geht es dabei um die Synchronizität zwischen Sprechen und Denken, also um die Gleichzeitigkeit von Ideenentwicklung und Sprechfluss: Denn die Sprache sei dann wie ein »zweites, mit [dem Rad des Geistes] parallel fortlaufendes Rad«. Oder kurz gesagt: Miteinander reden bringt einen auf neue Gedanken und ermöglicht frische Ideen und ist im stimmigen Rahmen meist zielgerichteter als alleinige Reflexion oder womöglich zu langes monotones Brüten. Deshalb ziehe ich auch hier den Dialog mit den Unternehmern vor und stelle ihnen einige Fragen.

Im Zeitalter elektronischer Monologe und dergleichen bringt uns der Dialog unter vier bis sechs Augen in den unmittelbaren Kontakt. Wir leben im Kommunikationszeitalter und doch findet vor lauter Kommunikation manchmal keine Begegnung und Inspiration statt. Man redet oder schreibt einseitig, kann dabei aber nur einseitig vorangehen. Die Möglichkeit, nach Gefühl und Sachlage angemessen einzugreifen und einzuwirken, behutsam oder auch einmal massiv zu unterbrechen, Gedanken zu ergänzen, so wie in einem Team, in dem man sich souverän den Ball zuspielt, diese Möglichkeit ist stark eingeschränkt. Der Text von Kleist »Über die allmähliche Verfertigung der Gedanken beim Reden« kann den Leser dazu inspirieren, sich hin zum Dialog zu bewegen, den Dialog in der Familie, zu anderen Familienunternehmern, Dialogkultur im Unternehmen.

Viele Unternehmerinnen und Unternehmer waren recht spontan bereit für ein Gespräch und zeigten sich sehr transparent und angenehm selbstsicher. Bei allen geführten Interviewgesprächen gab es keine Tabuthemen.

Andere wiederum haben freundlich abgesagt aus nachvollziehbaren Gründen, manche fehlen aus Gründen, wie ich sie weiter unten beschreibe im Abschnitt: »Wer fehlt?«

Bei den Interviews mit den Unternehmerinnen und Unternehmern, mit Nachfolgerinnen und Nachfolgern, mit Partnern derselben fiel, wenig überraschend, immer wieder Folgendes auf: Die Gesprächspartner ebenso wie ich selbst kamen auf neue Gedanken, wurden inspiriert. Henning Beeken, der Nachfolger seit 2012 auf dem Hof Eggers und sieben Jahre vorher bereits der Nachfolger des Gartenbaubetriebs Beeken, fasste dies kurz und knapp am Ende des Interviewgesprächs zusammen in den zwei Sätzen:

> **Henning Beeken:** *Ja ganz interessant mal so ein Gespräch zu führen. Da werden einem bei den Fragen ein paar Dinge bewusst, die sonst vielleicht nur mitschleifen!*

Francesca Rosenberger von Hotel Waldhof und Hotel Gabrielli kommentierte dies ähnlich.

Francesca Rosenberger: *Es ist insofern auch interessant, sich mit Ihnen zu unterhalten, weil man natürlich auch auf Gedanken kommt, auf die ich mich jetzt nicht schriftlich vorbereitet habe.*

11.2 Generationsübergreifendes Unternehmerverständnis fördert Nachhaltigkeit

Nachhaltigkeit, auch sustainability genannt, ist ein grundsätzliches Thema, ein neuer Gedanke, den ich mit meinen Interviewfragen nicht direkt eingeführt habe und den ich ursprünglich gar nicht verfolgen wollte. Allerdings wurde schnell deutlich, dass alle Familienunternehmen einen Bezug zur Nachhaltigkeit haben, manchmal sogar mit besonderer Überzeugungskraft. Zudem passt die auf die Zukunft ausgerichtete Nachhaltigkeit zum generationsübergreifenden Unternehmensverständnis von Familienunternehmen. Sie wollen, dass das Unternehmen über Generationen hinaus besteht, also sorgen sie sich auch darum, dass künftige Generationen in der Gesellschaft nicht schlechter gestellt sind als die gegenwärtig handelnden.

Die Definition des Brundtland-Berichtes der Vereinten Nationen/UN von 1987 lautet: »Humanity has the ability to make development sustainable – to ensure that it meets the needs of the present without compromising the ability of future generations to meet their own needs.« (Hardtke/Prehn 2001, S. 58). Künftige Generationen sollen nicht schlechter als gegenwärtig lebende Menschen gestellt sein, um ihre Bedürfnisse zu befriedigen. In der Forstwirtschaft galt die Regel, nur so viel zu verbrauchen, wie nachwachsen kann. Daraus lässt sich die Herausforderung ableiten, so wenig wie möglich an Material zu verbrauchen bzw. so wenig wie möglich zu verschleißen. Nicht nur in großen Unternehmen wie bei der Dr. Sasse AG aus dem Bereich Facilitymanagement bzw. Gebäudedienstleistungen ist dies entscheidend:

Laura Sasse: *Nachhaltigkeit ist für uns natürlich auch ein sehr wichtiger Wert, gerade in unserer Branche. Er spiegelt sich wieder in unserem Denken und Handeln gegenüber Staat, Gesellschaft und Umwelt. Dabei achten wir auf den nachhaltigen Umgang mit Ressourcen, übernehmen Verantwortung für über 5.000 Mitarbeiter und engagieren uns in sozialen Projekten.*

Es gibt Unternehmen, die erhalten Preise für Nachhaltigkeit. Beispielsweise die als Budni bekannte Drogeriekette, das Familienunternehmen Budnikowski GmbH & Co KG in Hamburg. Die Geschäftsführerin Julia Wöhlke erhielt in der Kategorie »Deutschlands nachhaltigste Zukunftsstrategien (KMU) 2013« am 22.11. 2013 den deutschen Nachhaltigkeitspreis von der Verbraucherinitiative e. V. In der Begründung wurde die »glaubwürdige, umfassende und für den Verbraucher zugängliche und verständliche Nachhaltigkeitskommunikation« betont.

»Nachhaltigkeit ist seit vielen Jahren gelebter Bestandteil unseres unternehmerischen Handelns und unserer Unternehmenskultur«, sagte BUDNI-Geschäftsführerin Julia Wöhlke anlässlich der Preisverleihung in Düsseldorf. »Als Unternehmen mit einer über hundertjährigen Geschichte liegt es uns besonders am Herzen, auch an nachkommende Generationen zu denken.«

Beim deutschen Markenranking best brands 2012 ist Budni unter den fünf besten deutschen Marken in der Kategorie »Beste Händlermarke Non Food«.

Cord Wöhlke, Vater von Julia Wöhlke, 2011 zum Hamburger des Jahres gewählt, postuliert zur Rolle des Traditions- und Familienunternehmens in Hamburg: »Wir wollen der gute Nachbar sein. Wir setzen auf Regionalität, auf die Kenntnisse des Marktes, auf Nachhaltigkeit, auf ein echtes Interesse an den Menschen, nach dem Motto: Heimat BUDNI.« (www.budni.de).

Albert Darboven erhielt 2009 von Heinz Fuchs, Vorstand von TransFair e. V., den Fairtrade Award als Auszeichnung für seine Pionierleistung im fairen Handel. Seit 1993 bietet die J.J. Darboven mit der Marke Café Intención fair gehandelten Kaffee an, um für bessere Lebens- und Arbeitsbedingungen der Kaffeebauer zu sorgen.

Meckatzer Löwenbräu demonstriert Nachhaltigkeit mit den Worten des Geschäftsführers Michael Weiß über den GFK-Preis (GFK 1935 als Gesellschaft für Konsumforschung gegründet, Sitz in Nürnberg, das größte deutsche Marktforschungsinstitut, weltweit die Nummer fünf):

> **Michael Weiß:** *Es ist eine Wertschöpfungsgemeinschaft, diese Großfamilie. Ich nenne immer diese 17,40-Euro-Kiste: Meckatzer ist laut dem Marktforschungsinstitut GFK das Bier mit dem höchsten Durchschnittspreis in Deutschland – abgesehen von Exoten und Importbieren. Und diese Preispflege, die dient letztlich auch dazu, dass alle Familienmitglieder, umfassend gedacht, ihren Beitrag [ihr Auskommen] haben. [...] Die Idee ist die: Die besten Rohstoffe, die wir beziehen können, verwenden wir. Die verwenden wir mit den besten Herstellungsverfahren in der Brauerei. Wir versuchen gute Mitarbeiter zu bekommen und bezahlen denen Tarifgehälter und darüber hinaus. Dann kommt die Spanne, die der Getränkefachhändler, der Logistiker, braucht, um das Bier, die Fässer, Kisten zu transportieren. Dazu kommt die notwendige Spanne für den Gastronomen oder für den Einzelhändler. Darauf kommt die Mehrwertsteuer und das ergibt letztendlich den Verkaufspreis. Und wir versuchen eben mit unserer gesamten Kommunikation umfassend dafür zu werben, dass die Menschen diese 17,40 Euro pro Kiste bezahlen.*

Zudem wurde Meckatzer Löwenbräu als erste Brauerei von Slow Brewing e. V. ausgezeichnet (www.slow-brewing.com). Dabei geht es einerseits um die faire Zusammenarbeit, Bezahlung und die genannte Wertschöpfungskette insgesamt. Andererseits geht es um den besonderen Geschmackscharakter und die Bekömmlichkeit. Durch die schonende Gärung, Reifung und Lagerung soll den Bieren genug Zeit gegeben werden, um in Ruhe zu gären und zu reifen.

> **Michael Weiß:** *[...] Wenn also 1.299 Brauereien in Deutschland auf Masse setzen, werden wir als die Einzigen, die das Thema Klasse hochhalten, den Krieg nicht gewinnen können. Einen Bewusstseinswandel, dass Bier ein hochwertiges Genussmittel ist, werden wir allein nicht schaffen. In der Zwischenzeit gibt es einen unheimlichen Wandel auch in der Branche, in der Rubrik Craft Bier [handwerklich gebrautes Bier].*

Es wird oft mit dem Begriff Nachhaltigkeit gehandelt. Aber es gibt ja auch den Bereich des Greenwashings. Jetzt habe ich gestern zu dem Thema Craft gelesen, dass irgend so ein Foodanalyst den Begriff des Craftwashings gebracht hat. Also viele lange Jahre war es so: green, green, green, nachhaltig, ökologisch, ökologisch, so! Und vieles war ja auch eher unter dem Prinzip Deckmäntelchen gelaufen. Im Grunde genommen: same procedere. Beim Thema Craft ist es jetzt genauso. Da gibt es x Brauereien, die sagen: Craft, Craft, Craft. Aber wird tatsächlich gelebt, was der Begriff Craft beinhaltet, der gar keine bestimmte Begriffsdefinition hat? Wird tatsächlich die Gesamthaltung des Unternehmens auf Craft hin ausgerichtet? Und da würde ich sagen, da zählen wir zu einem der Unternehmen, die das bestmöglich tun.

Trigema erhielt am 14. November 2014 als einzige deutsche Firma den Cradle to Cradle® Products Innovator Award 2014 vom Cradle to Cradle® Innovation Institute in der Gotham Hall in New York verliehen: Trigemas Produkte sind umweltverträglich, ohne Schadstoffbelastung, nachhaltig, nach dem Tragen vollständig kompostierbar. Alle Cradle to Cradle® zertifizierten Produkte wurden in Zusammenarbeit mit dem internationalen Umweltinstitut EPEA in Hamburg für den biologischen Kreislauf optimiert. Das Konzept ist an das System der Natur angelehnt und basiert auf geschlossenen Kreisläufen, die keine Abfälle erzeugen und wertvolle Rohstoffe für zukünftige Generationen erhalten.

»Nicht Macht, Marktanteile und Größe dürfen für unser Handeln bestimmend sein, sondern Solidität, Verantwortung für die Mitmenschen, Gerechtigkeit und Beständigkeit« wirbt Trigema auf seiner Internetseite. Im Interview sagte der Unternehmer Wolfgang Grupp:

Wolfgang Grupp: *Deshalb ist mein Wachstum nicht stückzahlmäßig und damit nicht umsatzmäßig, sondern wir geben preisumkämpfte Produkte rechtzeitig ab und müssen dafür neue Produkte, innovative, oben ansetzen. Deshalb habe ich Cradle-to-Cradle gemacht. Weil das ein innovatives Produkt für die Zukunft ist. Was eben in China noch nicht gemacht wird. Und abgeben tu ich's oder tun es meine Nachfolger, wenn die es auch machen [was wir machen].*

Dabei tritt der Chef schon ein Stück zurück. Der aktuelle Trigema-Werbe-film, kurz und prägnant, überzeugend und glaubwürdig, ist in Hamburg ohne ihn gedreht und auch ohne den Schimpansen, den berühmten Affen aus der Trigema-Werbung. Der Spot fokussiert sich ganz alleine auf die Pro-duktqualität und Trigemas Alleinstellungsmerkmal, das sich aus »Made in Germany« und umweltverträglichen Change-Produkten, TRIGEMA Change®, zusammensetzt, für die Trigema den Cradle to Cradle® Award erhielt.

Als ich mit Herrn Grupp im Oktober 2015 das Interview zu diesem Buch in Burladingen führte, war der Spot vier Wochen davor in Hamburg gedreht und veröffentlicht worden.

> **Wolfgang Grupp:** *Wir haben seit vier Wochen einen neuen Spot. Der geht über die Nachhaltigkeit. Der Affe ist eine Imagewerbung. Ich werde normal vorgestellt mit dem Hinweis: Den Herrn muss ich Ihnen nicht vorstellen, das ist der Herr mit dem Affen. Das ist sozusagen eine tolle Werbung. Aber wir haben jetzt einen Werbespot gemacht, der rein die Nachhaltigkeit, die Werte zeigt und Trigema. Das T-Shirt hinterlässt kein Gift in den Gewässern. In Hamburg ist der Spot gemacht worden und er wird seit vier Wochen sporadisch ausgestrahlt.*
> *Ich habe den Affenspot deshalb nicht gecancelt. Es kann sein, dass wir sagen, jetzt lassen wir einmal wieder den Affenspot laufen. Bei dem Affenspot kennt mich jeder, aber viele wissen nicht, was wir herstellen. Natürlich gehe ich durch die Produktion, aber das liegt daran: Die junge Generation fährt nicht in den bayerischen Wald, wo wir Testgeschäfte haben. Die geht in die Einkaufsstraße nach München, nach Frankfurt, die geht auf die Zeil, nach Hamburg. Deshalb muss ich da präsent sein.*
> *Ich habe überlebt als Produzent, weil ich rechtzeitig erkannt habe, dass ich die Handelsfunktion ganz schnell übernehmen muss, mit einem Teil. Dafür habe ich den Fabrikverkauf außerhalb der Fabrik gemacht. Fabrikverkauf heißt, Händlereinkaufspreis. Damit habe ich allen Nicht-Pleite-Gegangenen übrig gebliebenen Händlern Konkurrenz gemacht. Die kaufen mich nicht. Ein Breuninger kauft mich nicht, weil er natürlich sagt, der hat seine eigenen Geschäfte. Da kaufe ich zum Einkaufspreis, sie gehen dann zum Breuninger und sagen, das kaufe ich ja in Weitnau billiger [Weitnau im Allgäu, das Nachfolgegeschäft von Missen im Allgäu, dem ersten Testgeschäft von Trigema, eröffnet 1984]. Also habe*

ich den Einzelhandel praktisch verloren. Deshalb muss ich jetzt diese Geschichte aufholen.

Ich habe überlebt durch meine Geschäfte. Wegen der jungen Generation muss ich jetzt diese kleinen Geschäfte machen. Das Internet ja, das ist im Moment meine Aufgabe und so haben wir den Spot jetzt auch für die jungen Leute zum Thema Nachhaltigkeit.

Ein Kommentar auf YouTube zum aktuellen Werbefilm drückt das folgendermaßen aus:»Lieber Herr Grupp, herzlichen Glückwunsch zu diesem TV Spot. Ich habe den Spot gerade direkt vor der Tagesschau gesehen und mich sehr gefreut. Schön, dass dieser Spot ohne Sie und ohne den Affen auskommt. Trigema kann ja doch modern, relevant und zeitgemäß sein. Immer weiter so und vielleicht kaufe ich demnächst tatsächlich mein erstes Trigema-Produkt.« (YouTube, November 2015)

Die Brauerei Zötler demonstriert ebenso wie Trigema die Nachhaltigkeit mit einem Produkt: mit der Berglimo Heugäuer, erhältlich in rot und gelb. Es ist ein erstaunlich reines Erfrischungsgetränk, mit Allgäuer Früchten, gänzlich ohne Zuckerzusatz oder anderen Zusatzstoffen, mit quellfrischem Allgäuer Wasser und Kohlensäure sowie mit einem Heuextrakt von naturbelassenen Allgäuer Bergwiesen mit über 70 verschiedenen Kräutern.

Niklas Zötler: *Ja, das ist eine spannende Geschichte, weil es halt eine hundertprozentig regionale Allgäuer Limonade ist. Bis auf die Kohlensäure ist alles aus dem Allgäu und eben ohne Zuckerzusatz.*

Dabei profitieren die traditionellen alten Streuobstwiesen, die seit Jahrhunderten das Landschaftsbild des Westallgäus prägen, einer der artenreichsten Lebensräume Mitteleuropas. Denn die Berglimo braucht ausgewählte heimische Früchte: weiße Trauben (Berglimo gelb), schwarze Johannisbeeren (Berglimo rot) und Äpfel liefern 40 Prozent Saftanteil. Die Bauern werden von den Zötlers überzeugt, die Früchte zur Verfügung zu stellen.

Niklas Zötler: *Unser Markt ist derzeit zu 95 Prozent das Allgäu. Das ist auf der einen Seite die Schwäche, aber das ist, was Internationalisierung, Globalisierung betrifft, sicher auch eine Stärke.*

Ist es bei Zötler das Bewahren der Kulturlandschaft des Allgäus, so zeigt das Hotel Gabrielli in Venedig Nachhaltigkeit im Bewahren der Räume, des Hauses.

> **Francesca Rosenberger:** *Wenn man Venedig betrachtet: Was mich faszniert, ist die Schönheit des Seins. Venedig ist eine Stadt, die mich jedes Mal, wenn ich da ankomme, wieder überwältigt. Sie ist eine zur Freude gebaute Stadt. Sie ist wie ein Feuerwerk. Und so wird sie auch bewahrt und ist eben in sich schon ein Wunder. Das zu bewahren, ist eine große Aufgabe. Das eben auch in die heutige Zeit zu überführen. Die Gäste haben andere Ansprüche an Hotelzimmer als 1920, als die Zimmer eher wie Hospizzimmer wirkten. So sahen Hotelzimmer damals aus. Da hat sich doch wahnsinnig viel getan. In einem Haus von 1300 umzubauen, ist eine ordentliche Herausforderung. Da ist immer irgendwo ein Rohr, wo sie nicht glauben, dass da ein Rohr ist. Dieses [Haus] zu bewahren und in die Zeit zu transformieren, das ist irgendwie eine Vision. [Zu zeigen], dass es die Berechtigung hat, da zu sein. Denn so einen ollen Kasten will keiner, aber so einen modernen Sputnik eben vielleicht auch nicht.*

Der Hof Eggers in den Vierlanden bei Hamburg steht als Biohof wie selbstverständlich für Nachhaltigkeit, er ist zudem Preisträger 2008 im Bundeswettbewerb »Landwirtschaft schafft Kulturlandschaft«, »Naturschutzhof 2006«, »Demonstrationsbetrieb Ökologischer Landbau«, 1999 erhielten die Hofleute Eggers den »Hanse Umweltpreis«, 1994 gab es die Verleihung des »Julius H.W. Kraft Preises«: »Die Erhaltung des Eggerschen Hofes in landwirtschaftlicher Nutzung unter denkmalpflegerischer Bewahrung des historischen Gebäudeensembles und des natürlichen Umfeldes ist beispielhaft.«

> **Henning Beeken:** *Hier, beim Hof Eggers, ist es natürlich ganz eindeutig, dass doch eine Mission vorhanden ist. Zum einen in der Hinsicht, dass wir nachhaltig produzieren als Demonstrationsbetrieb ökologischer Landbau, und auch ein Beispielbetrieb sind dafür, wie man nachhaltig in der Landwirtschaft produzieren kann. Die Menschen kommen her, können sich ansehen, wie das funktioniert. Es ist, denke ich, für unsere Gesellschaft sehr wichtig, zu sehen, wie so etwas gemacht wird beim Bioanbau.*

Die zweite Komponente ist, dass die Menschen mehr und mehr auch hierher kommen, um sich hier aufzuhalten in der Umgebung, gerade junge Familien, Menschen schauen sich die alten Gebäude an, eine idyllische, irgendwie stimmige Umgebung. Das schafft die Möglichkeit, sich zu entspannen, Abstand zu bekommen von der Großstadt, vom Stress. Das wird für uns eben immer mehr zu einem Wirtschaftsfaktor, die Gastronomie und der Tourismus. Beides haben wir als Standbein neu aufgebaut oder in der letzten Zeit verstärkt. Die Menschen kommen hierher und genießen das einfach.

Bei Räder-Vogel in Hamburg gehört die Nachhaltigkeit zur Gründungsgeschichte des Unternehmens: Der geschäftsführende Gesellschafter Carsten Henning erzählt von der Gründerpersönlichkeit Peter Vogel und dessen Start nach dem Zweiten Weltkrieg anno 1946:

Carsten Henning: *Zu der Zeit hat er damit begonnen, alte Panzerräder zu überarbeiten – diese kleinen Räder in den Ketten – und hat daraus Schubkarrenräder und Schubkarren gemacht. Wir haben früher auch Schubkarren selber gebaut und im Laden in der Amsinckstrasse, den es ja heute noch gibt, verkauft. Mit der Hafennähe, so ist das entstanden. Sprich: null Wareneinsatz und 100 Prozent Profit.*

Auch der Umgang mit den 26 Nationen, aus denen die Mitarbeiter kommen, ist als Aspekt von Nachhaltigkeit prägend für die Kommunikationskultur im Unternehmen.

Ähnlich spielt auch bei der Dr. Sasse AG die Perspektive auf die Flüchtlingseingliederung eine nachhaltige Rolle:

Christine Sasse: *Als Herausforderung sehe ich das Thema Flüchtlinge, wie wir in Zukunft damit umgehen, die Menschen, die zu uns kommen, in Arbeit zu bringen. Dafür sind Unternehmen wie wir prädestiniert. Verschiedene Anlerntätigkeiten oder junge Menschen eine Ausbildung zum Gebäudereiniger, zum Elektriker machen zu lassen, das sind Wege, die möglich sind.*

Nicht zuletzt steht das Unternehmen Porsche für eine umweltscho-nende Produktion, wie beispielsweise in Leipzig mit einem der effizien-testen Automobilwerke der Welt. Die CO_2-Emissionen liegen dort jährlich um nahezu 12.000 Tonnen unter den Werten von konventionellen Werken (vgl. 2. Nachhaltigkeitsbericht vom 23.5.2016 gemäß Standardrichtlinien der Global Reporting Initiative – GRI – zur Erstellung von Nachhaltigkeitsberich-ten, www.globalreporting.org).

Kein Ranking

Abschließend möchte ich Ihnen noch folgenden Hinweis geben: Die Dar-stellung der genannten Unternehmen hier wie im ganzen Buch ist nicht vollständig, sondern stellt vor allem einzelne Ansätze oder relevante Ein-zelbeispiele vor. Daraus kann kein Ranking oder Ähnliches abgeleitet wer-den. Allerdings will ich Sie dazu einladen, Ihre eigene Herangehensweise zu reflektieren und Sie dazu ermutigen, nicht alles richtig machen zu wol-len, dafür aber Wesentliches anzupacken und voranzubringen. Am Anfang steht dabei stets die Kommunikation miteinander, die Kommunikations-kultur in Familien, in Familienunternehmen.

Anhang

Die Unternehmen meiner Interviewpartner im Überblick

Eine Besonderheit dieses Buches sind die vielen Auszüge aus Interviews, die ich mit unterschiedlichsten Unternehmerinnen und Unternehmern geführt habe. Ich möchte Ihnen auf den folgenden Seiten deren Unternehmen genauer vorstellen. Dies in alphabetischer Reihenfolge zu tun, erschien mir angesichts des Themas »Familienunternehmen« nicht richtig. Stattdessen habe ich mich dafür entschieden, sie in der Reihenfolge der Unternehmensgründung zu ordnen.

BRAUEREI ZÖTLER, Rettenberg im Allgäu
Privat-Brauerei Zötler GmbH, Konsumgüter, ca. 70 Mitarbeiter

www.zoetler.de

Gesprächspartner sind Senior Herbert Zötler und Junior Niklas Zötler, 20. auf 21. Generation, Gründung 1447. Als Luther 1483 geboren wurde, braute die Brauerei schon ihr Bier und konnte nach 36 Jahren Unternehmensgeschichte bereits auf den ersten, vielleicht sogar schon den zweiten Generationenübergang zurückblicken. Das heutige spanische Sortenspektrum im spanischen Olivenanbau ist seit dem 15. Jahrhundert gleich geblieben, also seit der Zeit der Gründung der Privat-Brauerei Zötler.

Es gibt zwei Gesellschafterfamilien aus einem Stamm, die Gesellschafteranteile sind in vier Händen. Im Gesellschaftervertrag ist festgelegt, dass zukünftig nur ein Abkömmling pro Familie die Geschäftsanteile erben kann. Die Brauerei sei nie verkauft worden, erzählt der Senior und der Junior fügt hinzu, sie hätten sich in der Familienverfassung dafür entschieden, dass es in seiner Generation nur zwei Gesellschafter geben solle, obwohl insgesamt fünf Personen »theoretisch« Gesellschafter werden könnten. So solle ein Tannenbaumsystem vermieden werden.

Die 21. Generation schreitet ins 21. Jahrhundert. Zötler betreibt sozusagen »Teambildung einundzwanzig« durch stimmige Streitkultur – und die beiden Interviewpartner demonstrieren: In der Ruhe liegt die Kraft! Auch verbal und in der Stimme drücken Senior und Junior völlige Ruhe aus. Während manche Senior-Junior-Beziehungen belastet erscheinen und mancher Senior den Junior an der langen Leine kontrollieren will, zeigen sich die beiden als ein Team, das sich fast blind den Ball zuwerfen kann und Hand in Hand voranschreitet (weiter unten finden Sie das vollständige Interviewgespräch).

HOF EGGERS & GARTENBAU BEEKEN, Hamburg-Vierlande
Hof Eggers in der Ohe, Hamburg-Vierlande sowie Beeken Gartenbau, Landwirtschaft und Gartenbau

www.hof-eggers.de
www.beeken-gartenbau.de

Gesprächspartner sind Norma Beeken & Henning Beeken, Geschäftsführer, sowie telefonisch der Vorgänger Georg Eggers,

15. Generation auf Hof Eggers bzw. fünfte Generation Gartenbau Beeken. Die Gründung des Hofs Eggers fiel möglicherweise mit dem Bau des ersten Speichers anno 1535 zusammen, 1548 wurde er erstmals urkundlich erwähnt, seit 1628 ist er in Familienbesitz: Im selben Jahr sank das legendäre schwedische Kriegsschiff Vasa auf seiner Jungfernfahrt vor Stockholm. Das historische Hufnerhaus von 1834, in dem die sogenannten Altenteiler, die 14. Generation mit den Hofleuten Christine und Georg Eggers, wohnen, liegt auf einer sogenannten Wurt, altdeutsch für Hofstätte, auf der vier weitere Siedlungshorizonte zu finden sind, wie sie Georg Eggers bei Grabungen fand.

Gartenbau Beeken wurde anno 1880 gegründet, im Jahr der Vollendung des Kölner Doms.

Henning Beeken ist Geschäftsführer zweier Familienunternehmen. Gartenbau Beeken übernahm er zuerst, in der Nachfolge seiner Eltern, dann sieben Jahre später den Hof Eggers, als Nachfolger seines kinderlos gebliebenen Onkels Georg Eggers und dessen Frau.

Es ist eine Idylle mit vielen Pflichten, Erschöpfung und Stress: Die Nachfolge in zwei Familienunternehmen anzutreten, ist eine besondere Herausforderung – zumal zeitlich so nah aufeinander, in zwei arbeitsintensiven Branchen. Beeken muss sowohl am Hof als auch am bereits geordneten Gartenbauunternehmen Präsenz zeigen. Sein Ja zum Familienunternehmen folgte einer Lust und Selbstverständlichkeit, Verantwortung zu übernehmen. Wäre doch ein Nein besser gewesen? Nein! Auch ein Nein zum Interview fällt schwer, Henning Beeken prüft die Fragen noch direkt vor Beginn des Interviewgesprächs.

MECKATZER LÖWENBRÄU, Heimenkirch-Meckatz im Allgäu
Meckatzer Löwenbräu Benedikt Weiß KG, Konsumgüter, 170 Mitarbeiter

www.meckatzer.de

Gesprächspartner ist Michael Weiß, Geschäftsführender Gesellschafter, vierte Generation Familie Weiß, Gründung 1738. In diesem Jahr erkennt das dänisch regierte Herzogtum Holstein im Gottorper Vertrag die Reichsunmittelbarkeit Hamburgs an, also die Unabhängigkeit der Freien und Hansestadt vom Königreich Dänemark.

Im Unternehmen gibt es insgesamt vier Gesellschafter. Es wird sich zeigen, wer von den drei Kindern des derzeitigen Chefs nach Studium und Praxis möglicherweise später für die Nachfolge Interesse zeigt und Verantwortung übernehmen will.

Im Interview bewegen ihn die Themen Qualität und Markenbewusstsein. Schon in der Architektur und dem an einen kleinen Park erinnernden Garten vor dem Gelände zeigt er seinen Anspruch auf Qualität und Nachhaltigkeit.

Das Meckatzer Weiss-Gold wurde 2009 von Öko-Test mit einem »Sehr gut« ausgezeichnet und gehört damit zu den drei besten Bieren Deutschlands. 2012 wird es in »Capital« und von Biersommelier Billy Wagner ausgezeichnet (vom Gourmet-Magazin »Falstaff« 2012 zum Sommelier des Jahres ge kürt). Der Gault Millau nahm die Brauerei 2011 in den Gourmet-Reiseführer »Bayern« auf.

Der Großvater von Michael Weiß hat die Marke Weiss-Gold im Jahr 1905 schützen lassen, und zwar beim kaiserlichen Patentamt in Berlin. Es ist das goldfarbene Bier der Familie Weiß. Daher kommt der Begriff Weiss Gold. Michael Weiß erwähnt während des Interviews den großen Wandel in der Branche im Bereich Craft Bier. Gleichzeitig erwähnt er, dass Metzacker zu einem der Unternehmen zählt, das diesen Wandel auf bestmögliche Weise vollzieht.

Eine wesentliche Marke ist für ihn als Brauer neben der Biermarke Weiss-Gold die Marke Allgäu, für die er sich als Sprecher des Markenbeirats einsetzt, um vom »Kirchturmdenken wegzukommen« in der so verschieden wirkenden Region zwischen dem württembergischen Westallgäu nördlich Lindau/Bodensee um Wangen im Allgäu bis zum Schloss Neuschwanstein im Ostallgäu.

HOTEL GABRIELLI, Venedig & HOTEL WALDHOF, Mölln
Hotel Gabrielli, Venedig, ca. 70 Mitarbeiter
Hotel Waldhof auf Herrenland, Mölln, 9-16 Vollzeitkräfte

www.hotelgabrielli.it/de und www.hotel-waldhof.de

Gesprächspartnerin ist Dr. Francesca Rosenberger, Geschäftsführende Gesellschafterin, fünfte Generation Hotel Gabrielli bzw. dritte Generation Hotel Waldhof auf Herrenland.

Gründung Hotel Gabrielli anno 1856, Heinrich Heine starb im Pariser Exil, während das Heer von Radetzky in Venedig angelandet war und der Armeekoch in Venedig blieb, seine Frau aus Österreich nachholte und das Hotel Gabrielli gründete.

Gründung Hotel Waldhof anno 1957. In diesem Jahr wird als Vorgängerorganisation von EG und EU durch die BeNeLux-Staaten die Europäische Wirtschaftsgemeinschaft (EWG) gegründet, Frankreich, Italien und die Bundesrepublik Deutschland.

Frau Dr. Francesca Rosenberger ist eine von fünf Anteilseignerinnen des Hotels Gabrielli. Neben ihr und ihrer Schwester gibt es noch drei Gesellschafter in der Altgeneration. Sie ist alleinige Anteilseignerin des Hotels Waldhof auf Herrenland. Lebendig und anschaulich zeigt sich im Interview das Leben in verschiedenen Kulturen und Wohnorten zwischen Norddeutschland, Venedig und Österreich. Die Rücksichtnahme auf Empfindlichkeiten der älteren Vorgängergeneration im Hotel Gabrielli scheint sie mit gutem Instinkt stimmig zu gestalten, nicht zuletzt auch aufgrund des Respekts, den Sie angesichts der 160-jährigen Lebensleistung gegenüber ihren Vorgängern empfindet. So spricht sie vom Hotel Gabrielli als dem »Tanker durch die Jahrhunderte«.

Übrigens fand die Hamburger Schriftstellerin Cornelia Funke ihre Idee zum Buch »Hände weg von Mississippi« (erschienen 1997) in der Hotellobby des Gabrielli. Auch andere Bücher von Funke nehmen Bezug zum Hotel, beispielsweise »Herr der Diebe« (2000).

DR. OETKER, Bielefeld
Dr. Oetker AG, Konsumgüter, ca. 27.000 Mitarbeiter weltweit, ca. 4.500 Beschäftigte in Deutschland

www.oetker.de

Gesprächspartner ist der Vorsitzende des Beirats Dr. h.c. August Oetker auf Einladung der Alumni Universität Hamburg, vierte Generation mit Richard Oetker seit 2010, jüngerer Bruder von Dr. A. Oetker, beide sind die Söhne von Rudolf-August Oetker aus zweiter Ehe. Gründung anno 1891, im Jahr, als über ein Nachrichtenkabel durch den Ärmelkanal das erste Telefongespräch von Paris nach London möglich wurde.

Die Aktiengesellschaft, komplett in Familienhand, feiert 2016 ihr 125-jähriges Bestehen. Dr. August Oetker, Vorsitzender des Beirats, steht für Identität und Führung. In seinem Werdegang geht es auch darum, in die eigene Rolle als Sohn und Jungunternehmer zwischen Bielefeld, München, NY/USA zu finden. Außerdem geht es ihm um das Lernen aus der Geschichte: August Oetker initiierte die Bewältigung der NS-Vergangenheit und die Aufarbeitung der Rolle des Unternehmens in der NS-Zeit.

TRIGEMA, Burladingen auf der Schwäbischen Alb
Trigema Wolfgang Grupp e. K., Mode, Textil, ca. 1.200 Mitarbeiter

www.trigema.de

Gesprächspartner ist Wolfgang Grupp, vierte Generation, Gründung 1919, im Jahr der Gründung der Arbeiterwohlfahrt sowie des Berliner Familienbetriebs Hüco Stoffgroßhandel.

Wolfgang Grupp ist alleiniger Besitzer von Trigema, Träger des Bundesverdienstkreuzes und anderer Auszeichnungen, sein Unternehmen ist als eines von 120 vorbildlichen Familienunternehmen im Band Deutsche Standards (2011) geführt. Grupp beschäftigt ein für ihn vorherrschendes Wort: Versager. Als Visionär mit dem Cradle to Cradle Award mühsam die Versager überwindend, seien es die Versager unter den Unternehmern oder womöglich der Vater selbst, demonstriert er Entschlossenheit, auch stimmlich und sprachlich spricht er Klartext, manchmal auch hart, mit harter Stimme.

Das Interview fand im Großraumbüro der Verkaufsabteilung statt, in dem sich der Schreibtisch von Herrn Grupp im Kopfbereich befindet. Hinter ihm die Gemälde von seiner Frau und ihm sowie seiner Eltern.

Eine mir wichtige Frage, die mich die nächsten Jahre interessieren wird: Werden die Change-Produkte so erfolgreich auf den Markt kommen, wie es dem unternehmerischen Anspruch von Wolfgang Grupp sowie dem gesellschaftlichen Nachhaltigkeitsanspruch in Deutschland und Europa entspricht? Werden neben den sogenannten Testgeschäften auch kleine Trigema-Boutiquen eröffnet in Metropolen wie beispielsweise der Hansestadt Hamburg?

RÄDER-VOGEL, Hamburg-Wilhelmsburg
Räder-Vogel Räder- und Rollenfabrik GmbH und Co. KG, Industrie, ca. 500 Mitarbeiter

www.raedervogel.de

Gesprächspartner ist Carsten Henning, Geschäftsführender Gesellschafter neben seinem Vater, vierte Generation insgesamt, zweite Generation Familie Henning, Gründung 1946. In diesem Jahr erhalten die Ulmer Magirus-Werke von den Besatzungsmächten die Erlaubnis zur Wiederaufnahme der LKW-Produktion.

Räder-Vogel produziert 30.000 Artikel für jeden Einsatzbereich mit Tragkräften bis zu 80 Tonnen, wie Trigema »Made in Germany«, versendet in mehr als 50 Staaten der Welt. Als einziges VULKOLLAN®-verarbeitendes Unternehmen wurde es mit dem Bayer Award ausgezeichnet, dem »Award for Excellence in Development and Implementation of Advanced VULKOLLAN® Processing Technology«.

Die Firma hat ihren Hauptsitz auf der größten Elbinsel, die gleichzeitig die größte Binneninsel Deutschlands ist, in Hamburg-Wilhelmsburg, mit Mitarbeitern aus 26 verschiedenen Herkunftsnationen, vergleichbar mit der Bonifatiusschule Wilhelmsburg mit Schülern aus 30 Herkunftsnationen. Die Insel ist nicht ganz so perfekt rund wie die Räder von Räder-Vogel, der Hamburger Hafen ist zu großen Teilen deckungsgleich mit Wilhelmsburg. Räder-Vogel steht im Umbruch der Nachfolge vom Vater auf den Sohn. Die Herausforderung liegt darin, inmitten der letzten Phase dieses Übergabeprozesses vom Senior zum Junior, dass der Junior in Zeiten unternehmerischen Wachstums die eigene gefundene Spur hält und gegen den patriarchalen Widerstand vonseiten seines Vaters verteidigt.

DR. SASSE AG, München/London

Dr. Sasse AG, London & München (sowie Lanfine, Scotland), Facility Management/Gebäudedienste, ca. 5.300 Mitarbeiter

www.sasse.de

Gesprächspartner sind Laura Friederike Sasse, die ältere der beiden Sasse-Schwestern, sowie Dr. Christine Sasse, Personalvorstand. Nicht dabei sind der Gründer Dr. Eberhard Sasse sowie die jüngere Tochter, Clara Sophie Sasse, angehende Psychologin, erste Generation im Übergang auf zweite Generation, Gründung 1976. In diesem Jahr endet die Kulturrevolution in China mit dem Tod von Mao Zedong. 1996 Gründung als Komplettanbieter im Facility Management, dem Jahr der Verleihung des Nobelpreises für Wirtschaftswissenschaften an James Mirrlees (UK) und William Spencer Vickrey (USA).

Es geht in dem Gespräch u. a. um die eigene Haltung und die Frage, wie viel Verantwortung man in frühen Jahren übernehmen und wie viel Freiheit man suchen und zulassen soll. Wie werden sich die Nachfolgerinnen einer möglichen Schwesternkonkurrenz stellen, in der Verantwortung sowohl für die persönliche Entwicklung als auch für die Weiterentwicklung des Unternehmens? Eine spannende Frage deutet sich im Interview bereits an: Wie wird sich die familiäre Dynamik ausdrücken, wenn die beiden Töchter und designierten Nachfolgerinnen für die Unternehmensführung ihre zukünftigen Partner mit ins Boot holen? Dies wird die familiäre Dynamik möglicherweise sehr verändern und unberechenbarer machen als heute im Rahmen der erprobten Kernfamilie. Diese Dynamik ebenso vorausschauend zu gestalten wie die Nachfolge der Töchter bisher vorbereitet wurde, bleibt eine enorme Herausforderung, durch die sich die Kommunikationskultur eines Tages in der Familie und im Familienunternehmen enorm verändern und prägen wird.

Die Unternehmen in Stichworten

Hier möchte ich die Unternehmen nach verschiedenen thematischen Gesichtspunkten ordnen – ohne Anspruch auf Vollständigkeit:

Nachfolgekonstellationen aller im Buch genannten Unternehmen

- 0. Generation (kein Familienunternehmen mehr): Adidas, Puma, Reemtsma, Louis
- 1. Generation (ohne bekannten Nachfolger): flexi-Bogdahn International GmbH & Co. KG
- 1. Generation (Nachfolge vermutlich geregelt): Block House Restaurantbetriebe AG mit Hotel Grand Elysée
- 1. Generation (zwei Nachfolgerinnen in den Startlöchern): Dr. Sasse AG
- 1. Generation (Nachfolger in den Startlöchern): Fielmann AG
- 1. Generation (Kinder in den Startlöchern): Circus Roncalli
- 2. Generation: Haribo, Hans Riegel Bonn
- 2. Generation: Art Furrer Hotels (Schweiz)
- 2.–3. Generation: Merckle Unternehmensgruppe (die Merckle GmbH erbte bereits der Gründer Adolf Merckle von seinem Vater)
- 3. Generation: Hotel Waldhof im Herrenland
- 3. Generation: Würth
- 3. Generation: Hüco-Stoffe, Heinrich Hühn GmbH
- 3. Generation: Dachser Group SE & Co. KG
- 4. Generation: Porsche
- 4. Generation (2. Generation familienintern): Räder-Vogel
- 4. Generation: Trigema W. Grupp e. K.
- 4. Generation: Wagner Festspiele
- 4. Generation (davor viele andere Besitzer): Meckatzer Löwenbräu Benedikt Weiß KG
- 4. Generation: Budnikowski GmbH & Co. KG
- 4. Generation (steht möglicherweise vor dem Wechsel in die 5. Generation oder vor der Umwandlung in eine Stiftung): J. J. Darboven
- 5. Generation: Hotel Gabrielli
- 5. Generation: Gartenbau Beeken
- 6. Generation: Tierpark Hagenbeck
- 8. Generation: Niederegger
- 13. Generation: Vins Eugène Meyer (Frankreich)

- 15. Generation: Hof Eggers in der Ohe
- 20. auf 21. Generation: Brauerei Zötler
- 27. Generation: Weingut Fürst Hohenlohe Oehringen
- 46. auf 47. Generation: Hoshi Ryokan (Japan)

Mehr oder weniger aktuelle Jubiäumsfeiern

Hoshi Ryokan	2017	1.300-jähriges Jubiläum
Weingut Fürst Hohenlohe Oehringen	2030	777-jähriges Jubiläum
Zötler	2017	570-jähriges Jubiläum
Vins Eugène Meyer, Elsass (Frankreich)	2020	400-jähriges Jubiläum
Meckatzer	2013	275-jähriges Jubiläum
Niederegger	2006	200-jähriges Jubiläum
	2016	210-jähriges Jubiläum
Darboven	2016	150-jähriges Jubiläum und 80. Geburtstag von Albert Darboven
Hotel Gabrielli	2016	160-jähriges Jubiläum
Dr. Oetker	2016	125-jähriges Jubiläum
Budni	2013	100-jähriges Jubiläum
Trigema	2019	100-jähriges Jubiläum
Hüco-Stoffe	2019	100-jähriges Jubiläum
Porsche	2016	85 Jahre Registrierung als Dr. Ing. h.c. F. Porsche GmbH
Räder-Vogel	2016	70-jähriges Jubiläum
Henne GmbH	2011	50-jähriges Jubiläum
Circus Roncalli	2016	40-jährige Jubiläumstournee
Dr. Sasse AG	2016	40-jähriges Jubiläum

Nachfolge mit Geschwistern

- Dr. Sasse AG: Zwei Schwestern stehen in den Startlöchern und sind bereits im Unternehmen aktiv. Später soll nur eine der beiden die Führungsverantwortung übernehmen.
- Trigema: Beide Kinder sind im Unternehmen aktiv, später soll nur einer als Geschäftsführer die Führungsverantwortung übernehmen: der Sohn oder die Tochter.
- Hotel Gabrielli: Beide Schwestern sind in die Nachfolge eingetreten.
- Hof Eggers: Die Nachfolge übernimmt (wegen fehlender eigener Kinder) der Neffe.
- Gartenbau Beeken: Die Nachfolge übernimmt der Sohn. Die Tochter ist in einer anderen Branche aktiv.
- Meckatzer: Die Nachfolge ist noch offen. Der aktuelle Gesellschafter hat Drillinge und auch die anderen Gesellschafter haben Kinder.
- Zötler: Der Sohn als Gesellschafter und Nachfolger neben einer Schwester und drei Cousinen. Zukünftig gibt es nur einen Gesellschafter in jedem Familienstamm.

Nachfolger studieren derzeit oder studierten

- Zötler Junior studierte BWL und Braumeister.
- Meckatzer: Die Kinder des aktuellen Chefs studieren derzeit (zwei BWL, einer Psychologie).
- Hof Eggers: Der Nachfolger studierte Gartenbauingenieur.
- Hotel Gabrielli (und Hotel Waldhof): Die Nachfolgerinnen studierten BWL.
- Trigema: Beide möglichen Nachfolger studierten BWL.
- Räder-Vogel: Der Nachfolger studierte BWL.
- Dr. Sasse AG: Die designierten Nachfolgerinnen studieren Psychologie (jüngere) und BWL (ältere).

Gründergeschichten

- Hotel Gabrielli: Andreas Perkhofer kam als Armeekoch nach Venedig, wo er das Hotel gründete.
- Räder-Vogel: Die Idee, Schubkarren aus Panzerrädern herzustellen, wurde zum Unternehmensstart.

- Meckatzer Löwenbräu: Nach 13 Versuchen der langfristigen Betriebsführung unter verschiedenen Besitzern im damals dünn besiedelten Westallgäu übernahm die Familie Weiß 1853 (und weiterführend die Witwe Lena Weiß) die damalige Landbrauerei, die unter der Familie Weiß nachhaltig erfolgreich wirtschaftete.
- Die Brauerei Zötler wurde in ihrer Unternehmensgeschichte nie verkauft und steht heute in der 21. Generation.

Junior und Senior zeitgleich aktiv

- Zötler
- Dr. Sasse AG
- Räder-Vogel
- Trigema
- Budni (drei Generationen derzeit aktiv)

Patriarch im Boot

- Trigema: Wolfgang Grupp
- Räder-Vogel: Der Senior des Unternehmens ist noch aktiv.
- Hotel Gabrielli: Der Vater der beiden Geschäftsführerinnen ist im Hintergrund, aber nicht mehr aktiv.
- Oetker: Der Vater des heutigen Beiratsvorsitzenden war der Patriarch.
- J. J. Darboven: Der Senior hat alles in der Hand, lässt familiäre Nachfolge nicht zu

International

- Hotel Gabrielli (Venedig): Die Geschäftsführerinnen leben je zur Hälfte in Italien und Deutschland und haben einen österreichischen Pass.
- Räder-Vogel: Mitarbeiter aus 25 Nationen arbeiten im Unternehmen, das Unternehmen hat Handelspartner weltweit.
- Dr. Sasse AG: Das Unternehmen erbringt Dienstleistungen europaweit, insbesondere in Deutschland, Österreich und Großbritannien sowie darüber hinaus in Katar und Jordanien; die Firmensitze sind in Deutschland und England; die Mitarbeiter stammen aus vielen Nationen.
- Hof Eggers: Der Nachfolger sammelte erste Führungserfahrung in Mexiko, von dort brachte er seine mexikanische Frau mit in die Vierlande bei Hamburg.

Rang unter den 200 größten Arbeitgebern Hamburgs 2014 (2013)

- Otto Group: Rang 5 (5)
- Kühne & Nagel: Rang 23 (25)
- Budnikowski: Rang 41 (40)
- Gebr. Heinemann: Rang 50 (51)
- Fielmann: Rang 48 (54)
- Block Gruppe: Rang 58 (60)
- ECE Projektmanagement: Rang 63 (62)
- Räder-Vogel: Rang 155 (166)

Mut zur Nachfolge und Führung von zwei Unternehmen

- Henning Beeken: Hof Eggers und Gartenbau Beeken
- Dr. Francesca Rosenberger alias Francesca Perkhofer: Hotel Waldhof auf Herrenland und Hotel Gabrielli in Venedig

Führungsverantwortung in zwei Branchen, zugleich kleine Betriebe

- Henning Beeken auf Hof Eggers sowie bei Gartenbau Beeken

Unternehmensmarke (Corporate Brand) und ihre Einzelmarken

- Meckatzer Löwenbräu: »Weiss Gold« und die Region »Allgäu«
- Trigema: »Change« mit Cradle to cradle award
- Zötler »Vollmondbier« und »Heugäuer« im »Allgäu«
- Räder-Vogel: »PEVOLON«
- Dr. Oetker: Diverse Marken von der Dr. Oetker Tiefkühlpizza (als umsatzstärkstes Produkt) bis hin zum Backpulver »Backin« (mit dem seit 1891 unter dem renommierten Zusatz »Doktor« als der eigentlichen Erfindung der Erfolg begann). Weitere Marken sind »Henkell Trocken«, die Bionade des Braumeisters Leipold und der Privatbrauerei Peter in der fränkischen Rhön, die seit 2009 zu 70 Prozent und seit 2012 zu 100 Prozent zur Radeberger Gruppe und damit auch zu Dr. Oetker gehört. Andere Marken sind das regional bekannte Allgäuer Brauhaus, das Bankhaus Lampe und die Reedereigruppe Hamburg Süd.

Interview mit Herbert und Niklas Zötler

In diesem Buch finden Sie an vielen Stellen Auszüge aus den von mir geführten Interviews. Zugunsten der leichteren Lesbarkeit wurden die Gespräche teilweise sprachlich etwas geglättet oder im Kleinen leicht abgeändert, damit Sie die Inhalte besser einordnen konnten, zumal die Interviewauszüge ja aus dem Gesamtkontext herausgelöst waren.

Für alle Leser, die die Interviews gerne in ihrer vollen Länge und im O-Ton lesen möchten – was ich übrigens sehr empfehle –, bieten wir sie zum Download an. Sie finden alle geführten Interviews in voller Länge auf unserem Arbeitshilfen-Portal (Zugangscode am Buchende).

Um Ihnen einen Vorgeschmack zu geben, haben wir das Interview mit Herbert und Niklas Zötler, Inhaber der ältesten Familienbrauerei der Welt, an dieser Stelle in seiner vollen Länge abgedruckt.

Interview mit Herbert und Niklas Zötler

Interviewer: Ich schreibe ein Buch über Familienunternehmen [...] Ihre Brauerei [...] ist ja die älteste Familienbrauerei der Welt, wie immer man das misst, aber das ist eben spannend. [...]

Interviewer: Inwiefern ist Ihr Unternehmen ein Familienunternehmen?

Herbert Zötler: Uns gibt es seit 1447. Die Brauerei selber ist nie verkauft worden, ich bin in der 20. Generation, wenn ich richtig gezählt habe. Der Niklas dann in der 21. Ich glaube, mehr Familienunternehmen geht nicht.

Niklas Zötler: 100 Prozent auch Familienbesitz, also es gibt zwei Gesellschafterfamilien, aber aus dem gleichen Stamm. Meine Tante und mein Onkel heißen zwar Müller, also meine Tante geborene Zötler. Wir vier sind auch die einzigen Gesellschafter in der Brauerei.

Und helfen natürlich. Nicht nur wir sind berufstätig in der Brauerei beschäftigt, sondern fast alle Familienmitglieder helfen auf die eine oder andere Art und Weise und arbeiten hier.

Interviewer: Was verlangt Familie dem Unternehmen ab?

Herbert Zötler: Als Familienunternehmer hat man die Aufgabe, ein Unternehmen zu führen und damit ist zwangsläufig auch die Aufgabe verbunden, die Familie zu führen. Die Schnittmenge ist einfach relativ groß, wo beide agieren. Das ist nicht leicht, aber man darf es auch nicht vernachlässigen. Also man muss im sowohl-als-auch seine Führungsfähigkeiten einbringen.

Interviewer: Was verlangt das Unternehmen einer Familie ab?

Niklas Zötler: Viel Einsatz, viel Arbeitszeit, die im Unternehmen im Endeffekt steckt. Wo die Familie sich auch darauf einlassen muss. Also die tägliche Erziehung … Also zu den Fußballspielen hat mich selten mein Vater gefahren. Es war schon die Aufgabe hauptsächlich meiner Mutter. Weil man als Geschäftsführer eines Familienunternehmens natürlich auch stark eingespannt ist. Bei uns hört es auch nicht plötzlich um 18 Uhr auf und auch nicht am Freitagnachmittag. Wir sind eigentlich Vollzeitunternehmer, wir haben am Wochenende Festveranstaltungen, Kundenjubiläen, Kundenbesuche und so weiter.

Herbert Zötler: Ich glaub es geht nur, wenn die Familie insgesamt mitmacht. Dann kann man überhaupt erst ein Familienunternehmen erfolgreich führen. Ohne den Rückhalt und die Einbindung, das Mitmachen von der Familie: Ich kenn jetzt kein anderes Familienunternehmen, wo das getrennt wäre und das funktioniert. Das halt ich für schwierig.

Interviewer: Welche Werte als Familienunternehmer liegen Ihnen am Herzen?

Herbert Zötler: Wir haben Werte, denke ich, die gelten sowohl für die Brauerei wie aber auch im Miteinander der Familie und der Familien. Da ist ganz oben das Thema gegenseitige Wertschätzung. Also, dass ich sowohl die Mitarbeiter, wie die Kunden wertschätze, so, wie das auch die einzelnen Familienmitglieder untereinander tun. Dass man Wertschätzung entsprechend entgegenbringt. Das hat auch mit Respekt oder immer wieder mit Respekt zu tun. Aufmerksamkeit schenken, dass ich dem anderen zuhöre, dass ich aufnehme, wo macht es Spaß, wo gibt es ein Problem und dann entsprechend darauf reagieren kann. Ich denke auch, dass eine Familie sich ähnlich wie ein Geschäftsführer in einem Unternehmen verhält, wenn es einen gibt, der was zu sagen hat, der eine Richtung vorgibt, dem man vertraut, dem man auch das Vertrauen entgegen bringt.

Niklas Zötler: Aber viel auch was Zuverlässigkeit betrifft, das ist sowohl in der Familie als auch im Unternehmen ein sehr hoher Wert bei uns. Wir denken extrem langfristig, weil wir uns unserer Historie bewusst sind. Wir sind der Tradition verpflichtet, gerade im Allgäu, wo sehr viel Tradition herrscht und viel auf solche Vergangenheitswerte im Endeffekt wert gelegt wird. Im Endeffekt mit beiden Beinen im Leben stehen. Wir sind alles andere als abgehoben und arrogant. Wir sind uns unserer Herkunft bewusst und haben einfach unsere Wurzeln schön im Allgäu. Genau.

Interviewer: Inwiefern ist Ihr Familienunternehmen für die Gesellschaft von Bedeutung? Haben Sie eine Mission?

Herbert Zötler: Der Niklas hat das ja eben angedeutet: Dadurch, dass wir selber ein Stück Allgäu sind, haben wir es uns auch zur Aufgabe gemacht, uns für das Allgäu und die Region entsprechend einzubringen. Ich war 18 Jahre Gemeinderat, bin jetzt seit der zweiten Periode im Kreistag. Wo ich auch denke, dass ich einen Teil von dem an die Gesellschaft zurückgebe, was ich an Fähigkeiten habe oder wo ich auch das Glück habe, eine bestimmte Ausbildung zu genießen. Wo ich das auch wieder zurückgeben möchte. Oder wir unterstützen viel an Allgäuer Brauchtum, an Allgäuer Kultur. Wir unterstützen einen Allgäuer Mundartverein, immer wieder übernehmen wie Sponsoring für Allgäuer Sportvereine, Musikvereine, Trachtenvereine. Also ich denke, wir geben der Region auch etwas zurück, auch was sie von der Wertigkeit und der Wichtigkeit für unsere Brauerei hat. Das ist ein Miteinander.

Niklas Zötler: Eine ungeschriebene Mission oder Aufgabe, die wir sicherlich haben, ist Lebensfreude schaffen, durch unsere Produkte, weil es wenig Produkte gibt, die man besser mit Emotionen aufladen und verwenden kann wie Bier. Wenn Menschen Bier trinken, grad in Geselligkeit, dann ist es oft mit Freude verbunden in den meisten Fällen und wir legen so viel Wert auf die Qualität unserer Produkte und versuchen immer, sie charakterstark und eigen zu machen, dass die Menschen Spaß daran finden. Sie müssen nicht hundert Prozent der Menschen schmecken, sondern sie sollen denen, die es schmecken, einfach Freude bereiten.

Interviewer: Welche Organisation oder Gemeinschaft ist für Ihr Familienunternehmen von Bedeutung? Was gibt es für Systeme, für Zusammenschlüsse, die für Sie wichtig sind, zum Beispiel der Ort Rettenberg als Gemeinschaft.

Niklas Zötler: Die freien Brauer ist eine Organisation, bei der wir Mitglied sind, seit drei, vier Jahren.

Herbert Zötler: Seit fünf Jahren schon.

Niklas Zötler: Ein Verbund von privaten Brauereien mit Schwerpunkt Deutschland, Österreich und ein bisschen Belgien, Luxemburg, Holland. Das ist ein Werteverbund, dem wie uns auch sehr verbunden fühlen. Wir sind Mitglied beim bayerischen Brauerbund, bei den privaten Brauereien. Das sind so die branchenspezifischen Organisationen, die für uns wichtig sind. Genauso ist natürlich die lokale Politik als Organisation für uns sehr wichtig. Weil es natürlich unser tägliches Geschäft maßgeblich beeinflussen kann. So ein partnerschaftliches Miteinander mit der Gemeinde Rettenberg ist für uns natürlich das A und O.

Herbert Zötler: Im bayerischen Brauerbund arbeite ich heute im Präsidium mit. Aber ich denke auch: Jeder von uns hat auch seinen Freundeskreis. Das ist auch sehr wichtig. Dass man nicht nur mit Scheuklappen durchs Leben läuft, sondern offen ist für alles. Das ist ja was wunderschönes, wenn man mit Freunden ein Bier trinken kann und genießen kann oder mal zwei oder drei.

Interviewer: Oder ein Heugäuer! (Das ist eine sogenannte Berglimo aus Allgäuer Früchten und Heuextrakt, ohne Zuckerzusatz – sie schmeckt sehr gut)

Niklas Zötler: Genau!

Herbert Zötler: Richtig, so wie wir jetzt.

Interviewer: Seit wann besitzen Sie eine Familienverfassung zur Absicherung Ihres Familienunternehmens bzw. wann wollen Sie diese gemeinsam mit allen Anteilseignern ausarbeiten?

Herbert Zötler: Also wir haben eine. Ich glaube es wäre vermessen zu sagen, dass die zur Sicherung dient. Ich denke, eine Familienverfassung, also zumindest so, wie wir sie haben, die hat ja keinen rechtlichen Status. Man kann die ja nicht einklagen. Also wie eine GmbH-Satzung oder sowas, die ist ja einklagbar, wenn da einer dagegen verstößt. Das hat eine Familienverfassung per se nicht. Das ist eher eine Werte- und Verhaltensregel, die wir uns gegenseitig geben. Zum Beispiel ist eine Regel, die wir alle unterschrieben haben, dass wir sagen, wir streiten nach innen und treten nach außen als Einheit auf. Wenn's jetzt einer nicht tut, dann kann ich mit dem jetzt nicht vor den Kadi ziehen. Kann ihm zwar sagen, Junge, du hast da einmal was anderes unterschrieben. Von daher ist es übertrieben, wenn ich sage, das dient zur Sicherung. Das dient eigentlich, dass man sich gegenseitig verständigt: Welche Bedeutung hat so ein Familienunternehmen für die Familien, dass da eine Übereinkunft da ist, wie das geregelt wird. Wer kann mitarbeiten, wer hat Möglichkeiten in welchen Funktionen zu arbeiten. Das denke ich, muss man offen besprechen oder festlegen.

Interviewer: Welches war für Sie das wesentliche Schlüsselerlebnis in der Familie und im Familienunternehmen?

Herbert Zötler: Könnte ich jetzt keines sagen, wo es Klick gemacht hat. Es hat einfach viel mit Erfahrung zu tun. Dass man in einer Familie mit Unternehmen aufwächst. Wie man da miteinander umgeht, wie man mitkriegt, wie die Familie oder ein Unternehmer mit Problemen umgeht. So was prägt eher für die Zukunft, als jetzt ein Erlebnis.

Interviewer: Wer sind Ihre potenziellen Nachfolger?

Herbert Zötler: (Lachen) Sitzt zu meiner Linken.

Niklas Zötler: Hoffentlich nicht nur potenziell. (Beide lachen)

Interviewer: Was glauben Sie wie Ihr Sohn die Zuständigkeiten in der Nachfolge regeln wird? Gibt es möglicherweise auch andere [Zuständigkeiten], sodass geregelt werden muss, wer übernimmt auf welche Weise Verantwortung? Sie haben ja schon die anderen Anteilseigner benannt.

Niklas Zötler: Also wir haben uns auch in der Familienverfassung entschieden, dass wir in meiner Generation nur zwei Gesellschafter sein werden. Wir wären fünf, ich habe eine Schwester und drei Cousinen, die theoretisch alle Gesellschafter werden können. Wir haben uns aber dafür entscheiden, dass neben mir nur eine meiner drei Cousinen Gesellschafterin wird in der Brauerei. Um ein Tannenbaumsystem zu vermeiden.

Herbert Zötler: Also es können alle mitarbeiten, wenn Sie die entsprechende Eignung haben und Fähigkeiten mitbringen. Aber Gesellschafter kann aus jedem Familienstamm nur einer oder eine werden.
Wobei, das sagt jetzt ja nichts über die Rollenverteilung. Es können zwei Geschäftsführer sein, in welchen Konstellationen die zusammenarbeiten ist damit…

Niklas Zötler: … nicht festgeschrieben.

Herbert Zötler: … nicht festgeschrieben.

Interviewer: Wie … identifiziert sich Ihr Sohn als potenzieller Nachfolger mit dem Unternehmen?

Herbert Zötler: Durch die Art und Vielfältigkeit der branchenspezifischen Ausbildung, ab einem bestimmten Zeitpunkt muss ich mich als junger Mensch entscheiden, studiere ich jetzt Betriebswirtschaft oder Medizin oder studiere ich gar nicht oder werde KFZ-Mechaniker. Das ist die erste Identifikation. Dann wird die Spezialisierung immer enger, die Leitplanken. Wie Niklas nach seinem Betriebswirtschaftsstudium gesagt hat, ich mach jetzt noch den Braumeister oder ich gehe jetzt noch in eine Unternehmensberatung, die sich spezialisiert hat auf Familienunternehmen. Also es wird immer spitzer dann.

Niklas Zötler: Wobei mir der Stempel des potenziellen Nachfolgers schon relativ früh aufgedrückt worden ist. Mein Opa, der sehr patriarchisch eingestellt war, quasi mich als seinen ersten männlichen Nachfolger aus den beiden Familien mit meiner Geburt als Nachfolger gesehen hat. Und mich auch so präsentiert hat und zufällig bin ich auch noch am Namenstag meines Großvaters auf die Welt gekommen. Dann war im Endeffekt alles klar. Also ich glaub, das ist so ein Prozess, in den man hineinwächst. Meine Eltern haben das sehr gut gemacht, dass sie mich nicht zu früh unter Druck gesetzt haben oder eigentlich nie unter Druck gesetzt haben, versucht haben, mir den Druck wegzunehmen, mir alle Möglichkeiten offen zu lassen.

Interviewer: Sehr schön, das war schon die nächste Frage, wann Sie über die Nachfolge im Unternehmen zum ersten Mal nachgedacht haben!

Interviewer: Als Sie selbst Junior waren: Wann haben Sie über die Nachfolge im Unternehmen zum ersten Mal nachgedacht, was hat Ihre Nachfolge ausgelöst?

Herbert Zötler: Das ist eine etwas längere Geschichte. Mit meinem Vater, wir haben über vieles gestritten. Es ging los, wenn wir zusammen Tagesschau geschaut haben. Also es war dann so, als ich gesagt hab mit achtzehn oder neunzehn: Ich geh meinen Weg. Mach Du Brauerei und ich geh meinen Weg. Ich habe dann studiert. Ich hab Wirtschaft studiert gleich, erstmal wie der Niklas und habe nachher eine Ausbildung zum Steuerberater gemacht. Ich habe auch in dem Beruf gearbeitet. Hat mir auch viel Spaß gemacht.
Eigentlich erst so Ende zwanzig, mein Vater ist älter geworden, ich bin älter geworden und ich habe auch gesehen, vielleicht würde es mir doch Spaß machen, das was ich im Moment als Steuerberater für andere mache, wenn ich das für mein eigenes Unternehmen machen kann. Wir haben uns dann entschieden, dass wir das zwei Jahre probieren. Ich wusste auch nicht, ob ich's kann und ob mir's Spaß macht. Aus den zwei Jahren sind dann einunddreißig geworden. Wobei ich sagen muss, solange mein Vater gelebt hat, der ist vor fünf Jahren gestorben, wir haben uns super verstanden. Es war dann wirklich eine richtig schöne Zeit für uns beide, wo wir Spaß gehabt haben an jedem anderen. Ich habe gesehen, was er kann, was er geschaf-

fen hat. Er hat gesehen, dass auch nicht schlecht ist, was ich mach. Es war eine schöne Zeit, anschließend!

Interviewer: Welche Strategie haben Sie für den Fall, dass Sie als Vorgänger oder Nachfolger ausfallen? Sind Sie testamentarisch vorbereitet?

Herbert Zötler: In meinem Fall kann ich sagen, dass es eher vorbildmäßig vorbereitet ist. Dazu haben zwei Sachen beigetragen. Einmal als mein Vater gestorben ist, kommt es logischerweise auf die Tagesordnung, dass man sich überlegt, wie schaut es bei mir aus? Ich hatte dann kurze Zeit später einen Herzinfarkt. Da macht man sich dann doppelt Gedanken. Dass es vielleicht morgen nochmal passieren kann. Drum haben wir mit allen möglichen Regelungen in diesem Zusammenhang eine neue GmbH-Satzung gemacht, haben ein Testament, was natürlich auch unsere Kinder kennen. Wir haben ein ...

Niklas Zötler: Wir haben erstens einen Pflichtteilverzicht, den beispielsweise meine Schwester und ich unterschrieben haben. Dass eine klare Trennung zwischen Gesellschafter und Privatvermögen vorherrscht und dass keine Ansprüche in den Weg kommen könnten.

Herbert Zötler: Also es lief alles sehr offen. Ja, Patientenverfügung. Du bist jetzt sozusagen noch mal dran, das ganze bei Dir anzupacken.

Niklas Zötler: Im Endeffekt geht es bei mir dann los, wenn ich einen Nachfolger hab.

Herbert Zötler: Wenn Du eine Frau hast, dann musst Du die ersten Sachen regeln.

Niklas Zötler: Aber das ist eher der Ehevertrag, der vor dem Testament vielleicht kommt.

Herbert Zötler: Genau!

Interviewer: Gibt es eine interne Dokumentation Ihres unternehmerischen Know-hows?

Niklas Zötler: Also wir haben ein Qualitätsmanagement, wir sind nicht nur zertifiziert, wie man hier sieht ISO 9001, wo sehr umfangreich dokumentiert ist, was alle Arbeitsläufe betrifft, wo auch viel Wissen von meinem Vater drin steckt. Insofern glaube ich schon, dass viel dokumentiert ist. Alles ist nicht dokumentierbar. Gerade was unternehmerisches Know-how betrifft, kann man nicht alles festhalten, gerade weil es so viel mit den Fähigkeiten des Menschen zusammenhängt. Da kann man nicht so viel dokumentieren, aus meiner Sicht.

Interviewer: Welchen Wunsch würden Sie gegenüber Ihrem Vorgänger, also Ihrem Vater formulieren wollen?

Niklas Zötler: Dass er mich noch lange unterstützt (Lachen).
Wir sind wirklich ein gutes Team, wir arbeiten richtig gern und gut miteinander. Wir haben eine sehr angenehme Art, wie wir auch mit Problemen umgehen, wie wir diskutieren miteinander, sind auch privat sehr gut befreundet. Mein Vater hat den großen Vorteil, dass er mich sehr gut annehmen kann, mich und meine Meinung, und mich gut machen lassen kann. Ich habe nie das Gefühl, dass ich der Junior bin, der wartet, dass der Vater aus dem Unternehmen aussteigt, dass er mal richtig loslegen kann. Das Gefühl habe ich nie. Er hat einen sehr guten Führungsstil. Insofern weiß ich auch, dass es bei uns in der Übergabe keine Probleme geben wird. Ich wünsche mir jetzt nicht, dass ich möglich schnell dran komme. Ich bin froh um die Zeit, die ich nutzen kann, um von ihm zu lernen und auch Stück für Stück in die Verantwortung zu wachsen und nicht ins kalte Wasser geschmissen zu werden.

Herbert Zötler: Schön zu hören, gell! (Lachen)

Interviewer: Welchen Wunsch würden Sie formulieren Ihrem Nachfolger, also Ihrem Sohn, gegenüber?

Herbert Zötler: Ich hätte jetzt auch gesagt: Wenn wir so weitermachen und so umgehen miteinander, wie wir das bisher gemacht haben, dann glaube ich, dass wir vieles richtig machen. Unsere Branche wird nicht einfacher. Von daher ist es wirklich wichtig, dass man sich vieles für die Zukunft jetzt auch ordnet und regelt. Mitarbeiterauswahl, strategische Festlegungen und Entscheidungen. Wenn man die so zusammen machen kann, diese Aufteilung: die Erfahrung von meiner Seite und die Dynamik, die die Jugend mitbringt und vielleicht auch so dieses neue Wollen. Wenn man das gut verknüpft, dann glaube ich, dass das für das Unternehmen eine gute Ausgangsbasis ist, um auf diesem schwierigen Wandel klarzukommen.

Interviewer: Welchen Wunsch hätten Sie gerne gegenüber Ihrem Vorgänger, also Ihrem Vater, formuliert?

Herbert Zötler: Das ist natürlich schwierig zu wünschen, wenn es ihn nicht mehr gibt. Ich denke, wir haben alles gut gemacht, so wie es war. Wir haben uns bestritten, wir haben uns versöhnt. Wir haben eine schöne Zeit gehabt miteinander, war ok. Alles gut.

Interviewer: Wovon lebt die Kommunikationskultur in Ihrer Familie sowie in den Familien, die darüber hinaus das Unternehmen tragen?

Niklas Zötler: Viel durch die gemeinsamen Veranstaltungen. Wir haben eigentlich seit vielen, vielen Jahren, wo meine Großeltern auch noch am Leben waren, immer ein gemeinsames Familienwochenende gehabt, wo wir uns viel ausgetauscht haben. Früher waren wir auch einmal die Woche bei meiner Großmutter beim Essen. Da wird viel am Mittagstisch diskutiert und geredet und geplaudert. Wir sind eigentlich eng verbunden zu allen Großfamilienmitgliedern. Wir sind auch untereinander in meiner Generation gut befreundet und unternehmen sowohl in der Freizeit etwas gemeinsam oder arbeiten auch gemeinsam auf der Viehscheid (der Almabtrieb des Jungviehs, www.allgaeu-viehscheid.de) und so weiter. Insofern gibt es keine Regeln für Kommunikation oder keine festgesetzten Termine. Wir versuchen, dass wir einmal im Jahr als Großfamilie zusammenkommen und auch alle Familienmitglieder zu informieren – was gibt es Neues in der Brauerei, was haben wir vor an Projekten. Das ist so das Große.

Herbert Zötler: Was ich anfangs schon gesagt habe, bei der Frage nach den gemeinsamen Werten: Aufmerksamkeit schenken, Wertschätzung entgegen bringen. Das sind so Sachen für die Kommunikation, die ganz wichtig sind.

Interviewer: Welche Rituale des Familiendialogs pflegen Sie?

Herbert Zötler: Das Familienwochenende, wir sehen uns jeden Tag, dadurch, dass alle Gesellschafter auch mitarbeiten. Von daher bleibt jetzt auch selten etwas in irgendeiner Pipeline hängen. Es kommt dann schon, wenn man jemand den zweiten Tag mit einem schwierigen Gesicht rumlaufen sieht, dann spricht man ihn halt darauf an und fragt: Du, ist irgendwas, gibt's was?

Niklas Zötler: Als meine Großeltern noch am Leben waren, gab es noch mehr Rituale, weil es ein gemeinsamer Treffpunkt eben war. Wenn ich im Studium mal in den Ferien heimgekommen bin, dann war ein sicherer Gang zu den Großeltern, natürlich. Dort gab es auch etwas mehr Vernetzung sag ich mal.

Interviewer: Wie gehen Sie mit familiären bzw. unternehmerischen Konflikten um sowie mit Konflikten gegenüber anderen Unternehmen?

Herbert Zötler: Ich bin jemand, der immer eine schnelle Lösung sucht. Es muss jetzt nicht unbedingt richtig sein, aber ich bin von meinem Naturell her jemand, der jetzt nicht ewig mit so etwas herum läuft. Ich versuche es dann einfach, auf den Tisch zu bringen.

Niklas Zötler: So wie es dieser Satz sagt (zeigt an die Wand hinter mir): »Wenn du ein Problem hast, versuch es zu lösen. Wenn du es nicht lösen kannst, mach kein Problem daraus.«

Niklas Zötler: Schon in der Familie versuchen wir, Familienprobleme miteinander zu klären und die nicht mit ins Unternehmen zu tragen.

Interviewer: Inwiefern handeln Sie und Ihr Unternehmen wirkungsvoll und innovativ?

Herbert Zötler: Wenn's ohne Wirkung wäre, dann gäbe es uns wahrscheinlich nicht mehr. Das Thema Innovation hat einfach einen hohen Stellenwert. Das ist notwendig, um in unserer Branche zu überleben. Ob es das Thema Heugäuer ist, ob es alkoholfreier Weizen ist oder alkoholfreies Bier oder dass wir heute Abend ein Vollmondfest feiern. Das machen wir übrigens seit siebzehn Jahren. Der Bierdeckel in der Allgäuer Form. So gibt es schon viel, was uns auszeichnet. Es gibt halt viele Brauereien in Deutschland und man muss sich ein Gesicht geben, das sich die Leute merken können.

Niklas Zötler: Aber wenn man die letzten zwanzig Jahre betrachtet, dann muss man schon sagen, dass wir in unserer Größenordnung sicher eine sehr innovative Brauerei sind. Wir versuchen immer nah am Markt zu sein, versuchen mit neuen Lösungen, Dienstleistungsprodukten präsent zu sein. Das ist ja auch was, das Unternehmertum spannend macht. Spannend ist es nicht, wenn man alles so macht wie die Vorgängergeneration oder alles, wie man es die letzten zehn Jahre gemacht hat.

Interviewer: Welche Herausforderung interkultureller und internationaler Dimension steht Ihnen ins Haus?

Niklas Zötler: Das ist vor dem Hintergrund der Flüchtlingsdebatte oder der Asylpolitik Deutschlands schwierig abzusehen. Ich denke wir sind im Allgäu was internationale Konflikte betrifft so als kleines deutsches Bergvolk noch relativ geschont, weil es bei uns auch keine Großstadt gibt. Was durch die Flüchtlingsproblematik an Problemen oder Chancen auf uns zukommt, kann glaub ich keiner abschätzen. Aber: Unser Markt ist zu 95 Prozent derzeit das Allgäu. Das ist auf der einen Seite die Schwäche, aber das ist was Internationalisierung, Globalisierung betrifft, sicher auch eine Stärke.

Interviewer: Wann ist eine Entscheidung für Sie stimmig?

Herbert Zötler: Wenn sie Sinn macht, zielorientiert ist, also das unterstützt, wo meine Ziele sind, ob familiär oder unternehmerisch.

Niklas Zötler: Wenn genug kommuniziert wird.

Interviewer: Von welchem Führungsverhalten ihrerseits profitiert das Unternehmen eindeutig?

Herbert Zötler: Wir haben einen kooperativen Führungsstil, wir versuchen die Leute schon relativ früh mitzunehmen auf die Reise.

Niklas Zötler: Wir informieren auch extrem viel, binden die Abteilungs- oder Bereichsleiter sehr intensiv in die Entscheidung ein. Sie haben ein großes Vertrauen unsererseits aber auch dadurch eine große Verantwortung. Ich würde schon sagen, dass der Wechsel zwischen der 19. und der 20. Generation ein starker Führungsumbruch war. Mein Großvater, der patriarchalisch geführt hat, und mein Vater, der extrem kooperativ führt. Nur in den ganz schwierigen Momenten mal hart durchgreifen muss.

Interviewer: Welche Positionen im Unternehmen sind für Sie besonders, welche Teamrollen sind entscheidend im Familienunternehmen?

Herbert Zötler: Das ist jetzt eine Branchenfrage. Bei uns ist natürlich die Technik, wie mache ich Bier, genauso wichtig wie die Logistik. Wir haben eine eigene Logistik, wir fahren selber aus. Die Logistik ist sehr kostenintensiv und ist von daher besonders wichtig. Dann muss ich einen starken Vertrieb haben, ansonsten funktioniert weder Technik noch Logistik. Aber das kann in einer anderen Branche ganz andere Wertigkeiten geben. Aber ich denke für alle Brauereien, die im mittelständischen Bereich angesiedelt sind, sind das die drei zentralen Bereiche. Es muss ein Unternehmer sein, der Menschen führen kann, der Menschen mitnehmen kann auf eine Reise, der begeistern kann. Das Thema Markenführung halte ich noch für ganz wichtig. Auch wenn es noch oft unterschätzt wird. Wir können eigentlich nur überleben in dem Markt, wenn wir einen guten Preis für unsere Biere realisieren können und dafür muss eine Marke emotional aufgeladen sein, die Leute müssen sich freuen, wenn sie eine Kiste Zötler-Bier kaufen und stolz sein, wenn sie es in Hamburg kriegen. (Lachen) Wenn man das schafft, dann ist man – wie haben Sie gesagt – wirkungsvoll.

Niklas Zötler: Bei unserer Größe mit 75 Mitarbeitern geht es über die Schlüsselrollen schon ein bisschen raus. Wir merken, wenn wir auch Mitarbeiter aus anderen Bereichen haben. Normale Angestellte, keine Bereichsleiter. Wenn die nicht richtig funktionieren, dann spüren wir das natürlich auch.

Interviewer: Sie haben es schon gesagt: Welche Funktion hat Ihres Erachtens die Rolle des Patriarchen? Ist der Patriarch der starke Macher?

Niklas Zötler: Ich glaube hauptsächlich Vorbild. Vorbild, Vorbild, Vorbild! Sei es jetzt die Führung, der Arbeitsstil, die Werte wie Zuverlässigkeit, die Sensibilität, die Verantwortung, die man trägt, die man auch mit Sitz und Würde trägt. Das ist sicherlich die ausschlaggebende Funktion.

Herbert Zötler: Wobei ich würde es heute nicht mehr als Patriarch bezeichnen. Patriarch war ja auch mein Vater oder mein Opa. Dem hätte der Titel zugestanden. Ich würde mich jetzt nicht als Patriarch bezeichnen.

Niklas Zötler: Aber Du bist dennoch ...

Herbert Zötler: Ja, das schon, also die Rolle schon, aber die Bezeichnung vermittelt andere Vorstellungen.

Interviewer: Was erwarten Sie von einem Buch zu Familienunternehmen?

Herbert Zötler: Also ich denke, die Familie wird gerade in Deutschland wieder entdeckt, ich sag mal: Die Familienunternehmer werden wieder entdeckt. Die Finanzkrise und andere Sachen haben mit dazu beigetragen, dass man wieder die Wertigkeiten schätzt. Auch Werte, die einfach im Familienunternehmen anders gelebt werden wie in einem Aktionsunternehmen, das dich für drei Jahre verpflichtet.

Niklas Zötler: Das langfristige Denken und das nicht kurzfristige Handeln. Was wir tun, tun wir mit der Aussicht, dass es die nächsten 565 Jahre unsere Familien noch machen.

Interviewer: Was wäre Ihr Plan B gewesen alternativ zum Familienunternehmen?

Herbert Zötler: Ich wäre Steuerberater, Wirtschaftsprüfer geworden.

Niklas Zötler: Ich definitiv nicht. Ich habe eigentlich keinen Plan B. Wenn ich selber oder das Unternehmen mal ins Straucheln kommen sollte: Mit ganzem Herzen und großer Leidenschaft sehe ich meine Aufgabe hier in der Brauerei und bin sehr glücklich, dass ich ein Teil davon sein kann. Deswegen will ich mir gar nichts anderes vorstellen. Für Fußballprofi bin ich nicht talentiert genug. (Lachen)

Interviewer: Was macht Sie wach oder wie kommen Sie in den sogenannten Flow?

Niklas Zötler: Kaffee.

Herbert Zötler: Da unterscheiden wir uns definitiv. Mir hilft, wenn ich morgens zum Joggen gehe.

Niklas Zötler: Mir hilft, wenn ich nicht so früh aufstehen muss.

Herbert Zötler: Dann läuft der Tag schon mal ab. Ich merke, dass mir das untertags gut tut. Morgens frische Luft, Sauerstoff tut natürlich auch gut. Ich habe dann schon mal meinen inneren Schweinehund überwunden. Das macht einen auch noch stark.

Niklas Zötler: Ich glaube aber auch, dass ein ganz wesentlicher Punkt ist – ich bin jetzt zwei Jahre in der Brauerei: In den zwei Jahren habe ich nicht einen Tag erlebt, wo ich mit einem schlechten Gefühl zur Arbeit gefahren bin. Das ist ganz wesentlich für eine gute Kreativität und einen guten Flow, dass man sich einfach wohl fühlt und dass man weiß, dass man das Richtige tut.

Herbert Zötler: Dass es Sinn macht.

Welche Interviewpartner noch auf meiner Wunschliste stehen

Manche Gespräche waren geplant und fanden doch nicht mehr statt, da in den Wochen vor der Manuskriptabgabe die Zeit dafür fehlte. Auch fühlte ich mich durch das bisher Gesagte bereits reich beschenkt. Es ist in den hier geführten Interviews eigentlich alles gesagt worden und eine repräsentative Umfrage war nie das Ziel, durchaus aber ein stimmiger Einblick. Zudem hat das Buch inzwischen einen beträchtlichen Umfang.

Trotzdem gibt es eine Reihe von Interviewpartnern, mit denen ich noch nicht gesprochen habe, die aber auf meiner Wunschliste stehen. Das Projekt wird also weiter gehen: Neue Interviews sind mit verschiedenen Unternehmen geplant bzw. angedacht. Wenn Sie mich nach den Kriterien, die meiner Wunschliste zugrunde liegen, fragen, kann ich keine eindeutige Antwort geben. Bei manchen Unternehmen interessiert mich schlicht die Branche und die lebendige Unternehmensgeschichte, dann wieder die spannende Lebensgeschichte der »Chefs« oder auch die Art, wie die Nachfolge geregelt wurde ...

Beispielhaft möchte ich folgende »Wunschkandidaten« nennen:

Art Furrer Hotels, Brig und Riederalp/Switzerland: www.art-furrer.ch

Henne GmbH Kälte-, Klimaanlagenbau, Effizientes Energiemanagement für Kälte, Wärme und Klima, Haigerloch und Stuttgart. Das Unternehmen feierte 2011 sein 50-jähriges Bestehen. Die beiden Gesellschafterfamilien sind bereits mit der Regelung der Nachfolge beschäftigt. Im Gesellschaftervertrag ist festgelegt, dass jeweils nur ein Abkömmling aus den beiden Familien die Geschäftsanteile erben kann: www.henne-kalt.de

Vins Eugène Meyer, Vins d'Alsace, Bergholtz, France, gegründet 1620, mit biodynamischem Weinanbau seit 1969, ausgezeichnet mit dem Demeter-Siegel sowie AB/Certifié Agriculture Biologique: www.eugene-meyer.fr

Der derzeitige Winzer François Meyer, Sohn des noch aktiven Senior Eugene Meyer, beschreibt die Übergabe vergleichbar zum Ryokan Hoshi in Japan:

263

»Seit 1620 sind wir Winzer und geben vom Vater zum Sohn weiter. Ich bin die 13. Generation. Unser Sohn Xavier beendet sein Studium des Weinbaus und der Önologie und wird dann in wenigen Jahren die Nachfolge hier übernehmen. Er wäre dann die 14. Generation!«

Dachser Group SE & Co. KG, gegründet 1930 in Kempten im Allgäu zum Transport von Allgäuer Käse ins Rheinland, heute unter Führung des Enkels Bernhard Simon. Das Unternehmen transportiert beispielsweise auch die Räder der Firma Räder-Vogel Räder- und Rollenfabrik GmbH und Co. KG in Hamburg-Wilhelmsburg: www.dachser.com/de.

Für mich sehr interessant wäre auch ein Gespräch mit **Karl Birkenstock**. Birkenstock ist heute nicht mehr in der Hand der Familie, die Kinder haben sich zwischenzeitlich gegenseitig Konkurrenz geboten in verschiedenen Firmen. Der Senior Karl Birkenstock hatte nicht die Kraft zu entscheiden, wem seiner Kinder er das Unternehmen übergibt und so kam es zu den Zerwürfnissen und letztendlich zum Kontrollverlust über das Unternehmen. Birkenstock wurde 1774 gegründet von Johann Adam Birkenstock im hessischen Langen-Bergheim, 2013 erfolgte Umwandlung in einen Konzern, erstmals unter nicht-familiärer Führung.

Sehr glücklich bin ich über das Grußwort von Margot Fraser, der Gründerin und ehemaligen CEO von Birkenstock USA sowie Ernst & Young Entrepreneur des Jahres 1997.

Das älteste Familienunternehmen Deutschlands, noch älter als die Brauerei Zötler, ist das **Weingut Fürst Hohenlohe Oehringen**, gegründet 1253, geführt in der 27. Generation. Ich denke, dass ein über 27 Generationen geführtes Unternehmen durchaus interessant genug ist, um auf meiner Wunschliste zu stehen.

Einer der ältesten deutschen landwirtschaftlichen Betriebe dürfte der Hof Eggers sein, dessen Geschäftsführer ich im Interviewgespräch traf. Schön wäre es, gewissermaßen als Pendant aus einem ganz anderen Kulturkreis, ein Interview mit den **Himba-Nomaden** zu führen – möglicherweise der ältesten familiär geführten bäuerlichen Gemeinschaft der Welt. Die Himba im Nordwesten Namibias betreiben ackerbauliche Bodennutzung als pastoralnomadische Gruppe, kaum vergleichbar mit allen Organisationsformen, die wir aus unserer Kultur kennen, und doch wirken sie sehr familiär.

Und zu guter Letzt würde ich gerne mit dem Gründer des **Circus Roncalli**, Bernhard Paul, mit seinen drei Kindern Vivian (Vivi), Adrian, Lili sowie seiner Frau Eliana sprechen. Circus interessiert mich ganz persönlich, denn: »Seltsamer Plan: sich zu träumen, diesen Traum greifbar zu machen, um dann wieder zum Traum zu werden, in anderen Menschen!« So steht es auf der Eintrittskarte in den Worten von Jean Paul. Auf der anderen Seite dieser Karte steht ein Zitat von Ernest Hemingway: »Circus ist die einzige nicht an die Lebensjahre gebundene Freude, die man sich für Geld kaufen kann.« Der Circus Roncalli wurde von Bernhard Paul im Jahr 1976 gegründet, ursprünglich gemeinsam mit André Heller.

Zur Nachfolgeregelung sagt Bernhard Paul:

»Ich habe immer gehofft, daß meine Kinder einmal den Circus weiterführen werden, sie aber nie gedrängt. Umso schöner ist es, dass ich jetzt die Gewissheit spüre, dass sie es wollen ...« (Jahresillustrierte Good Times, 2015)

Die Kinder Vivi, Adrian, Lili sagen wiederum zur Nachfolgeregelung, mit einer Stimme sprechend (Jahresillustrierte Good Times, 2015):

»Unser Vater hat uns nie gedrängt, im Circus mitzuarbeiten. Es war unsere eigene Entscheidung und unser Wunsch. Wir wollen lernen und das weiterführen, was er geschaffen hat. Der Circus ist unser Leben und wird auch unsere Zukunft sein.«

Doch wie sind die Aussagen der Einzelnen in ihrer Gesamtstrahlkraft? Gibt es in der Zirkusfamilie auch Einzelmeinungen, Einzelpositionen? Wie hoch ist der Anpassungsdruck in einer Welt des Perfektionismus? Die Antwort darauf ist bereits angedeutet im Statement des Vaters (Jahresillustrierte Good Times, 2015): »Im Circus gibt es eine Grundregel: Es ist egal, wessen Tochter oder Sohn du bist, die Leistung muss stimmen ...« Ein Gespräch mit den »Kindern des Olymp« ist gewiß lohnenswert.

Schlusswort

Kreative Umformung durch Disruption – Zerstörung und Aufbau in der Balance
Für ein Schlusswort dieses Buchs möchte ich noch einmal die Aussage eines Mitglieds einer Familienunternehmensfamilie zitieren. Die Aussage von Christine Sasse weist in die Zukunft, in die Zukunft gerade von Familienunternehmen und wird von erfolgreichen Familienunternehmen beherzigt und praktisch umgesetzt werden.

Doch bevor ich Frau Sasse am Ende dieses Abschnitts zitiere, möchte ich gerne noch ein paar einleitende Gedanken formulieren:

Der Hintergrund, um den es geht, ist die Disruption, von »disruptiv« unterbrechend, die kreative Umformung einer unternehmerischen Tätigkeit, die Balance aus Zerstörung und Aufbau zur Sicherung des Fortbestehens eines Familienunternehmens. Disruption kann notwendig sein, wenn beispielsweise ein bestehendes Produkt durch Konkurrenz oder gesellschaftlichen Wandel vollständig verdrängt wird oder wenn gesellschaftliche Herausforderungen den Familienunternehmen neue Antworten abfordern. So kann beispielsweise durch Carsharing und selbstlenkende Autos sowie Elektroantriebe anstatt Diesel eine ganze Branche ihr Gesicht verändern. Familiendominierte Unternehmen wie Volkswagen und BMW werden aufgrund ihrer speziellen Strukturen andere Wege finden wie z. B. Daimler und Tesla. »Daimler und Co können ihre Verkaufserwartungen verschrotten« heißt es in der ZDF-Dokumentation »Schöne neue Welt« (19.6.2016, 23:30 Uhr). Familienunternehmen sind gefordert, diese Disruption zum Wohle von Arbeitsplätzen und gesellschaftlichen Veränderungen zu bewältigen. Jede Branche hat dabei ihre eigene Sollbruchstelle.

Familienunternehmen, die diese Umformung nicht bewältigt haben, sind beispielsweise:

... der ehemalige Rollstuhlgigant Meyra. Der Seniorchef Wilhelm Meyer wollte mit 91 Jahren das operative Geschäft immer noch nicht seinem damals 60-jährigen Sohn überlassen und zudem nicht wahrhaben, dass die Konkurrenz aus China ihn dauerhaft unterbieten wird. Seine Rollstühle im Preissegment von 800,- Euro brachten früher eine traumhafte Marge, nun kamen Produkte aus China im Bereich um die 80,- Euro. Der bei den Mitarbeitern und Händlern hoch angesehene Patriarch Wilhelm Meyer verpasste es, auf neue, innovative Produkte zu setzen. Nach seinem Tod im Jahr 2000 fahren der Sohn und der Enkel aufgrund schweren Missmanagements das Unternehmen innerhalb von weniger Jahren an die Wand. 2013 mussten sie Insolvenz anmelden. Ihre Produkte hatten ihre beste Zeit hinter sich.

... die Zündapp-Werke. Dieter Neumeyer (1931-1989), der Enkel des Gründers Geheimrat Fritz Neumeyer war letzter geschäftsführender Gesellschafter. Er musste 1984 Insolvenz anmelden. Die Leichtkrafträder mit 80 Kubikzentimeter Hubraum waren für die Hauptzielgruppe, die Jugendlichen, zu teuer geworden. Einerseits erhöhten sich damals die Versicherungsprämien auf bis zu 20 Prozent des Kaufpreises aufgrund der hohen Unfallrate. Vor allem aber arbeitete die japanische Konkurrenz Honda und Yamaha mit Schleuderpreisen, um den harten Konkurrenzkampf auf dem Weltmarkt zu gewinnen. Der deutsche Markt schrumpfte von 125.000 verkauften Leichtkrafträdern im Jahr 1982 auf nur noch 70.000 im Jahr 1984. Zündapp hatte Anfang des 3. Quartals 1984 noch 11.000 Maschinen im Lager stehen, ein Viertel der Produktion. Ein Fusionsangebot der Nürnberger Hercules-Werke lehnte der Zündapp-Chef 1982 ab, er glaubte, alleine aus der Misere zu kommen. Dies war ein Grund für das Scheitern einer kreativen Umformung. Ein weiterer, vielleicht noch wesentlicher Punkt war das Image: Zündapp galt bei den Jugendlichen als »altmodisch und hausbacken, ohne Pfiff und Schick«, wie Stephan Louis im Spiegel zitiert wird (Nr. 34, vom 20.8.1984). Das Unternehmen von Stephan Louis, früherer Marktführer im Motorrad-Zubehörhandel, war damals noch ein Hamburger Familienunternehmen, heute ist es Europas Nr. 1 und im Besitz von Warren Buffet.

Andere Möglichkeiten der kreativen Umformung bei Zündapp wurden vermutlich kaum geprüft, Dieter Neumeyer war zum Zeitpunkt des Fusionsangebots durch Hercules schon müde geworden. Der Spiegel schreibt über den Zustand zwei Jahre vor der absehbaren Insolvenz (Nr. 34, vom 20.8.1984) unter der Überschrift »Zu spät geschaltet«.

Und nun möchte ich zum Schluss, wie bereits eingangs angekündigt, Christine Sasse, Vorstand Personal der Dr. Sasse AG, sprechen lassen. Sie hat vermutlich die eben genannten Herausforderungen vor Augen, wenn sie im Interviewgespräch ihren Wunsch an ihre Töchter formuliert, die designierten Nachfolgerinnen:

»Ich würde mir wünschen, dass sie das was mein Mann in erster Linie, aber auch ich, was wir also gemeinsam in den letzten Jahren vorangebracht haben, weiterführen, natürlich den Zeiten angepasst. Dass Sie die notwendige Innovationskraft haben. Ich wünsche mir, dass sie beide Unternehmerinnen sind mit Herz und Seele. Aber ich sie nicht verpflichten wollte, ewig bei dem gleichen Geschäftsmodell zu bleiben, was mein Mann und ich in den letzten Jahren aufgebaut haben. Was sich aber auch seit der Gründung vor vierzig Jahren im Laufe der vierzig Jahre natürlich immer wieder geändert hat.

Ich denke ein guter Unternehmer zu sein bedeutet natürlich immer die Strömung zu sehen: was will der Markt, wo sind vielleicht neue Geschäftsfelder? Gerade wenn wir jetzt über die ganze Digitalisierung sprechen.

Disruptive Transformation von Geschäften, da wär's für mich ganz wichtig, dass sie unternehmerischen Weitblick besitzen, um insgesamt das Unternehmen erfolgreich zu halten, aber sie müssen nicht die ausgetretenen und eingetretenen Pfade, wie wir es gemacht haben, weiterführen, sondern sie müssen sich eigentlich der Zeit anpassen, was notwendig ist. Ich wünsche mir, dass sie Unternehmerinnen sind, aber wie sie das auskleiden, müssen sie dann wissen.«

Das aktive Gründen und Gestalten in der Vergangenheit trägt das Familienunternehmen in die Gegenwart, in unsere heutigen Tage – das Umgestalten des gegenwärtigen Familienunternehmens, so umfassend wie es je nach Unternehmen nach transparenter Prüfung angemessen erscheint, weist in das Morgen und schafft so ein Fundament für die Zukunft!

Literaturverzeichnis

Abdel-Samad, H./Rath, H.: Ein Araber und ein Deutscher müssen reden, Rowohlt Verlag, Reinbek bei Hamburg, 2016.

Behrens, H. van der: Gartenbau der Himba. Ackerbauliche Bodennutzung einer pastoralnomadischen Gruppe im Nordwesten Namibias, Kölner Ethnologische Beiträge, Heft 9, 2003 .

Buber, M,: Das dialogische Prinzip, 6. durchges. Aufl., Gerlingen, 1992.

Bucher, V./Cardinaux, P.-A./Fueglistaller, U./May, P. (Hrsg.): Aus bester Familie – 100 vorbildliche Schweizer Familienunternehmen, Verlag Schweizer Standards, Zürich, 2010.

Burisch, M.: Das Burnout-Syndrom. Theorie der inneren Erschöpfung, 5. Aufl., Springer-Verlag, Berlin Heidelberg, 2014.

Dürrenmatt, F.: Vorrede aus Stoffe I.

Dürrenmatt, F.: Das Mögliche ist ungeheuer, Diogenes Verlag, Zürich, 1993.

Dürrenmatt, F.: Der kritische Geist der Schweiz, Regie: Sabine Gisiger, ARTE/SSR 2014, Fernsehdokumentation.

Ende, M.: Jim Knopf und Lukas der Lokomotivführer, Thienemann Verlag, Stuttgart, 1960.

Enquist, Per Olov: Der Besuch des Leibarztes, Hanser Verlag, München, Wien, 1999.

Evers, Marc (Hrsg.): DIHK Gründungsreport, Berlin, 2016.

Felden, B. und Hack, A.: Management von Familienunternehmen. Besonderheiten-Handlungsfelder-Instrumente, Springer Gabler Verlag, Wiesbaden, 2014.

Finger, J./Keller, S./Wirsching, A.: Dr. Oetker und der Nationalsozialismus. Geschichte eines Familienunternehmens 1933-1945, 2. Aufl., C.H. Beck, München, 2013.

Funke, C.: Hände weg von Mississippi, Dressler Verlag, Hamburg, 1997.

Funke, C.: Herr der Diebe, Dressler Verlag, Hamburg, 2000.

Furrer, A.: My way, Spuren meines Lebens, Ringier, Zürich, 1996.

Glasl, F.: Konfliktmanagement. Ein Handbuch für Führungskräfte, Beraterinnen und Berater, 6. erg. Auflage, Verlag Freies Geistesleben, Stuttgart, 1999.

Hall, E. T.: Die Sprache des Raums, Düsseldorf, 1976.

Hardtke, A/Prehn, M.: Perspektiven der Nachhaltigkeit – Vom Leitbild zur Erfolgsstrategie, Gabler Verlag, Wiesbaden, 2001.

Haunschild, L./Wallau, F./Hauser, H.-E./Wolter, H.-J: Die volkswirtschaftliche Bedeutung der Familienunternehmen, Gutachten im Auftrag der Stiftung Familienunternehmen, in: Institut für Mittelstandsforschung Bonn (Hrsg.): IfM-Materialien Nr. 172, Bonn, 2007

Hertel, A. von: Professionelle Konfliktlösung. Führen mit Mediationskompetenz, Campus, Frankfurt, 2009.

Jäkel-Wurzer, D./Ott, K: Töchter in Familienunternehmen. Wie weibliche Nachfolge gelingt und Familienunternehmen erfolgreich verändert, Springer Gabler Verlag, Berlin Heidelberg, 2014.

Jungbluth, R.: Die Oetkers. Geschäfte und Geheimnisse der bekanntesten Wirtschaftsdynastie Deutschlands, Bastei Lübbe Verlag, 2. Aufl., Köln, 2008.

Jungbluth, R.: Die Quandts. Deutschlands erfolgreichste Unternehmerfamilie, Campus Verlag, Frankfurt am Main, 2015.

Käppner, J.: Berthold Beitz. Die Biografie. Mit einem Vorwort von Helmut Schmidt, Berlin Verlag, Berlin, 2010.

Kast, V.: Trauern. Phasen und Chancen des psychischen Prozesses, Kreuz Verlag, Stuttgart, 1990.

Kast, V.: Sich einlassen und loslassen. Neue Lebensmöglichkeiten bei Trauer und Trennung, Herder Verlag, Freiburg, 1994, 2008.

Kempgen, H.-W.: Zur Geldgeschichte des Staates Qin: Tuchgeld-Münzen-Gold. Von den Anfängen bis 207 vor Chr., Eberswalde, PS Verlag, 2007.

Kermani, N.: Wer ist Wir? Deutschland und seine Muslime, München, C.H.Beck Verlag, 2015.

Kleist, H. v.: Sämtliche Werke, 2. Aufl., Hanser Verlag, München, 1994.

Langenscheidt, F./May, P. (Hrsg.): Deutsche Standards – Aus bester Familie. Über 100 vorbildliche deutsche Familienunternehmen, 2. überarb. Aufl., Gabal Verlag, Offenbach/M., 2011.

Langenscheidt, F./May, P. (Hrsg.): Lexikon der deutschen Familienunternehmen, 2.Auflage, Gabal, 2014 .

Lenz, K.: Familie – Abschied von einem Begriff, in: Erwägen, Wissen, Ethik, Jg. 14, Heft 3, 2003, S. 485-498.

Lessing, G. E.: Werke, Hanser Verlag, München, 1973.

Lichtenberg, J. D.: Motivational funktionale Systeme als psychische Strukturen, in: Forum der Psychoanalyse, Heft 7, 1991, S. 85-97.

Lindner, E.: Wirtschaft braucht Anstand – der Unternehmer Wolfgang Grupp, Hoffmann und Campe Verlag, Hamburg, 2010.

Mann, T.: Buddenbrooks: Verfall einer Familie, 7. Aufl., S. Fischer Verlag, Frankfurt/M., 2002.

Mann, T: Bilse und ich, S. Fischer Verlag, Frankfurt/M., 1906.

Mann, T.: Rede und Antwort. Über die Kunst Richard Wagners, S. Fischer Verlag, Berlin, 1922.

Maslow, A.: Psychologie des Seins, S. Fischer Verlag, Frankfurt/M., 1994.

Matzig, G.: Einfach nur dagegen. Wie wir unseren Kindern die Zukunft verbauen, Goldmann Verlag, München, 2011.

Mueller-Harju, D.: Generationswechsel im Familienunternehmen. Mit Emotionen und Konflikten konstruktiv umgehen, 2. Aufl., Springer Gabler Verlag, Wiesbaden, 2013.

Nave-Herz, R.: Die Ehe verweist auf Familie, aber die Familie verweist nicht unbedingt auf Ehe, in: Erwägen, Wissen, Ethik (vormals Ethik und Sozialwissenschaften), Streitforum für Erwägenskultur, Heft 3, 2003, S. 546-548.

Nave-Herz, R.: Ehe- und Familiensoziologie. Eine Einführung in Geschichte, theoretische Ansätze und empirische Befunde, Weinheim, München, 2004.

Nerin, W.F.: Familienrekonstruktion in Aktion. Virginia Satirs Methode in der Praxis, 2. Aufl., Paderborn, Junfermann Verlag, 1989.

Oetker, A.: Stakeholderkonflikte in Familienkonzernen. Ansätze zu ihrer Regelung durch strategische Führungsentscheidungen, Josef Eul Verlag, Köln, 1999.

Ott, C. (Übers.): 101 Nacht. Aus dem Arabischen erstmals ins Deutsche übertragen von Claudia Ott nach der Handschrift des Aga Khan Museums, Manesse Verlag, Zürich, 2012.

Ott, C. (Übers.): Tausendundeine Nacht, 10. durchg. Aufl., C.H. Beck Verlag, München, 2009.

Pesso, A.: Dramaturgie des Unbewußten, Klett-Cotta Verlag, Stuttgart, 1986.

Portele, H.: Der Mensch ist kein Wägelchen. Gestaltpsychologie, Gestalttherapie, Selbstorganisation, Konstruktivismus, EHP-Verlag Andreas Kohlhage, Köln, 1992.

Pourkian, H./ Pourkian, H.: Macht macht müde Frauen munter: Machtanspruch der Frau im 21. Jahrhundert und warum Männer dabei nicht(s) verlieren, IHV/ Internationaler Human-Verlag, Hamburg, 1998.

Reemtsma, J.-P.: Mehr als ein Champion. Über den Stil des Boxers Muhammad Ali, Klett-Cotta Verlag, Stuttgart, 1995.

Rampe, M.: Der R-Faktor. Das Geheimnis unserer inneren Stärke, Droemersche Verlagsanstalt Th. Knaur Nachf., München, 2005.

Rawlinson, G.E.: The significance of letter position in word recognition(Die Bedeutung der Buchstabenposition in der Worterkennung), unpublished PhD Thesis, Psychology Department, University of Nottingham, Nottingham UK, 1976.

Reemtsma, J.-P.: Der Vorgang des Ertaubens nach dem Urknall. 10 Reden und Aufsätze, Haffmans Verlag, Zürich, 1995.

Reemtsma, J.-P.: Im Keller, Hamburger Edition, Hamburg, 1997.

Reemtsma, J.-P.: Nathan schweigt Die Dankrede zum Lessing-Preis, in: Die Zeit, 28. November 1997.

Rosenberg, M. B.: Gewaltfreie Kommunikation, 11. überarb. und erw. Aufl., Junfermann Verlag, Paderborn, 2013.

Rüsen, T. A.: Krisen und Krisenmanagement in Familienunternehmen. Schwachstellen erkennen, Lösungen erarbeiten, Existenzbedrohungen meistern, Gabler Verlag, Wiesbaden, 2009.

Satir, V.: Mein Weg zu dir. Kontakt finden und Vertrauen gewinnen, Kösel Verlag, München, 1989.

Schäfer, M.: Familienunternehmen und Unternehmerfamilien. Zur Sozial- und Wirtschaftsgeschichte der sächsischen Unternehmer 1859 bis 1940, C.H. Beck Verlag, München, 2007.

Schein, E. H.: Humble Inquiry. Vorurteilsloses Fragen als Methode effektiver Kommunikation. Führungskompetenzen II, EHP-Verlag Andreas Kohlhage, Bergisch-Gladbach, 2016.

Schlippe, A. von: Das kommt in den besten Familien vor. Systemische Konfliktbearbeitung in Familien und Familienunternehmen, Concadora, Stuttgart, 2014.

Schulz von Thun, F.: Miteinander reden 1. Störungen und Klärungen, Rowohlt Verlag, Reinbek, 1981.

Schulz von Thun, F.: Miteinander reden 2. Stile, Werte und Persönlichkeitsentwicklung, Rowohlt Verlag, Reinbek, 1989.

Schulz von Thun, F.: Miteinander reden 3. Das Innere Team und situationsgerechte Kommunikation, Rowohlt Verlag, Reinbek, 1998.

Schulz von Thun, F.: Miteinander reden: Fragen und Antworten, Rowohlt Verlag, Reinbek, 2007.

Sommer, R.: Personal space. The behavioral basis of design, Englewood, Cliffs, 1969.

Sophokles: König Ödipus, Reclam Verlag, Leipzig, 2001.

Spiegel, Y: Der Prozeß des Trauerns. Analyse und Beratung, Kaiser Verlag, Gütersloh, 1972.

Staack, H.: Die Lochmünzen Chinas, Selbstverlag, Berlin, 1988.

Stein, G.: Die Welt ist rund. Mit Fragmenten aus Werkzeichnungen von Franz Erhard Walther, 2. unveränd. Aufl., Ritter Verlag, Klagenfurt, 1994.

Suarez, R.: Margot Fraser: Birkenstock, A World of Change, in: Superstar Entrepreneur of Small and Large Businesses Reveal Their Secrets, Research and Education Association, Piscataway, NJ., 1998, S. 163-166.

Trenczek, T., Berning, D., Lenz, C. (Hrsg.): Mediation und Konfliktmanagement, Nomos, Baden-Baden, 2013.

Waibel, J.: Der Stimmpersönlichkeits-Test, Stimmhaus®-Test, 2000.

Waibel, J.: Ich Stimme — Das Stimmhaus-Konzept für die Balance von Stimme und Persönlichkeit, Köln, EHP-Verlag Andreas Kohlhage, Köln, 2000.

Waibel, J.: Ich bin Stimme. Die Stimme als Botschafterin der Persönlichkeit – Phänomen Stimmpersönlichkeit, in: Geissner, H. K.: Das Phänomen Stimme in Kunst, Wissenschaft, Wirtschaft, Röhrig Universitätsverlag, 2004.

Waibel, J.: Anleitung zum Luxus, edition stimmhaus, 2005.

Waibel, J.: Die Macht der Stimme — Stimm-Begegnung und stimmige Selbstbehauptung, in: Frank-M. Staemmler/Rolf Merten (Hrsg.): Aggression, Selbstbehauptung, Zivilcourage, Interdisziplinäre Aspekte, EHP-Verlag Andreas Kohlhage, Bergisch Gladbach, 2006.

Waibel, J.: Das Stimmhaus-Profil und der Stimm-Persönlichkeits-Test, Online-Test unter http://www.stimmhaus.de, 2006.

Waibel, J.: Lieber Ed Schein. Dialog-Kommentar zu dem Aufsatz von Edgar Schein »Die Rolle der Kunst und des Künstlers«, in: profile, Internationale Zeitschrift für Veränderung, Lernen, Dialog, Heft 12, EHP-Verlag Andreas Kohlhage, Bergisch Gladbach, 2006.

Waibel, J.: Verantwortung verlangt, vielfältige Antworten anzubieten. Dialog-Kommentar zu dem Aufsatz von Carolyn Lukensmeyer & Daniel Stone zur Organisationsentwicklung und nachhaltiger Ideensammlung mit Hilfe von Town Meetings, in: profile, Internationale Zeitschrift für Veränderung, Lernen, Dialog Heft 12, EHP-Verlag Andreas Kohlhage, Bergisch Gladbach, 2006.

Waibel, J.: Das Stimmhaus-Konzept als arbeits- und stimmpsychologische Methode der Stimm-Persönlichkeit und Stimm-Begegnung, in: L.O.G.O.S. Interdisziplinär, Heft 2, 2007.

Waibel, J.: Die Identität der Stimm-Persönlichkeit und das Stimmhaus-Konzept, in: Zeitschrift für Gestaltpädagogik, Heft 2, 2007.

Waibel, J.: Stimmpersönlichkeits-Test: Der Online-Stimmhaus®-Test zu Stimme und Persönlichkeit, in: profile, Internationale Zeitschrift für Veränderung, Lernen, Dialog, Heft 15, EHP-Verlag Andreas Kohlhage, Bergisch Gladbach, 2008.

Waibel, J.: Der Stimmpersönlichkeits-Test, 3. Version des Online-Test, http://www.stimmpersoenlichkeit.de, 2009.

Waibel, J.: Schweigen Sie noch oder stimmen Sie schon? Stimmpersönlichkeit-Führung-Dialog. Keine Angst vor Konflikten, EHP-Verlag Andreas Kohlhage, Bergisch Gladbach, 2010.

Waibel, J.: Der Konflikt-Dialog. Kommunikation und Partizipation in Unternehmen, in: Jürgen Smettan (Hrsg.): Chancen und Herausforderungen der Wirtschaftspsychologie, dpv Verlag, Berlin, 2010.

Waibel, J.: Poesie der Stimme, edition stimmhaus bei bod, Norderstedt, 2011.

Waibel, J.: Stimme und Stimmpsychologie im Führungskräftecoaching und in der Wirtschaftsmediation. Ein stimmiger Monolog über Weiqi (Go), Schach und die sieben Energierichtungen aus der Stimmpsychologie, in: Jürgen Smettan (Hrsg.): Chancen und Herausforderungen der Wirtschaftspsychologie, dpv, Berlin, 2012.

Waibel, J.: Führung braucht Stimme und stimmigen Kontakt, in: report psychologie: Führungspersönlichkeiten in Politik und Wirtschaft, Deutscher Psychologen Verlag, Berlin, 2013.

Waibel, J.: Anleitung zum Vor(ur)teil, edition stimmhaus, 2013.

Wallau, F.: Die volkswirtschaftliche Bedeutung der Familienunternehmen, in: Felden, B. (Hrsg.): Edition EMF – Band 1, Familienunternehmen – was bleibt, was wird?, Dollerup und Berlin, 2009, S. 30-45.

Weiss, P.: Abschied von den Eltern, Bibliothek Suhrkamp, Frankfurt, 1962.

Westin, A. F.: Privacy and Freedom, 6. print., New York, 1970.

Wysling, H./Schmidlin, I.: Thomas Mann. Ein Leben in Bildern, Artemis Verlag, Zürich, 1994.

Zulley, J./Waibel, J. (Sprecher): Schlaf gut! Praktische Schlafhilfen zum Einschlafen und Durchschlafen. Mit Somnia 1. Schlaftraining mit binauralen Wellen, 3 CD Set, Ganser & Hanke Musikmarketing, Hamburg, 2006.

Stichwortverzeichnis

Der Autor

Jochen Waibel ist Gründer und Geschäftsführer des Instituts Stimmhaus® Stimme. Führung. Mediation. Er hat Rhetorik und Sprechwissenschaft studiert, anschließend Wirtschafts- und Organisationspsychologie. Waibel war in verschiedenen Positionen angestellt und freiberuflich als Coach und Trainer sowie als Familien- und Wirtschaftsmediator tätig. Heute berät er vornehmlich Vorstände und Unternehmer, insbesondere mittelständische und Familienunternehmen, auch in der oftmals kritischen Phase des Generationenübergangs oder bei Verständigungsproblemen zwischen Führungsdoppelspitzen.

Als Pionier der Stimmpsychologie und Experte einer dialogorientierten Führung und Unternehmenskultur verknüpft er Stimme und Dialog mit wirtschaftspsychologischem Know-how für Unternehmen.

Dank langjähriger Erfahrung in der kultursensiblen Begleitung von Firmen mit internationaler Belegschaft oder weltweitem Engagement verfügt er auch über interkulturelle Kompetenz.

Er ist akkreditiert als Wirtschaftsmediator u. a. an der Handelskammer Hamburg, gelistet in diversen Coaching-Pools, renommierter Fachbuchautor, gern gefragter Experte und Interviewpartner für Presse und Medien.

Jochen Waibel ist Vater zweier Söhne und lebt in Hamburg.

Stimmhaus® Stimme. Führung. Mediation.
Himmelstraße 42
D-22299 Hamburg-Winterhude
Tel. +49-(0)40-280 56 222
waibel@stimmhaus.de
www.stimmhaus.de

Exklusiv für Buchkäufer!

Ihre Interview-Texte zum Download:

▶ http://mybook.haufe.de/

▶ **Buchcode:** IGV-5737